广东教育年鉴编纂委员会

主　任： 朱孔军

副主任： 黄建固　冯　伟　李璧亮　欧阳谦　朱建华　程大欣　邵允振　徐仕敏　朱超华　那　佳　邱克楠
　　　　　朱俊文　蔡文雅　曾声海

委　员：（以姓氏笔画为序）
　　　　　丁开万　王春涛　王魏锋　方树生　龙海山　卢振家　邢　颖　江存余　许　曙　李　霞　李金俊
　　　　　吴宝榆　张建锋　张家浚　陈东海　陈健生　林柏春　周昭国　赵　琦　姜　琳　倪　熙　唐连章
　　　　　黄小坚　傅湘龙　廖开锐　廖荣辉　戴庆洲

　　　　　习恩民　叶淦奎　许伟明　李　翔　杨　栋　杨利华　利社会　张玉兰　陈　升　陈　爽　林卫兴
　　　　　欧泽昌　周武城　周章玉　郑秀玉　黄令遥　梁凤琼　彭晓新　谢先群　蔡益雄　管　雪

主　　　编： 朱建华
副 主 编： 王魏锋　黄小坚
编辑部主任： 龙建刚
编辑部副主任： 王蔓霞
编　　　辑： 王蔓霞　许纯子

广东教育年鉴

2022

广东省教育厅 编

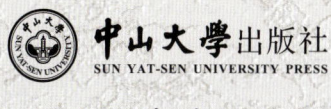

·广州·

版权所有　翻印必究

图书在版编目（CIP）数据

广东教育年鉴·2022/广东省教育厅编. —广州：中山大学出版社，2024.2
ISBN 978-7-306-08022-6

Ⅰ.①广…　Ⅱ.①广…　Ⅲ.①地方教育—教育事业—广东—2022—年鉴　Ⅳ.①G527.65-54

中国国家版本馆 CIP 数据核字（2024）第 033572 号

GUANGDONG JIAOYU NIANJIAN·2022

| 出 版 人：王天琪
| 策划编辑：廖丽玲
| 责任编辑：廖丽玲
| 封面设计：林绵华
| 责任校对：陈　莹
| 责任技编：靳晓虹
| 策　　划：广东教育杂志社
| 出版发行：中山大学出版社
| 电　　话：编辑部 020-84110283，84113349，84111997，84110779，84110776
| 　　　　　发行部 020-84111998，84111981，84111160
| 地　　址：广州市新港西路135号
| 邮　　编：510275　　传　真：020-84036565
| 网　　址：http://www.zsup.com.cn　E-mail：zdcbs@mail.sysu.edu.cn
| 印 刷 者：恒美印务（广州）有限公司
| 规　　格：889mm×1194mm　1/16　36 印张　1191 千字
| 版次印次：2024 年 2 月第 1 版　2024 年 2 月第 1 次印刷
| 定　　价：260.00 元

如发现本书因印装质量影响阅读，请与出版社发行部联系调换

出版说明

一、《广东教育年鉴》（以下简称《年鉴》）是由广东省教育厅组织编纂的逐年反映广东教育改革与发展情况的文献资料性工具书，是社会各界了解教育基本情况和各级教育部门交流经验的平台，是展示教育风采的重要窗口。自2007年起每年出版一卷，本卷是第十六卷。

二、本卷《年鉴》的编纂工作以马克思列宁主义、毛泽东思想、邓小平理论、"三个代表"重要思想、科学发展观、习近平新时代中国特色社会主义思想为指导，全面贯彻党的十九大、二十大精神，落实立德树人根本任务，围绕广东"创建教育强省，争当教育现代化先进区，打造南方教育高地"和"构建高质量教育体系"的总目标和总抓手，聚焦教育领域综合改革，全面、系统、准确地记述全省教育的基本情况和教育现代化建设的主要举措，实事求是地总结全省教育工作的成就和经验，反映全省教育事业发展的基本面貌，为宣传、检索、研究广东教育提供权威的信息资料，促进广东教育改革发展。

三、本卷《年鉴》分"特载""重要文件""概况""各级各类教育""教育综合管理""市域教育""教育统计""学校展示"八大类目。采取三级目结构分类编辑法，以类目为一级目，以栏目为二级目，以条目为三级目。其中"各级各类教育""教育综合管理""市域教育"三个部分是主体，分别由主题相对独立的若干个栏目组成，每个栏目分为若干条目以及子条目。

四、本卷《年鉴》的基本栏目包括：省教育厅领导同志的讲话，中共中央、国务院等有关教育的政策文件，教育部等部委有关教育的政策文件，省委、省政府有关教育的重要法规、文件，省教育厅及省相关单位有关教育的政策文件，教育事业发展概况，教育要事录，广东教育视点，基础教育，职业教育与终身教育，高等教育，民办教育，党建工作，思想政治工作，政策法规，发展规划，基建财务，教育审计，学生助学，安全保卫工作，科研创新，体育卫生艺术与国防教育，队伍建设，教育交流与合作，人事管理，教育督导，学校后勤管理，老干部工作，教育纪检监察，招生考试，教育研究，教育期刊，语言文字工作，毕业生就业创业，教育装备，政务服务，各地级以上市教育概况及教育成果与特色，教育统计，学校展示。

五、按目前国际国内通例，当年的年鉴反映上一年工作的基本情况。某些多年才能完成的工作任务，主要记述当年此项工作的进展情况。

六、《年鉴》发布的统计数据，由广东省教育厅发展规划处和基建财务处提供，引用应以此为准。某些条目中的数据，因统计口径不一，可能有不尽一致之处，请读者使用时注意。

七、《年鉴》的组稿以及编务工作得到了省教育厅机关各处（室）、有关直属单位，各地级以上市教育局及有关部门的积极协助和紧密配合。在《年鉴》编纂过程中，虽力求做到内容全面系统、资料准确无误、文字简明精练，但由于我们水平有限，仍有需要改进之处，欢迎读者批评指正。

《广东教育年鉴》编辑部
2023年6月

目 录

特 载

抢抓机遇 提高质量 加快建设教育强省 …………………………………………………………（003）

在全省深化新时代教育督导体制机制改革暨2021年教育督导工作会议上的讲话 ……………（013）

重 要 文 件

中共中央办公厅 国务院办公厅印发《关于进一步减轻义务教育阶段学生作业负担和校外培训负担的意见》的通知 ……………………………………………………………………………………（019）

教育部关于印发《中小学生课外读物进校园管理办法》的通知 ……………………………（023）

教育部办公厅关于印发《〈体育与健康〉教学改革指导纲要（试行）》的通知 ………………（025）

教育部办公厅关于加强学生心理健康管理工作的通知 ………………………………………（029）

教育部办公厅关于进一步明确义务教育阶段校外培训学科类和非学科类范围的通知 ……（031）

教育部办公厅关于印发《中小学生校外培训材料管理办法（试行）》的通知 ………………（032）

教育部办公厅关于印发《普通高等学校举办非学历教育管理规定（试行）》的通知 ………（035）

教育部办公厅关于印发《"十四五"职业教育规划教材建设实施方案》的通知 ……………（038）

教育部办公厅 人力资源社会保障部办公厅关于印发《校外培训机构从业人员管理办法（试行）》的通知 ……………………………………………………………………………………………（042）

教育部办公厅 中国科协办公厅关于利用科普资源助推"双减"工作的通知 ………………（044）

教育部 财政部关于实施中小学幼儿园教师国家级培训计划（2021—2025年）的通知 ……（046）

教育部等八部门关于规范公办学校举办或者参与举办民办义务教育学校的通知 ……………（051）

教育部等六部门关于加强校外培训机构预收费监管工作的通知 ……………………………（053）

教育部等三十五部门关于印发《全国职业院校技能大赛章程》的通知 ……………………（055）

教育部 国家体育总局关于进一步完善和规范高校高水平运动队考试招生工作的指导意见 ……（060）

广东省人民政府办公厅关于印发《高等教育"冲一流、补短板、强特色"提升计划实施方案（2021—2025年）》的通知 ……………………………………………………………………………（063）

广东省人民政府关于印发《广东省推动基础教育高质量发展行动方案》的通知 ……………（069）

广东省人民政府关于印发《广东省全民科学素质行动规划纲要实施方案（2021—2025年）》的通知 ……………………………………………………………………………………………（073）

广东省教育厅 广东省发展和改革委员会 广东省财政厅 广东省人力资源和社会保障厅关于印发《广东省深化新时代职业教育"双师型"教师队伍建设改革实施意见》的通知 ……………（081）

广东省教育厅 广东省市场监督管理局关于废止《关于进一步加强中小学生校服管理的意见》的通知 …… (085)
广东省教育厅关于建立健全学校学生资助工作管理制度的通知 …… (086)
广东省教育厅 广东省发展改革委 广东省财政厅关于加快新时代研究生教育改革发展的实施意见 …… (089)
关于印发《广东省教育厅关于进一步加强高等学校法治工作的实施意见》的通知 …… (093)
广东省教育厅关于印发《广东省中小学幼儿园教师违反职业道德行为处理工作指引》《广东省高校教师违反职业道德行为处理工作指引》的通知 …… (097)
广东省教育厅关于进一步做好义务教育校内课后服务工作的通知 …… (101)
关于印发《广东省加强新时代高校教师队伍建设改革实施意见》的通知 …… (104)
广东省学位委员会 广东省教育厅关于印发《广东省学士学位授权与授予管理实施细则》的通知 …… (109)
广东省教育厅关于坚决做好减轻义务教育阶段学生校外培训负担工作的通知 …… (113)
广东省教育厅关于印发《广东省教育厅关于实施初中学生综合素质评价的指导意见》的通知 …… (115)
广东省教育厅关于印发《广东省中小学教师资格考试试点实施办法》和《广东省中小学教师资格定期注册试点实施办法》的通知 …… (123)
广东省教育厅 广东省财政厅关于印发《广东省中小学名教师、名校（园）长、名班主任工作室的管理办法》的通知 …… (129)
广东省教育厅等十部门关于印发《广东省校外培训机构专项治理行动方案》的通知 …… (138)
广东省教育厅 中国人民银行广州分行 广东银保监局关于加强校外培训机构预收费资金监管工作的通知 …… (142)
广东省学位委员会 广东省教育厅关于印发《广东省学位授权点合格评估实施细则（试行）》的通知 …… (146)
广东省教育厅关于印发《统筹推进大中小学思想政治理论课一体化建设的工作措施（试行）》的通知 …… (150)

概　　况

2021年广东省教育事业发展概况 …… (155)
2021年广东省教育要事录 …… (158)

广东教育视点

全省教育系统学习贯彻习近平总书记在庆祝中国共产党成立100周年大会上重要讲话精神 …… (165)
抢抓机遇，提高质量，加快建设教育强省 …… (167)
上好"开学第一课"，持续推进党史进校园 …… (169)
合力共促学前教育扩普惠提质量 …… (171)
推进"粤菜师傅"工程高质量发展 …… (172)
培养高水平中小学教师人才队伍，推动基础教育高质量发展 …… (174)
"1+1+3"联动帮扶，打造教师校本培训研修广东模式 …… (176)
名师送教，助力乡村教育发展 …… (178)

各级各类教育

基础教育

- 学前教育 … (183)
  - 基本情况 … (183)
  - 实施"5080"攻坚工程 … (183)
  - 推进"学前教育科学保教示范工程" … (183)
  - 开展学前教育规范管理三项治理 … (183)
  - 持续安排学前教育专项经费 … (183)
  - 开展"学前教育改革发展十年巡礼"主题全国学前教育宣传月活动 … (183)
- 义务教育 … (184)
  - 基本情况 … (184)
  - 全力抓好"双减"工作 … (184)
  - 补齐农村教育发展短板 … (184)
  - 保障适龄儿童平等就学权利 … (184)
  - 规范招生工作 … (184)
- 普通高中教育 … (184)
  - 基本情况 … (184)
  - 加强学位建设 … (184)
  - 推进新课程新教材实施 … (184)
  - 深化综合素质评价改革 … (185)
  - 加强普通高中招生管理 … (185)
  - 规范毕业证书管理 … (185)
  - 推进集团化办学工作 … (185)
- 特殊教育 … (185)
  - 基本情况 … (185)
  - 残疾儿童少年入学安置成效显著 … (185)
  - 完善专业支撑体系建设 … (185)
  - 加大特殊教育经费投入 … (185)
  - 加强教师队伍培训 … (185)
  - 举办随班就读示范区示范校(园)建设工作交流研讨活动 … (185)
  - 提升学校办学质量 … (185)
- 民族教育 … (186)
  - 基本情况 … (186)
  - 加大民族教育经费投入 … (186)
  - 加强内地民族班教育服务管理 … (186)
  - 加强内派教师管理和培训 … (186)
- 教育信息化 … (186)
  - 深化"三通两平台"建设与应用 … (186)
  - 加快推进信息技术与教育教学融合创新 … (186)
  - 促进教育信息化科学发展 … (187)

提升教育治理体系和治理能力现代化水平 ……………………………………………………… (187)
　　提升教育系统网络与信息安全保障能力 ………………………………………………………… (187)
学校展示（幼儿园、小学、中学）………………………………………………………………………… (189)

职业教育与终身教育

发展综述 ………………………………………………………………………………………………… (285)
高等职业教育 …………………………………………………………………………………………… (286)
　　基本情况 …………………………………………………………………………………………… (286)
　　高水平高职学校和专业群建设 …………………………………………………………………… (286)
　　高职扩招工作 ……………………………………………………………………………………… (286)
　　一流高职院校结对帮扶计划 ……………………………………………………………………… (286)
　　现代学徒制试点 …………………………………………………………………………………… (286)
　　本科层次职业教育试点工作 ……………………………………………………………………… (286)
　　高职教育质量工程项目 …………………………………………………………………………… (286)
中等职业教育 …………………………………………………………………………………………… (286)
　　基本情况 …………………………………………………………………………………………… (286)
　　招生工作 …………………………………………………………………………………………… (286)
　　布局调整优化 ……………………………………………………………………………………… (286)
　　高水平中职学校建设 ……………………………………………………………………………… (286)
　　专业设置及专业建设 ……………………………………………………………………………… (286)
　　中职教育质量工程项目 …………………………………………………………………………… (287)
　　就业升学工作 ……………………………………………………………………………………… (287)
终身教育 ………………………………………………………………………………………………… (287)
　　基本情况 …………………………………………………………………………………………… (287)
　　全民终身学习活动周 ……………………………………………………………………………… (287)
　　学历继续教育 ……………………………………………………………………………………… (287)
　　继续教育质量提升工程 …………………………………………………………………………… (287)
　　乡村振兴教育 ……………………………………………………………………………………… (287)
　　社区教育、老年教育 ……………………………………………………………………………… (287)
学校展示（中职、高校及其他）………………………………………………………………………… (289)

高等教育

发展综述 ………………………………………………………………………………………………… (341)
教育教学管理 …………………………………………………………………………………………… (343)
　　教学基本条件建设 ………………………………………………………………………………… (343)
　　专业建设 …………………………………………………………………………………………… (343)
　　课程建设 …………………………………………………………………………………………… (344)
　　教学质量管理 ……………………………………………………………………………………… (345)
学位工作与研究生教育 ………………………………………………………………………………… (346)
　　学位工作 …………………………………………………………………………………………… (346)
　　研究生教育工作 …………………………………………………………………………………… (346)

民办教育

　　概况 ………………………………………………………………………………………………… (348)
　　加强民办学校党建工作 …………………………………………………………………………… (348)

提升规范化办学程度 (348)
落实省级财政扶持政策 (348)
开展民办高校年度检查工作 (348)
提升内涵发展特色发展水平 (348)

教育综合管理

党建工作 (351)
 综述 (351)
 机关党务 (351)
 机关群团组织工作 (352)
 全省教育系统党的政治建设 (352)
 开展建党100周年系列庆祝活动 (352)
 织密建强党的组织体系 (353)

思想政治工作 (353)
 中小学德育工作综述 (353)
 思政课程建设 (353)
 中小学心理健康教育 (353)
 中小学校园文化建设 (354)
 中小学德育队伍建设 (354)
 劳动教育 (354)
 家庭教育 (354)
 校外教育 (354)
 高校思想政治工作综述 (354)
 党史进校园系列活动 (354)
 高校思想政治理论课建设 (354)
 高校思想政治工作体系和队伍建设 (355)
 高校学生心理健康教育 (355)
 高校少数民族学生教育管理服务 (355)

政策法规 (355)
 深入学习贯彻习近平法治思想 (355)
 教育政策研究 (355)
 依法治教工作 (356)
 依法行政工作 (356)
 行政复议工作 (356)
 规范性文件管理 (356)
 依法治校工作 (356)
 青少年法治教育 (356)

发展规划 (357)
 高质量做好教育发展规划编制工作 (357)
 扎实推进高校设置工作 (357)
 稳妥完成独立学院转设和民办高校管理工作 (357)

  全力做好高等教育招生计划工作……………………………………………………………………………(357)
  深化粤港澳大湾区和深圳先行示范区教育工作…………………………………………………………(357)
  科学推进教育大数据及统计工作…………………………………………………………………………(358)
基建财务……(358)
教育审计……(359)
  综述……(359)
  教育审计实务工作…………………………………………………………………………………………(359)
  教育审计整改工作…………………………………………………………………………………………(359)
  教育审计制度建设…………………………………………………………………………………………(360)
  教育审计队伍建设…………………………………………………………………………………………(361)
  教育审计信息化建设………………………………………………………………………………………(361)
学生助学……(361)
  综述……(361)
  加强党建引领………………………………………………………………………………………………(361)
  强化制度建设………………………………………………………………………………………………(361)
  完善资助系统建设…………………………………………………………………………………………(361)
  做好建档立卡学生资助工作………………………………………………………………………………(361)
  重点保障家庭经济困难学生顺利入学……………………………………………………………………(361)
  稳步推进生源地信用助学贷款工作………………………………………………………………………(361)
  全方位多角度开展资助政策宣传…………………………………………………………………………(362)
安全保卫工作……(362)
  综述……(362)
  政治维稳工作………………………………………………………………………………………………(362)
  学校安全管理工作…………………………………………………………………………………………(362)
  安全教育工作………………………………………………………………………………………………(363)
科研创新……(363)
  高校科技/社科统计工作……………………………………………………………………………………(363)
  科研人力资源………………………………………………………………………………………………(363)
  科研活动经费………………………………………………………………………………………………(363)
  研究机构……………………………………………………………………………………………………(364)
  科研项目……………………………………………………………………………………………………(364)
  科研成果……………………………………………………………………………………………………(364)
  学术交流……………………………………………………………………………………………………(364)
  高校科技创新工作…………………………………………………………………………………………(364)
  知识产权……………………………………………………………………………………………………(364)
  教育科研基本情况…………………………………………………………………………………………(365)
体育卫生艺术与国防教育……………………………………………………………………………………………(365)
  提升党建工作成效…………………………………………………………………………………………(365)
  做好校园疫情防控工作……………………………………………………………………………………(365)
  研究制定学校体育相关配套文件…………………………………………………………………………(365)
  稳妥推进校园足球工作……………………………………………………………………………………(365)
  持续开展学生体质健康监测工作…………………………………………………………………………(366)

第十四届全国学生运动会取得优异成绩 …………………………………………………………………………（366）
顺利完成学生年度单项体育赛事活动 ……………………………………………………………………………（366）
开展全省体育浸润行动计划 ………………………………………………………………………………………（366）
大力开展校园冰雪活动 ……………………………………………………………………………………………（366）
研究制定学校美育相关配套文件 …………………………………………………………………………………（366）
组织开展系列展演活动 ……………………………………………………………………………………………（366）
不断加大师资队伍建设力度 ………………………………………………………………………………………（366）
持续推进广东学校美育浸润行动计划 ……………………………………………………………………………（366）
推动粤港澳学校美育交流与合作 …………………………………………………………………………………（366）
推动近视防控工作 …………………………………………………………………………………………………（366）
加强健康教育和健康促进 …………………………………………………………………………………………（366）
超额完成大学生征兵任务 …………………………………………………………………………………………（367）
举办第二届国防教育成果交流展示活动 …………………………………………………………………………（367）
完成学生军训工作 …………………………………………………………………………………………………（367）
全力支持省内学校航空实验班等国防特色班工作 ………………………………………………………………（367）
军事课教学成绩显著 ………………………………………………………………………………………………（367）

队伍建设 ………（367）
　综述 ……（367）
　全面加强师德师风建设 …………………………………………………………………………………………（367）
　加快推进教师专业发展 …………………………………………………………………………………………（367）
　加强乡村教师队伍建设 …………………………………………………………………………………………（368）
　深化教师管理制度改革 …………………………………………………………………………………………（368）
　规范教师资格制度工作 …………………………………………………………………………………………（368）
　提高教师社会地位待遇 …………………………………………………………………………………………（368）
　提升教师队伍建设管理信息化水平 ……………………………………………………………………………（368）
　高校领导干部思想建设 …………………………………………………………………………………………（368）
　高校领导干部能力建设 …………………………………………………………………………………………（369）
　高校领导班子组织建设 …………………………………………………………………………………………（369）
　干部管理监督工作 ………………………………………………………………………………………………（369）
　高校教育人才"组团式"帮扶工作 ………………………………………………………………………………（369）

教育交流与合作 ……………………………………………………………………………………………………（369）
　综述 ……（369）
　完善教育对外开放机制和制度 …………………………………………………………………………………（369）
　深化粤港澳大湾区教育交流合作 ………………………………………………………………………………（369）
　大力引进世界优质资源合作办学 ………………………………………………………………………………（370）
　推进与"一带一路"沿线国家教育交流合作 ……………………………………………………………………（370）
　做好国家公派出国留学工作 ……………………………………………………………………………………（370）
　加强国际师生管理服务 …………………………………………………………………………………………（370）

人事管理 ………（371）
　推进优化教育系统机构职能体系 ………………………………………………………………………………（371）
　加强教育系统人才队伍建设 ……………………………………………………………………………………（371）
　深化教育系统人事制度改革 ……………………………………………………………………………………（371）

教育督导 …… (371)
    深化新时代教育督导体制机制改革 …… (371)
    开展政府履行教育职责评价 …… (371)
    开展基础教育质量监测工作 …… (372)
    开展校外培训机构专项治理 …… (372)
    推进义务教育优质均衡发展和县域学前教育督导评估 …… (372)
    开展教育领域专项督导 …… (372)
    开展教育乱收费治理 …… (372)

学校后勤管理 …… (373)
    综述 …… (373)
    支部建设 …… (373)
    疫情防控与物资保障 …… (373)
    食品安全工作 …… (373)
    中小学"厕所革命" …… (373)
    绿色学校 …… (373)
    节能减排 …… (373)
    高校医疗保健 …… (373)
    调研检查 …… (374)
    校办企业 …… (374)
    舆情处理 …… (374)
    建议提案办理 …… (374)
    其他工作 …… (374)

老干部工作 …… (374)
    综述 …… (374)
    抓深抓实党史学习教育 …… (374)
    落细落实组织生活制度 …… (374)
    指导各离退休党支部开展党建工作 …… (374)
    做好疫情防控常态化工作 …… (375)
    全力做好精准服务工作 …… (375)

教育纪检监察 …… (376)
    综述 …… (376)
    强化政治监督 …… (376)
    坚持有案必查 …… (376)
    全程深度参与巡视巡察 …… (376)
    推动高校纪委建设 …… (376)
    加强队伍建设 …… (376)

招生考试 …… (377)
    综述 …… (377)
    党建工作 …… (377)
    普通高考概况 …… (377)
    筑牢疫情防控"防火墙" …… (377)
    新高考首考平稳落地 …… (377)

中考概况 …………………………………………… (377)
　　开展中考加分情况调研 …………………………… (377)
　　深化中考改革 ……………………………………… (378)
　　中高职贯通五年一贯制和三二分段工作 ………… (378)
　　普通高中学业水平合格性考试概况 ……………… (378)
　　普通专升本考试概况 ……………………………… (378)
　　自学考试概况 ……………………………………… (378)
　　社会考试概况 ……………………………………… (378)
　　硕士研究生招生考试概况 ………………………… (378)
　　成人高校招生考试概况 …………………………… (378)
　　深化教育考试命题改革 …………………………… (378)
　　推进信息系统建设和升级优化 …………………… (378)
　　推进安全大运维模式 ……………………………… (378)
　　推进标准化考点建设 ……………………………… (378)
　　做好教育考试经费保障 …………………………… (378)
　　加强命题基地服务保障 …………………………… (378)
　　用心用情服务考生 ………………………………… (378)
　　创新宣传形式 ……………………………………… (379)
　　优化信访咨询服务 ………………………………… (379)
　　推进考试评价工作 ………………………………… (379)
教育研究 ………………………………………………… (379)
　　综述 ………………………………………………… (379)
　　建设高水平教育研究体系 ………………………… (379)
　　提高教育治理制度供给水平 ……………………… (381)
教育期刊 ………………………………………………… (381)
　　综述 ………………………………………………… (381)
　　党建工作 …………………………………………… (381)
　　疫情防控工作 ……………………………………… (381)
　　教育宣传工作 ……………………………………… (381)
　　各刊编校工作 ……………………………………… (382)
　　教育品牌活动 ……………………………………… (382)
　　新媒体工作 ………………………………………… (382)
语言文字工作 …………………………………………… (382)
　　综述 ………………………………………………… (382)
　　语言文字体制机制建设和条件保障 ……………… (382)
　　中华经典诵写讲大赛 ……………………………… (382)
　　广东语言文字活动品牌 …………………………… (382)
　　粤港澳大湾区及海外语言文化交流合作 ………… (383)
　　语言文字科学研究 ………………………………… (383)
　　推广普通话宣传活动 ……………………………… (383)
　　普通话水平测试 …………………………………… (383)
　　语言资源保护工程广东项目 ……………………… (383)

推进语言文字基地建设 (383)
　　"红色经典润乡土"项目 (383)
　　"童语同音"计划 (383)
　　大学生暑期社会实践活动 (383)
　　语委干部等人员培训班 (383)
　　国家通用盲文和国家通用手语推广工作 (383)
毕业生就业创业 (384)
　　综述 (384)
　　就业概况 (384)
　　主要举措 (384)
教育装备 (385)
　　综述 (385)
　　中小学教育装备 (385)
　　高等教育装备 (386)
　　教育采购管理 (386)
　　世行贷款项目 (387)
政务服务 (388)
　　综述 (388)
　　政务服务有突破 (388)
　　政务微信有亮点 (388)
　　对口支援有实效 (389)

市 域 教 育

广州市教育

概况 (393)
各级各类教育 (395)
　　基础教育 (395)
　　中等职业教育 (395)
　　高等教育 (396)
　　老年教育 (396)
教育成果与特色 (396)
　　《望江南·广州好：广州中小学生咏广州》出版 (396)
　　配备专职心理教师 (396)
　　开展中小学、幼儿园督导评估 (396)
　　启动教育国际化窗口学校创建工作 (396)
　　推进教育评价改革 (396)
　　教师招聘 (397)
　　建成首批中考实验操作考点 (397)
　　推动"党史学习进校园" (397)
　　开展学生应急救护普及教育工作 (397)
　　推进学生体质健康监测工作 (397)

印发《广州市普通中小学校建设标准指引》…………………………………………………(397)
广州幼儿师范高等专科学校正式设立 ……………………………………………………(397)
教育评估工作顺利完成 ……………………………………………………………………(398)
广州启动首批教育国际化窗口学校培育工作 ……………………………………………(398)
新建"广州市中等职业学校教师正高级教师评委会" ……………………………………(398)
校内减负提质取得显著成效 ………………………………………………………………(398)
印发《关于进一步减轻义务教育阶段学生作业负担和校外培训负担的若干措施》 ……(398)
有效防范化解涉教培风险 …………………………………………………………………(398)
中小学教师管理改革取得新进展 …………………………………………………………(398)
持续推进教育人才培养 ……………………………………………………………………(398)
全市教育行业推进生活垃圾分类专项行动 ………………………………………………(399)
广州市网络安全应急演练 …………………………………………………………………(399)
入围建设国家智能社会治理实验基地(教育)名单 ……………………………………(399)
获评人工智能社会实验地区典型案例 ……………………………………………………(399)
建设基础教育国家级优秀教学成果推广应用示范区 ……………………………………(399)
获第六届全国教育科学研究优秀成果奖4项 ……………………………………………(399)
普通高中新课程新教材实施示范区、示范校工作情况 …………………………………(399)
抓好拔尖创新人才培养 ……………………………………………………………………(399)

深圳市教育

概况 …………………………………………………………………………………………(401)
各级各类教育 ………………………………………………………………………………(401)
　　基础教育 ………………………………………………………………………………(401)
　　职业教育与终身教育 …………………………………………………………………(401)
　　高等教育 ………………………………………………………………………………(402)
　　民办教育 ………………………………………………………………………………(402)
教育成果与特色 ……………………………………………………………………………(403)
　　教育综合改革 …………………………………………………………………………(403)
　　教育经费投入 …………………………………………………………………………(403)
　　学校安全管理 …………………………………………………………………………(403)
　　教育督导 ………………………………………………………………………………(403)
　　教育宣传 ………………………………………………………………………………(403)
　　教育治理 ………………………………………………………………………………(403)
　　教育考试 ………………………………………………………………………………(404)
　　教育信息化 ……………………………………………………………………………(404)
　　教育资助 ………………………………………………………………………………(404)
　　教育科研 ………………………………………………………………………………(404)
　　队伍建设 ………………………………………………………………………………(404)
　　党风廉政建设 …………………………………………………………………………(404)
　　学校思政工作 …………………………………………………………………………(405)
　　校外培训治理 …………………………………………………………………………(405)
　　对外交流合作 …………………………………………………………………………(405)

珠海市教育

- 概况 (406)
- 各级各类教育 (408)
  - 基础教育 (408)
  - 中等职业教育 (409)
  - 高等教育 (409)
  - 民办教育 (411)
- 教育成果与特色 (411)
  - 学校建设 (411)
  - 师德师风建设 (411)
  - 教育改革创新 (411)
  - 依法治教 (411)
  - 助学帮扶 (412)

汕头市教育

- 概况 (413)
- 各级各类教育 (413)
  - 基础教育 (413)
  - 职业与成人教育 (413)
  - 高等教育 (414)
  - 民办教育 (414)
  - 终身教育和社区教育 (414)
- 教育成果与特色 (414)
  - 教育系统疫情防控 (414)
  - 教育督导 (414)
  - 教育法治 (415)
  - 学校安全教育 (415)
  - 教育公平 (416)
  - 扶困助学 (416)
  - 招生考试 (416)
  - 高考录取 (416)
  - 教师队伍建设 (417)
  - 教育信息化 (417)
  - 教育教学 (417)
  - 2021年院士科学家走进汕头校园讲科学主题教育活动 (418)
  - 学校德育 (418)
  - 学校体育 (419)
  - 学校卫生健康 (419)
  - 学校艺术教育 (419)

佛山市教育

- 概况 (420)
- 各级各类教育 (420)
  - 基础教育 (420)

职业与成人教育 …………………………………………………………………………………………（420）
　　高等教育 ……………………………………………………………………………………………………（421）
教育成果与特色 …………………………………………………………………………………………………（421）
　　入选全国中小学劳动教育实验区 …………………………………………………………………………（421）
　　稳妥推进"双减"落地落实 ………………………………………………………………………………（421）
　　从严从实抓好校园疫情防控 ………………………………………………………………………………（421）
　　持续完善"五育"并举全面育人体系 ……………………………………………………………………（422）
　　加强思政课建设 ……………………………………………………………………………………………（422）
　　深入实施"新强师工程" …………………………………………………………………………………（422）
　　全力维护校园安全稳定 ……………………………………………………………………………………（423）
　　深入推进依法治教 …………………………………………………………………………………………（423）
　　深化教育科研和教学研究 …………………………………………………………………………………（423）
　　推动信息技术与教育融合创新 ……………………………………………………………………………（423）
　　教育装备赋能教育创新 ……………………………………………………………………………………（423）
　　推动高校科技成果转化落地 ………………………………………………………………………………（424）
　　加大教育对口帮扶与交流合作 ……………………………………………………………………………（424）

韶关市教育

概况 ……（425）
各级各类教育 ……………………………………………………………………………………………………（426）
　　基础教育 ……………………………………………………………………………………………………（426）
　　职业技术教育 ………………………………………………………………………………………………（427）
　　高等教育 ……………………………………………………………………………………………………（427）
教育成果与特色 …………………………………………………………………………………………………（428）
　　教师队伍建设 ………………………………………………………………………………………………（428）
　　教育督导 ……………………………………………………………………………………………………（428）
　　教育科研 ……………………………………………………………………………………………………（429）
　　教育信息化 …………………………………………………………………………………………………（429）
　　校园安全 ……………………………………………………………………………………………………（429）
　　教育服务 ……………………………………………………………………………………………………（429）
　　考试招生 ……………………………………………………………………………………………………（429）
　　德育工作 ……………………………………………………………………………………………………（430）
　　体育工作 ……………………………………………………………………………………………………（430）
　　美育工作 ……………………………………………………………………………………………………（430）
　　劳动教育 ……………………………………………………………………………………………………（431）
　　学生资助 ……………………………………………………………………………………………………（431）

河源市教育

概况 ……（432）
各级各类教育 ……………………………………………………………………………………………………（432）
　　基础教育 ……………………………………………………………………………………………………（432）
　　职业教育与终身教育 ………………………………………………………………………………………（433）
　　高等教育 ……………………………………………………………………………………………………（433）
教育成果与特色 …………………………………………………………………………………………………（434）

疫情防控工作 (434)
　　"双减"工作 (434)
　　教育队伍水平提升 (435)
　　教育信息化水平提升 (435)
　　中小学美育质量全面提升 (435)
　　教育精准扶贫 (435)
　　重点项目建设 (435)
　　全力推动解决"上学难" (435)

梅州市教育
概况 (436)
各级各类教育 (436)
　　基础教育 (436)
　　中等职业教育 (437)
教育成果与特色 (437)
　　夯实校园疫情防控堡垒 (437)
　　党建引领开展党史学习教育 (437)
　　普及校园足球助力足球特区创建 (438)
　　素质教育建设有新成果 (438)
　　教师队伍建设有新进展 (438)

惠州市教育
概况 (439)
各级各类教育 (439)
　　基础教育 (439)
　　职业与成人教育 (440)
　　高等教育 (440)
教育成果与特色 (440)
　　教育党建 (440)
　　校园疫情防控 (440)
　　校园安全 (440)
　　落实"双减"政策 (441)
　　基础教育全过程质量评价体系 (441)
　　素质教育 (441)
　　教师队伍建设 (441)
　　教育帮扶协作 (441)

汕尾市教育
概况 (442)
各级各类教育 (443)
　　基础教育 (443)
　　中等职业教育 (443)
　　高等教育 (443)
　　民办教育 (443)
教育成果与特色 (443)

师资队伍素质得到新提升 …………………………………………………………………………… (443)
 教育教学质量得到新进步 …………………………………………………………………………… (443)
 群众对教育满意度不断提升 ………………………………………………………………………… (444)

东莞市教育
概况 …………………………………………………………………………………………………… (445)
各级各类教育 ………………………………………………………………………………………… (445)
 基础教育 ……………………………………………………………………………………………… (445)
 职业与成人教育 ……………………………………………………………………………………… (445)
 高等教育 ……………………………………………………………………………………………… (446)
 民办教育 ……………………………………………………………………………………………… (446)
教育成果与特色 ……………………………………………………………………………………… (446)
 "五育"并举全面落实 ……………………………………………………………………………… (446)
 "双减"工作扎实推进 ……………………………………………………………………………… (447)
 教育综合改革加快步伐 ……………………………………………………………………………… (447)
 基础教育结构品质显著优化 ………………………………………………………………………… (447)
 教师队伍建设全面加强 ……………………………………………………………………………… (448)
 职教高教高水平发展 ………………………………………………………………………………… (448)
 教育领域总体安全稳定 ……………………………………………………………………………… (448)
 教育治理能力日益增强 ……………………………………………………………………………… (449)
 教育科研成果丰硕 …………………………………………………………………………………… (449)

中山市教育
概况 …………………………………………………………………………………………………… (450)
各级各类教育 ………………………………………………………………………………………… (453)
 基础教育 ……………………………………………………………………………………………… (453)
 职业与成人教育 ……………………………………………………………………………………… (454)
 高等教育 ……………………………………………………………………………………………… (455)
 民办教育 ……………………………………………………………………………………………… (455)
教育成果与特色 ……………………………………………………………………………………… (455)
 教育督导 ……………………………………………………………………………………………… (455)
 德育工作 ……………………………………………………………………………………………… (456)
 学校安全工作 ………………………………………………………………………………………… (456)
 学校体育工作 ………………………………………………………………………………………… (456)
 学校艺术工作 ………………………………………………………………………………………… (456)
 学校卫生保健 ………………………………………………………………………………………… (457)
 数字化教育工程 ……………………………………………………………………………………… (457)
 实验教学竞赛 ………………………………………………………………………………………… (457)
 教育科研 ……………………………………………………………………………………………… (458)
 未来课堂建设 ………………………………………………………………………………………… (458)
 教育考试 ……………………………………………………………………………………………… (458)
 教师队伍建设 ………………………………………………………………………………………… (458)
 名校长、名教师、名班主任工程 …………………………………………………………………… (459)
 校长职级制评定 ……………………………………………………………………………………… (459)

教师资格认定及注册 …………………………………… (459)
　　公开招聘教职员 ……………………………………… (459)
　　流动人口积分入学 …………………………………… (459)
　　对口支援帮扶工作 …………………………………… (459)
　　扶困助学 ……………………………………………… (459)
　　校外教育培训机构管理 ……………………………… (459)

江门市教育

　概况 ……………………………………………………… (461)
　各级各类教育 …………………………………………… (463)
　　基础教育 ……………………………………………… (463)
　　中等职业教育 ………………………………………… (463)
　　西藏幼师班 …………………………………………… (463)
　　高等教育 ……………………………………………… (463)
　　民办教育 ……………………………………………… (464)
　教育成果与特色 ………………………………………… (464)
　　教学教研 ……………………………………………… (464)
　　教师继续教育 ………………………………………… (465)
　　名师工程 ……………………………………………… (465)
　　德育工作 ……………………………………………… (465)
　　体卫艺教育 …………………………………………… (466)
　　安全教育 ……………………………………………… (466)

阳江市教育

　概况 ……………………………………………………… (467)
　各级各类教育 …………………………………………… (468)
　　基础教育 ……………………………………………… (468)
　　职业教育与终身教育 ………………………………… (468)
　教育成果与特色 ………………………………………… (469)
　　加强党的建设 ………………………………………… (469)
　　推进中小学德育工作 ………………………………… (469)
　　全面推进素质教育发展 ……………………………… (469)
　　深化教师队伍建设 …………………………………… (470)
　　完善教育督导体制 …………………………………… (470)
　　全力保障校园安全稳定 ……………………………… (470)
　　推进法治建设 ………………………………………… (471)
　　全面提升惠民服务水平 ……………………………… (471)

湛江市教育

　概况 ……………………………………………………… (472)
　各级各类教育 …………………………………………… (472)
　　基础教育 ……………………………………………… (472)
　　职业与成人教育 ……………………………………… (474)
　　高等教育 ……………………………………………… (475)
　　民办教育 ……………………………………………… (475)

目 录 CONTENTS

教育成果与特色 …………………………………………………………………………………… (476)
　教育资助 ………………………………………………………………………………………… (476)
　学生素质教育 …………………………………………………………………………………… (476)
　师资队伍建设 …………………………………………………………………………………… (476)
　教育信息化建设 ………………………………………………………………………………… (476)
　依法治教 ………………………………………………………………………………………… (477)
　平安校园 ………………………………………………………………………………………… (477)
　招生考试 ………………………………………………………………………………………… (477)

茂名市教育

概况 ………………………………………………………………………………………………… (479)
各级各类教育 ……………………………………………………………………………………… (479)
　基础教育 ………………………………………………………………………………………… (479)
　职业与成人教育 ………………………………………………………………………………… (481)
　高等教育 ………………………………………………………………………………………… (481)
　民办教育 ………………………………………………………………………………………… (481)
教育成果与特色 …………………………………………………………………………………… (482)
　省市民生实事顺利完成 ………………………………………………………………………… (482)
　县级教师发展中心建设 ………………………………………………………………………… (482)
　校园足球发展 …………………………………………………………………………………… (482)
　学校"厕所革命" ………………………………………………………………………………… (482)
　教师队伍建设 …………………………………………………………………………………… (482)
　教师职称职级改革 ……………………………………………………………………………… (482)
　融入式结对帮扶 ………………………………………………………………………………… (482)
　教育信息化建设 ………………………………………………………………………………… (483)
　贫困学生资助 …………………………………………………………………………………… (483)
　基础工程建设 …………………………………………………………………………………… (483)

肇庆市教育

概况 ………………………………………………………………………………………………… (484)
各级各类教育 ……………………………………………………………………………………… (484)
　基础教育 ………………………………………………………………………………………… (484)
　职业与成人教育 ………………………………………………………………………………… (485)
　高等教育 ………………………………………………………………………………………… (486)
教育成果与特色 …………………………………………………………………………………… (487)
　教育资源共享 …………………………………………………………………………………… (487)
　教育督导 ………………………………………………………………………………………… (488)
　免费义务教育 …………………………………………………………………………………… (488)
　课程改革 ………………………………………………………………………………………… (488)
　扶困助学 ………………………………………………………………………………………… (488)
　学校疫情防控 …………………………………………………………………………………… (488)
　基础教育扩容提质 ……………………………………………………………………………… (488)
　职工教育 ………………………………………………………………………………………… (489)
　成人高考 ………………………………………………………………………………………… (489)

自学考试 …………………………………………………………………………………………… (489)

"双减"工作落地见效 ………………………………………………………………………… (489)

优质特色学校创建 …………………………………………………………………………… (489)

教育交流合作 ………………………………………………………………………………… (489)

强师工程 ……………………………………………………………………………………… (490)

师德建设 ……………………………………………………………………………………… (490)

校外培训机构治理 …………………………………………………………………………… (491)

清远市教育

概况 …………………………………………………………………………………………… (492)

各级各类教育 ………………………………………………………………………………… (494)

 基础教育 …………………………………………………………………………………… (494)

 职业与成人教育 …………………………………………………………………………… (494)

 高等教育 …………………………………………………………………………………… (495)

 民办教育 …………………………………………………………………………………… (495)

教育成果与特色 ……………………………………………………………………………… (495)

 教育督导 …………………………………………………………………………………… (495)

 质量监测 …………………………………………………………………………………… (495)

 教育投入 …………………………………………………………………………………… (496)

 广清教育对口帮扶 ………………………………………………………………………… (496)

 教育科研 …………………………………………………………………………………… (496)

 课程改革 …………………………………………………………………………………… (496)

 校长聘任制 ………………………………………………………………………………… (496)

 教师培训 …………………………………………………………………………………… (496)

 教师职称评定 ……………………………………………………………………………… (496)

 师德师风建设 ……………………………………………………………………………… (496)

 普通高考 …………………………………………………………………………………… (496)

 招生考试改革 ……………………………………………………………………………… (496)

 普及高中教育 ……………………………………………………………………………… (497)

 集团化办学 ………………………………………………………………………………… (497)

 省职教城概况 ……………………………………………………………………………… (497)

 广州软件学院清远选址办学 ……………………………………………………………… (497)

 职业技能竞赛 ……………………………………………………………………………… (497)

 1+X证书制度试点 ………………………………………………………………………… (497)

 "粤菜师傅""广东技工""南粤家政"三项工程 ………………………………………… (498)

 扶困助学 …………………………………………………………………………………… (498)

 教育公平 …………………………………………………………………………………… (498)

 学位供给 …………………………………………………………………………………… (498)

 体育艺术工作 ……………………………………………………………………………… (498)

 全市安全工作会议 ………………………………………………………………………… (498)

 研学实践教育 ……………………………………………………………………………… (498)

 家校共育 …………………………………………………………………………………… (499)

 现代学徒制试点 …………………………………………………………………………… (499)

目录

潮州市教育
概况 …… (500)
各级各类教育 …… (501)
　基础教育 …… (501)
　职业教育 …… (501)
教育成果与特色 …… (502)
　德育工作 …… (502)
　教研工作 …… (502)
　体育工作 …… (502)
　美育工作 …… (502)
　教师队伍建设 …… (503)
　信息化建设 …… (503)
　安全工作 …… (503)
　后勤工作 …… (503)

揭阳市教育
概况 …… (504)
各级各类教育 …… (504)
　基础教育 …… (504)
　中职教育 …… (504)
　高等教育 …… (504)
　民办教育 …… (504)
教育成果与特色 …… (505)
　党建工作 …… (505)
　"双减"工作 …… (505)
　"五育"并举 …… (505)
　教育改革 …… (505)
　教师队伍建设 …… (505)
　教育保障 …… (505)
　教育信息化 …… (505)
　教育督导 …… (505)
　学校安全管理 …… (505)

云浮市教育
概况 …… (506)
各级各类教育 …… (508)
　基础教育 …… (508)
　职业与成人教育 …… (509)
　高等教育 …… (510)
教育成果与特色 …… (510)
　基础教育学校管理 …… (510)
　招生考试管理 …… (511)
　教师队伍建设 …… (511)

教 育 统 计

广东省学校数 …………………………………………………………………………………… (515)
广东省毕业生数 ………………………………………………………………………………… (516)
广东省招生数 …………………………………………………………………………………… (517)
广东省在校学生数 ……………………………………………………………………………… (518)
广东省教职工数 ………………………………………………………………………………… (519)
广东省专任教师数 ……………………………………………………………………………… (520)
广东省各级各类教育基本情况（一） …………………………………………………………… (521)
广东省各级各类教育基本情况（二） …………………………………………………………… (522)
广东省各级各类教育基本情况（三） …………………………………………………………… (523)
广东省各级各类民办教育基本情况（一） ……………………………………………………… (524)
广东省各级各类民办教育基本情况（二） ……………………………………………………… (526)
广东省主要教育综合指标在全国排位情况（一） ……………………………………………… (528)
广东省主要教育综合指标在全国排位情况（二） ……………………………………………… (529)
广东省主要教育综合指标在全国排位情况（三） ……………………………………………… (530)
广东省各地级以上市学校数 …………………………………………………………………… (531)
广东省各地级以上市招生数 …………………………………………………………………… (532)
广东省各地级以上市在校学生数 ……………………………………………………………… (533)
2021年广东省各普通高校研究生、普通本专科招生数和在校生数 ………………………… (534)

特载

SPEECH

抢抓机遇 提高质量 加快建设教育强省

——在 2021 年全省教育工作会议上的讲话

中共广东省委教育工委书记，广东省教育厅党组书记、厅长 景李虎

(2021 年 1 月 13 日)

同志们：

今天我们召开 2021 年全省教育工作会议，主要任务是以习近平新时代中国特色社会主义思想为指导，深入学习贯彻党的十九大和十九届二中、三中、四中、五中全会精神，贯彻落实习近平总书记关于教育的重要论述和全国教育大会精神，深入学习贯彻习近平总书记出席深圳经济特区建立 40 周年庆祝大会和视察广东重要讲话重要指示精神，落实省委十二届十一次、十二次全会和 2021 年全国教育工作会议有关部署，总结 2020 年和"十三五"工作情况，分析形势，部署教育改革发展稳定任务。

待会，王曦副省长还要做重要讲话，对下一步工作提出部署要求。我们要认真学习领会，抓好贯彻落实。

一、2020 年主要工作情况

2020 年，在省委、省政府的正确领导下，全省教育系统全面贯彻党的教育方针，加强党对教育工作的全面领导，落实立德树人根本任务，深化教育领域综合改革，加快推进教育现代化，统筹抓好疫情防控和教育改革发展，全力确保校园安全稳定，教育公平日益彰显，教育质量不断提升，"十三五"圆满收官。

（一）党建工作扎实，党对教育工作的全面领导和教育系统党的建设进一步加强

统筹教育优先发展。省委教育工作领导小组研究教育重点议题，组织开展贯彻落实党的教育方针、教育发展形势分析研判、各地党委政府研究教育情况等调研，督促落实重点工作。21 个地级以上市全部成立市委教育工作领导小组，13 个地级市成立市委教育工作委员会，党对教育工作的全面领导进一步加强。

强化政治建设。落实"第一议题"制度，厅党组"第一议题"学习 115 次，开展党组中心组学习 20 期，全省高校党委理论学习中心组学习或专题学习 2500 多次，"第一议题"学习 9100 多次，确保学深悟透习近平新时代中国特色社会主义思想，在思想上、政治上、行动上与以习近平同志为核心的党中央保持高度一致，始终做到"两个维护"。深入开展党的十九届五中全会精神和《习近平谈治国理政》第三卷学习宣讲，高校各级党组织宣讲学习场数达 5300 多场，近 46 万人次参加，掀起学习热潮。开展"百千万"党组织书记培训班 13 期，举办"广东高校学习论坛" 4 期，组织学习培训 5.2 万人次。

持续夯实基层党建。在全国首次分类明确高校党建工作责任和省市县三级管理责任，党建体系更加健全。建立公办高校对口帮扶民办高校党建工作机制、民办高校和中小学校党建重点任务常态化调度和通报制度机制。遴选第三批 270 个高校党建示范校、标杆院系、样板支部和"双带头人"教师党支部工作室。开展第一批全省基础教育党建工作示范校评选，将党组织覆盖率和中小学校党组织归口率纳入市县政府履行教育职责评价。100% 完成党员发展计划，发展高知识群体党员 460 多名、疫情防控一线党员 386 名。从公办高校选派 12 名在职领导干部到民办高校担任党委书记。

落实校园政治安全和意识形态安全工作责任。召开全省教育系统 2020 年度安全稳定工作会议，签订《安全稳定责任书》，压实各地各学校安全稳定工作责任。推动出台《广东省学校安全条例》并组织做好宣传贯彻。建立安保维稳工作三级响应工作机制，做好重要节点和敏感期校园安全专项督导检查，组织开展校园安全稳定飞行检查 10 余次，处置 30 余起涉稳敏感事件。制定《广东省校园新媒体管理办法》，进一步规范校园新媒体舆论生态。加强做好境外非政府组织管理等相关工作，印发工作指引 5 份，指导高校加强涉外安全管理。

全面从严治党向纵深推进。落实全面从严治党"三清单"。坚定不移深化政治巡察，全年推动开展

厅党组巡察3轮，覆盖厅直属单位13家。坚定支持驻厅纪检监察组查处腐败案件，全年立案7件7人，给予诫勉处理4人，党纪处分19人，政务处分12人。注重发挥教育审计监督作用，全年组织开展审计项目16项，审计总金额26.11亿元，查出有问题资金1.91亿元。

（二）学校疫情防控工作扎实，全力确保正常教育教学秩序

筑牢校园疫情防控坚固防线。早研判、早部署，1月20日我们就发出紧急通知，提醒各地各学校高度重视，做好应急预案。制定实施"四精准""六分""一独立""三全""五管"校园疫情防控方案，共发布57个防控工作方案、指引和流程图，指导各地各学校落实好防控举措。健全工作机制，牵头组建全省校园疫情防控工作专班，共召开11次工作会、66次视频调度会，每天印发工作简报督促工作落实，至今已经编印简报260多期。指导严格落实秋冬季学校新冠肺炎和常见传染病防控要求。成立防范学生心理危机事件工作专班，组织开展心理健康监测，指导学校和家长做好心理疏导和心理干预。平稳开展线上教育，保障3.6万所学校、2600多万名师生顺利开学，无校园聚集性疫情，教育教学秩序运转正常，涉校舆情平稳。

完成高考、中考招生录取工作。积极应对考试时间推迟后我省气候炎热情况，各地齐心协力，新安装空调近7万台，推动首次实现了全省高考、中考考场空调全覆盖。高考招生春夏两季共录取72.12万人，比2019年增加2.93万人，各批次、各科类招生任务顺利完成，实现平安高考目标，考生、院校、社会满意度进一步提升。

（三）落实立德树人根本任务，学校素质教育扎实推进

扎实推进学校思想政治工作。坚持用习近平新时代中国特色社会主义思想铸魂育人，强化思想引领，用好疫情防控"教科书"，组织上好"复学第一课""开学第一课"。深化实践育人，开展大学生"立志、修身、博学、报国"和中小学生"我和我的祖国"主题教育活动，持续推动"校地结对、实践育人"项目，为实现全面脱贫攻坚目标贡献高校力量。加强学校思政课建设，强力督促各高校落实思政课教师配备工作，高校专兼结合思政课教师师生比达1∶330、专职辅导员师生比达1∶193，完成年度工作任务。举办全省大中小学思政课一体化教学展示活动。建设23个"八个相统一"高校思政课示范点，培育22个"三全育人"体制机制建设试点，完善思想政治工作"七大体系"。出版"马克思主义中国化进程与青年学生使命担当"精品思政课程教案。

大力发展素质教育。贯彻落实习近平总书记"文明其精神、野蛮其体魄"指示精神，牢固树立健康第一的教育理念，指导做好疫情防控期间学校体育工作。举办"省长杯"校园足球联赛全省总决赛、青少年校园足球夏令营，29人入选全国总营最佳阵容，取得近三年来最好成绩。成功创建100所全国青少年校园篮球特色学校、50所全国青少年校园排球特色学校、23所全国青少年校园冰雪体育传统特色学校。加强学校美育工作。课堂教学、课外活动、艺术展演和校园文化四位一体育人机制更加健全。组织开展第六届大学生艺术展演活动，持续推进广东学校美育浸润行动计划，成功创建省级高校中华优秀传统文化传承基地10个，省级中小学中华优秀传统文化传承学校212所、艺术特色学校242所，开展40场高雅艺术进校园活动。举办第三届粤港澳大湾区学校美术与设计作品展暨第五届广东省高校美术作品学院奖双年展，进一步推动粤港澳三地学校艺术实践教育深度交融合作。加强劳动教育。开展第一批省级研学实践基地（营地）评审，在有条件的职业院校遴选一批中小学劳动教育实践基地，构建有广东特色的中小学劳动教育体系，进一步夯实实践育人平台基础。加强学校国防教育工作。完成大学生征兵任务，2020年全省共征集大学生17125人，其中大学毕业生5086人，比2019年提高6个百分点，数量创历史新高。语言文字工作扎实推进。2020年广东省普通话普及率达到85.6%。省级语言文字规范化示范校达到284所，省级规范汉字书写特色校达到128所。建成2个国家语言文字推广基地，以及"国家语言服务与粤港澳大湾区语言研究中心"。完成中国语言资源保护工程广东工程。省语言文字工作委员会办公室获得教育部、国家语言文字工作委员会（简称国家语委）授予的"中国语言资源保护奖"先进集体称号。

（四）推进教育开放，大湾区教育合作和深圳教育先行先试稳步推进

大湾区教育合作扎实推进。出台《推进粤港澳大湾区高等教育合作发展规划》。香港科技大学、香港城市大学、香港公开大学等来粤办学顺利推进。推动新机制高起点设立大湾区大学。落实保障在粤的港澳学生与内地居民同等接受学前教育、义务教育、高中阶段教育的权利，9万名港澳中小学生在粤就读。港澳台居民在粤就读子女与广东居民同等

条件报名参加普通高考。加强粤港澳青少年学习交流，努力推动港澳年轻一代人心回归。推动广东高校联合港澳高校、科研院所建设8家粤港澳联合实验室，支撑大湾区国际科技创新中心建设。支持设立港澳子弟学校或港澳子弟班，继续实施粤港澳姊妹学校（园）缔结计划，粤港澳三地已缔结姊妹学校（园）1067对。支持深圳教育体制机制改革先行先试。部省共同推进深圳职业教育高端发展，争创世界一流。天津大学佐治亚理工深圳学院正式获批。引进世界知名大学来粤合作办学取得新进展。3所不具有法人资格的中外合作办学机构获教育部批准设立，岭南师范学院、深圳大学获批设立中外合作办学项目。出台《广东省合作办学工作指引（试行）》，中外合作办学治理水平不断提升。

（五）抢抓机遇推进11所新建高校（校区）建设，2021年实现地级以上市本科高校（校区）、高职院校全覆盖

为加快补齐我省粤东粤西粤北地区高等教育发展短板，扩大优质学位供给，提高高等教育毛入学率，省教育厅会同省直有关部门、有关地市大力推动新建高校（校区）建设，取得阶段性重要进展，2021年将实现地级以上市本科高校（校区）、高职院校全覆盖。

广州、汕头、梅州、汕尾、阳江、肇庆、清远、潮州、揭阳、云浮等地市政府加大投入，全力以赴推进本科院校（校区）、高职院校建设。华南师范大学、广东工业大学、汕头大学、广东海洋大学、广东金融学院等举办高校，采用"校本部+新校区"办学模式，科学规划新校区发展方向，合理统筹教师、学科、科研资源。华南理工大学、广州中医药大学、深圳大学、广东省外语艺术职业学院、广东食品药品职业学院、广州番禺职业技术学院等对口帮扶援建高校，积极履行对粤东粤西粤北地区新建高校（校区）的帮扶援建责任，推动受扶高校（校区）加快建设、稳妥起步。

2021年，广东省将有11所高校（校区）建成招生，其中9所落户粤东粤西粤北地区，填补了部分地市没有本科高校或者没有高职院校的空白，实现地级以上市本科高校（校区）、高职院校全覆盖，将进一步扩大高等教育人才培养规模，为粤东粤西粤北经济社会高质量发展注入新动能。

（六）基础教育优质资源覆盖面不断扩大，增加学前教育公办学位112.52万个

建立统筹推进基础教育高质量发展工作机制，扎实完成教育改革发展重点交账任务。实施"5080"攻坚行动，累计增加公办学位112.52万个，全省公办园在园幼儿占比达51.58%，公办和普惠性民办幼儿园在园幼儿占比达86.7%，100%完成小区配套幼儿园和无证幼儿园治理。全面消除66人以上超大班额，义务教育阶段学校56人以上大班额总数控制在1%以下；加强控辍保学，建档立卡贫困家庭辍学学生实现动态清零；全面推进"两类学校"建设，实施"改薄提升"工程，在省推进乡村振兴战略工作实绩考核中获评为优秀；加强中小学招生入学管理，全面落实"公民同招"政策要求。出台推进中小学幼儿园集团化办学的指导意见，修订广东省普通高中课程实施方案，全面实施普通高中新课程新教材，省综合素质评价信息系统平台基本建成。新建5所特殊教育学校，适龄残疾儿童入学安置率达到98.61%。全省中小学校（含教学点）宽带接入率达到100%，中小学校100%实现接入带宽速率超100M，中小学校最少拥有一间多媒体教室比例达100%。建设17个粤东粤西粤北互联网环境下基础教育教学改革实验区，推进516个信息化中心学校和241个融合创新示范培育推广项目建设，实施国家课程数字教材规模化应用全覆盖工程，有效推进信息技术与教育教学融合创新。

（七）扩容提质加快推进，职业教育规模继续保持全国第一

高质量完成高职扩招任务，扩招16万人、完成率达197%，省职教城一期工程和二期工程先行项目完工，进驻10所院校，在校生约8万人。大力推进"粤菜师傅""广东技工""南粤家政"三大工程，"粤菜制作""粤点制作"标准列入国家职业技能等级证书目录。深化产教融合、校企合作，校企合作企业4万余家；76%的高职院校开展现代学徒制试点，我省拥有全国试点单位38家，位居全国第一。加强内涵建设，推进高职"创新强校工程"和中职布局结构调整，推进省属职业院校集团办学。立项建设89所省级高水平中职学校和185个省级高职高水平专业群；1+X证书制度试点规模17万人，位居全国前列。全国职业院校教师教学能力大赛参赛作品100%获奖，一、二等奖获奖数连续三年居全国第一。

（八）高等教育实现普及化

加强高校规划建设，扩大高等教育招生规模，高等教育毛入学率预计达52%。全省9所独立学院完成（或即将完成）转设，近2/3独立学院的办学体制进一步理顺。深入实施高等教育"冲一流、补短板、强特色"提升计划，105个学科入围ESI排

名前1%，同比增加28个，增量全国第一。新增粤港澳联合实验室、教育部协同创新中心等省级以上创新平台33家，高校牵头获国家三大科技奖8项，占全省以第一完成单位获奖总数的80%。广州医科大学钟南山院士为抗击新冠肺炎疫情科研攻关做出杰出贡献，荣获共和国勋章。深化一流本科专业和一流本科课程建设，增设117个本科专业，超半数为理工科和医学专业。37所本科高校建设134个产业学院，数量居全国第一，我省成为参与教育部首批现代产业学院论证的两个省份之一。

（九）全面深化新时代教师队伍建设改革，教师队伍建设水平不断提高

建立完善师德建设长效机制，严肃处理师德违规行为。深化教师发展支持体系建设，149所市县级教师发展中心全部获批。深入实施乡村教师支持计划，落实农村从教"上岗退费"政策，公费定向培养粤东粤西粤北中小学教师3400人，实施"银龄讲学计划"，178名退休教师到农村支教，落实"三区"人才支持计划教师专项计划，省级派出支教教师800人次，培训8.8万名骨干教师、校（园）长。推动全面落实中小学教师工资收入水平"两个不低于或高于"要求。推动建立健全新时代基础教育教研体系，打造高素质教研队伍。深化教师管理制度改革，中小学教师"县管校聘"全面推进，四部门联合出台《关于进一步挖潜创新加强中小学教职工管理的实施办法》，143所高校完成教师职称制度改革文件备案，实施中等职业学校教师职称制度改革。

（十）全面深化教育领域综合改革，人民群众的教育获得感进一步增强

力保"两个只增不减"。2019年，全省一般公共预算教育经费为3217.77亿元，比2018年增长14.7%，各级各类教育生均一般公共预算教育经费均实现"只增不减"。21个地级以上市均实现一般公共预算教育经费增长（比2018年增加2个），有18个地级市生均一般公共预算教育经费实现增长（比2018年增加4个，仅有韶关、阳江、中山3个地级市个别学段的生均一般公共预算教育经费未能实现增长）。初步统计，2020年全省一般公共预算教育支出安排达3470亿元，比2019年全年执行数增长近8%，在预算安排上落实了一般公共预算教育经费增长。

用心用情用力解决好人民群众关心关切的热点难点问题。做好高校毕业生稳就业工作，想方设法拓展16.7万个政策性岗位，总体就业率达95%。第六届中国国际"互联网+"大学生创新创业大赛办赛精彩、参赛出彩，广东省获奖总数居全国第一。推进解决广东石油化工学院等5所省市共建高校办学体制问题。打好收官之年教育脱贫攻坚战，深入推进乡村振兴战略教育行动计划、一流高职院校结对帮扶计划；统筹各方保障建档立卡学生顺利参加线上教育。聚焦"三区三州"等深度贫困地区，实施东西部教育扶贫协作"牵手工程"和教育援疆"五个一工程"，深入推进"援藏援疆万名教师支教计划"和"组团式"教育人才援藏工作，选派援藏援疆支教教师491名，组织广东1454所学校与受扶地学校结对，11所高校选派313名大学生赴林芝实习支教。校园安全文明水平不断提升，"厕所革命"成效显著，2787所学校厕所完成提升改建，完成率达164%；学校食堂"互联网+明厨亮灶"实现100%全覆盖。

2020年各项工作的顺利推进完成，意味着"十三五"教育改革发展各项任务圆满收官。五年来，广东省教育改革发展成效显著，各级各类教育迈上新台阶。

教育普及水平和教育质量不断提高，教育发展总量位居全国前列，各级各类教育毛入学（园）率保持高位增长，县域内义务教育均衡发展水平逐步提高，成为全国第六个实现义务教育发展基本均衡县全覆盖的省份。2017年实现教育强县（市、区）全覆盖，2019年实现推进教育现代化先进县（市、区）全覆盖。学前教育实现"5080"普及普惠目标。14所高职院校19个专业群入选国家"双高计划"建设项目，职业教育改革成效明显，受到国务院办公厅督查激励。5所高校进入国家"双一流"建设行列，大力实施高等教育"冲一流、补短板、强特色"计划，学科建设水平、高校创新平台建设水平和创新能力进一步提升。

教育领域改革开放实现新突破，省级政府教育统筹综合改革、构建现代职业教育体系、应用型本科人才培养模式改革试点等在全国产生广泛影响。立德树人根本任务有效落实，首创高校党委书记、校长每学期上第一堂思政课制度，这一做法写入中央文件并在全国推广。高考综合改革"3+1+2"方案顺利出台。广东以色列理工学院、深圳北理莫斯科大学获教育部批准设立，香港科技大学（广州）获教育部批准筹设，已获批设立5所具有法人资格的合作办学机构，占全国总量的一半。

2020年是极不平凡的一年，全省教育系统统筹校园疫情防控和教育改革发展，各项主要目标任务

如期完成、成效显著、亮点纷呈，"十三五"圆满收官，总体来看，过去五年是我省教育事业快速发展、取得显著成就的五年，这些成绩的取得，离不开省委、省政府的坚强领导，离不开在座各位的统筹协调、攻坚克难，离不开全省教育系统干部职工的齐心协力、艰苦奋斗。在这里，我代表省委教育工委、省教育厅，对全省教育系统的干部职工、广大师生表示衷心的感谢和崇高的敬意！

当前，总的来看，我省教育工作的"四梁八柱"已经基本搭建起来，各级各类教育都有了比较清晰的顶层设计和任务框架，各地各学校在推进落实过程中是努力的，工作成效是好的，为建设教育强省、办好人民满意的教育打下了坚实的基础。

与此同时，我们应当清醒地看到，"十三五"全省教育发展取得了显著成效，但尚不能完全适应人的全面发展和经济社会发展的需要，与先进省市相比还有一定差距，人民日益增长的优质教育需求与发展不平衡不充分之间的矛盾仍然比较突出。

主要表现：一是教育发展水平与广东发展定位仍不相适应，基础教育质量亟待提升，职业教育、高等教育学科专业结构有待优化，产教融合、科教融合的协同培养机制有待健全，教育服务和引领经济社会转型发展的能力有待提升。二是教育资源配置与城镇化进程不相协调，优质教育资源总量不足，"一核"地区基础教育公办学位供给紧张，职业院校、高等学校办学条件有待加强，珠三角地区与粤东粤西粤北地区之间、城乡之间、学校之间、群体之间教育水平差距明显。三是教师队伍素质和结构不能适应教育高质量发展的新要求，"一核"地区教师编制不足，"一带一区"地区教师总体素质有待提升，教师专业发展支持体系有待健全和完善。四是教育保障水平在用地规划、资金投入等方面有待提高，基础教育生均一般公共预算公用经费支出低于全国平均水平。五是教育治理体系和治理结构尚不完善，教育评价机制有待完善。六是科学的教育理念尚未牢固树立，促进学生全面发展的育人模式有待健全，学生创新创业能力培养有待加强。

二、2021年重点工作

"十四五"期间，我省教育的总体目标：立足广东、对标先进，面向世界、面向未来，紧紧抓住粤港澳大湾区和深圳中国特色社会主义先行示范区"双区驱动"战略机遇，加快推进教育现代化，建设教育强省，到2025年，实现各级各类教育更加公平、更高质量、更有特色，建成满足全民终身学习需要的现代教育体系，教育服务与引领经济社会转型发展能力显著增强，形成教育对外开放合作新格局，教育治理效能全面提升，全省教育综合实力、整体竞争力、国际影响力基本达到国内领先水平，珠三角地区教育达到发达国家平均水平，与港澳携手打造中国南方教育高地获得国内外广泛认同，粤港澳大湾区国际教育示范区建设取得重大进展。

2021年是"十四五"的开局之年，是开启全面建设社会主义现代化国家新征程的关键之年。2021年，全省教育的工作思路是以习近平新时代中国特色社会主义思想为指导，全面贯彻党的十九大和十九届二中、三中、四中、五中全会精神及全国教育大会精神，深入学习贯彻习近平总书记出席深圳经济特区建立40周年庆祝大会和视察广东重要讲话重要指示精神，全面贯彻党的教育方针，落实立德树人根本任务，按照省委"1+1+9"工作部署，牢牢把握"双区驱动"战略机遇，围绕构建"一核一带一区"区域发展新格局，深化教育领域综合改革，促进教育公平，提高教育质量，加快建设教育强省。重点做好以下工作：

（一）坚持和完善党对教育工作的全面领导

坚持以习近平新时代中国特色社会主义思想为指导，教育引导广大干部师生增强"四个意识"，坚定"四个自信"，做到"两个维护"，以政治建设为统领，抓好党委理论学习中心组学习和"第一议题"制度，推进习近平新时代中国特色社会主义思想入脑入心，使教育系统成为坚持党的领导的坚强阵地。全面落实《普通高等学校基层组织工作条例》，加强高校党建和中小学党建工作。深化新时代教师队伍建设改革和人才工作体制机制改革。压紧压实管党治党政治责任，以坚如磐石的决心正风肃纪反腐，大力整治干事创业精气神不够、患得患失、不担当不作为等问题，推动教育系统全面从严治党向纵深发展。做好省委授权厅党组巡察部分高职院校工作。

（二）进一步加强学校思想政治教育工作

围绕中国共产党成立100周年开展系列主题教育活动。把立德树人融入教育各环节，持续深化学校思政课改革创新，全面开展大中小学"三全育人"体制机制建设试点工作。提高学校思政课的质量和水平，按照"八个相统一"要求，进一步推进思路创优、师资创优、教材创优、教法创优、机制创优、环境创优，不断增强思政课的思想性、理论性和亲和力、针对性。打造素质优良的思想政治工作队伍，配齐建强思政课教师和辅导员队伍。要更好发挥各类平台载体作用，强化人才培养，不断提升专职思政课教师、辅导员、中小学班主任等队伍的素质能力和专业水平。

（三）狠抓政治安全、意识形态安全工作，确保教育系统安全稳定

各地各学校要时刻紧绷安全稳定这根弦，采取有力措施，全力筑牢教育系统政治安全、意识形态安全"底板"。一要牢记使命，落实工作责任。要切实提高政治站位，认真落实主体责任，切实履行管行业必须管安全稳定、管业务必须管安全稳定的"一岗双责"制度，逐级落实安全工作责任，坚决维护政治安全、意识形态安全，牢牢守好政治安全、意识形态安全"南大门"。二要及早谋划，掌握工作主动权。坚持及早研判布置与强化部门联动相结合、重要时间节点防范与专项督查整治相结合，及时发现和化解风险隐患。按照省委教育工委《2021年全省教育系统政治安全意识形态安全工作指引》，研判提出2021年校园涉稳重点人群、重点场所、重要阵地、重要时间节点、敏感事件类型及相应任务和措施，下好先手棋，打好主动仗，掌握主动权，防患于未然。落实好意识形态工作"六项责任制"，严格执行课堂教学、讲座论坛、涉外交流合作、新疆籍少数民族学生教育管理等制度，确保学校意识形态阵地安全。三要健全机制，强化风险防控。健全校园安全隐患和不稳定因素排查化解机制，完善舆情监控机制、突发事件及时报告机制、突发事件应急处理机制，以及"特别防护期"校园应急值守工作机制，完善防范和抵御校园宗教渗透协调机制等，不断提升教育系统风险研判、防控协同、防范化解水平。四要慎终如始抓好疫情防控。秋冬季以来，全球新冠肺炎疫情持续蔓延，国内疫情防控形势严峻复杂，各地各学校务必打起十二分精神继续抓实抓细校园疫情防控。

（四）开展全口径组团式帮扶，加快推进新建高校（校区）建设，推动粤东粤西粤北地区教育高质量发展

创新教育结对帮扶机制。长期以来，珠三角和粤东粤西粤北地区教育水平存在较为严重的区域发展不平衡问题，我们要创新教育结对帮扶机制，深化地级以上市结对帮扶、省内高校结对帮扶、高校德育实践基地建设和"三区"人才支持计划教师专项计划等帮扶方式。推动全省所有高校和粤东粤西粤北市、县（区）结对帮扶；推动师范院校、师范专业、教育研究机构与粤东粤西粤北市、县（区）结对帮扶；推动珠三角地区对粤东粤西粤北地区教育开展"组团式"帮扶；扩大珠三角优质中小学与粤东粤西粤北中小学结对帮扶规模；强化地级市区域内校际结对帮扶，促进粤东粤西粤北地区基础教育高质量发展。全口径组团式结对帮扶的重点是乡镇和县区学校，帮扶的任务是全面提升教师的能力素质。通过建立全口径组团式结对支持、协同推进的帮扶机制，促进粤东粤西粤北地区基础教育教师队伍能力素质、教学质量、办学水平、学校管理、党建团建队建水平等方面全面提升。提升粤东粤西粤北地区基础教育质量，既是省委、省政府加快构建"一核一带一区"区域发展新格局的要求，也是夯实我省教育高发展质量的重要组成部分，各地市、各高校要高度重视这项工作，全情投入、全力配合。

完善高等教育布局结构，全力促成11所新建高校（校区）顺利招生、平稳开局、高水平起步、高质量发展。广州、汕头、梅州、汕尾、阳江、肇庆、清远、潮州、揭阳、云浮等市政府及有关社会举办方要履行主体责任，持续加大投入，加快校园建设，切实保障各项基本办学条件落实到位。华南师范大学、广东工业大学、汕头大学、广东海洋大学、广东金融学院等举办高校要担当负责，完善师资队伍、学科专业和人才培养方案等办学要素。华南理工大学、广州中医药大学、深圳大学、广东省外语艺术职业学院、广东食品药品职业学院、广州番禺职业技术学院等援建高校要一如既往，全力完成对口援建任务。相关地级以上市、举办高校、对口援建高校要通力合作，协同推进，确保11所高校2021年建成招生。

（五）全面深化教育领域综合改革

贯彻落实《深化新时代教育评价改革总体方案》，建立教育评价改革负面清单、工作任务清单，加快建立科学的、符合时代要求的教育评价制度和机制，扭转"五唯"评价倾向。深入推进普通本科高校考试招生制度改革，深化高职院校分类考试招生改革，建立健全普通高中和初中学业水平考试制度，推进高中阶段学校考试招生制度改革，扭转"唯分数"的评价倾向，树立多元评价和培养机制对教师、学生和家长的正确导向。2021年，各地要认真做好新高考落地方案各项组织实施工作，确保新高考改革平稳落地顺利实施。要进一步完善职称评价标准，建立符合中小学教师岗位特点的考核评价指标体系，扩大和落实高校教师职称评审自主权，深入推进高等学校教师考核评价制度改革，针对不同岗位、不同层次、不同学科类型教师，探索建立分类评价标准，把人才配置到最合适的岗位上，让

人才创新创造活力充分迸发。进一步深化科研评价机制改革，以质量和贡献为核心推进分类评价，建立基础研究、应用研究、技术开发以及成果转化等科研业绩等效评价机制，加强学术道德舆论监督。

（六）大力加强教师队伍建设、人才队伍建设

加强教师队伍建设。进一步加强新时代师德师风建设，各地各学校要把师德师风作为评价教师队伍素质的第一标准，健全完善师德建设长效机制，倡导全社会尊师重教，引导激励广大教师努力成为"四有"好老师，进一步加大师德违规行为查处力度，把害群之马坚决清除出教师队伍。加快推进师范专业认证，完善师范专业人才培养方案，着力提高师范生培养质量。加快教师专业发展体系建设，有关高校要加强省级中小学教师发展中心建设，形成自身特色、优势品牌；各地市要加大投入，加快市、县教师发展中心建设。2020年，全省计划建设的149个市县级教师发展中心全部获批，下一步要加快建设，配齐软件，尽快通过认定，尽快发挥作用。要建立健全新时代基础教育教研体系，加强教研员队伍建设，加快补齐补强各学科教研员。着力提高教师培训的针对性和有效性，省、市、县分级推进落实教师培训任务，特别要做好乡村教师和"三区"教师的培训工作。加快补齐乡村教师队伍短板，继续实施好"上岗退费"政策，完善粤东粤西粤北地区中小学教师公费定向培养计划。进一步深化教师管理制度改革，提高中小学"县管校聘"改革效益，切实推动城镇优秀教师、校长向乡村学校、薄弱学校流动。

着力加强人才队伍建设。制订出台基础教育、职业教育、高等教育、民办教育专业人才队伍建设规划。加强高校人才队伍建设，建立完善党管人才工作机制，深入推进人才发展体制机制改革。探索建立顶尖人才遴选机制，重点引进活跃在国际学术前沿和满足重大战略需求的一流科学家、学科领军人物和创新团队、高层次青年人才和紧缺专门人才。完善人才激励机制，把研究生招生指标、科研经费、办公实验用房等学校核心资源向高层次人才和优秀青年人才倾斜，培养造就更多帅才、将才。

（七）推动基础教育高质量发展

扩大普惠性学前教育资源，提高保教质量。提升普惠性幼儿园办学条件和保教质量，巩固"5080"攻坚工程成果，各地公办幼儿园在园幼儿比例达50%以上、公办和普惠性民办幼儿园在园幼儿比例达80%以上，培育135项学前教育"新课程"科学保教示范项目。这项工作已列入2021年省政府民生实事，各地要指导督促各县（市、区）切实履行发展学前教育主体责任，紧紧咬住提升公办幼儿园在园幼儿数占比这个目标不放松，特别是2020年公办园在园幼儿比例偏低的地市，要通过公办幼儿园扩班增容、新建和改扩建、回收和回购等多种方式，确保完成目标任务。"学前教育科学保教示范工程"将示范带动全省幼儿园保教质量提升，各地要积极组织县（市、区）和幼儿园参与项目实践，并给予大力支持。

推进义务教育优质均衡发展。要加快新建、改扩建一批学校，确保规划建设学校如期建成、交付使用，有效增加义务教育公办学位供给。广州、深圳、东莞、中山等市要落实好国家"两为主"要求，依法保障随迁子女平等接受义务教育权利，逐年提高随迁子女入读公办学校的比例。要继续做好消除义务教育大班额工作。全面加强"两类学校"建设，优化农村义务教育学校布局，全面开展乡村小规模学校基本办学条件达标建设，通过新建和改扩建等多种方式增加寄宿制学校学位。要抓好控辍保学工作，继续做好辍学学生的劝返复学工作，九年义务教育巩固率保持在95%以上。

进一步改善普通高中办学条件。要继续按照国家和省有关要求，落实好国家课程方案和课程标准，以课程改革为核心，有序推进选课走班，按照国家课程方案和高考改革方案指导学校做好课程实施规划，科学合理排课编班，开展分类分层教学，加强学生发展指导，因地因校制宜开展选课走班，切实提高育人质量。要积极应用中小学生综合素质评价信息管理平台，加强过程评价，发挥综合素质评价的导向和激励功能，促进学生全面而有个性的发展，推进学校特色发展。省里将建设一批新课程新教材实施示范区、示范校。各地要实施市级消除大班额专项规划，全面消除56人以上大班额。

大力推进学区化管理和集团化办学。落实好《关于推进中小学幼儿园集团化办学的指导意见》，实施集团化办学培育工程，出台《广东省省级优质特色基础教育集团评估方案》，评估培育不少于100个省级优质特色教育集团，扩大优质教育资源覆盖面，进一步缩小区域、城乡、校际基础教育发展差距。

基础教育任务还有很多：一是制订实施好广东省第三期特殊教育提升计划，继续做好残疾儿童少年义务教育招生入学工作，确保残疾儿童少年义务教育入学巩固率达到95%以上。二是推动新时代教材工作改革发展，紧紧围绕立德树人根本任务，坚

持正确政治方向，弘扬优良传统，推进改革创新，用心打造更多培根铸魂、启智增慧的精品教材。进一步健全教材管理，加强港澳台子弟学校（班）教材的管理工作，做好2021年地方课程教材申报及审查工作。三是要深入推进教育信息化与教育教学的融合创新。2021年要完成516个信息化中心学校和241个融合创新示范培育推广项目建设，发挥区域乃至全省标杆引领示范作用。

（八）大力发展素质教育

要牢固树立"健康第一"的教育理念，开齐开足体育课程，严格落实每天1小时校园体育活动要求。大力推进校园足球工作，充分发挥试点县（区）、"满天星"训练营和特色校的示范效应，完善校园足球竞赛体系，进一步提升我省青少年校园足球工作水平。着力打造学生体育节、音乐节、艺术节等品牌活动，加强体育文化交流，助力粤港澳大湾区建设。加强学校卫生和健康教育，扎实推进综合防控儿童青少年近视工作，促进学生健康成长。积极开展以传承中华优秀传统文化艺术为重点的美育实践活动，因地制宜开展比赛交流活动，继续构建课程教学、实践活动、校园文化、艺术展演"四位一体"的普及艺术教育推进机制，丰富学生的艺术体验，引领学生树立正确的审美观念，陶冶高尚道德情操，塑造美好心灵。深入推动劳动教育课程改革，开展劳动技术教育，注重对劳动情感、劳动态度、劳动观念的培养，增加实践性、操作性内容。

（九）以"扩容、提质、强服务"为主线，推动职业教育提质培优、增值赋能

推进职业教育扩容，助力提高我省高等教育毛入学率、优化教育层次结构。加快省职教城二期、三期建设，有关高校要切实加强组织领导，优化设计需求，及时配合代建单位做好各项工作，确保项目建设如期推进。继续推进省属职业院校集团办学，牵头高职院校要主动作为、勇于担当，中职学校要切实提高认识，摒弃观望情绪，按照实施方案确定的路线图扎实推进。各高职院校要扎实做好2020年扩招学生的教学安排工作，保证春季正常开学，落实高质量扩招；同时要提前谋划做好2021年高职扩招工作，摸清家底，做好预案，按照省里的工作部署，切实抓好工作落实。

提高职业教育办学质量，增强职业教育吸引力。扎实推进"双高"建设，有关院校要立足广东产业发展需求，瞄准重点产业、龙头企业，建设好一批高水平院校和专业群。各地要为"双高"建设提供有力的经费保障和政策支持。深入实施一流高职院校帮扶计划，落实人、财、物保障，重心放在内涵帮扶、质量提升上来，拿出实招，有效推动薄弱院校和新设院校的发展。积极推进中职学校布局结构调整，建设一批省级高水平中职学校。大力推进1+X证书试点，将试点工作作为职业院校人才培养模式改革的重要内容，牢牢把握课证融通这个"牛鼻子"，提高学生培养质量和就业竞争力。统筹推进"粤菜师傅""广东技工""南粤家政"工程，实施推广"粤菜制作""粤点制作"职业技能等级标准，研制"家庭服务""家政服务运营"职业技能等级标准。

提升职业教育服务经济社会发展能力，增强职业教育贡献度。进一步深化产教融合、校企合作，各地各学校要加大先进制造业、现代服务业等专业的设置比例，积极支持家政、健康、护理、养老、文化、旅游等紧缺专业的建设发展，与企业、行业、园区联合发力，全面推行现代学徒制，改革人才培养模式，推进校企精准对接、精准育人。要用足用好国家政策，完善校内分配制度和教师工作绩效考核办法，调动广大教师积极性，有效服务产业发展需求。

（十）深入实施"冲一流、补短板、强特色"提升计划，提升高等教育内涵发展水平

加强学科建设，着力提升高校科技创新能力。紧密对接国家"双一流"建设，完成首轮高等教育"冲补强"提升计划绩效自评和终期考核验收工作，谋划实施新一轮"冲补强"提升计划，在新的起点上推进全省本科高校分类发展、内涵提升，重点培育建设一批入选ESI全球排名前1%或国内排名前10的学科。瞄准全省或当地产业转型升级需要，进一步凝练学科方向，调整优化学科专业结构，增强高校学科专业快速响应能力。以学位授权审核为重点，加强政策研究和基础能力建设，新增一批博士、硕士学位授予权高校。按照国家和我省整体战略布局，大力开展有组织的科学研究，不断增强原始创新能力和关键技术攻关能力，争取在部分"卡脖子"问题上取得突破。积极参与省实验室等重大科技基础设施建设，大力推进省部共建协同创新中心建设，争取再新增一批国家重点实验室等国家级创新平台。大力推进科产教深度融合，引导企业与高校合作研发或向高校购买技术成果，构建科产教协同融合发展生态。

深入推进人才培养模式改革，提升拔尖创新人才培养能力。全省高校要切实强化人才培养工作的中心地位，围绕这个中心推进各项改革和相关资源

配置，全面提高人才培养能力和水平。深入实施"一流本科专业"建设计划，落实一流专业建设"双万计划"，做强一流本科、建设一流专业、培养一流人才。积极参与权威组织专业认证，大力推进"一流本科课程"建设，把科技革命和产业变革的新动向、社会发展的新需求、学科交叉融合的新趋势、科学研究的新成果及时纳入课程和教材。深化"新师范"建设，抓住"一内一外"两个重点，校内狠抓师范类专业认证，校外抓紧推进教师教育创新实验区建设。深入推进"新工科"建设，深化产学研合作，推进产业学院建设。要全面深化研究生教育综合改革，有效统筹科技和产业资源，推进科教融合、产教融合培养研究生；加强学位论文抽查，严把研究生培养质量关。

积极推进大学生就业创业。2021年，国际国内经济下行压力仍然较大，叠加疫情影响，我省大学生就业形势不容乐观。各高校要把解决就业问题放在更加突出的位置，做好学生职业发展规划教育，及早部署推进2021届毕业生就业工作，广泛开展线上线下相结合、形式丰富多样的秋冬季校园招聘活动，深挖岗位资源，畅通供需双方对接渠道，不断提升学生就业质量和水平。要继续做好中国国际"互联网+"大赛工作，争取优异成绩，推动我省高校创新创业教育迈上新台阶。

（十一）全面深化粤港澳大湾区教育合作，大力支持深圳建设中国特色社会主义先行示范区

以《推进粤港澳大湾区发展规划纲要》为遵循，抓好《推进粤港澳大湾区高等教育合作发展规划》的贯彻落实，在"一国两制"框架下，解放思想、大胆探索，用好用活粤港澳三地教育资源，推进粤港澳大湾区打造国际教育示范区，支持深圳建设先行示范教育高地和高等教育综合改革先行示范区，为全国教育改革探索积累有益经验。加强省市联动、统筹协调，全省一盘棋，一起展现担当作为，实现大湾区、先行示范区、"一核一带一区"相互支撑、联动发展。继续推进境外优质教育资源合作办学，重点推进香港科技大学（广州）建设，统筹推进香港城市大学、香港理工大学、香港公开大学等到大湾区内地相关地市合作办学。加快推进大湾区大学、中山科技大学建设。加强分类指导、完善管理服务机制，落实教育领域鼓励和支持港澳居民到内地发展的便利措施。继续深化粤港澳教师交流合作，深入推进粤港澳姊妹学校（园）缔结计划，推进粤港澳三地教育交流合作向纵深发展。

（十二）推进依法治教，强化督导评估，进一步提升教育保障能力和水平

加强教育法治建设，全面推进依法治教。深入学习贯彻习近平法治思想，将2021年确定为全省教育系统"法治建设年"。法治是加快教育治理体系和治理能力现代化的路径选择与法治保障，要求我们运用法治思维和法治方式解决教育领域热点、难点、重点问题，为我省教育事业积极健康持续高质量发展提供支持和保障。全面推进依法治教，一要转变观念，充分认识到教育法治在教育现代化进程中具有引领性、基础性、规范性、保障性的重要地位和作用，要融入我们教育治理、办学治教的各领域各方面各环节，融入日常行为规范之中，转化为自觉行动。二要完善制度体系，加快现代学校制度建设，推动学校建立健全以章程为统领、规范统一的制度体系，规范办事程序，突出政策落实与制度执行，推进学校治理现代化。三要建立健全教育依法行政机制，加快建立健全权责清晰、权威高效的教育管理体制和政府统筹、部门合作、上下联动的教育行政执法机制，通过"双随机一公开"和明察暗访等方式，持续加大对重点领域、突出问题的查处整治，实现教育治理常态化、制度化、长效化。四要强化社会监督，通过信息公开，确保社会公众及时、便捷、有效地获取各类教育信息。各级教育部门要推进政务公开，坚持以公开为常态、不公开为例外；各级各类学校要把办学条件、质量水平等相关信息向社会公开，接受社会监督。

落实好"两个只增不减"的财政投入责任。2021年，省财政按照"两个只增不减"的要求，优先保障教育投入，在减税降费的大背景下，加上疫情的冲击，全省财政收支矛盾更加集中凸显，能实现一定的增幅实属不易，有关学校要统筹用好提标等资金，特别要优先安排解决制约学校发展的重大项目资金。

在省加大对市县教育转移支付力度的同时，市县政府要切实履行基础教育投入的主体责任，在预算安排和预算执行中都要落实"两个只增不减"的硬性要求，不能因为省财政加大投入而减少市县本级的投入。省教育厅将对市县教育投入情况进行定期通报，对未能落实"两个只增不减"的市县通报批评、责成整改。各市县要办好2021年省政府民生实事，落实好学前教育普惠性幼儿园生均经费最低标准由每生每年400元提高到500元。

在资金支出方面，各地各学校都要把预算执行进度作为一件大事来抓，创新方式方法，建立"管

业务推进同时要管资金使用"的协同机制，把来之不易的资金及时用出去，用出效益。对于支出进度慢的学校和市县，省教育厅将按照"四挂钩"的要求，扣减相关经费安排。

落实"提毛"等基建项目管理的主体责任。2020年省财政安排省属高校"提毛"综合补助资金20多亿元，已顺利完成投资，2021年省财政计划安排26亿元。有关高校领导特别是"一把手"，既要用好决策管理自主权，加快工程建设进度，落实好"提毛"任务，也要增强法纪意识、风险意识，全面从严管理，全力防范风险，依法依规走足程序，有效避免基建项目管理引发的风险。

强化督导评估，落实地方政府发展教育主体责任。贯彻落实中共中央办公厅、国务院办公厅《关于深化新时代教育督导体制机制改革的意见》和我省通知要求，推动教育督导"长牙齿"。各地政府要坚持教育优先发展战略，加强对教育工作的领导和保障。要做好2020年市县级政府履行教育职责评价反馈意见的整改落实。省里将继续完善评价指标体系，开展新一轮的评价。开展学前教育督导评估，力争10个县（市、区）通过国家学前教育普及普惠县督导评估认定，推动切实提高学前教育保教水平。河源、汕尾、湛江、茂名、揭阳要加大力度、完成整改，推进实现全省推进教育现代化先进市全覆盖。要加强义务教育质量监测的结果应用，各地政府主要领导要关心教育质量问题，听取质量监测结果汇报，组织对质量监测报告进行研究和解读，要深挖问题，分析原因，建立解决问题的统筹机制，各部门分工负责，各司其职，采取有效措施，尽快提高教育质量。要完善招生入学管理办法，加大力度查处中小学违规招生行为。要加强对校外培训机构的综合治理，加大校外培训执法监督力度，切实整顿人民群众反映强烈的校外培训乱象问题。

（十三）做好教育发展"十四五"规划编制与实施启动工作

2021年开启全面建设社会主义现代化国家新征程的第一个五年。我们要准确把握全省教育改革发展所处历史方位，全面评估教育发展"十三五"规划实施情况，牢牢把握粤港澳大湾区和深圳中国特色社会主义先行示范区"双区驱动"战略机遇，按照我省"十四五"原则和思路，以高质量发展为主线，以深化改革为动力，以建设教育强省为目标，狠抓教师队伍建设、人才队伍建设，加快高等教育、职业教育发展，大抓基础教育，提升基础教育质量，扎实做好我省教育发展"十四五"规划，加快推进教育现代化。

同志们，2021年是中国共产党成立100周年，是实施"十四五"规划的开局之年，站在"两个一百年"的历史交汇点，我国将开启全面建设社会主义现代化国家新征程，我们要以习近平新时代中国特色社会主义思想为指导，高举习近平新时代中国特色社会主义伟大旗帜，奋发有为，只争朝夕，不懈奋斗，用习近平新时代中国特色社会主义思想铸魂育人，为广东在全面建设社会主义现代化国家新征程中走在全国前列、创造新的辉煌做出新的更大贡献，以优异成绩庆祝中国共产党成立100周年！

谢谢大家！

在全省深化新时代教育督导体制机制改革暨2021年教育督导工作会议上的讲话

中共广东省委教育工委书记，广东省教育厅党组书记、厅长　景李虎
（2021年4月8日）

同志们：

今天，我们召开全省深化新时代教育督导体制机制改革暨2021年教育督导工作会议，主要任务是深入学习贯彻习近平总书记关于教育的重要论述，重点学习总书记在看望参加政协会议的医药卫生界、教育界委员时的重要讲话精神，落实国家和我省深化新时代教育督导体制机制改革要求，部署加强新时代教育督导工作，更好地推动党和国家教育方针政策落地生根，推动省委、省政府工作部署的贯彻落实。受省政府教育督导委员会主任王曦副省长的委托，我就教育督导体制机制改革讲几点意见。

一、坚持以习近平新时代中国特色社会主义思想为指引，切实提高推进教育督导改革的思想自觉、政治自觉和行动自觉

教育是社会进步、民族振兴的基石。实现国家现代化的基础在教育。高素质人才的培养，科学技术的创新，社会文明程度的提升，都需要充分发挥教育基础性、先导性、全局性的作用。党的十八大以来，习近平总书记围绕培养什么人、怎么培养人、为谁培养人这一根本问题发表了一系列重要讲话和论述，特别是在全国教育大会上做出了"九个坚持"的系统阐述，形成了新时代中国特色社会主义教育理论体系。党的十九届五中全会通过的规划建议提出，要提高社会文明程度，健全学校家庭社会协同育人机制，推动形成适应新时代要求的思想观念、精神面貌、文明风尚、行为规范，对建设高质量的教育体系做出了部署，充分体现了以习近平同志为核心的党中央对完善中国特色社会主义教育体系的最新要求。我们要全面准确领会，认真抓好贯彻落实。实现"十四五"时期教育发展目标，建设高质量教育体系，关键是要深入贯彻总书记关于教育的重要论述，把党的教育方针和党中央、国务院关于教育工作的决策部署落到实处。

近年来，我们始终以习近平总书记关于教育的重要论述作为根本遵循，在省委、省政府正确的领导下，不断深化教育领域改革，取得了显著成效。教育普及水平和教育质量不断提高，教育发展总量位居全国前列，各级各类教育毛入学率保持高位增长，学前教育实现"5080"普及普惠目标，县域内义务教育均衡发展水平逐步提高，"创强争先"成效显著，14所高职院校19个专业群入选国家"双高计划"建设项目，职业教育改革成效明显，受到国务院办公厅督查激励。在这些成绩的背后，教育督导发挥了重要作用。通过督导引领，我们实现了教育强镇、强县、强市和推进教育现代化先进县全覆盖，教育软硬件条件大幅度提升，教育面貌发生了根本性改变；通过督导推动，我们实现了义务教育基本均衡县全覆盖，圆了老百姓在家门口就能上好学校的梦想，让人民群众对教育改革有了最直接的体验和最真实的获得感；通过督导评价，我们实现了市县级政府履行教育职责全覆盖，督促地方政府树立正确的教育政绩观，在供给侧的人、财、物等方面优先保障教育，确保教育优先发展；通过督导挂牌，我们实现了全省中小学校和幼儿园责任督学挂牌督导全覆盖，每一位督学都有了自己的责任田，教育治理的触角细致地延伸到学校管理的各个方面；通过督导监测，我们实现了对全省所有县（市、区）义务教育质量监测全覆盖，对学校教育教学"望闻问切"，对改进教学方式"把脉开方"，在产出端寻求学生学业水平和学习质量的提升。

在肯定成绩的同时，我们要看到教育督导仍然有一些薄弱环节，比如教育督导机构建设还相对滞后，教育督导制度有待完善，教育督导工作方式有待改进，教育督导人员的整体水平还有进一步提升的空间，教育督导结果应用有待加强。

习近平总书记对教育督导工作高度重视，先后三次主持召开中央深改委（即中央全面深化改革委员会）会议，针对教育督导存在的问题，专门研究审议有关政策文件，提出要以优化管理体制、完善运行机制、强化结果运用为突破口，不断提高教育督导的质量和水平，推动各类主体切实履行教育职责。李克强总理多次对教育督导做出批示，提出明确要求，特别是有关教师待遇政策不落实的问题，

多次提出要加强督导，促进解决。王沪宁同志提出教育督导的关键是"长牙齿"。2020年2月，中共中央办公厅、国务院办公厅印发《关于深化新时代教育督导体制机制改革的意见》，这是历史上首个由党中央、国务院印发的教育督导文件，充分体现了党中央、国务院对教育督导工作的重视，对推进教育督导体制机制改革的决心，对发挥教育督导作用的殷切希望。为深入贯彻落实中央要求，加强我省教育督导工作，省委办公厅、省政府办公厅印发《关于深化新时代教育督导体制机制改革的通知》，结合我省实际提出了更细致的工作安排。

我们要深入学习领会习近平总书记关于教育的重要论述和重要指示批示精神，深刻认识教育督导体制机制改革的重要性和紧迫性，不断增强推动改革的使命感和责任感。认真贯彻落实中央和省改革文件要求，将坚持和加强党的全面领导贯彻到教育督导体制机制改革全过程、各方面，确保改革的正确方向；准确把握改革的总体要求和重点任务，主动谋划、担当作为，确保改革取得实效。

二、以深化改革提升教育督导的权威性和实效性

教育督导是法律规定的基本教育制度，有权威，有强制力，才能发挥行政监督的作用，才能保障教育目标的实现。2019年以来，我们围绕推动教育督导"长牙齿"，推动教育督导由部门监督转变为政府监督开展了大量工作。这里我重点讲四个方面的要求。

一是把握教育督导定位。教育是国之大计、党之大计，各级政府担负着推动教育改革发展的第一责任。因此，教育督导不仅是对教育部门的监督，更重要的是监督所管辖的各级政府。教育督导不是教育部门的监督，而是政府的监督，要以政府名义委派、聘请教育专家和教育界人士担任督学来组织实施。大家知道，国务院成立了教育督导委员会，孙春兰副总理担任主任，陈宝生部长和国务院副秘书长丁向阳同志担任副主任；广东省政府也成立了督导委员会，由王曦副省长担任主任，省政府副秘书长陈岸明同志和我担任副主任，这都说明我们督导的领导机构是设立在政府的，是受政府委派的。这次改革还有一个重要变化，就是建立了教育督导机构双重管理体制，教育督导机构既要接受同级政府的领导，又要接受上级教育督导机构的指导和管理，各级教育督导机构的年度计划、重大事项和督导结果必须向上一级教育督导机构报告。上个月，我们布置21个地级市教育督导部门报送各自的工作总结和工作计划，已经汇编印发给大家交流学习。各地级市也要对所辖县区提出这些要求，探索强化双重管理的举措，并保证这些举措成为制度，成为常态。

二是完善督导问责机制。教育督导要"长牙齿"，必须要严肃问责，这样才能督导精准、改进到位，增强权威性和实效性。长期以来，教育督导问责主要是约谈和通报两种，而且使用频率还不高。造成这种状况的原因：一方面是不敢问责，一些地方教育督导机构反映，同级问责很难，跨部门问责更是难上加难；另一方面是不知道怎么问责，教育督导条例和我省的政府规章没有具体规定。这次出台教育督导改革文件，将问责机制单列一部分，提出了撤换相关负责人、吊销办学许可证、行政处罚等手段，涉及违法犯罪问题的也可以移交司法部门，一起来问责。教育督导机构要提高站位，代表本级政府开展督导是职责所在，要理直气壮、大胆工作。接下来，我们还将根据《教育督导条例》的修订，进一步细化《广东省教育督导规定》，配套问责措施，做到督导问责有法可依，提升督导问责的刚性约束。问责是手段，开展问责真正的目标是要解决问题。因此，要坚持问题导向，对发现的问题扭住不放，防止反弹。教育督导既要强化督的权威，也要发挥导的作用，既要突出督导的重点，也要挖掘优秀的典型单位和事例，形成良好的导向作用，在推动落实、解决问题的同时引领教育改革发展。

三是创新教育督导方式。传统的教育督导方式主要是听汇报、查档案、看材料，实际效果有限。近年来，国家和省推行了很多新的督查方式，比如"双随机、一公开""四不两直"，还有明察暗访、蹲点调查、异地交叉督导等新方法，都值得我们教育督导借鉴推广。随着大数据、"互联网+"技术的发展，教育治理方式也受到深刻影响。要重视信息技术在教育督导中的运用，强化信息整理分析。我们开展了三年的政府履职评价，每一年都是从教育事业报表或者相关统计系统中提取数据，不需要各地填报，大大减轻了基层负担，也避免了多重填报造成的数据"打架"。今年我们反馈各地的评价结果，还要将履职评价中的一些重要量化数据在全省范围内通报。这些都是很好的探索，今后的工作中需要继续坚持和创新。全省有3.6万多所中小学校和幼儿园，各级督学近万人，不可能通过一两次督导就了解每一所学校的情况，必须加强挂牌督导信息化系统的使用，提高督学对学校的了解，放大

督导效率。2016年，我们在全省建立了义务教育质量监测制度，对所有县（市、区）开展义务教育质量监测。通过5年的实践，评估监测已经成为重要的教育督导手段。接下来，还要继续拓展监测的学段，对学前教育和高中教育开展监测。各地要进一步提高认识，让评估监测成为问题早发现、督导早介入、整改早到位的重要手段，加强监测结果的应用，真正提升各地的教育教学水平。

四是聚焦教育督导重心。3月6日，习近平总书记在看望参加政协会议的医药卫生界、教育界委员时指出，"对群众反映强烈的突出问题，对打着教育旗号侵害群众利益的行为，要紧盯不放，坚决改到位、改彻底"。我们督导人对总书记的指示应该有更深层次的理解和认识。教育督导就是这个"整改到位、紧盯不放"最有力的抓手。党和国家的决策部署，省委、省政府的工作要求，人民群众关心的热点难点，教育领域存在的堵点痛点，就是我们教育督导的工作重心。从当前和今后一个时期来看：一是要继续把督政摆在首位，督促各地政府认真履行教育职责，重点要做好学前教育"5080"巩固提升，农村寄宿制学校建设，义务教育教师工资待遇保障，落实"双减"（减轻学生过重的作业负担和减轻学生过重的校外培训负担）工作要求，推进校内课后服务等工作，要将这些内容列入市县级政府履行教育职责评价，加大推进力度。二是推动督学工作下沉，全省有8000多名责任督学，每所学校和幼儿园都有挂牌的督学，这是一支很有效的督导力量。督学一定要持续深入到教育教学一线，看实情、听真话，真正帮助我们的学校规范办学行为和提升教学质量。三是推动监测结果应用，各地要建立政府主导、教育行政部门牵头、学校具体落实的工作机制，对监测发现的问题强化整改，为各地及时调整教育资源配置、重大项目安排、经费投入保障提供决策依据。四是加强专项督导。当前深化教育改革的任务很重，必须抓住牵一发而动全身的问题开展督导，比如教育投入问题、教师待遇问题、教育评价机制的问题、校园安全问题、学生心理健康问题，等等。接下来，政府履职评价要和专项督导联系起来，评价发现的问题，一定要跟进开展专项督导，既要善于发现问题，更要推动解决问题，要久久为功，善作善成。

三、切实加强组织领导，积极推动教育督导改革

当前教育督导改革的方向任务已经明确，关键在于落实。各地各部门要把思想和行动统一到党中央、国务院和省委、省政府的决策部署上来，形成推动教育督导改革的合力，更好地发挥教育督导的监督保障作用。

一是要加强组织领导。这次改革专门就发挥督导委员会作用做了安排，各成员单位要认真负责地参加教育督导工作，履行好应尽职责。过去督导委员会成员单位大都是政府部门，这次改革，总书记专门指示要求中组部（中共中央组织部）、中宣部（中共中央宣传部）等部门参加国务院教育督导委员会，加强党对督导工作的领导。比照国家的做法，我们省政府教育督导委员会也将省委组织部、省委宣传部列为成员单位，还增加了省委编办（中共广东省委机构编制委员会办公室）。市、县要比照国家和省的做法，尽快调整完善教育督导委员会，建立工作制度，切实加强对教育督导工作的领导，提升教育督导的权威。干部管理机构编制、经费保障是这次改革的难点，省的改革文件中已经有了分工方案，各地要推动落实到位。市、县政府主管教育督导工作的同志是直接的责任人，要切实负起责任，把这个事情亲自抓起来，推动落实好。

二是要加强工作保障。各地要将教育督导工作经费纳入本级财政预算，专款专用，解决好督学开展工作必需的通信、交通、食宿等费用，提供必要的办公条件，保证督导工作有效开展。省教育督导室要及时了解各地贯彻落实情况，将深化教育督导改革情况作为对政府履职评价的重要内容。要做好新闻宣传和政策解读，引导社会关心支持教育督导工作，形成一个良好的环境。

三是要加强督学队伍建设。按照"讲政治、敢担当、懂教育"的要求，突出政治标准、拓宽选人视野，提高选聘标准，将优秀干部选配到教育督导工作岗位。省的改革文件提出各地督学按与学校数1∶5的比例配备，部分学生较多的学校按1∶1的比例配备；并且对专职和兼职督学数量做了1∶3的规定。也就是说，不但督学数量要配足，而且还要增加专职督学的数量。因此，各地要深挖编制潜力，健全遴选程序，扩大专职督学的比例，注重从退休的党政干部、校长、教师、专家中聘请一批专职督学，努力建设一支数量充足、结构合理、业务精湛、廉洁高效、专兼结合的督学队伍。

四是要加强督导结果运用。要加强与组织部门的沟通协调，及时了解教育督导结果、被督导单位的工作表现和整改情况，并将其作为领导班子和领导干部考查考核、任免奖惩的重要依据。认真落实

整改、约谈、通报、问责等工作制度，对履行教育职责不到位、落实教育法律法规和教育方针政策不力的单位和个人，依法依规开展问责。

同志们，今年是中国共产党成立100周年，是实施"十四五"规划、开启全面建设社会主义现代化国家新征程的第一年，做好全年工作至关重要。教育事业崇高神圣，教育督导任重道远。我们要认真贯彻习近平总书记关于教育的重要论述，积极探索教育督导改革的新思路、新办法，努力建成与新时代教育改革发展相适应、与教育决策执行相协调、具有广东特色的现代教育督导制度，不断开创教育督导工作新局面，为办好人民满意的教育做出新的贡献。

重要文件

MAIN DOCUMENTS

中共中央办公厅 国务院办公厅印发《关于进一步减轻义务教育阶段学生作业负担和校外培训负担的意见》的通知

(中办发〔2021〕40号)

各省、自治区、直辖市党委和人民政府,中央和国家机关各部委,解放军各大单位和武警部队、中央军委机关各部门,各人民团体:

《关于进一步减轻义务教育阶段学生作业负担和校外培训负担的意见》已经党中央、国务院同意,现印发给你们,请结合实际认真贯彻落实。

中共中央办公厅
国务院办公厅
2021年7月19日

关于进一步减轻义务教育阶段学生作业负担和校外培训负担的意见

为深入贯彻党的十九大和十九届五中全会精神,切实提升学校育人水平,持续规范校外培训(包括线上培训和线下培训),有效减轻义务教育阶段学生过重作业负担和校外培训负担(以下简称双减),现提出如下意见。

一、总体要求

1. 指导思想。坚持以习近平新时代中国特色社会主义思想为指导,全面贯彻党的教育方针,落实立德树人根本任务,着眼建设高质量教育体系,强化学校教育主阵地作用,深化校外培训机构治理,坚决防止侵害群众利益行为,构建教育良好生态,有效缓解家长焦虑情绪,促进学生全面发展、健康成长。

2. 工作原则。坚持学生为本、回应关切,遵循教育规律,着眼学生身心健康成长,保障学生休息权利,整体提升学校教育教学质量,积极回应社会关切与期盼,减轻家长负担;坚持依法治理、标本兼治,严格执行义务教育法、未成年人保护法等法律规定,加强源头治理、系统治理、综合治理;坚持政府主导、多方联动,强化政府统筹,落实部门职责,发挥学校主体作用,健全保障政策,明确家校社协同责任;坚持统筹推进、稳步实施,全面落实国家关于减轻学生过重学业负担有关规定,对重点难点问题先行试点,积极推广典型经验,确保"双减"工作平稳有序。

3. 工作目标。学校教育教学质量和服务水平进一步提升,作业布置更加科学合理,学校课后服务基本满足学生需要,学生学习更好回归校园,校外培训机构培训行为全面规范。学生过重作业负担和校外培训负担、家庭教育支出和家长相应精力负担1年内有效减轻、3年内成效显著,人民群众教育满意度明显提升。

二、全面压减作业总量和时长,减轻学生过重作业负担

4. 健全作业管理机制。学校要完善作业管理办法,加强学科组、年级组作业统筹,合理调控作业结构,确保难度不超国家课标。建立作业校内公示制度,加强质量监督。严禁给家长布置或变相布置作业,严禁要求家长检查、批改作业。

5. 分类明确作业总量。学校要确保小学一、二年级不布置家庭书面作业,可在校内适当安排巩固练习;小学三至六年级书面作业平均完成时间不超过60分钟,初中书面作业平均完成时间不超过90分钟。

6. 提高作业设计质量。发挥作业诊断、巩固、学情分析等功能,将作业设计纳入教研体系,系统

设计符合年龄特点和学习规律、体现素质教育导向的基础性作业。鼓励布置分层、弹性和个性化作业，坚决克服机械、无效作业，杜绝重复性、惩罚性作业。

7. 加强作业完成指导。教师要指导小学生在校内基本完成书面作业，初中生在校内完成大部分书面作业。教师要认真批改作业，及时做好反馈，加强面批讲解，认真分析学情，做好答疑辅导。不得要求学生自批自改作业。

8. 科学利用课余时间。学校和家长要引导学生放学回家后完成剩余书面作业，进行必要的课业学习，从事力所能及的家务劳动，开展适宜的体育锻炼，开展阅读和文艺活动。个别学生经努力仍完不成书面作业的，也应按时就寝。引导学生合理使用电子产品，控制使用时长，保护视力健康，防止网络沉迷。家长要积极与孩子沟通，关注孩子心理情绪，帮助其养成良好学习生活习惯。寄宿制学校要统筹安排好课余学习生活。

三、提升学校课后服务水平，满足学生多样化需求

9. 保证课后服务时间。学校要充分利用资源优势，有效实施各种课后育人活动，在校内满足学生多样化学习需求。引导学生自愿参加课后服务。课后服务结束时间原则上不早于当地正常下班时间；对有特殊需要的学生，学校应提供延时托管服务；初中学校工作日晚上可开设自习班。学校可统筹安排教师实行"弹性上下班制"。

10. 提高课后服务质量。学校要制定课后服务实施方案，增强课后服务的吸引力。充分用好课后服务时间，指导学生认真完成作业，对学习有困难的学生进行补习辅导与答疑，为学有余力的学生拓展学习空间，开展丰富多彩的科普、文体、艺术、劳动、阅读、兴趣小组及社团活动。不得利用课后服务时间讲新课。

11. 拓展课后服务渠道。课后服务一般由本校教师承担，也可聘请退休教师、具备资质的社会专业人员或志愿者提供。教育部门可组织区域内优秀教师到师资力量薄弱的学校开展课后服务。依法依规严肃查处教师校外有偿补课行为，直至撤销教师资格。充分利用社会资源，发挥好少年宫、青少年活动中心等校外活动场所在课后服务中的作用。

12. 做强做优免费线上学习服务。教育部门要征集、开发丰富优质的线上教育教学资源，利用国家和各地教育教学资源平台以及优质学校网络平台免费向学生提供高质量专题教育资源和覆盖各年级各学科的学习资源，推动教育资源均衡发展，促进教育公平。各地要积极创造条件，组织优秀教师开展免费在线互动交流答疑。各地各校要加大宣传推广使用力度，引导学生用好免费线上优质教育资源。

四、坚持从严治理，全面规范校外培训行为

13. 坚持从严审批机构。各地不再审批新的面向义务教育阶段学生的学科类校外培训机构，现有学科类培训机构统一登记为非营利性机构。对原备案的线上学科类培训机构，改为审批制。各省（自治区、直辖市）要对已备案的线上学科类培训机构全面排查，并按标准重新办理审批手续。未通过审批的，取消原有备案登记和互联网信息服务业务经营许可证（ICP）。对非学科类培训机构，各地要区分体育、文化艺术、科技等类别，明确相应主管部门，分类制定标准、严格审批。依法依规严肃查处不具备相应资质条件、未经审批多址开展培训的校外培训机构。学科类培训机构一律不得上市融资，严禁资本化运作；上市公司不得通过股票市场融资投资学科类培训机构，不得通过发行股份或支付现金等方式购买学科类培训机构资产；外资不得通过兼并收购、受托经营、加盟连锁、利用可变利益实体等方式控股或参股学科类培训机构。已违规的，要进行清理整治。

14. 规范培训服务行为。建立培训内容备案与监督制度，制定出台校外培训机构培训材料管理办法。严禁超标超前培训，严禁非学科类培训机构从事学科类培训，严禁提供境外教育课程。依法依规坚决查处超范围培训、培训质量良莠不齐、内容低俗违法、盗版侵权等突出问题。严格执行未成年人保护法有关规定，校外培训机构不得占用国家法定节假日、休息日及寒暑假期组织学科类培训。培训机构不得高薪挖抢学校教师；从事学科类培训的人员必须具备相应教师资格，并将教师资格信息在培训机构场所及网站显著位置公布；不得泄露家长和学生个人信息。根据市场需求、培训成本等因素确定培训机构收费项目和标准，向社会公示、接受监督。全面使用《中小学生校外培训服务合同（示范文本）》。进一步健全常态化排查机制，及时掌握校外培训机构情况及信息，完善"黑白名单"制度。

15. 强化常态运营监管。严格控制资本过度涌入培训机构，培训机构融资及收费应主要用于培训业务经营，坚决禁止为推销业务以虚构原价、虚假

折扣、虚假宣传等方式进行不正当竞争，依法依规坚决查处行业垄断行为。线上培训要注重保护学生视力，每课时不超过30分钟，课程间隔不少于10分钟，培训结束时间不晚于21点。积极探索利用人工智能技术合理控制学生连续线上培训时间。线上培训机构不得提供和传播"拍照搜题"等惰化学生思维能力、影响学生独立思考、违背教育教学规律的不良学习方法。聘请在境内的外籍人员要符合国家有关规定，严禁聘请在境外的外籍人员开展培训活动。

五、大力提升教育教学质量，确保学生在校内学足学好

16. 促进义务教育优质均衡发展。各地要巩固义务教育基本均衡成果，积极开展义务教育优质均衡创建工作，促进新优质学校成长，扩大优质教育资源。积极推进集团化办学、学区化治理和城乡学校共同体建设，充分激发办学活力，整体提升学校办学水平，加快缩小城乡、区域、学校间教育水平差距。

17. 提升课堂教学质量。教育部门要指导学校健全教学管理规程，优化教学方式，强化教学管理，提升学生在校学习效率。学校要开齐开足开好国家规定课程，积极推进幼小科学衔接，帮助学生做好入学准备，严格按课程标准零起点教学，做到应教尽教，确保学生达到国家规定的学业质量标准。学校不得随意增减课时、提高难度、加快进度；降低考试压力，改进考试方法，不得有提前结课备考、违规统考、考题超标、考试排名等行为；考试成绩呈现实行等级制，坚决克服唯分数的倾向。

18. 深化高中招生改革。各地要积极完善基于初中学业水平考试成绩、结合综合素质评价的高中阶段学校招生录取模式，依据不同科目特点，完善考试方式和成绩呈现方式。坚持以学定考，进一步提升中考命题质量，防止偏题、怪题、超过课程标准的难题。逐步提高优质普通高中招生指标分配到区域内初中的比例，规范普通高中招生秩序，杜绝违规招生、恶性竞争。

19. 纳入质量评价体系。地方各级党委和政府要树立正确政绩观，严禁下达升学指标或片面以升学率评价学校和教师。认真落实义务教育质量评价指南，将"双减"工作成效纳入县域和学校义务教育质量评价，把学生参加课后服务、校外培训及培训费用支出减少等情况作为重要评价内容。

六、强化配套治理，提升支撑保障能力

20. 保障学校课后服务条件。各地要根据学生规模和中小学教职工编制标准，统筹核定编制，配足配齐教师。省级政府要制定学校课后服务经费保障办法，明确相关标准，采取财政补贴、服务性收费或代收费等方式，确保经费筹措到位。课后服务经费主要用于参与课后服务教师和相关人员的补助，有关部门在核定绩效工资总量时，应考虑教师参与课后服务的因素，把用于教师课后服务补助的经费额度，作为增量纳入绩效工资并设立相应项目，不作为次年正常核定绩效工资总量的基数；对聘请校外人员提供课后服务的，课后服务补助可按劳务费管理。教师参加课后服务的表现应作为职称评聘、表彰奖励和绩效工资分配的重要参考。

21. 完善家校社协同机制。进一步明晰家校育人责任，密切家校沟通，创新协同方式，推进协同育人共同体建设。教育部门要会同妇联等部门，办好家长学校或网上家庭教育指导平台，推动社区家庭教育指导中心、服务站点建设，引导家长树立科学育儿观念，理性确定孩子成长预期，努力形成减负共识。

22. 做好培训广告管控。中央有关部门、地方各级党委和政府要加强校外培训广告管理，确保主流媒体、新媒体、公共场所、居民区各类广告牌和网络平台等不刊登、不播发校外培训广告。不得在中小学校、幼儿园内开展商业广告活动，不得利用中小学和幼儿园的教材、教辅材料、练习册、文具、教具、校服、校车等发布或变相发布广告。依法依规严肃查处各种夸大培训效果、误导公众教育观念、制造家长焦虑的校外培训违法违规广告行为。

七、扎实做好试点探索，确保治理工作稳妥推进

23. 明确试点工作要求。在全面开展治理工作的同时，确定北京市、上海市、沈阳市、广州市、成都市、郑州市、长治市、威海市、南通市为全国试点，其他省份至少选择1个地市开展试点，试点内容为第24、25、26条所列内容。

24. 坚决压减学科类校外培训。对现有学科类培训机构重新审核登记，逐步大大压减，解决过多过滥问题；依法依规严肃查处存在不符合资质、管理混乱、借机敛财、虚假宣传、与学校勾连牟利等严重问题的机构。

25. 合理利用校内外资源。鼓励有条件的学校

在课余时间向学生提供兴趣类课后服务活动，供学生自主选择参加。课后服务不能满足部分学生发展兴趣特长等特殊需要的，可适当引进非学科类校外培训机构参与课后服务，由教育部门负责组织遴选，供学校选择使用，并建立评估退出机制，对出现服务水平低下、恶意在校招揽生源、不按规定提供服务、扰乱学校教育教学和招生秩序等问题的培训机构，坚决取消培训资质。

26. 强化培训收费监管。坚持校外培训公益属性，充分考虑其涉及重大民生的特点，将义务教育阶段学科类校外培训收费纳入政府指导价管理，科学合理确定计价办法，明确收费标准，坚决遏制过高收费和过度逐利行为。通过第三方托管、风险储备金等方式，对校外培训机构预收费进行风险管控，加强对培训领域贷款的监管，有效预防"退费难""卷钱跑路"等问题发生。

八、精心组织实施，务求取得实效

27. 全面系统做好部署。加强党对"双减"工作的领导，各省（自治区、直辖市）党委和政府要把"双减"工作作为重大民生工程，列入重要议事日程，纳入省（自治区、直辖市）党委教育工作领导小组重点任务，结合本地实际细化完善措施，确保"双减"工作落实落地。学校党组织要认真做好教师思想工作，充分调动广大教师积极性、创造性。校外培训机构要加强自身党建工作，发挥党组织战斗堡垒作用。

28. 明确部门工作责任。教育部门要抓好统筹协调，会同有关部门加强对校外培训机构日常监管，指导学校做好"双减"有关工作；宣传、网信部门要加强舆论宣传引导，网信部门要配合教育、工业和信息化部门做好线上校外培训监管工作；机构编制部门要及时为中小学校补齐补足教师编制；发展改革部门要会同财政、教育等部门制定学校课后服务性或代收费标准，会同教育等部门制定试点地区校外培训机构收费指导政策；财政部门要加强学校课后服务经费保障；人力资源社会保障部门要做好教师绩效工资核定有关工作；民政部门要做好学科类培训机构登记工作；市场监管部门要做好非学科类培训机构登记工作和校外培训机构收费、广告、反垄断等方面监管工作，加大执法检查力度，会同教育部门依法依规严肃查处违法违规培训行为；政法部门要做好相关维护和谐稳定工作；公安部门要依法加强治安管理，联动开展情报信息搜集研判和预警预防，做好相关涉稳事件应急处置工作；人民银行、银保监、证监部门负责指导银行等机构做好校外培训机构预收费风险管控工作，清理整顿培训机构融资、上市等行为；其他相关部门按照各自职责负起责任、抓好落实。

29. 联合开展专项治理行动。建立"双减"工作专门协调机制，集中组织开展专项治理行动。在教育部设立协调机制专门工作机构，做好统筹协调，加强对各地工作指导。各省（自治区、直辖市）要完善工作机制，建立专门工作机构，按照"双减"工作目标任务，明确专项治理行动的路线图、时间表和责任人。突出工作重点、关键环节、薄弱地区、重点对象等，开展全面排查整治。对违法违规行为要依法依规严惩重罚，形成警示震慑。

30. 强化督促检查和宣传引导。将落实"双减"工作情况及实际成效，作为督查督办、漠视群众利益专项整治和政府履行教育职责督导评价的重要内容。建立责任追究机制，对责任不落实、措施不到位的地方、部门、学校及相关责任人要依法依规严肃追究责任。各地要设立监管平台和专门举报电话，畅通群众监督举报途径。各省（自治区、直辖市）要及时总结"双减"工作中的好经验好做法，并做好宣传推广。新闻媒体要坚持正确舆论导向，营造良好社会氛围。

各地在做好义务教育阶段学生"双减"工作的同时，还要统筹做好面向3至6岁学龄前儿童和普通高中学生的校外培训治理工作，不得开展面向学龄前儿童的线上培训，严禁以学前班、幼小衔接班、思维训练班等名义面向学龄前儿童开展线下学科类（含外语）培训。不再审批新的面向学龄前儿童的校外培训机构和面向普通高中学生的学科类校外培训机构。对面向普通高中学生的学科类培训机构的管理，参照本意见有关规定执行。

教育部关于印发《中小学生课外读物进校园管理办法》的通知

(教材〔2021〕2号)

各省、自治区、直辖市教育厅(教委),新疆生产建设兵团教育局:

为规范课外读物进校园管理,防止问题读物进入中小学校园(含幼儿园),充分发挥课外读物育人功能,我部制定了《中小学生课外读物进校园管理办法》,现印发给你们,请认真贯彻执行。

教育部
2021年3月31日

中小学生课外读物进校园管理办法

第一条 为丰富学生阅读内容,拓展阅读活动,规范课外读物进校园管理,防止问题读物进入校园(含幼儿园),充分发挥课外读物育人功能,制定本办法。

第二条 本办法所称的课外读物是指教材和教辅之外的、进入校园供中小学生阅读的正式出版物(含数字出版产品)。

第三条 国家教育行政部门负责制定全国中小学生课外读物进校园有关政策,明确推荐标准与要求。省级教育行政部门负责课外读物进校园工作的全面指导与管理。地市、县级教育行政部门要全面把握课外读物进校园情况,负责进校园课外读物的监督检查。中小学校根据实际需要做好课外读物推荐和管理工作。

第四条 中小学校课外读物推荐工作须遵守国家相关法律法规要求,坚持以下原则:

方向性。坚持育人为本,严把政治关,严格审视课外读物价值取向,助力学生成为有理想、有本领、有担当的时代新人。

全面性。坚持"五育"并举,着眼于学生全面发展,围绕核心素养,紧密联系学生思想、学习、生活实际,满足中小学生德育、智育、体育、美育和劳动教育等方面的阅读需要,全面发展素质教育。

适宜性。符合中小学生认知发展水平,满足不同学段学生学习需求和阅读兴趣。课外读物应使用绿色印刷,适应青少年儿童视力保护需求。

多样性。兼顾课外读物的学科、体裁、题材、国别、风格、表现形式,贯通古今中外。

适度性。中小学校和教师根据教育教学需要推荐的课外读物,要严格把关、控制数量。

第五条 进校园课外读物要符合以下基本标准:

主题鲜明。体现主旋律,引领新风尚,重点宣传习近平新时代中国特色社会主义思想,传承红色基因,弘扬民族精神、时代精神、科学精神,彰显家国情怀、社会关爱、人格修养,开拓国际视野,涵养法治意识。

内容积极。选材积极向上,反映经济社会发展新成就、科学技术新进展,以及人类文明优秀成果,具有较高人文、社会、科学、艺术等方面价值。选文作者历史评价正面,有良好的社会形象。

可读性强。文字优美,表达流畅,深入浅出,具有一定的启发性、趣味性。

启智增慧。能够激发学生的好奇心、想象力、创造力,增长知识见识,提升发现问题和解决问题能力,增强综合素质。

第六条 违反《出版管理条例》有关规定,或存在下列情形之一的,不得推荐或选用为中小学生课外读物:

(一)违背党的路线方针政策,污蔑、丑化党和国家领导人、英模人物,戏说党史、国史、军史的；

（二）损害国家荣誉和利益的，有反华、辱华、丑华内容的；

（三）泄露国家秘密、危害国家安全的；

（四）危害国家统一、主权和领土完整的；

（五）存在违反宗教政策的内容，宣扬宗教教理、教义和教规的；

（六）存在违反民族政策的内容，煽动民族仇恨、民族歧视，破坏民族团结，或者不尊重民族风俗、习惯的；

（七）宣扬个人主义、新自由主义、历史虚无主义等错误观点，存在崇洋媚外思想倾向的；

（八）存在低俗媚俗庸俗等不良倾向，格调低下、思想不健康，宣扬超自然力、神秘主义和鬼神迷信，存在淫秽、色情、暴力、邪教、赌博、毒品、引诱自杀、教唆犯罪等价值导向问题的；

（九）侮辱或者诽谤他人，侵害他人合法权益的；

（十）存在科学性错误的；

（十一）存在违规植入商业广告或变相商业广告及不当链接，违规使用"教育部推荐""新课标指定"等字样的；

（十二）其他有违公序良俗、道德标准、法律法规等，造成社会不良影响的。

第七条 学校是进校园课外读物推荐责任主体，负责组织本校课外读物的遴选、审核工作。

第八条 进校园课外读物原则上每学年推荐一次。推荐程序应包括初选、评议、确认、备案等环节。学校组织管理人员、任课教师和图书馆管理人员提出初选目录；学科组负责审读，对选自国家批准的推荐目录中的读物，重点评议适宜性，对其他读物要按推荐原则、标准、要求全面把关，提出评议意见；学校组织专门小组负责审核把关，统筹数量种类，确认推荐结果，公示并报教育行政主管部门备案。

欠发达地区规模较小的学校，可由上级教育行政部门负责推荐。

第九条 进校园课外读物推荐目录要向学生家长公开，坚持自愿购买原则，禁止强制或变相强制学生购买课外读物，学校不得组织统一购买。

对家长自主购买推荐目录之外的课外读物，学校要做好指导工作。

学校图书馆购买课外读物按照《中小学图书馆（室）规程》有关规定执行。

第十条 加强其他渠道进校园课外读物的管理。

任何单位和个人不得在校园内通过举办讲座、培训等活动销售课外读物。

学校要明确校园书店经营管理要求。校园书店要建立进校园读物的审核机制，严格落实本办法的原则、标准和要求。

学校要明确受捐赠课外读物来源，由学校或上级教育行政主管部门进行审核把关，明确价值取向和适宜性把关要求。

第十一条 中小学校要大力倡导学生爱读书、读好书、善读书，可设立读书节、读书角等，优化校园阅读环境，推动书香校园建设。注重开展形式多样的阅读活动，提高学生阅读兴趣，培养良好阅读习惯。发挥家长在学生课外阅读中的积极作用，营造家校协同育人的良好氛围。建立阅读激励机制，鼓励各地教育行政部门将书香校园建设表现突出的单位和个人纳入相关表彰奖励中，学校要采用适当的形式表彰阅读活动表现突出的师生。

第十二条 建立监督检查机制。学校要加强对学生携带进入校园读物的管理，发现问题读物应及时予以有效处置，消除不良影响。县级教育行政部门建立进校园课外读物推荐报备制度，畅通社会和群众监督渠道。地市级教育行政部门定期对进校园课外读物的推荐情况开展抽查。省级教育行政部门要全面了解和把握课外读物进校园情况，根据需要开展专项督查。各级教育督导部门要将课外读物进校园有关情况纳入督导范围。

第十三条 存在下列情形之一的，由教育行政部门责令限期改正，视情节轻重依法依规予以处理；需要追究其他纪律或法律责任的，依纪依法移交相应主管部门处理。

（一）进校园课外读物未按规定程序组织推荐的；

（二）进校园课外读物不符合本办法原则、标准、要求的；

（三）强制或变相强制学生购买课外读物的；

（四）接受请托、牟取不正当利益的；

（五）有关行政部门及其工作人员违规干预课外读物推荐的。

教育部办公厅关于印发《〈体育与健康〉教学改革指导纲要（试行）》的通知

（教体艺厅函〔2021〕28号）

各省、自治区、直辖市教育厅（教委），新疆生产建设兵团教育局：

为全面贯彻落实习近平总书记在全国教育大会上的重要讲话精神，进一步深化体育教学改革，更好地帮助学生在体育锻炼中"享受乐趣、增强体质、健全人格、锤炼意志"，我部制定了《〈体育与健康〉教学改革指导纲要（试行）》，现印发给你们，请认真执行。

教育部办公厅
2021年6月23日

《体育与健康》教学改革指导纲要（试行）

为贯彻落实习近平总书记在全国教育大会上的讲话精神，落实中共中央办公厅、国务院办公厅《关于全面加强和改进新时代学校体育工作的意见》和体育总局、教育部《关于深化体教融合促进青少年健康发展的意见》，进一步深化体育教学改革，指导全国中小学体育教师科学、规范、高质量地上好体育课，更好地帮助学生在体育锻炼中"享受乐趣、增强体质、健全人格、锤炼意志"，促进青少年学生身心健康全面发展，特制定本纲要。

一、总体要求

（一）指导思想

以习近平新时代中国特色社会主义思想为指导，全面贯彻党的教育方针，落实立德树人根本任务，树立"健康第一"教育理念，深化体育教学改革，强化"教会、勤练、常赛"，构建科学、有效的体育与健康课程教学新模式，帮助学生掌握1至2项运动技能，促进中小学生运动能力、健康行为、体育品德等核心素养的形成，为实现"健康中国""体育强国"做出体育学科的贡献。

（二）改革内容

通过深化体育教学改革，转变教学观念，全面把握"教会、勤练、常赛"的内涵与要求，使其成为常态化、规范化、系统化的教学组织模式。打造高质量体育课堂，使学生在"知识、能力、行为、健康"诸方面得到全面提升。明确学生各学段特点与发展需求，使体育教学内容更加富有逻辑性、系统性和衔接性。根据各学段教学目标，合理选择多元化教学模式和多样化组织方式，因地制宜、因材施教，增强体育教学方式改革的有效性、可行性。采用科学、操作性强的发展性评价指标体系，让体育学业质量评价更加具体、客观，建立"以评价促发展"的新生态。优化组织管理，建立健全保障机制，形成教育行政部门、学校领导、教师与家长齐抓共管"以体育人"的新格局。探索建立学生体育学习过程管理长效机制，树立体育教学管理务实创新的新形象，全面促进体育教学改革。

（三）改革目标

——享受乐趣。在体育教学活动中注重增加游戏与比赛等竞争要素，让学生在体育锻炼中享受竞争与表现的乐趣，实现从激发兴趣到形成志趣、享受乐趣的层层深入。通过组织游戏、增加竞赛、丰富内容、鼓励自主等方式，提高学生锻炼的积极性、主动性、自觉性和持久性，帮助学生有效锻炼、掌握技能、提高能力、体验成功，使其真正能够乐在其中。

——增强体质。重视在体育教学中强化锻炼、增强学生体质，要加强"勤练"，在基本运动技能的锻炼中不断发展学生的速度、力量、耐力、柔韧、灵敏、协调、平衡等身体素质。要根据不同年龄、性别、教材、课型、场地、气候等科学安排运动强度，合理设计练习密度，针对学生素质发展敏感期合理组织学、练、赛，科学推进基本运动技能"课课练"活动。要通过高质量组织课堂教学，课内外相关联开展大课间、课外体育活动、校外体育锻炼等，有效增强学生体质。

——健全人格。通过在体育教学过程中渗透社会主义核心价值观教育，培养学生的爱国情怀、社会责任感和良好的个人品质。全面把握体育的"育体、育智、育心"综合育人的价值，通过全员参与的体育竞赛活动，培养学生的集体荣誉感，塑造活泼开朗、与人为善、团结协助、遵守规则等良好品格，促进学生身心健康与人格健全。

——锤炼意志。通过体育课、体育训练和体育竞赛活动培养学生不畏困难、不怕吃苦、不惧失败的意志品质。精心设计有一定强度、一定难度的运动技能学习，培养学生吃苦耐劳、坚持不懈等优良品质，要通过组织教学比赛和竞技比赛，不断培养学生顽强拼搏、积极进取、勇敢坚毅等坚强意志。

二、主要任务

（一）更新教学观念

改变单一学习知识或某项技术的现状，从综合育人、培养体育核心素养的高度和体育课程一体化的思路，强化"教会、勤练、常赛"过程与结果，有效促进体育教学改革目标的达成。注重学科融合与课程思政，在中华优秀体育文化传承的同时，鼓励适当在体育教学中开展情境式跨学科主题教育教学活动，促进综合育人目标的实现。将"以教定学"观念转向"以学定教"，充分把握学情，注重个体差异，合理把握教师的主导作用和学生主体作用的有效发挥，促进每一个学生的健康发展。

（二）优化教学内容

积极消除体育课程教学长期存在的繁（项目繁多）、浅（蜻蜓点水）、偏（缺乏系统）、断（学段脱节）现象，组织开展逻辑清晰、系统连贯的结构化内容体系的教学。重点教会学生健康知识、基本运动技能和专项运动技能。其中，健康知识与基本运动技能作为体育课必修必学内容要在中小学广泛开展，专项运动技能作为必修选学内容，中小学校结合实际有选择地开展。

健康知识主要是中小学各学段应知应会的健康行为与生活方式、生长发育与青春期保健、心理健康、传染病预防与公共卫生事件应对、安全应急与避险等五个领域的内容，每个学段的健康教育教学工作，要基于本学段各年级应掌握的健康知识内容创新组织健康教育活动，为良好健康行为的形成和有效促进健康打下坚实的基础。

基本运动技能主要是中小学生在行走、奔跑、跳跃、投掷、滚翻、攀爬、钻越、支撑、悬垂、旋转等方面的动作发展内容，各学段基于学生动作发展和体能发展规律，各类动作在不同学段按照难度和锻炼方式进阶，形成各学段相对固定的基本运动技能锻炼内容，通过锻炼使学生在不同学段都具有相应的基本运动能力水平，有效呈现螺旋上升的基本运动技能教学特点，为日常生活和专项运动技能的学习奠定扎实的基础和提供重要的保障。

专项运动技能包括足球、篮球、排球、田径、游泳、体操、武术、冰雪运动等专项运动的单个和组合技能，各学校可以根据本校实际、师资力量、学生需求等，有选择地在教学中开展。各专项运动技能的教学，依据专项运动固有的难度和自身的特征，按结构化的方式将每个专项运动划分为多个模块和单元开展教学，学生对各模块和单元逐一进行递进式学习。专项运动的各模块和各单元之间要有进阶性，完成一个模块和单元的学习并经考核合格后，进入下一个模块和单元的学习，以此类推，呈现出更加富有逻辑性、衔接性的专项运动技能学习。

健康教育每学期4课时，按照各学段规定应学习的健康知识，参考健康教育教学指导，有效组织教学工作。体育课的时间中小学一节40（或45）分钟，每节课应该包括10分钟左右的基本运动技能、20分钟左右结构化运动技能学练及组织对抗性比赛和放松拉伸等。

（三）创新教学过程

打破传统的体育课堂教学组织形式的局限性，积极探索与适当增加"体育选项走班制"教学组织形式。义务教育阶段，在原有按"行政班级授课制"完成必修必学内容学习的基础上，小学高年级可增加学生的自主选择性，选择自己喜爱的运动项目进行学习，有条件的学校可采用"体育选项走班制"组织教学。初中在"体育选项走班制"的基础上，可适当增加"体育俱乐部制"，丰富完善组织形式，提高学生的参与兴趣，加强必修选学内容的学习。高中以"体育选项走班制"为主，通过"体育俱乐部制"组织形式，满足学生的运动兴趣和专项化发展需求。形成一校多品、一生一长的体育教学改革实效。

全面把握"教会、勤练、常赛"一体化系统性教学思路与方式,实施更有效的教学,全面提高教学质量。其中,"教会",要遵循体育教育规律,结合学生发展特点与水平,合理把握循序渐进、因材施教、分层教学,教会学生健康知识、基本运动技能与专项运动技能,教会的程度依据学段目标不同而确定,最终达到学生能够在日常生活或比赛场景中灵活自如地运用;"勤练",把握运动技能形成规律,结合不同项目、不同班额、不同场地器材条件等合理把握练习密度和运动强度,提高学生的运动效果。结合不同学段学生特征,组织练习的方式应体现小学基础期趣味化、初中发展期多样化、高中提高期专项化等特点。课内外与校内外练习都要注重时间充足、形式新颖、准确有效、安全保障,注重在锻炼中享受乐趣、增强体质。"常赛",面向全体学生,根据体育教学内容合理组织每堂课上的教学比赛,结合体育课堂教学组建班队,要周周打比赛,周六周日可组织全校体育比赛,以赛促练,掀起体育锻炼的浪潮,使学生享受竞赛乐趣、更加牢固地掌握专项运动技能,培养学生的体育与健康素养。在此基础上组建校队,参与区县、地市、省等多级联赛,同时,通过比赛发现具有运动天赋的学生,注重培养其发展体育特长,为竞技体育输送人才。

(四)完善教学评价

丰富评价内容,倡导开展多元性评价,注重对学生语言表达(是否能说出)、动作表现(是否能做对)、能力体现(是否能会用)等的多方面检验,完善评价方式,提升评价效果。

打破以往只对运动技术、体质健康等某一方面的评价,要更加注重"知识、能力、行为、健康"综合评价指标体系的建立。为增加评价方式的便捷性、评价结果的精准性,鼓励引入人工智能等评价方式。

改进知识评价。主要是对体育知识、健康知识等的评价,建立知识测评题库,通过试卷纸笔测试、线上网络测试、随堂口头测试、组织开展活动测试等相结合的方式实施。小学侧重情境式测试,初中和高中可多采用主题式测试。

突出能力评价。主要包含基本运动能力评价和专项运动能力评价。基本运动能力评价按照各学段必修必学的基本运动技能确定评价内容;专项运动能力评价可依据专项运动技能学习结构化内容确定评价内容,特别要注重对学生运用知识的能力以及比赛能力的评价。

完善行为评价。注重对学生健康行为和良好品德的评价,鼓励利用大数据平台实施体育家庭作业制度,重点评价学生体育锻炼行为与习惯的养成,实现对日常锻炼情况的过程性评价;通过组织各项体育比赛,充分把握学生的品德,尤其要强化团结协助、勇于拼搏等优良品格的评价。

强化健康评价。对标《国家学生体质健康标准》,通过精准监测各学段学生对应的体质健康指标,评价中小学生的体质健康水平,及时向家长反馈,便于做好家校联合,共同促进学生的健康成长。

三、组织保障

(一)组织管理

为深化体育教学改革,省级教育行政部门要做好本省中小学体育教学改革落实方案,完善体育教学工作的顶层规划,明确工作任务、人员配备、责任分工、条件保障、经费投入、推进实施等,督促中小学开展高质量体育教学工作。地市、区县教育主管部门和学校等层层建立学校体育组织领导机构,教育主管部门一把手、学校校长等牵头,主管学校体育的领导具体落实,形成扎实推进体育教学改革的组织领导管理机制。教育行政部门组织领导和专家,及时对体育教学工作实施督促和检查,便于及时总结经验,整改教学问题。鼓励各级教育主管部门组织开展基于推进体育教学改革的优秀课例展示与研讨,加强组织培训工作等,助推体育教师的教育教学能力提升,促进其专业发展,不断提高体育教学水平和过程管理水平,提升体育教学质量。

(二)课时保障

为保障体育教学质量,促进学生全面发展,将开齐开足上好体育课落到实处,在基本保障小学1～2年级每周4节体育课,小学3年级以上至初中每周3节体育课,高中每周2节体育课的基础上,鼓励中小学各学段根据学校实际适当增加每周体育课时,义务教育阶段可每天1节体育课,高中阶段保障每周3节体育课以上。

(三)师资保障

强化师资队伍建设,配齐配足各级教研员,发挥重要的体育教学改革指导作用。按需引进体育师资,尤其是高校优秀体育毕业生和优秀退役运动员等要充实到体育教师和教练队伍中,积极吸纳社会力量,通过购买服务,引入社会体育机构有资质的专业教练,补充专项体育教学与训练所需的师资,保障学校体育教学与训练工作持续有序开展。注重对体育教师的师德培养,关心体育教师的身心健康,保障体育教学工作有质有量。体育教师教学工作强度和工作量要合理安排，有条件的学校，在教师人数充足的情况下，可适当缩小体育课教学班额，中小学体育教师每周基本教学工作量保障12课时，并将组织大课间、带队训练、指导比赛、体质监测等活动计入教师工作量。强化体育教师专业素养提升，系统规划对体育教师分层分类培训，每位教师每年要参与不低于1次的培训活动，通过强化培训，逐步提高全体体育教师的专业化水平和教育教学能力。通过培训准确把握改革方向，深刻理解和实施"教会、勤练、常赛"的具体要求，更加合理有效地组织体育课堂教学。关注农村体育教师的发展，通过送教下乡、城乡结对、连片教研等活动切实帮助农村体育教师成长。注重兼职体育教师的专业素养提升，通过加强基础性与专项化相结合的培训，不断提升兼职教师对体育课堂的驾驭能力，从而提高教学质量。加强教研平台的建设，强化体育教研活动，推动体育教师教科研能力的全面提升，更好地推进新时代体育教学改革。

（四）场地器材

优先发展学校所开设的"一校多品"运动项目的场地器材，满足选项教学需求。在基本保障正常体育教学工作需要的基础上，鼓励有条件的学校修建体育场馆或风雨场地，确保风雨雪霾天气能够正常开展体育教学工作和课外体育锻炼。配备符合学生年龄特点、发展水平和质量标准的体育器材。确保场地器材有效安全地使用和促进健康，坚决杜绝一切危害师生健康的场地器材在体育教学中使用。积极开发社会体育资源，鼓励社会体育场馆免费或低消费向学校开放，适当解决学校体育场地不足的问题，确保体育教学质量稳步提升。

四、督导评价

（一）加强对教育行政部门的督导评估

将对地方教育行政部门执行体育教学改革的情况进行督导评估，包括落实体育教学改革指导性文件的下发，落实体育教学改革具体方案的研制，督导和检查机制的建立，具体落实对学校体育工作的支持力度和达到的体育教学改革成效等纳入对教育行政部门的督导评估。

（二）强化学校落实学校体育教学改革的主体责任

将学校体育教学改革组织领导机构的建立，体育课在开足开齐上好等方面的改进与落实情况，配齐配强体育教师方面的突破性进展，体育经费的保障情况，场地器材的建设与改善情况，体育教师的培训情况，体育教师教学工作量的落实情况等纳入学校落实体育教学改革主体责任的主要内容。

（三）注重教师实施体育教学改革的过程与结果

将体育教师对"教会、勤练、常赛"的理解和把握，灵活驾驭体育课堂的能力改善情况，体育教师的专业素养与师德风范的提升水平，体育教师实际参与培训情况，尤其是培训后教育教学能力提高程度，体育教师基于新形势、新理念对系统性"全面育人"的把握情况等纳入体育教学改革的过程与结果的主要内容。

（四）强调学生达成体育教学改革的目标与效果

将体育教学改革在促进学生"享受乐趣、增强体质、健全人格、锤炼意志"的目标达成情况、核心素养培育情况，尤其是学生体育兴趣产生的程度、体质健康水平改善的幅度、健全人格培养的宽度和锤炼意志达到的深度纳入学生达成体育教学改革的目标与效果的主要内容。

五、工作要求

（一）确定试点

各地要及时确定实施体育教学改革试点的范围，并组织进行教师培训和完善保障条件。实行教改的具体方案和实施范围报教育部体育卫生与艺术教育司。

（二）教改培训

教育部体育卫生与艺术教育司将根据各地试点方案和范围，在暑假期间组织教学改革师资培训和组织实施培训，并提供相关技术资源。

教育部办公厅关于加强学生心理健康管理工作的通知

（教思政厅函〔2021〕10号）

各省、自治区、直辖市教育厅（教委），新疆生产建设兵团教育局，部属各高等学校：

为进一步提高学生心理健康工作针对性和有效性，切实加强专业支撑和科学管理，着力提升学生心理健康素养，现就有关要求通知如下。

一、加强源头管理，全方位提升学生心理健康素养

1. 加强心理健康课程建设。发挥课堂教学主渠道作用，帮助学生掌握心理健康知识和技能，树立自助互助求助意识，学会理性面对挫折和困难。高校要面向本专科生开设心理健康公共必修课，原则上应设置2个学分（32～36学时），有条件的高校可开设更具针对性的心理健康选修课。中小学要将心理健康教育课纳入校本课程，同时注重安排形式多样的生命教育、挫折教育等。

2. 大力培育学生积极心理品质。充分发挥体育、美育、劳动教育以及校园文化的重要作用，全方位促进学生心理健康发展。严格落实开齐开足上好体育课和美育课的刚性要求，积极推广中华传统体育项目，广泛开展普及性体育运动和丰富的艺术实践活动，结合各学段特点系统加强劳动教育，吸引学生积极参加各种健康向上的校园文化生活和学生社团活动，切实培养学生珍视生命、热爱生活的心理品质，增强学生的责任感和使命感。

3. 及早分类疏导各种压力。针对学生在学习、生活、人际关系和自我意识等方面可能遇到的心理失衡问题，主动采取举措，避免因压力无法缓解而造成心理危机。注重关心帮助学习遭遇困难、学业表现不佳的学生，教师要及时给予个别指导，鼓励同学间开展朋辈帮扶，帮助学生纾解心理压力、提振学习信心。重点关注临近毕业仍未获得用人单位录用意向的学生，积极提供就业托底帮助，缓解就业焦虑。重点关注家庭经济困难学生，在学生资助的各环节把解决实际问题与解决心理问题相结合。及时了解学生在人际交往、恋爱情感、集体生活中所遇到的困难和问题，有针对性地开展个别谈话、团体辅导等，帮助青年学生树立正确的交友观、恋爱观。

4. 增强学校、家庭和社会教育合力。学校及时了解学生是否存在早期心理创伤、家庭重大变故、亲子关系紧张等情况，积极寻求学生家庭成员及相关人员的有效支持。在家庭访问等家校联系中帮助家长更加了解孩子所处年龄段的心理特点和规律，在家长学校、社区家长课堂中将青少年发展心理学知识列为必修内容，防止因家庭矛盾或教育方式不当造成孩子心理问题。充分利用广播、电视、网络媒体等平台和渠道，传播心理健康知识，积极营造有利于学生健康成长成才的社会环境。

二、加强过程管理，提升及早发现能力和日常咨询辅导水平

5. 做好心理健康测评工作。积极借助专业工具和手段，加快研制更符合中国学生特点的心理测评量表，定期开展学生心理健康测评工作，健全筛查预警机制，及早实施精准干预。高校每年在新生入校后适时开展全覆盖的心理健康测评，注重对测评结果的科学分析和合理应用，分类制定心理健康教育方案。县级教育部门要设立或依托相关专业机构，牵头负责组织区域内中小学开展心理健康测评工作，每年面向小学高年级、初中、高中开展一次心理健康测评，指导学校科学运用学生心理健康测评结果，推动建立"一生一策"的心理成长档案。

6. 强化日常预警防控。高校要健全完善"学校—院系—班级—宿舍/个人"四级预警网络，依托班级心理委员、学生党团骨干、学生寝室室长等群体，重点关注学生是否遭遇重大变故、重大挫折及出现明显异常等情况。辅导员、班主任每月要遍访所有学生寝室，院系要定期召开学生心理异常情况研判会，对出现高危倾向苗头的学生及时给予干预

帮扶。针对中小学生出现的异常情况，中小学教师要与家长进行密切沟通，共同加强心理疏导，帮助孩子渡过难关。

7. 加强心理咨询辅导服务。高校要强化心理咨询服务平台建设，设立心理发展辅导室、积极心理体验中心、团体活动室、综合素质训练室等，为开展个体心理咨询与团体心理辅导提供优质的实时实地服务。创造条件开通24小时阳光心理援助热线、网络预约专线和咨询邮箱等途径，做好常态化心理咨询服务。县级教育部门要建立区域性的中小学生心理辅导中心，积极开展线上线下多种形式咨询辅导服务，定期面向所在区域中小学提供业务指导、技能培训。

三、加强结果管理，提高心理危机事件干预处置能力

8. 大力构建家校协同干预机制。对于入学时就确定有抑郁症等心理障碍的学生，学校组织校内外相关专业人员进行研判，及时将干预方案告知家长，与家长共同商定任务分工。学生出现自杀自伤、伤人毁物倾向等严重心理危机时，学校及时协助家长送医诊治。

9. 积极争取专业机构协作支持。持续强化教育部门和各级学校与精神卫生医疗机构协同合作。各高校要主动争取与精神卫生医疗机构建立定点合作关系。县级教育部门要加强与卫生健康部门的协同联动，建立精神卫生医疗机构对学校心理健康教育及心理危机干预的支持协作机制，为所在区域中小学提供医疗帮助。

10. 妥善做好学生突发事件善后工作。加快提升学校应急处置能力。学生因心理问题在校发生意外事件后，学校要立即启动应急工作预案，第一时间联系学生家长，并在当地教育、公安等部门指导下核实情况、及时处理。针对可能的社会关注，学校要按照公开透明原则及时回应，对在网上进行恶意炒作者，争取网信、公安等部门支持，合力做好工作。

四、加强保障管理，加大综合支撑力度

11. 配齐建强骨干队伍。高校按师生比不低于1∶4000比例配备心理健康教育专职教师且每校至少配备2名。加大心理健康教育培训力度，对新入职的辅导员、研究生导师开展心理健康教育基本知识和技能全覆盖培训，对所有辅导员每3年至少开展1次心理健康教育专题培训。支持辅导员攻读心理学相关专业第二专业硕士学位，适当增加思想政治工作骨干在职攻读博士学位专项计划心理学相关专业名额，为一线思想政治工作队伍提升心理健康教育专业化水平创造更好保障。每所中小学至少要配备1名专职心理健康教育教师，县级教研机构要配备心理教研员。中小学要在班主任及各学科教师岗前培训、业务进修、日常培训等各类培训中，将心理健康教育作为必修内容予以重点安排。

12. 落实场地和经费保障。高校要为心理健康教育与咨询配备必要的办公场地和设备。县级教育部门要为区域性中小学生心理辅导中心配备专门场地空间及软硬件设备，各地教育部门要进一步推动中小学建立健全心理辅导室。学校应在年度预算中统筹各类资金保障心理健康教育工作基础经费，确定生均标准，足额按时拨付，并视情建立增长机制。

教育部办公厅
2021年7月7日

教育部办公厅关于进一步明确义务教育阶段校外培训学科类和非学科类范围的通知

(教监管厅函〔2021〕3号)

各省、自治区、直辖市教育厅(教委),新疆生产建设兵团教育局:

为贯彻落实中共中央办公厅、国务院办公厅印发的《关于进一步减轻义务教育阶段学生作业负担和校外培训负担的意见》,指导各地做好校外培训(包括线上培训和线下培训)治理工作,现就明确义务教育阶段校外培训学科类和非学科类范围通知如下:

一、根据国家义务教育阶段课程设置的规定,在开展校外培训时,道德与法治、语文、历史、地理、数学、外语(英语、日语、俄语)、物理、化学、生物按照学科类进行管理。对涉及以上学科国家课程标准规定的学习内容进行的校外培训,均列入学科类进行管理。

二、在开展校外培训时,体育(或体育与健康)、艺术(或音乐、美术)学科,以及综合实践活动(含信息技术教育、劳动与技术教育)等按照非学科类进行管理。

各地要严格按照国家课程方案和课程标准进行审核把关,加强日常监管和监督检查。

教育部办公厅
2021年7月28日

教育部办公厅关于印发《中小学生校外培训材料管理办法（试行）》的通知

（教监管厅函〔2021〕6号）

各省、自治区、直辖市教育厅（教委），新疆生产建设兵团教育局：

为贯彻落实中共中央办公厅、国务院办公厅印发的《关于进一步减轻义务教育阶段学生作业负担和校外培训负担的意见》，进一步加强中小学生校外培训材料管理，教育部制定了《中小学生校外培训材料管理办法（试行）》，现予印发，请遵照执行。

教育部办公厅
2021年8月25日

中小学生校外培训材料管理办法（试行）

第一章 总 则

第一条 为严格管理中小学生校外培训材料，确保培训材料的思想性、科学性、适宜性，有效减轻中小学生课外培训负担，制定本办法。

第二条 本办法所称的校外培训材料（以下简称培训材料），是指经审批登记的校外培训机构自主编写的面向中小学生的学习材料，包括用于线上、线下的按照学科类进行管理的培训材料（以下简称学科类培训材料）和按照非学科类进行管理的培训材料（以下简称非学科类培训材料）。

第三条 培训材料管理坚持以下原则：

坚持育人为本。全面贯彻党的教育方针，落实立德树人根本任务，体现正确的政治方向和价值导向，遵循学生身心发展规律，提高培训材料的思想性、科学性、适宜性。

加强全程把控。加强培训材料编写、审核、选用、备案等全流程管理，明确内容要求和标准，健全管理机制，细化违规处罚规定，强化日常监管，突出全流程把控、检视。

强化社会监督。建立畅通的信息反馈和监督举报渠道，积极发挥行业组织、专业机构、媒体公众等监督作用。

第二章 管理职责

第四条 国务院教育行政部门制定培训材料管理有关政策要求。各级教育行政部门负责由其审批设立的校外培训机构培训材料的监管以及对问题材料处理处置等工作。

第五条 校外培训机构应当建立培训材料编写研发、审核、选用使用及人员资质审查等内部管理制度，明确责任部门、责任人、工作职责、标准、流程以及责任追究办法。

第三章 编写审核

第六条 培训材料编写研发人员应符合以下要求：

（一）政治立场坚定，拥护中国共产党的领导和中国特色社会主义制度，具有正确的世界观、人生观、价值观；

（二）全面贯彻党的教育方针，熟悉中小学教育教学规律和学生身心发展特点，从事教育教学相关工作3年及以上；

（三）学科类培训材料的编写研发人员应准确理解和把握课程方案、学科课程标准，具备相应教师资格证书；非学科类培训材料的编写研发人员，应具备相关行业资质证书或专业能力证明；

（四）遵纪守法，有良好的思想品德、社会形象，无失德、失信、违纪、违法等不良记录。

第七条 培训材料应符合以下要求：

（一）以习近平新时代中国特色社会主义思想为指导，体现社会主义核心价值观，继承和弘扬中华优秀传统文化、革命文化和社会主义先进文化，传播科学精神，引导学生树立正确的世界观、人生观和价值观，促进学生身心健康发展；

（二）内容科学准确，容量、难度适宜，与国家课程相关的内容应符合相应课程标准要求，不得超标超前；

（三）符合学生成长规律，满足多层次、多样化学习需求，有利于激发学习兴趣、鼓励探究创新。

第八条 培训材料不得存在下列情形：

（一）丑化党和国家形象，或者诋毁、污蔑党和国家领导人、英雄模范，或者歪曲党的历史、中华人民共和国历史、人民军队历史；

（二）污蔑攻击中国共产党领导、中国特色社会主义制度，违背社会主义核心价值观；

（三）损害国家统一、主权和领土完整；

（四）损害国家荣誉和利益，有反华、辱华、丑华等内容；

（五）煽动民族仇恨、民族歧视，破坏民族团结，侵犯民族风俗习惯；

（六）宣扬宗教教理、教义、教规以及邪教、封建迷信思想等；

（七）含有暴力、恐怖、赌博、毒品、性侵害、淫秽、教唆犯罪等内容；

（八）不符合知识产权保护等国家法律、行政法规；

（九）植入商业广告或者变相的商业广告；

（十）超出相应的国家课程标准；

（十一）含有误导中小学生产生不良行为的内容；

（十二）存在其他违法违规情形。

第九条 培训材料须按规定进行审核。审核人员除应符合编写研发人员要求外，还须具有较高的政策理论水平和较丰富的相关教育或培训经验。

第十条 建立培训材料内部审核和外部审核制度，坚持凡编必审、凡用必审。校外培训机构负责培训材料的内部全面审核，须按照审核人员资质要求遴选组建内部审核队伍。

各地教育行政部门负责培训材料的外部审核，须按照审核人员资质要求组建由相关学科专家、课程专家、教研专家、一线教师等组成的审核队伍，明确审核流程和时限，重点对意识形态属性较强的内容和执行课程标准情况进行把关。

实行培训材料编审分离制度，遵循回避原则。

第十一条 学科类培训材料采取校外培训机构内部审核和教育行政部门外部审核相结合的方式进行双审核。其中，各地教育行政部门对线上及线下培训相对固定形式的基础性材料进行全面审核，对以资料库、视频等形式存在的培训材料开展抽查性审核；鼓励各地探索运用现代化信息技术手段加强审核把关。

非学科类培训材料在校外培训机构内部审核基础上，由各地教育行政部门协助相应主管部门开展抽查、巡查。

第十二条 对于已通过审核的、在多个地区使用的同一培训材料，可由培训机构提供已通过审核的证明，供其他地区审核时参考。

第四章　选用备案

第十三条 校外培训机构应规范培训材料选用程序。选用的培训材料须为审核通过的培训材料或正式出版物。校外培训机构选用境外教材，应参照《中小学教材管理办法》等国家有关规定执行。

第十四条 校外培训机构对所有培训材料存档保管、备查，保管期限不少于相应培训材料使用完毕后3年。培训材料及编写研发人员信息须向相应教育行政部门备案。备案材料产生变更时，应及时提交变更内容说明和变更材料。

（一）线上培训保管材料应包括线上学习资源、开发者信息、下载网站、资源主题、资源简介、适用对象及图文来源等；

（二）线下培训保管材料应包括编写者信息、材料简介、材料内容及适用对象等。

第五章　检查监督

第十五条 校外培训机构应向社会、培训对象公开做出书面承诺，所使用培训材料符合本办法第七条、第八条规定。

第十六条 教育行政部门应当公开监督方式、畅通举报渠道，通过年度检查、专项检查、随机抽查等形式，组织专业力量对校外培训机构培训材料编审人员资质、内部审核、选用使用等情况进行检查。检查情况依法向社会公开，并作为校外培训机构信用管理的重要依据。各地教育行政部门应明确培训材料编审人员参训要求，制定并实施培训计划，提高培训的针对性和实效性。

第十七条 教育行政部门检查发现培训材料违反本办法规定的，应督促相关校外培训机构限期整改，并可按照有关规定予以处理。整改期间，校外培训机构不得使用相关材料开展任何形式的授课活动。对情节严重或者逾期未完成整改的校外培训机构，教育行政部门应当依法吊销其民办学校办学许可。涉及其他部门职责的，教育行政部门应当将相关违法违规线索及时移送，并且配合做好查处工作。

第六章 附 则

第十八条 省级教育行政部门结合本地实际，根据本办法制定实施细则。

第十九条 本办法自印发之日起施行，由国务院教育行政部门负责解释。

教育部办公厅关于印发《普通高等学校举办非学历教育管理规定（试行）》的通知

（教职成厅函〔2021〕23号）

各省、自治区、直辖市教育厅（教委），新疆生产建设兵团教育局，部属各高等学校、部省合建各高等学校，国家开放大学：

为贯彻落实党的十九大及十九届二中、三中、四中、五中、六中全会精神，进一步加强对普通高等学校举办非学历教育的规范管理，我部制定了《普通高等学校举办非学历教育管理规定（试行）》。现印发给你们，请遵照执行。

执行过程中出现的重要情况和问题请及时报我部（职业教育与成人教育司）。

教育部办公厅
2021年11月11日

普通高等学校举办非学历教育管理规定（试行）

第一章 总 则

第一条 为加强对普通高等学校（以下简称高校）举办非学历教育的管理，根据《中华人民共和国高等教育法》制定本规定。

第二条 本规定所称非学历教育是指高校在学历教育之外面向社会举办的，以提升受教育者专业素质、职业技能、文化水平或者满足个人兴趣等为目的的各类培训、进修、研修、辅导等教育活动。以获得高等教育自学考试毕业证书为目的的自学考试辅导不在本规定的适用范围内。

第三条 非学历教育要坚持以习近平新时代中国特色社会主义思想为指导，全面贯彻党的教育方针，坚持社会主义办学方向，落实立德树人根本任务；强化公益属性，发挥市场机制作用，主动服务国家战略、经济社会发展和人的全面发展；依托学科专业优势和特色，与学校发展定位相一致、与学校办学能力相适应；坚持依法依规治理，规范办学行为，提升人才培养质量。

第四条 高校在保证完成国家下达的学历教育事业计划的前提下，方可举办非学历教育。高校举办非学历教育原则上要以自招、自办、自管为主，切实落实高校办学主体责任。

第二章 管理体制和职责

第五条 国务院教育行政部门负责非学历教育的宏观指导和统筹管理，建立健全非学历教育评价标准，完善监管体系；会同有关行业主管部门建立协同机制，加强对非学历教育的业务指导。

第六条 省级教育行政部门负责本地区非学历教育的指导、监督和管理，引导高校根据自身实际和特点优势，科学合理确定非学历教育办学规模。

第七条 高校负责本校非学历教育的发展规划、制度建设、规范办学和质量保证。高校党委应履行好管党治党、办学治校主体责任，强化基层党组织对涉及非学历教育工作的政治把关作用。高校应按照"管办分离"原则，明确归口管理部门，对非学历教育实施归口管理。归口管理部门不得设立在实际举办非学历教育的院系或部门（以下统称办学部门）。

第八条 归口管理部门负责全校非学历教育的统筹协调和规范管理，拟订非学历教育发展规划和管理制度，建立风险防控机制；对各办学部门举办的非学历教育进行立项审批；对非学历教育的招生简介、广告宣传等进行审核；对非学历教育合同事务进行管理；对非学历教育办学进行过程指导、质量监督和绩效管理；审核发放非学历教育证书等。

第九条 根据学校非学历教育发展规划，办学部门可结合自身优势特色，按照学校相关程序开展非学历教育。校内非实体性质的单位、职能管理部门、群团组织及教职员工个人不得以高校名义举办非学历教育。高校独资、挂靠、参股、合作举办的独立法人单位，不得以高校名义举办非学历教育；法人名称中带有高校全称或简称的，如举办非学历教育应纳入高校统一管理。

第三章 立项与招生

第十条 高校办学部门举办非学历教育项目均须向归口管理部门提出立项申请，经审批同意后方可开展。除保密情形外，经审批通过的项目要依法依规进行信息公开。

第十一条 高校不得以"研究生""硕士、博士学位"等名义举办课程进修班。面向社会举办的非学历教育不得冠以"领导干部""总裁""精英""领袖"等名义，不得出现招收领导干部的宣传。

第十二条 高校应严格规范非学历教育招生行为，自行组织招生，严禁委托校外机构进行代理招生。招生宣传内容必须真实、明晰、准确。

第四章 合作办学

第十三条 高校应严格控制非学历教育合作办学，确需与校外机构开展课程设计、教学实施等方面合作办学的，应对合作方背景、资质进行严格审查。如合作方涉及本校教职员工及其特定关系人的，应在立项申报时主动申明。

第十四条 合作办学要坚持高校主体地位，严禁转移、下放、出让学校的管理权、办学权、招生权和教学权，严禁项目整体外包。脱产学习超过一个月的非学历教育、受委托的领导干部培训项目，一律不得委托给社会培训机构，或与社会培训机构联合举办。

第十五条 非学历教育合作办学合同须经归口管理部门统一审批并由学校法定代表人或授权签字人签字，加盖学校公章。高校要重点对合同中合作模式、校名校誉使用、合作期限、权利义务、收益分配、违约责任等条款进行审核。

第五章 教学管理

第十六条 高校要建立非学历教育教学管理制度和质量保障机制，加强项目设计、课程研发、教学组织、效果评价等方面管理，明确教学目标和计划安排，严格学习纪律和考勤考核，加强学员管理。

第十七条 非学历教育可采取脱产、业余形式。鼓励高校创新教学模式，开展基于互联网的信息化教学和线上线下混合教学。

第十八条 高校要加强非学历教育教学资源建设，健全开发使用标准、程序和审核评价机制。鼓励高校组织优秀师资开发高水平非学历教育教学资源。

第十九条 高校非学历教育结业证书应由归口管理部门统一制作、分类连续编号，与学历教育证书明显区别。高校要建立规范的结业证书审核与申领机制，做好结业申请材料的收集与归档。结业证书应当载明修业时段和学业内容。

第六章 财务管理

第二十条 高校要按照国家及高校所在省份主管部门的规定，建立健全非学历教育财务管理制度，规范管理、防范风险。

第二十一条 对没有明确政府定价或政府指导价的项目，高校应根据当地经济社会发展水平和培养成本合理确定收费标准。面向社会公开招生的项目，收费标准应向社会公示，自觉接受监督。涉及收费减免的，应严格履行收费减免审批程序。

第二十二条 非学历教育办学所有收入纳入学校预算，统一核算，统一管理，任何单位或个人不得隐瞒、截留、占用、挪用和坐支。高校不得授权任何单位或个人代收费，不得以接受捐赠等名义乱收费。严禁合作方以任何名义收取费用。

第二十三条 非学历教育经费支出执行国家有关财务规章制度和学校有关经费支出管理规定。属于政府采购范围的，要严格执行政府采购相关规定。使用校内资源的，要执行学校资源有偿使用相关规定。非学历教育的课酬、劳务费等酬金统一由学校财务部门据实支付。

第七章 条件保障

第二十四条 高校要加强非学历教育师资和管理队伍建设，强化师德师风建设，选聘、培育优秀人才参与非学历教育工作；要设定授课师资准入条件，动态调整师资库，完善非学历教育绩效管理制度。聘用外籍人员需符合国家有关规定。

第二十五条 高校要优化资源配置，不断改善非学历教育办学及食宿条件。鼓励将学校运动场馆、图书馆、实验室等资源向非学历教育学员开放。

第二十六条 举办非学历教育需符合场地、消防、食品、卫生、网络信息等方面的安全要求，建立健全安全管理制度和应急预警处理机制，防范各类安全责任事故发生。

第八章　监督管理与处罚

第二十七条　高校要建立非学历教育中长期规划编制、年度执行情况审查、财务审计、监督检查机制，并纳入学校党委（常委）会议事事项和"三重一大"决策范畴。

第二十八条　高校要建立覆盖非学历教育立项、研发、招生、收费、教学、评价、发证等各环节的质量管理体系，实现办学过程受监控、可追溯。高校非学历教育办学情况纳入继续教育发展年度报告工作，主动向社会公开。年度办学情况明细应报省级教育行政部门备案。

第二十九条　高校财务、审计、教师管理、学生管理、巡视巡察、纪检监察等部门要将非学历教育监督检查纳入日常工作，建立工作机制，通过日常监管、专项检查等多种方式强化监督制约，维护财经纪律，保障教学秩序，防范腐败风险。

第三十条　各省级教育行政部门要完善本地区高校非学历教育管理制度，建立办学质量抽查和评估机制，强化指导和监管。

第三十一条　主管教育行政部门要建立工作责任制和责任追究制度，依法依规严肃处理高校非学历教育办学过程中的违规违纪违法问题。

（一）对不按本规定执行的高校，或不具备教学条件、办学投入不足、教学质量低下的高校，责令限期整改；对拒不履行职责、推诿、敷衍、拖延的，应公开通报批评，并追究有关责任人责任。

（二）对弄虚作假，蒙骗学员，借办学之名营私牟利的，应责令高校立即整改，退还所收费用，并对主要责任者和其他直接责任人员依法依规给予处分。构成犯罪的，依法追究刑事责任。

第九章　附　　则

第三十二条　职业高等学校、独立设置的成人高等学校、开放大学举办非学历教育参照本规定执行。

第三十三条　高校面向特定行业、特定地域、特定群体举办的非学历教育，须同时遵守相关规定。

第三十四条　本规定的解释权属教育部。

第三十五条　本规定自发布之日起施行。

教育部办公厅关于印发《"十四五"职业教育规划教材建设实施方案》的通知

(教职成厅〔2021〕3号)

各省、自治区、直辖市教育厅(教委),新疆生产建设兵团教育局,部属各高等学校,有关直属单位:

为深入贯彻全国职业教育大会和全国教材工作会议精神,加强"十四五"职业教育规划教材建设,在国家教材委员会统筹领导下,我部制定了《"十四五"职业教育规划教材建设实施方案》。现印发给你们,请结合实际,认真贯彻执行。

教育部办公厅
2021年12月3日

"十四五"职业教育规划教材建设实施方案

为深入贯彻全国职业教育大会和全国教材工作会议精神,落实《关于推动现代职业教育高质量发展的意见》《全国大中小学教材建设规划(2019—2022年)》和《职业院校教材管理办法》有关部署,做好"十四五"职业教育规划教材建设工作,以规划教材为引领,建设中国特色高质量职业教育教材体系,制定本方案。

一、总体要求

"十四五"职业教育规划教材建设要深入贯彻落实习近平总书记关于职业教育工作和教材工作的重要指示批示精神,全面贯彻党的教育方针,落实立德树人根本任务,强化教材建设国家事权,突显职业教育类型特色,坚持"统分结合、质量为先、分级规划、动态更新"原则,完善国家和省级职业教育教材规划建设机制。

"十四五"期间,分批建设1万种左右职业教育国家规划教材,指导建设一大批省级规划教材,加大对基础、核心课程教材的统筹力度,突出权威性、前沿性、原创性教材建设,打造培根铸魂、启智增慧、适应时代要求的精品教材,以规划教材为引领,高起点、高标准建设中国特色高质量职业教育教材体系。

二、重点建设领域

规划教材建设要突出重点,加强公共基础课程和重点专业领域教材建设,补足紧缺领域教材,增强教材适用性、科学性、先进性。

(一)统筹建设意识形态属性强的课程教材

推进习近平新时代中国特色社会主义思想进教材进课堂进头脑,巩固马克思主义在意识形态领域的指导地位,加强社会主义核心价值观教育,加强中华优秀传统文化、革命文化和社会主义先进文化教育,落实党的领导、劳动教育、总体国家安全观教育等要求,促进学生德技并修。统一编写使用中等职业学校思想政治、语文、历史教材,用好《习近平新时代中国特色社会主义思想学生读本》。继续做好高等职业学校(含高职本科,下同)统一使用统编教材工作。重点在部分公共基础课程和财经商贸、文化艺术、教育体育、新闻出版、广播影视、公安司法、公共管理与服务等专业大类相关专业领域,推进职业教育领域新时代马克思主义理论研究和建设工程教育部重点教材建设。

(二)规范建设公共基础课程教材

完善基于课程标准的职业院校公共基础课程教材编写机制。依据中等职业学校公共基础课程方案和课程标准,统一规划中等职业学校数学、英语、信息技术、艺术、体育与健康、物理、化学教材的编写和选用工作，每门课程教材不超过5种。健全高等职业学校公共基础课程标准，统一规划高等职业学校公共基础课程教材编写和选用工作。通过组织编写、遴选等方式，加强职业院校中华优秀传统文化、劳动教育、职业素养、国家安全教育等方面教材（读本）供给，加强价值引导、提升核心素养，为学生终身发展奠基。

（三）开发服务国家战略和民生需求紧缺领域专业教材

围绕国家重大战略，紧密对接产业升级和技术变革趋势，服务职业教育专业升级和数字化改造，优先规划建设先进制造、新能源、新材料、现代农业、新一代信息技术、生物技术、人工智能等产业领域需要的专业课程教材。服务民生领域急需紧缺行业发展，加快建设学前、托育、护理、康养、家政等领域专业课程教材。改造更新钢铁冶金、化工医药、建筑工程、轻纺、机械制造、会计等领域专业课程教材。推动编写一批适应国家对外开放需要的专业课程教材。

（四）支持建设新兴专业和薄弱专业教材

重点支持《职业教育专业目录（2021年）》中新增和内涵升级明显的专业课程教材。加强长学制专业相应课程教材建设，促进中高职衔接教材、高职专科和高职本科衔接教材建设。遴选建设一批高职本科教材。支持布点较少专业课程教材建设。支持非通用语种外语教材，艺术类、体育类职业教育教材，特殊职业教育教材等的建设。

（五）加快建设新形态教材

适应结构化、模块化专业课程教学和教材出版要求，重点推动相关专业核心课程以真实生产项目、典型工作任务、案例等为载体组织教学单元。结合专业教学改革实际，分批次组织院校和行业企业、教科研机构、出版单位等联合开发不少于1000种深入浅出、图文并茂、形式多样的活页式、工作手册式等新形态教材。开展"岗课赛证"融通教材建设，结合订单培养、学徒制、1+X证书制度等，将岗位技能要求、职业技能竞赛、职业技能等级证书标准有关内容有机融入教材。推动教材配套资源和数字教材建设，探索纸质教材的数字化改造，形成更多可听、可视、可练、可互动的数字化教材。建设一批编排方式科学、配套资源丰富、呈现形式灵活、信息技术应用适当的融媒体教材。

三、规划教材编写要求

规划教材编写应遵循教材建设规律和职业教育教学规律、技术技能人才成长规律，紧扣产业升级和数字化改造，满足技术技能人才需求变化，依据职业教育国家教学标准体系，对接职业标准和岗位（群）能力要求。

（一）坚持正确的政治方向和价值导向

坚持马克思主义指导地位，将马克思主义立场、观点、方法贯穿教材始终，体现党的理论创新最新成果特别是习近平新时代中国特色社会主义思想，体现中国和中华民族风格，体现人类文化知识积累和创新成果，全面落实课程思政要求，弘扬劳动光荣、技能宝贵、创造伟大的时代风尚。

（二）遵循职业教育教学规律和人才成长规律

符合学生认知特点，体现先进职业教育理念，鼓励专业课程教材以真实生产项目、典型工作任务等为载体，体现产业发展的新技术、新工艺、新规范、新标准，反映人才培养模式改革方向，将知识、能力和正确价值观的培养有机结合，适应专业建设、课程建设、教学模式与方法改革创新等方面的需要，满足项目学习、案例学习、模块化学习等不同学习方式要求，有效激发学生学习兴趣和创新潜能。

（三）配强编写人员队伍

鼓励职业院校与高水平大学、科研机构、龙头企业联合开发教材。鼓励具有高级职称的专业带头人或资深专家领衔编写教材，支持中青年骨干教师参与教材建设。教材编写和审核专家应具有较高专业水平，无违法违纪记录或师德师风问题。职业教育国家规划教材建设实行主编负责制，主编对教材编写质量负总责。

（四）科学合理编排教材内容

教材内容设计逻辑严谨、梯度明晰，文字表述规范准确流畅，图文并茂、生动活泼、形式新颖；名称、术语、图表规范，编校、装帧、印装质量等符合国家有关技术质量标准和规范；符合国家有关著作权等方面的规定，未发生明显的编校质量问题。

四、编写选用和退出机制

按照《职业院校教材管理办法》等规定，严格规划教材编写、选用、退出机制。

（一）规范资质管理

坚持"凡编必审"，支持建设一批职业教育国家规划教材高水平出版机构。出版机构须持续提升教材使用培训、配套资源更新等专业服务水平，定期开展著作权等自查，加强教材盗版盗印专项治理。

（二）严格试教试用制度

新编教材和根据课程标准修订的教材，须进行试教试用，在真实教学情境下对教材进行全面检验。试教试用的范围原则上应覆盖不同类型的地区和学校。试教试用单位要组织专题研讨，提交试教试用报告，提出修改建议。编写单位要根据试教试用情况对教材进行修改完善。

（三）严格教材选用管理

坚持"凡选必审"，职业院校须建立校级教材选用委员会，规范教材选用程序与要求，指导校内选择易教利学的优质教材。落实教材选用备案制度，职业院校选用教材情况每学年报学校主管部门备案，并汇总至省级教育行政部门。

（四）健全教材更新和调整机制

规划教材严格落实每三年修订一次、每年动态更新内容的要求，并定期报送修订更新情况。对于连续三年不更新、编者被发现存在师德师风问题、出现重大负面影响事件、教材推广发行行为不规范等情形的，退出规划教材目录，并按有关规定严肃追责问责。符合三年一修订要求和"十四五"职业教育国家规划教材遴选标准的"十三五"职业教育国家规划教材按程序复核通过后纳入"十四五"职业教育国家规划教材。获得首届全国教材建设奖全国优秀教材（职业教育类）的，原则上直接纳入"十四五"职业教育国家规划教材。充分发挥国家教材目录导向作用，加大国家统编教材、全国教材建设奖优秀教材的推广力度，加大规划教材选用比例，形成高质量教材有效普及、劣质教材加速淘汰的调整机制。

（五）健全教材评价督查机制

将教材工作作为教育督导和学校评估的重要内容，加强对各类教材特别是境外教材、教辅、课外读物、校本教材的监管，优化教材跟踪调查、抽查制度。国家、省两级抽查教材的比例合计不低于50%并公布抽检结果，淘汰不合格的教材并建立责任倒查机制，推进教材更新使用。完善教材评价制度，支持专业机构对教材进行第三方评议。在教材选用、管理等方面存在严重问题的，按照相关规定严肃处理。

五、工作机制

（一）加强统筹领导

在国家教材委员会统筹领导下，教育部统一组织国家规划教材建设。教育部职业教育与成人教育司具体组织实施职业教育非统编国家规划教材建设，发布职业教育国家规划教材目录。有关行业部门、行业组织、行指委、教指委要发挥行业指导作用，在教育部统一领导下，积极参与职业教育教材建设。

（二）落实地方责任

省级教育行政部门围绕本区域经济社会发展对技术技能人才需求，结合区域职业教育特色，组织省级规划教材建设并发布省级规划教材目录。各地要充分论证、科学规划、严格把关，避免低水平重复建设，健全职业教育省级规划教材目录制度，做好省级规划教材与国家规划教材的衔接。

（三）做好教材出版

出版单位应牢固树立精品意识，着力建设研编一体的高水平编辑队伍，健全教材策划、编写、编辑、印制、发行各环节质量保障体系，发挥试教试用和意见反馈机制作用，严格执行多审多校、印前审读制度，坚持微利定价原则，及时组织修订再版，发行确保课前到书。

六、条件保障

（一）加强党对教材建设的全面领导

把党的全面领导落实到教材建设各个环节，把好为党育人、为国育才的重要关口，使规划教材领域成为坚持党的领导的坚强阵地。学校党组织要严格落实教材建设意识形态工作责任制，切实履行主体责任，高度重视教材建设的组织实施、重点任务研究部署和督促落实。所申报教材的编写人员、责任编辑人员、审核人员应符合《职业院校教材管理办法》有关规定，并提供所在单位党组织政审意见。主编须提供所在单位一级党组织政审意见。

（二）加强政策和经费支持

各地教育行政部门要加大对职业教育教材工作的支持，在课题研究、评优评先、职称评定、职务（岗位）晋升等方面予以倾斜。按规定将教材建设相关经费纳入预算。鼓励多渠道筹措教材建设经费。建立完善职业院校教师参与规划教材编审工作纳入学校绩效考核的制度。

（三）加强教材研究和平台建设

国家统筹建立职业院校教材建设研究基地，推动建立一批国家级和省级职业教材研究基地。国家和省级职业教育教研机构应发挥专业优势，深入开展教材建设重大理论和实践问题研究。定期组织开展教材研究成果交流，推动研究成果及时转化。完善职业教育教材信息服务平台，及时发布教材编写、出版、选用及评价信息。建设教材研究资源库和专题数据库，收集国内外教材和教材研究成果。

（四）加大教材培训和交流

完善国家、省两级规划教材编写和使用培训体系，对参与国家规划教材编审的相关人员进行培训；结合各级教师培训项目和其他教研活动，组织开展规划教材使用培训，不断提高教师用好教材的能力。组织开展全国教材建设奖全国优秀教材（职业教育类）宣传推广工作。加强教材国际交流合作，根据实际需要适当引进急需短缺的境外高水平教材并加强审核把关。拓展深化与"一带一路"国家的教材合作，为培养国际化高素质技术技能人才提供有力支撑。

教育部办公厅 人力资源社会保障部办公厅关于印发《校外培训机构从业人员管理办法（试行）》的通知

(教监管厅函〔2021〕9号)

各省、自治区、直辖市教育厅（教委）、人力资源社会保障厅（局），新疆生产建设兵团教育局、人力资源社会保障局：

为贯彻落实中共中央办公厅、国务院办公厅印发的《关于进一步减轻义务教育阶段学生作业负担和校外培训负担的意见》精神，加强校外培训机构从业人员管理，规范机构和从业人员培训行为，教育部、人力资源社会保障部共同制定了《校外培训机构从业人员管理办法（试行）》，现予印发，请遵照执行。

教育部办公厅 人力资源社会保障部办公厅
2021年9月9日

校外培训机构从业人员管理办法（试行）

第一章 总 则

第一条 为加强校外培训机构从业人员管理，规范机构和从业人员培训行为，依据《中华人民共和国教育法》《中华人民共和国民办教育促进法》《中华人民共和国劳动合同法》等制定本办法。

第二条 校外培训机构从业人员是指按规定面向中小学生及3周岁以上学龄前儿童开展校外培训的机构中的工作人员，包括：教学人员、教研人员和其他人员。其中，教学人员是指承担培训授课的人员，教研人员是指培训研究的人员；助教、带班人员等辅助人员按照其他人员进行管理。

第三条 本办法适用于招用具有中国国籍的人员，招用外籍人员应符合国家有关规定。

第二章 招用及解聘

第四条 校外培训机构从业人员应当符合下列要求：

（一）坚持以习近平新时代中国特色社会主义思想为指导，拥护中国共产党的领导和中国特色社会主义制度，全面贯彻党的教育方针，落实立德树人根本任务；

（二）爱国守法，恪守宪法原则，遵守法律法规，依法履行各项职责；

（三）具备良好的思想品德和职业道德，举止文明，关心爱护学生；教学、教研人员还应为人师表，仁爱敬业；

（四）教学、教研人员应熟悉教育教学规律和学生身心发展特点，从事按照学科类管理培训的须具备相应教师资格证书，从事按照非学科类管理培训的须具备相应的职业（专业）能力证明；

（五）非中小学、幼儿园在职教师。

第五条 校外培训机构从业人员不得为以下人员：

（一）纳入"校外培训机构从业人员黑名单"管理的；

（二）受到剥夺政治权利或者故意犯罪受到有期徒刑以上刑事处罚的。

第六条 校外培训机构专职教学、教研人员原则上不低于机构从业人员总数的50%。面向中小学生的线下培训，每班次专职教学人员原则上不低于学生人数的2%；面向3周岁以上学龄前儿童的线下培训，每班次专职培训人员原则上不低于儿童人数的6%。

第七条 校外培训机构应按照《中华人民共和国劳动合同法》有关规定与招用人员订立、履行、变更、解除或者终止劳动合同。

第八条 校外培训机构应当规范从业人员管理：

（一）校外培训机构应对拟招用人员和劳务派遣单位拟派遣至机构场所工作的人员进行性侵等违法犯罪信息查询；

（二）校外培训机构应当依法与招用人员签订书面劳动合同，明确工作内容、工作地点、工作时间、岗位职责、劳动合同期限、劳动报酬、社会保险、考核办法等；

（三）对初次招用人员，应当开展岗位培训，内容应当包括法律法规、职业道德和有关政策文件要求等；

（四）教学、教研人员的基本信息（姓名、照片等）、教师资格、从教经历、任教课程等信息应在机构培训场所及平台、网站显著位置公示，并及时在全国统一监管平台备案。其他从业人员信息应在机构内部进行公示。

第九条 校外培训机构应向社会、培训对象公开做出书面承诺，从业人员招用符合本办法第四条、第五条、第六条、第七条规定。

第十条 校外培训机构应对从业人员定期开展思想政治素质、业务能力等培训，提高教育教研能力和服务保障水平。

第十一条 校外培训机构从业人员不得有下列情形：

（一）有损害党中央权威、违背党的路线方针政策的言行；

（二）损害国家利益，损害社会公共利益，或违背社会公序良俗；

（三）通过课堂、论坛、讲座、信息网络及其他渠道发表、转发错误观点，或编造散布虚假信息、不良信息；

（四）歧视、侮辱学生，存在虐待、伤害、体罚或变相体罚未成年人行为；

（五）在教学、培训等活动中遇突发事件、面临危险时，不顾学生安危，擅离职守，自行逃离；

（六）与学生发生不正当关系，存在猥亵、性骚扰等行为；

（七）向学生及家长索要、收受不正当财物或利益；

（八）被依法追究刑事责任；

（九）吸食毒品等违反治安管理法律法规行为；

（十）违法传教或者开展宗教活动；

（十一）宣扬或从事邪教。从业人员有上述情形，符合《中华人民共和国劳动合同法》等法律法规关于解除劳动合同规定的，校外培训机构应当依法与其解除劳动合同，在全国统一监管平台同步更新人员信息，并报告主管教育行政部门。

第三章 检查监督

第十二条 教育行政部门或相应主管部门会同人力资源社会保障行政部门公开监督方式、畅通举报渠道，通过年度检查、专项检查、随机抽查等形式，依职责分工对机构从业人员情况进行检查。检查情况依法向社会公开，并作为机构信用管理的重要依据。

第十三条 从业人员违反本办法第十一条规定情节严重的，经查实、审核后，纳入全国统一监管平台的"校外培训机构从业人员黑名单"管理。

第十四条 校外培训机构违反本办法的，主管教育行政部门应责令其限期改正；对多次、多项违反规定等情节严重的，责令其停止招生，改正期间禁止开展相关培训活动；对逾期未完成改正或拒绝改正等情节特别严重的，依法取消其办学许可资质。

第四章 附 则

第十五条 省级教育行政部门可结合本地实际，根据本办法制定实施细则。

第十六条 本办法自印发之日起施行，由国务院教育行政部门负责解释。

教育部办公厅 中国科协办公厅关于利用科普资源助推"双减"工作的通知

（教基厅函〔2021〕45号）

各省、自治区、直辖市教育厅（教委）、科协，新疆生产建设兵团教育局、科协，各全国学会、协会、研究会，相关高校科协：

为认真贯彻落实中共中央办公厅、国务院办公厅印发的《关于进一步减轻义务教育阶段学生作业负担和校外培训负担的意见》，发挥科协系统资源优势，有效支持学校开展课后服务，提高学生科学素质，促进学生全面健康发展，教育部、中国科协决定充分利用科普资源助推"双减"工作。现将有关事项通知如下。

一、引进科普资源到校开展课后服务

各地各校要以"请进来"的方式，引进一批优秀科普人才和相关科普机构，有效开展科普类课后服务活动项目。科协组织要会同当地教育部门遴选推荐一批思想品质优秀、热爱教育事业、科普经验丰富的科学家、两院院士及科技人才、科普工作者，以及符合学校需求的科技馆、科普教育基地，按照"双向选择"的原则，由学校自主选聘为科技辅导员或合作机构，并参与学校课后服务。选聘的科技辅导员和合作机构应充分发挥专业优势，积极遴选、开发、引入优质科普资源，通过做科学报告、讲述科学故事、开设线上线下科普课程、指导学生科技社团和兴趣小组活动等多种方式，加强学生科技教育，培养学生科学兴趣、创新意识和创新能力。

二、组织学生到科普教育基地开展实践活动

各地各校要以"走出去"的方式，有计划地组织学生就近分期分批到科技馆和各类科普教育基地（天文馆、科技园、动植物园、农业示范园、高校、科研院所等），加强场景式、体验式、互动式、探究式科普教育实践活动。科协组织要指导支持科技馆、科普教育基地优先保障学校开展课后服务需要，开发精品科普课程，安排专职人员进行讲解指导，切实增强科普课程的科学性、系统性、适宜性和趣味性。教育部门、科协组织要指导学校加强与科技馆、科普教育基地工作对接，共同做好课后科普实践活动计划，保障活动有效实施。鼓励科技馆、科普教育基地利用节假日安排学生专场和家庭亲子科普教育活动，向中小学生优惠或免费开放，积极吸引学生参加。支持有条件的科技馆和科普教育基地开发研究性学习课程，组织有关专家指导有兴趣的学生长期、深入、系统地开展科学探究与实验。鼓励科技馆和科普教育基地招募中小学生志愿参加科普讲解导览等服务活动。

三、联合加强学校科学类课程教师培训

教育部门要会同科协组织将遴选推荐的有关科学家、两院院士及科技人才、科普工作者纳入教师培训专家资源库，支持开展中小学科学类课程教师培训。统筹制订科学类课程教师培训计划，创新培训方式，注重依托科技馆和科普教育基地，精心设计培训课程，突出世界科技前沿、科学发展规律、科技创新成果和科学精神、思想方法等方面的培训，开阔教师科学视野，提高教师科学素养和教育教学水平。教育部在"国培计划"示范项目中专门设置中小学科学类课程教师培训项目，引领带动各地加强中小学科学类课程教师培训。教育部和中国科协组织有关专家开发研制与学校科学课程相适应的体系化配套课程资源，通过国家中小学网络云平台向学校免费提供，为教师教学提供专业支持。

四、发挥科协组织在规范校外培训中的作用

科协组织要加强科学素质类校外培训机构设置管理研究，积极研制有关专业标准和工作指南，为有关管理部门加强科学素质类校外培训机构规范管理提供专业支持。要以举办相关专业培训或论坛活动、开展监测评估研究等为载体，积极引导科学素

质类校外培训机构提高管理水平和专业能力，配合有关部门规范整治各类传播"伪科学"的校外培训活动。

五、建立健全工作协同推进机制

各地教育部门和科协组织要明确具体责任部门和专门人员，建立工作专班，加强日常工作沟通，定期对接双方需求，加大对薄弱学校、农村学校的支持力度，形成协同推进的长效工作机制。对到校参与课后服务的校外科技辅导员，补助经费纳入课后服务经费保障机制。要将利用科普资源助推"双减"工作成效纳入教育部门、科协组织的年度绩效考核和"双减"工作督导检查，对做出突出成绩的有关单位和个人，给予表扬宣传。定期评选推介科普类课后服务典型案例和精品科普课程资源，积极推广典型经验，营造良好教育生态。

教育部办公厅 中国科协办公厅
2021 年 11 月 25 日

教育部 财政部关于实施中小学幼儿园教师国家级培训计划（2021—2025年）的通知

（教师函〔2021〕4号）

各省、自治区、直辖市教育厅（教委）、财政厅（局），新疆生产建设兵团教育局、财政局：

为深入贯彻习近平总书记关于教育的重要论述和全国教育大会精神，落实《中共中央 国务院关于全面深化新时代教师队伍建设改革的意见》《国民经济和社会发展第十四个五年规划和2035年远景目标纲要》，推进教师培训提质增效和教师队伍高质量发展，就"十四五"期间中小学幼儿园教师国家级培训计划（以下简称"国培计划"）实施工作通知如下。

一、基本思路

深刻把握教育高质量发展阶段的新要求，坚持示范引领与整体提升结合，为基础教育改革发展培养高端引领人才，为乡村振兴和中西部欠发达地区农村教育改革发展提供坚强师资支撑。

（一）支持重点

实施示范项目，重点加强方向方法引领、优质资源建设，培育教育家型教师和校园长、专家型培训者和团队。实施中西部骨干项目，重点支持中西部欠发达地区农村义务教育学校、幼儿园骨干教师、校园长和培训者深度培训；将巩固拓展脱贫攻坚成果同乡村振兴有效衔接，支持国家乡村振兴重点帮扶县教师校长能力整体提升。辐射带动省、市、县、校级教师培训，实现教师培训全覆盖。

（二）目标任务

推进以教师自主学习、系统提升、持续发展为导向的"国培计划"改革，实行分层分类精准培训，建立教师自主发展机制，探索教师自主选学等模式，推进人工智能与教师培训融合发展。完善教师专业发展支持服务体系，加强市县教师发展机构专业化建设，健全项目区县、高校、中小学校和幼儿园协同发展机制，加强教师培训者队伍专业化建设，健全教师发展评价、培训综合评价机制，全面推进教师培训提质增效。

二、重点工作

（一）聚焦素养提升，更新标准引领下的内容体系

1. 突出教师核心素养培养。围绕落实立德树人根本任务，统筹思想政治、师德师风、业务能力培训，将思想政治和师德师风作为必修内容。加强教师理想信念教育，深入学习领会习近平总书记关于教育的重要论述，开展"四史"教育，引导教师树立正确的历史观、民族观、国家观、文化观。强化新时代教师职业行为十项准则学习。增强教师利用信息技术改进教育教学的意识，提升教师信息技术应用能力。

2. 强化培训内容标准引领。落实教师培训课程指导标准，科学设计培训课程，综合提升学科育德、教学实施、学生评价和家庭教育指导能力。加强义务教育新课程标准培训，强化道德与法治、语文、历史三科统编教材培训，加大体育、音乐、美术、劳动、科学等紧缺学科教师培训力度，提升教师促进学生全面发展能力。将国家安全、法治教育、生态教育、国家通用语言文字、幼小衔接、少先队工作、预防校园欺凌等内容纳入教师校园长培训。

（二）推进重点改革，完善高质量精准化的培训机制

3. 完善教师自主发展机制。强化分层分类，实施精准培训。完善线下集中培训、在线培训、校本研修融合的混合式培训，推进教师常态化学习。开展教师自主选学试点，根据教师专业发展不同阶段制定个性化、周期性的发展规划，建设选学服务平台，教师自主选择培训项目，探索教师自主发展机制。开展教师培训整校研修模式改革探索。完善学分认定登记制度，强化培训学分银行建设，推进教师培训与学历教育衔接。

4. 创新教师发展协同机制。建立师范院校、地方政府、中小学幼儿园协同开展师范生培养、教师

专业发展和教育教学改革的机制,建设国家教师教育改革实验区。深入实施教师发展"一对一"精准帮扶,各省规划、协调域内发达县区对口帮扶乡村振兴重点帮扶县,健全优质学校与乡村小规模学校、乡镇寄宿制学校手拉手协同发展机制。

5. 推动人工智能与教师培训融合。支持有条件的地方、高校和机构探索"智能+教师培训",建立基于大数据的教师专业发展测量与评估机制,对教师精准测评、指导,实施智能化、个性化、交互性、伴随性培训,形成人工智能支持教师终身学习、持续发展的机制。

(三)强化能力建设,健全教师发展支持服务体系

6. 打造高水平教师培训机构。市县教师发展机构为基础,师范院校为主体,高水平大学、专业机构、优质中小学幼儿园共同参与,建设一大批专业、引领、创新型培训机构。支持市县教师发展机构发挥好示范性作用。鼓励支持高校开展教师专业发展研究,加强学科建设。改进师范院校评价,将服务基础教育教师专业发展作为重要指标,引导师范院校与中小学幼儿园合作开展教师专业发展模式探索。

7. 建强专业化教师培训队伍。加大培训者、管理者培训力度,提高培训队伍专业化水平。针对性地遴选一批名师、学科带头人、教研骨干等作为教师培训储备力量进行培养,持续打造省市县三级教师培训专家库。完善高校、中小学从事教师培训工作的人员待遇保障机制。

8. 加强培训资源和平台建设。持续开发、遴选教师培训精品资源。推动现有信息化平台优化升级,建设教师培训资源平台,汇聚优质资源,供教师自主选择学习,实现优质资源全面覆盖、全体共享。

(四)完善过程管理,健全全方位的监管评价机制

9. 强化培训实施的监管评价。通过大数据评估、参训学员网络匿名评估、专家抽查评估和第三方评估等对项目实施过程及成效进行监管评估。完善培训机构资质准入标准。探索建立项目等级制度,倾斜支持精品项目、淘汰不合格项目。探索周期遴选与免评备案相结合的制度,鼓励绩效考评优良的单位连续承担同类培训项目。

10. 完善参训教师综合评价。推动教师培训信息化管理系统的功能优化,将具备利用信息化手段进行培训过程管理的条件和能力作为培训机构遴选的重要指标之一,精准记录教师培训信息,对教师学习过程和效果进行综合评价,适时提供反馈和跟踪指导。

三、保障措施

(一)健全工作机制

强化"国培计划"的示范引领作用,带动地方开展省、市、县、校级培训,明确各级培训重点,健全教师培训工作机制,实现全员培训、全面提升。加强省级统筹,强化省域内"国培计划"项目规划、项目区县遴选、实施过程监控和绩效考核评估,以及精品资源建设和成果推广,对市县教师培训进行专项督导,定期公布检查结果。坚持和完善项目区县制度,落实县级责任,强化项目县在项目规划等方面的权利,提升项目组织实施和服务指导等方面能力。

(二)强化经费保障

中小学、幼儿园按照年度公用经费预算总额的5%安排教师培训经费,保障"国培计划"实施。在地方相关重大教育发展项目中将教师培训作为资金使用的重要方向。严格按规定使用中小学幼儿园教师国家级培训计划资金,加强资金监管,提高使用效益。将培训需求调研、方案研制、绩效评价、训后跟踪指导纳入培训实施流程,并提供必要的经费保障。

各地要制订本省份"国培计划"(2021—2025年)实施规划并报教育部备案。今后每年应在收到中央财政提前下达的下一年度"国培计划"补助资金预算后,立即研制年度项目实施方案,按规定及时分解下达资金,并将实施方案报教育部备案。同时,对上一年项目实施情况进行总结、对培训机构和项目区县进行绩效评价,于每年2月底前将以上材料一并报送至教育部。其中2021年于5月底前报送。

附件:1. "国培计划"示范项目指导方案
      2. "国培计划"中西部骨干项目指导方案

教育部 财政部
2021年4月30日

附件1

"国培计划"示范项目指导方案

一、培训团队高级研修

1. 培训管理者团队研修。面向拟承担"国培计划"任务的培训管理者团队，包括国培项目管理者、省级项目办骨干人员和参与国培项目方案设计、组织实施和管理评价的业务骨干，以结果为导向，以培训项目设计、培训资源开发、培训模式创新、培训效果评估等为主题，按照岗位角色和任务职责分类进行专项培训，提升国培管理团队的培训示范能力，为各地创新实施国培项目打造专业化培训管理团队。

2. 培训课程开发团队研修。面向拟承担"国培计划"任务的培训课程研发团队和培训业务骨干，基于"三科"新教材、高中、义务教育新课标和培训课程指导标准，以培训课程开发的任务结果为导向，开展周期性、递进式研修，集中开发国培项目示范性与创新性的通识类培训课程，提升国培课程研发团队的课程设计开发、创新实施能力，为各地创新实施国培项目打造专业化的培训课程开发团队。

3. 师德培训团队研修。面向承担"国培计划"任务的师德培训业务骨干，采取自主选学、集中培训、网络研修等多种有效方式进行专项培训，以师德培训项目设计、师德培训模式创新、师德培训有效性评价等为主题，提升师德培训者的培训能力，示范引领各地开展师德培训，培育师德培训专家和骨干培训者。

4. 信息技术培训团队研修。面向承担"国培计划"任务的信息技术培训者团队，以互联网＋、大数据、虚拟现实、人工智能等新技术在教育中的融合应用为主要内容，采取集中面授与网络研修相结合的方式进行专项培训，提升实施信息化培训能力，示范带动各地开展教师信息素养培训。

5. 自主选学市县管理团队研修。遴选探索自主选学模式积极性高、培训工作基础好的市、县（区），参加示范性培训，通过范例剖析、集中研讨、个别诊断等，明确自主选学改革思路，帮助形成符合区域实际的自主选学实施方案。

二、名师名校长领航工程

面向中小学特级教师、正高级职称教师和专家型的中小学、幼儿园校园长，通过3年一周期的跨年度、分阶段的连续培养，帮助教师拓展专业知识、塑造教学风格，帮助校长升华教育思想、生成标志性成果、提升引领能力，着力培养造就一批具有鲜明教育思想和教学模式、能够引领基础教育改革发展的教育家型教师和校园长。同时，引导支持参训教师校园长参与对口支援、协作帮扶等社会服务，辐射带动欠发达地区基础教育事业发展和质量提升。

三、中小学领导人员示范培训

1. 中小学党组织书记示范培训。遴选各地工作业绩突出的中小学党组织书记开展专项培训，围绕加强政治领导、创新组织体系、团结服务群众、推动改革发展、锻造过硬队伍和中小学党建的重点难点问题，设计安排针对性培训内容，帮助学员筑牢理想信念、增强履职本领、提升品行作风，创新党组织活动，把党组织工作融入学校教育教学各项工作，培养一批优秀中小学党组织书记。

2. 骨干校园长高级研修。面向有丰富办学实践经历、较高治校水平、突出办学业绩和发展潜力的骨干校园长开展分层高级研修，通过跨年度、分阶段的连续培养，帮助参训校园长凝练形成先进的办学理念、办学思想，形成个性化的办学风格，提升教育研究、治理能力，助力其持续发展，成长为专家型校园长。

四、紧缺领域骨干教师示范培训

针对中小学思想政治、体育美育、班主任、少先队辅导员、优秀传统文化教育、法治教育、国家安全教育等领域骨干教师及幼儿园、特殊教育学校骨干教师等，采取线上与线下混合形式进行专项培训，示范引领各地加强骨干教师培训，为各地开展相关培训提供系统解决方案。

五、教师培训综合改革

支持有条件的地区、省市县教师发展机构、高校开展先行先试,自主创新设计培训试点项目,重点在以下方面进行改革创新:落实《中小学幼儿园教师培训课程指导标准》,开展区域教师标准化培训;运用人工智能、同步课堂等新技术开展培训,创新信息技术与教师培训融合应用模式,提升教师培训信息化水平;带动形成教师发展机构、高等院校、培训机构、中小学校幼儿园"四位一体"的教师专业发展支持服务体系,形成分工明确、责任清晰、稳定畅通和效能突出的协作机制;开展教师自主选学等培训模式探索,满足教师个性化发展需要,形成可推广、可复制的教师培训经验案例等。

附件2

"国培计划"中西部骨干项目指导方案

一、农村骨干教师能力提升培训

1. 农村骨干教师分层分类培训。按照"分层分类、分段分科、一体设计、递进发展"的思路,聚焦不同学段、不同发展阶段、不同学科、不同类型骨干教师核心素养与关键能力,从发展目标、培训内容、实施流程、绩效评价等方面进行分阶段、递进式、一体化设计,开展分层分类培训,促进骨干教师持续提升。

以"国培计划"相关项目实施指南为依据,进一步规范项目设计与实施。建立健全教师需求导向的项目设置机制,将教师需求调研与分析作为项目规划设计的必备环节。科学设置项目周期,根据需要开展3至5年的长周期培训和持续跟进、不断深化的进阶性深度研修。优化培训内容,按照强师德、厚基础、重实践、促创新思路,强化思想政治、师德师风等通识课程设置。针对不同发展阶段骨干教师特点与需求,分层设置针对性培训内容。细化培训实施流程,重点做好诊断示范和研课磨课等关键环节,综合运用集中培训、在线培训、跟岗实践、送教下乡、导师带教、工作坊等培训形式,提升培训针对性与实效性,促进骨干教师专业发展,成长为学校和区域教育教学带头人。

2. 自主学习模式试点研修。遴选部分具有积极性和基础条件的项目县开展教师自主选学试点。构建"教师申报、能力诊断、菜单选课、教师选学、校本研修、应用实践、考核评价"于一体的选学流程,教师按需选项目、选机构、选课程、选方式。综合运用案例式、探究式、情景式、演练式等灵活的学习方式,增强自主选学的吸引力和实效性。加强选学平台建设,丰富课程资源,建立教师专业发展电子档案和培训学分银行,探索形成规范化、专业化、常态化的自主选学模式。遴选具备基础的项目区县开展教师培训整校研修模式改革探索,构建以校为本混合培训新模式,建立专家指导、骨干带动、教师选学、团队互助的研修共同体。

二、重点区域领域帮扶培训

1. "一对一"精准帮扶培训。以中西部地区乡村振兴重点帮扶县和其辖区内乡村小规模学校、乡镇寄宿制学校为重点,加强省级统筹,建立发达区县和重点帮扶县,师范院校、优质学校和乡村小规模学校、乡镇寄宿制学校相对固定的对口帮扶关系,持续开展"一对一"精准帮扶培训。以靶向诊断、精准发力、整体提升为原则,聚焦重点帮扶县及其中小学校的发展瓶颈和培训需求,因地制宜、一校一策,细化帮扶培训方案。健全协同发展机制,统筹培训规划、团队组建、项目实施、绩效评价。通过"人员互派、送教上门、联合教研、工作坊研修"等方式开展协同培训,区县、学校管理人员和教师互访互派,定期开展线上联合研修与线下协同教研等活动。组织省市级优质基地和名师团队,每年定期深入乡村学校,对学校发展进行针对性指导,对乡村教师进行个别化跟踪指导。支持重点帮扶县培训能力建设,帮助当地打造一支教师培训团队,建设一批教师发展基地学校,开发一批本地培训课程资源。

2. 边远艰苦民族地区幼儿园顶岗支教培训。针对边远艰苦民族地区基本保教能力提升困难的农村幼儿园教师,遴选高等学校、市县级教师发展机构和优质幼儿园协同承担,组织高年级师范生顶岗支教,置换出幼儿园教师,开展院校集中研修、线上"一对一"学习指导、幼儿园"影子教师"跟岗实践、返岗培训实践,提升边远艰苦民族地区农村幼儿园教师保教能力。

三、市县教师培训团队研修

遴选市县级教师发展机构负责人、承担培训任务的中小学、幼儿园骨干教师、教研员，开展制度建设、教学研究、专业指导、组织实施、考核评价等方面的专项培训，全面提升骨干教师、教研员的教育教学能力和培训能力，打造一支"用得上、干得好"的市县级教师培训团队。

四、农村校园长领导力培训

1. 骨干校园长提升研修。遴选办学思想端正、工作进取心强、能发挥骨干带头作用的校园长，依据不同学段校园长专业标准要求，以落实国家教育方针政策，提高推进学校改革发展、组织实施素质教育能力为重点，着重提升校园长的战略思维能力、教育创新能力和引领学校可持续发展能力，培养一批实施素质教育、推进教育改革发展的带头人。

2. 中小学党组织书记研修。遴选思想政治素质好、党建工作经验丰富、能发挥骨干带头作用的学校党组织书记，围绕坚持党对教育事业的全面领导，以强化思想理论教育和价值引领，加强对课堂教学和各类思想文化阵地的建设管理，加强师德师风建设为重点内容，进行集中培训。

五、中小学教师信息技术应用能力培训

1. 学校管理团队信息化领导力提升培训。以学校信息化教育教学规划和校本研修规划为核心任务，通过工作坊混合式研修，提升学校管理团队的政策理解能力和规划设计能力，有效支持能力提升工程2.0的整校推进。在能力提升工程2.0的实施后期及完成之后，聚焦管理团队的创新实践能力，围绕学校教育教学信息化发展规划落实和执行，以学校发展的实践证据为评估线索，提升管理团队的领导实施和组织评价能力，深化巩固能力提升工程2.0实施成果。

2. 学科骨干教师信息化教学创新能力提升培训。遴选各学科骨干教师，切实做好整校推进和校本应用考核。同时，通过线上与线下混合式课例研磨、专家指导等方式，打磨优秀案例，提炼应用成果，形成可迁移、可辐射的优质案例资源；帮助骨干教师深化对教育教学中信息技术应用的理解，扩大信息技术应用范围，形成常态化应用的意识，进一步尝试和探索不同环境下信息技术支持教学创新的实践案例，推动学校教育教学改革创新，形成持续发展的机制。

3. 培训团队信息技术应用指导能力提升培训。以区域能力提升工程的高成效落地为核心任务，通过工作坊混合式研修，提升培训团队的政策理解能力和培训指导能力，有效支持学校推进能力提升工程。在能力提升工程2.0的实施后期及完成之后，聚焦指导团队的信息化学科教学指导能力，巩固和发展能力提升工程2.0的实施成果，通过学科案例打磨和信息化教学模式提取，扩大成果的辐射和影响范围。

教育部等八部门关于规范公办学校举办或者参与举办民办义务教育学校的通知

(教发〔2021〕9号)

各省、自治区、直辖市教育厅（教委）、党委编办、发展改革委、民政厅（局）、财政厅（局）、人力资源社会保障厅（局）、自然资源厅、住房和城乡建设厅，新疆生产建设兵团教育局、党委编办、发展改革委、民政局、财政局、人力资源社会保障局、自然资源局、住房和城乡建设局：

近年来，公办学校（含其附属学校、校办企业、学校基金会、学校工会等附属机构，下同）充分发挥自身优势，通过举办或者参与举办民办义务教育学校（含十二年一贯制学校、九年一贯制学校、完全中学，以下统称"公参民"学校），积极扩大优质教育资源覆盖面，在一定程度上缓解了部分地方优质教育资源的供需矛盾，满足了人民群众多样化的教育需求，但"公参民"办学模式诱发了许多矛盾和问题，引起社会广泛关注。为贯彻义务教育由国家统一实施的要求，推动义务教育优质均衡发展，根据《中华人民共和国义务教育法》《中华人民共和国民办教育促进法》《中华人民共和国民办教育促进法实施条例》等法律法规要求和《中共中央 国务院关于深化教育教学改革全面提高义务教育质量的意见》精神，对"公参民"学校进行专项规范，现就有关工作要求通知如下。

一、严格界定范围

"公参民"学校主要包括以下三类：公办学校单独举办的义务教育学校；公办学校与地方政府及相关机构（含具有财政经常性经费关系的其他单位、政府国有投资平台、政府发起设立的基金会、国有企业等，下同）合作举办的义务教育学校；公办学校与其他社会组织、个人合作举办（含公办学校以品牌、管理等无形资产参与办学）的义务教育学校。

二、理顺体制机制

公办学校单独举办、公办学校与地方政府及相关机构合作举办的义务教育学校，应办为公办学校，按照属地原则，划归市、县级地方政府教育行政部门统一管理；但对于优质教育资源缺乏的地区，由地方政府引进区域外公办学校合作举办的义务教育学校，应坚持公有属性，完善管理模式。

公办学校与其他社会组织、个人合作举办的民办义务教育学校，符合"六独立"要求（即独立法人资格、校园校舍及设备、专任教师队伍、财会核算、招生、毕业证发放）的，可继续举办民办学校，但应在履行财务清算等程序，并对民办学校及相关单位、企业等使用公办学校校名或校名简称进行清理后，公办学校逐步退出；经协商一致且条件成熟的，也可转为公办学校。不符合"六独立"要求的，地方政府要限期整改；整改不到位的，可视情况将其转为公办学校或终止办学。各地须按照《中华人民共和国民办教育促进法》《中华人民共和国劳动合同法》等法律法规，制定具体办法，明确终止或解除劳动合同的教职工经济补偿的标准和资金来源，做好安置工作。

新建居住社区配套建设的义务教育学校，应当建为公办学校。既有居住社区配套建设的"公参民"学校，在条件允许的情况下转为公办学校，也可通过承接政府购买服务方式提供学位、继续办学。

各地要因地制宜、审慎推进，一省一方案，力争用两年左右时间，理顺体制机制，实现平稳过渡。

三、加强规划引领

各地要根据本地经济社会发展及适龄儿童、少年数量和分布等因素，抓紧编制区域义务教育发展规划，着力增加优质公办义务教育资源供给，保障就近入学，不得再审批设立新的"公参民"学校。公办学校也不得以举办者变更、集团办学、品牌输出等方式变相举办民办义务教育学校。

四、规范公有教育资源使用

公办学校将土地、校舍、教学仪器设备等国有资产租赁给民办义务教育学校使用的，应当签订租赁协议，明确期限、价格和双方责任等。租赁价格需按照国有资产管理要求，评估作价、合理确定。公办学校将以划拨方式取得的土地租赁给民办义务教育学校使用的，应当限期纠正，收回自用，或由市、县人民政府收回划拨土地使用权、重新安排供应；公办学校将以划拨方式取得的土地上建成的房屋租赁给民办义务教育学校使用的，应当依法上缴租金中所含的土地收益。

地方政府和公办学校不得向民办义务教育学校新增派具有事业编制的教职工。已经派出的，分阶段分步骤有序引导退出。各地根据实际情况，可设置过渡期，分类管理，稳妥推进。

公办学校向民办义务教育学校提供服务的，应当按照国家有关规定履行审批程序后签订协议，有偿服务费收入按照"收支两条线"管理，防止坐收坐支或私设"小金库"。公办学校应当增强品牌保护意识，规范学校名称、简称的使用，不得违规输出品牌。民办义务教育学校也不得利用公办学校品牌开展宣传或其他活动。

公办学校应集中精力提高自身办学质量，充分发挥优质教育资源辐射效应，采取对口支援、帮扶薄弱学校、开展师资培训等多种方式支持地方义务教育。

五、严格规范招生

公办学校不得以民办义务教育学校的名义开展选拔招生或考试招生，民办义务教育学校不得以公办学校或者公办学校校区、分校的名义招生，也不得以借读、挂靠等名义变相违规招生。

六、落实工作责任

各地要增强"四个意识"，坚定"四个自信"，做到"两个维护"，切实提高政治站位，把规范"公参民"学校作为重要政治任务，成立工作领导小组，稳慎有序推进。要坚持目标导向，依法依规履职尽责，强化形势研判，有效防范和化解风险，避免出现利益输送等问题。要严格责任追究，防止走形变调，对执行不力、顶风违规变相审批的，要严肃追责问责。公办学校要强化政治担当，落实主体责任，积极主动作为，坚持民主决策，切实完成各项工作部署。教育部将加强监督检查，将此项工作分别纳入省级人民政府履行教育职责评价范围和部属高校党政主要领导干部经济责任审计范围。

地方政府及相关机构举办或参与举办民办义务教育学校的，参照本通知执行。各地要在2021年8月底前完成专项摸底排查，理清产权和责任关系，制定分省分年度工作方案，报教育部（发展规划司）备案。对改革中遇到的新情况新问题要及时汇总并按程序上报。

教育部 中央编办 国家发展改革委
民政部 财政部 人力资源社会保障部
自然资源部 住房和城乡建设部
2021年7月8日

教育部等六部门关于加强校外培训机构预收费监管工作的通知

（教监管函〔2021〕2号）

各省、自治区、直辖市教育厅（教委）、发展改革委、市场监管局，新疆生产建设兵团教育局、发展改革委、市场监管局，中国人民银行各分行、营业管理部、省会（首府）城市中心支行，国家税务总局各省、自治区、直辖市和计划单列市税务局，国家税务总局驻各地特派员办事处，各银保监局：

为贯彻落实中共中央办公厅、国务院办公厅印发的《关于进一步减轻义务教育阶段学生作业负担和校外培训负担的意见》，防范"退费难""卷钱跑路"等损害群众利益的问题发生，指导各地做好面向中小学生（含幼儿园儿童）校外培训机构（包括线上和线下）预先收取的学员培训服务费用（以下简称预收费）监管，现就有关事项通知如下。

一、严格规范预收费管理

（一）落实培训收费管理政策

坚持校外培训公益属性，根据市场需求、培训成本等因素确定收费项目和标准，坚决遏制过高收费和过度逐利行为。义务教育阶段学科类校外培训收费实行政府指导价管理，普通高中阶段学科类校外培训参照执行。依法加强价格监督检查，严厉查处超过政府指导价收费行为。

（二）执行预收费管理要求

校外培训机构开展培训要全面使用《中小学生校外培训服务合同（示范文本）》，严禁利用不公平格式条款侵害学员合法权益。严格执行教育收费公示制度，收费项目与标准应在办学场所、网站等显著位置公示，并于培训服务前向学员明示。校外培训机构预收费须全部进入本机构培训收费专用账户，不得使用本机构其他账户或非本机构账户收取培训费用。面向中小学生的培训不得使用培训贷方式缴纳培训费用。校外培训收费时段与教学安排应协调一致，不得一次性收取或以充值、次卡等形式变相收取时间跨度超过3个月或60课时的费用。

（三）加强预收费票据管理

校外培训机构提供培训服务收取培训费应依法履行纳税义务，并按照国家有关规定开具发票。校外培训机构开具发票时，发票内容应按照实际销售情况如实开具，不得填开与实际交易不符的内容，不得以举办者或其他名义开具收付款凭证，不得以收款收据等"白条"替代收付款凭证。

二、全面实施预收费监管

（四）实行预收费监管全覆盖

校外培训机构预收费监管工作实行属地监管原则。学科类和非学科类校外培训机构预收费应全额纳入监管范围，包括本通知发布前已收取但未完成培训服务的预收费资金。各地可结合实际，采取银行托管、风险保证金的方式，对校外培训机构预收费进行风险管控，有效预防"退费难""卷钱跑路"等问题发生。各地根据工作需要，分类明确银行托管和风险保证金监管的具体要求。

（五）实行预收费银行托管

校外培训机构要与符合条件的银行签订托管协议并报教育或其他主管部门备案，自主选择符合条件的银行，开立预收费资金托管专用账户（培训收费专用账户），将预收费资金与其自有资金分账管理。校外培训预收费须全部进入资金托管专用账户，以现金等形式收取的，应全部归集至资金托管专用账户，做到全部预收费"应托管、尽托管"。托管银行不得侵占、挪用预收费资金，不得因提供托管服务而额外收取培训机构、学员费用。托管银行应当对收集的学员及家长个人信息严格保密，不得泄露、出售或者非法向他人提供。实行银行托管前，已收取但未完成培训服务的预收费资金，应采取风险保证金方式进行监管。

（六）设立预收费风险保证金

采取风险保证金方式的，校外培训机构应与符合条件的银行签订协议并报教育或其他主管部门备案，开立风险保证金专用账户，存入一定金额的保证金作为其履行培训服务承诺和退费的资金保证，不得用保证金进行融资担保。保证金额度和监管要求由各地确定，最低额度不得低于培训机构收取的所有学员单个收费周期（3个月）的费用总额。保证金额度实行动态调整，须报教育或其他主管部门备案。同时，要加大对培训收费专用账户的监管力度。

（七）加强对培训领域贷款的监管

银行业金融机构应当加强教育培训领域贷款业务的合规管理和风险管控，不得对未按要求进行审批备案、不具备相应资质条件、存在违法违规行为或重大风险隐患的校外培训机构授信或开展业务合作，禁止诱导中小学生家长使用分期贷款缴纳校外培训费用。

三、健全预收费监管机制

（八）加强协同监管

各地要在地方党委和政府的统一领导下，充分发挥"双减"工作专门协调机制的作用，做好学科和非学科类校外培训机构预收费监管。教育行政部门要做好统筹协调，会同有关部门加强校外培训机构运营和预收费日常监管，强化风险排查和源头化解；人民银行、银保监部门负责指导银行等机构配合教育行政部门依法做好预收费托管、风险保证金存管、培训领域贷款业务合规管理工作，相关工作按照有关规定及协议约定办理；税务部门负责对校外培训机构纳税情况进行监管，对发现的涉税违法行为依法查处；市场监管部门依法严肃查处违反价格相关法律法规的行为。

（九）强化风险预警

建立健全信息共享机制，教育行政、金融管理等相关部门根据工作职责，定期共享校外培训机构预收费监管有关工作信息。教育行政部门要会同有关部门及时研判风险情况，并根据风险程度，向社会发布风险预警。校外培训机构应按照教育行政部门或其他业务主管部门的监管要求，主动报送从托管银行获取的有关资金监管账户、大额资金变动、交易流水等信息。

（十）加强行业自律

各地要将培训预收费情况作为校外培训机构诚信建设的重要内容，依法依规严厉惩治违法失信行为。引导行业自律，充分发挥行业协会组织在信用建设、纠纷处理等方面的作用，推动自律公约、宣传培训等工作，引导校外培训机构规范运营，积极主动将培训预收费纳入监管，提高培训服务合同履约能力。

四、认真抓好组织实施

（十一）加强组织领导

各地要在地方党委和政府统一领导下，把做好校外培训机构预收费监管工作作为一项重要政治任务，切实做到认识到位、措施到位、责任到位。各地要结合实际，制定预收费监管实施办法，完善校外培训机构监管平台，将预收费监管列入对校外培训机构的日常监管、专项检查、年审年检和教育督导范围，确保培训服务交易安全，切实维护社会大局稳定。

（十二）重视宣传引导

各地要加强政策宣传解读，提升培训机构合规经营意识。加强对家长的风险防范引导，宣传国家政策要求、消费注意事项等，引导家长理性选择校外培训，合理预付培训费，主动索要发票等收付款凭证，及时举报违法违规行为，正当合法维权，共建共享校外培训市场良好消费环境。

（十三）组织开展排查

省级教育行政部门会同有关部门，按照本通知内容，组织对本省（区、市）校外培训机构基本情况、预收费托管、风险保证金和培训收费专户监管情况、是否存在"退费难""卷钱跑路"等问题开展排查，并对存在的问题进行整改。各省（区、市）须于2021年11月15日前完成排查整改并全面落实监管要求，将工作落实情况和排查整改情况分别报送教育部、国家发展改革委、人民银行、税务总局、市场监管总局和银保监会。

教育部 国家发展改革委 中国人民银行
税务总局 市场监管总局 中国银保监会
2021年10月21日

教育部等三十五部门关于印发《全国职业院校技能大赛章程》的通知

（教职成函〔2021〕11号）

各省、自治区、直辖市教育厅（教委），各计划单列市教育局，新疆生产建设兵团教育局，有关单位：

为贯彻落实习近平新时代中国特色社会主义思想和党的十九大及十九届二中、三中、四中、五中全会精神，贯彻习近平总书记关于教育的重要论述和全国教育大会精神、全国职业教育大会精神，落实《国家职业教育改革实施方案》，激励青年一代技能成才、技能报国，建设高质量职业教育体系，推进全国职业院校技能大赛科学化、制度化、规范化建设，全国职业院校技能大赛组委会研究修订了《全国职业院校技能大赛章程》。现印发给你们，请遵照执行。

教育部 国家发展改革委 科学技术部
工业和信息化部 国家民委 民政部
财政部 人力资源社会保障部 自然资源部
生态环境部 住房和城乡建设部 交通运输部
水利部 农业农村部 商务部
文化和旅游部 国家卫生健康委 应急管理部
国务院国资委 国家粮食和物资储备局 中国民用航空局
国家乡村振兴局 国家中医药管理局 中华全国总工会
共青团中央 中华职业教育社 中华全国供销合作总社
中国职业技术教育学会 中国机械工业联合会
中国石油和化学工业联合会 中国物流与采购联合会
中国纺织工业联合会 中国有色金属工业协会
中国煤炭工业协会 天津市人民政府
2021年9月2日

全国职业院校技能大赛章程

坚持以习近平新时代中国特色社会主义思想为指导，深入贯彻落实党中央、国务院关于职业教育重要部署，依据《中华人民共和国职业教育法》，优化职业教育类型定位，加快构建现代职业教育体系，深化"三教"改革、"岗课赛证"综合育人，促进职业教育高质量发展，培养更多高素质技术技能人才、能工巧匠、大国工匠，推进全国职业院校技能大赛规范化建设，提高专业化水平，确保大赛规范、公平、优质、高效、廉洁，办成世界水平赛事，制定本章程。

第一章 总 则

第一条 全国职业院校技能大赛（以下简称大赛）是教育部发起并牵头，联合国务院其他有关部门以及有关行业组织、人民团体、学术团体和地方共同举办的一项公益性、全国性职业院校师生综合技能竞赛活动。大赛每年举办一届。

第二条 大赛是提升技术技能人才培养质量、检验教学成果、引领教育教学改革的重要抓手，是职业院校教育教学活动的一种重要形式和有效延伸。大赛以提升职业院校学生技能水平、培育工匠精神为宗旨，以促进职业教育专业建设和教学改革、提高教育教学质量为导向，面向全国职业院校在校师生，基本覆盖职业院校主要专业群，是对接产业需求、反映国家职业教育教学水平的师生技能赛事。

第三条 大赛秉持育人为本理念。坚持德技并修、工学结合，深化产教融合、校企合作，弘扬劳动光荣、技能宝贵、创造伟大的时代风尚，推动人人皆可成才、人人尽展其才的局面形成，引导全社会了解、支持和参与职业教育。

第四条 大赛力求办出教育特色、社会影响、世界水平。坚持以赛促教、以赛促学、以赛促改，赛课融通、赛训结合；合理借鉴世界技能大赛的理念和标准，对标世界先进水平，培养高素质技能人才，促进技能型社会建设；坚持政府主导、学校主体、行业指导、企业支持、社会参与，推动合作办赛、开放办赛，打造富有创意、影响深远的技能大赛。

第五条 大赛建立学校、省级、国家三级竞赛体系。国赛选手须来自省赛，形成"校有比赛，省有竞赛，国有大赛"的职业院校技能竞赛体系。大赛分为中等职业学校和高等职业学校（含专科、本科层次）两个组别。大赛实行赛区制，比赛相对集中举办。

第六条 大赛着重考核选手的综合素质和手脑并用能力。内容设计围绕职业教育国家教学标准和真实工作的过程、任务与要求，重点考查选手的职业素养、实践动手能力、规范操作程度、精细工作质量、创新创意水平、应变能力、工作组织能力和团队合作精神。

第七条 大赛经费多渠道筹措。大赛经费来自各级政府为举办大赛投入的财政资金、比赛项目（简称赛项）承办单位自筹资金和社会捐赠资金等。

第二章 组织机构

第八条 大赛设立全国职业院校技能大赛组织委员会（简称大赛组委会）。大赛组委会是大赛的最高领导决策机构，由联办单位有关负责人组成。大赛组委会设主任、委员若干名。大赛组委会任期一届5年，委员可以连任。

第九条 大赛组委会主要职责包括：
1. 确定大赛定位、办赛原则及组织形式；
2. 做好大赛顶层设计和制度安排；
3. 审定赛事规划；
4. 审定设赛范围及实施方案；
5. 发布年度赛事公告；
6. 审定年度赛项承办地、承办院校和合作企业；
7. 指导开展大赛；
8. 审定发布大赛最终成绩；
9. 确定大赛的奖惩问责；
10. 需要决策的大赛其他重大事项。

第十条 大赛组委会设秘书处，负责大赛组委会日常事务。大赛组委会秘书处设在教育部职业教育与成人教育司，设秘书长1名，根据工作需要设副秘书长。

第十一条 大赛设立全国职业院校技能大赛执行委员会（简称大赛执委会）。大赛执委会在大赛组委会领导下开展工作，负责具体赛事组织与管理并定期向组委会报告工作，由开幕式（或闭幕式）所在赛区代表、赛区执委会主任、赛项专家组长等组成。大赛执委会设主任1名、副主任、委员若干名。大赛执委会任期与大赛组委会一致，委员可以连任。

第十二条 大赛执委会主要职责包括：
1. 制订赛事管理制度，健全完善议事规则；
2. 组织全国行业职业教育教学指导委员会（简称行指委）、教育部职业院校教学（教育）指导委员会（简称教指委），全国性的行业协会、学会、院校等方面的专家制订赛事规划；
3. 制订赛区方案；
4. 组织赛项申报和遴选，制订赛项目录；
5. 组织赛项规程和赛题编制；
6. 审定赛项组织机构，审核赛项执委会、专家、裁判、监督仲裁人员资格及确定具体人员；
7. 负责部本资金和社会捐赠货币资金的使用并按规定做好监管和绩效考核等工作；
8. 统筹大赛同期活动；
9. 监督各赛区汇总比赛相关资料，并存档备案；
10. 聘请法律顾问，对赛事规则、程序、经费管理等进行合法性审查，负责处理相关法律事务；
11. 开展大赛研究，组织相关培训；
12. 做好大赛年度总结工作；
13. 承办大赛组委会及其秘书处交办的其他事项。

第十三条 大赛执委会设办公室，负责大赛日常管理。大赛执委会办公室设在教育部职业教育发展中心。办公室设主任1名，根据工作需要设副主任。

第十四条 大赛执委会设经费管理委员会。负责对执委会办公室提交的赛事公共运转支出预（决）算和具体赛项补助经费预（决）算提出审核意见，供执委会决策参考。经费管理委员会设主任1名，委员若干名。经费管理委员会任期与大赛执委会一致。

第十五条 大赛组委会秘书处每年对大赛组委会、执委会和经费管理委员会成员名单重新核实、更新、确定一次，结果与年度大赛通知一并发布。

第十六条 赛区由申报遴选制和协商制产生。省级教育行政部门经省级政府授权根据自身条件、承办意愿、产业发展和职业院校综合实力，向大赛执委会提出赛区承办申请，执委会组织遴选，由执委会办公室报组委会秘书处审批。大赛赛区每年确定一次。

第十七条 赛区设组织委员会（简称赛区组委会）。赛区组委会是各赛区赛事组织的领导决策机构，负责监督赛区承办赛项的各项工作及经费使用。赛区组委会设主任1名，原则上由承办地分管教育的副省级领导担任。

第十八条 赛区设执行委员会（简称赛区执委会）。赛区执委会在赛区组委会领导下开展工作，负责本赛区的具体赛事组织。赛区执委会设主任1名。

第十九条 赛区执委会主要职责包括：

1. 落实申办承诺，组织协调本赛区承办赛项的筹备工作；
2. 组织遴选承办校和合作企业，将结果报大赛执委会备案；
3. 协调赛场所在地人民政府、赛项执行委员会（简称赛项执委会）和承办院校落实赛场、赛务以及安全保障工作；
4. 按规定负责本赛区承办赛项经费的使用与管理，委托会计师事务所进行赛项经费收支审计；
5. 负责宣传方案设计；
6. 做好本赛区的比赛资料汇总工作；
7. 落实大赛执委会及赛区组委会安排的其他工作。

第二十条 各赛项设赛项执委会。赛项执委会在大赛执委会领导下开展工作，并接受赛项所在赛区执委会的协调和指导。各赛项组织机构须经大赛执委会核准后成立。执委会成员包括行指委、教指委、承办校及所在地人民政府相关部门。

第二十一条 赛项执委会主要职责包括：

1. 全面负责本赛项的筹备和实施工作；
2. 编制赛项经费预（决）算，监督赛项预算执行以及经费的使用与管理；
3. 向大赛执委会推荐赛项专家工作组成员、裁判和监督仲裁人员；
4. 赛项展示体验和宣传工作；
5. 统筹赛事安全保障工作；
6. 统筹实施赛项资源转化工作；
7. 做好赛项年度总结；
8. 落实大赛执委会及赛区执委会安排的其他工作。

第二十二条 赛项专家工作组在大赛执委会领导下开展工作。赛项专家工作组主要职责包括：赛项技术文件编撰、赛题设计、赛场设计、赛事咨询、竞赛成绩分析和技术点评、资源转化、裁判人员培训等竞赛技术工作。

第二十三条 赛项由赛区执委会选择条件适宜的城市和职业院校单独承办或校企联办。鼓励场馆模式集中办赛，允许特殊赛项根据实际情况分散办赛。承办地需提供经费、场馆支持和安全保障等。赛项承办院校在赛区执委会和赛项执委会领导下开展工作，负责赛项的具体实施和运行保障。

第二十四条 赛项承办院校遴选原则是：

1. 由各赛区对申请承办赛项的院校择优遴选；
2. 院校优势专业及当地优势产业与赛项内容相关度高；
3. 同一院校同一届大赛承办赛项原则上不超过2个，首次承办比赛的院校当届大赛承办赛项不超过1个；
4. 同一院校承办同一赛项原则上连续不超过2届，优先考虑承办院校第二年对同一赛项的承办申请；
5. 拥有至少一次承办省级（含）及以上技能大赛的经历，且未发生过违纪违规行为及安全事故。

第二十五条 赛项承办院校主要职责包括：

1. 按照赛项技术方案落实比赛场地以及基础设施；
2. 配合赛项执委会做好比赛的组织、接待工作；
3. 配合赛区执委会做好比赛的宣传工作；
4. 维持赛场秩序，保障赛事安全和相关保密工作；
5. 参与赛项经费预算编制和管理，执行赛项预算支出；
6. 比赛过程文件存档和赛后资料上报等。

第二十六条 赛项合作企业遴选原则和职责是：

1. 合作企业遴选遵循公开、公平、公正原则，满足意向承办赛项技术方案要求；
2. 同一合作企业参与申请承办的年度赛项不超过2项；
3. 同一合作企业申办同一赛项联合申请承办的学校不超过2所；
4. 合作企业应履行合同承诺，保证赛前捐赠资金到账，捐赠设施设备到位，技术服务支持及时；
5. 合作企业应配合赛区执委会做好赛事工作；
6. 合作企业重视职业教育、资信状况良好、社会声誉良好，且无违法违规记录。

第三章 赛项设置

第二十七条 每5年制定一次大赛执行规划，规划赛项设置方向和大赛发展重点。制订赛项目录。大赛年度赛项以大赛执行规划为依据，每年遴选确定一次。

第二十八条 赛项设置须对应职业院校主要专业群，对接产业需求、行业标准和企业主流技术水平。大赛赛项分为常规赛项和行业特色赛项两类。中职组赛项和高职组赛项数量根据实际情况确定。

第二十九条 常规赛项指面向的专业全国布点较多、产业行业需求较大、比赛内容成熟、比赛用设备相对稳定、适当兼顾专业大类平衡的赛项；行业特色赛项指面向的专业对国家基础性、战略性产业起重要支持作用，行业特色突出、全国布点较少，由大赛组委会根据需要核准委托行业设计实施，大赛统一管理的赛项。

第三十条 中职赛项设计突出岗位针对性；高职赛项设计注重考查选手的综合技术应用能力与水平及团队合作能力，除岗位针对性极强的专业外，不做单一技能测试。比赛形式分为团体赛和个人赛。

第三十一条 赛项立项申报单位主要包括：
1. 全国行业职业教育教学指导委员会；
2. 教育部职业院校教学（教育）指导委员会；
3. 全国性行业学会（协会）；
4. 其他全国性的职业教育学术组织；
5. 各省级教育行政部门。

第三十二条 赛项设置遴选基本流程：
1. 大赛执委会发布赛项设置征集通知；
2. 申报单位将申报材料提交大赛执委会办公室；
3. 大赛执委会对申报赛项开展材料有效性核定，完善赛项目录，组织赛项初审、专家评议，形成拟设年度赛项建议；
4. 大赛组委会核准确定年度赛项；
5. 大赛执委会组织遴选赛区，协商确定赛区赛项；
6. 赛区执委会组织征集和遴选承办院校、合作企业，形成年度赛项承办院校和合作企业建议名单报大赛执委会；
7. 大赛组委会秘书处核准确定年度赛项承办省份、承办院校和合作企业。

第四章 参赛规则与奖项设置

第三十三条 省级教育行政部门负责分别组队参加中、高职组的比赛，适当控制参赛规模，计划单列市可单独组队参加中职组比赛。对涉及国家战略需求、新兴产业、人才紧缺专业、民族民间非遗传承等需要，且参赛规模不足10队的赛项，可适当放宽参赛队数。团体赛原则上不跨校组队。团体赛和个人赛参赛选手可根据需要配备指导教师。

第三十四条 参赛选手条件。原则上学生技能比赛的中职选手应为中等职业学校全日制在籍学生。高等职业学校专科、本科层次选手应为学校全日制在籍学生。五年制高职一、二、三年级学生参加中职组比赛，四、五年级学生参加高职组比赛。鼓励高职大龄学生、国际学生、符合条件的国际选手参赛。往届大赛获得过一等奖的学生不再参加同一项目相同组别的比赛。可根据需要选择合适赛项接纳社会公众观摩体验，促进全社会崇尚和学习技能的良好氛围。

第三十五条 大赛坚持公益性。任何组织不得以竞赛名义营利，不得以任何名目向参赛选手和学校收取参赛费用，禁止命题专家以辅导培训名义向参赛选手和学校收取费用，禁止企业以支持办赛名义向参赛选手和学校收取费用。

第三十六条 大赛奖励办法。向参赛选手，比赛以赛项实际参赛队（团体赛）或参赛选手（个人赛）总数为基数设一、二、三等奖，获奖比例分别控制在10%、20%、30%；面向大赛参与对象，包括专家、裁判员、监督仲裁员、工作人员、合作企业、承办院校及获奖选手（个人赛）或参赛队（团体赛）指导教师等颁发写实性证书。涉及专业布点数过少的行业特色赛项的设奖比例由大赛执委会根据常规赛项相应情况适当核减。各赛区和赛项不得以技能大赛名义另外设奖。大赛不进行省级单位或学校总成绩排名。

第三十七条 大赛采取赛区申办制。开幕式（或闭幕式）所在赛区按照自愿原则向执委会提出申请，执委会组织遴选，由执委会办公室报组委会秘书处审批，大赛组委会每年向开幕式（或闭幕式）所在赛区组委会授赛区旗，年度赛事结束后交还大赛执委会。

第五章 宣传与资源转化

第三十八条 大赛设官方网站，并通过各类媒体深入开展多种形式的宣传推广。提升大赛管理的信息化水平。

第三十九条 大赛坚持加强与其他国际及区域性师生技能比赛的联系，建立交流渠道，促进相互了解，探索合作方式；及时借鉴国（境）外先进成熟赛事的标准、规范、经验；完善邀请国（境）外学校组队参赛的机制。

第四十条 大赛坚持资源转化与赛项筹办统筹设计、协调实施、相互驱动，将竞赛内容转化为教学资源，推动大赛成果在专业教学领域的推广和应用。

第六章 规范廉洁办赛

第四十一条 大赛坚持公平、公正、安全、有序。公开遴选承办地、承办校和合作企业，公开遴聘专家、裁判。赛前公开赛项规程、赛（样）题或题库、比赛时间、比赛方式、比赛规则、比赛环境、技术规范、技术平台、评分标准等内容。公开申诉程序，建立畅通的申诉渠道。

第四十二条 大赛坚持规范赛项设备与设施管理，规范赛项规程编制，规范专家和裁判管理，规范赛题管理。实施赛项监督仲裁制度。

第四十三条 大赛结束后公示和公开发布获奖名单。公示期内，大赛组委会秘书处接受实名书面形式投诉或异议反映，接受有具体事实的匿名投诉。大赛组委会保护实名投诉人的合法权益。对于赛事过程中，经查证属实的违纪违规行为，依据入赛相关制度规定追究相关人员或组织的责任，并给予相应惩戒。

第四十四条 大赛坚持规范经费的筹集、使用和管理，加强大赛经费管理，按相关规定严格执行捐赠、拨付、使用及审计等程序。

第四十五条 严格执行大赛纪律。坚持廉洁办赛、节约办赛，严禁铺张浪费，严格执行用餐、住宿、交通规定。严格贯彻落实中央八项规定精神、执行六项禁令和中纪委九个严禁要求。

第七章 附 则

第四十六条 大赛执委会应依据本章程制定和公布大赛有关工作的具体规定、规则、办法、标准等规范性文件，严格遵守大赛经费管理办法。各赛区、赛项均要制定经费管理细则，并针对实施中新发现的问题适时作出补充说明或修订。

第四十七条 本章程的修订工作由大赛组委会秘书处根据需要启动和组织，修订内容须经组委会成员单位三分之二以上同意。

第四十八条 全国职业院校技能大赛教学能力比赛、中等职业学校班主任能力比赛等教师教育教学比赛，依照本章程总体要求，由教育部会同有关部门结合实际制定具体实施办法。

第四十九条 本章程自发布之日起生效，由大赛组委会秘书处负责解释。教育部等37部门印发的《全国职业院校技能大赛章程》（教职成函〔2018〕4号）同时废止。

教育部 国家体育总局关于进一步完善和规范高校高水平运动队考试招生工作的指导意见

(2021年9月7日)

各省、自治区、直辖市高等学校招生委员会、教育厅(教委)、体育局、教育招生考试机构,新疆生产建设兵团教育局、体育局,有关部门(单位)教育司(局),部属有关高等学校：

为深入贯彻党的十九大和十九届二中、三中、四中、五中全会精神,全面落实习近平总书记在庆祝中国共产党成立100周年大会上的重要讲话精神和全国教育大会精神,认真贯彻落实《深化新时代教育评价改革总体方案》《关于全面加强和改进新时代学校体育工作的意见》《关于深化体教融合 促进青少年健康发展的意见》要求,进一步深化高校高水平运动队(以下简称高水平运动队)考试招生改革,强化规范管理,现就有关工作提出如下意见。

一、总体要求

多年来,我国高校高水平运动队建设取得明显效果,为探索体教结合培养高水平运动员模式积累了丰富经验,但在考试招生、在校管理等方面距离新时代新要求仍有差距。高水平运动队考试招生工作,要坚持以习近平新时代中国特色社会主义思想为指导,全面贯彻党的教育方针,落实立德树人根本任务,弘扬体育精神,弘扬体育道德风尚,不断提高人才选拔的公平性和科学性。明晰工作定位,选拔培养德智体美劳全面发展且具有较高体育竞技水平的学生,为奥运会、世界大学生运动会等重大体育比赛和国家竞技体育后备人才培养体系提供人才支撑。突出问题导向,严格招生程序,完善评价机制,着力解决个别学生文化成绩和体育竞技水平偏低、个别高校考试组织不规范、在校管理不严格、个别地方运动员技术等级证书造假等问题。尊重教育规律,深化体教融合,强化培养过程管理,健全学训保障体系,不断提升学生运动技能、竞技水平和学业水平,促进学生全面成长成才。加强监督管理,健全管理制度,严格政策执行,强化信息公开,畅通监督举报渠道,加大违规查处力度,确保公平公正。

二、优化招生项目范围

有关高校要紧紧围绕高水平运动队工作定位,在奥运会、世界大学生运动会项目(包括足球、篮球、排球项目等)范围内,按照教育部评估确定的项目,结合学校实际,根据本校运动队建设规划,确定运动队招生项目和招生计划。要重点安排群众基础好、普及程度高、竞技性强的体育项目。探索与地方试点建设"一条龙"体育人才培养体系衔接,不断优化项目设置。

对于不具备相关师资、设备、场地等组队条件、退队率超过20%的高校,和非奥运会或世界大学生运动会项目、未设运动员技术等级标准、生源严重不足且连续两年录取数为零的相关项目,不再安排高水平运动队招生。本校运动训练、武术与民族传统体育专业已涉及的运动项目,不安排高水平运动队招生。教育部会同有关部门加强对高水平运动队建设质量的综合评估,建立完善招生高校和项目准入退出机制,将参加奥运会、世界大学生运动会等重大体育比赛情况作为重要评估指标,原则上连续三届奥运会、世界大学生运动会没有学生参赛的项目,不再安排高水平运动队招生。

三、严格报考条件和资格审核

2024年起,符合生源省份高考报名条件,获得国家一级运动员(含)以上技术等级称号者方可以报考高水平运动队。2027年起,符合生源省份高考报名条件,获得国家一级运动员(含)以上技术等级称号且近三年在国家体育总局、教育部规定的全国性比赛中获得前八名者方可以报考高水平运动队。有关高校可进一步提高报考本校高水平运动队的具体条件要求。

各地体育部门要加强对运动员技术等级证书的发放和管理,优化工作程序,抓紧实施运动员技术等级赛后即时授予,尽快建立数据波动较大、短期集中操作异常情况的预警处置机制，坚决打击和防范运动员技术等级证书造假行为。高校要加强考生报考资格审核，健全资格审核工作责任制，重点加强对考生运动员技术等级证书的核验。要通过国家体育总局运动员技术等级系统进行逐一比对，对发现疑似有问题的证书，要商请相关体育部门予以进一步核查。高校要对考生的基本报考信息、运动员技术等级证书及参加赛事名次等予以公示，主动接受社会监督。

四、改进考试评价方式

高水平运动队招生采取"文化考试＋专业测试"相结合的考试评价方式。2024年起，高水平运动队考生文化考试成绩全部使用全国统一高考文化课考试成绩。专业测试全部纳入全国统考，由国家体育总局牵头组织实施，高校不再组织相关校考。探索利用更多现代技术手段，客观测试学生体育运动水平。2024年前，高水平运动队尚未纳入全国统考的项目专业测试，原则上应采用国家体育总局审定的运动训练、武术与民族传统体育专业考试方法与评分标准。教育部、国家体育总局联合成立高校体育类考试招生指导委员会，宏观指导高校体育类考试招生等相关工作。

五、提高文化成绩要求

有关高校要结合本校发展定位和人才培养要求，合理确定本校高水平运动队录取考生文化课成绩要求，2024年起，招收高水平运动队的"世界一流大学建设高校"，对考生的高考成绩要求须达到生源省份本科录取最低控制分数线；其他高校对考生的高考成绩要求须达到生源省份本科录取最低控制分数线的80%。对于体育专业成绩突出、具有特殊培养潜质的考生，允许高校探索建立文化课成绩破格录取机制。破格录取办法须经学校党委常委会审议通过并报所在地省级教育行政部门备案，提前在招生章程中向社会公布。破格录取考生名单须经学校招生工作领导小组审议通过，报生源所在地省级高校招生委员会（以下简称省级招委）核准后予以录取，并在学校招生网站进行公示。

六、完善招生录取机制

有关高校要详细明确运动队各项目（分性别、分位置或小项）的招生计划。高考文化课成绩达到相关高校最低要求且专业成绩达到录取最低控制分数线的考生可填报相关高水平运动队志愿。高校按照招生计划，依据考生专业测试成绩，参考综合素质评价，择优录取。坚持优中选优，强化对考生体育精神和体育道德风尚的考查。2024年起，高水平运动队录取学生中，高考文化课成绩不低于招生高校相关专业在生源省份录取分数线下20分的学生，可申请就读相应的普通专业；其余学生限定就读体育学类专业，原则上不得转到其他类专业就读。对兴奋剂违规考生，取消当年高考报名、考试和录取资格，计入考生诚信档案。

七、加强入校培养管理

高校要严格组织新生入学复查，对于体育专项复测不合格、入学前后两次测试成绩差异显著的考生，要组织专门调查。对于通过弄虚作假、徇私舞弊方式骗取录取资格的学生以及违规录取的学生，一律取消入学资格、录取资格或学籍。

高水平运动队录取学生入学时应与高校签订协议，认真履行参加训练和比赛的义务。高校要把学生在运动队的考核，包括参加训练学时和表现、比赛成绩和突出贡献等情况另设为必修课进行管理，并计算必修学分纳入总学分。对入学后擅自不参加训练和比赛的高水平运动员，高校要严格按照学籍管理规定进行处理，情节严重的给予纪律处分或者退学处理。因伤、病残或其他特殊客观原因，确实不能继续训练参赛的，由高校体育部门会同教务、学生工作等部门商议后，报学校体育运动委员会审议确定可以退队。高校要严格把关，并加强复审督察。经审定退队无法继续参加训练及比赛的学生，要通过指导普通学生开展体育锻炼及比赛的形式完成相关学时。

要严格学业标准，原则上高水平运动队学生与普通学生的学业水平要求应保持一致，参加本科毕业论文（设计）抽检。高校可通过学分制、延长学制、个性化授课、补课等方式，在不降低学业标准要求、确保教育教学质量的前提下，积极为高水平运动队学生完成学业创造条件。

八、加大监督及违规查处力度

省级高校招生委员会负责指导、监督相关高校在本地开展高水平运动队招生工作。建立健全省级招委会统一领导，教育行政部门、招生考试机构、纪检监察部门和有关部门组成的省级考试招生监督工作组，建立健全学校、教师、学生和社会多方参与的考试招生监督工作机制，全流程监督本地区和相关高校考试招生工作。高校是高水平运动队招生工作的责任主体，主要负责同志是第一责任人，分管负责同志是直接责任人。要加强学校党委组织领导，高水平运动队考试招生办法须经学校党委常委会研究审定。要严格执行招生政策，严格遵守高校招生"十严禁""30个不得""八项基本要求"等纪律。要畅通社会监督举报渠道，完善考生申诉和仲裁机制，及时回应处理各种问题。

高校要深入落实招生信息公开要求，加大信息公开力度，进一步拓宽公开范围，细化公开事项，全面、及时、准确公布高水平运动队考试招生信息，主动接受社会监督。加强招生政策公开，高校要提前公布高水平运动队招生计划、报考条件、选拔程序、考核方式、录取规则、入学后就读专业、日常训练及学业要求。加强考生资格信息公开，高校要公示所有报考考生的姓名、省份、所在中学（或单位）、运动项目及运动员技术等级证书等信息。加强录取结果公开，高校要公示拟录取考生的姓名、运动项目、统考测试成绩、录取优惠政策等信息。高校教职工子女和亲属报考本校高水平运动队的，教职工本人要提前向所在部门申报并执行回避制度，录取的教职工子女和亲属信息要在校内公示，并主动接受监督。

各地体育部门要加大对运动员技术等级证书造假的惩处力度，对运动员技术等级证书造假的考生，取消运动员技术等级称号，并列入等级称号黑名单；参加高考报名的，由生源地省级招生考试机构取消当年高考报名、考试和录取资格，计入考生诚信档案。对参与运动员技术等级证书造假的其他人员，由相关部门依法依规从严惩处。

对在高水平运动队招生中违规的考生、高校及有关工作人员，各地各高校要严格按照《国家教育考试违规处理办法》《普通高等学校招生违规行为处理暂行办法》所确定的程序和规定严肃查处。建立违规招生行为负面清单制度，对高水平运动队招生中出现违规行为的高校进行严肃处理，直至取消高水平运动队招生资格。

教育部 国家体育总局

2021年9月7日

广东省人民政府办公厅关于印发《高等教育"冲一流、补短板、强特色"提升计划实施方案（2021—2025年）》的通知

（粤府办〔2021〕24号）

各地级以上市人民政府，省政府各部门、各直属机构，各相关高校：

《高等教育"冲一流、补短板、强特色"提升计划实施方案（2021—2025年）》已经省人民政府同意，现印发给你们，请认真贯彻执行。实施过程中遇到的问题，请径向省教育厅反映。

省政府办公厅
2021年7月30日

高等教育"冲一流、补短板、强特色"提升计划实施方案（2021—2025年）

为深入贯彻习近平总书记关于高等教育的重要论述，加快推进广东高等教育内涵发展，不断提升高校服务经济社会高质量发展的能力和水平，制定本实施方案。

一、指导思想

坚持以习近平新时代中国特色社会主义思想为指导，全面贯彻党的十九大和十九届二中、三中、四中、五中全会精神，深入贯彻习近平总书记对广东系列重要讲话和重要指示批示精神，坚持以人民为中心的发展思想，进一步聚焦我省高等教育发展不平衡、不充分的突出问题，以推动高质量发展为主题，以改革创新为动力，引导高校科学定位、特色发展、争创一流，形成规模适度、层次完善、结构合理、质量过硬、支撑力强的人才培养体系和科研创新体系，为广东经济社会高质量发展提供人才保障和科技支撑。

二、建设目标

到2025年，全省高等教育分层分类特色发展的格局进一步完善，内涵发展水平显著提升，培育一批大平台、大项目、大成果，全省高校的综合实力、核心竞争力和国际影响力持续提高，更多高校进入国家"双一流"建设行列，培养更多一流专业人才，高等教育支撑经济社会高质量发展的能力显著提升。

（一）高水平大学建设计划

建设高校以"冲一流"为目标，对标国家"双一流"建设，聚焦"中国特色、世界一流"，着力建设一批原始创新能力强的高峰学科，形成引领高水平基础研究的战略科技力量。到2025年，新增1～2所高校进入国家"双一流"建设行列，12～15所高水平大学进入全国前列；打造一批具有国际竞争力的一流学科，新增3～5个学科进入世界前列。牵头建设5～7个国家重大科研平台，产出一批高水平、原创性、具有高学术价值和重要社会影响、能够引领经济社会发展的创新成果。建设国家级一流本科专业350个左右，省级一流本科专业360个左右；100个左右专业通过国际权威组织专业认证。持续深化科产教融合，新建一批国家级、省级示范性产业学院或未来技术学（研究）院。

（二）粤东粤西粤北高校振兴计划

建设高校以"补短板"为目标，着力补齐自身和区域高等教育短板，大力提升办学条件和师资队伍，打造一批支撑区域经济社会发展的重点学科专业。到2025年，实现地市本科高校（校区）全覆盖及高质量建设，粤东粤西粤北地区高校办学条件进一步改善，新增2～3所高校达到硕士学位授权单

位建设要求。建设国家级一流本科专业20个左右，省级一流本科专业90个左右，30个左右专业通过国内或国际权威组织专业认证。博士学位专任教师数占比进一步提高，生师比进一步下降，教师队伍整体水平进一步提升。

（三）特色高校提升计划

建设高校以"强特色"为目标，着力建设一批特色鲜明、在国内具有较强影响力的学科专业，推进学科专业建设与区域产业发展紧密互动，打造服务产业特色学科专业群。到2025年，高校优势特色更加鲜明，主要办学指标排名在国内同类院校中显著提升，服务特色行业、产业发展的能力明显增强，新增1～2所高校达到博士学位授权单位建设要求。打造一批国内一流的特色学科，新增若干学科进入全国前列。新增特色鲜明的国家级一流本科专业70个左右，省级一流本科专业150个左右；50个左右专业通过国内或国际权威组织专业认证。持续深化科产教融合，新建一批国家级、省级示范性产业学院。

三、重点任务

（一）优化学科专业布局

建立学科专业动态调整机制，用好学科交叉融合的"催化剂"，打破学科专业壁垒，紧密对接国家重大发展战略和我省20个战略性产业集群发展需要，布局建设一批国家急需、有效支撑行业和区域重大需求的学科专业，增强高校服务高质量发展能力。"冲一流"高校重点建设一批服务国家需求、原始创新能力强的世界高峰学科专业；"补短板""强特色"高校重点建设一批在国内具有较强影响力、有效服务区域产业发展的理工类特色学科专业群，以及具有岭南特色的人文社科类特色学科专业群。

（二）提高人才培养质量

强化人才培养中心地位，培养一流人才方阵。大力实施一流本科人才培养计划，深入推进新师范、新工科、新医科、新农科、新文科建设。调整本科人才培养结构，合理扩大理工类专业占比和理工类学生规模。重点支持国家级、省级一流本科专业建设和发展，大力开展专业认证，全面提升专业人才培养质量和国内外竞争力。深化研究生教育综合改革，完善以创新能力培养为重点、科教融合的学术学位研究生培养模式和以实践能力培养为重点、产教融合的专业学位研究生培养模式。

（三）提升教师队伍素质能力

大力加强师德师风建设，积极弘扬尊师重教的良好风尚。瞄准前沿领域和关键技术，加大"高精尖缺"人才培养引进力度，着力打造一支数量充足、结构优化、高端引领，具有充足发展后劲和良好师德师风的高素质人才队伍。选优配强学科带头人，积极组建梯度合理、优势互补、精干高效的创新团队。进一步完善人才引进、培养培训、评价激励、考核管理、晋升发展、条件保障等政策和制度体系，为人才干事创业提供良好的条件和环境。完善人才评价工作的方式方法，对从事不同类型、不同领域教学科研工作的人才开展分类评价，充分激发人才创新活力。

（四）提升科研创新能力

支持高校积极承担国家和省重大科研项目，聚焦重大科学和战略技术课题开展基础研究和应用基础研究，着力提升原始创新能力。完善科研创新平台体系，积极牵头承担和深度融入大科学装置、国家和省实验室等重大科技创新平台建设，新建一批重点实验室、工程（技术）研究中心以及人文社科重点研究基地，推进新型特色智库建设。深化科研体制机制特别是科研评价改革，创新科研组织方式，强化高校内部人才、学科、平台的协同以及高校之间、高校与其他创新机构之间的协同，实现创新要素的深度融合。

（五）服务经济社会发展

推动高校进一步增强服务产业和区域发展的能力，深度参与国家和区域重大发展战略，强化有组织的科研攻关，组织骨干力量承担"揭榜挂帅"制项目，加强对广东急需发展的新一代信息技术、新材料与高端制造、生物医药、集成电路、数字经济、人工智能、量子科技、生物种业等重点领域的攻关创新，突破一批"卡脖子"关键核心技术，支撑科技自立自强。深化产学研用协同创新，进一步健全科技成果转化体系。建设高校结合自身优势特色有针对性地提出并解决若干产业和社会发展重大问题。积极引导教师在乡村振兴、咨政建言、引领优秀网络文化等方面做出贡献。

（六）推进体制机制改革

全面深化高校内部管理体制机制改革，建立健全现代大学制度。聚焦制约高等教育内涵发展的体制机制障碍，重点在人事管理制度、科研创新制度、人才培养模式、考核评价机制等方面深化改革，借鉴国际成熟经验、对标国内先进做法，进一步加大改革的力度、广度、深度，有效激发高校发展的内生活力。把教书育人作为高校人才评价的核心内容，着力破除唯分数、唯升学、唯文凭、唯论文、唯帽子的顽瘴痼疾，改进结果评价，强化过程评价，探索增值评价，健全综合评价。强化考核结果运用，发挥考核评价导向作用，将研究生招生计划、科研经费、办公实验用房等关键资源向做出突出贡献的高层次人才和优秀青年人才倾斜。

（七）加强国际及粤港澳交流合作

充分发挥粤港澳大湾区政策优势，加大力度引进境外学术领军人才和拔尖青年人才。加强与境外高水平大学和科研机构的交流合作，大力推进粤港澳联合实验室建设，探索开展相互承认特定课程学分的人才联合培养。支持教师参与国际化培训项目、学术交流和科研合作。实施优秀青年科研人才国际培养计划，支持青年教师海外访学，拓宽教师国际化视野，提高具有境外工作学习经历的教师占比，进一步提升建设高校的国际化水平和参与国际竞争合作的能力。

（八）增强汇聚社会资源能力

加快建立多渠道资源汇聚机制，积极争取社会资源、拓展资金渠道、充实办学力量，全面增强高校自主"造血"能力。支持高校积极承担国家和省的重大研发项目，获取竞争性收入，与企业深入开展产学研合作，加快科技成果转化，把创新成果转化为学校收入。充分发挥校友会、基金会等组织作用，多渠道筹措资金。

四、组织实施

（一）动态调整建设范围

1. 建设高校范围。根据上轮高等教育"冲一流、补短板、强特色"提升计划（以下简称"冲补强"计划）建设期满绩效考核结果，对建设高校进行动态调整，考核优秀且进步幅度明显、整体实力提升显著的高水平大学重点学科建设高校提升为重点建设高校，"补短板""强特色"高校建设成效突出的，可提升为高水平大学重点学科建设高校。此外，将具有较强实力的中外、内地与港澳合作办学高校以及知名高校在粤分校（研究生院）纳入"冲补强"计划，进一步汇聚高等教育优质资源。

2. 重点建设学科范围。根据建设成效对重点建设学科进行动态调整，建设成效不明显、考核不合格或在各自组团排名末位的重点建设学科，要求限期整改或撤销建设资格。同时，遴选新增一批符合国家和省重大战略需求，特别是适应新技术、新产业、新业态、新模式对人才培养要求的学科纳入建设范围。省教育厅会同省发展改革委、省科技厅、省工业和信息化厅、省财政厅根据省经济社会发展需求遴选确定新增重点建设学科。

（二）制定建设方案

1. 编制方案。建设高校按照本方案要求，理清发展思路和定位，明确建设目标，结合学校发展定位、办学特色和"十四五"事业发展规划，以5年为建设周期，编制整体建设方案、分学科建设方案和体制机制改革方案。

2. 确定建设方案。建设高校制定建设方案要严格履行民主程序，组织专家对建设方案进行论证，形成论证意见，报省教育厅。省教育厅会同省有关部门组织专家对建设高校的建设方案进行审核，提出意见建议。高校根据专家的意见建议，进一步修改完善建设方案，报省教育厅备案。

五、绩效评价

以学科为基础，采取过程与目标管理相结合、专项评价与综合评价相结合的方式，引进第三方评价，开展年度自评和期满考核。强化绩效考核，"冲一流"高校实行以目标管理为核心的绩效评价方式；"补短板""强特色"高校采取结果性指标和过程性指标并重的绩效评价方式，加强过程管理、动态监测和及时跟踪指导。根据绩效评价结果，对建设高校和重点建设学科进行动态调整。

（一）年度自评

建设高校对照建设方案和分年度预期建设成效，对年度的改革实施情况、建设目标和任务完成情况、学科水平、资金管理使用情况等进行自评，编制年度总结报告，报省教育厅备案，省教育厅会同省有关部门视情况组织抽查。

（二）期中评价

2023年，省教育厅会同省有关部门对照学校建设方案和预期建设成效，从学校改革实施、建设目标和任务完成、学科水平、资金管理使用等方面开展期中评价。

（三）期满考核

2025年，省教育厅会同省有关部门按照多元评价、分类考核的原则，采取学校自评、第三方评价、专家评议相结合的方式，从建设目标完成度、建设成效、体制机制改革成效等维度对建设高校及学科进行多元评价。

（四）结果运用

根据年度评价情况，对在学科建设、人才培养、贡献奖励、服务需求等方面有突出表现或取得突出成果的高校，给予专项奖励。根据期满考核情况，确定下一轮建设范围，对于建设成效特别突出的高校，在资金和政策上加大支持力度；对建设成效不明显、总体评价或专项评价较差的高校，将在下一轮建设中减少重点建设学科数量和资金支持额度。

六、保障措施

（一）加强组织管理

省教育厅会同省发展改革委、省科技厅、省工业和信息化厅、省财政厅等省有关部门建立定期沟通会商机制，强化政策协调联动，统筹推进"冲补强"计划有效实施。省教育厅负责具体实施工作，指导和督促建设高校落实各项建设任务，开展绩效评价，提出动态调整和奖励建议；会同组织部门选好配强高校校长。省财政厅、教育厅按照职责分工负责专项资金安排、拨付、监督、管理等工作，确保资金合法合规使用。省发展改革委、省科技厅、省工业和信息化厅负责推动高校与国家和省重大战略、产业的对接，支持高校牵头或参与实施重大平台和重大项目，促进科教融合、产教融合。建设高校落实主体责任，加强制度设计，明确建设目标，细化建设任务，保障建设成效。

（二）落实支持措施

省有关部门按照"放管服"要求对建设高校加大政策支持力度，完善配套制度；定期组织专家或委托第三方机构对高校开展跟踪指导、动态监测，帮助建设高校解决改革发展的难点堵点。各地级以上市积极支持本地高校实施"冲补强"计划，加大政策和资源投入，共同营造有利于高等教育改革发展的良好氛围。

（三）强化资金保障

省财政安排专项资金支持"冲补强"计划建设高校开展内涵建设；采取因素法分配方式，结合建设高校的办学规模、办学层次、办学类型、高水平学科专业、重大平台和重大项目、标志性科研成果等因素和前期考核评价情况，确定建设高校的年度资金预算安排。建设高校统筹用好自有资金和资源，聚焦"冲补强"开展建设；完善经费内部管理机制，严格绩效管理和监督，科学编制五年支出规划和年度预算，切实管好用好资金，提升使用效益。对于广州、深圳、佛山、东莞等地的市属高校，按照不低于同层次同类型省属高校的标准由市财政予以资金支持。

本方案由省教育厅会同省发展改革委、省科技厅、省工业和信息化厅、省财政厅负责解释，自发布之日起实施。

附件：高等教育"冲一流、补短板、强特色"提升计划（2021—2025年）建设高校名单

附件

高等教育"冲一流、补短板、强特色"提升计划（2021—2025年）建设高校名单

序号	类别	学校
1	高水平大学建设计划 （重点建设高校）	中山大学
2		华南理工大学
3		暨南大学
4		华南农业大学
5		南方医科大学
6		广州中医药大学
7		华南师范大学
8		广东工业大学
9		广东外语外贸大学
10		广州大学
11		广州医科大学
12		深圳大学
13		南方科技大学
14	高水平大学建设计划 （重点学科建设高校）	汕头大学
15		广东医科大学
16		广东海洋大学
17		佛山科学技术学院
18		东莞理工学院
19		北京师范大学－香港浸会大学联合国际学院
20		香港中文大学（深圳）
21		深圳北理莫斯科大学
22		广东以色列理工学院
23		哈尔滨工业大学（深圳）
24		北京师范大学珠海校区
25		清华大学深圳国际研究生院
26		北京大学深圳研究生院
27	粤东粤西粤北高校 振兴计划	岭南师范学院
28		韩山师范学院
29		广东石油化工学院
30		韶关学院
31		嘉应学院
32		惠州学院
33		五邑大学
34		肇庆学院

续上表

序号	类别	学校
35	特色高校提升计划	广东财经大学
36		仲恺农业工程学院
37		广东药科大学
38		星海音乐学院
39		广州美术学院
40		广州体育学院
41		广东技术师范大学
42		广东金融学院
43		广东警官学院
44		广东第二师范学院
45		广州航海学院
46		深圳技术大学
47		广东开放大学

广东省人民政府关于印发《广东省推动基础教育高质量发展行动方案》的通知

(粤府〔2021〕55号)

各地级以上市人民政府,各县(市、区)人民政府,省政府各部门、各直属机构,各高等学校:

现将《广东省推动基础教育高质量发展行动方案》印发给你们,请认真组织实施。实施过程中遇到的问题,请径向省教育厅反映。

广东省人民政府
2021年8月16日

广东省推动基础教育高质量发展行动方案

为深入贯彻中央关于建设高质量教育体系的决策部署,全面落实省委、省政府关于推动基础教育深化改革高质量发展的工作要求,聚焦问题、补齐短板,推动全省基础教育高质量发展,制定本方案。

一、总体要求

聚焦教师队伍建设和公办优质学位供给,力争用15年时间,解决全省基础教育发展不平衡不充分的问题,建成高质量基础教育体系,人民群众对基础教育的满意度明显提升,全省基础教育办学质量和综合实力跨入国内先进地区行列。

1. 加强教师队伍建设。实施"新强师工程"和对口帮扶,重点加强粤东粤西粤北地区校长教师队伍建设,并向原中央苏区、革命老区、民族地区倾斜。到2025年,粤东粤西粤北地区校长教师队伍能力素质显著提升;到2030年,粤东粤西粤北地区校长教师队伍能力素质与珠三角地区差距明显缩小;到2035年,粤东粤西粤北地区校长教师队伍整体水平与珠三角地区大体相当。

2. 增加公办优质学位供给。加强统筹协调,增加政策供给,优化资源配置,重点推进珠三角地区公办优质中小学幼儿园学位建设,倾斜支持原中央苏区、革命老区、民族地区公办学位建设。到2025年,全省新增33万个幼儿园公办学位、375万个义务教育公办学位和30万个普通高中公办学位;到2030年,学校布局更加合理,有效解决"城镇挤"问题;到2035年,公办优质学位大幅增加,满足人民群众"上好学"需求。

二、工作措施

(一)压实市县主体责任

3. 健全教育管理体制。调整优化省市县政府对基础教育、职业教育、高等教育的责任分工,明确不同层级政府责任。优化完善高等教育省市两级办学、以省为主的办学体制;粤东粤西粤北地区现有高校办学体制统筹调整为省属。健全以地市为主统筹中职教育、以省为主统筹高职教育的职业教育管理体制。市县政府集中财力和资源办好基础教育,落实举办基础教育的主体责任。不断加大市级统筹力度,推动粤东粤西粤北地区逐步建立以市为主的普通高中统筹管理体制。县级政府统筹县域内基础教育发展,主要落实管理学前教育和义务教育的主体责任,健全教育投入机制,改善办学条件,配齐配足教师,提高教育质量。

4. 强化市县主责意识。办好基础教育的主体责任在市县。市县政府要将基础教育高质量发展列为"一把手工程",摆上重要议事日程,破除发展障碍,全力推动基础教育高质量发展取得实效。要明确本地基础教育高质量发展的目标、任务,制定细化实施方案,明确推进基础教育高质量发展的时间表、路线图。市县政府主要领导是第一责任人,要切实履行政治担当责任、决策部署责任、推进落实责任、问题整改责任、发展效果责任。市县政府常务会议要定期专题研究基础教育高质量发展工作，解决重点难点问题；市县政府主要领导年终述职必述基础教育高质量发展工作。

5. 建立责任传导机制。聚焦基础教育发展的重点难点问题，结合各地实际，省政府每年分别与各地级以上市政府签订工作责任状，市政府与辖区内县级政府相应明确工作责任。责任落实情况，作为省政府对市县级政府履行教育职责评价以及省财政教育转移支付资金安排的重要依据。

6. 统筹好教育事业发展与学校安全稳定。市县政府领导本行政区域内学校安全工作，切实完善学校安全机制，建设学校安全防控体系，加强校园安全管理、师生安全教育和教育领域社会矛盾防范化解工作。要严密做好各项安全稳定工作，及时化解校园周边存在的安全风险隐患。市县教育行政部门要建立安全稳定风险隐患评估研判和排查整治的长效机制，定期召开风险隐患评估研判会，适时开展排查整治专项行动。

7. 选优配强局长校长。市县党委政府要高度重视教育局长、中小学校长队伍建设，坚持好干部标准，统筹长远规划和精准选配工作，强化战略储备、源头培养、跟踪培养，切实让懂教育的行家里手管教育、抓教育，不断提升教育系统干部队伍的发展领导力和办学治校能力。强化教育局长培养培训，不断提升其政治素养、业务能力和工作水平。选配的中小学校长应当具备教育工作经历或相应专业背景，及相应的任职条件和资格。各地要建立中青年校长和后备校长培养制度，建立完善后备校长人才库，新任校长主要从人才库中择优选拔。

（二）提升校长、教师、教研员能力素质

8. 提高校长办学治校能力。加大校长培训力度，落实校长全员培训制度。实施中小学校长"领航"工程，以教育理念创新、教育实践创新、教育评价改革创新和教育质量提升为重点，分层分级培养一批"种子校长"。加强各级中小学名校长工作室建设，将工作室跟岗实践作为校长学习提升学校管理能力的重要方式。推行中小学校长职级制改革，建立健全校长职级评定、考核、激励等制度体系。推行中小学校长聘任制和任期制，实行任期目标责任制管理。建立校长校内听课评课制度，提高校长指导教育教学的能力素质。

9. 加强骨干教师培养。各地、各中小学校要高度重视骨干教师队伍建设，要按照教师队伍总数10%的比例培养本地本校骨干教师，充分发挥各级骨干教师在教师专业发展中的示范带动和辐射作用。深入推进实施中小学"百千万人才培养工程"，培养一批业内认可、具有影响力的名教师、名校长、名班主任。粤东粤西粤北地区要立足本土培养骨干教师，支持在收入、住房等方面给予本土培养的骨干教师与引进人才同等的优待政策。支持粤东粤西粤北地区中小学教育人才发展，稳定优化粤东粤西粤北地区基础教育人才队伍，遏制人才引进不良竞争，珠三角地区原则上不得从粤东粤西粤北地区各类学校、教研机构（教师发展机构）中引进各类教育人才，城区学校不得到县域普通高中抢挖优秀教师。

10. 全面提高教师教育教学能力。实行中小学教师全员轮训制度，组织粤东粤西粤北地区中小学教师到省内师范类院校培训。加强教师专业发展支撑体系建设，打造省级中小学教师发展中心特色品牌，发挥市县级教师发展机构在本地教师培训中的主阵地作用。推进教师培训资源平台建设，发挥师范类院校和各级教师发展机构优势，与中小学共建共享共用培训资源。探索建立以师范生从教比例、从教质量等为重要依据的师范类院校办学绩效评价标准。中小学校要根据实际开展校本培训，重点提升教师教学技能和课程实施能力。支持粤东粤西粤北地区教师通过网络教育、脱产学习、在职进修等多种方式提升学历层次，鼓励有条件的地区按标准给予补助。全面落实中小学教师全员坐班制度，健全完善教师岗位职责考核机制，实现能上能下、能进能出，激发队伍活力；完善师德失范惩处机制，坚决将严重违反师德的教师清除出教师队伍；对不适宜任教或不合格的教师及时调离教学岗位，经培训和考核合格后方能继续承担相应教学工作。

11. 加强教研队伍建设。健全完善省、市、县、校四级教研体系，深入推进省级教研基地项目建设。省、市、县三级教研机构（教师发展机构）应配齐所有学科专职教研员。严格教研员准入制度，提高准入条件，新任专职教研员原则上应有6年以上教学工作经历、具有高级以上教师职称或研究生学历。调整优化教研机构（教师发展机构）岗位结构，拓展教研员职业通道，鼓励从一线优秀教师中选拔任用专兼职教研员。强化教研员工作职责，落实专职教研员到学校开展教学指导、深入课堂听课评课制度，推动教研员聚焦教育教学关键问题开展课题研究。建立教研机构（教师发展机构）定点联系学校制度和教研员定期到中小学任教制度，教研员在岗工作满5年后，原则上要到中小学校从事1年以上教育教学工作。推进教研训一体化，发挥教研在推动基础教育高质量发展中的支撑作用。深化教研员管理制度改革，探索建立选聘优秀教研员到教育行政部门或中小学校任职或挂职制度。对于不履行教研职责、违背教研员职业道德、不适宜继续从事教研工作的教研员，及时调离教研队伍。

（三）加大对口帮扶力度

12. 建立全口径、全方位、融入式结对帮扶机制。实施全口径结对帮扶，以粤东粤西粤北地区特别是原中央苏区、革命老区、民族地区的乡镇中小学校、县域普通高中为重点帮扶对象，完善市与市、县与县、师范类院校与市、非师范类院校与市县、教研机构与教研机构、中小学校与中小学校、粤东粤西粤北地区城乡之间相互结对的7种全口径结对关系。实施全方位帮扶，整合优化各类帮扶力量，系统集成各项帮扶措施，建立集合教育行政管理人员、校长、教师、教研员、专家、大学生等各类成员的支援团队，为受援方提供教学、教研、信息化、管理等全方位支持，整体提升帮扶成效。实施融入式帮扶，以受援方需求为导向，支援方融入受援方基础教育体系，找准受援方基础教育短板弱项，提高帮扶措施的针对性、有效性。支援方、受援方共同推进结对帮扶工作，统筹使用人力资源，统筹使用中小学校、教研机构（教师发展机构）、高等学校各类平台资源，形成高等教育反哺基础教育、师范类院校引领支持中小学校、师范生融入教师职后发展体系的融合发展新格局，实现各类教育高质量发展。

13. 落实支援方帮扶责任和受援方主体责任。健全结对帮扶统筹协调、资源配置、考核评价机制，明确支援方帮扶责任，强化受援方主体责任，提高各方积极性。支援方和受援方要共同制定中长期帮扶规划，每年共同研究确定并协同实施帮扶项目。双方每年选派校长、骨干教师、教研员等人员交流跟岗，支援方组建团队在受援方驻点支教，发挥示范带动作用，同时接受受援方选派的人员跟岗学习，帮助受援方人员提升教育管理、教育教学和教研等方面的能力水平。支援方和受援方要研究制定支教人员在职称评聘、福利待遇、选拔任用等方面的倾斜政策，合理确定支教人员工作量，解除支教人员的后顾之忧，确保支教人员充分发挥作用。支援方要积极通过组织受援方校长教师全员培训、学历提升、与受援方共建共享培训资源等多种方式，提高受援方校长教师队伍整体素质，增强受援方自主持续发展能力。

（四）增加公办优质学位供给

14. 科学规划学位资源布局。市县政府要统筹考虑城镇化进程、人口变化趋势等因素，精准测算学位需求，结合省下达的学位建设任务数和各地正在实施的中小学幼儿园学位建设专项规划，延续编制本市县"十四五"期间中小学幼儿园公办学位建设专项规划，同步纳入市县编制的国土空间总体规划。测算学位需求时既要统筹考虑学前教育巩固"5080"成果、公办民办义务教育结构调整、城乡义务教育一体化发展、提高进城务工人员随迁子女入读义务教育阶段公办学校比例等因素，以及高中阶段普职协调发展、新高考改革选课走班等增量需求，同时要充分考量本地事业编制总盘子、财政供养能力等现实条件。鼓励和支持广州、深圳等珠三角地市扩大普通高中招生规模。要优化调整公办民办义务教育结构，原则上不得审批设立新的民办义务教育学校（含民办九年一贯制学校、十二年一贯制学校和完全中学）。要以城镇住宅小区、城市发展新区、老城改造区、城乡接合部、外来人口聚集区、产业聚集区、商业区等学位紧缺地区为重点，科学布局中小学幼儿园，重点增加珠三角地区及粤东粤西粤北中心区域等人口流入地学位供给。

15. 保障教育建设用地需求。省加强教育建设用地统筹，对新增学位需求较大的地市调增一批建设用地规模，专项用于义务教育学校建设。各地非营利性基础教育设施年度用地计划指标由省统一统筹安排。建立公办学位供给与商住用地开发、城市更新的联动机制，按标准足额预留城镇新建住宅小区中小学幼儿园建设用地，没有按照规划要求预留教育设施用地的居住建设项目原则上不予核发建设工程规划许可证和施工许可证。对调高容积率的商品住宅项目应按人口增加比例调增配建学位数。不得随意变更教育用地规划。对公办学校围墙内存在非教育用地的情况，各地要及时改变土地用途，支持学校实施改扩建项目。对土地权属归于村镇集体、工业企业的学校，原军队转地方的学校，以及因年代久资料遗失等原因造成用地产权遗留问题，支持各地予以妥善解决。

16. 建立基础教育项目审批"绿色通道"。省和各地对涉及基础教育的学位建设等事宜优化审批流程、压缩办理时间。各地要落实并联审批、"一网通办"、告知承诺制、联合审图、联合验收等改革措施，加快办理学校基本建设审批事项。对同批次规划建设的学校项目，支持以市或县为单位集中办理项目立项等审批手续。对因历史遗留原因未办理产权的学校项目，支持学校依法依规调整详细规划后进行改扩建或原址重建，或根据教学需要进行装修改造。

17. 及时动态补充教职工。省加大区域间基础教育编制统筹调配力度，完善中小学教职工编制周转专户管理，重点保障人口流入地城市基础教育发展需要，促进教职工编制总量与在校学生数量相适应。省、市、县三级联动加强事业编制挖潜创新，动态调整基础教育编制总量，重点保障义务教育教职工编制增长需求。结合实际合理核定公办幼儿园教职工编制，落实城乡统一的中小学教职工编制标准。每年按照标准和要求动态核定教职工编制。全面推进中小学教师"县管校聘"改革，统筹县域内教师资源配置和管理，促进学校教师和管理人员向基层合理流动。

三、保障措施

18. 强化组织领导。建立省级工作协调机制，定期会商，及时解决基础教育高质量发展中的重大问题。各地在省委教育工作领导小组指导下成立基础教育高质量发展工作小组，研究解决基础教育高质量发展中的重点难点问题。分管教育工作的市县领导牵头成立工作专班，特事特办、急事急办。

19. 强化资金保障。市县要切实履行基础教育办学的主体责任，落实一般公共预算教育经费"两个只增不减"要求。市县级教育费附加、地方教育附加足额安排用于教育，按规定用好土地出让收益计提的教育资金支持基础教育发展。积极争取地方政府新增债券按规定投入教育。鼓励通过设立教育基金会、企业融资等多渠道筹措资金参与学校建设。市县应按照管理权限，综合考虑经济社会发展水平、教育培养成本和群众承受能力等因素，及时动态调整公办普通高中和普惠性幼儿园学费（保教费）。按"经济、简约、实用"原则新建或改扩建学校，不搞超标准建设。鼓励符合条件的基础教育公办学校建设（含新建、改扩建）项目积极申报省重大项目前期工作经费支持。省财政统筹安排奖补资金支持基础教育高质量发展。各地根据《教育部 国家发展改革委 财政部关于深入推进义务教育薄弱环节改善与能力提升工作的意见》（教财〔2021〕3号），可将义务教育薄弱环节改善与能力提升资金用于持续改善农村基本办学条件、扩大城镇学位供给、提升学校办学能力。

20. 强化考核评价。建立对市县推动基础教育高质量发展考核评价制度。完善市县级政府履行教育职责评价机制，建立以推动基础教育高质量发展为目标的科学评价体系，统筹考虑各地基础教育发展水平和努力程度，改进结果评价，注重增值评价和过程评价，充分激发各地工作积极性。对履职不到位、落实教师队伍建设和公办学位供给不力、区域内教育教学质量明显下降、群众满意度差、教育领域稳定问题频发且整改不及时不到位的地区，要对市县党政正职和分管教育领导、教育局长进行追责问责。

21. 强化宣传引导。坚持正确舆论导向，加大宣传力度，全面正确解读党的教育方针，做好先进典型的宣传报道。利用报纸、广播、电视及新媒体等多种渠道，通过开设专题栏目、专版以及定期投放公益广告、制作专题宣传片等方式，全方位、多维度立体宣传报道基础教育高质量发展的具体举措及取得成效，及时回应社会关切，引导人民群众正确看待当前存在的问题，树立正确的教育观念，营造基础教育健康协调发展的良好氛围。

附件：1. 广东省"新强师工程"实施办法（略）

2. 广东省全口径全方位融入式帮扶粤东粤西粤北地区基础教育高质量发展实施办法（略）

3. 广东省增加中小学幼儿园公办优质学位供给实施办法（略）

4. 广东省推动基础教育高质量发展考核评价实施办法（略）

广东省人民政府关于印发《广东省全民科学素质行动规划纲要实施方案（2021—2025年）》的通知

（粤府〔2021〕76号）

各地级以上市人民政府，省政府各部门、各直属机构：

现将《广东省全民科学素质行动规划纲要实施方案（2021—2025年）》印发给你们，请认真组织实施。实施过程中遇到的问题，请径向省科协反映。

广东省人民政府
2021年11月20日

广东省全民科学素质行动规划纲要实施方案
（2021—2025年）

为贯彻落实党中央、国务院关于科普和科学素质建设的重要部署，按照《国务院关于印发全民科学素质行动规划纲要（2021—2035年）的通知》（国发〔2021〕9号）要求，进一步明确我省"十四五"期间公民科学素质建设工作目标、重点任务、工作分工和保障措施，制定本实施方案。

一、前言

习近平总书记指出："科技创新、科学普及是实现创新发展的两翼，要把科学普及放在与科技创新同等重要的位置。没有全民科学素质普遍提高，就难以建立起宏大的高素质创新大军，难以实现科技成果快速转化。"这一重要指示精神是新发展阶段科普和科学素质建设高质量发展的根本遵循。

科学素质是国民素质的重要组成部分，是社会文明进步的基础。公民具备科学素质是指崇尚科学精神，树立科学思想，掌握基本科学方法，了解必要科技知识，并具有应用其分析判断事物和解决实际问题的能力。提升科学素质，对于公民树立科学的世界观和方法论，对于增强国家自主创新能力和文化软实力、建设社会主义现代化强国，具有十分重要的意义。

"十三五"期间，各地、各部门紧紧围绕省委、省政府工作大局，扎实推进公民科学素质建设，全民科学素质行动取得显著成效，超额完成了"十三五"公民科学素质建设目标。2018年，我省公民具备科学素质的比例为10.35%，提前完成了《国民经济和社会发展第十三个五年规划纲要》提出的2020年"公民具备科学素质的比例超过10%"的目标任务；2020年，我省比例达到12.79%，居全国第六名，超过全国10.56%的平均水平，较2015年的6.91%提升了85%，为"十四五"全民科学素质建设奠定了坚实基础。

同时，应清醒地看到，目前我省公民科学素质水平与发达国家和国内先进地区相比仍有较大差距，公民科学素质工作发展不平衡不充分，与人民日益增长的美好生活对科普的需求和实现高水平科技自立自强的要求还有较大差距。主要表现在：城乡和区域发展不平衡，面向农民、产业工人、老年人、粤东粤西粤北地区青少年的科学素质工作仍然薄弱；科学精神弘扬不够，科学理性的社会氛围不够浓厚；科普供需存在一定错位、有效供给不足；科普资源开发和共享水平、科普公共服务能力有待提高；科普基础设施建设不够均衡，科普智慧化传播水平不够高；科普投入不足，落实"科学普及与科技创新同等重要"的制度安排尚未形成。

"十四五"时期是我国全面建成小康社会向基本实现社会主义现代化迈进的关键时期，是"两个一百年"奋斗目标的历史交汇期，也是全面开启社会主义现代化强国建设新征程的重要机遇期。面向世界科技强国和社会主义现代化强国建设，需要科学素质建设担当更加重要的使命。

二、总体要求

（一）指导思想

以习近平新时代中国特色社会主义思想为指导，深入贯彻党的十九大和十九届二中、三中、四中、五中、六中全会精神，全面贯彻落实习近平总书记关于科普和科学素质建设的重要论述、对广东系列重要讲话和重要指示批示精神，贯彻落实省委、省政府决策部署，坚持党的全面领导，坚持以人民为中心，坚持新发展理念，以提高全民科学素质服务高质量发展为目标，以践行社会主义核心价值观、弘扬科学精神为主线，以深化科普供给侧改革为重点，着力打造社会化协同、智慧化传播、规范化建设、产业化推动、国际化合作的科学素质建设生态，营造热爱科学、崇尚创新的社会氛围，提升社会文明程度，为广东在全面建设社会主义现代化国家新征程中走在全国前列、创造新的辉煌提供基础支撑。

（二）基本原则

——突出科学精神引领。践行社会主义核心价值观，弘扬科学精神和科学家精神，传递科学的思想观念和行为方式，加强理性质疑、勇于创新、求真务实、包容失败的创新文化建设，坚定创新自信，形成崇尚创新创造和科学文明的社会氛围。

——坚持协同推进。发挥政府在公民科学素质建设中的主导作用，加强统筹协调、政策支持、投入保障。激发高等学校、科研院所、企业、社会团体、基层组织、科学共同体等多元主体活力，激发全民参与积极性，构建政府、市场、社会等协同推进的社会化科普大格局。大力推动科普产业化、市场化。

——深化供给侧改革。破除制约科普高质量发展的体制机制障碍，突出价值导向，创新组织动员机制，推动科普内容、形式和手段等创新提升，探索科普供给新方法、新路径，提高科普的知识含量，优化供需匹配度，满足全社会对高质量科普的需求。

——扩大开放合作。推进粤港澳大湾区的公民科学素质建设融合发展和交流合作。开展更大范围、更高水平、更加紧密的科学素质国际交流，共筑对话平台，增进开放互信，深化创新合作，推动经验互鉴和资源共享，共同应对全球性挑战，推进全球可持续发展和人类命运共同体建设。

（三）工作目标

到2025年，广东省公民具备科学素质的比例超过16%，全省各地区、各人群科学素质发展不均衡明显改善。科普供给侧改革成效显著，科普公共服务能力提质增效，"科学普及与科技创新同等重要"制度安排不断完善，科学精神在全社会广泛弘扬，崇尚创新的社会氛围日益浓厚，社会文明程度明显提升。

三、提升行动

重点围绕践行社会主义核心价值观，大力弘扬科学精神，培育理性思维，养成文明、健康、绿色、环保的科学生活方式，提高劳动、生产、创新创造的技能，在"十四五"时期实施5项提升行动。

（一）实施青少年科学素质提升行动

全面提升青少年科学教育水平，激发青少年好奇心和想象力，增强科学兴趣、创新意识和创新能力，培育一大批具备科学家潜质的青少年群体，为加快建设世界科技强国夯实人才基础。

——将弘扬科学精神贯穿于育人全链条。坚持立德树人，实施科学家精神进校园行动，将科学精神融入课堂教学和课外实践活动，激励青少年树立投身建设世界科技强国的远大志向，培养学生爱国情怀、社会责任感、创新精神和实践能力。进一步提升青少年科技创新大赛等青少年科学教育品牌活动的质量水平。大力开展学校科技节、科技周、科普日等活动，普及节约资源、保护环境、避险自救、身心健康等知识，营造崇尚科学的校园文化氛围。

——提升基础教育阶段科学教育水平。配齐中小学科学学科教师及相关学科实验员，开齐开足中小学科学课程。引导变革教学方式，倡导启发式、探究式、开放式教学，保护学生好奇心，激发求知欲和想象力。完善初高中包括科学、数学、物理、化学、生物、通用技术、信息技术等学科在内的学业水平考试和综合素质评价制度，引导有创新潜质的学生个性化发展。加强农村中小学科学教育基础设施建设和配备，加大科学教育活动和资源向农村倾斜力度。推进信息技术与科学教育深度融合，推行场景式、体验式、沉浸式学习。开展未来学校办学实践，探索学习空间、学习方式、课程设计、学校管理等方面的新模式，提升学生的认知能力、合作能力、创新能力、职业能力。

——推进高等教育阶段科学教育和科普工作。推进科学基础课程建设，加强科学素质在线开放课程建设。深化创新创业教育改革，深入实施国家级大学生创新创业训练计划，支持在校大学生开展创新型实验、创业训练和创业实践项目，大力开展各类科技创新实践活动。

——实施科技创新后备人才培养计划。建立科学、多元的发现和培育机制，对有科学家潜质的青少年进行个性化培养。开展英才计划、少年科学院、青少年科学俱乐部等工作，探索从基础教育到高等教育的科技创新后备人才贯通式培养模式。深入实施基础学科拔尖学生培养计划2.0，完善拔尖创新人才培养体系。

——建立校内外科学教育资源有效衔接机制。引导学校充分利用科技馆、博物馆、科普教育基地、中小学生研学实践教育基（营）地等科普场所广泛开展各类学习实践活动。组织高等学校、科研院所、学会（协会、研究会）、企业等开发开放优质科学教育活动和资源。加强对家庭科学教育的指导，提高家长科学教育意识和能力。动员和组织科学家、工程师、医疗卫生人员等科技工作者走进校园，开展生理卫生、自我保护等安全健康教育活动。广泛开展科技节、科学营、科技小论文（发明、制作）、科学探究、工程设计制作、创意创新创造等科学教育活动。开展科普教育学分制试点。

——实施教师科学素质提升工程。将科学精神纳入教师培养过程，将科学教育和创新人才培养作为重要内容，加强新科技知识和技能培训。加强中小学科学教师和科技辅导员队伍建设，加大对科学、数学、物理、化学、生物、通用技术、信息技术等学科教师的培训力度；每年培训5 000名科技辅导员。推动高等师范院校和综合性大学开设科学教育本科专业。

（二）实施农民科学素质提升行动

以提升科技文化素质为重点，不断丰富农村科普活动和科普资源，持续改善农村科普公共服务能力和科普基础设施建设，提高农民文明生活、科学生产、科学经营能力，造就一支适应农业农村现代化发展要求的高素质农民队伍，加快推进乡村全面振兴。

——树立相信科学、和谐理性的思想观念。重点围绕保护生态环境、节约能源资源、绿色生产、食品安全、防灾减灾、卫生健康、移风易俗等，深入开展文化科技卫生"三下乡"、全省科技进步活动月等群众性、经常性的科普宣传教育活动。发挥科技专家服务团等作用，建立健全农村科普服务"常下乡、常在乡"的长效机制。

——开展高素质农民和农村实用人才培训。加强农村实用人才培训基地、高素质农民培育示范基地等农民科学素质提升平台建设。开展农民职业技能鉴定和技术等级认定，加大高素质农民、农村电商技能人才、新型农业经营主体和服务主体经营者的培训力度，培养大批适应乡村振兴和现代农业发展需求的人才。

——加强乡村振兴科技支撑。鼓励高等学校、科研院所开展乡村振兴智力服务，推广科技小院、院（校）地共建等农业科技社会化服务模式。深入推行科技特派员制度，支持家庭农场、农民合作社、农业社会化服务组织等新型农业经营主体和服务主体，申报省级高素质农民培训示范基地，开展科技示范，引领现代农业发展。引导专业技术学（协）会等社会组织开展农业科技服务，将先进适用的品种、技术、装备、设施导入小农户，实现小农户和现代农业发展有机衔接。

——加强农村科普体系建设。完善农村科普基础设施，强化农村中学科技馆、乡村学校少年宫等建设，提高流动科技馆、科普大篷车的巡展频率，建设一批科普教育基地。推动农技驿站、农村夜校、科普惠农服务站、农家书屋等服务平台建设。引导科普中国乡村e站转型升级，推动优质科普资源在农村落地应用。

（三）实施产业工人科学素质提升行动

以提升技能素质为重点，提高产业工人职业技能和创新能力，打造一支有理想守信念、懂技术会创新、敢担当讲奉献的高素质产业工人队伍，更好服务制造强国、质量强国和现代化经济体系建设。

——开展理想信念和职业精神宣传教育。开展"中国梦·劳动美"、最美职工、巾帼建功、智慧蓝领、南粤工匠等活动，加大先进典型评选宣传表彰力度，大力弘扬劳模精神、劳动精神和工匠精神，营造劳动光荣的社会风尚、精益求精的敬业风气和勇于创新的文化氛围。

——大力强化技能创新。开展"众创杯""创客广东"等创业创新大赛以及广东省职工职业技能大赛、粤港澳大湾区建设劳动和技能竞赛等多层级、多行业、多工种的劳动和技能竞赛。建设劳模和工匠人才创新工作室。统筹利用示范性高技能人才培训基地、技能大师工作室、"南粤技术能手评选"等，发现、培养高技能人才。组织开展"五小"等群众性技术创新活动，推动大众创业、万众创新。

——开展职业技能提升行动。在职前教育和职业培训中进一步突出科学素质、安全生产等相关内容，构建职业教育、就业培训、技能提升相统一的产业工人终身技能形成体系。广泛开展职业技能教育培训，切实提高职工的安全健康意识和自我保护能力。依托国家高技能人才振兴计划、农民工职业技能提升计划、求学圆梦行动等，增加进城务工人员教育培训机会。

——发挥企业家提升产业工人科学素质的示范引领作用。弘扬企业家精神，提高企业家科学素质，引导企业家在爱国、创新、诚信、社会责任和国际视野等方面不断提升，做创新发展的探索者、组织者、引领者和提升产业工人科学素质的推动者。鼓励企业积极培养使用创新型技能人才，在关键岗位、关键工序培养使用高技能人才。推动高等学校、职业院校（含技工院校）、职业培训机构等，为产业工人终身学习、技术技能提升提供渠道。发挥社会组织作用，引导、支持企业和社会组织开展职业能力水平评价。发挥"科创中国"平台作用，探索建立企业科技创新和产业工人科学素质提升的双促进机制。推动相关互联网企业做好外卖、快递、直播、网约车、网约服务等新兴领域、新业态从业人员的科学素质提升工作。

（四）实施老年人科学素质提升行动

以提升信息素养和健康素养为重点，丰富面向老年人的科普资源供给的知识内容、渠道途径、方式方法，稳步提升老年人适应社会发展能力，增强获得感、幸福感、安全感，实现老有所乐、老有所学、老有所为。

——实施智慧助老行动。聚焦老年人运用智能技术、融入智慧社会的需求和困难，依托老年大学、老干部大学、社区科普大学、养老服务机构等，聚焦老年人就医、消费、金融、文体活动等高频场景，采取适合老年人的图文、视频、音频等方式，普及智能技术知识和技能，提升老年人信息获取、识别和使用能力，有效预防和应对网络谣言、电信诈骗。

——加强老年人健康科普服务。依托健康教育系统，推动老年人健康科普进社区、进乡村、进机构、进家庭，开展健康大讲堂、老年健康宣传周等活动，利用广播、电视、报刊、网络等各类媒体，普及合理膳食、食品安全、心理健康、体育锻炼、合理用药、应急处置等知识，提高老年人健康素养。充分利用社区老年人日间照料中心、科普园地、党建园地等阵地为老年人提供健康科普服务。

——实施银龄科普行动。积极开发老龄人力资源，大力发展老年协会、老科协等组织，充分发挥老专家在咨询、智库等方面的作用。发展壮大老年志愿者队伍。吸纳更多优秀老专家加入广东科普讲师团、省级健康科普专家库，在社区、农村、青少年科普中发挥积极作用。

（五）实施领导干部和公务员科学素质提升行动

进一步强化领导干部和公务员对科教兴国战略、人才强国战略、创新驱动发展战略的认识，提高科学决策能力，树立科学执政理念，增强推进国家治理体系和治理能力现代化的本领，更好服务党和国家事业的发展。

——全面贯彻新发展理念。教育引导领导干部和公务员学习贯彻习近平新时代中国特色社会主义思想，强化对科学素质建设重要性和紧迫性的认识，提高科学履职能力和水平，立足新发展阶段，完整、准确、全面贯彻新发展理念，构建新发展格局，推动高质量发展，推进科技自立自强。

——加强科学素质教育培训。贯彻落实《干部教育培训工作条例》《公务员培训规定》，完善领导干部和公务员科学素质教育培训机制，把科学素质教育作为领导干部和公务员教育培训的长期任务和重要内容。加强前沿科技知识、全球科技发展趋势学习，突出科学精神、科学思想培养，增强把握科学发展规律的能力。大力开展面向基层领导干部和公务员的科学素质培训工作。

——在考核录用中落实科学素质要求。不断完善领导干部和公务员考核评价机制。在公务员录用考试、领导干部和公务员任职考察等工作中，强化科学素质有关要求。

四、重点工程

在"十四五"时期实施6项重点工程，深化科普供给侧改革，提高供给效能，着力固根基、扬优势、补短板、强弱项，构建主体多元、手段多样、供给优质、机制有效、开放有活力的全域、全时科学素质建设体系。

（一）实施科普信息化提升工程

加强科普资源开发和整合，提升优质科普内容资源创作和传播能力，多渠道推进数字科普建设，推动传统媒体与新媒体深度融合，建设即时、泛在、精准的信息化全媒体传播网络，服务数字社会建设。

——强力推动智慧科普建设。从建设平台、汇聚内容、组建运营、保障机制等方面系统规划推进，建设省级数字科普公共服务平台，打造全领域、多终端、全地域、全渠道分发的"粤科普"特色品牌。推进科普与大数据、云计算、人工智能、区块链等技术深度融合发展。建立完善科普资源库和科普资源名录，汇聚国内外优质科普资源。依托"广东省数字政府"政务服务一体机做好科普宣传教育。

发展科普中国信息员队伍，推进科普中国e站转型升级，加强"广东科普"等科普传播品牌建设，提升智慧科普传播能力。推动优质科普资源向乡村振兴地区、少数民族地区、革命老区、边远山区等欠发达地区倾斜和下沉。

——大力繁荣科普创作。建立健全科普创作激励机制，支持高等学校、科研院所、企事业单位、科技类社会团体等单位及广大科技工作者面向世界科技前沿、面向经济主战场、面向国家重大需求、面向人民生命健康等重大题材开展科普创作。扶持科普创作人才成长，培养科普创作领军人物，加强对优秀科普团队的支持。探索和推动将优秀科普作品、科普成果纳入科学技术奖励或者优秀成果评选范围。持续开展广东省科普作品创作大赛、科普剧大赛等活动，促进科学与艺术结合，生产适合多渠道全媒体传播推广的科普作品。做好优质科普作品的推介与共享服务。

——促进全媒体科学传播能力提升。强化科学技术引领，加快推进媒体深度融合发展，设立科普专题、专栏、专版或频道，推进科学传播内容供给侧结构性改革，加强媒体从业人员科学传播能力培训，构建以全媒体为主渠道的科学传播体系。大力发展新媒体科学传播，建立科学传播融媒体联盟，促进媒体与科技界的沟通合作，增强科学传播的专业性和权威性。鼓励公共交通、户外电子屏、楼宇电视等各类媒介增加科学传播内容，实现科普内容多渠道全媒体传播。

（二）实施科技资源科普化工程

建立完善科技资源科普化机制，不断增强科技创新主体科普责任意识，充分发挥科技设施科普功能，提升科技工作者科普能力。

——建立完善科技资源科普化机制。鼓励和支持获得省级以上科学技术奖的成果、科研重点项目或者重大项目成果科普化，通过公众通俗易懂、喜闻乐见的科普视频、图书、实物模型等形式，向社会广泛宣传推介。县级以上人民政府制定相关配套政策措施，支持和引导企业利用社会资本整合科普资源和创新要素，开展科普产品研发与创新，推动科普成果转化和产业化发展。各级教育、科技、农业农村、卫生健康等主管部门发布科技项目指南时，应对具有科普价值的科研项目提出科研成果科普化的要求，并给予相应的支持。利用财政性资金或国有资本建设的国家和省各类实验室、重大科技基础设施、重大工程、创新创业基地等可以优先认定为省级科普教育基地，提升社会科普资源的利用效率。鼓励以社会资金建设的实验室、科技基础设施和购置的科学仪器设备向社会开放共享，为科普活动提供服务。

——实施科技资源科普化专项行动。支持和指导高等学校、科研机构、企业、科学共同体利用科技资源开展科普工作，开发开放科普资源。加强与传媒、专业科普组织合作，及时普及重大科技成果。建设科学传播专家工作室，鼓励科学家担任科普导师、传媒科学顾问等，参与科学教育与传播相关工作。拓展科技基础设施科普功能，鼓励落户广东的大科学装置（备）开发科普功能，推动国家重点实验室、省重点实验室、高新技术企业研发中心等创新基地面向社会开展多种形式的科普活动。

——强化科技工作者的科普责任。把弘扬科学精神和科学家精神、加强科学道德和学风建设作为践行社会主义核心价值观的重要工作。依托现有的科技馆、博物馆、纪念馆、校史馆等设施和资源，打造一批科学家博物馆和科学家精神教育基地，展示科技界优秀典型、生动实践和成就经验，激发全社会创新热情和创造活力。加强科研诚信和科技伦理建设，深入开展科学道德和学风建设宣讲活动，引导广大科技工作者坚守社会责任，自立自强，建功立业，成为践行科学家精神的表率。做好"丁颖科技奖""广东最美科技工作者""广东十大科学传播达人"等优秀科技工作者和优秀科普工作者的宣传表彰工作。通过宣传教育、能力培训、榜样示范等增强科技人员科普能力，针对社会热点焦点问题，主动、及时、准确发声。

（三）实施科普基础设施建设工程

建立政府引导、多渠道投入的机制，增加科普基础设施总量，优化科普基础设施布局和结构，实现资源合理配置、高效利用，服务均衡化、广覆盖。

——加强对科普基础设施建设的统筹规划与宏观指导。将科普基础设施建设纳入地方国民经济和社会发展规划或其他专项规划，并与地方国土空间总体规划相衔接。地级以上市人民政府应当建设与人口和经济社会发展相适应的综合性科普场馆，并配备必要的专职人员。县级以上人民政府可以根据实际建设有地方特色的科普场馆，在基层公共设施中增加和完善科普功能；可以通过财政补助方式，引导社会资金投资建设科普场馆，并向社会公众开放。有条件的县级以上人民政府可以编制科普基础设施专项规划。推进科技馆免费开放，提高管理运营水平，提升服务质量和能力。

——创新构建现代科技馆体系。推动科技馆与博物馆、文化馆等融合共享，创新构建服务公民科学文化素质提升的现代科技馆体系。到2025年，全省40%以上的县（市、区）建成1座以上实体科普馆，并利用现代信息技术，推动现有科技馆的改造升级和功能拓展。推进数字科技馆建设，统筹流动科技馆、科普大篷车、农村中学科技馆建设。加大特色科普展教品研发和共享。

——大力加强科普教育基地建设。按照激励和约束并重原则，加强科普教育基地的创建、认定和动态管理工作。积极开展全国科普教育基地创建活动。鼓励和支持各行业各部门建立科普教育、研学等基地，提高科普服务能力。到2025年，全省建设国家级科普教育基地100个以上，省级科普教育基地1000个以上。加强科普教育基地联盟建设，提升服务能力。加强科普小镇建设，突出科普元素，创新科普亮点，打造科普氛围浓厚、特色鲜明、要素集聚、辐射带动力强的科普小镇。到2025年，建设科普小镇15个。

——加强各类科普阵地建设。推动各地结合大学城、职教城、游学研学基地、动物园、植物园、自然保护地、主题公园等规划建设，促进相关设施的一体化发展和综合利用，建设各类科普馆。推进图书馆、文化馆、博物馆等公共设施开展科普活动，拓展科普服务功能。鼓励和支持公园、自然保护区、风景名胜区、机场、车站、码头、宾馆、银行、商场、电影院等公共场所，飞机、列车、客车、客轮等公共交通工具，设立向公众开放的科普设施或者提供科普服务。

（四）实施基层科普能力提升工程

建立健全应急科普协调联动机制，加强各级各类科普组织和科普人才队伍建设，显著提升基层科普工作能力，基本建成平战结合应急科普体系。

——建立应急科普工作机制。县级以上人民政府建立健全重大突发公共事件应急科普工作机制，纳入本级突发事件应急工作整体规划和协调机制。加强应急科普专家队伍建设，提升各级领导干部、应急管理人员和媒体人员的应急科普能力。加强应急科普基础设施和服务体系建设，储备和传播优质应急科普内容资源，在日常科普中融入应急理念和知识，有效开展各种形式的应急科普主题宣教活动，全面推进应急科普知识进企业、进农村、进社区、进学校、进家庭，提高公众对突发公共事件的应急处理能力。

——完善基层科普服务体系建设。构建省域统筹政策和机制、市域构建资源集散中心、县域组织落实，以新时代文明实践中心（所、站）、党群服务中心、县（市）区级学会、企业（园区）科协、高校（科研院所）科协、新经济组织（新社会组织、新型研发机构）科协等阵地为依托的基层科普服务体系。开展科普示范县（市、区）创建活动，不设行政区县的地级市以镇（街道）为创建主体。加强基层科普设施建设，在城乡社区综合服务设施、社区图书馆、社区书苑、社区大学等平台拓展科普服务功能。探索建立基层科普展览展示资源共享机制。深入开展爱国卫生运动、全国科普日、科技活动周、双创活动周、防灾减灾日、食品安全宣传周、119消防宣传日等活动。加强科普创新发展联盟建设管理。支持深圳市开展全领域行动、全地域覆盖、全媒体传播、全民参与共享的全域科普行动。

——加强专兼职科普队伍建设。建立完善科普人才培养、使用和评价制度，引导和激励科技工作者履行科普责任，将科普成果和科普工作实绩纳入相关专业技术职称评审、绩效考核指标。各级人民政府对为科普工作做出重要贡献的组织和个人予以表彰和奖励，符合条件的科普作品项目列入广东省科学技术奖奖励范围，鼓励社会力量设立各类科普奖。大力发展科普场馆、科普基地、科技出版、新媒体科普、科普研究等领域专职科普人才队伍。鼓励企业、科研机构、高等学校设立科普岗位。鼓励高等学校开设科普相关课程，支持有条件的高等学校设立科普相关专业，加强科普相关学科建设。开展科学教师等培训和研修活动，支持和鼓励高等学校、行业组织等举办科普人才论坛、研讨会、交流会等，增进工作交流合作。加强广东科普讲师团建设。加强科普智库建设，开展科普理论研究、政策研究、媒介研究、创作研究、效果评估等。

——壮大科技志愿者队伍。完善科技志愿服务管理制度，加强省科技志愿服务总队建设管理，推进科技志愿服务专业化、项目化、规范化、常态化发展。探索依托新时代文明实践中心（所、站）、党群服务中心、社区服务中心（站）等，对接科技志愿服务资源与社会需求，推广群众点单、社区派单、部门领单、科技志愿服务队接单的订单认领模式。开展学会科技志愿服务基层行、科技志愿优秀项目展评、科技志愿工作骨干培训交流、先进典型评选等活动。鼓励教师、医生、学生、媒体工作者等发挥自身专业特长和优势，参与科技志愿服务活动。持续打造"院士专家基层行""中青年科学家地市行"等广东特色志愿服务活动品牌。

（五）实施科普产业繁荣工程

制定实施培育和壮大科普产业发展的政策措施，加强科普产业市场培育，加强科普产业新技术、新产品的研发、生产和推广，科普产业发展规模和水平实现全国领先。

——加强对科普产业发展的宏观指导和政策扶持。建立完善培育和壮大科普产业准入政策、财税政策、金融政策、人才政策、科普产业用地等政策体系和服务体系。县级以上人民政府发展改革、教育、科技、工业和信息化、自然资源、农业农村等主要部门可以设立财政性科普产业促进项目，加大对公益性科普产品和社会服务的支持力度。科普产业用地享受科研用地同等待遇。加大对科普龙头企业的扶持力度。鼓励企事业单位、社会团体兴办各类科普文化产业。引导和吸引粤港澳大湾区内企业、个人或者外商资金参与联合组建产业基金，逐步实现科普产业的投资多元化，巩固深化交流合作，创新合作模式，推动建立粤港澳大湾区科普产业融合发展新机制。

——推动科普市场化产业化。推动组建广东科普集团。研究探索建设科普产业园，积极引入和扶持一批优秀科普企业、龙头科普企业参与，积极搭建科普产业的研发、生产、销售、服务全产业链，为扶持科普产业发展提供示范。加快推进科普展览、科普图书、科普影视、科普玩具、科普旅游等科普产业发展。搭建线上线下结合、专业化的交易会、博览会等科普产业发展交流与服务平台。促进科普与教育、医疗、旅游等融合发展，催生具有科普功能的新业态。加强推动科普产业同互联网、大数据、人工智能等技术深度融合，完善具有广东特色的科普产业体系。到2025年，建成科普产业示范基地10个，科普产业领军企业50家。

——推动科幻产业发展。加大对科幻产业发展的支持力度。探索联合相关研究机构、企业和社会组织等组建促进科幻产业发展联合体，为科幻产业发展提供专业咨询、技术支持等服务。支持科幻原创作品创作与转化，鼓励科幻产业的云服务、版权交易、产业投资、商业策划等服务平台建设，鼓励成立科幻中心、想象力研究中心、未来研究中心、科幻联盟、科幻协会等组织。鼓励有条件的地方设立科幻产业发展基金，支持科幻主题场景建设，打造科幻产业集聚区和科幻主题公园等。加强科幻人才培养，鼓励高等学校试点探索构建科幻通识课程体系，培育科幻原创团队，支持举办各类科幻主题活动。

（六）实施科学素质国际交流与合作工程

拓展科学素质建设交流渠道，搭建开放合作平台，丰富交流合作内容，增进文明互鉴，推动价值认同，提升开放交流水平，参与全球治理。

——拓展国际科技人文交流渠道。加强统筹协调，引导和支持科学共同体联合申办和举办国际科技论坛、学术会议、科普会议，组织国际科普展览与交流活动。加强与有关国家和地区组织的对接合作，强化日常沟通交流。加强与国际知名科普场馆和科普机构的联系与交流，建立国际科普人才互访、引进国外优秀科普展教品等机制。开展青少年交流培育计划，拓展合作领域，提升合作层次。

——丰富国际合作内容。搭建公众科学素质国际化交流合作平台，开展青少年科技教育、科学传播人才培养、科学素质评测及研究等领域的交流合作。开展科学教育、传播和普及的双边、多边合作项目，促进科普产品交流交易。聚焦应对未来发展、粮食安全、能源安全、人类健康、灾害风险、气候变化等人类可持续发展共同挑战，加强青少年和教育、媒体、文化等领域科技人文交流。

——促进"一带一路"科技人文交流。坚持共商共建共享原则，利用区位优势，深化公共卫生、绿色发展、科技教育、文化艺术、旅游会展等领域合作，逐步探索和拓展其他领域的交流互鉴。探索科学素质建设合作机制，积极参与国家层面举办的"一带一路"青少年科技活动、科学教师培训等人员交流和合作。

五、组织实施

（一）加强组织领导

省政府建立科普工作联席会议制度，负责领导全省科学素质建设工作，将公民科学素质发展目标纳入省国民经济和社会发展规划。各有关部门按照本方案的工作分工，将有关任务纳入本部门相关规划和计划。

各级政府负责领导本地区科学素质建设工作，把公民科学素质建设作为推动地方经济社会发展的一项重要任务，纳入本地区经济社会发展总体规划，列入年度工作计划，纳入目标管理考核。因地制宜制定本地区"十四五"全民科学素质工作实施方案，完善工作机制，加大政策支持和经费投入，全面推进本地区公民科学素质建设。

省科协要充分发挥省科普工作联席会议办公室的综合协调作用，负责牵头制订科学素质建设工作规划、年度工作计划。各有关单位要主动担当作为，按照工作职责，加强分工协作，共同推进各项工作目标任务落实到位。

（二）建立健全机制

建立完善方案实施机制。各级科学素质纲要实施工作办公室与政府科普工作联席会议制度融合运作，加强统筹协调、工作研究和经验交流，出台相关政策文件，开展专项科学素质提升行动，不断提高科学素质建设工作的效能。

建立健全科普动员激励机制。充分调动社会各界参与科普的积极性，进一步形成党委领导、政府负责、部门分工协作、社会力量广泛参与的良好氛围。充分调动专兼职科普人才和志愿者积极性，依据国家和省有关规定，对在科学素质建设中做出突出贡献的集体和个人给予奖励和表彰。

建立健全监测评估机制。依据《科普法》和《广东省科学技术普及条例》，开展公民科学素质调查和统计工作，为本方案实施和监测评估提供依据。加强对本方案实施工作的督促检查，适时对部门、地方的实施工作进行检查、评估和通报，推动工作任务落实。

（三）完善保障条件

完善法规政策。抓好《广东省科学技术普及条例》实施工作，出台必要的配套政策，督促牵头部门履行职责，在组织、队伍、经费、设施等方面给予保障。县级以上人民政府在制定和执行国民经济和社会发展规划、相关专项规划以及有关科学技术教育、传播与普及的规章政策时，要体现公民科学素质建设的目标和要求。

保障经费投入。省财政要带头加大对科普的投入，多措并举提升科普成效。县级以上人民政府将科普经费列入同级财政预算，逐步提高科普经费的投入水平，保障科普工作顺利开展。各有关部门切实承担起本方案分工任务，按照省预算管理的规定和现行资金渠道，统筹考虑和落实所需经费。完善捐赠公益性科普事业财政、税收政策，提倡吸纳个人、企业、社会组织等社会力量采取设立科普基金、资助科普项目等方式支持科学素质建设。

加强理论研究。围绕有效应对新科技、新应用带来的科技伦理、科技安全、科学谣言等挑战，开展科学素质建设理论与实践研究。深入开展科普对象、手段和方法等研究，打造科学素质建设高端智库。

（四）明确进度安排

启动实施。2021年，推动和指导各地制定"十四五"全民科学素质工作实施方案，各有关部门制定落实相关工作任务的具体方案或措施，并做好动员和宣传工作。

深入实施。2022—2025年，持续完善工作机制，加强检查评估，针对薄弱环节，解决突出问题，及时补齐短板，全面推进各项目标任务的完成。

总结表彰。2025年，对"十四五"期间我省全民科学素质工作进行总结和评估，按照国家和省有关规定开展表彰奖励。

附件：广东省全民科学素质行动规划纲要实施方案工作分工表（略）

广东省教育厅 广东省发展和改革委员会 广东省财政厅 广东省人力资源和社会保障厅关于印发《广东省深化新时代职业教育"双师型"教师队伍建设改革实施意见》的通知

（粤教师〔2021〕1号）

各地级以上市教育局、市发展改革局（委）、市财政局、市人力资源社会保障局，各高等学校和省直属有关单位：

现将《广东省深化新时代职业教育"双师型"教师队伍建设改革实施意见》印发给你们，请结合实际，认真贯彻落实。

广东省教育厅 广东省发展和改革委员会
广东省财政厅 广东省人力资源和社会保障厅
2021年1月1日

广东省深化新时代职业教育"双师型"教师队伍建设改革实施意见

为贯彻落实《国家职业教育改革实施方案》《中共中央国务院关于全面深化新时代教师队伍建设改革的意见》《深化新时代职业教育"双师型"教师队伍建设改革实施方案》等文件精神，进一步加强职业院校教师队伍建设，打造高素质职业教育"双师型"教师（含技工院校"一体化"教师）队伍，增强服务经济社会发展能力，为我省实现"四个走在全国前列"，当好"两个重要窗口"提供人才支撑和智力支持，制定本办法。

总体要求与目标：坚持以习近平新时代中国特色社会主义思想为指导，贯彻落实习近平总书记关于教育工作的重要论述，把教师队伍建设作为我省职业教育改革发展的基础性工作来抓，强师德、铸师魂，落实立德树人的根本任务。构建政府统筹管理、行业企业和职业院校深度融合的教师队伍建设机制，健全中职、高职、应用型本科教师培养培训体系，打通校企人员双向流动渠道，坚持以创新用人体制机制为主导，坚持培养与引进并举、数量与质量并重，促进职业院校教师在教育教学能力和专业实践能力等方面的协调发展，重点突出"双师型"教师个体成长与"双师型"教学团队建设相结合，同时优化专兼职教师队伍结构，着力打造一支师德高尚、技艺精湛、专兼结合、充满活力的"双师型"教师队伍，为加快我省发展现代职业教育、提高职业院校人才培养质量提供强有力的师资支持。

具体目标：到2022年，全省职业院校"双师型"教师队伍结构明显改善，整体素质明显提高，职业院校"双师型"教师占专业课教师的比例稳定在60%以上；重点建设50个校企合作的优质省级职业教育"双师型"教师培训基地和50个省级示范性教师企业实践基地；推动打造30个职业教育师资培训优质品牌项目；力争建成20个国家级职业教育教师教学创新团队、新增50个省级高职院校教学团队；选派一批专业带头人和骨干教师出国研修访学；教师按照国家和我省职业标准和教学标准开展教学、培训和评价的能力全面提升，教师分工协作全面实施模块化教学模式；有力保障1+X证书制度试点工作，为全面提高复合型技术技能人才培养质量提供强有力的师资支持。

一、将职业教育教师专业标准融入教师管理的各环节

对标国家制定的中职、高职、应用型本科高校教师专业标准体系，发挥职业教育教师专业标准的

引领和导向作用，将专业标准作为"双师型"教师队伍建设和教师专业发展的基本依据，规范教师培养培训、资格准入、人才引进、职称评聘、考核评价、薪酬分配等环节，推动职业教育教师管理过程科学化，促进"双师型"教师队伍专业化水平提升，结合广东产业、文化、教育特色，建设广东特色"双师型"职业教育教师队伍。

二、推进以双师素质为导向的新教师准入制度改革

落实职业院校选人用人自主权。完善职业院校教师招聘办法，支持公办职业院校根据岗位需求自主设置公开招聘条件、创新考试考核方式，探索通过先面试后笔试、直接面试、技能测试、考察聘用等方式招收高素质教师。战略性新兴产业和先进制造业领域的特殊高技能人才（含具有高级工以上职业资格或职业技能等级人员）、省级以上技能大师、非物质文化遗产传承人可适当放宽学历要求。强化新教师入职教育，鼓励有条件的职业院校建立新教师教育见习、企业实践制度。

三、构建职教师资多元培养培训格局

建设一批一流职业技术师范专业，推动职业教育师范类专业认证。健全普通高等学校与地方政府、职业院校、行业企业联合培养教师机制，发挥行业企业在培养"双师型"教师中的重要作用。支持职业技术师范院校与"双高计划"职业院校协同合作，联合培养一批具有职教背景的"双师型"教师。支持高水平工科大学举办职业技术师范教育，建设一批职业教育领域省级示范性教师教育实践基地。支持有条件的高校组建职业教育教师学院，依托职业教育教师学院开展职业教育"教师教育"课程教学、教研和学科教学论等研究方向硕士研究生、教育硕士专业学位研究生培养。扩大职业技术教育领域硕士专业学位研究生招生规模，探索本科与硕士教育阶段整体设计、分段考核、有机衔接的人才培养模式。推进职业技术教育领域博士研究生培养，鼓励高校联合行业企业培养高层次"双师型"教师。

建立健全省、市、校分级协作的职业教育教师培训体系。鼓励校企共建职业技术师范专业能力实训中心。重点建设50个校企合作的优质省级"双师型"教师培训基地，支持我省职业院校教师素质提高计划和职业院校教师能力提升工程，以及1+X证书制度试点院校教师培训。聚焦先进制造业、现代农业、现代服务业和战略性新兴产业等重点领域，依托现有资源，发挥产教融合型企业作用，重点建设50个省级示范性教师企业实践基地，支持职业院校整合校内外企业资源建设具备生产能力的校级企业实践基地，逐步建立和完善我省教师企业实践体系。结合我省产业优势，推动打造30个职业教育师资培训优质品牌项目，提升职业院校师资培训质量。全面提升教师信息化教学能力，促进信息技术与教育教学融合创新发展。

四、完善职业院校教师资源配置新机制

在现有编制总量内，盘活编制存量，优化岗位设置，向"双师型"教师队伍倾斜。根据职业院校（含职业教育本科）、应用型本科高校及其专业特点，适当提高中、高级岗位设置比例。优化教师岗位分类，落实教师从教专业大类和具体专业归属，明确教师发展定位。建立健全职业院校自主聘任兼职教师的办法，职业院校可确定不超过30%的岗位作为流动岗位，用于自主聘请行业企业兼职教师。规范兼职教师管理，依法依规自主聘请兼职教师和确定兼职报酬。畅通高层次技术技能人才从教渠道，鼓励职业院校吸引行业企业高技能人才、能工巧匠、技能大师、非物质文化遗产传承人担任技能导师、主要从事实践教学工作。职业院校通过和合作企业开展订单班、现代学徒制、企业新型学徒制等校企联合培养模式，校企共同组建联合培养团队进行合作办学和人才培养。

五、建设职业院校高层次人才队伍

深入实施职业院校教师素质提高计划，分级打造师德高尚、技艺精湛、育人水平高超的教学名师、专业带头人、青年骨干教师等高层次人才队伍。通过跟岗顶岗实践、国内外进修访学等方式，重点培训一批青年骨干教师。加强专业带头人领军能力培养，遴选一批高职院校珠江学者。建成60个省级以上"双师型"名教师、名校长、培训专家工作室，充分发挥名教师、名校长的示范引领作用。面向战略性新兴产业、高新技术产业、智能制造产业和民生工程产业等专业领域，引进行业（领域）造诣精深、技艺精湛并具有较强创新创造能力和社会影响力的行业企业技能领军人才，建成60个省级以上技能大师工作室，通过资源共享、协同研修、全员提升，培养造就高素质专业化的"双师型"教师团队。

六、加强高水平教师团队建设

服务职业教育高质量发展改革需要，聚焦战略性重点产业领域专业、民生紧缺领域专业、区域重点专业集群，鼓励职业院校创建一批校级教师教学创新团队，重点遴选建设50个省级高职院校教学团队，分批打造20个左右国家级职业教育教师教学创新团队，示范引领高素质"双师型"教师队伍建设，促进教学过程、教学内容、教学模式改革创新。加强团队教师开展专项培训，着力提升团队教师模块化教学能力、课程标准开发能力、教学评价能力、团队协作能力和信息技术应用能力。职业院校要根据团队建设实际需要，加大经费投入力度，支持实施高水平教师团队建设。将职业院校教学团队建设情况作为高水平专业群重要建设内容，纳入高等职业教育"创新强校工程"考核范围。

七、开展1+X证书制度相关教师培训

全面落实教师5年一周期的全员轮训制度，对接1+X证书制度试点和职业教育教学改革需求，探索适应职业技能培训要求的教师分级培训模式，培育一批具备职业技能等级证书培训能力的教师。把国家职业标准、国家教学标准、1+X证书制度和相关标准等纳入教师培训的必修模块。推进1+X证书试点院校教师培训基地建设。支持高水平学校和大中型企业共建"双师型"培训者队伍，鼓励校企协同开展1+X证书试点，吸引企业高技能人才参与职业院校教学团队，共同实施1+X证书教学。

八、完善校企人员双向交流协作机制

依托职教园区、职教集团、产教融合型企业等建立校企人员双向交流协作共同体。在企业设置访问工程师、教师企业实践流动站、技能大师工作室。推动职业院校与企业建立团队建设协作共同体，共建高水平教师发展中心或实习实训基地，在人员互聘、教师和员工培训、专业设置、课程开发、实践教学、技术成果转化等方面开展深度合作，推动教师立足行业企业，开展科学研究，服务企业技术升级和产品研发。完善职业院校教师定期到企业实践制度，专业课教师每年至少累计1个月以多种形式参与企业实践或实训基地实训。聚焦先进制造业、现代农业、现代服务业和战略性新兴产业等重点领域，联合行业主管部门和产教融合型企业，依托现有资源，遴选、建设省级示范性教师企业实践基地，鼓励引导职业院校整合校内外企业资源建设具备生产能力的校级教师企业实践基地，逐步建立和完善教师企业实践体系。

九、深化突出"双师型"导向的教师考核评价改革

深化考核评价制度改革和教师职称制度改革，破除"唯文凭、唯论文、唯帽子、唯身份、唯奖项"痼疾。推动职业院校结合实际，制定"双师型"教师认定、聘用、考核标准，将体现技能水平和专业教学能力的双师素质纳入教师考核评价体系。将师德师风、工匠精神、技术技能和教育教学实绩作为教师考核评价的主要依据。落实教师职业行为准则，建立师德考核负面清单制度，严格执行师德失范行为"零容忍"，将师德失范行为处理材料按规定存入个人人事档案并录入全国教师管理信息系统。完善考核评价的正确导向，强化考评结果运用和激励作用。建立职业院校、行业企业、培训评价组织多元参与的"双师型"教师评价考核体系。继续办好全省职业院校教师教学能力比赛，将行动导向的模块化课程设置、项目式教学实施能力作为重要指标。

十、保障和维护教师相关利益

全面落实和依法保障教师的管理学生权、报酬待遇权、参与管理权、进修培训权。强化教师教育教学、继续教育、技术技能传承与创新等工作内容。应用型本科高校、职业院校所办企业或开展生产经营活动、开展社会培训、为企业提供技术服务等，所得合法收入经批准可用于绩效工资分配，其中突破调控水平部分以备案方式单列核增；教师依法取得的科技成果转化所得收益用于科研团队（人员）的奖励部分暂不纳入绩效工资总额调控管理。职业院校应根据学校实际，将教师外出参加培训的学时（学分）核定工作量，并作为绩效工资分配的参考因素。

十一、加强党对教师队伍建设的全面领导

充分发挥党组织的领导和把关作用，保证教师队伍建设正确的政治方向。把提高教师思想政治素质和职业道德水平摆在首要位置，把社会主义核心价值观贯穿到教书育人全过程，创新师德教育，突出全员全方位全过程师德养成。实施教师党支部书记"双带头人"培育工程，配齐建强党务和思想政治工作队伍。健全德技并修、工学结合的育人机制，

协同推动"思政课程"与"课程思政",构建"三全育人"大格局,实现思想政治教育与技术技能培养融合统一。深入发掘宣传师德典型,讲好师德故事,发挥师德楷模的示范引领作用,弘扬职业精神、工匠精神、劳模精神。

十二、强化改革保障措施

各地各校要高度重视"双师型"教师队伍建设工作,从职业教育师资队伍的实际出发,明确目标,制订"双师型"师资队伍建设规划和配套政策,加强统筹,落实保障所需经费,完善管理制度,加强督导检查。鼓励各地各校根据实际制定标准选聘专兼职教研员。各行业主管部门、大中型企业要对职业教育教师到企业实践锻炼提供支持与帮助,形成有利于"双师型"教师培养的外部环境。职业院校要把"双师型"教师队伍建设作为学校工作重点,围绕专业建设和长远发展需要,制定"双师型"教师培养计划,积极开展校本培训,鼓励支持教师参加继续教育,选送教师到师资培训基地接受培训、深入企业进行实践提高。大力宣传"双师型"教师教书育人先进事迹和突出贡献,扩大"双师型"教师的社会影响,使更多的人关心职业教育、重视职业教育师资建设,为职业院校"双师型"教师队伍建设营造良好的环境和氛围,推动职业教育健康发展。

广东省教育厅 广东省市场监督管理局关于废止《关于进一步加强中小学生校服管理的意见》的通知

(粤教后勤函〔2021〕1号)

各地级以上市教育局、市场监督管理局,省属中小学校:

为促进市场采购领域公平竞争、优化营商环境,经研究,决定废止《关于进一步加强中小学生校服管理的意见》(粤教后勤〔2017〕2号),自2021年3月5日起生效。

各地要按照教育部《关于进一步加强中小学生校服管理工作的意见》(教基一〔2015〕3号),严格执行国家标准和省的有关要求,构建公平公开、规范有序的校服选用秩序,不断提升校服管理工作水平,确保校服质量安全。

广东省教育厅
广东省市场监督管理局
2021年1月21日

广东省教育厅关于建立健全学校学生资助工作管理制度的通知

各地级以上市教育局，各普通高校，各省属中职学校、中小学校：

为更好地贯彻国家学生资助政策，切实落实学校在学生资助工作中的主体责任，维护好学生权益，加强我省学校校内学生资助工作管理制度建设，现将进一步建立健全我省学校学生资助工作管理制度的有关事项通知如下。

一、提高建立健全学生资助工作管理制度的认识

学校学生资助工作管理制度是学校向学生及社会公布奖助学政策的主要载体，是学校开展学生资助工作的重要依据，也是考生和社会了解学校学生资助信息的重要渠道。目前，我省学校学生资助管理工作中，存在着有的学校学生资助制度缺失或制定程序不规范；有的学校学生资助制度中学生资助申请渠道、学生资助工作机构、岗位职责、学生资助资格评审（认定）程序等内容不够明了清晰等问题。各学校要进一步提高对加强学校学生资助制度建设重要性和必要性的认识，进一步加强管理，认真梳理、查找校内学生资助工作制度建设上存在的问题，依据教育部、省教育厅的有关规定，制定完善的"学校学生资助实施办法"和"学校学生资助工作管理制度"，使学生资助工作有章可循、规范有序，确保学校学生资助工作制度化、规范化，确保国家学生资助政策落到实处。

二、完善学校国家奖助学金实施办法

学校国家奖助学金实施办法是学校实施国家奖助学金政策的校级层面基础性文件。科学合理、具体清晰的实施办法是学校落实学生资助政策主体责任的重要抓手。各学校要严格按照财政部等五部门印发的《学生资助资金管理办法》（财科教〔2019〕19号）、《教育部 财政部关于印发〈本专科国家奖学金评审办法〉的通知》（教财函〔2019〕105号）、《教育部 财政部关于印发〈普通高等学校研究生国家奖学金评审办法〉的通知》（教财〔2014〕1号）、《教育部等六部门关于做好家庭经济困难学生认定工作的指导意见》（教财〔2018〕16号）、《广东省教育厅 广东省财政厅关于进一步健全学生资助政策体系的意见》（粤教助〔2020〕6号）、《广东省财政厅 广东省教育厅 广东省人力资源和社会保障厅 广东省退役军人事务厅 中共人民解放军广东省军区动员局关于印发〈广东省学生资助资金管理实施办法〉的通知》（粤财规〔2021〕1号）、《关于印发广东省家庭经济困难学生认定工作指导意见的通知》（粤教助函〔2017〕49号）等文件要求，结合本校实际，修订、完善本校学生国家奖助学金实施办法。学校国家奖助学金实施办法内容应清晰明了可操作，明确各项国家奖学金（助学金）组织实施机构、申请条件、申请对象、申请时间、申请渠道、国家奖学金（助学金）标准、评审（认定）程序、评审（认定）结果公示范围、渠道和公示期、申诉方式和渠道、国家奖学金（助学金）发放方式，以及国家奖助学金监督管理等内容。学校国家奖助学金实施办法相关内容不得与国家和省的资助政策相矛盾。各学校国家奖助学金实施办法可结合学校实际参照附件样式制定完善，也可参照附件按奖、助学金项目分别制定完善。

三、建立健全学校学生资助工作管理制度

学校学生资助工作管理制度是学生资助工作的制度保障和工作依据。各学校要认真总结、综合分析学校内部学生资助工作中存在的不足，根据国家和省的有关要求，进一步规范和完善校内各项学生资助工作管理制度，明确学生资助工作岗位职责，确保责任到岗、责任到人，保障学校学生资助管理工作规范、有序实施。学校学生资助工作管理制度包括但不限于以下制度：

（一）学生资助工作管理机构制度

明确校内学生资助工作管理机构，强化校长为第一责任人，完善人员配置，明确各相关部门的工作职责和分工内容，落实岗位职责制度，明确相关资助管理人员业务培训和人员变动交接备案制度，提高管理人员的工作水平和政策执行力。

（二）校内学生资助管理制度

各学校要在国家奖助学金基础上，进一步完善校内学生资助管理办法，结合学校奖助基金提取（结余）和社会捐赠情况，完善优秀学生评审、家庭经济困难学生认定工作管理制度，建立健全校内学生奖、助、贷、补、免、勤工助学、新生资助、"绿色通道"等各项制度，严格规范奖助的对象、条件、标准、申请办法、评审程序、公示和申诉渠道，明确监管责任，确保学校学生资助工作规范化、制度化、常态化。学生奖助基金结余较多的学校，要在确保家庭经济困难学生得到资助基础上，完善学校奖优、助困和育人等制度，加大对优秀学生的奖励和勤工助学的资助力度，加大对学生参与科研项目的支持和奖励力度，加大资助育人力度，鼓励促进学生德智体美劳全面发展。

（三）学生资助资金管理制度

规定学生资助资金预算编制流程、资金支出、资金发放、资金结转结余的清算等管理工作要求，确保预算数据精准。明确国家奖助学金实行分账核算，专款专用，做好资金监管，确保资金安全，接受上级有关部门审计、检查和监督，以及全校师生监督。

（四）学校学生奖助基金计提和使用制度

根据国家和省有关要求，足额提取学生奖助基金，明确学生奖助基金计提部门职责、使用范围、支出审批程序。学生奖助基金主要用于奖励优秀学生、资助家庭经济困难学生、宣传学生资助政策和提高家庭经济困难学生就业能力等与学生资助有关的工作。其中，高校支出范围包括全日制本专科生和研究生的校内奖助学金、国家助学贷款风险补偿、国家助学贷款还款救助、勤工助学、校内无息借款、学费减免和特殊困难补助等。

（五）学校勤工助学资助制度

勤工助学是高校学生资助工作的重要组成部分，是提高在校大学生综合素质和资助家庭经济困难学生的有效途径。高校要把握当前勤工助学工作的新趋势，明确勤工助学岗位、工作范围、上岗工时、酬金标准及支付方式等内容。学校要优先保证家庭经济困难学生的勤工助学岗位安排。勤工助学薪酬标准必须按照我省公布的最新工资标准进行动态调整，保障学生的合法权益。

（六）学校资助工作流程和操作手册

建立学生资助工作流程与操作手册，是规范学校学生资助工作操作流程、实现高效运行必要手段。学校资助工作流程和操作手册主要内容应包含各项学生资助项目的基本要求、资助对象及条件、工作流程、操作分工及完成时间等，切实提高学校学生资助工作效率。

（七）资助信息系统管理制度

建立专人负责管理资助信息系统制度，明确资助信息系统培训工作机制，明确系统录入岗位职责和操作指南，严格按照《广东省教育厅关于加强全国学生资助管理信息系统全面应用的通知》（粤教助函〔2019〕5号）等通知要求，按时确认相关资助数据，确保数据精准；明确资助信息安全管理责任，明确系统密码管理职责，坚决防范、杜绝学生资助信息泄露现象发生。

（八）资助宣传与育人工作机制

要明确资助政策、资助工作宣传的流程及时间节点，健全资助宣传与育人工作机制，制定宣传与育人方案，突出形式、重点和工作要求，使学生、家长、班主任、辅导员及相关资助工作人员知晓各项资助政策，将资助育人融入资助工作全过程，充分发挥奖学金的激励作用和受助学生典型案例的宣传推广。

四、工作要求

（一）加强组织领导

学校学生资助工作涉及面广，学校学生工作、资助、教务、学籍、财务等职能部门要加强沟通协调，加强领导，确保科学合理制定好学校各项学生资助工作管理制度，并经校长办公会研究确定。各级教育局要加强组织领导，督促、指导辖区学校按要求建立健全学校学生资助工作制度，做好相关学校资助制度备案工作。

（二）加强政策宣传

学校要加强学生资助政策宣传，学校各项学生奖助学金政策，资助工作管理制度等应及时在学校网站（官微）向社会公布。每学年开学前，学校要采取公告、微信、班会、家长会等多种方式，将学校相关学生资助政策告知学生，让学生、家长（监护人）知晓。对于录取新生，学校应在寄送（派发）录取通知书时，同时寄送（派发）学校相关资助政策，在新生报到现场显著位置张贴相关资助政策。实现网上报到注册的学校，应在网上报到注册界面推送学校相关资助政策。

（三）加强制度备案

请各学校在5月31日前完成学校学生奖助学金实施办法制订工作，在6月30日前完成学生资助工作管理制度完善工作。并将学校学生奖助学金按隶属关系报主管教育行政管理部门进行备案（普通高校、省属学校报省教育厅备案），盖公章扫描PDF版和电子文档发送至gdzxzx@gdedu.gov.cn。

各学校制定学生资助实施办法和学生资助工作管理制度过程中遇到问题可及时反馈省教育厅助学办。

学前教育、普通高中和中职教育阶段联系人：卢雪莹

联系电话：（020）87777742

义务教育、高等教育阶段联系人：缪爱媚

联系电话：（020）37629503

附件：1. ××幼儿园学前教育幼儿资助实施办法（参考样式）（略）

2. ××学校学生生活费补助资金实施办法（参考样式）（略）

3. ××中等职业学校学生资助实施办法（参考样式）（略）

4. ××普通高级中学学生资助实施办法（参考样式）（略）

5. ××高校学生资助工作实施办法（参考样式）（略）

6. ××大学全日制本专科生国家奖助学金实施办法（参考样式）（略）

7. ××大学全日制研究生国家奖助学金实施办法（参考样式）（略）

广东省教育厅

2021年2月26日

广东省教育厅 广东省发展改革委 广东省财政厅
关于加快新时代研究生教育改革发展的实施意见

(粤教研〔2021〕1号)

各地级以上市教育局、发展改革委（局）、财政局，各研究生培养单位：

为深入贯彻习近平总书记对研究生教育工作的重要指示精神，全面落实全国研究生教育会议要求，加快推进我省研究生教育改革发展，切实提升研究生教育支撑引领经济社会发展能力，根据《教育部 国家发展改革委 财政部关于加快新时代研究生教育改革发展的意见》，结合我省实际，提出如下实施意见。

一、总体要求

1. 指导思想。以习近平新时代中国特色社会主义思想为指导，全面贯彻党的教育方针，坚定走内涵式发展道路，坚持"四为"方针，坚持"四个面向"，紧紧围绕"立德树人、服务需求、提高质量、追求卓越"工作主线，着力优化学科专业结构，加强导师队伍建设，完善人才培养体系，推进研究生教育治理体系和治理能力现代化，提升研究生培养单位办学水平，加快建设研究生教育强省，为广东在全面建设社会主义现代化国家新征程中走在全国前列、创造新的辉煌提供坚强有力的人才保障和智力支撑。

2. 基本原则。坚持党的领导。将全面加强党的领导作为加快研究生教育改革发展的根本保证，为党育人、为国育才，把正确的政治方向和价值导向贯穿到研究生教育和管理工作全过程，确保研究生教育工作立场不移、方向不偏。坚持育人为本。将立德树人作为加快研究生教育改革发展的根本任务，引导广大研究生筑牢理想信念、厚植爱国情怀、掌握丰富知识、锤炼强健体魄、培养高尚情操、增强综合素质，自觉把个人发展融入国家富强、民族复兴的伟大事业中。坚持服务需求。将服务国家和区域经济社会发展作为加快研究生教育改革发展的基本要求，瞄准科技前沿和关键领域，聚焦经济社会发展主战场，统筹省内一流学科、一流师资和一流创新平台资源，加快培养发展急需的高层次人才，不断提升研究生教育助力解决"卡脖子"问题和支撑科技自立自强的能力水平。坚持改革创新。将改革创新作为加快研究生教育发展的根本动力，瞄准痛点难点堵点问题，深化综合改革，破解基础条件约束，破除体制机制障碍，充分激发办学主体活力，全面提升研究生知识创新和实践创新能力。

3. 总体目标。到2025年，全省研究生教育规模结构更加优化、体系更加完善、体制机制更富活力、培养质量显著提升、服务需求贡献更为突出，综合实力、整体竞争力达到国内先进水平。到2035年，全省研究生教育资源丰富、优质、高效，教育链、人才链与产业链、创新链结合更加紧密，研究生教育强省地位稳稳确立，达到国际一流水平。

二、深化"三全育人"，加强思想政治工作

4. 完善研究生思想政治教育体系。开全开好研究生思想政治理论课，推进习近平新时代中国特色社会主义思想进教材、进课堂、进头脑。加强课程思政建设，挖掘各类课程中蕴含的思政资源，推动思政课程与课程思政"同频共振"，做好课程思政示范高校、示范课程、教学名师与团队以及教学研究示范中心培育工作。加强研究生心理健康教育、职业规划和就业创业服务。

5. 建强研究生思想政治工作队伍。培养单位要按照培养规模配齐建强研究生辅导员队伍，全面落实专职辅导员专业技术职务、管理岗位职级"双线"晋升政策，探索依托导师和科研团队配备兼职辅导员，完善兼职辅导员培训、管理、考核制度，建立导师、辅导员良好沟通机制，持续提升思想政治工作队伍素质能力和专业水平。

6. 提高研究生党建工作水平。创新研究生党组织设置方式，鼓励培养单位探索在科研团队、学术梯队等建立党组织。选优配强研究生党支部书记，

充分发挥研究生党员的先锋模范作用。持续推进新时代高校党建示范创建和质量创优工作，做好"百个研究生样板党支部"和"百名研究生党员标兵"培育推荐工作。

三、服务发展需求，推进学科和人才规模结构调整优化

7. 优化学科专业布局。大力支持支撑原始创新的基础学科发展，加强科技前沿领域学科的前瞻布局，推动更多重大基础性、底层性、颠覆性技术突破，培养核心竞争力。结合九大重点领域研发计划、制造业高质量发展、"双十"战略性产业集群发展等重大战略，促进学科专业结构与产业同构化发展，实现教育链、人才链、创新链与产业链深度融合，进一步建立与全省经济社会发展格局相匹配、优势特色鲜明的学科专业体系，增强学科专业快速响应区域重大需求能力。积极布局交叉学科，把握交叉学科门类设立的契机，围绕新需求培育新的学科增长点，探索组建交叉学科大平台、大团队。结合实施高等教育"冲一流、补短板、强特色"提升计划，大力支持广州、深圳等地建设研究生教育高地，支撑经济社会高质量发展。

8. 合理扩大研究生培养规模。以服务需求为导向，统筹推进符合条件的本科高校申请博士、硕士学位授权，持续提升高层次人才培养能力。适度超前布局博士研究生招生规模，稳步扩大硕士研究生招生规模。深化扩大省级政府研究生计划管理统筹权改革试点和专业学位研究生教育综合改革试点，增量招生计划主要用于改革成效奖补。有序扩大粤港澳大湾区高校联合培养研究生专项计划。支持高校与高层次创新平台和知名企业联合培养研究生，开展科研经费博士研究生试点，建立依托重大创新平台和重大科技任务、使用科研经费支撑博士研究生培养的新机制。

9. 优化研究生培养类型结构。稳步发展学术学位研究生教育，大力发展专业学位研究生教育。以服务国家重大战略、关键领域、区域重大需求为重点，积极增加一批博士、硕士授权单位和学位点。在国家和省发展重点领域、空白领域优先新增学位点，加大对国家急需紧缺学科专业的支持，重点支持我省"双十"产业集群亟须发展的相关学位点。

四、坚持立德树人，加强导师队伍建设

10. 加强师德师风建设。培养单位要建立健全师德师风激励与约束机制，推行师德考核负面清单制度，建立导师个人信用记录，完善诚信承诺和失信惩戒机制，对导师存在的师德失范行为，坚决依规依纪依法严肃处理。要将思想政治教育摆在导师培养培训工作首位，创新导师思想政治学习方式，引导导师准确理解和贯彻习近平新时代中国特色社会主义思想，将理想信念放在首位，坚持立德树人，牢记为党育人、为国育才使命。

11. 全面落实导师育人职责。全面贯彻落实《新时代高校教师职业行为十项准则》《研究生导师指导行为准则》，健全以导师为第一责任人的责权机制，强化导师的国家责任、政治责任、社会责任和教育责任，规范导师指导行为，既做学业导师又做人生导师，做好研究生成长成才的引路人。支持导师严格学业管理，充分尊重导师的招生权、指导权、评价权和管理权，增强导师的责任感、使命感、荣誉感，营造尊师重教良好氛围。

12. 强化导师岗位管理。加强导师岗位培训，探索建立省级导师培训机制，培养单位要建立健全导师岗位培训体系。明晰导师职责边界，将政治表现、师德师风、学术水平、指导精力投入、育人实效以及在研究生招生考试中表现出来的保密意识、责任意识和法制意识等纳入导师评价考核体系。建立激励示范机制，培养单位要重视导师评价考核结果的使用，将考评结果作为绩效分配、评优评先的重要依据，作为导师年度招生资格和招生计划分配的重要依据，充分重视发挥优秀导师和优秀团队的示范引领作用。

13. 拓宽导师队伍选拔渠道。加强专业学位研究生双导师队伍建设，建立健全行业产业导师选聘制度，进一步明确行业产业导师选聘条件、选聘程序、工作职责及考核管理办法。选聘企业骨干担任行业导师，选拔青年教师参与实践教学，建立校内外导师定期交流合作机制，加强高校与企业创新资源的深度对接，推动行业企业全方位参与人才培养。

五、聚焦分类培养，深化招生培养模式改革

14. 优化招生计划管理。增强招生计划调控的精准度，优先向重大科研平台、重大科技任务、重大工程项目、关键学科领域、产教融合创新平台和"双一流""冲补强"建设取得突破性进展的培养单位倾斜，向数学、物理、化学、生物等基础学科倾斜，向集成电路、人工智能、公共卫生等服务国家战略、社会民生急需领域相关学科倾斜，向量子科学、脑科学、空天深海等前沿领域相关学科倾斜。

15. 优化考试招生制度。完善分类考试、综合评价、多元录取、严格监管的研究生考试招生制度体系。深入贯彻落实教育部关于研究生考试招生改革有关意见，优化初试科目和内容，强化复试考核，综合评价考生考试成绩、专业素养、实践能力、创新精神和一贯学业表现等，择优录取；研究探索基础能力素质考试和招生单位自主组织专业能力考试相结合的研究生招生考试方式。健全博士研究生"申请—考核"招生选拔机制，扩大直博生招生比例，研究探索在高精尖缺领域招收优秀本科毕业生直接攻读博士学位的办法。支持符合条件的培养单位积极争取推荐优秀应届本科毕业生免试攻读硕士研究生资格。

16. 完善研究生培养机制。坚持以实践能力培养为中心，深入推进产教融合培养专业学位研究生，建成一批全国基地，打造全国标杆工程；以创新能力培养为中心，深入推进科教融合培养学术学位研究生。结合建设产教融合型试点城市，成立省产教融合研究生联合培养协作联盟，按照统一的建设标准、培养模式、管理机制分批在有关地市建设研究生联合培养基地，吸引行业企业全过程深度参与专业学位研究生培养，围绕产业升级转型关键性课题和企业实际难题精准培养产业急需人才。推动高校与在粤国家重大科技基础设施和省实验室等省重大科技创新平台开展研究生联合培养，通过建立人才互动、项目共担、资源共享、成果共享的联合培养机制，着力提升研究生科学素养和解决重大科学问题的能力。遵循不同类型研究生的培养规律，分类搭建、盘活与共享优质教育教学资源。加强研究生教育和本科教育衔接贯通，形成厚基础、重交叉、突前沿、强学科的本研贯通培养模式。进一步完善广东省研究生教育创新计划项目的实施管理办法，积极为研究生教育搭建平台。继续做好省优秀学生（研究生阶段）评选工作，营造崇尚先进、学习先进的良好氛围。

17. 加强课程教材建设。培养单位要加强研究生课程体系建设，规范核心课程设置和教学内容的管理机制，打造精品示范课程。加强教材和案例库建设，编写优秀教材，突显研究生培养特色。创新教学方式，突出创新能力培养，加强体育美育和劳动实践教育，鼓励研究生积极参与创新实践大赛与学科学术论坛，重视培育创新成果。加强省级优秀课程、优秀教材、优秀教学案例库的培育遴选。在省教学成果奖中设立研究生教学成果奖组别，鼓励培养单位探索研究生培养新模式。

18. 深化对外交流合作。以建设粤港澳大湾区国际教育示范区为契机，积极拓展研究生层次合作办学，支持中外、内地与港澳合作办学机构开展研究生教育。支持培养单位探索与港澳台高水平高校人才培养对接，创新研究生联合培养模式，开展内地培养单位、企业、科研院所与港澳台高校联合开展研究生培养，在专业认证、学分互认、课程共建共享、科研成果分享转化等方面不断深化合作。积极扩大与国外高水平大学合作交流，吸引优秀的国际学生来粤攻读硕士、博士学位。深入开展与"一带一路"沿线国家的研究生教育交流合作。持续推进实施优秀青年科研人才国际培养计划。

六、创新体制机制，严格规范质量管理

19. 完善质量评价机制。破除"五唯"评价方式，建立健全分类多维的质量评价体系，树立正确质量评价导向。将人才培养成效、科研创新质量、社会服务贡献等要素纳入"冲补强"提升计划等绩效考核指标体系。积极引入第三方专业机构对研究生培养质量进行诊断式评估，加强研究生教育质量监测，积极开展毕业研究生职业发展调查。

20. 健全内部质量管理体系。压实培养单位主体责任。培养单位要紧扣课程学习、实习实践、学位论文开题、中期考核、论文评阅和答辩、学位评定等关键环节，落实全过程管理责任，细化强化导师、学位论文答辩委员会和学位评定委员会权责。加强学风建设，畅通分流选择渠道，加大分流力度，树立学生潜心治学的正确导向。

21. 加强外部质量监督机制。加强省级巡查督导，统筹运用学位授权点合格评估、学位论文抽检等手段，强化对培养制度及其执行的评价诊断。鼓励培养单位和学术组织开展省级优秀学位论文评选。扩大学位论文抽检比例，健全学术学位、专业学位论文分类抽检制度，提升抽检科学化、精细化水平。对学位点评估、论文抽检等问题突出的培养单位在招生指标、立项项目建设、经费分配等资源配置方面予以必要限制。严惩学术不端行为，按照《教育部 国家发展改革委 财政部关于加快新时代研究生教育改革发展的意见》的要求，将学位论文作假行为作为信用记录，纳入相关信用平台。

七、加强统筹领导，完善资源保障

22. 全面加强党的领导。全面贯彻党的教育方针，坚持社会主义办学方向，坚守研究生教育意识形态阵地，把培养社会主义建设者和接班人作为研

究生教育的根本任务。培养单位党委会、常委会要把加快研究生教育改革发展纳入重要议题，认真研究部署，积极贯彻落实。

23. **强化资源配置和条件保障**。完善差异化投入机制，加大博士生教育投入，加大对基础研究、关键核心技术领域研究生培养的支持。构建政府、学校、院系、社会、导师、研究生共同参与的成本分担机制，合理确定不同类型研究生教育学费收费标准，健全教育收费标准动态调整机制，鼓励培养单位使用科研项目资金支持研究生培养。

24. **改革完善资助体系**。加快构建完善政府主导、培养单位统筹、社会广泛参与的研究生资助投入格局。完善与经济发展水平和物价变动情况联动的资助标准动态调整机制。加大对基础学科和关键领域人才培养的资助力度。培养单位要及时修订完善奖助学金评定标准，探索建立动态调整的"三助"制度。

25. **提升管理队伍专业化水平**。培养单位要加强研究生院（部、处）建设，强化管理工作职责，保障办公条件；健全校、院（部、系、所）两级研究生教育管理体系，加强基层管理力量，按照研究生培养规模配齐建强专职管理队伍；加强管理人员培训，提高专业化服务水平。

26. **强化统筹协调**。全省各级教育、发展改革、财政主管部门要加强宏观指导，强化资源配置，落实研究生教育投入。支持有条件的高校建设研究生教育专门研究机构。充分发挥省学位委员会学科评议组和专业学位研究生教育指导委员会，以及包括教育在内的各专门行业领域学（协）会的作用，加强研究生教育研究、咨询和指导。

广东省教育厅
广东省发展改革委
广东省财政厅
2021年3月

关于印发《广东省教育厅关于进一步加强高等学校法治工作的实施意见》的通知

(粤教策〔2021〕5号)

各普通高校：

为进一步加强我省高校法治工作，推进高校治理体系和治理能力现代化，根据教育部有关工作要求，制定了《广东省教育厅关于进一步加强高等学校法治工作的实施意见》，现印发给你们，请认真贯彻执行。执行中遇到问题，请径向省教育厅（政策法规处）反映。

广东省教育厅
2021年5月13日

广东省教育厅关于进一步加强高等学校法治工作的实施意见

为深入贯彻党的十九大和十九届二中、三中、四中、五中全会精神，以习近平法治思想为指导，坚持和完善中国特色社会主义教育制度体系，全面落实《教育部关于进一步加强高等学校法治工作的意见》（教政法〔2020〕8号），进一步加强我省高校法治工作，推进高校治理体系和治理能力现代化，结合实际，提出如下实施意见。

一、切实提高对高等学校法治工作重要性的认识

1. 中国特色社会主义进入新时代，高等教育到了更加注重内涵发展的新阶段。随着高等教育改革的不断深入，高校办学自主权进一步落实和扩大，内部治理法治化、制度化、规范化的要求更为凸显，广大师生对民主、法治、公平、正义的诉求日益增长，参与学校治理和保障自身权益的愿望更加强烈。我省高校在法治工作中还存在一些薄弱环节和问题，要切实提高对学校法治工作重要性和紧迫性的认识，以习近平法治思想为指导，深入学习贯彻习近平总书记关于教育的重要论述，深刻认识新形势新变化提出的新任务新要求，切实转变管理理念和方式，把依法治理作为学校治理的基本理念和基本方式，融入贯穿学校工作全过程和各方面，加快完善中国特色现代大学制度，加快推进高校治理体系和治理能力现代化，以法治思维和法治方式引领、推动、保障学校改革与发展，努力在法治中国建设中发挥引领示范作用。

二、明确党政主要负责人推进法治工作第一责任人的职责

2. 加强法治工作领导。学校党委加强对学校法治工作的组织领导，建立健全学校法治工作的领导体制和工作机制，成立党政主要负责人任组长的法治工作领导小组，统筹和指导学校法治工作。党政主要负责人要对学校章程制定实施、规章制度体系建设、法治工作机构和队伍建设、校内民主管理、学术治理等重要工作亲自部署、亲自协调、亲自推进。党政主要负责人带头依法决策、依法办事，增强运用法治思维和法治方式解决学校改革发展中突出矛盾和问题的能力。学校各二级单位党政负责人全面负责本单位法治工作。

3. 加强法治工作统筹谋划。把法治工作纳入学校发展规划和年度工作计划。学校党委全委会和常委会、校长办公会（校务会议）或党政联席会等定期听取关于法治工作的汇报，及时研究有关问题，确保每学期研究法治工作不少于1次。

4. 加强法治工作考核。学校领导班子年度考核述职要包含法治学习情况、重大事项依法决策情况、依法履职等情况。要把法治观念、法治素养作为衡量干部的重要内容，把学法守法、依法办事作为考

察干部的重要依据，学校主管部门要把依法治校、依法办学情况作为考核学校领导班子的重要指标。

三、构建以章程为核心的系统完备的学校规章制度体系

5. 保障章程实施。加强学校章程建设，健全章程实施保障机制。完善章程实施、解释、修订程序。积极通过章程修改推进制度创新，保证学校改革有章程制度依据。落实监督职责，确保章程贯彻实施。

6. 加强章程学习与宣传。在学校网站显著位置公布章程，将章程纳入教职工入职、学生入学培训及教职工在职培训内容，推进章程执行。

7. 加强制度建设。加强统筹规划，提高制度供给能力，健全以学校章程为核心的规章制度体系。完善规章制度起草论证、审查、决定、公布程序，遵循依法、科学和民主的制定原则。多部门联合制定的规章制度实行部门会签程序，涉及师生权益应当采取适当形式听取师生意见。规章制度草案应当提交学校法治机构进行合法性审查，没有经过合法性审查的或者合法性审查不通过的不得提交决策。建立学校二级机构规范性文件备案审查制度，保证全校规章制度体系的一致性、协调性。

8. 建立规范性文件定期清理与公开制度。建立校内规范性文件定期清理机制，按照法制统一的原则进行及时修订和清理，编制现行有效文件清单。加强学校规范性文件信息化和公开化，做好规范性文件汇编，在学校办公系统建立规范性文件库，为师生查阅、检索提供便利。

四、完善学校法人治理结构

9. 坚持和完善党委领导下的校长负责制。坚持和完善以党委领导下的校长负责制为核心的学校领导体制和治理体系，推进决策、管理的科学化、民主化、法治化。明确校党委全委会、党委常委会、校长办公会（校务会议）、党政联席会议等议事范围，健全议事规程。建立学校权责清单，健全办学自主权运行机制和监督机制，防止滥用。重大决策全面落实师生参与、专家论证、风险评估、合法性审查和集体讨论决定的程序要求，确保决策制度科学、程序正当、过程公开、责任明确。建立法治工作机构负责人参与学校决策会议并发表法律意见的机制。法治工作机构的意见要记入拟发布文件的起草说明和决策会议的会议纪要。

10. 完善民办高校法人治理结构。健全民办高校党委书记和政府督导专员选派管理制度，充分发挥民办高校党组织政治功能，切实加强党的领导。完善内部治理体系，健全民办高校党委会、理事会（董事会）和监事会职责、议事规则等制度，落实"双向进入、交叉任职"，完善学校党委会、理事会（董事会）和监事会依据法律法规和学校章程规定权限、程序共同办学治校制度。

11. 完善院系管理体制。学校根据实际在规划、招生、学科建设、科学研究、教育教学、人才引进、经费使用等方面赋予二级学院（系）更大自主权。进一步规范院系党组织会议和党政联席会议议事规则，健全院系"三重一大"集体决策制度。

12. 加强学术组织建设。完善以学术委员会为核心的学术治理体系与组织架构，厘清学术事务和行政事务的界限，明确学术事务的范畴，保障学术委员会依照章程统筹行使学术事务的决策、审议、评定和咨询等职权，充分发挥其在学科建设、学术评价、学术发展和学风建设等方面的重要作用。

13. 完善教职工代表大会、学生代表大会制度。拓宽师生参与学校民主管理的渠道，保障师生依法、依学校章程有序参与学校治理。涉及教职工切身利益的事项需依法经教职工代表大会讨论通过。探索师生参与学校决策的机制，激励师生关心学校改革发展。

14. 健全社会参与机制。建立社会支持和监督学校发展的长效机制，完善公办高校理事会（董事会）制度，鼓励民办高校探索建立发展战略委员会或专家咨询委员会等，发挥其在决策咨询、民主监督、社会参与等方面的重要作用。加强校友工作，依法依规成立校友会，积极服务校友、争取校友支持学校改革发展。

15. 健全信息公开机制。依法健全信息公开机制，加大主动公开力度，自觉接受社会监督。建立健全信息发布保密审核机制，明确审查的程序和责任。发现不利于校园和社会稳定的虚假信息或者不完整信息的，应当在职责范围内及时发布准确信息予以澄清。

五、健全师生权益保护救济机制

16. 加强对师生处理、处分的合法性审查。学校有关部门对教师、学生做出处理、处分决定前，应提交法治工作机构进行合法性审查。法治工作机构应就处理、处分是否合法、是否严格履行程序、是否遵循比例原则等进行全面审查。

17. 健全师生申诉制度。建立健全教师、学生申诉处理的组织机构和工作规则程序。申诉处理机

构人员构成应符合有关规定，保证申诉处理决定的公平、公正。探索建立听证制度，对涉及师生重大利益的处理、处分或申诉，必要时采取听证方式。

18. 探索师生法律援助制度。鼓励学校充分发挥专业资源优势，设立师生法律援助或服务机构，探索建立法律援助（服务）制度，明确法律援助（服务）的对象、范围、标准和工作程序，为有需要的师生提供法律服务，为师生依法维护权益提供咨询和服务。

六、完善学校法律风险防控体系

19. 建立法律风险清单制度。积极推进学校无形资产保护、校园安全、国际交流与合作、资产经营与处置、后勤管理与服务、基建工程、教学科研、人事管理、学生管理等方面涉法事务管理，梳理法律风险清单，制定相应处置办法。明确预防、化解、处置法律风险措施和流程，提升应对风险能力。

20. 完善应急处置机制。健全维护稳定、公共安全、公共卫生、反恐防暴、自然灾害等突发事件应急预案，定期组织师生演练，完善应急处置程序，有效化解风险。

21. 加强合同管理。健全合同管理制度，明确合同管理的主管部门和审核程序。加强对学校及下属机构对外签署合同的合法性审查，未经审查的合同不得签署加盖公章。逐步建设合同管理系统，依法依规开展办学活动，保障学校合法权益。

22. 完善化解办学纠纷机制。认真落实《教育部等五部门关于完善安全事故处理机制维护学校教育教学秩序的意见》，健全师生人身伤害事故纠纷的预防、处置和风险分担机制，推动与街道、司法、劳动人社、律师协会等单位合作探索建立第三方调解制度，鼓励学校引入第三方调解，化解办学中的矛盾纠纷。

23. 建立办学风险分担机制。教育行政主管部门会同金融监管部门、保险机构开发学校办学风险类保险产品。鼓励学校购置校方责任险、学校安全综合险、意外事故伤害险等保险，健全师生人身伤害事故预防、处置和风险分担机制建设。

24. 健全应诉处理机制。完善应对诉讼、行政复议、仲裁等法务工作流程和工作机制，妥善处理学校涉法案件。

25. 加强法治工作信息交流。教育行政主管部门统筹协调，加强学校间的信息共享和风险预警，探索发布学校法律风险处置指南，建立高校涉法案件案例库。

七、开展以宪法教育为核心的法治教育

26. 加强法治宣传。根据全国普法规划和教育系统普法规划要求，制定普法规划。以教职工和非法学专业学生为重点，组织开展宪法、民法典，以及促进教育高质量发展与人民群众美好生活需要密切相关的法律法规宣教活动。把学习宣传宪法摆在普法工作的首要位置，发挥课堂教学的主渠道作用，将宪法教育寓于学生培养全过程。积极组织学生参加"学宪法 讲宪法"、国家宪法日"宪法晨读"等活动。

27. 深入开展学法考法活动。发挥学校领导干部学法用法带头示范作用。把以宪法为核心的中国特色社会主义法律体系的学习宣传纳入学校党委中心组及其扩大会议学习内容，纳入干部理论学习计划。推进教职工全员学法考法活动。

28. 深入开展校园法治文化建设。鼓励学校开展形式多样的法治文化活动，丰富校园法治文化载体和作品，彰显校园法治文化育人功能。为新入职、入学师生上一堂法治课，结合国家宪法日等重要主题日开展法治宣传实践活动，营造浓厚的校园法治文化氛围。

29. 加强与有关部门协同合作。加强与法院、检察院、公安、司法等部门合作，提高法治工作能力，积极开展社会普法和法治宣传活动，提升法治教育的传播力、引导力、影响力。

八、加强法治工作机构和队伍建设

30. 加强法治机构建设。明确专门机构负责法治工作，有条件的可以独立设置负责法治工作的机构，作为学校的管理部门，统筹行使相应职权，发挥其在学校重大决策合法性审查、涉法涉诉案件处理、合同审查、制度建设、师生权益救济以及法治宣传教育等领域重要作用。

31. 加强法治工作条件保障。配齐配足法治工作机构工作人员，保障法治工作经费及配套工作条件。法治工作机构的工作人员一般应具备法学专业背景或法律实务工作经验，鼓励、支持专职法治工作人员参加法务培训、法律职业资格考试，提高专业能力，提升学历。法治工作经费列入学校年度经费预算。

32. 探索设立二级单位法治联络员制度。鼓励学校探索建立各职能部门、院系法治工作联络员制度，在法治工作机构指导下开展工作，协助和督促各职能部门、院系依法开展教育教学、管理活动。

33. 建立健全法律顾问制度。学校成立由法治工作机构人员、学校相关专家、外聘执业律师组成法律顾问队伍，健全工作制度，明确其职责范围和工作流程。根据需要安排专项经费保障法律顾问的工作报酬和待遇。探索建立学校总法律顾问制度。

34. 提升法治工作能力。学校应当制订培训计划，定期组织召开学校法治工作会议、专题研讨会、校际交流会等，加强学校分管法治工作的领导、法治工作机构工作人员的交流培训和工作研讨，提升学校法治工作能力和工作水平。

九、建立评价监督机制和工作报告制度

35. 加强法治工作考核。学校根据有关要求和自身实际，研究制定学校法治工作考核标准和办法，把法治工作考核的结果作为对各部门综合考核的重要内容。教育行政主管部门根据《高等学校法治工作测评指标》定期开展省属高校法治工作情况测评，结果作为对学校开展综合评价、督导评估、专项巡视的参考。

36. 建立法治工作报告制度。学校年度工作计划与总结中应包含法治工作情况专项内容，并向教职工代表大会、教育行政主管部门报告。

37. 重大疑难案件专家论证、报告制度。学校遇到疑难、重大或可能引发重大影响、危害社会稳定的案件，应及时组织包括法学、教育、管理等领域专家开展专案研讨论证。及时分析原因、总结经验教训、制订整改方案、落实整改，并报告主管部门。

十、营造高等学校法治工作良好的外部环境

38. 深入推进"放管服"政策。教育部门要会同有关部门，深入落实《教育部等五部门关于深化高等教育领域简政放权放管结合优化服务改革的若干意见》等文件精神，简政放权，减少对学校办学的行政干预，充分尊重和保障学校的独立法人地位和办学自主权。

39. 实行评估评价评比清单化管理。坚决撤销面向学校实施的形式主义的督查检查考核事项，清理面向学校的各类评估评价评比表彰和创建活动，实施清单管理，清单之外的，一律不得实施，并向社会公布面向高校实施评估评价评比创建活动的清单。

40. 提高治理效能。充分利用现代信息技术条件，建立健全大数据共享机制，切实解决高校工作材料重复报送等问题，减轻高校负担，提高治理效能。

广东省教育厅关于印发《广东省中小学幼儿园教师违反职业道德行为处理工作指引》《广东省高校教师违反职业道德行为处理工作指引》的通知

(粤教师〔2021〕7号)

各地级以上市教育局、各高等学校，省属中职学校、中小学、幼儿园：

现将《广东省中小学幼儿园教师违反职业道德行为处理工作指引》《广东省高校教师违反职业道德行为处理工作指引》印发给你们，请遵照执行。

广东省教育厅
2021年7月1日

广东省中小学幼儿园教师违反职业道德行为处理工作指引

为进一步规范我省中小学幼儿园教师职业道德行为，保障教师和学生的合法权益，根据《中华人民共和国教育法》《中华人民共和国教师法》《教师资格条例》《关于加强和改进新时代师德师风建设的意见》《新时代中小学教师职业行为十项准则》《新时代幼儿园教师职业行为十项准则》《教育部关于中小学教师违反职业道德行为处理办法（2018年修订）》《教育部关于幼儿园教师违反职业道德行为处理办法》等文件规定，结合我省中小学幼儿园教师（以下统称中小学教师）队伍建设实际，制定本指引。

一、基本原则

（一）对中小学教师违反职业道德行为坚持"零容忍"原则。中小学教师出现违反职业道德行为的，应根据事实、性质和情节轻重，依法依规给予相应处理或处分。

（二）对违反职业道德行为的处理，应坚持公平公正、教育与惩处相结合的原则，做到事实清楚、证据确凿、定性准确、处理适当、程序合法、手续完备。

二、行为类型

中小学教师违反职业道德的行为是指违反《新时代中小学教师职业行为十项准则》《新时代幼儿园教师职业行为十项准则》《教育部关于中小学教师违反职业道德行为处理办法（2018年修订）》《教育部关于幼儿园教师违反职业道德行为处理办法》等规定的行为，包括：

（一）在教育教学、保教活动中及其他场合有损害党中央权威、违背党的路线方针政策的言行；

（二）违反法律法规，损害国家利益、社会公共利益，或违背社会公序良俗；

（三）通过保教活动、课堂、论坛、讲座、信息网络及其他渠道发表、转发错误政治观点，编造或故意散布虚假信息、不良信息的；

（四）无正当理由拒不服从学校工作安排，或敷衍教学、保教工作，玩忽职守、消极怠工，不能完成教育教学任务的；或擅自从事影响教育教学本职工作的兼职兼薪行为的；

（五）体罚和变相体罚学生，歧视、侮辱学生，虐待、伤害学生的；与学生发生不正当关系，或有任何形式的猥亵、性骚扰、性侵行为的；

（六）在教育教学、保教活动中遇突发事件、面临危险时，不顾学生安危，擅离职守，自行逃离的；

（七）在招生、考试、推优、保送及绩效考核、岗位聘用、职称评聘、评优评奖、人才计划和项目申报、教研科研、享受政府给予个人的专项资助或补贴等工作中徇私舞弊、弄虚作假的；

（八）有抄袭剽窃、侵吞他人学术成果，伪造、篡改数据文献，捏造事实、编造虚假研究成果等学术不端行为的；

（九）索要、收受学生及家长财物或参加由学生及家长付费的宴请、旅游、娱乐休闲等活动的；违规向学生推销图书报刊、教辅材料、社会保险或利用家长资源谋取不正当利益的；

（十）组织、参与有偿补课，参与校外培训机构经营，到校外培训机构兼职任教，或为校外培训机构和他人介绍生源、提供相关信息的，或组织学生参加以营利为目的的表演、竞赛等活动；

（十一）其他违反职业道德的行为。

三、处理适用

（一）违反教师职业道德行为情节轻微的，给予批评教育、诫勉谈话、责令检查、通报批评等处理；情节较轻的，给予警告或记过处分；情节较重的，给予降低岗位等级或者撤职处分；情节严重的，给予开除处分。需要解除聘用合同或劳动合同的，按照有关规定执行。

（二）构成《教师资格条例》第十九条规定情形的，由县级以上教育行政部门依法撤销其教师资格。

（三）是中共党员的，按照有关规定还应给予党纪处分；是民主党派成员或无党派人士的，还应函告本级党委统战部以及相应的民主党派机关或者相关单位。

（四）涉嫌违法犯罪的，及时移送有关国家机关依法处理。

四、处理和解除程序

（一）发现中小学教师存在违反职业道德行为的，一般按照以下程序办理：

1. 学校或教育主管部门应按照管理权限，对决定受理的违反职业道德行为（事项）及时开展调查核实取证。决定进入正式调查的，应当通知被调查教师。

2. 学校或教育主管部门收集、查证有关证据材料，形成书面调查报告。在调查过程中，应当听取教师本人的陈述和申辩，对有关事实、理由和证据进行核实，并告知教师有要求举行听证的权利。

3. 学校或教育主管部门根据调查认定的事实，按照处理决定权限，做出处理决定，并明确告知当事人救济途径。教师对处理决定不服的，按照有关规定提出复核、申诉。

（二）对中小学教师的处理，按照处理决定权限，在期满后根据悔改表现予以解除。

（三）学校应将处理决定和处理解除决定存入教师个人人事档案并录入全国教师管理信息系统。

五、监督和追责

（一）市县级教育行政部门和中小学幼儿园要建立健全教师违反职业道德行为举报受理与调查处理工作机制，确定教师违反职业道德行为的受理、调查、认定、复核、监督等的负责机构，明确相应工作职责。

（二）学校及教育主管部门不履行或不正确履行师德师风建设管理职责，有下列情形的，上一级教育行政部门应当视情节轻重采取约谈、诫勉谈话、通报批评、纪律处分和组织处理等方式严肃追究主要负责人、分管负责人和直接责任人的责任：

1. 师德师风长效机制建设、日常教育督导不到位；

2. 教师违反职业道德问题排查发现不及时；

3. 对已发现的教师违反职业道德行为处置不力、方式不当或拒不处分、拖延处分、推诿隐瞒的；

4. 已做出的处理决定落实不到位、通报不及时、教师违反职业道德行为整改不彻底的；

5. 多次出现教师违反职业道德问题或因教师违反职业道德行为引起不良社会影响；

6. 其他应当问责的失职失责情形。

（三）中小学教师出现违反职业道德行为，情节严重或社会影响较大的，学校及教育主管部门应及时向上级教育行政部门报告，加强与相关职能部门沟通协调，努力消除不良影响，并进行自查自纠与整改落实。

六、附则

（一）本指引所称中小学幼儿园教师指普通中小学、幼儿园、中等职业学校、特殊教育机构、少年宫以及地方教研室、电化教育等机构的教师，包括民办中小学幼儿园的教师。对其他在学校及教育机构工作的人员进行处理，可参照本指引执行。

（二）未尽事宜按照国家和省有关管理规定执行。各地级以上市教育行政部门应结合当地实际情况制定本地区中小学教师违反职业道德行为负面清单及处理办法，并报省教育厅备案。

广东省高校教师违反职业道德行为处理工作指引

为进一步规范我省高校教师职业道德行为，保障教师和学生的合法权益，根据《中华人民共和国教育法》《中华人民共和国教师法》《教师资格条例》《关于加强和改进新时代师德师风建设的意见》《高等学校教师职业道德规范》《教育部关于建立健全高校师德建设长效机制的意见》《新时代高校教师职业行为十项准则》《关于高校教师师德失范行为处理的指导意见》等文件规定，结合我省高校教师队伍建设实际，制定本指引。

一、基本原则

（一）对高校教师违反职业道德行为坚持"零容忍"原则。高校教师出现违反职业道德行为的，应根据事实、性质和情节轻重，依法依规给予相应处理或处分。

（二）对违反职业道德行为的处理，应坚持公平公正、教育与惩处相结合的原则，做到事实清楚、证据确凿、定性准确、处理适当、程序合法、手续完备。

二、行为类型

高校教师违反职业道德的行为是指违反《高等学校教师职业道德规范》《教育部关于建立健全高校师德建设长效机制的意见》《新时代高校教师职业行为十项准则》等规定的行为，包括：

（一）在教育教学活动中及其他场合有损害党中央权威、违背党的路线方针政策的言行；

（二）违反法律法规，损害国家利益、社会公共利益，或违背社会公序良俗；

（三）通过课堂、论坛、讲座、论文、信息网络及其他渠道发表、转发错误观点，或编造散布虚假信息、不良信息；

（四）违反教学纪律，敷衍教学，或擅自从事影响教育教学本职工作的兼职兼薪行为；

（五）要求学生从事与教学、科研、社会服务无关的事宜；

（六）与学生发生不正当关系，有猥亵、性骚扰、性侵行为；

（七）违反学术规范，存在学术不端行为，抄袭剽窃、篡改侵吞他人学术成果，或滥用学术资源和学术影响；

（八）在招生、考试、推优、保研、学生就业、征兵入伍及绩效考核、岗位聘用、职称评聘、项目申报、评优评奖等工作中，违反回避规则、徇私舞弊、弄虚作假；

（九）索要、收受学生、家长财物，参加由学生及家长付费的宴请、旅游、娱乐休闲等活动，或利用家长资源谋取私利；

（十）假公济私，利用学校名义或校名、校徽、专利、场所等资源谋取不正当利益，违规套取科研或教学经费；

（十一）其他违反高校教师职业道德的行为。

三、处理适用

（一）违反教师职业道德行为情节较轻的，给予批评教育、诫勉谈话、责令检查、通报批评，以及取消其在评奖评优、职务晋升、职称评定、岗位聘用、工资晋级、干部选任、申报人才计划、申报科研项目等方面的资格。担任研究生导师的，还应采取限制招生名额、停止招生资格直至取消导师资格的处理。以上取消相关资格处理的执行期限不得少于 24 个月。情节较重应当给予处分，包括警告、记过、降低岗位等级或撤职、开除。需要解除聘用合同或劳动合同的，按照有关规定执行。

（二）构成《教师资格条例》第十九条规定情形的，报请教育主管部门撤销其教师资格。

（三）是中共党员的，按照有关规定还应给予党纪处分；是民主党派成员或无党派人士的，还应函告本级党委统战部以及相应的民主党派机关或者相关单位。

（四）涉嫌违法犯罪的，及时移送有关国家机关依法处理。

四、处理与解除程序

（一）高校应当建立健全教师违反职业道德行为举报受理与调查处理机制，确定教师违反职业道德行为的受理、调查、认定、复核、监督等的负责部门或组织，明确相应职责及处理程序。

（二）高校发现教师存在违反职业道德行为的，一般按照以下程序办理：

1. 学校有关部门应对决定受理的违反职业道德行为（事项）及时开展调查核实取证。决定进入正式调查的，应当通知被调查教师。

2. 学校有关部门收集、查证有关证据材料，形成书面调查报告。在调查过程中，应当听取教师本人的陈述和申辩，对有关事实、理由和证据进行核实，并告知教师有要求举行听证的权利。

3. 学校有关部门根据调查认定的事实，按照处理决定权限，做出处理决定，并明确告知当事人救济途径。教师对处理决定不服的，按照有关规定提出复核、申诉。

（三）对高校教师的处理，按照处理决定权限，在期满后根据悔改表现予以解除。

（四）高校应将处理决定和处理解除决定存入教师个人人事档案并录入全国教师管理信息系统。

五、监督和追责

（一）高校要严格落实师德建设主体责任，建立完善党委统一领导、党政齐抓共管、牵头部门明确、院（系）具体落实、教师自我约束的工作机制。党委书记和校长抓师德同责，是师德建设第一责任人。院（系）或部门行政主要负责人对本单位师德建设负直接领导责任，院（系）或部门党组织主要负责人也负有直接领导责任。因违反职业道德行为受到学校处理的教师要积极整改，所在基层单位党政领导要对其谈话教育，督促其整改。

（二）高校师德师风建设要坚持权责对等、分级负责、层层落实、失责必问、问责必严的原则。对于相关单位和负责人不履行或不正确履行职责，有下列情形之一的，根据职责权限和责任划分进行问责：

1. 师德师风制度建设、日常教育监督、舆论宣传、预防工作不到位；

2. 教师违反职业道德问题排查发现不及时；

3. 对已发现的违反职业道德行为处置不力、方式不当；

4. 已做出的处理决定落实不到位、通报不及时、违反职业道德行为整改不彻底；

5. 多次出现教师违反职业道德问题或因违反职业道德行为引起不良社会影响；

6. 其他应当问责的失职失责情形。

（三）教师出现违反职业道德行为，所在院（系）行政主要负责人和党组织主要负责人需向学校分别作出检讨，由学校依据有关规定视情节轻重采取约谈、诫勉谈话、通报批评、纪律处分和组织处理等方式问责。教师违反职业道德行为情节较重或社会影响较大的，学校须进行自查自纠与整改落实，并及时向主管部门和省教育厅报告。如学校不履行或不正确履行师德师风建设管理职责，学校主管部门和省教育厅视情节轻重按规定采取约谈、通报批评等方式督促学校整改落实，并严肃追究有关人员责任。

（四）师德师风建设是我省高校教师队伍建设重要内容，有关情况列入相关工作考核指标体系。学校应将师德师风建设列为二级单位抓基层党建述职评议考核、年度目标考核和教师队伍建设工作考核的重要内容。

六、附则

（一）本指引所称高校教师是指在高等学校专门从事教育教学工作的教师，包括民办高校教师。对其他在高校工作的人员进行处理，可参照本指引执行。

（二）未尽事宜按照国家和省有关管理规定执行。高校应结合学校实际情况制定本校教师违反职业道德行为负面清单及处理办法，并报省教育厅备案。

广东省教育厅关于进一步做好义务教育校内课后服务工作的通知

(粤教基函〔2021〕17号)

各地级以上市教育局，广东实验中学、华南师范大学附属中学、华南师范大学附属小学：

根据党中央、国务院和教育部的有关部署，我省从2018年开始开展义务教育校内课后服务工作（以下简称课后服务），各地出台配套了实施方案或指导意见，积极完善经费保障机制，课后服务工作有序推进，但从全国各地实施情况来看，我省课后服务学校覆盖率、学生参与率、教师参与率还存在不少差距，且各地工作进展极不平衡（详细情况见附件）。根据《教育部办公厅关于进一步做好义务教育课后服务工作的通知》精神，现就进一步加大我省义务教育课后服务工作力度，提出如下要求。

一、充分认识课后服务的重要性

习近平总书记对课后服务工作高度重视，在相关会议或地方调研时多次强调要鼓励支持学校开展各种课后育人活动，满足学生的多样化需求。各地各校要坚持以人民为中心的思想做好课后服务，将课后服务作为解决家长急难愁盼问题的一项重要民生工程，强化学校育人主阵地，发挥学校主渠道作用，把做好课后服务作为"五项"管理和"双减"工作的重要举措，切实减轻学生过重学业负担和校外培训负担，确保课后服务全面高质量开展。

二、明确课后服务范围

从今年秋季学期开始，我省义务教育各级各类学校要做到课后服务两个"全覆盖"，即义务教育学校全覆盖、有需求的学生全覆盖。各地要压实县级教育行政部门管理责任和学校主体责任，动员部署所有义务教育学校尽快行动起来，把做好义务教育课后服务与减轻学生过重作业负担、整治校外培训机构等工作一起统筹推进，制定课后服务具体实施方案，做到"一县一策""一校一案"，确保今年秋季开学后实现义务教育学校全覆盖，并努力实现有需要的学生全覆盖。

三、明确课后服务时间

推行课后服务"5+2"模式，即学校每周5天都要开展课后服务，课后服务包括早、午餐，午休及下午课后服务，下午课后服务每天至少开展2个学时，下午课后服务结束时间原则上不早于当地普遍的正常下班时间后半小时；学校对有特殊需要的学生，应提供延时托管服务。实行弹性离校机制，但不得强制有需求在校自主学习的学生在课后服务时间结束前离开学校。

四、明确课后服务内容

义务教育课后服务是教育教学管理的重要延伸环节，课后服务以基本托管服务为主，与素质拓展服务相结合。基本托管服务要强化作业管理，包括学生自主作业、自主学习、自主阅读、教师答疑等学习活动，每天至少安排一个学时的基本托管服务，小学生争取在校完成作业。另一方面，学校要结合课程改革、教学改革、办学特色、学生学习和成长需求，充分调动教师积极性创造性，积极开发设置丰富多彩的文艺、体育、劳动、阅读、兴趣小组及社团活动，努力满足学生的不同需求，切实增强课后服务的吸引力和有效性。不得利用课后服务时间集体补课或讲新课。

五、拓宽课后服务渠道

课后服务以内部供给为主，购买服务为补充。课后服务一般由本校教职工承担，可聘任退休教师、志愿者参与，也可通过购买服务的形式购买第三方社会机构的课程和具备资质的社会专业人士。各地教育行政部门要加强第三方教育机构等教育资源的引入和管理，实行白名单管理制度。同时要充分利用社会资源，发挥好图书馆、博物馆、文化馆、少年宫、青少年活动中心、展览中心、红色基地、实践基地等青少年校外活动场所，共同参与课后服务工作。学校不得把课后服务工作完全交给第三方机构，同时严禁学校与校外培训机构联合开展面向中小学生的有偿课程辅导（学科类等应试提分、升学考试类型的课程辅导）。

六、强化课后服务保障

各地结合实际，采取财政补贴、收取服务性收费或代收费等方式筹措经费。采取服务性收费或代收费方式的，根据《广东省发展改革委 广东省教育厅 广东省财政厅关于进一步完善我省中小学教育收费政策的通知》（粤发改规〔2018〕14号）相关规定执行，各地需出台收费管理办法，加强对收费标准调控，防止过高收费。坚持自愿、普惠非营利的原则，严禁以课后服务名义乱收费现象。课后服务经费主要用于购买社会机构服务，支付参与课后服务教师和相关人员的补助。

七、确保课后服务安全

课后服务涉及方方面面的工作，要把安全放在首位，做到五个安全确保：一是加强课程内容审核，把好外聘人员资格关，确保意识形态安全；二是做好家校无缝对接，做到出入管理有序，确保学生人身安全；三是做到服务供给张弛有度，确保学生心理安全；四是做到老师教导有方，确保学生活动安全；五是做到市场监管有力，确保学生食品健康安全。

八、加强宣传引导

各地要加大课后服务的宣传力度，积极做好政策宣传和解读，通过新闻媒体、网站、微信公众号、致家长一封信、家长会等多渠道向家长、学校、社会宣传引导和发动，广泛深入宣传课后服务实施方案和服务特色，公开校内课后服务的服务内容、服务时间、收费标准，使家长、学生充分了解有关安排，促进学生参加课后服务。及时收集区域内县区和学校的主要做法和典型案例，加强典型案例的宣传、推广，不定时地把各地的主要做法和典型案例报送省教育厅基础教育与信息化处。

九、加强动态监测和督导检查

各级教育行政部门要指导各地各校利用义务教育课后服务开展情况直报系统（网址为 http://dc.emis.edu.cn/jcjy），专人负责随时更新课后服务开展情况。教育部将每月通报各地进展情况，加强工作调度。课后服务已纳入今年市县级政府履行教育职责评价指标体系，各级教育督导部门要把课后服务开展情况作为重要的督导检查内容，推动课后服务工作落到实处，更好地服务家长和学生。

十、支持探索开展假期托管服务

暑期托管服务是学校课后服务的延伸。地方教育部门要从本地实际出发，鼓励有条件的学校积极承担学生假期托管服务工作。同时，积极会同共青团、妇联、工会、社区等组织，调动社会各方人士，如社区社工、志愿者、在校大学生参与托管服务，通过多种途径、多种形式提供学生假期托管服务。假期托管应遵循学校主动、社会参与、教师志愿、学生自愿、公益普惠、公开收费标准等基本原则。提供托管服务的学校应开放教室、图书馆、运动场馆等各类资源设施，以看护为主，同时可合理提供一些游戏活动、文体活动、阅读指导、综合实践、兴趣拓展、作业辅导等服务。不得以假期托管的名义组织集体补课、讲授新课。

联系人：陈炎耀

电　话：（020）37628755

邮　箱：chenyy@gdedu.gov.cn

附件：义务教育课后服务开展情况表

广东省教育厅
2021年7月21日

附件

广东省义务教育阶段校内课后服务开展情况表
（截至2021年7月9日）

序号	名称	总体情况				城区情况				小学阶段情况				初中阶段情况			
		学校覆盖率	学生覆盖率	教师覆盖率	学校覆盖率	学生覆盖率	教师覆盖率	学校覆盖率	学生覆盖率	教师覆盖率	学校覆盖率	学生覆盖率	教师覆盖率	学校覆盖率	学生覆盖率	教师覆盖率
	全省	27.9%	30.4%	30.8%	52.9%	40.3%	40.7%	27.5%	32.6%	35.7%	29.5%	24.9%	21.4%
1	广州市	85.4%	62.1%	57.1%	83.8%	57.5%	53.8%	95.6%	65.0%	64.2%	63.0%	68.9%	41.5%
2	东莞市	80.5%	48.9%	42.5%	86.0%	60.0%	41.2%	89.1%	50.4%	42.2%	57.3%	49.6%	43.6%
3	佛山市	77.7%	63.7%	64.9%	75.1%	63.7%	63.5%	89.4%	73.5%	79.9%	44.6%	49.7%	30.4%
4	珠海市	74.9%	36.9%	59.4%	72.3%	35.9%	55.5%	97.5%	49.0%	90.7%	18.8%	24.9%	6.9%
5	深圳市	73.8%	75.7%	71.7%	73.8%	75.7%	71.7%	81.6%	73.0%	72.3%	65.4%	83.4%	70.5%
6	中山市	63.5%	49.4%	56.8%	82.3%	67.9%	79.3%	65.6%	48.9%	58.9%	57.8%	48.2%	52.9%
7	梅州市	61.0%	25.1%	32.7%	66.7%	30.0%	39.5%	68.1%	25.4%	35.7%	40.8%	23.5%	27.2%
8	江门市	49.3%	41.4%	40.3%	59.1%	47.7%	43.8%	51.5%	44.4%	47.4%	41.8%	30.0%	23.4%
9	阳江市	46.9%	38.0%	42.5%	52.2%	42.1%	50.7%	48.4%	42.2%	48.2%	44.5%	34.1%	31.7%
10	潮州市	28.0%	28.5%	30.9%	29.9%	33.1%	32.5%	29.2%	31.4%	36.5%	22.3%	28.6%	21.5%
11	肇庆市	26.9%	23.7%	31.2%	50.0%	19.2%	39.9%	28.0%	30.3%	39.5%	23.3%	29.3%	15.5%
12	汕头市	21.7%	22.6%	25.6%	42.9%	34.6%	37.9%	21.0%	23.1%	29.8%	23.8%	14.5%	20.0%
13	韶关市	18.2%	17.8%	20.2%	52.6%	24.0%	25.5%	20.6%	24.6%	31.9%	9.3%	7.8%	1.2%
14	惠州市	13.2%	7.8%	10.8%	17.0%	7.3%	10.1%	14.6%	8.4%	13.6%	8.9%	10.3%	6.2%
15	清远市	6.4%	2.3%	3.8%	15.2%	4.1%	2.6%	9.4%	3.1%	5.6%	0.6%	1.3%	1.1%
16	湛江市	4.7%	3.0%	2.4%	14.3%	4.0%	3.1%	5.0%	3.6%	3.3%	2.8%	1.9%	0.0%
17	云浮市	3.8%	5.7%	5.6%	11.2%	5.9%	4.9%	4.5%	7.8%	8.2%	0.0%	5.9%	0.0%
18	河源市	3.2%	2.9%	2.2%	14.7%	5.8%	5.4%	2.8%	2.2%	1.4%	5.4%	3.3%	3.9%
19	汕尾市	2.1%	0.6%	0.9%	8.0%	1.3%	1.9%	2.6%	0.9%	1.4%	0.0%	0.1%	0.0%
20	茂名市	1.5%	1.2%	0.5%	13.6%	4.0%	1.6%	1.2%	1.1%	0.6%	5.0%	0.5%	0.4%
21	揭阳市	0.5%	2.0%	1.7%	2.6%	5.4%	4.5%	0.3%	2.0%	2.0%	1.2%	1.1%	1.3%

关于印发《广东省加强新时代高校教师队伍建设改革实施意见》的通知

粤教师〔2021〕8号

各地级以上市教育局、市委组织部、市委宣传部、市委机构编制委员会办公室、市财政局、市人力资源社会保障局、市住房城乡建设局，各高等学校：

现将《广东省加强新时代高校教师队伍建设改革实施意见》印发给你们，请结合实际，认真贯彻落实。

广东省教育厅 中共广东省委组织部
中共广东省委宣传部
中共广东省委机构编制委员会办公室
广东省财政厅 广东省人力资源和社会保障厅
广东省住房和城乡建设厅

广东省加强新时代高校教师队伍建设改革实施意见

为全面贯彻习近平总书记关于教育的重要论述和全国教育大会精神，深入落实《中共中央 国务院关于全面深化新时代教师队伍建设改革的意见》《中共中央 国务院关于深化新时代教育评价改革总体方案》《教育部等六部门关于加强新时代高校教师队伍建设改革的指导意见》（教师〔2020〕10号）有关要求，进一步加强高校教师队伍建设，打造高素质创新型教师队伍，制定本意见。

一、准确把握高校教师队伍建设改革的时代要求，落实立德树人根本任务

1. 指导思想。坚持以习近平新时代中国特色社会主义思想为指导，落实立德树人根本任务，以强化高校教师思想政治素质和师德师风建设为首要任务，以提高教师专业素质能力为关键，以推进人事制度改革为突破口，遵循教育规律和教师成长发展规律，为提高人才培养质量、增强科研创新能力、服务我省经济社会发展提供坚强的师资保障。

2. 目标任务。到2025年，高校教师发展制度更加健全完善，教师队伍治理体系和治理能力进一步提升。教师思想政治素质、业务能力、育人水平和创新能力显著提升，教师基本适应信息化、智能化等新技术变革需要，积极有效开展教育教学。教师学历学位水平进一步提升，本科高校教师具有博士学位比例达到48%，高等职业院校教师具有硕士及以上学位比例达到65%。高层次人才队伍不断壮大，培养造就一批名家名师和杰出人才、领军人才。

二、全面加强党的领导，不断提升教师思想政治素质和师德素养

3. 加强思想政治引领。选拔一批党性强、业务精、有威信、肯奉献的优秀党员教师担任教师党支部书记。实施教师党支部书记"党建带头人、业务带头人"培育工程，每年对教师党支部书记轮训一遍。重视在优秀青年教师、海外留学归国教师和在校师范生中发展党员，积极发展符合条件的优秀人才入党。健全把骨干教师培养成党员，把党员教师培养成教学、科研、管理骨干的"双培养"机制。健全教师理论学习制度，开展习近平新时代中国特色社会主义思想系统化、常态化学习，重点加强习近平总书记关于教育的重要论述的学习，使广大教师学懂弄通、入脑入心，切实增强"四个意识"，坚定"四个自信"，做到"两个维护"。配齐建强高

校党务工作队伍和思想政治工作队伍，完善选拔、培养、激励机制，形成一支专职为主、专兼结合、数量充足、素质优良的工作力量。

4. 培育弘扬高尚师德。将师德教育摆在教师培养培训工作首位，拓展师德教育载体，创新师德教育方式，引导广大教师以德立身、以德立学、以德施教、以德育德，争做"四有"好教师。健全完善课程体系，优先保证课时，将师德教育课程作为在职教师继续教育的必修课程。抓好高校教师"四史"教育。建设好国家级师德师风建设基地，加强师德师风整体情况监测和分析评估。每年开展师德建设主题教育月活动。推动高校开展多种形式的教师奖励表彰，建立健全教师奖励机制。组织开展南粤优秀教师（优秀教育工作者）暨特级教师等评选表彰活动。鼓励高校做好教师荣休工作，礼敬退休教师，弘扬尊师风尚。深入挖掘优秀教师典型，综合运用授予荣誉、事迹报告、媒体宣传、创作文艺作品等手段，充分发挥典型引领示范和辐射带动作用，形成校校有典型、榜样在身边、人人可学做的局面。

5. 强化师德考评落实。高校要严格落实师德建设主体责任，建立完善党委统一领导、党政齐抓共管、牵头部门明确、院（系）具体落实、教师自我约束的工作机制。高校充分落实新时代高校教师职业行为十项准则等文件规范，制定具体细化的教师职业行为负面清单。将高校教师师德修养养成作为高校教师岗前培训的必要内容。发挥师德考核对教师行为的约束和提醒作用，及时将考核发现的问题向教师反馈，并帮助教师整改。强化师德考核结果的运用，在评奖评优、职务晋升、职称评定、岗位聘用、工资晋级、干部选任、申报科研项目、申报人才计划等工作中落实师德失范行为"零容忍"。依法依规严肃查处师德失范问题。健全高校师德师风建设自查自纠工作机制和师德违规行为通报曝光制度。充分利用教育部建立的统一信息查询平台，开展我省的教职员工准入查询，严格执行涉性侵违法犯罪人员进入教育行业从业限制制度。

三、建设高校教师发展平台，着力提升教师专业素质能力

6. 健全完善高校教师发展制度。推动高校健全教师发展体系，完善教师发展培养培训、保障、激励、督导制度和机制，建设高素质创新型的高校教师队伍。加强和改进高校教师继续教育工作，促进教师终身学习和专业发展。转变教师培训方式，推动信息技术与教师培训的有机融合，实行线上线下相结合的混合式研修。结合"一带一路"和粤港澳大湾区建设，有序推动国（境）内外教师双向交流。聚焦战略性重点产业领域专业、民生紧缺领域专业、区域重点专业集群，打造满足高职教育教学和培训实际需要的高水平、结构化的国家级职业教育教师教学创新团队，示范引领高素质"双师型"教师队伍建设，促进教学过程、教学内容、教学模式改革创新。鼓励高校创建一批校级教师教学创新团队。开展教学团队专项培训，着力提升团队教师模块化教学能力、课程标准开发能力、教学评价能力、团队协作能力和信息技术应用能力。

7. 夯实高校教师发展支持服务体系。加强高校教师（教学）发展中心建设，搭建校级教师专业发展平台，组织研修活动，开展教学研究与指导，推进教学改革与创新。发挥教学名师和骨干教师作用，加强基层教学组织建设，以专业和课程为中心，建立一批教学团队，推广集体备课制度，打造教师教学发展共同体。全面开展高校教师教学能力提升培训，重点抓好新入职和青年教师专业发展。鼓励高校与大中型企事业单位共建教师培养培训基地，支持高校专业教师与行业企业人才队伍交流融合，提升教师实践能力和创新能力。

四、完善现代高校教师管理制度，激发教师队伍创新活力

8. 完善高校教师聘用机制。深化高校人事制度改革，充分落实高校用人自主权。高校要扭转"唯名校""唯学历"的用人导向，建立以品德和能力为导向、以岗位需求为目标的人才使用机制，人才招聘要按照岗位需求合理制定招聘条件、确定学历层次，在招聘工作中不得将毕业院校、国（境）外学习或工作经历、学习方式和论文、专利等作为限制性条件。支持高校创新教师选拔聘用方式，探索通过先面试后笔试、直接面试、技能测试等方式招收高层次教师和急需紧缺人才。严格高校教师职业准入，严把高校教师选拔聘用入口关，将思想政治素质和业务能力双重考察落到实处。将新入职教师岗前培训和教育实习作为认定教育教学能力、取得高等学校教师资格的必备条件。鼓励高校聘用具有其他学校学习工作和行业企业工作经历教师。支持高校赴境外高水平大学、科研机构招聘优秀人才。创新引才引智机制，积极探索团队引进、核心人才带动引进人才。按要求配齐配优建强高校思政课教师队伍和辅导员队伍。

9. 加快高校教师编制岗位管理改革。根据中央和省委关于深化事业单位改革的精神，在高校探索实行员额制管理。高校依法采取多元化聘用方式自主灵活用人，统筹用好编制和员额资源，优先保障教学科研需求，向重点学科、特色学科和重要管理岗位倾斜。人力资源社会保障、教育行政部门根据核定的人员总量确定岗位结构比例，高校依法依规自主分类制定岗位设置方案和管理办法。深入推进岗位聘用改革，实施岗位聘期制管理，探索准聘与长聘相结合等管理方式，落实和完善能上能下、能进能出的管理机制。

10. 强化高校教师教育教学管理。健全教学质量评价制度，高校应实行教师自评、学生评价、同行评价、督导评价等多种形式相结合的教学质量综合评价，多维度考评教学规范、教学运行、课堂教学效果、教学改革与研究、教学获奖等教学工作实绩，引导教师遵守教学纪律，改进教学方法，创新教学模式，提升教学效果。突出教育教学业绩在绩效分配、职务职称评聘、岗位晋级考核中的比重，注重基本教学工作量、教学质量、教改教研成果、教学奖项等教学工作实绩。将教授为本专科生上课作为基本制度，高校须明确教授承担本（专）科生教学的最低课时要求，未达到最低要求的，按照教师〔2020〕10号文件有关规定处理。

11. 推进落实高校教师职称制度改革。落实高校职称评审自主权，围绕健全制度体系、完善评价标准、创新评价机制，形成以人才培养为核心，以品德、能力和业绩为导向，评价科学、规范有序、竞争择优的高校教师职称制度。高校在岗位总量和岗位结构比例以内自主组织教师职称评审、按岗聘任。高校可根据自身发展实际，创新岗位类型。高校结合学校特点和办学类型，针对不同类型、不同层次教师，按照不同岗位类型、不同学科领域、不同研究类型、不同专业门类，建立科学合理的分层分类评价标准。规范高校教师职称评聘条件设置，不得把出国（境）学习经历、人才称号、专利数量和对论文的索引、收录、引用等指标要求作为限制性条件。鼓励灵活采取个人述职、面试答辩、实践操作、业绩展示等多种评价方式，完善同行专家评审评议机制。加强高校教师职称评审监管，建立定期抽查制度。高校应落实思想政治理论课教师和辅导员职称评审政策规定。

12. 深化高校教师考核评价制度改革。突出教育教学业绩和师德考核，把认真履行教育教学职责作为评价教师的基本要求，引导教师上好每一节课、关爱每一个学生。根据学校办学定位，对教学为主型、教学科研型等不同岗位教师制定不同的评聘要求，分类评价。高校要克服唯论文、唯"帽子"、唯职称、唯学历、唯奖项等倾向，改进教师科研评价，突出质量导向，重点评价学术贡献、社会贡献以及支撑人才培养情况。扭转考核奖励功利化倾向，绩效和聘期考核不得对院系和教师个人下达SCI、SSCI、A&HCI、CSSCI等论文相关指标的数量要求，在资源配置时不得与SCI相关指标简单挂钩，取消直接依据SCI论文相关指标对教师的奖励，避免功利导向。高校应细化论文在不同岗位评聘中的作用，不以SCI论文相关指标作为判断的直接依据。注重个体评价与团队评价相结合，既要评价教师个人的业绩成果，也要评价其在教师专业团队建设中的贡献，教师开展"传帮带"等工作计入教育教学工作量，纳入年度考核内容。高校合理设置考核评价周期，统筹年度考核、聘期考核、晋升考核等各类考核形式，根据绩效情况，可以减少、减免考核，适当延长考核评价周期。共享考核评价结果，减少不必要的重复评价。

13. 建立健全教师兼职和兼职教师管理制度。各地和高校应建立健全教师兼职管理制度，规范教师合理兼职，坚决惩治教师兼职乱象。教师在履行校内岗位职责、不影响本职工作的前提下，经学校同意，可在校外兼职从事与本人学科密切相关、并能发挥其专业能力的工作。高校健全完善兼职教师选聘、教学、培训、考核、奖惩等相关制度，建立健全有利于兼职教师发挥作用的考核评价机制。高校要制定兼职教师拟聘计划，明确兼职教师聘用条件，健全兼职教师聘用程序，加强兼职教师聘用管理，完善兼职教师培训制度，依法依规保障兼职教师权益，提高兼职教师队伍水平。鼓励高校建立兼职教师资源库，大力引进行业企业一流人才，吸引具有创新实践经验的企业家、高科技人才、高技能人才等到学校兼职任教、参加教学研究、教学改革、专业建设和企业技术攻关。

五、切实保障高校教师待遇，吸引稳定一流人才从教

14. 推进高校薪酬制度改革。落实以增加知识价值为导向的收入分配政策，探索建立符合高校特点的薪酬制度，健全完善高校工资水平决定和正常增长机制，在保障基本工资水平正常调整的基础上，合理确定高校教师工资收入水平。高校教师依法取得的职务科技成果转化现金奖励和财政类科研项目

绩效支出等计入当年本单位绩效工资总量，但不受总量限制，不纳入总量基数。鼓励和规范高校教师通过技术创新、科技开发、成果转让和决策咨询等方式服务社会，获取合理报酬，增加合法收入。落实高层次人才工资收入分配激励、兼职兼薪和离岗创业、在职创办企业等政策规定。

15. 完善高校内部收入分配激励机制。扩大高校绩效工资分配自主权，高校要科学合理确定岗位职责，完善内部考核制度，坚持以岗定薪、按劳取酬、优劳优酬。要把参与教研活动，编写教材案例，承担课程命题监考任务，指导学生毕业设计、就业、创新创业、社会实践、学生社团、竞赛展演等情况计入工作量，激励优秀教师承担继续教育的教学工作。职业学校教师经学校批准到企业实践，实践期间享受学校在岗人员同等的工资福利待遇。要规范项目设置，严禁违反规定自行新设项目或者继续发放已明令取消的津贴补贴。绩效分配要落实倾斜政策，设立思政课教师岗位津贴，切实提高专职思政课教师待遇，要向关键创新岗位、作出突出贡献的科研人员、承担财政科研项目的人员、创新团队和优秀青年人才倾斜，向扎根教学一线、业绩突出的教师倾斜，向承担急难险重任务、作出突出贡献的教师倾斜，向从事基础前沿研究、国防科技等领域的教师倾斜。要加大对教学型名师的激励力度，对教师开展的教学理论研究、教学方法探索、优质教学资源开发、教学手段创新等，在绩效工资分配中给予倾斜。要严守底线要求，不得在核定的绩效工资总量以外发放任何津贴补贴和奖金，不得突破核定的绩效工资总量，不得违反规定的程序和办法进行分配。不得将论文数、项目数、课题经费等科研量化指标与绩效工资分配挂钩。不得将SCI、SSCI、A&HCI、CSSCI等论文收录数、引用率和影响因子等指标与绩效工资简单挂钩，防止高额奖励论文。

六、优化完善人才管理服务体系，培养造就一批高层次创新人才

16. 优化人才引育体系。实施多元化人才引进机制，发挥好国家和省重大人才工程的引领作用，着力打造高水平创新团队，重点面向海外引进一批具有国际影响力的科学家、学科领军人才和青年学术英才来粤从事教学、科研工作。在人才引进和选聘工作中，要严把政治关、师德关，做到"凡引必审"。鼓励高校在与其他高校、科研机构、企业签署人才流动共享协议的基础上，通过协同创新、对口帮扶、建立联合实验室、联合开展重大科研攻关等方式，实现人才资源优势互补。高校可根据实际需要设立一定比例的流动岗位，吸纳企业、科研机构、行业部门和其他组织优秀人才到学校兼职。鼓励高校设立由第三方出资的讲席教授岗位。加强高校哲学社会科学人才和高端智库建设，汇聚培养一批哲学社会科学名师，鼓励支持高校设立文科资深教授制度。规范引才，坚持人才合理有序流动，杜绝省内高校之间挖抢人才；不鼓励、不支持从国家中西部、东北地区高校挖抢人才，不鼓励、不支持珠三角地区高校从粤东粤西粤北地区高校挖抢人才。坚决杜绝违规引进人才，未经人才计划主管部门同意，在支持周期内离开相关单位和岗位的，取消人才称号及相应支持。高校可依据教学、科研、管理等工作要求或相关规定，在聘任合同中与教师约定聘期内在岗工作及离岗等有关要求。

17. 科学合理使用人才。牢固树立人才是第一资源意识，坚持正确的人才使用导向，分类推进人才评价机制改革，推动各类人才"帽子"、人才称号回归荣誉、回归学术的本质，避免同类人才计划重复支持，以岗择人、按岗定酬。纠正片面以学术头衔评价学术水平的做法。不得把人才称号作为承担科研项目、职称评聘、评优评奖、学位点申报的限制性条件。有关申报书不得设置填写人才称号栏目。不得将人才称号与物质利益简单挂钩。营造鼓励创新、宽容失败的学术环境，为人才开展研究留出足够的探索时间和试错空间。严格人才聘后管理，强化对合同履行和作用发挥情况的考核。实施人才"优粤卡"制度，加强对人才的关怀和服务，切实解决人才生活中的实际困难。建立让高校教师把主要精力放在教学科研上的保障机制，坚决杜绝无谓的迎来送往活动、不必要的评审评价活动以及形式主义、官僚主义的种种活动对高校教师的干扰，遏制应景应酬活动，着力解决表格多、报销繁、检查多等突出问题，让教师把主要精力投入教育教学、科技创新和研发活动。

七、全力支持青年教师成长，培育高等教育事业生力军

18. 强化青年教师培养支持。通过前瞻布局、提早发现、重点跟踪，培养学科基础扎实、科研潜力突出的优秀青年人才。鼓励高校支持青年教师到企事业单位挂职锻炼，到国内外高水平大学、科研院所访学研修。根据学科特点和岗位特点确定青年教师评价考核周期，重点评价青年教师发展潜力和创新能力。高校完善青年教师职称评聘标准，重点

评价其发展潜力和创新能力。强化青年教师承担一线学生工作和承担境内外教育教学及帮扶援助工作的考察，推进青年教师厚植教育情怀、践行育人使命。

19. 解决青年教师后顾之忧。地方和高校加强统筹协调，对符合公租房保障条件的，按政策规定予以保障，同时，通过发展租赁住房、盘活挖掘校内存量资源、建设周转房、发放补助等多种方式，切实解决青年教师的住房困难。鼓励广州、深圳、珠海、佛山、东莞等人口净流入大城市的高校充分盘活挖掘自有空闲土地和物业建设保障性租赁住房或共有产权住房。鼓励采取多种办法提高青年教师待遇，确保青年教师将精力放在教学科研上。维护青年教师职业尊严和合法权益，关心青年教师身心健康，克服职业倦怠，激发工作热情。鼓励高校与社会力量、政府合作举办幼儿园和中小学，解决青年教师子女入托入学问题。高校应发挥服务职能，建立规范化人性化的青年教师入职管理服务机制，让青年教师安居、乐业、乐教。

八、强化工作保障，确保各项政策举措落地见效

20. 健全组织保障体系。高校要高度重视教师队伍建设，切实加强领导，实行一把手负责制，紧扣教师最关心、最直接、最现实的重大问题，找准教师队伍建设的突破口和着力点，将教师队伍建设各项重点工作摆上重要议事日程，细化分工，确定路线图、任务书、时间表、责任人，主要负责同志和相关责任人要切实推进相关工作。民办高校要依法依规落实教师待遇，切实保障民办学校教师合法权益，加大对骨干教师培养培训保障力度。鼓励民办高校发放民办学校教师从教津贴。强化督导考核，把加强教师队伍建设工作纳入高校巡视、"冲补强"计划、教学科研评估范围，作为各级党组织和党员干部工作考核的重要内容，确保各项政策措施全面落实到位，真正取得实效。加强优秀教师典型宣传，维护教师合法权益，营造关心支持教师发展的社会环境，营造良好的尊师重教氛围。

广东省学位委员会 广东省教育厅关于印发《广东省学士学位授权与授予管理实施细则》的通知

各有关高校：

为深入贯彻落实习近平总书记关于教育的重要论述和全国教育大会精神，全面落实立德树人根本任务，进一步加强学士学位管理工作，提升本科教育质量，根据国务院学位委员会《学士学位授权与授予管理办法》，结合我省学士学位管理工作实际，省学位委员会、省教育厅制定了《广东省学士学位授权与授予管理实施细则》，现印发给你们，请认真贯彻执行。

广东省学位委员会 广东省教育厅
2021年7月26日

附件

广东省学士学位授权与授予管理实施细则

第一章 总 则

第一条 为改进和加强学士学位授权与授予工作，提高学士学位授予质量，实现高等教育内涵式发展，根据《中华人民共和国高等教育法》《中华人民共和国学位条例》及其暂行实施办法、国务院学位委员会《学士学位授权与授予管理办法》，结合广东省学士学位管理工作实际，制定本细则。

第二条 学士学位授权与授予工作要以习近平新时代中国特色社会主义思想为指导，深入贯彻全国教育大会和全省教育大会精神，全面落实党的教育方针和立德树人根本任务，紧扣提高人才培养质量工作主线，培养德智体美劳全面发展的社会主义建设者和接班人。

第三条 学士学位授权与授予工作坚持完善制度、依法管理、保证质量、激发活力的原则。

第二章 学位授权

第四条 学士学位授权分为新增学士学位授予单位授权和新增学士学位授予专业授权，由广东省学位委员会（以下简称省学位委员会）负责审批。

第五条 经教育部批准设置、达到广东省新增学士学位授予单位授权审核条件的普通高等学校，原则上应在招收首批本科生的次年3月前，向省学位委员会提出学士学位授予单位授权申请。

经教育部批准或备案、达到广东省新增学士学位授予专业授权审核条件的新增本科专业，原则上应在本专业招收首批本科生的次年3月前，由学士学位授予单位向省学位委员会提出学士学位授予专业授权申请。

第六条 新增学士学位授予单位及其授予专业授权审核。

通过新增学士学位授予单位授权审核的普通高等学校，同时应有一定数量的专业通过新增学士学位授权审核。

（一）申请

经教育部批准设置的普通高等学校原则上应在招收首批本科生的次年3月前，经本校学术委员会审议，校长办公会或者校长授权的专门会议同意后，向省学位委员会提出申请。

（二）评审方式及结果

1. 申请新增学士学位授予单位采用实地评审的方式，评审结果分为"通过"与"不通过"。对于评审结果为"不通过"的申请单位，如当年确有成绩优良，达到学士学术水平的本科毕业生，高校应按规定向其他学士学位授予高校推荐。

2. 申请新增学士学位授予专业分为通讯评审和实地评审。通讯评审结果分为"优秀""合格""基本合格"与"不合格"。通讯评审结果为"优秀"或"合格"的申报专业确定为"通过"，不再进行实地评审；通讯评审结果为"基本合格"或"不合格"的申报专业，由省学位委员会组织专家进行实地评审，提出具体的专业建设建议和意见，并确定是否通过。实地评审"不通过"的专业，如当年确有成绩优良，达到学士学术水平的本科毕业生，高校应按规定向其他学士学位授予高校推荐。

3. 省学位委员会办公室（以下简称省学位办）对申请新增学士学位授予单位（专业）的评审结果进行公示、审议并报省学位委员会；省学位委员会审定后公布结果。

（三）评审专家组成

专家评议组由已具有学士学位授予权的普通高等学校同行专家及教育教学管理专家组成。按专业分成小组，每个专业小组5～7人；专家应政治思想过硬、学术造诣较深、坚持原则、公道正派，原则上应具有正高级专业技术职称。

（四）评审时间

评审一般应于提出申请当年或次年3—5月进行，省学位委员会根据申报及通讯评审情况，与申请高校协商实地评审时间。未在受理时间内申报的高校，如当年确有成绩优良，达到学士学术水平的本科毕业生，高校应按规定向其他学士学位授予高校推荐。

第七条 具有学士学位授予权的普通高等学校新增学士学位授予专业授权审核。

（一）已具有学士学位授予权的普通高等学校，须制定完善本校新增学士学位授予专业审核工作办法、质量监督管理办法及相关管理规定，并报省学位委员会备案。已具有学士学位授予权的独立学院，其新增学士学位授予专业审核工作由举办高校负责。举办高校应指导与监督独立学院制定和完善本校新增学士学位授予专业审核工作办法、质量监督管理办法及相关管理规定，并报省学位委员会备案。

（二）已具有学士学位授予权的普通高等学校组织专家对申请新增学士学位授予专业进行评审。专家评议组由已具有学士学位授予权的普通高等学校同行专家及教育教学管理专家组成。按专业分成小组，每个专业小组5～7人；专家应政治思想过硬、学术造诣较深、坚持原则、公道正派，原则上应具有正高级专业技术职称，本校专家不超过1/3。专家组经通讯评审或会议评审，形成专家评议组意见，经本校学位评定委员会审议通过并校内公示后于每年4月底前报省学位办；省学位办对学校提交的审议结果进行审核，并报省学位委员会确认。

第八条 普通高等学校应实事求是地填写申报材料，严格遵守评审纪律。对材料弄虚作假、违反工作纪律的普通高等学校，取消其当年申请资格，并予以通报批评。

第九条 学士学位授予单位撤销的授权专业须及时报省学位委员会备案。原则上已获得学士学位授权的专业连续停止招生五年以上的，视为自动放弃授权，须及时报省学位委员会备案（对该专业已招录且仍在籍的学生，或该专业结业后已换发毕业证的学生，在学校规定的学习年限内，符合学校学士学位授予标准的，可继续授予学位），恢复招生的须按照新增本科专业的要求重新申请学士学位授权。对未及时报备撤销授权专业的学士学位授予单位，予以通报批评。

对建设质量不高、人才培养质量较差、与经济社会发展需求相脱离的学士学位授权专业，经省学位委员会审议通过，予以撤销。

第三章　学位授予

第十条 高等学校本科毕业生，成绩优良，达到下述学术水平者，授予学士学位：

（一）遵纪守法，品行端正，恪守学术道德，坚持学术诚信；

（二）在规定的学习年限内，较好地掌握本门学科的基础理论、专门知识和基本技能；

（三）具有从事科学研究工作或担负专门技术工作的初步能力。

成人高等学校毕业生授予学士学位的条件应符合本条规定。

第十一条 学士学位按学科门类或专业学位类别授予。授予学士学位的学科门类应符合学位授予学科专业目录的规定。本科专业目录中规定可授多个学科门类学位的专业，学士学位授予单位应按教育部批准或备案设置专业时规定的学科门类授予学士学位。

第十二条 学士学位授予单位应制定本单位的学士学位授予标准。学士学位授予标准应落实立德树人根本任务，坚持正确育人导向，强化思想政治要求，符合《中华人民共和国学位条例》及其暂行实施办法的规定。

第十三条 学士学位授予单位应明确学士学位授予程序。

（一）普通高等学校授予全日制本科毕业生学士学位的主要程序：审查是否符合学士学位授予标准，符合标准的列入学士学位授予名单，学校学位评定委员会作出是否批准的决议。学校学位评定委员会表决通过的决议和学士学位授予名单应在校内公开，并报省学位委员会备查。

（二）普通高等学校授予高等学历继续教育本科毕业生学士学位的程序应与全日制本科毕业生相同。授予学士学位的专业应是本单位已获得学士学位授权并正在开展全日制本科生培养的专业。学校应建立专门制度，落实继续教育管理责任，严格课程基本要求，明确学位授予标准，规范工作程序，保证学士学位授予质量。

具有学士学位授予权的成人高等学校，授予学士学位的程序应符合本条规定。

第十四条 具有学士学位授予权的普通高等学校，可向本校符合学位授予标准的全日制本科毕业生授予辅修学士学位，鼓励学有余力的学生辅修其他本科专业。学校应制定专门的辅修学士学位授予实施办法，对开设条件、修读条件、课程要求、学分标准及学位论文（或毕业设计）做出明确规定，具体培养要求应参考本校相同主修专业合理设定。辅修学士学位应与主修学士学位归属不同的本科专业大类，对没有取得主修学士学位的不得授予辅修学士学位。辅修学士学位在主修学士学位证书中予以注明，不单独发放学位证书。

第十五条 具有学士学位授予权的普通高等学校，可在本校全日制本科学生中设立双学士学位复合型人才培养项目。项目必须坚持高起点、高标准、高质量，所依托的学科专业应具有博士学位授予权，且分属两个不同的学科门类。

双学士学位复合型人才培养项目审批程序包括：学校应制定专门的人才培养方案，并组织专家对项目进行论证，经学校学位评定委员会表决通过、校长办公会或者校长授权的专门会议研究同意后提出申请，报省学位委员会审批。

学校应明确双学士学位复合型人才培养项目学生进入及退出的管理机制。经省学位委员会审批的双学士学位复合型人才培养项目通过高考招收学生。本科毕业并达到学士学位要求的，可授予双学士学位。双学士学位可适当延长学习年限。双学士学位只发放一本学位证书，所授两个学位在证书中予以注明。

第十六条 具有学士学位授予权的普通高等学校之间，可授予全日制本科毕业生联合学士学位。联合培养项目所依托的专业应是联合培养单位具有学士学位授权的专业。

联合学士学位培养项目审批程序包括：合作高等学校根据校际合作办学协议，共同制定联合培养项目和实施方案，经双方学校学位评定委员会表决通过、校长办公会或者校长授权的专门会议研究同意后提出申请，报省学位委员会审批。

跨省高等学校合作开展联合学士学位培养项目，应按照属地管理原则，同时通过合作高等学校所在地省级学位委员会审批后方可实施。

经省学位委员会审批的联合学士学位培养项目通过高考招收学生并在招生章程中予以说明。授予联合学士学位应符合联合培养单位各自的学位授予标准，学位证书由本科生招生入学时学籍所在的学士学位授予单位颁发，联合培养单位可在证书上予以注明，不再单独发放学位证书。

第十七条 普通高等学校违反国家相关法律法规颁发的学士学位证书，由教育行政部门宣布证书无效，责令收回或者予以没收。

对以作弊、剽窃、抄袭等学术不端行为或者其他不正当手段获得的学士学位证书，普通高等学校依法予以撤销。被撤销的学士学位证书已注册的，予以注销并报教育行政部门宣布无效。

第十八条 学士学位授予单位可按一定比例对特别优秀的学士学位获得者予以表彰，并颁发相应的荣誉证书或奖励证书。

第四章 管理与监督

第十九条 省学位委员会负责全省学士学位管理、监督和信息工作，科学规划，优化布局，引导、指导、督导学位授予单位服务需求、提高质量、特色发展，定期向国务院学位委员会报送学位授予信息。

第二十条 省学位委员会每年定期公开发布学士学位授予单位和授权专业名单等学士学位相关信息。

第二十一条 省学位委员会建立学士学位授权与授予质量评估制度和抽检制度。原则上在学士学位授予单位完成首次学位授予后对其进行质量评估，定期对学士学位授予单位和授权专业进行质量抽检。加强对辅修学士学位、双学士学位、联合学士学位、高等学历继续教育学士学位的质量监管。对存在质量问题的学士学位授予单位或授权专业，采取工作约谈、停止招生、撤销授权等措施。

第二十二条 学士学位授予单位应完善学士学位管理的相关规章制度，建立严格的学士学位授予质量保障机制，主动公开本单位学士学位授予标准、程序等相关管理规定，依法依规有序开展学位授予工作，惩处学术不端行为。

严格执行《学位证书和学位授予信息管理办法》《学位授予信息管理工作规程》，做好学位授予信息采集、管理和报送工作，确保学位授予信息真实、准确、完整、及时。要按照招录时确定的学习形式，填写、颁发学位证书，标示具体的培养类型（普通高等学校全日制、联合培养、高等学历继续教育），并认真、准确做好学士学位证书备案、管理、公示及防伪信息报备工作，定期向省学位委员会报送信息，严禁信息造假、虚报、漏报。

第二十三条 学士学位授予单位应建立相应的学位授予救济制度，处理申请、授予、撤销等过程中出现的异议，建立申诉复议通道，保障学生权益。

第五章 附 则

第二十四条 高等学校与境外教育机构合作办学授予外方学士学位的，按《中外合作办学条例》执行。

第二十五条 第二学士学位的授予工作按照国务院学位委员会要求执行。

第二十六条 本细则自2022年9月1日起实施，有效期5年，由省学位委员会负责解释。

广东省教育厅关于坚决做好减轻义务教育阶段学生校外培训负担工作的通知

（粤教督函〔2021〕8号）

各地级以上市教育局：

为贯彻落实中共中央办公厅、国务院办公厅印发的《关于进一步减轻义务教育阶段学生作业负担和校外培训负担的意见》（以下简称《意见》）精神，现就做好有关工作提出以下要求，请各地认真贯彻执行。

一、深入学习贯彻《意见》精神

各地要提高政治站位，充分认识减轻校外培训负担工作的重大意义。各地教育行政部门党委（党组）要召开专题会议，学习文件精神、尽快部署行动，对标《意见》提出的各项要求，抓好组织落实，不折不扣执行《意见》部署的各项任务。

二、严格落实《意见》各项要求

（一）坚持从严审批机构

全省各地不再审批新的面向义务教育阶段学生的学科类校外培训机构、面向学龄前儿童的校外培训机构和面向普通高中学生的学科类校外培训机构。对于开展体育（或体育与健康）、艺术（或音乐、美术）以及综合实践活动（含信息技术教育、劳动与技术教育）等非学科类培训的机构（以下简称非学科类培训机构），各地教育行政部门参照《国务院办公厅关于规范校外培训机构发展的意见》（国办发〔2018〕80号）和广东省学科类培训机构的设置标准（粤教策〔2018〕6号）的要求进行审批，发放办学许可证，确保证照齐全。依法依规严肃查处以教育文化、教育咨询、教育科技等名义开展学科类培训的校外培训机构。

（二）规范培训服务行为

认真落实《意见》关于"严格执行未成年人保护法有关规定，校外培训机构不得占用国家法定节假日、休息日及寒暑假期组织学科类培训"的要求，义务教育阶段学科类校外培训机构不得面向学生（含家长）销售周末、寒暑假、国家法定节假日的课程、课时包；已经销售的，根据国家"双减"文件并征求家长意愿，坚决予以清理整顿。对于学生家长要求退费的，坚决退费；对于学生家长不愿意退费的，在落实《意见》要求的前提下，按照历史遗留问题妥善处理。校外培训机构不得泄露家长和学生个人信息，严禁通过电话、短信等方式对家长和学生进行营销轰炸。

（三）加强培训广告管控

校外培训机构不得利用主流媒体、新媒体、公共场所、居民区各类广告牌和网络平台等刊登、播发校外培训广告。不得在中小学校、幼儿园内开展商业广告活动，不得利用中小学和幼儿园的教材、教辅材料、练习册、文具、教具、校服、校车等发布或变相发布广告。依法依规严肃查处各种夸大培训效果、误导公众教育观念、制造家长焦虑的校外培训违法违规广告行为。

（四）坚决压减学科类校外培训

各地要对现有学科类培训机构重新审核登记，逐步大大压减，解决过多过滥问题；依法依规严肃查处存在不符合资质、管理混乱、借机敛财、虚假宣传、与学校勾连牟利等严重问题的机构。

（五）强化校外培训收费监管

各地要督促校外培训机构坚持公益属性，依规明确收费标准，坚决遏制过高收费和过度逐利行为。探索通过第三方托管、风险储备金等方式，对校外培训机构预收费进行风险管控，加强对培训领域贷款的监管，有效预防"退费难""卷钱跑路"等问题发生。

（六）统筹规范其他培训行为

校外培训机构不得开展面向学龄前儿童的线上培训，严禁以学前班、幼小衔接班、思维训练班等名义面向学龄前儿童开展线下学科类（含外语）培训。现有的面向普通高中学生的学科类培训机构的管理，参照《意见》有关规定执行。

三、切实加强风险防控和应对处置

各地要充分考虑"双减"工作启动后对培训机构运营、学生假期生活带来的影响,做好风险研判并制定防控预案,妥善处置涉校外培训的舆情、信访投诉及各类矛盾问题。对确实存在困难的给予关心帮助,引导其积极转型,切实维护社会稳定。本通知执行期间,国家有新规定、新要求的,按新规定、新要求执行。

广东省教育厅

2021 年 8 月 2 日

广东省教育厅关于印发《广东省教育厅关于实施初中学生综合素质评价的指导意见》的通知

(粤教基〔2021〕17号)

各地级以上市教育局，广东实验中学、华南师范大学附属中学：

为全面贯彻党的教育方针，落实立德树人根本任务，深化教育评价改革，发展素质教育，提高学生综合素养，促进学生德智体美劳全面发展，根据中共中央、国务院印发的《关于深化教育教学改革全面提高义务教育质量的意见》《深化新时代教育评价改革总体方案》和教育部等六部门印发的《义务教育质量评价指南》以及国家和省有关考试招生制度改革精神，我厅对《广东省教育厅关于实施初中学生综合素质评价的指导意见（试行）》（粤教基〔2018〕10号）进行了修订。现将修订后的《广东省教育厅关于实施初中学生综合素质评价的指导意见》印发给你们，请遵照执行。

广东省教育厅
2021年8月22日

广东省教育厅关于实施初中学生综合素质评价的指导意见

为全面贯彻习近平新时代中国特色社会主义思想，贯彻落实全国教育大会精神，全面贯彻党的教育方针，落实立德树人根本任务，深化教育评价改革，发展素质教育，提高学生综合素养，促进学生德智体美劳全面发展，根据中共中央、国务院印发的《关于深化教育教学改革全面提高义务教育质量的意见》《深化新时代教育评价改革总体方案》、教育部等六部门印发的《义务教育质量评价指南》以及国家和省有关考试招生制度改革精神，结合我省实际，现就实施初中学生综合素质评价提出以下指导意见。

一、目的意义

初中学生综合素质评价是观察、记录、分析初中学生全面发展状况、发现和培育学生良好个性、提高学生综合素质的重要手段，是深入实施素质教育的一项重要制度。实施综合素质评价的目的是全面反映学生初中阶段德智体美劳全面发展情况，展现学生个性特长，形成学生在初中阶段成长和发展的重要档案，作为学生发展指导、毕业升学、学校育人质量评价的依据或参考。

实施综合素质评价，有利于帮助和促进学生自我认识、自我评价和自我发展；有利于促进学校和教师把握学生成长规律，切实转变育人方式和人才培养模式；有利于社会和家庭形成正确的育人观，形成多方协同育人局面；有利于深化新时代教育评价改革，改进结果评价、强化过程评价、探索增值评价、健全综合评价，建立科学的、符合时代要求的教育评价制度和机制，培养学生适应终身发展和社会发展需要的正确价值观、必备品格和关键能力。

二、基本原则

（一）坚持方向性和指导性

坚持党的领导，把握正确方向，教育引导学生爱党爱国爱人民爱社会主义，践行社会主义核心价值观，形成正确的世界观、人生观和价值观，培养担当民族复兴大任的时代新人。尊重学生个性特点和成长需要，加强学生的自我评价，帮助学生认识自我、发展自我，激发学生发展潜能。

（二）坚持全面发展和个性发展

坚持"五育"并举，着力提升学生综合素质，为学生终生发展奠定基础。既重视学生思想品德、学业水平、身心健康、艺术素养、社会实践等方面的全面发展，也反映学生个体的主要特点和突出表现，在面向全体学生的同时为每一个学生的个性特长发展提出针对性的指引。

（三）坚持真实客观和公正有效

如实记录学生成长过程中的突出表现，真实反映学生的发展状况，以事实为依据进行评价，确保评价内容客观真实。严格规范评价程序，注重师生全员参与，强化有效监督，确保评价过程公开透明，评价结果公平公正。坚持有效性和可操作性，确保综合素质评价结果可信可用。

三、评价内容

初中学生综合素质评价内容主要包括思想品德、学业水平、身心健康、艺术素养和社会实践等五个方面，整体反映学生综合素质发展情况。

（一）思想品德

主要考察学生在坚定理想信念、爱党爱国爱人民爱社会主义、学习和践行社会主义核心价值观，在责任担当、热爱集体、遵纪守法、诚实守信等道德品质和良好行为习惯养成方面的状况。重点记录学生接受中华优秀传统文化教育、革命文化教育、社会主义先进文化教育，遵守公民道德和公共秩序，参加学校班、团、队活动等方面的突出表现。

（二）学业水平

主要考察学生通过国家课程、地方课程和校本课程以及相关专题课程学习，在基本知识、基本技能、认知能力、思维发展、创新意识特别是学科核心素养形成等方面的状况，确保学生达到国家规定的学业质量标准。重点记录国家课程学业水平考试成绩（含实验操作成绩）、地方课程和校本课程学习经历与成果，以及学习态度、习惯、能力、效果等方面的突出表现。

（三）身心健康

主要考察学生的基本身体机能与运动技能、体育锻炼习惯与健康生活方式，以及心理健康状况、安全素养等。重点记录《国家学生体质健康标准》达标情况，体育课出勤情况，体育运动技能掌握情况，每天一小时校园体育活动表现及课余体育训练、竞赛情况，参加学校安全教育活动情况，以及自我认知与管理、人际关系、情绪调节、青春期适应、安全知识与相关技能等。

（四）艺术素养

主要考察学生对艺术的审美感受与鉴赏、参与和表现的能力。重点记录音乐、美术、书法、舞蹈、戏剧、戏曲、影视、播音、主持、非物质文化遗产传承、民间艺术与民俗活动等方面的兴趣特长表现，参加艺术活动（包括参观艺术场馆、参加艺术学习、欣赏或参与艺术表演、学习民间艺术、参与有意义的民俗活动等）的经历与成果等。

（五）社会实践

主要考察学生的社会认知、社会实践、社会适应状况，形成的劳动素养、实践能力等状况。重点记录学生在日常生活劳动、生产劳动、服务性劳动、参观学习、研学实践、志愿服务和公益活动中表现出的意识、能力和成果等。

四、评价方式

初中学生综合素质评价主要通过学生自我陈述评价、教师评语评价与重要观测点评价相结合的方式进行。

（一）学生自我陈述评价

学生自我陈述评价是学生在对自己的成长写实记录及相关佐证材料进行整理遴选的基础上撰写的，是对自我成长过程的总结梳理，是促进学生自我评价、自我教育和主动发展的过程。写实记录是学生在思想品德发展、学业水平表现、体育运动、艺术素养提升、社会实践等方面活动的记录，包括对事件的客观记录、自己内心体验与感受以及活动形成的成果（见附件1）。每到学期结束或毕业前，学生要对自己的综合素质发展、兴趣发展、个性成长等方面的情况做综合陈述。自我陈述要突出个性特长，有重点地介绍自己在成长过程中的突出表现，用证据说话，有助于他人在较短时间客观全面地了解陈述者，并留下深刻印象，避免泛泛而谈。学生自我陈述评价示例见附件2。

（二）教师评语评价

教师评语评价是指教师在全面了解学生成长情况的基础上，以发展的眼光，分析记录学生发展的信息，全面、客观、公正地反映学生综合素质阶段性发展水平和个性特点，突出正面引导，鼓励学生不断进步。学期教师评语由学校班主任、任课教师、社团指导教师等共同承担，具体由学校统筹安排；毕业评语反映学生初中阶段整体发展情况，由班主任填写。教师评语评价示例见附件2。

（三）重要观测点评价

根据学生的学段和年龄特点，在思想品德、学业水平、身心健康、艺术素养、社会实践等五个一级指标中，分别选取具有较强代表性、典型性、可测量、可评价的写实记录作为重要观测点，按学期进行评价。省制定重要观测点评价参考指标体系（见附件3），供各地市教育行政部门参考使用。各地市教育行政部门可结合区域实际和学生成长要求，在充分研究和征求意见的基础上，修改确定二级指标和重要观测点，形成本市初中学生综合素质评价标准。各学校根据学校办学特色等制定具体的评价操作细则。重要观测点评价可选择计分评价、等级评价或其他方式进行评价。

五、评价程序

学生综合素质评价主要包括学期评价和毕业评价。各学期结束时实施学期评价，学期评价反映学生各学期的综合素质发展情况，根据各学期评价情况给出毕业评价结果。评价实施过程主要由录入记录、审阅完善、提交评语、公示确认、形成档案等五个基本环节组成。依托学生综合素质评价信息管理平台（以下简称信息平台），建立完善的学生个人综合素质评价档案。

（一）录入记录

学生根据学校规定时间安排，在家长或老师的协助下，在信息平台中录入个人写实记录及佐证材料。在学校未进行审核前，学生可反复修改完善写实记录。

（二）审阅完善

由班主任老师或有关教师对学生提交的写实记录进行审阅，了解学生成长情况。班主任及有关教师应指导学生整理好个人写实记录材料，并遴选出不超过规定数量的具有代表性的重要活动记录和典型事实材料（包括重要观测点达成情况），完善有关佐证材料。学生无某方面记录或事迹不突出的，可以减少数量或空缺。

（三）提交评语

每学期末结束时，学生和班主任老师应根据学生本人实际情况，从德智体美劳等方面对学生综合素质发展情况进行评价，形成学生自我陈述和教师评语。学生的自我陈述由学生自行导入信息平台，教师评语由班主任老师导入信息平台。

（四）公示确认

各学校要按市或县（市、区）教育行政部门统一部署，对遴选出来的不涉及个人隐私的写实记录材料（含重要观测点）在信息平台或教室、学校公示栏、校园网等显著位置集中进行公示，公示期为5个工作日。公示工作原则上在每学期末或下学期初进行，具体时间由市或县级教育行政部门统一确定。公示期结束后，学生、班主任及有关教师要对个人写实记录进行签字确认，并统一在信息平台中及时提交审核。公示材料一经审核，相关记录不可更改。

（五）形成档案

写实记录、学生自我陈述、教师评语、重要观测点评价等经信息平台汇总，形成学生个人综合素质评价档案材料。

六、评价结果及运用

（一）结果呈现形式

综合素质评价结果主要包括学生自我陈述、教师评语和重要观测点评价等内容，在学生综合素质档案中呈现。其中，重要观测点的评价结果可以采取计分形式、等级评价或其他形式呈现，具体由各地市教育行政部门根据实际情况选择确定。

1. 计分形式。选择以计分形式呈现重要观测点评价结果的，按照每个一级指标20分、满分100分的原则，对各重要观测点指标进行分解赋分，每个观测点的赋分分值和评分标准由各地市教育行政部门根据实际确定。计分评价每学期实施1次，评价结束后形成学期评价分数。各学期评价分数累加后形成总分，按学期数取平均分作为初中阶段毕业评价得分。

2. 等级形式。选择以等级形式呈现重要观测点评价结果的，可对各重要观测点、一级指标及总评设定A、B、C、D、E等评价等级。每个观测点、一级指标的评价等级和评分标准以及总评等级标准由各地市教育行政部门根据实际确定。各地市教育行政部门可以对学生初中阶段每一个重要观测点所获得的对应评价等级（A、B、C、D、E）总数进行累计，按照评价标准综合得出学生初中阶段毕业评价的最终等级。各地市教育行政部门也可以在计分评价的基础上，将计分评价结果按照一定的对应规则转换为相应等级。等级评价每学期实施1次，评价结束后形成学期评价等级。各地市教育行政部门也可结合本地实际，选择其他等级呈现方式。

（二）评价结果运用

学生综合素质评价结果是学生发展指导、毕业升学、学校育人质量评价的依据或参考。各地各学校要充分利用学生写实记录材料，对学生成长过程进行科学分析，引导学生发现自我、建立自信，指导学生发扬优点、克服不足、明确努力方向，充分发挥评价过程的教育功能，促进学生健康、多样发展。各地市教育行政部门要将初中学生综合素质评价结果作为高中阶段学校招生录取的依据或参考，明确具体要求和使用办法；鼓励支持有条件的地市将其作为招生录取依据。各高中学校在招生录取时可根据学校办学特色及人才培养要求，对学生综合素质评价提出具体要求，经学校主管教育行政部门备案同意后提前向社会公布。学生综合素质评价情况可作为高中学校自主招生的主要依据。各级教育行政部门要把学生综合素质评价结果作为评价学校育人质量的重要依据。学校和教师要根据学生综合素质评价结果改进教育教学行为，全面推进实施素质教育，提高教育教学和管理水平。各地各学校要加强学生综合素质评价数据的分析应用，为区域教育发展和提升学校育人质量提供数据支撑。

七、组织保障

（一）明确职责分工

省教育厅根据国家要求统筹开展全省初中学生综合素质评价工作，制定本省综合素质评价工作指导意见，指导、监督、检查各地综合素质评价管理工作，搭建省级信息平台供地市应用，负责省属学校的综合素质评价管理工作。各地市教育行政部门负责统筹管理本地区初中学生综合素质评价工作，研究制定符合本市实际的具体实施办法和评价标准，选用省级信息平台或自建信息平台实施综合素质评价，组织开展信息管理平台操作使用培训，组织和督促各县（市、区）和学校开展综合素质评价实施工作，建立学生综合素质评价诚信责任追究制度，受理有关咨询和投诉；负责市属学校综合素质评价管理工作。各县（市、区）教育行政部门要落实属地管理责任，负责本区域内初中学生综合素质评价的实施工作，组织开展信息平台操作使用培训，应用省级信息平台或地市自建信息平台开展相应管理，指导和督促各学校做好综合素质评价实施各项具体工作。落实学生综合素质评价诚信责任追究制度，畅通举报渠道，受理有关方面的咨询和投诉。各学校要建立综合素质评价专门工作小组，制定学生综合素质评价操作细则，组织开展校内信息平台操作使用培训，组织和督促学校管理人员、学生和教师填报综合素质评价有关数据，建立审核、公示、申诉与诚信责任等制度，着力提升教师科学应用综合素质评价档案因材施教，指引学生健康成长的能力，全面、有序开展学生综合素质评价；主动探索学生综合素质评价的科学规律与方法，不断提高学生综合素质评价的质量。对于转学的学生，转入和转出地教育行政部门要加强协调，指导学校和学生做好综合素质评价数据转接工作，确保数据客观真实。

（二）完善工作机制

各级教育行政部门要从城乡学校实际出发，协调各方面力量，整合各类资源，为学生综合素质发展提供多样化发展平台。要进一步加大经费投入力度，加强学生综合素质评价研究、培训和实施等方面的经费保障力度，为学校深入推进素质教育提供相应支撑。各学校要建立健全学生成长指导和记录规章制度，建立实施综合素质评价责任制。要积极举办丰富多彩的校园文化艺术、科技、体育等活动，为开展综合素质评价提供支撑。加强日常宣传教育和指导，让老师、学生、家长明了综合素质评价的内容和方法，指导学生及时收集整理相关材料，突出评价的过程性，避免突击性评价。加强对学生申报和登记材料的审核审查，确保学生综合素质评价的公开透明和客观公正。学校要建立和完善学生会、班团队组织、学生社团等在综合素质评价中的机制和方法。

（三）加强信息平台建设

各地市教育行政部门可选择应用省级信息平台开展学生综合素质评价工作；也可自行开发信息平台，但必须确保系统对接和数据一致性。选择使用省级信息平台的地市，于2021年10月29日前向省教育厅提出平台使用需求，并制定完善本市综合素质评价实施办法，组织开展省级信息平台操作使用培训，并完成与省级信息平台的对接。选择自行开发建设信息平台的地市，在设计时要提前预留与省级信息平台的数据交换接口，并于2022年3月1日前完成数据对接测试。各级教育行政部门应指导和督促学校积极应用信息平台开展学生综合素质评价，加强信息安全管理。由外省（区、市）转学进入我省初中就读的学生，其综合素质评价信息经地市教育行政部门认定后导入信息平台。各地市教育行政部门要将初中与高中学生综合素质评价有序衔接起来，在制定标准和实施要求时要统筹设计、保持系统性和连贯性。省级信息平台将支持从小学到高中各学段学生开展综合素质评价，鼓励有条件的地市积极开展小学生综合素质评价工作。

（四）建立健全监督机制

各地各学校要建立健全工作监督机制，建立完善信息公示制度，及时将综合素质评价内容、标准、方法、程序、人员、规章制度等进行公示，提升综合素质评价工作的公开透明度；完善学生综合素质评价材料的公示办法，既要保障学生合法权益与个人隐私信息，也要畅通举报渠道确保材料真实可信。建立申诉制度，学生或其监护人等对评价结果或学校评价工作有异议的，可向学校提出申诉，学校依法依规进行核查确认并反馈意见。教育行政部门完善相应的监督机制，公开举报电话和网站；建立诚信责任追究制度，对弄虚作假者要按有关规定严肃处理，违反法律的要追究法律责任。教育督导部门要将各学校开展综合素质评价工作纳入教育督导范围，组织责任督学开展定期专项督导和日常检查指导。

（五）加强宣传引导

各地市教育行政部门要把实施学生综合素质评价工作作为推进教育评价改革和中考招生制度改革、破除"五唯"顽瘴痼疾的重要抓手。要通过新闻媒体、学校教育等多种形式加大综合素质评价工作的宣传解读力度，合理引导预期，引导学生、家长、社会树立正确的教育观和成才观。要及时总结、宣传、推广实施综合素质评价的成功经验和典型案例，扩大辐射面，提高影响力。

本指导意见自2021年10月1日起实施，有效期5年。各地市教育行政部门要因地制宜制定本市初中学生综合素质评价实施办法，明确基本要求和具体实施标准，于2021年12月31日前报省教育厅备案。

附件：1. 广东省初中学生综合素质写实记录指引

2. 广东省初中学生综合素质学生自我陈述和教师评语评价示例

3. 广东省初中学生综合素质重要观测点评价参考指标体系

附件1

广东省初中学生综合素质写实记录指引

学生在教师和家长指导下，选择记录学习生活过程中思想品德、学业水平、身心健康、艺术素养与社会实践等方面的突出表现，并上传有关佐证材料。

一、思想品德

重点记录学生接受中华优秀传统文化教育、革命文化教育、社会主义先进文化教育，遵守公民道德和公共秩序，参加学校班、团、队活动等方面的突出表现。

例1：2020年10月12日下午，我参加了由学校共青团组织的第六期红色革命基地教育活动，参观了位于广州市越秀南路与东园横路交界处的"团一大"纪念广场。我主动担任讲解员，得到大家一致好评。活动结束，我递交了入团申请书，争取早日成为一名共青团员。

例2：这周一由我们班负责升国旗，我心情有点小兴奋。清晨，我穿戴整齐，早早赶到学校，和同学们一起重读《中华人民共和国国旗法》有关升旗的内容和要求，仔细打扫升旗台卫生，做好一切升旗准备工作。升旗礼进行得十分顺利，当看到五星红旗在同学手中冉冉升起的时候，心里既骄傲又激动，这里面也有一份我的付出和功劳啊！

二、学业水平

重点记录国家课程学业水平考试成绩（含实验操作成绩）、地方课程和校本课程学习经历与成果，以及学习态度、习惯、能力、效果等方面的突出表现。

例1：本学期我被语文老师评为"发言智多星"。下学期我要继续努力、争取拿下"笔记小能手"和"阅读小博士"，成为本年度的"学习之星"。

例2：我组织张××、李×、王××、秦×等同学组成五人探究小组，开展"瑶族长舞鼓"的由来及其意义探究活动，成果获得老师们的充分肯定，入选学校"综合实践与创新活动"成果汇编。

三、身心健康

重点记录《国家学生体质健康标准》达标情况，体育课出勤情况，体育运动技能掌握情况，每天一小时校园体育活动表现及课余体育训练、竞赛情况，参加学校安全教育活动情况，以及自我认知与管理、人际关系、情绪调节、青春期适应，安全知识与相关技能等。

例1：2020年10月16日，我参加学校田径运动会的平板支撑挑战赛，获第一名。

例2：我独创了一套情绪舒缓减压操，得到老师同学们的一致认可，在全班推广。

四、艺术素养

重点记录音乐、美术、书法、舞蹈、戏剧、戏曲、影视、播音、主持、非物质文化遗产传承、民间艺术与民俗活动等方面的兴趣特长表现，参加艺术活动（包括参观艺术场馆、参加艺术学习、欣赏或参与艺术表演、学习民间艺术、参与有意义的民俗活动等）的经历与成果等。

例1：2021年2月10日，在××村迎新春民俗表演活动中，我参加了舞狮表演，既强健了体魄，又丰富了文化知识。

例2：2020年9月30日，作为学校合唱团的一员，我参加了全镇"国庆大合唱"会演，这是我们第一次在学校外面登台演出，大家都很紧张。我和同学互相加油打气，最终顺利完成了演出。

五、社会实践

重点记录学生在日常生活劳动、生产劳动、服务性劳动、参观学习、研学实践、志愿服务和公益活动中表现出的意识、能力和成果等。

例1：2020年10月11日下午，我参加了五福社区关爱孤寡老人活动，帮他们打扫卫生，和他们谈心、讲社会新变化，老人们特别开心。

例2：2021年3月下旬，我参加学校团委组织的"护河小卫士"活动。在专业人士带领下，我们开展了持续一周的武江曲江区部分河段排污口调查、水质监测、水生态现状研究等活动，我们合作撰写的《武江曲江区河段水生物现状及改善建议》获得曲江区河长办公室的高度认可。

附件2

广东省初中学生综合素质自我陈述和教师评语评价示例

学生自我陈述和教师评语评价是学生阶段性发展结果评价，可以分为学期评价、毕业评价等。示例如下：

一、学生自我陈述评价

（一）学期评价

本学期以来，我在各个方面都有进步，思想水平比以前有了很大的提高。我的性格开朗，诚实守信，富有正义感。在学校，我与同学相处融洽，尊敬师长，乐于助人，虚心听取别人的意见，勇于进行批评和自我批评，自觉遵守法律法规、中小学生日常行为规范和校纪。认真听课，不懂就问，能按时完成作业，善于在学习中总结与反思。经常自觉锻炼身体，上体育课时认真刻苦，不偷懒。在义务劳动中关心和尊重他人，具有合作的意识和行为。在家尊老爱幼，经常做家务，是一个很少让父母担心的人。在学习之余，关心国家大事，积极参加各种公益活动，培养自己的实践创新能力；对艺术有浓厚的兴趣，具有较好的审美能力。希望能在以后的日子里，越来越出色。

（二）毕业评价

短短三年的初中生活，让我获益良多。从不懂事的小学生变成独立自主、积极向上的初三学生，生活能力变强了，遇到困难能学会自己解决。从小个子变成高大的小伙子，身体变结实了，性格也变得更加开朗幽默，与同学相处融洽。学习上虽然不是名列前茅，但也用功努力。能听老师的话，改正许多不良习惯。在家长心中是个听话的好孩子。如果能更合理地安排学习和休闲，我相信会做得更好。人生的风帆刚刚扬起，我将在今后的学习中提高对自己的要求，以更专注的态度和更雄健的脚步迈向未来！

二、教师评语评价

（一）学期评价

你是一个心灵手巧的好孩子，你画的小动物个个活灵活现，连老师都自叹不如，同学们欣赏了你那幅惟妙惟肖的作品后，都在夸你，暗暗羡慕你。你还能歌善舞，在新年主题班会上，你那可爱的模样，甜美的歌声给老师和同学留下了深刻的印象。你学习也很棒，在课堂上发言积极，独到的见解令同学们刮目相看。多少回天一亮你就到教室值日。你就是这样一位女孩子，积极进取，在各方面不断地努力着。"世上无难事，只怕有心人。"只要勇于挑战，胜利的春天必将到来！

（二）毕业评价

你是一个活泼大气的男同学。三年以来，你逐渐从少不更事的懵懂少年，成长为一个志远担当的班干部。三年来，你一直承担班级劳动委员的工作。在劳动中，你不但以身作则、积极肯干，而且讲究工作方法，带领同学们协同合作，保质保量完成任务。在上课时，你开动脑筋，举手发言，珍惜每一次锻炼的机会。最让我满意的是，只要谁需要帮助，你都会伸出援助之手。成功从来没有捷径，老师希望你能沉住气，继续努力，在书写方面再下功夫，争取更大的进步！

附件3

广东省初中学生综合素质重要观测点评价参考指标体系

一级指标（5个）	二级指标（15个）	指标内涵	重要观测点建议（25个观测点，每学期评价一次）
一、思想品德	（一）理想信念	在坚定理想信念、爱党爱国爱人民爱社会主义以及在学习和践行社会主义核心价值观、传承和弘扬中华优秀传统文化等方面的思想和行为表现。	1. 爱国情操。积极参加学校升国旗、国防和革命传统教育等爱国主义教育活动，参加共青团、少先队活动。 2. 团结友爱。爱集体助同学，在服务集体和帮助同学方面有突出表现。孝父母敬师长，传承中华传统美德。尊重公德，自觉礼让排队，保持公共卫生，爱护公共财物。 3. 诚实守信。不说谎不作弊，借东西及时还，知错就改。 4. 勤俭节约。不比吃喝穿戴，节粮节水节电，低碳环保生活，无奢侈浪费行为。 5. 遵纪守法。无违法行为，未受到学校纪律处分。
	（二）品德修养	遵守日常行为规范，遵守社会公序良俗，朴素节俭，养成良好品德和行为习惯；组织、参与班、团、队活动，主动为学校、班级、同学及他人服务。	
	（三）公民道德	养成规则意识，在明礼守法讲美德、诚实守信有担当、爱护公共财物、爱护自然和公共卫生环境以及在国际理解教育、形成人类命运共同体意识等方面的思想和行为表现。	
二、学业水平	（一）学习表现	学生遵守课堂及教师教学基本要求情况；学习兴趣、学习态度、学习自信心等情况。	1. 基本要求。按时出勤，认真听讲、及时完成学习任务。 2. 乐学敬业。保持积极学习态度，具有学习自信心和自主学习意识、养成学业规划习惯，认真制订学习计划。 3. 学会学习。掌握有效学习方法，主动预习、及时复习，撰写学习总结，不断提高学习能力。广泛吸收、合理利用信息，文明绿色上网，养成阅读习惯，每学期阅读课外图书5册及以上。 4. 乐于创新。积极参加学校兴趣小组、社团活动，有小发明、小制作、小创造等兴趣特长。 5. 学业达标。达到国家规定的义务教育课程学业质量标准要求，各科成绩达到合格及以上标准。主动参与实验、学科实践设计，并能够完成相关操作。
	（二）学习能力	学生掌握有效学习方法、阅读理解、沟通表达能力情况。	
	（三）创新精神	学生科学兴趣特长情况；参加创新活动情况；发现、提出、分析、解决问题等方面的情况。	
	（四）学科素养	学科基本知识和技能掌握、认知能力、思维发展、创新意识培育情况；学科学业质量标准达成状况；学科实践及实验操作能力情况。	

续上表

一级指标 （5个）	二级指标 （15个）	指标内涵	重要观测点建议 （25个观测点，每学期评价一次）
三、身心健康	（一）体质状况	学生体检基本情况，基本身体素质达标情况。	1. 体质健康。《国家学生体质健康标准》达标。 2. 按时上课。积极参加体育与健康课程学习、心理健康教育活动，不迟到、不早退。 3. 发展特长。掌握1～2项体育运动技能并积极参加各种体育活动，或获得班级、学校、教育行政部门组织的体育竞赛奖项。 4. 珍爱生命。积极参加学校组织的安全教育活动，会自护懂求助，积极参加学校组织的应急疏散演练。 5. 自强自律。自尊自信、自立自强，合理表达、控制调解自我情绪，学会合作共处，宽以待人，虚心接受批评，积极面对困难与挫折，人格健全。
	（二）健康生活	学生日常及每天一小时校园体育运动表现，特长项目及体育竞赛表现，起居饮食等情况。	
	（三）安全素养	学生掌握安全知识、树立安全意识、形成必要的自救与互救基本技能的情况。	
	（四）心理健康	学生自我认知与管理、人际关系、情绪调节和青春期适应等情况。	
四、艺术素养	（一）审美体验	学生参加各级各类艺术活动提高艺术素养的情况，包括参观艺术场馆、参加校外艺术学习、观看艺术演出展览等方面的活动情况，以及日常生活中形成的其他艺术体验记录。	1. 按时上课。积极参加艺术课程学习，按时出勤，不迟到不早退。 2. 培养爱好。积极培养艺术兴趣，有1项以上的艺术爱好。 3. 艺术实践。积极参加各类艺术实践活动，提高艺术表现和创意实践等核心素养，能够表现美和创造美。 4. 发展特长。积极参加校级以上艺术团体，努力形成艺术专项特长。 5. 审美感知。提升文化理解和审美感知，经常欣赏文学艺术作品，观看文艺演出，参观艺术展览等，能够感受美和鉴赏美。
	（二）艺术实践	学生在艺术领域兴趣爱好的养成情况，参加艺术欣赏、展演、比赛等活动情况，有代表性的经历或成果。	
五、社会实践	（一）社会学习	学生参观考察各行各业组织机构、参与和年龄特征相适应的职业体验活动、技能学习和社会调研、志愿服务和公益活动等情况。	1. 社会服务。积极参加志愿服务、公益活动。 2. 参观学习。在社会大课堂中拓展视野，参加校外参观学习2次以上。 3. 劳动技能。掌握1项以上日常生活劳动、生产劳动或服务性劳动技能。 4. 热爱劳动。参加学校安排或组织的校内外劳动，出勤率100%；自己的事自己做，主动分担家务。 5. 综合实践。善于从社会生活中发现问题，参加综合实践活动主题1个以上。
	（二）劳动实践	学生劳动意识、劳动习惯、劳动技能养成情况，参与和年龄特征相适应的劳动实践等活动情况。	

说明：

1. 各地市在调整重要观测点指标体系内容时，一、二级指标及指标内涵原则上不得变动，但可结合各地实际，对重要观测点进行适当调整。

2. 各地市结合当地实际，可采用计分评价、等级评价或其他方式，并制定相应的实施细则。

3. 出勤率计算时不含正常的请假。

广东省教育厅关于印发《广东省中小学教师资格考试试点实施办法》和《广东省中小学教师资格定期注册试点实施办法》的通知

(粤教师〔2021〕12号)

各地级以上市教育局，有关高等学校，省属中小学：

为深入推进中小学教师资格考试和定期注册制度改革，省教育厅按有关规定对《广东省中小学教师资格考试试点实施办法》和《广东省中小学教师资格定期注册试点实施办法》(粤教师〔2016〕2号)进行了修订。现将修订后的《广东省中小学教师资格考试试点实施办法》和《广东省中小学教师资格定期注册试点实施办法》印发给你们，请遵照执行。各地各校在相关工作中遇到的问题，请及时报送省教育厅。

广东省教育厅
2021年9月8日

广东省中小学教师资格考试试点实施办法
（2021年9月修订）

为进一步完善我省中小学教师资格考试制度，根据《教育部关于开展中小学和幼儿园教师资格考试改革试点的指导意见》(教师函〔2011〕6号)、《教育部办公厅关于进一步扩大中小学教师资格考试与定期注册制度改革试点的通知》(教师厅〔2015〕3号)、《教育部关于印发〈中小学教师资格考试暂行办法〉〈中小学教师资格定期注册暂行办法〉的通知》(教师〔2013〕9号)、《教育部关于印发〈教育类研究生和公费师范生免试认定中小学教师资格改革实施方案〉的通知》(教师函〔2020〕5号)等文件精神，结合我省中小学（含中等职业学校、幼儿园，下同）教师队伍实际，制定本实施办法。

一、指导思想

深入贯彻落实党的十九大和十九届二中、三中、四中、五中全会精神，按照中央和省委关于全面深化新时代教师队伍建设改革要求，以建设高素质专业化创新型中小学教师队伍为宗旨，以促进教师专业化发展为导向，通过中小学教师资格考试改革，严格教师资格认定条件和认定程序，完善教师资格制度，严把教师职业入口关，不断提升教师队伍整体素质。

二、工作目标

通过教师资格考试改革，提高中小学教师资格准入标准，创新教师资格考试内容、考试形式和考试评价，引导教师教育改革；强化对申请人的教师职业道德素质、教育教学能力和教师专业发展潜质的考察；完善教师资格认定办法，严格教师资格准入制度，把好教师职业入口关；统筹教师队伍管理，逐步建立和完善教师职业准入和管理制度。

三、主要内容

（一）考试方式

中小学教师资格考试分笔试和面试两部分。

笔试采用纸笔考试方式进行。

面试采取结构化面试、情境模拟等方式，通过抽题、备课（活动设计）、回答规定问题、试讲（演示）、答辩（陈述）、评分等环节进行。

笔试各科目考试时间为120分钟。面试备课时间20分钟，回答问题、试讲、答辩时间共20分钟。

（二）考试内容

教师资格考试大纲由教育部统一制定，试题由教育部考试中心统一命制。考试不统一指定教材，考生可通过国家"中小学教师资格考试网"（http：//ntce.neea.edu.cn）下载《考试标准》和《考试大纲》，根据考试大纲知识点自行复习、备考。

1. 笔试内容。中小学教师资格考试笔试主要考察申请人从事教师职业所应具备的教育理念、职业道德和教育法律法规知识；科学文化素养和阅读理解、语言表达、逻辑推理和信息处理等基本能力；教育教学、学生指导和班级管理的基本知识；拟任教学科（专业）领域的基本知识，教学设计、实施、评价的知识和方法，运用所学知识分析和解决教育教学实际问题的能力。

笔试科目如下：

（1）幼儿园教师资格考试笔试科目共两科：科目一为"综合素质"，科目二为"保教知识与能力"。

（2）小学教师资格考试笔试科目共两科：科目一为"综合素质"，科目二为"教育教学知识与能力"。

（3）初级中学、高级中学教师资格考试笔试科目共三科：科目一为"综合素质"，科目二为"教育知识与能力"，科目三为"学科知识与教学能力"。

（4）初级中学和高级中学的"学科知识与教学能力"科目按教育部有关规定确定。

（5）申请中等职业学校文化课教师资格的人员参加高级中学教师资格考试。

（6）中等职业学校专业课教师和中等职业学校实习指导教师资格考试科目共三科：科目一为"综合素质"，科目二为"教育知识与能力"，科目三为"专业知识与教学能力"，其中科目三的考察结合面试环节进行。

2. 面试内容。面试主要考查申请人的职业认知、心理素质、仪表仪态、言语表达、思维品质等教师基本素养和教学设计、教学实施、教学评价等教学基本技能。

面试科目如下：

申请面试学科（学段）应与笔试学科（学段）一致。

（1）幼儿园面试不分科。

（2）小学面试科目按教育部有关规定确定。

（3）初级中学、高级中学、中等职业学校文化课教师资格面试科目与笔试的"学科知识与教学能力"科目一致。

（4）中等职业学校专业课教师和实习指导教师的教师资格面试按《广东省中等职业学校专业课教师和实习指导教师资格考试面试大纲》（粤教继函〔2016〕37号）规定进行。

（三）报考对象

1. 广东省户籍人员。

2. 持有广东省居住证并在有效期内的外省（区、市）户籍人员。

3. 广东省内普通高等学校在读研究生、三年级及以上的本科学生、毕业学年的专科学生、幼儿师范学校毕业学年学生。

4. 持港澳台居民居住证，或港澳居民来往内地通行证，或五年有效期台湾居民来往大陆通行证的港澳台居民。

上述人员已参加笔试，各科成绩合格且在有效期内，或未取得笔试合格成绩但按规定可免考的，方可报名参加与笔试科目相一致的面试。

（四）报考条件

1. 具有中华人民共和国国籍，身体健康。

2. 遵守宪法和法律，热爱教育事业，具有良好的思想品德。

3. 符合《教师法》规定的学历要求。

港澳台居民参加全国中小学教师资格考试的报名条件，按照《教育部办公厅中共中央台湾工作办公室秘书局国务院港澳事务办公室秘书行政司关于港澳台居民在内地（大陆）申请中小学教师资格有关问题的通知》（教师厅〔2019〕1号）规定执行。

被撤销教师资格的，5年内不得报名参加考试；受到剥夺政治权利或者因故意犯罪受到有期徒刑以上刑事处罚的，不得报名参加考试。曾参加教师资格考试有作弊行为的，按照《国家教育考试违规处理办法》（教育部第33号令）、《中华人民共和国刑法修正案（九）》、《最高人民法院、最高人民检察院关于办理组织考试作弊等刑事案件适用法律若干问题的解释》（法释〔2019〕13号）的相关规定执行。

（五）免考条件

2021年及以后年份毕业的教育类研究生、公费师范生可凭教育教学能力考核结果，免考国家中小学教师资格考试部分或全部科目。取得《师范生教师职业能力证书》的，可在有效期内一次免试认定相应教师资格。具体按照《教育部关于印发〈教育类研究生和公费师范生免试认定中小学教师资格改革实施方案〉的通知》（教师函〔2020〕5号）执行。

（六）考试时间

按国家统一规定，中小学教师资格考试每年春季和秋季各举行一次。笔试时间一般为每年3月和11月，面试时间一般为每年1月和5月，具体考试时间以教育部考试中心发布为准。

（七）报考程序

1. 笔试报名和确认、缴费。考生参加中小学教师资格笔试考试，须在规定的时间内，登录国家"中小学教师资格考试网"（http：//ntce.neea.edu.cn），按照栏目指引进行网上报名。网上报名的考生，须保证本人的报名信息真实有效且具有报名资格。不符合报名条件或信息填写错误而参加中小学教师资格考试者，后果自负。

报名信息通过审核后，考生应在规定的时间内完成网上缴费。

2. 面试报名和确认、缴费。笔试各科目成绩合格的考生，须在规定的时间内，登录"中小学教师资格考试网"，按照栏目指引进行面试网上报名。已完成网上报名的考生，应按照报考考区规定的时间和方式提交身份证件、户口本或居住证、学历证明（在校生提供在校学籍证明）等材料完成报名确认。报名信息经确认后的考生，方可进行网上缴费。

3. 准考证获取与打印。笔试和面试的准考证在报名审核通过并完成网上缴费后，由教师资格考试考务信息管理系统生成，并在考前规定的时间内提供给考生自行下载、打印。

（八）考试过程

1. 笔试过程。考生持准考证及指定的个人有效身份证件，按规定时间到达笔试考点参加笔试。

2. 面试过程。考生持准考证及指定的个人有效身份证件，按规定时间到达面试考点，进入候考室候考，按规定流程参加面试。

（1）抽题。按考点安排，登录面试测评系统，计算机从题库中随机抽取试题（幼儿园类别考生从抽取的2道试题中任选1道，其余类别只抽取1道试题），考生确认后，计算机打印试题清单。

（2）备课。考生持试题清单、备课纸进入备课室，撰写教案（或活动演示方案）。准备时间20分钟。

（3）回答规定问题。考生由工作人员引导进入指定面试室。考官从试题库中随机抽取2道规定问题，要求考生回答。时间5分钟。

（4）试讲或演示。考生按准备的教案（或活动演示方案）进行试讲（或演示）。时间10分钟。

（5）答辩。考官围绕考生试讲（或演示）内容进行提问，考生答辩。时间5分钟。

中等职业学校专业课和实习指导教师资格考生面试按照省规定的流程组织实施。

（九）评分及成绩

笔试由教育部考试中心组织统一评卷，笔试成绩合格线由教育部确定，与考生笔试成绩同时公布。笔试单科合格成绩2年有效。笔试各科成绩合格且满足上述第（三）条相关规定者，方可报名参加面试。面试由考官依据评分标准对考生面试表现进行综合评分。面试成绩合格线由省教育厅确定。

考生在笔试和面试成绩公布后，可通过国家"中小学教师资格考试网"查询本人的考试成绩。考生如对本人的考试成绩有异议，可在成绩公布后10个工作日内，向考试所在考区教育考试机构提出复核申请。成绩复核工作由教育部考试中心负责，复核结果由各受理机构通知考生。

笔试和面试均合格者由教育部考试中心（教育部教师资格考试中心）颁发教师资格考试合格证明。教师资格考试合格证明有效期为3年。教师资格考试合格证明是考生申请认定教师资格的必备条件。

四、相关事项

（一）考试收费

教师资格考试费用按国家和省有关规定收取。

（二）实施时间

本实施办法自2021年11月1日起实施，有效期5年。

五、工作分工

（一）省教育厅负责统筹全省中小学教师资格制度改革工作，指导各地各高校实施中小学教师资格考试试点有关工作。

（二）各地级以上市教育行政部门负责落实本辖区内中小学教师资格考试笔试和面试工作，负责统筹协调辖区内的各级各类学校承担教师资格考试任务，确保在本辖区内开设足够数量符合条件的考点，充分满足广大考生的报考需求。负责根据教育部和省要求聘请符合条件的面试考官、建立考官库、组织考官培训等。

（三）省内各级各类学校应主动配合当地教育行政部门，承担中小学教师资格考试笔试和面试工作，积极提供场地作为笔试和面试考点，按照要求提供工作人员，确保各项工作顺利开展。

各级教育行政部门及教师资格考试机构不得组织教师资格考试培训。

六、工作要求

（一）系统设计，统筹规划。正确处理好教师职前培养、资格准入、岗位聘用之间的关系，建立三者贯通、配套支撑、互为一体的运行机制；妥善处理好新老人员过渡和新旧政策的衔接，实行平稳过渡；统筹改革工作的组织领导、政策指导、考试管理、资格认定等主要环节，系统推进改革。

（二）高度重视，分级负责。教师资格考试改革工作牵涉面广，任务重，社会关注度高。各级教育行政部门要充分认识到教师资格考试改革工作的重要性和复杂性，周密部署，稳慎实施，确保改革工作平稳顺利。

（三）以人为本，公平择优。以鼓励和吸引优秀人才从事教育工作为宗旨，为考生提供专业化的考试服务。坚持考试的科学性、规范性和公正性，择优选拔适教乐教善教人员取得教师资格。

（四）加强监管，确保安全。加强安全保密工作，确保笔试试卷、面试测评系统安全。建立与保密、无线电管理、公安等部门协调机制，加强考试环境综合治理。省对各地笔试、面试考点的组织实施工作进行巡视检查。

（五）规范经费，加强保障。全国中小学教师资格考试笔试及面试报名考试费应专款专用，任何组织或个人不得挪用。对参与试卷运送、法定节假日举行考试期间从事工作值班、监考、巡考、试卷保密等相关考务工作人员和面试考官，各级考试组织部门应根据工作量、工作强度等相关因素，会同有关部门按一次性劳务报酬有关要求制定本地区考试巡考费、监考费标准，并及时发放相应的劳动报酬。

（六）加强监督，严明纪律。确保考试实施阳光操作，严明纪律要求，实行责任追究制度。严禁在教师资格考试工作中徇私舞弊、弄虚作假、违规操作，自觉接受纪检监察部门和社会监督。对考务管理、监考等考试相关人员和报考人员的违规行为，坚决按照国家有关规定进行处理。

（七）总结经验，优化方案。在推进实施教师资格考试改革工作中，要注意及时发现、研究和解决改革中出现的新情况、新问题，妥善处理改革、发展和稳定之间的关系。要认真总结改革经验，为进一步完善教师资格考试制度提供有益借鉴。

广东省中小学教师资格定期注册试点实施办法
（2021年9月修订）

为完善教师资格制度，健全教师管理机制，建设高素质专业化教师队伍，根据《教育部办公厅关于进一步扩大中小学教师资格考试与定期注册制度改革试点的通知》（教师厅〔2015〕3号）、《教育部关于印发〈中小学教师资格考试暂行办法〉〈中小学教师资格定期注册暂行办法〉的通知》（教师〔2013〕9号），结合我省中小学（含中等职业学校、幼儿园，下同）教师队伍建设实际，制定本办法。

一、注册范围

中小学教师资格定期注册的对象为经我省各级教育行政部门核准举办的普通中小学、中等职业学校、幼儿园和特殊教育学校在岗教师。

中小学教师资格定期注册制度分为首次注册和定期注册，教师完成首次注册后，每5年申请一次定期注册。

二、注册条件

（一）首次注册合格，须具备下列条件：

1. 取得与教学岗位相应的教师资格。

2. 普通中小学、中等职业学校、幼儿园和特殊教育学校在岗教师。

3. 遵守国家法律、法规，履行《教师法》规定的教师义务，遵守《新时代中小学教师职业行为十项准则》《新时代幼儿园教师职业行为十项准则》和《中小学教师职业道德规范》，有良好的师德表现，申请首次注册前一年度师德考核为合格以上等次。

4. 具有良好的身体素质和心理素质，能适应教育教学工作的需要。

5. 对于首次任教人员须试用期满且考核合格。

（二）定期注册合格，须具备以下条件：

1. 取得与教学岗位相应的教师资格。
2. 普通中小学、中等职业学校、幼儿园和特殊教育学校在岗教师。
3. 遵守国家法律法规，履行《教师法》规定的教师义务，遵守《新时代中小学教师职业行为十项准则》《新时代幼儿园教师职业行为十项准则》和《中小学教师职业道德规范》，达到教育行政部门规定的师德考核评价标准，有良好的师德表现。
4. 每个注册周期内每年年度考核为合格及以上等次。
5. 每个注册有效期内完成不少于国家和省规定的培训学时或省级教育行政部门规定的等量学分。
6. 具有良好的身体素质和心理素质，能适应教育教学工作的需要。

（三）有下列情形之一的，应及时给予暂缓定期注册结论：

1. 中止教育教学或教育管理工作一学期及以上的，但按教师管辖权限经批准的进修、培训、学术交流、挂职、借调、病休、产假等情形除外。
2. 注册有效期内未完成国家或省规定的继续教育学时。
3. 每个注册周期内任意一年年度考核不合格。首次注册时，对持有低学段教师资格证书，并已在高学段任教且经学校教学考核合格的人员，可先给予注册合格结论。但在下一次定期注册时，需具备高学段教师资格，否则，必须调整到相应低学段任教。定期注册制度试点后，各地各校不得再"低段高聘"。

暂缓注册者达到定期注册条件的，可在最近一次的注册受理期再次申请注册。

（四）有下列情形之一的，应及时给予注册不合格结论：

1. 违反《中小学教师职业道德规范》和师德考核评价标准，影响恶劣的。
2. 一个定期注册周期内连续两年及以上年度考核不合格的。
3. 注册周期内依法被撤销或丧失教师资格的。

三、注册程序

（一）教师经首次注册合格后，每5年应申请一次定期注册。教师应当在定期注册有效期满前最近受理期内，申请办理下一次教师资格定期注册。

（二）教师资格定期注册须由本人申请，所在学校集体办理，按照属地管理原则报县级以上教育行政部门审核注册。

（三）申请教师资格首次注册，应当提交下列材料：

1. 《教师资格定期注册申请表》一式两份。
2. 《教师资格证书》。
3. 与教育行政部门或任教学校签订的有效聘用合同（或劳动合同）。
4. 任教学校出具的师德表现证明。
5. 最近一年的年度考核合格证明或试用期考核合格证明。

（四）申请教师资格定期注册，应当提交下列材料：

1. 《教师资格定期注册申请表》一式两份。
2. 《教师资格证书》。
3. 与教育行政部门或任教学校签订的有效聘用合同（或劳动合同）。
4. 任教学校出具的师德表现证明。
5. 最近连续五年的年度考核证明。
6. 省级教育行政部门认可的继续教育证书。

有两种及以上教师资格证书的，按与现任教学段和学科一致的教师资格证书进行注册。

（五）县级以上教育行政部门在受理注册申请终止之日起90个工作日内，对申请人提交的材料进行审核并给出注册结论。注册结论应提前进行公示。县级教育行政部门负责申报材料的初审，提出注册结论的建议；地市级教育行政部门负责申报工作的复核；省级教育行政部门对注册申请进行终审，并在全国中小学教师资格定期注册管理信息系统中填报注册结论及有关信息。

县级以上教育行政部门将申请人的《教师资格注册申请表》一份存入个人人事档案，一份归档保存，同时在申请人《教师资格证书》附页上标明注册结论。

四、相关规定

（一）申请人隐瞒有关情况或提供虚假材料申请教师资格注册的，视情况暂缓注册或注册不合格，并依照有关规定处理；已经注册的，应当撤销注册。

（二）任教学校未按期如实提供申请人注册证明材料的，上级教育行政部门应当责令改正，依法对直接负责的主管人员和其他直接责任人给予相应处分。

（三）县级及以上教育行政部门实施定期注册，有下列情形之一的，由其上级教育行政部门或者监察机关责令改正，依法对直接负责的主管人员或者其他直接责任人员给予相应处分：

1. 对不符合教师定期注册条件者予以定期注册的。

2. 对符合教师定期注册条件者不予定期注册的。

（四）注册范围内的教师无故逾期不申请定期注册，按照注册不合格处理。

五、定期注册的组织和管理

（一）省教育行政部门主管全省中小学教师资格定期注册工作。各市、县（市、区）教育行政部门负责本地区教师资格定期注册工作的组织实施、管理和监督。

（二）各级教育行政部门和中小学要规范定期注册结果的应用。

（三）定期注册工作不收取教师和学校任何费用。

（四）在首次注册或定期注册当年离法定退休年龄不足5年的教师，应注册至退休年度。已退休人员不参加注册。

六、附则

本实施办法自2021年11月1日起实施，有效期5年。

广东省教育厅 广东省财政厅关于印发《广东省中小学名教师、名校（园）长、名班主任工作室的管理办法》的通知

（粤教继〔2021〕3号）

各地级以上市教育局、财政局，各有关高校（单位）：

现将《广东省中小学名教师、名校（园）长、名班主任工作室的管理办法》印发给你们，请遵照执行。

广东省教育厅 广东省财政厅
2021年9月17日

广东省中小学名教师、名校（园）长、名班主任工作室的管理办法

第一章 总 则

第一条 为贯彻落实中共中央、国务院关于全面深化新时代教师队伍建设改革的有关部署要求，加强我省中小学教师队伍建设，进一步发挥省级名教师、名校（园）长、名班主任（含幼儿园、特殊教育，下同）的引领、示范和辐射作用，适应新时期中小学教师、校（园）长、班主任培养培训工作要求，根据《中共广东省委 广东省人民政府关于全面深化新时代教师队伍建设改革的实施意见》，特制定本办法。

第二条 名教师、名校（园）长、名班主任工作室是在名教师、名校（园）长、名班主任的主导下，以凝练现代教育思想、提升教学质量和办学品质为主旨，以同一学科领域优秀中青年骨干教师、骨干校（园）长、骨干班主任为入室学员，以师带徒为主要培养形式，共同开展基于线上和线下的学科研究、教改探索和教学反思、学校管理实践与研究、班主任工作改革与创新的实体与网络相结合的新型工作室。

第三条 通过工作室的建设和培养，进一步提高我省名教师、名校（园）长、名班主任的专业水平和综合素养，打造一批"师德好、业务精、能力强、善创新"的领军教师、校（园）长、班主任，带动一批骨干教师、校（园）长、班主任群体研修，形成整体推进、共同提升的专业成长良性发展机制。

第四条 每批组建中小学名教师、名校（园）长、名班主任工作室500个左右，各类别工作室具体数量由省教育厅根据全省教师队伍情况统筹确定。

第二章 工作室组建

第五条 名教师、名校（园）长、名班主任工作室人员组成及选派方式。

名教师、名校（园）长、名班主任工作室由三部分人员组成。一是工作室成员，名教师、名班主任工作室成员包括工作室主持人1人、工作室助手2人、理论导师1人、顾问1人、教研员1人；名校（园）长工作室成员包括工作室主持人1人、工作室助手2人、理论导师1人、顾问1人。二是工作室入室学员，每个名教师和名班主任工作室每周期培养8～10名骨干教师，每个名校（园）长工作室每周期培养5～6名骨干校（园）长。三是工作室网络学员，每个名教师和名班主任工作室每周期网络学员数不少于100人，名校（园）长工作室每周期网络学员数不少于50人。选派方式如下：

（一）理论导师根据工作室发展需要并结合主持人意愿选择，原则上由高校专家担任。

（二）首次建立的工作室原则上需配备顾问。顾问原则上从名教师、名校（园）长、名班主任顾问库中聘请，双向选择产生。

（三）主持人为非教研员的名教师和名班主任工作室需配备教研员。省属单位工作室由省教育研

究院与主持人协商选派；市属学校工作室由地市教育行政部门与主持人协商选派；其他工作室由所在县（市、区）教育行政部门与主持人协商选派；校（园）长工作室、主持人为教研员的名教师和名班主任工作室，无须配备教研员。

（四）工作室助手原则上由主持人所在单位选派。确有非主持人所在单位的人员，愿意且能够承担工作室助手的职责，完成工作室主持人交办的任务且不影响自身学习任务（工作任务）的可以考虑安排。工作室主持人为教研员的，工作室助手可由主持人自行联系当地中小学校一线教师或班主任进行双向选择。

（五）工作室入室学员由省教育厅统一组织遴选，在所属教育行政部门推荐的基础上，主持人与符合条件的优秀骨干教师、校（园）长、班主任按照自愿原则进行双向选择，由省教育厅最终确定入室学员名单。

（六）工作室网络学员由名教师、名校（园）长、名班主任工作室遴选，工作室可自行制定遴选细则。

第六条 名教师、名校（园）长、名班主任工作室主持人产生办法及程序。

（一）申报名额。

名教师、名校（园）长、名班主任工作室主持人在全省范围内遴选，由省教育厅根据各地中小学教师、校（园）长、班主任队伍建设情况统筹安排申报名额。

（二）申报与产生程序。

1. 本人申请。符合条件的教师、校（园）长、班主任本人提出申请，经学校同意后，向所属教育行政部门递交申请。

2. 县（市、区）教育行政部门审核推荐。县（市、区）教育行政部门接受申请后，对申请人的资质进行审核，审核通过后向地市教育行政部门推荐。

3. 地市教育行政部门初评。地市教育行政部门组织专家对县（市、区）教育行政部门推荐的人选进行初评，根据申报名额择优遴选，公示无异议后报送省教育厅；省属单位按分配名额组织申报和推荐，经公示无异议后直接报送省教育厅。

4. 省教育厅终评。省教育厅组织专家评审，经公示无异议后确定为名教师、名校（园）长、名班主任工作室主持人，并由省教育厅授予证书和牌匾。其中由地市或省属单位推荐的人选属于广东省"百千万人才培养工程"培养对象期满考核"优秀"等次的，直接认定为名教师、名校（园）长、名班主任工作室主持人。

第七条 名教师工作室主持人遴选条件。

（一）认真贯彻落实党的教育方针，热爱教育事业，师德高尚，有扎实的理论基础和较成熟的教学主张。

（二）具有大学本科及以上学历，从事教育教学工作10年以上，教育教学经验丰富，教学科研能力强，具有副高级及以上职称。

（三）具有较强的教学科研能力。近五年内持续开展教育教学研究并取得较好业绩成果，并达到下列条件之一：主持并完成地市级以上教育科研项目1项或作为主要成员完成省级以上科研项目1项以上（排名前三）；获得地级市教学成果奖1项（主持）或省级教学成果奖1项；在省级以上公开刊物发表学科研究论文2篇（第一作者）或者出版学术著作1部（排名前三）以上。

（四）具有较强的指导和示范能力，能够组织、培养和指导县级以上骨干教师开展教育教学和课题研究。

（五）在职在岗，工作热情高，责任心强，能够胜任工作需要；身体健康，距离法定退休年龄至少3年。

优先推荐对象：国家"万人计划"教学名师；"广东特支计划"教学名师；南粤优秀教师；广东省"百千万人才培养工程"名教师培养对象；市级以上名教师工作室主持人；具有正高级职称或特级教师称号的教师（教研员）。

第八条 名校（园）长工作室主持人遴选条件。

（一）认真贯彻落实党的教育方针，热爱教育事业，具有先进教育教学思想和办学理念，较高的政策水平和理论修养，在教育教学改革与学校管理中积极探索、勇于创新。

（二）现任正职校（园）长，具有大学本科及以上学历，从事教育教学、学校管理工作10年以上，担任校（园）级领导5年以上，管理经验丰富，办学业绩突出，在省内有较高的影响力，副高级及以上职称（实施校长职级制的地区获得高级校长以上亦可）。

（三）有较高的教育教学（管理）理论水平。近五年内持续开展教育教学、教育管理研究取得较好业绩成果，并达到下列条件之一：主持并完成地市级以上教育科研项目1项或作为主要成员完成省级以上科研项目1项以上（排名前三）；获得地级市教育教学成果奖1项（主持）或省级教育教学成果奖1项；在省级以上公开刊物发表论文2篇（第一作者）或者出版学术著作1部（排名前三）以上。

（四）教科研和组织管理能力强，具备教师专业发展和校本研修方面的规划能力，示范引领、培训指导经验丰富，具有较强的团结协作能力和奉献精神。

（五）在职在岗，工作热情高，责任心强，能够胜任工作需要；身体健康，距离法定退休年龄至少3年。

优先推荐对象：广东省"百千万人才培养工程"名校长培养对象；市级以上名校（园）长工作室主持人；具有正高级职称或特级教师称号的正职校（园）长。

第九条 名班主任工作室主持人遴选条件。

（一）认真贯彻落实党的教育方针，热爱教育事业，思想政治素质较好，师德高尚，有较高的政策水平、扎实的理论基础和较成熟的班主任工作理念，在中小学德育与班主任工作中积极探索、勇于创新。

（二）具有大学本科及以上学历，从事班主任（含年级长）工作8年以上，具有副高级及以上职称。

（三）具有较强的实践与科研能力。近五年内开展班主任工作研究并取得较好业绩成果，达到下列条件之一：主持并完成地市级以上科研项目1项或作为主要成员完成省级以上科研项目1项以上（排名前三）；获得地级市教学成果奖1项（主持）或省级教学成果奖1项；获得省中小学班主任专业能力大赛综合一等奖；在省级以上公开刊物发表德育研究论文2篇（第一作者），或者出版学术著作1部（排名前三）以上。

（四）具有较强的指导和示范引领能力，能够组织、培养和指导县级以上骨干班主任开展班主任工作和德育课题研究。

（五）在职在岗，工作热情高，责任心强，能够胜任工作需要；身体健康，距离法定退休年龄至少3年。

优先推荐对象：国家"万人计划"教学名师；"广东特支计划"教学名师；广东省"百千万人才培养工程"名班主任培养对象；市级以上名班主任工作室主持人；具有正高级职称或特级教师称号的班主任。

第十条 名教师工作室入室学员遴选条件与要求。

（一）认真贯彻落实党的教育方针，热爱教育事业，师德高尚，有扎实的理论基础和初步的教学主张。

（二）在教学教研一线的在职在岗教师，身体健康，年龄原则上不超过45岁。

（三）具有较强的教学科研和实践能力，参与过市级以上课题（排名前三）或在省级刊物上发表过文章，获得市级以上与教育教学相关的奖项或表彰，具有中级及以上职称。

（四）能够熟练应用现代信息技术，承担工作室的相应职责和任务，具备培训和指导其他教师的能力。

（五）工作室在遴选入室学员时，要将不少于1/2的名额用于粤东粤西粤北地区的骨干教师培养，粤东粤西粤北地区地市要配合做好入室学员遴选工作。

第十一条 名校（园）长工作室入室学员遴选条件与要求。

（一）认真贯彻落实党的教育方针，热爱教育事业，具有先进办学思想和办学理念。

（二）在职在岗的中青年正职校（园）长，身体健康，年龄原则上不超过50岁。

（三）具有较强的教育教学管理研究和实践能力，参与过市级以上课题（排名前三）或在省级刊物上发表过文章，获得市级以上与教育教学管理相关的奖项或表彰。

（四）薄弱学校、农村学校、民办学校校长等占一定比例。工作室在遴选入室学员时，要将不少于1/2的名额用于粤东粤西粤北地区的骨干校（园）长培养，粤东粤西粤北地区地市要配合做好入室学员遴选工作。

第十二条 名班主任工作室入室学员遴选条件与要求。

（一）认真贯彻落实党的教育方针，热爱教育事业，思想政治素质较好，师德高尚，有扎实的理论基础和较成熟的班主任工作理念。

（二）在职在岗的一线班主任，身体健康，年龄原则上不超过45岁。

（三）具有较强的教学科研和实践能力，参与过市级以上课题（排名前三）或在省级刊物上发表过文章，获得市级以上与班主任工作相关的奖项或表彰，具有中级及以上职称。

（四）能够熟练应用现代信息技术，承担工作室的相应职责和任务，具备培训和指导其他班主任的能力。

（五）工作室在遴选入室学员时，要将不少于1/2的名额用于粤东粤西粤北地区的骨干班主任培养，粤东粤西粤北地区地市要配合做好入室学员遴选工作。

第十三条　在学习周期内，入室学员原则上不允许替换。工作室成员原则上不允许替换，确因特殊原因，工作室成员需要替换的，主持人须将替换信息及时报送至市、县（市、区）教育行政部门，说明具体原因，市、县（市、区）教育行政部门审批后，由地市教育行政部门汇总报送至省教育厅备案。

第十四条　在任期内，名教师、名校（园）长、名班主任工作室主持人调到非教学教研单位或因故不能继续承担工作室任务的，其主持人资格自动终止，入室学员依申请重新调配，由省教育厅发文确认；工作室主持人县（市、区）内调动的，由县（市、区）教育行政部门协调有关工作室经费划拨等问题；跨县（市、区）调动的，由所在地市教育行政部门协调有关工作室经费划拨等问题；经费下达前跨地市调动的，由省教育厅协商调出市和调入市教育行政部门后协调经费划拨等问题，经费下达后，工作室主持人可回原单位据实报销相关费用，入室学员原则上保持不变。主持人单位变更情况由调出地市教育行政部门及时报送至省教育厅备案。

第三章　工作室管理

第十五条　名教师、名校（园）长、名班主任工作室的指导与管理。

（一）省教育厅做好工作室统筹管理工作，负责制定名教师、名校（园）长、名班主任工作室管理规定，开展工作室团队高端研修，负责工作室网络平台研发、建设和管理及工作室周期考核等工作。

（二）省中小学教师培训中心、省中小学校长培训中心、省学前教育师资培训中心、省中小学德育研究与指导中心（以下简称"四中心"）协助省教育厅分类开展名教师、名校（园）长、名班主任工作室的相关工作。省中小学教师培训中心主要负责中小学名教师（含特殊教育）工作室的统筹管理和指导、省中小学校长培训中心主要负责中小学名校长（含特殊教育）工作室的统筹管理和指导、省学前教育师资培训中心主要负责学前名园长及学前名教师工作室的统筹管理和指导、省中小学德育研究与指导中心主要负责中小学名班主任（含特殊教育）工作室的统筹管理和指导。

"四中心"做好工作室的业务指导和日常管理工作，制订周期培养计划和年度培训计划；每年组织工作室主持人开展不少于3天的集中培训；负责协助理论导师的选派；指导主持人制订工作室工作计划和人才培养计划，开展教师培训工作，提升主持人的培训能力；组织开展不同区域间工作室的交流学习和研讨等。

（三）地市、县（市、区）教育行政部门按属地管理原则负责做好工作室的日常管理和指导；负责教研员和入室学员的选派；负责对工作室开展有关研修等活动的审核，经常性对工作室进行检查指导；负责工作室年度考核，协调解决工作室遇到的困难和问题。工作室组织开展的教学研究、送教下乡、支教等活动纳入市、县教育行政部门管理，计算工作量。地市、县（市、区）教育行政部门应建立"省-市-县"工作室三级联动机制，充分发挥省级工作室在区域内各级工作室的示范引领作用。

第十六条　省属单位名教师、名校（园）长、名班主任工作室的日常管理、入室学员遴选、年度考核等工作由所在单位负责。

第四章　工作室职责任务

第十七条　名教师、名校（园）长、名班主任工作室成员职责分工。

工作室主持人全面负责工作室建设、管理和组织实施等工作；理论导师和顾问指导制订工作室工作计划和培养方案，指导开展教育教学研究或管理研究，开设学科、学校发展或班主任工作讲座等工作；教研员参与制订工作室工作计划，指导开展教学和课程改革、班主任工作创新、送教下乡等活动，将工作室教研活动纳入当地教研计划并督促和协助主持人组织实施等；工作室助手协助主持人做好工作室的日常管理、线上和线下的研修活动和有关材料整理归档等工作。

第十八条　名教师工作室职责。

（一）发挥示范引领作用。

1. 以工作室主持人为责任人，与入室学员共同制定培养方案，指导入室学员制定职业发展规划，规定双方职责及义务等。

2. 帮助入室学员剖析教育教学、专业发展等方面存在的主要问题，传授教育教学经验，指导开展课题研究，通过听课、磨课、讲学、论坛、网络交流等方式，指导入室学员成长。

3. 承担培训授课、教育帮扶、教学改革和各级培训项目的跟岗学习等相关任务。

4. 主持人以工作室为平台，积极参与规划、组织所在学校的校本研修和教师专业发展工作；工作室入室学员积极推动所在学校的校本教研和学科教学改革工作。

5. 以中小学教师信息技术应用能力提升工程2.0为指导，推进智慧教育教学改革，在教育信息技术与学科教学融合方面发挥示范作用。

（二）培养骨干教师。

1. 每个名教师工作室每周期培养8～10名骨干教师。

2. 工作室主持人和入室学员每人每周期至少与2名乡村中小学教师结成互助帮扶对子。

3. 建立网络工作室，开展协同研修，每个名教师工作室每周期培养省内外网络学员不少于100人。

（三）组织开展工作室活动。

1. 工作室每年通过听课磨课、跟岗实践、交流研讨、课题指导、举办读书分享会等方式组织入室学员集中研修不少于15天，可根据工作实际多次进行（不少于2次）；主持人每年面向团队成员开设公开课、研究课或专题报告等不少于5次，对每位入室学员开展听课评课不少于1次。

2. 入室学员每年开设公开课、研究课或专题报告等不少于2次，每学期撰写1篇教学反思或案例分析。

3. 组织入室学员参加省级及以上学科教学活动。

4. 工作室每年至少组织工作室成员开展1次支教活动或送教下乡活动。

5. 工作室主持人每年组织开展面向本校或区域的名师工作坊或教研教学成果展示交流研讨活动不少于2次，鼓励跨区域开展活动；工作室入室学员每年组织开展专题研修活动或教学成果展示交流研讨活动不少于2次。

6. 工作室每年组织入室学员和网络学员参与的集体网络研修活动不少于5次；每年通过名教师工作室网络空间发布生成性教育教学资源（包括课件、案例、教学方法、教学总结、学习心得、教学改革探讨等文字或图形资源）数量不少于200条。

7. 工作室要制订教育信息技术与学科教学融合年度计划；每年建立至少1个微型课题，开展教学改革实践；完成不少于20个能体现名师教学风格、教学特色、教学成果专题系列学科微课；建立不少于10个混合式教学案例（含有教学设计、课堂实录等配套资源），开展信息技术与学科教学融合展示研讨会不少于1次。

8. 加强与省内外名教师工作室之间的交流协作。

（四）开展课题研究。

1. 结合我省教育改革与发展实际，围绕立德树人、教育教学改革、教师专业发展等问题开展研究。

2. 工作室每周期指导入室学员开展教育教学研究，区（县）级以上教学研究课题不少于3项，并形成5项以上成果（含正式刊物公开发表的论文、教学成果奖励和公开出版著作等）。

（五）为教育发展建言献策。

工作室要重视开展基础教育调查研究，关注教育教学中的热点、难点和焦点问题，发现和提炼本校或所属区域教育教学改革的先进经验和做法，为教育行政部门制定相关政策提供科学建议或方案。

第十九条 名校（园）长工作室职责。

（一）发挥示范引领作用。

1. 以工作室主持人为责任人，与入室学员共同制定培养方案，指导入室学员制定职业发展规划，规定双方职责及义务等。

2. 帮助入室学员剖析学校发展存在的主要问题，传授学校管理经验，指导开展课题研究，通过下校诊断、讲学、论坛、网络交流等方式，促进入室学员成长。

3. 承担培训授课、教育帮扶、教育教学改革和各级培训项目的跟岗学习等相关任务。

4. 以工作室为平台，规划组织开展校本研修，持续提高本校教师专业发展水平。

5. 推进学校教育信息化建设，在智慧（智能）校园方面发挥创新引领作用。

（二）培养骨干校（园）长。

1. 每个名校（园）长工作室每周期培养5～6名骨干校（园）长。

2. 工作室主持人和入室学员每人每周期至少与2名乡村校（园）长结成互助帮扶对子。

3. 建立网络工作室，开展协同研修，每个名校（园）长工作室每周期培养省内外网络学员不少于50人。

（三）组织开展工作室活动。

1. 工作室每年通过跟岗实践、交流研讨、读书分享会、课题指导、学校管理诊断等方式组织骨干校（园）长集中研修不少于15天，可根据工作实际多次进行（不少于2次）；主持人每年面向团队成员开设公开课、研究课或专题报告等不少于5次，对每位入室学员开展下校诊断指导不少于1次。

2. 入室学员每学期撰写1篇教育管理反思或案

例分析，每年汇报学校管理改革情况不少于1次。

3. 工作室每年至少组织工作室成员开展1次支教活动或学校问题诊断活动。

4. 工作室主持人制定本学校3年教师专业发展规划和校本研修方案并组织实施；组织制定年度教师专业发展和校本研修方案并组织实施；工作室入室学员在主持人的指导下，制定本学校3年教师专业发展规划和校本研修方案以及年度计划并组织实施。

5. 工作室每年开展集体网络研修活动不少于5次；每年通过名校（园）长工作室网络空间发布生成性学校管理资源（包括课件、案例、教育反思、管理总结、学习心得、管理改革探讨等文字或图形资源）数量不少于100条；每年完成不少于10个能体现学校办学理念、办学特色的学校管理系列案例资源。

6. 加强与省内外名校（园）长工作室之间的交流协作。

（四）开展课题研究。

1. 结合教育改革与发展重点任务和实际，围绕立德树人、教育教学改革、学校管理创新和教师专业发展等问题开展研究。

2. 工作室每周期指导入室学员开展教育管理研究，围绕凝炼办学思想和办学特色的区（县）级以上课题不少于3项，形成研究成果不少于3项（含在正式刊物发表的论文、教育教学成果奖励和公开出版著作等）。

（五）为教育发展建言献策。

工作室要关注基础教育改革发展中的热点、难点和焦点问题，重视开展基础教育调查研究，发现和提炼本校或所属区域教育改革的先进经验和做法，为教育行政部门制定相关政策提供科学建议或方案。

第二十条 名班主任工作室职责。

（一）发挥示范引领作用。

1. 以工作室主持人为责任人，与入室学员共同制定培养方案，指导入室学员制定职业发展规划，规定双方职责及义务等。

2. 帮助入室学员剖析中小学德育和班主任专业成长等方面存在的主要问题，传授班集体建设、班级活动组织、学生发展指导、综合素质评价、沟通与合作等经验，指导开展中小学德育课题研究，通过听课、讲学、论坛、网络交流等方式，促进入室学员成长。

3. 承担培训授课、教育帮扶、德育改革创新和各级培训项目的跟岗学习等相关任务。

4. 主持人以工作室为平台，参与规划、组织所在学校的校本研修和班主任专业发展工作；工作室入室学员推动所在学校的校本教研和班主任工作发展等工作。

5. 以中小学教师信息技术应用能力提升工程2.0为指导，推进智慧班主任工作改革，在教育信息技术与班主任工作融合方面发挥示范作用。

（二）培养骨干班主任。

1. 每个名班主任工作室每周期培养8～10名骨干班主任。

2. 工作室主持人和入室学员每人每周期至少与2名乡村中小学班主任结成互助帮扶对子。

3. 建立网络工作室，开展协同研修，每个名班主任工作室每周期培养省内外网络学员不少于100人。

（三）组织开展工作室活动。

1. 工作室每年通过班级活动、读书分享会、跟岗实践、交流研讨、课题指导等方式组织入室学员集中研修不少于15天，可根据工作实际多次进行（不少于2次）；主持人每年面向团队成员开设公开课、研究课或专题报告等不少于5次，对每位入室学员开展听课评课不少于1次。

2. 每位入室学员每年开设班级活动公开课、研究课或专题报告等不少于2次，每学期撰写1篇班主任工作反思或案例分析。

3. 组织入室学员参加省级及以上班主任工作的教研活动。

4. 工作室每年至少组织工作室成员开展1次支教活动或送教下乡活动。

5. 工作室主持人每年组织开展面向本校或区域的班主任工作成果展示、交流研讨活动不少于2次，鼓励跨区域开展活动；工作室入室学员在本校的班主任工作校本研修中发挥重要作用，每年组织班主任工作成果展示、交流研讨活动不少于2次。

6. 工作室每年开展入室学员和网络学员参与的集体网络研修活动不少于5次；每年通过名班主任工作室网络空间发布生成性班主任工作资源（包括课件、案例、班主任工作方法、班主任工作总结、学习心得、德育创新探讨等文字或图形资源）数量不少于100条。

7. 工作室要制订教育信息技术与班主任工作融合年度计划；每年完成不少于20个班主任工作专题系列微课资源；建立不少于5个混合式教学、活动案例（含视频等相关配套资源）；开展信息技术与班主任工作融合展示研讨会1次以上。

8. 加强与省内外名班主任工作室之间的交流协作。

（四）开展课题研究。

1. 结合我省教育改革与发展实际，围绕立德树人、中小学德育热点难点、班主任工作理论与实践创新、班主任专业发展等问题开展研究。

2. 工作室每周期指导入室学员开展班主任工作研究，区（县）级以上德育科研课题不少于3项，并形成5项以上成果（含正式刊物公开发表的论文、教学成果奖励和公开出版著作等）。

（五）为教育发展建言献策。

工作室要重视开展中小学德育及班主任工作调查研究，关注中小学德育及班主任工作中的热点、难点和焦点问题，发现和提炼本校或所属区域中小学德育及班主任工作创新的经验和做法，为教育行政部门制定相关政策提供可行的方案或建议。

第二十一条 名教师、名校（园）长、名班主任工作室任务安排。

工作室需按规定完成在三年培养周期内以及每年度工作职责中必须完成的任务。

（一）第一年度。

第一年度是各工作室工作起步阶段，需完成工作室基础建设、建章立制和本年度工作任务。

1. 开展工作室建设。

落实工作室场地、人员组成、职责分工；构建工作室理念，形成工作室制度和相关计划（包括周期工作总计划和年度工作计划）。

2. 开展培养培训。

工作室对入室学员进行培养培训需求诊断，剖析入室学员在教育教学、班主任工作、专业发展等方面存在的主要问题，制定有针对性的培养方案；指导入室学员制定个人职业发展规划方案，包括学习周期内及年度的发展目标、途径，明确双方职责和义务等。

工作室主持人安排入室学员到其所在单位跟岗，学习主持人的办学理念、教育教学思想、班主任工作及管理智慧。本年度每位入室学员实际入室跟岗学习不得少于10天，跟岗期间应全程参与工作室所在学校的行政管理、班主任工作或教学教研活动；通过听课磨课、交流研讨或学校管理诊断等方式开展集中研修不少于5天。

依托粤教翔云教育资源公共服务平台建成辐射当地乃至省内外的网络工作室，接收网络学员进入工作室学习，按照要求完成本年度协同研修任务。

3. 开展课题研究。

工作室团队共同确立工作室课题研究的方向。鼓励和支持工作室积极申报国家、省、市、县（市、区）等各级教育教学科研课题。省教育厅不单独设立工作室专项课题，各地市教育局在省教育规划研究课题一般项目中可安排一定量的工作室专项课题。

4. 开展送教下乡。

工作室自主联系确定帮扶的薄弱学校，主持人和入室学员每人至少与2名乡村中小学教师、校（园）长、班主任结成互助帮扶对子，本年度至少组织开展1次送教下乡或下基层活动。

（二）第二年度。

第二年度是各工作室夯实发展阶段，需逐步完善工作室建设、凝练工作室理念、形成工作室品牌以及完成本年度工作任务。

1. 完善工作室建设。

通过工作室省内外互访、案例分享与分析等形式，加强与其他工作室之间的学习交流，促进对自身工作室建设与管理理念的反思，完善工作室制度建设；在教育教学改革、学校管理实践或班主任工作中不断凝练工作室理念，促使主持人对品牌建设思路与策略进行制定，初步形成工作室的品牌。

2. 开展培养培训。

根据实际情况检视和优化培养方案，明确本年度及培养周期的发展目标、途径；根据实际情况，开展多种形式的集中研修，时间不少于15天，可分段多次开展（不少于2次）；完成本年度网上协同研修任务。

3. 深化课题研究。

通过课题研讨、专家指导、同行互评等方式，针对工作室在第一年度确立的课题研究方向，进一步明确研究问题，深化研究层次。

4. 开展送教下乡。

本年度至少组织开展1次送教下乡或下基层活动。

5. 接受中期检查。

"四中心"会同地市教育行政部门及有关省属单位对工作室进行中期检查评估，加强工作管理和业务指导。

（三）第三年度。

第三年度是各工作室深化建设、总结宣传阶段，应进一步加强工作室建设、总结工作室理念、宣传工作室品牌，扩大名教师、名校（园）长、名班主任工作室影响力以及完成本年度工作任务。

1. 深化工作室建设。

通过工作室研讨、总结，案例分享与分析等形式，促进对自身工作室建设与管理理念的反思，深化工作室制度建设；通过工作室主持人及入室学员研讨、总结等形式，进一步明确工作室理念，形成工作室在所在专业领域的独特品牌。

2. 开展培养培训。

根据实际情况检视和优化培养方案，明确本年度及培养周期的发展目标、途径；根据实际情况，开展多种形式的集中研修，时间不少于15天，可分段多次开展（不少于2次）；完成本年度网上协同研修任务。

3. 凝练及推广成果。

总结工作室建设经验，提炼课题研究成果，通过课题研究成果汇报等方式，促进主持人形成教育教学、班主任工作或办学思想；通过发表论文或出版著作等形式，提高主持人总结提炼办学成果和论文撰写能力，以及指导学员撰写的能力，促进工作室相关成果的沉淀和转化；加强工作室省内外交流研讨，可召开研讨会、座谈会，分享工作室经验，提高工作室成果展示度和影响力；可在省内外新闻媒体、学术刊物等进行教育教学、办学思想或班主任工作的创新成果宣传展示。

4. 完成入室学员结业考核并接受工作室周期考核。

第五章 保障措施

第二十二条 省财政在建设周期内每年安排工作室经费补助，标准为不超过12万元/个·年，补助资金按年度下达到工作室所在单位。工作室主持人所在单位对补助资金实行专账核算，专款专用。工作室主持人要严格按照相关财务管理制度统筹安排资金，并受所在单位监管。鼓励和支持地市、县（市、区）对所辖的工作室给予一定的经费和条件支持，并确保名教师、名校（园）长、名班主任工作室享受不低于市级工作室的政策待遇，或纳入本地相关人才支持计划予以扶持。

第二十三条 工作室建设和工作经费主要用于工作室软硬件配置和培训研修活动组织等，包括教学设备、图书资料、办公用品配置、网络线上支持以及学习资源建设；工作室组织开展的集中研修、跟岗实践、学术交流活动等期间的食宿费用（含工作室成员和入室学员的食宿费，不含差旅费）和其他费用（含会务、场地、课酬等）；工作室成员及入室学员外出交流学习、培训研修的培训费、食宿费等；工作室研究成果的宣传、论文发表和著作出版等开支。

第二十四条 各地市、县（市、区）可结合实际制定名教师、名校（园）长、名班主任工作室经费具体管理办法，确保经费支出使用规范有序。工作室主持人所在学校要严格财务和资产管理，定期进行收支核算统计。主持人按年度向主管教育行政部门报送工作总结及绩效自评报告。

第二十五条 由省教育厅统一在粤教翔云教育资源公共服务平台搭建名教师、名校（园）长、名班主任工作室网络学习空间，扩大名教师、名校（园）长、名班主任工作室的影响力。

第二十六条 名教师、名校（园）长、名班主任工作室所在学校要为工作室配备相对独立的办公室，并配备基本的办公条件，如配置一定数量的专业书籍、管理资料、笔记本电脑、多媒体教学设备等，并配备助手。地市、县（市、区）教育行政部门要协调、落实有关政策，将名教师、名校（园）长、名班主任工作室作为本地优秀人才培养、教育教学研究和教学成果推广示范的主要基地，纳入计划，组织安排相关任务和活动。

第二十七条 承担培养任务的工作室主持人、工作室助手和入室学员，按要求开展的年度培训研修任务纳入继续教育学时管理，可计算为当年全部个人专业学时和选修科目学时；理论导师、顾问和教研员按计划指导工作室开展研修活动，可计算完成当年选修科目学时；网络培训学员按要求完成当年学习任务，可计算完成当年选修科目学时。由工作室登录继教系统录入研修项目及相关人员学时，并由"四中心"审核确认。

第二十八条 工作室入室学员参加集中研修，其研修通知可由工作室印发，工作室主持人所在学校（单位）代章，亦可由地市、县（市、区）级教育行政部门代为发放研修通知；工作室成员参加工作室活动的证明可由工作室主持人所在学校（单位）代章，工作室成员的有关证书及入室学员结业证书由工作室协同"四中心"共同制作和发放。

第六章 考核评价

第二十九条 名教师、名校（园）长、名班主任工作室三年建设期满时由省教育厅统一组织评估考核。考核结果分为优秀、合格和不合格三个等级。对考核结果为"优秀"的工作室主持人及其成员予以激励，在评优评先、职务职称晋升、岗位聘任等方面在同等条件情况下有优先权，考核优秀的比例不超过30%；"不合格"的撤销该工作室及其主持人的称号，取消其主持人再次申报省级名教师、名校（园）长、名班主任工作室的资格。

第三十条 工作室年度考核。工作室所在地市教育行政部门和"四中心"负责工作室年度考核，具体流程为：工作室主持人填写年度考核表，连同相关证明材料经所在单位初核后报所属教育行政部门审核，考核结果由地市教育行政部门汇总报送至省教育厅备案，年度考核合格的工作室才能核拨下一年度的工作室建设经费。

第三十一条 工作室周期考核。由省教育厅统筹开展工作室主持人的周期考核。主持人将期满考核材料经所在单位和所属教育行政部门审核后由地市教育行政部门按工作室类别分别报送至"四中心"。具体办法另行制定。

第三十二条 名教师、名校（园）长、名班主任工作室考核的内容有：凝练教育教学思想、办学理念及特色、班主任工作理念等情况；工作室线上线下研修活动计划和完成情况；工作室建设，包括线上和线下的基础设施建设、管理制度、资金使用管理机制等方面的情况；工作室团队指导研修的情况和成效；教育教学科研成果和入室学员成长情况；发挥示范和辐射作用的情况等。考核的方式有：提交自评报告和相关佐证材料；查看原始材料（含网络工作室原始数据材料）；听取工作室汇报；听取学员评价；听取当地教育行政部门汇报；现场考察工作室等。

第三十三条 工作室入室学员的考核与评价。三年培养周期结束时，各工作室根据本管理办法和本工作室培养要求，会同"四中心"开展入室学员的结业考核。入室学员结业考核的结果分为优秀、合格和不合格三个等级，其中考核为优秀等级的入室学员比例不超过本工作室学员人数的30%，考核结果经"四中心"审核后报送省教育厅。结业证书、优秀入室学员证书发放和学时录入等工作由各工作室协同"四中心"共同完成。

第三十四条 名教师、名校（园）长、名班主任工作室考核指标体系由省教育厅另行制定颁布。

第七章 附 则

第三十五条 本办法由广东省教育厅和广东省财政厅负责解释。本办法自2021年10月1日实施，有效期3年。《关于印发〈广东省教育厅 广东省财政厅关于中小学名教师、名校（园）长工作室的管理办法〉的通知》（粤教继函〔2018〕19号）同时废止。

附件：1. 对口指导中心联系表（略）
2. 工作室成员替换信息汇总表（略）
3. 工作室主持人单位变更情况登记表（略）
4. 工作室入室学员档案清单（略）
5. 工作室建设方案（略）
6. 工作室年度考核登记表（略）
7. 工作室入室学员结业证书（模板）（略）

广东省教育厅等十部门关于印发《广东省校外培训机构专项治理行动方案》的通知

(粤教督〔2021〕7号)

各地级以上市人民政府：

为贯彻落实《关于进一步减轻义务教育阶段学生作业负担和校外培训负担的意见》（中办发〔2021〕40号），省教育厅会同省市场监管局等部门共同制定了《广东省校外培训机构专项治理行动方案》（以下简称《行动方案》）。该《行动方案》已经省人民政府同意。现印发给你们，请认真贯彻执行。

广东省教育厅　广东省市场监督管理局
中共广东省委网络安全和信息化委员会办公室
广东省发展和改革委员会
广东省公安厅　广东省通信管理局
广东省民政厅　广东省卫生健康委员会
广东省应急管理厅　广东省消防救援总队
2021年9月18日

广东省校外培训机构专项治理行动方案

为贯彻落实《关于进一步减轻义务教育阶段学生作业负担和校外培训负担的意见》（中办发〔2021〕40号），迅速遏制校外培训领域存在的突出问题，减轻人民群众校外培训负担，保障中小学生健康成长，根据国家法律、法规等有关规定，结合我省实际，制定校外培训机构专项治理行动方案。

一、指导思想和主要目标

（一）指导思想

坚持以习近平新时代中国特色社会主义思想为指导，全面贯彻党的教育方针，落实立德树人根本任务，着眼建设高质量教育体系，深化校外培训机构治理，坚决防止侵害群众利益行为，构建教育良好生态，有效缓解家长焦虑情绪，促进学生全面发展、健康成长。

（二）主要目标

校外培训机构培训行为全面规范。学生过重校外培训负担、家庭教育支出和家长相应精力负担1年内有效减轻、2年内成效显著，全省教育生态明显好转，人民群众教育满意度明显提升。

二、基本原则

（一）坚持依法治理

深入贯彻落实《中华人民共和国义务教育法》《中华人民共和国未成年人保护法》等法律精神，在法律的框架内明确各项政策，做到有法必依、依法治理。

（二）坚持全过程治理

校外培训机构的审批许可、证照办理、营销宣传、合同签订、收费管理、教学活动、投诉举报、机构撤并全过程，均列入本次治理范围。

（三）突出重点治理

突出对与升学考试相关的学科类校外培训机构无证办学、夸大营销、虚假宣传、诱导销售、不公平格式合同、制造焦虑等违法违规行为的治理和查处；突出对大型网站、微信公众号、自媒体平台等互联网传播媒介以及直播营销等新型营销渠道违法违规行为的查处。

（四）实施综合治理

加强部门间统筹，集中组织开展专项治理行动，形成有效工作合力。综合运用宣传教育、行政指导、行政执法、信用惩戒、联合执法、刑事打击等多种手段，提升治理效能。

三、治理范围

在广东省辖区范围内，面向中小学生举办的线上、线下校外培训机构（以下简称校外培训机构），涵盖道德与法治、语文、历史、地理、数学、外语（英语、日语、俄语）、物理、化学、生物的学科类培训机构，以及实施艺术、体育、科技、综合实践活动等非学科类培训机构；包括由教育行政部门审批，民政、市场监管部门登记的校外培训机构（不含职业技能培训，下同），以及其他面向中小学生举办的各类无证无照的校外培训机构。

四、治理内容和要求

（一）大力压减学科类培训机构规模

1. 从严审批校外培训机构。全省各地不再审批新的面向义务教育阶段学生的学科类校外培训机构，不再审批新的面向学龄前儿童的校外培训机构和面向普通高中学生的学科类校外培训机构。对非学科类培训机构，区分体育、文化艺术、科技等类别，明确相应主管部门，分类制定标准、严格审批。专项行动期间，全省义务教育阶段学科类校外培训机构数量在现有数量上大幅压减。（责任分工：省教育厅牵头，省市场监管局等单位参与）

2. 从严监管校外培训机构。现有学科类培训机构统一登记为非营利性机构。严格执行未成年人保护法有关规定，校外培训机构不得占用国家法定节假日、休息日及寒暑假期组织学科类培训。统筹做好面向各学龄段学生的校外培训治理工作。校外培训机构不得开展面向学龄前儿童的线上培训，严禁以学前班、幼小衔接班、思维训练班等名义面向学龄前儿童开展线下学科类（含外语类）培训。（责任分工：省教育厅牵头，省市场监管局、省民政厅等单位参与）

（二）大力整治违规办学行为

1. 查处安全隐患问题。对办学场所存在设施设备（包括消防设施器材）不符合安全标准要求、不具备建筑防火和安全疏散等消防安全条件、违规住宿、疫情防控安全隐患的线下校外培训机构，以及教学内容和宣传资料存在意识形态问题、影响政治安全的线下、线上校外培训机构，及时消除安全隐患。对存在重大安全问题的立即停办整改、关停下架。（责任分工：省教育厅牵头，省公安厅、省委网信办、省通信管理局、省卫生健康委、省消防救援总队等单位参与）

2. 查处无证无照经营行为。按照"谁审批、谁监管""谁主管、谁监管"的原则，严格执行"先证后照"，校外培训机构在取得教育部门前置许可（备案）后，依法办理登记注册。依法查处未取得办学许可证的学科类线下校外培训机构、未通过审批的义务教育阶段学科类线上校外培训机构，依法查处未取得营业执照或者非企业法人登记证书开展校外培训的违法行为。（责任分工：省教育厅牵头，省市场监管局、省民政厅、省公安厅、省通信管理局等单位参与）

3. 查处违法违规教育教学活动。坚决纠正校外培训机构学科类培训出现的"超纲教学""提前教学""强化应试"等违规行为。依法依规坚决查处校外培训机构以国学堂、私塾等形式替代学生接受全日制义务教育，或者针对初、高中在校生违规进行全日制培训的教育活动，以及面向义务教育阶段学生违规举办语文、数学、外语、物理、化学等与升学或考试相关的学科及其延伸类竞赛、考试活动。依法依规严肃查处校外培训机构违规（包括违反国家关于授课时间、师资、教材、课程等规定）开展培训的行为。依法依规严肃查处校外培训机构将培训结果与中小学校招生入学挂钩、扰乱招生秩序以及其他违反国家有关规定开展教育教学活动的行为，并依法追究有关学校、培训机构和相关人员责任。（责任分工：省教育厅牵头，省公安厅参与）

4. 查处违规收费行为。依法依规严肃查处校外培训机构一次性收取时间跨度超过3个月或者单个科目超过60个课时费用的行为，以及收费时段与教学安排不一致、提前收费的行为，全面防范一次性费用收取过高导致的预付费风险。（责任分工：省教育厅牵头，省市场监管局、省公安厅参与）

（三）规范校外培训市场秩序

1. 查处校外培训机构不正当竞争行为。治理校外培训机构存在宣传与实际不符或无法证实的内容，通过夸大培训效果、夸大机构实力、虚构师资力量、虚构升学率、虚构考题命中率、虚构教师教育成果、虚构学生成绩等虚假或引人误解的宣传方式欺骗、误导消费者的违法行为。（责任分工：省市场监管局牵头，省教育厅、省委网信办、省公安厅、省通信管理局等单位参与）

2. 查处校外培训机构价格违法行为。依法依规严肃查处校外培训机构不执行政府指导价管理的培训收费行为。依法依规严肃查处校外培训机构虚构原价、虚假折扣等利用虚假的或者使人误解的标价形式或者价格手段，欺骗、诱导消费者或者其他经营者与其进行交易的行为。依法依规严肃查处校外培训机构提供培训服务时不标明价格、在标价之外加价出售商品或者收取未标明的费用，以及违反明码标价规定的其他行为。（责任分工：省市场监管局牵头，省发展改革委、省教育厅、省公安厅等单位参与）

3. 查处校外培训机构合同违法行为。在引导合同当事人使用国家关于校外培训服务合同范本、开展合同格式条款点评基础上，强化对利用合同格式条款侵害消费者权益等违法行为的治理、监管。督促相关涉嫌不公平、不公正合同格式条款提供者限期整改。督促指导各地市市场监管部门、教育行政部门依法查处合同违法案件。（责任分工：省市场监管局、省教育厅按职责分工牵头办理，省公安厅等单位参与）

4. 查处校外培训违法违规广告行为。依法依规严肃查处主流媒体、新媒体、公共场所、居民区各类广告牌和网络平台等刊登、播发校外培训广告的行为。从严查处中小学校、幼儿园内开展商业广告活动，或者利用中小学和幼儿园的教材、教辅材料、练习册、文具、教具、校服、校车等发布或变相发布广告的行为。依法依规严肃查处各种夸大培训效果、误导公众教育观念、制造家长焦虑的校外培训违法违规广告行为。（责任分工：省市场监管局、省教育厅按职责分工牵头办理，省委网信办、省通信管理局参与）

五、治理步骤

本次专项治理行动持续1年，按下面的重点环节开展治理。

（一）做好宣传动员

2021年9月30日前，各地制定校外培训机构专项治理工作方案，全面布置专项治理工作。通过政府网站和媒体平台，及时多渠道发布通知，公布市、县（市、区）教育局和市场监管局投诉举报电话。

（二）开展集中整治

2021年10月—2022年7月，开展校外培训机构违法违规行为自查和集中检查。各地执法处罚情况（见附件）由地级以上市教育局汇总市场监管部门的统计数据后，于每季度最后1个工作日下班前报送至省教育厅。

（三）持续巩固提升

2022年8月—2022年9月，各地对辖区内校外培训机构开展随机跟踪督查，检查问题整改情况、巩固治理成果、防止问题反弹，及时发现、查处新问题。

各地要将校外培训机构专项治理行动作为一项重要的政治任务来推进，确保完成各项治理任务。纪检监察部门将把此项工作作为一项政治监督工作。对涉及违纪违法的公职人员，交由纪检监察部门严肃查处。

六、工作机制

各地要在党委、政府的领导下，建立由教育、市场监管部门牵头，网信、发展改革、公安、通信管理、民政、卫生、应急管理、消防等单位共同参与的工作机制，全面做好组织实施，联合开展监督管理和专项治理。省级层面建立校外培训机构专项治理工作协调小组，具体成员如下：

组　长：朱孔军　省教育厅党组书记
副组长：徐仕敏　省教育厅主任督学
　　　　张文献　省市场监管局副局长
组　员：方树生　省教育厅教育督导室（省人民政府教育督导室）副主任（正处级）
　　　　廖俊君　省市场监管局许可注册处二级调研员
　　　　杨　永　省委网信办网络监管处三级调研员
　　　　李轶昊　省发展改革委价格处副处长
　　　　黄丽端　省公安厅治安管理局二级高级警长
　　　　王　前　省通信管理局网络安全管理处副处长
　　　　刘斐然　省民政厅四级调研员
　　　　刘宗爱　省卫生健康委综合监督处二级调研员
　　　　胡　华　省应急管理厅综合协调处一级调研员
　　　　陈　斌　省消防救援总队二级指挥长

协调小组下设办公室，日常工作由省教育厅教育督导室（省人民政府教育督导室）承担。

七、责任分工

教育行政部门负责查处未取得办学许可证或者备案证明开展学科类培训的校外培训机构，重点做好课程、师资、招生、收费等方面的监管工作，牵头组织校外培训市场综合执法（其中，线上校外培训监管由省教育厅牵头组织实施，地市配合）。市场监管部门重点做好相关登记、不正当竞争、价格、合同、广告等方面的监管工作。网信部门根据部门职责做好校外培训机构规范治理的网上宣传,加强相关敏感网上舆情信息监测和管控,依据教育、市场监管部门认定意见处置存在违规营销、虚假宣传行为的重点互联网平台、微信公众号、自媒体等网站平台及账号,配合教育部门做好线上校外培训网站平台监管工作。发展改革部门会同教育等部门制定我省校外培训机构收费指导政策。公安机关负责依法查处校外培训机构违反《中华人民共和国治安管理处罚法》和《中华人民共和国刑法》等法律法规的违法犯罪行为。省通信管理局负责加强互联网信息服务备案(ICP备案)和互联网平台增值电信业务经营许可管理,根据同级教育、市场监管、网信等部门认定意见,依法处置关停违法违规且拒不整改的校外培训相关网站和App。民政部门重点做好校外培训机构违反相关登记管理规定的监管工作。卫生健康部门重点做好校外培训机构疫情防控指导工作。应急管理部门督促、指导教育行政部门做好校外培训机构的安全监管工作。消防救援部门重点做好校外培训机构的消防安全综合监管工作。

我省经济特区、自贸区以及实行了教育领域综合执法改革的地市可另行制定部门职责分工方案。

八、工作要求

(一)加强组织领导

各地级以上市、县(市、区)人民政府及有关职能部门要把校外培训机构规范治理作为重大民生工程,列入重要议事日程,充实工作力量,加强人财物条件保障。各级人民政府及其职能部门要建立部门协调机制,每个季度召开不少于1次专题会议,总结近期工作、研究存在问题、部署下一阶段工作。各地级以上市自本方案印发之日起,每季度最后1个工作日下班前,将本地工作进展情况形成报告,由教育行政部门(或由地级以上市人民政府指定的其他牵头部门)书面报送至省教育厅,抄送省市场监管局。

(二)压实属地责任

按照中共中央办公厅、国务院办公厅印发的《关于进一步减轻义务教育阶段学生作业负担和校外培训负担的意见》(中办发〔2021〕40号)和《国务院办公厅关于规范校外培训机构发展的意见》(国办发〔2018〕80号)要求,强化省地(市)统筹,落实以县(市、区)为主管理责任。各地级以上市、县(市、区)人民政府要强化属地管理,明确责任分工,确保责任到人。

(三)强化综合执法

全面开展综合执法,着力解决执法过程中协同机制不完善、执法力度不到位的问题。对校外培训机构违法违规行为,发现一起,查实一起,严惩一起。各地开展综合执法检查,每季度不少于1次,对所有违法违规的培训机构进行全面执法整顿。各单位要健全信息共享和线索移交机制,切实提高执法效率。着力实现联合惩戒,积极构建"一处违法、处处受限"的信用监管格局。

(四)加强宣传教育

教育部门会同市场监管部门制定校外培训规范办学和营销宣传告诫书,编制校外培训领域关于违法办学案例及注意事项,督促各校外培训机构依法依规经营。各地教育部门要会同宣传部门做好宣传引导,通过多种途径加强政策宣传解读,使改革精神、政策要义家喻户晓,促进家长树立正确的教育观念、成才观念,不盲目攀比,科学认识并切实减轻学生过重的校外培训负担。

(五)强化考核问责

将校外培训机构治理情况纳入政府履行教育职责考核、文明城市创建等考核评比项目,多管齐下推进该项工作。对责任不落实、措施不到位、人民群众反映特别强烈的地方及相关责任人要进行严肃问责。

本《行动方案》实施期间,国家和省的文件有新规定、新要求的,执行新规定、新要求。

联系人及办公电话:

省教育厅:张志立

电话:(020)37626110、37629410

邮箱:zhangzl@gdedu.gov.cn

省市场监管局:张琳琳

电话:(020)38835767

邮箱:gdsjj_zhanglinlin@gd.gov.cn

附件:××市校外培训机构执法检查及处罚情况统计表(×年第×季度)(略)

广东省教育厅 中国人民银行广州分行 广东银保监局关于加强校外培训机构预收费资金监管工作的通知

(粤教督〔2021〕9号)

各地级以上市教育局，人民银行各中心支行，各银保监分局，各校外线上培训机构：

为防范校外培训机构"退费难""卷钱跑路"等问题，确保人民群众校外培训预付学费资金安全，根据《关于进一步减轻义务教育阶段学生作业负担和校外培训负担的意见》(中办发〔2021〕40号)和《国务院办公厅关于规范校外培训机构发展的意见》(国办发〔2018〕80号)有关规定，现就我省校外培训机构预收费资金监管工作提出如下要求，请各地、各有关单位结合实际贯彻执行。

一、切实提高政治站位，落实监管责任

各地、各单位要切实提高政治站位，充分认清校外培训机构预收费资金监管工作对于开展校外培训机构治理、规范校外培训服务行为、维护学员合法权益的重要性和紧迫性，加强组织领导，认真履行监管责任，将此项工作纳入重要议事日程，建立由教育行政部门牵头、有关部门参与的工作机制，共同推动工作落实。

二、建立资金监管制度，确保资金安全

各地、各单位要结合本地实际情况，协调银行、保险等金融机构，通过第三方托管、风险储备金等方式，对校外培训机构预收费进行风险管控，加强对培训领域贷款的监管，有效预防"退费难""卷钱跑路"等问题发生。采用第三方托管方式的，由校外培训机构开立预收费专用存款账户进行资金监管。预收费均应存入专用存款账户，按照进度或者其他相应的比例，逐步返还至培训机构的结算账户。采用风险储备金监管方式的，由各地对校外培训机构预收费按照规定的比例提取资金作为保证金进行监管，在办学周期结束或者自然年度结束时将风险储备金返还给校外培训机构。各地也可结合实际情况，在充分论证的前提下，依法采取第三方托管或风险储备金之外的其他方式对预收费资金进行监管。

三、实行资金异动预警，防范跑路风险

对于采用第三方托管方式的，校外培训机构应当与存管银行签订资金监管协议，授权存管银行推送专户信息至教育行政部门；存管银行应按照教育行政部门要求和协议授权开展资金预测和预警工作。对于专用存款账户出现单笔交易金额超过10%或者单个月累计支出金额超过50%的大额资金异动情况的，及时发出预警信息，防范培训机构跑路风险。

四、加强资金监管宣传，营造良好氛围

各地、各单位要充分发挥报刊、电视、网站、微信、微博等宣传阵地作用，准确发布政策信息，及时回应社会关切，为校外培训机构预收费风险管控工作营造良好舆论环境和社会氛围。各地、各单位要通过多种形式向学生、家长做好政策宣传工作，引导学生家长选择办理了资金监管账户的校外培训机构。

为指导各地做好校外培训机构预收费资金监管工作，对于采用第三方托管方式的，省教育厅会同人民银行广州分行、广东银保监局制定了《广东省校外培训机构预收费资金管理工作指引》(见附件1)，供各地参考使用。对于采用风险储备金或者其他方式的，由各地、各单位结合实际自行制定具体的操作细则。

各地开展校外培训机构预收费资金监管的情况(见附件2)，请于10月31日前报送至省教育厅，电子版一并报送至邮箱。后续数据出现更新的，请在该月最后1个工作日之前将更新后的表格按照上述渠道报送至省教育厅。

附件：1. 广东省校外培训机构预收费资金管理工作指引（第一版）
2. 广东省各地校外培训机构预收费资金监管开展情况统计表

广东省教育厅 中国人民银行广州分行
广东银保监局
2021年10月9日

附件1

广东省校外培训机构预收费资金管理工作指引
（第一版）

第一条 为规范校外培训机构收费行为，保护校外培训机构和学生的合法权益，有效防范校外培训机构办学风险，根据《中华人民共和国民办教育促进法》《中华人民共和国消费者权益保护法》《中华人民共和国未成年人保护法》等法律法规和《关于进一步减轻义务教育阶段学生作业负担和校外培训负担的意见》（中办发〔2021〕40号）、《国务院办公厅关于规范校外培训机构发展的意见》（国办发〔2018〕80号）等文件精神，制定本工作指引。

第二条 本工作指引适用于采用第三方资金托管方式，预收培训费用开展经营活动的本省校外培训机构。校外培训机构是指国家机构以外的社会组织和个人，利用非国家财政性经费、面向中小学生举办的各类非学历校外教育培训的机构。

第三条 校外培训机构预收费资金的监督管理遵循依法规范、风险防范、协同治理的原则。

学员（含学生家长）和校外培训机构是预收费资金的主要责任主体。学员应当认真甄别校外培训机构，理性参加培训，优先选用纳入资金监管的培训服务。校外培训机构应当落实资金监管的各项要求，积极做好预收费的资金缴存工作。银行应当根据本指引的规定以及和校外培训机构约定的协议，认真履行资金账户监管职责。各级教育行政部门和各级人民银行、银保监局等金融监管部门根据法律法规和部门职责做好资金监管的监督工作，其中各级教育行政部门依照审批权限，分别督促和指导校外培训机构落实资金监管要求，金融监管部门监督银行等金融机构依法依规履行资金账户监管职责。

第四条 校外培训机构开展培训应使用教育部、市场监管总局制定的《中小学生校外培训服务合同（示范文本）》，严禁利用不公平格式条款侵害学员合法权益。

第五条 营业执照、收费项目与标准等信息应在校外培训机构办学场所、网站等显著位置进行公示，并于培训服务前向学员明示。不得在公示的项目和标准外收取其他费用，不得以任何名义向学员摊派费用或者强行集资。

第六条 校外培训机构收费时段与教学安排应协调一致。按培训周期收费的，不得一次性收取或变相收取时间跨度超过3个月的费用；按课时收费的，每科不得一次性收取或变相收取超过60课时的费用。

第七条 校外培训机构应在机构住所地所在区（县）范围内自主选择一家具备第三方托管条件的银行开设唯一预收费资金专用存款账户（以下简称专用存款账户），由开立专用存款账户的银行作为存管银行（以下简称存管银行）存管预收费资金。存在跨县（市、区）多个办学点的校外培训机构，由校外培训机构在机构住所地所在地级市范围内选择一家银行开设唯一专用存款账户。

学员预收费用须全部进入该监管账户，不得进入校外培训机构其他账户或控制人个人账户。对于已收取的各类预收费款项，应当将存量预收费款项划转至专用存款账户。

对于需要变更专用存款账户开户银行的，校外培训机构应提交变更申请，教育行政部门审核后，原存管银行将监管项目资料及存量资金一并切换到新的存管银行账户。

校外培训机构应当与存管银行签订专用存款账户管理协议，明确双方的权利义务，并提供资金监管的必要信息，授权存管银行对监管账户进行资金监测、向教育行政部门反馈相关预警信息等操作。

第八条 校外培训机构按照国家有关规定向学员出具以本机构名义开具的发票等消费凭证，学员索要消费凭证的，不得以任何理由拒绝，不得以举办者名义或其他公司名义向学员开具消费凭证。

第九条 校外培训机构应定期向监管部门提交专用存款账户的预收金额、剩余（未培训课时）金额、学员人数等基本信息。

第十条 面向中小学生的培训，校外培训机构不得收取以消费贷等贷款方式缴纳的培训费用。校外培训机构不得诱导其他年龄段学员使用贷款缴纳培训费用。

第十一条 专用存款账户内的款项仅作为存管银行的一般性存款，存管银行不可挪作投资、理财等其他用途。专用存款账户资金仅允许存管银行根据本指引规定及和校外培训机构合同约定划转到结算账户。对划转到结算账户的资金，校外培训机构可按需支取使用。

第十二条 存管银行对专用存款账户资金的监管方式，采用"一课一销"或者按约定进度释放资金的方式进行。学员购买培训课程或者服务的费用，直接转入专用存款账户的资金。预收费资金转入专用存款账户即进入监管状态。

第十三条 学员在课程开始前提出退费的，校外培训机构原则上在 15 日内按原渠道一次性退还所有费用。

学员在课程开始后提出退费要求的，应按已完成课时的比例扣除相应费用，其余费用原则上在 30 日内按原渠道一次性退还。合同条款另有约定且不违反上述退费原则的除外。

第十四条 学员与校外培训机构发生退费纠纷的，校外培训机构不得以资金监管或学员使用培训贷方式缴纳培训费用为由，拒绝学员的合理诉求。

第十五条 学员与校外培训机构因收退费问题发生争议的，可以通过下列途径解决：

（一）学员与校外培训机构协商解决；

（二）请求消费者协会或依法成立的其他调解组织调解；

（三）向有关行政部门投诉；

（四）根据与校外培训机构达成的仲裁协议提请仲裁机构仲裁；

（五）向人民法院提起诉讼。

第十六条 校外培训机构不配合资金监管的，由教育行政部门责令整改，情节严重或拒不整改的，移交执法部门调查处理，并依法依规实施信用公示。对学员权益造成损害的，校外培训机构依法承担侵权责任。

第十七条 存管银行定期将校外培训机构预收费资金信息和风险情况与教育行政部门共享。存管银行对纳入存管的预收费资金实施常态化监测，对于预收费资金出现单笔交易金额超过存管金额 10% 或者单个月累计支出金额超过存管金额 50% 的大额资金异动情况的，按照相关标准和约定时限（一般为资金出现异动后 3 个工作日内），及时向教育行政部门进行提示。

金融监管部门负责督促存管银行开展相关资金监测和风险提示工作。依据风险程度，教育和金融监管等部门可向社会发布风险预警。

第十八条 在预收费资金监管过程中，有关部门、机构、存管银行应当对收集的学员及家长个人信息严格保密，不得泄露、出售或者非法向他人提供。

第十九条 监管部门、存管银行、校外培训机构工作人员在资金监管工作中玩忽职守、滥用职权、徇私舞弊的，依法追究责任，涉嫌职务侵占等违法犯罪行为的，移交司法机关处理。

第二十条 省教育厅将会同相关部门，探索通过搭建全省层面资金监管平台等方式，为各地、各单位资金监管提供信息化支撑。各级教育行政部门也可在确保安全、公平、可靠、易用的前提下，会同相关部门自行组织开发校外培训机构预收费资金监管平台，提高资金监管效率。

第二十一条 本工作指引为指导意见，由发文机关负责解释。各地可结合实际制定具体的操作细则。

第二十二条 本工作指引执行期间，国家和省有新规定、新要求的，执行新规定、新要求。

附件2

广东省各地校外培训机构预收费资金监管开展情况统计表

序号	地市	县（市、区）	采用何种方式进行资金监管（对应打√）			采用第三方托管的填写此列		采用风险储备金的填写此列	采用其他方式的填写此列	备注
			第三方资金监管	风险保证金	其他方式（自选）	已经开设了第三方资金监管账户的校外培训机构数量（家）	已经建立了大额资金预警制度的校外培训机构数量（家）	已经缴纳了风险保证金的校外培训机构数量（家）	例如：已经采用了××××监管方式的校外培训机构数量（家）	
填写范例	××市	××区	√					××××		×月×日，印发《……》，布置各区建立资金监管制度。
	××市	××县（区、市）								
		××县（区、市）								
		…								

说明：各地开展资金监管的情况，请于10月31日前报送至省教育厅，电子版一并报送至邮箱 zhangzl@gdedu.gov.cn。后续数据出现更新的，请在该月最后1个工作日之前将更新后的表格按照上述渠道报送至省教育厅。

广东省学位委员会 广东省教育厅关于印发《广东省学位授权点合格评估实施细则（试行）》的通知

各有关研究生培养单位：

为加强我省学位授权点合格评估工作，按照国务院学位委员会办公室《关于2020—2025年学位授权点周期性合格评估若干事项安排的通知》（学位办〔2021〕3号）要求，省学位委员会、省教育厅根据国务院学位委员会《学位授权点合格评估办法》（学位〔2020〕25号）精神，结合我省学位授权点评估工作的实际，研究制定了《广东省学位授权点合格评估实施细则（试行）》，现印发给你们，请遵照执行。执行中如遇问题，请及时反馈省学位委员会办公室。

附件：广东省学位授权点合格评估实施细则（试行）

广东省学位委员会 广东省教育厅
2021年11月3日

附件

广东省学位授权点合格评估实施细则（试行）

第一条 为保证学位与研究生教育质量，做好学位授权点合格评估工作，依据《中华人民共和国高等教育法》《中华人民共和国学位条例》及其暂行实施办法，国务院学位委员会制定了《学位授权点合格评估办法》（以下简称《评估办法》）。广东省学位委员会依据《评估办法》，制定本实施细则。

第二条 本细则中的学位授权点是指经国务院学位委员会审核批准的可以授予博士、硕士学位的学科和专业学位类别。

第三条 学位授权点合格评估遵循科学、客观、公正的原则，坚持底线思维，以研究生培养和学位授予质量为重点，学科条件保障与人才培养质量提升相统一。

第四条 学位授权点合格评估是我国学位授权审核制度和研究生培养管理制度的重要组成部分，分为专项合格评估和周期性合格评估。

（一）新增学位授权点获得学位授权满3年后，均应当接受专项合格评估。

（二）周期性合格评估每6年进行一轮次，每轮次评估启动时，获得学位授权满6年的学位授权点和专项合格评估结果达到合格的学位授权点，均应当接受周期性合格评估。

第五条 周期性合格评估分为两个阶段，一是学位授予单位自我评估，二是国务院学位委员会或省学位委员会抽评，以学位授予单位自我评估为主。学位授予单位应在每轮次评估第1年年底前确认参评学位授权点，确认名单报省学位委员会备案，并于第5年年底前完成自我评估；学位授权点未确认参评或未开展自我评估的情形将作为确定周期性合格评估结果的重要依据。国务院学位委员会或省学位委员会在每轮次评估第6年开展抽评。

第六条 博士学位授权点周期性合格评估由国务院学位委员会办公室组织实施，未获得博士学位授权的硕士学位授权点周期性合格评估由省学位委员会组织实施。学位授权点周期性合格评估基本条件为启动当期评估时正在执行的学位授权点申请基本条件。

第七条 学位授予单位自我评估为诊断式评估，

是对本单位学位授权点建设水平与人才培养质量的全面检查。学位授予单位应当全面检查学位授权点办学条件和培养制度建设情况，认真查找影响质量的突出问题，在自我评估期间持续做好改进工作，凝练特色。鼓励有条件的学位授予单位将自我评估与自主开展或参加的相关学科领域具有公信力的国际评估、教育质量认证等相结合。

第八条 学位授予单位应建立自我评估组织协调机制，分管领导是评估工作的责任人。

第九条 学位授予单位自我评估基本程序

（一）根据学位授权点周期性合格评估基本条件、《学位授权点自我评估指南》，结合本单位和学位授权点实际，制定自我评估实施方案，并以适当方式公开，实施方案（电子稿）及时报省学位委员会备案，接受社会监督。

（二）组织学位授权点进行自我评估，应建立有本单位特色自我合格评估指标体系，对师资队伍、学科方向、人才培养数量质量和特色、科学研究、社会服务、学术交流、条件建设和制度保障等进行评价。把编制本单位《研究生教育发展质量年度报告》和《学位授权点建设年度报告》作为自我评估的重要环节之一，贯穿自我评估全过程。《研究生教育发展质量年度报告》和《学位授权点建设年度报告》经脱密处理后，应在本单位门户网站发布，并报省学位委员会备案。

（三）根据国务院学位委员会办公室制订的数据标准，定期采集学位授权点基本状态信息，加强对本单位学位授权点质量状态的监测。

（四）组织校内外专家通过查阅材料、现场交流、实地考察等方式，对学位授权点进行评议，提出诊断式意见。专家选聘应符合以下要求：

1. 受聘专家应政治思想过硬、学术造诣较深、坚持原则、公道正派，原则上具有正高级专业技术职称；

2. 每个学位授权点由5名或以上奇数名同行专家评议，其中至少1名管理专家，本单位专家不超过1名，同一外单位的专家不超过2名，省内专家不超过总数的1/2；

3. 对专业学位授权点的评议，相关行业专家一般不少于总数的1/3；

4. 开展国际评估的，评估专家应是本学科领域国际上具有较高学术水平和影响力的境外专家。

（五）根据专家评议意见，提出各学位授权点的自我评估结果，自我评估结果分为"合格"和"不合格"。做出自我评估结果所依据的标准和要求不得低于学位授权点周期性合格评估基本条件。对自我评估"不合格"的学位授权点，一般应在自评阶段结束前完成自主整改，整改后达到合格的按"合格"上报自我评估结果，达不到合格的按"不合格"上报自我评估结果。根据各学位授权点评议结果和整改情况，形成《学位授权点自我评估总结报告》。

（六）每轮周期性合格评估的第3年和第6年的3月底前，应当向国务院学位委员会办公室报送参评学位授权点截至上一年底的基本状态信息。

（七）每轮周期性合格评估第6年3月底前，向指定信息平台上传自我评估结果、自我评估总结报告、专家评议意见和改进建议，以及参评学位授权点连续5年的研究生培养方案。

第十条 抽评基本程序

（一）抽评工作的组织

博士学位授权点的抽评工作由国务院学位委员会办公室组织实施。

未获得博士学位授权的硕士学位授权点的抽评工作由省学位委员会办公室组织实施；抽评名单确定后，将以适当方式通知受评单位并公开，接受社会监督。

（二）省学位委员会在自我评估结果为"合格"的硕士学位授权点范围内，按以下要求确定抽评学位授权点：

1. 抽评学位授权点应当覆盖所有学位授予单位；

2. 各一级学科和专业学位类别被抽评比例原则上不低于被抽评范围的30%，现有学位授权点数量较少的学科或专业学位类别视具体情况确定抽评比例；

3. 评估周期内有以下情形的，应加大抽评比例：

（1）发生过严重学术不端问题的学位授予单位；

（2）存在人才培养和学位授予质量方面其他问题的学位授予单位；

（3）评估周期内学位论文抽检存在问题较多的相关学位授权点。

（三）评议专家组成

省学位委员会委托省学位委员会学科评议组、省学位委员会专业学位教指委成员等组成的省级评议专家组（以下简称专家组），是开展硕士学位授权点评议的主要力量。每个专家组的人数应为奇数，可根据评估范围内学位授权点的学科或专业学位类别具体情况，确定具体参评专家人数。评议实行本单位专家回避制。

（四）抽评应根据《学位授权点抽评要素》，主要从学位授权点基本条件和人才培养两方面进行评价，以人才培养为重点。省学位委员会确定评议的基本标准和要求，制定评估方案。抽评的基本标准和要求不低于周期性合格评估基本条件。

（五）评议方式和评议材料。专家评议以通讯评议方式为主，也可根据需要采用会议评议方式。评议材料主要有《学位授权点自我评估总结报告》、学位授权点基本状态信息表、学位授予单位《研究生教育发展质量年度报告》、《学位授权点建设年度报告》、近5年研究生培养方案、自评专家评议意见和改进建议，以及专家组认为必要的其他评估材料。

（六）评议结果。专家审阅抽评材料，对照本组学位授权点周期性合格评估标准，对学位授权点提出"合格"或"不合格"的评议意见，以及具体问题和改进建议，形成对每个学位授权点的评议结果。全体专家的1/2以上（不含1/2）评议意见为"不合格"的学位授权点，评议结果为"不合格"，其他情形为"合格"。

博士学位授权点的评议情况、评议结果及可能产生的后果、存在的主要问题和具体改进建议按照《评估办法》实施。

硕士学位授权点评议的相关情况、评议结果及可能产生的后果、存在的主要问题和具体改进建议由省学位委员会向受评单位反馈，并在规定时间内受理和处理受评单位的异议。

（七）省学位委员会和学科评议组、专业学位教指委等根据评议情况和异议处理结果，形成相应学位授权点抽评意见和处理建议，编制评估工作总结报告，报国务院学位办。

第十一条 异议处理

（一）学位授予单位如对具体学位授权点评议结果存有异议，博士学位授权点应按要求向学科评议组或专业学位教指委提出申诉，硕士学位授权点向省学位委员会提出申诉，并在规定时间内提供相关材料。

（二）博士学位授权点的异议及处理，按照《评估办法》实施。

（三）硕士学位授权点的异议，由省学位委员会组织包括省学科评议组和省专业学位教指委等成员组成的专门小组进行实地考察核实。省学位委员会根据专家组评议意见及专门小组的考察报告，审议形成硕士学位授权点的抽评意见和处理建议。

第十二条 省学位委员会办公室汇总硕士学位授予单位自我评估结果及抽评结果，按以下情况提出处理建议：

（一）对有如下情形之一的硕士学位授权点，提出继续授权建议：

1. 自我评估结果为"合格"且未被抽评的学位授权点；

2. 抽评专家表决意见为"不合格"的比例不足1/3的学位授权点。

（二）对有如下情形之一的学位授权点，提出限期整改建议：

1. 自我评估结果为"不合格"的学位授权点；

2. 抽评专家表决意见为"不合格"的比例在1/3（含1/3）至1/2（含1/2）之间的学位授权点。

（三）对抽评专家表决意见为"不合格"的比例在1/2（不含1/2）以上的学位授权点，提出撤销学位授权建议。

第十三条 省学位委员会办公室向国务院学位委员会报送硕士学位授权点周期性合格评估完成情况及有关学位授权点处理建议。

第十四条 评估结果使用

（一）省学位委员会将各硕士学位授予单位学位授权点合格评估结果作为省学位委员会监测高等教育"冲一流、补短板、强特色"提升计划及学科建设项目的重要内容，作为研究生招生计划安排、学位授权点增列的重要依据。

（二）学位授予单位可在周期性合格评估自我评估阶段，根据自我评估情况，结合社会对人才的需求和自身发展情况，按学位授权点动态调整的有关办法申请放弃或调整部分学位授权点。学位授予单位不得在抽评阶段申请撤销周期性合格评估范围内的学位授权点。

（三）对于撤销授权的学位授权点，5年内不得申请学位授权，其在学研究生可按原渠道培养并按有关要求授予学位。

（四）限期整改的学位授权点在规定时间内暂停招生，进行整改。整改完成后，博士学位授权点接受国务院学位委员会办公室组织的复评；硕士学位授权点接受省学位委员会组织的复评。复评合格的，恢复招生；达不到合格的，经国务院学位委员会批准，撤销学位授权。根据抽评结果做限期整改处理的学位授权点，在整改期间不得申请撤销学位授权。

第十五条 专项合格评估由国务院学位委员会办公室按照《评估办法》实施。

第十六条 学位授予单位应当保证自我评估材料的真实可信，评估材料存在弄虚作假的学位授权点，将被直接列为限期整改的学位授权点；情节恶劣的，省学位委员会将建议国务院学位委员会予以撤销。

第十七条 各有关单位和工作人员应严格遵守评估纪律与廉洁规定，坚决排除非学术因素的干扰，对在评估活动中存在违纪行为的单位和个人，将依据有关纪律法规严肃处理。

第十八条 本细则由广东省学位委员会办公室负责解释。

广东省教育厅关于印发《统筹推进大中小学思想政治理论课一体化建设的工作措施（试行）》的通知

(粤教思〔2021〕2号)

各地级以上市教育局，各普通高校：

为深入贯彻落实习近平总书记在学校思想政治理论课教师座谈会上的重要讲话精神，充分发挥思想政治理论课立德树人关键课程作用，循序渐进、螺旋上升地开设大中小学思想政治理论课，省教育厅组织制定了《统筹推进大中小学思想政治理论课一体化建设的工作措施（试行）》，现印发给你们，请认真组织实施。

广东省教育厅
2021年12月14日

统筹推进大中小学思想政治理论课一体化建设的工作措施（试行）

为深入贯彻落实习近平总书记在学校思想政治理论课教师座谈会上的重要讲话精神，贯彻落实中央办公厅、国务院办公厅《关于深化新时代学校思想政治理论课改革创新的若干意见》精神，充分发挥思想政治理论课（以下简称思政课）立德树人关键课程作用，循序渐进、螺旋上升地开设大中小学思政课，现就统筹推进我省大中小学思政课一体化建设制定以下工作措施。

一、一体化推进思政课专业团队和协作平台建设

1. 成立广东省学校思想政治理论课教学指导委员会。整合全省学校思政课专家学者、教研员、优秀教师、骨干教师力量，成立广东省学校思想政治理论课教学指导委员会，加强对大中小学思政课一体化建设的研究、指导和服务。建立广东省学校思想政治理论课教学指导委员会委员联系指导县（市、区）、高校思政课建设工作机制，推动各地各学校思政课改革创新和思政课教师专业成长。

2. 组建大中小学思政课一体化教学改革创新联合体。支持高校联合中小学校，组建大中小学思政课一体化教学改革创新联合体，开展形式多样的思政课一体化教学研究与实践活动，为全省大中小学思政课一体化建设提供可复制可借鉴的经验。

3. 探索建立区域内大中小学思政课一体化建设体制机制。鼓励有条件的市、县（市、区）教育行政部门加强与高校合作，统筹区域内教研机构及中小学校力量，开展大中小学思政课一体化建设理论研究与实践探索，打造推进区域内大中小学思政课一体化建设的有效模式。

二、一体化推进思政课教学研究

4. 建立大中小学思政课教师集体备课机制。广东省学校思想政治理论课教学指导委员会每年至少组织一次涵盖大中小学不同学段思政课教师的集体备课；市、县（市、区）教研部门根据实际每年组织涵盖中小学不同学段思政课教师的集体备课；学校每学期开学前组织思政课教师集体备课。有条件的地区和学校要充分利用互联网平台开展集体备课活动，扩大集体备课的辐射面和影响力。

5. 组织高校、中小学校思政课名师工作室联合开展思政课教学一体化研究。搭建平台，畅通渠道，

支持省级高校思政课名师工作室与省、市级中小学校思政课名师工作室联合攻关，加强对高校思政课必修课程与小学、初中"道德与法治"课，高中"思想政治"课教学一体化的研究，推出一批高质量教研成果。把思政课教学一体化研究纳入工作室学员结业考核内容，引导他们积极参与思政课一体化教学研究、教学实验及成果推广运用等。

三、一体化推进思政课教学交流

6. 常态化举办大中小学思政课一体化教学展示活动。省教育厅每年举办大中小学思政课一体化教学展示活动，鼓励各地各学校结合实际组织不同学段思政课教师开展教学展示活动，促进大中小学思政课教师学习交流常态化、机制化。

7. 延伸高校思政课区域协同创新中心工作手臂。各高校思政课区域协同创新中心在组织本区域高校思政课教师学习交流活动时，可根据实际组织中小学思政课教师参与，结合实际举办大中小学思政课教师学习交流活动，为本区域大中小学思政课教师创造共学共长、互促互进的条件和机会。

8. 鼓励大中小学校党组织书记、校长同上"思政第一课"。巩固拓展大中小学校党组织书记、校长每学期为学生上第一堂思政课工作成果，支持大中小学校加强联系，积极探索，因地制宜采用现场教学、连线教学等形式，组织不同学段学校党组织书记、校长联动为学生上思政课，增强思政课对学生的吸引力和实效性。

四、一体化推进思政课教师培养培训

9. 加强思政课一体化建设培训。把大中小学思政课一体化建设纳入各地各学校思政课教师培训内容，引导思政课教师了解掌握不同学段思政课的课程目标、课程体系、课程内容等，更好把握思政课一体化教学规律，增强思政课教学实效。高校思政课骨干教师分课程培训承办学校要通过专家辅导报告、中小学思政课教师经验交流等形式，促进高校思政课教师增强衔接中小学思政课的意识，提高教学能力和水平。

10. 注重大中小学思政课一体化建设研究。在省教育规划项目（德育专项）、高校思想政治教育课题、中小学德育课题中设立大中小学思政课建设一体化建设研究专题，鼓励学校和思政课教师开展思政课一体化建设理论和实践研究，注重研究成果运用和宣传，积极发出大中小学思政课一体化建设的广东声音。

五、加强对思政课一体化建设的领导

11. 落实思政课一体化建设责任。各级教育行政部门要把思政课一体化建设摆上重要议程，加强组织领导，注重顶层设计，加大资源统筹力度，有力有效推进本地思政课一体化建设。学校党组织要负起思政课建设的主体责任，党组织书记、校长作为第一责任人，要带头推动思政课建设，积极推进本单位与其他学段学校联合开展思政课一体化建设研究和实践。

◆ 概 況

GENERAL SITUATION

2021年广东省教育事业发展概况

2021年，在广东省委、省政府的正确领导下，省教育厅坚持以习近平新时代中国特色社会主义思想为指导，全面贯彻党的十九大和十九届历次全会精神，全面贯彻党的教育方针，坚定不移走中国特色社会主义教育发展道路，落实立德树人根本任务，围绕"1+1+9"工作部署，团结一心、迎难而上，统筹抓好疫情防控和教育改革发展，全力确保校园安全稳定，教育公平日益彰显，教育质量不断提升。

（一）把党的政治建设摆在首位，增强教育系统政治判断力、政治领悟力、政治执行力

落实"第一议题"学习制度，全年召开厅党组会议51次、教育工委会议31次，开展"第一议题"学习84次，确保学深、悟透习近平新时代中国特色社会主义思想。认真学习宣传贯彻总书记"七一"重要讲话精神，深入开展"云宣讲""党课开讲啦""开学第一课"等活动，围绕"七一"重要讲话开展专题研究179项，召开专题座谈会393场次，打造"七一"重要讲话精神"金课"47门。深入学习贯彻党的十九届六中全会精神，推动基层党组织学习教育全覆盖。指导全省高校规范制定校院两级党委、行政和党政联席会议议事规则，编制从严治党"三张责任清单"。制订全省教育系统新一轮基层党建三年行动计划。分层分类开展专题示范培训，举办第25期全省高校领导干部暑期读书班暨第1期全省高校骨干教师暑期读书班，组织万名高校基层党支部书记开展"知史爱党"网络培训和1 800名院系党委（党总支）书记学习十九届六中全会精神专题网络培训。广东省教育研究院职业教育研究室党支部荣获"广东省直机关先进基层党组织"称号。建立厅党组与驻厅纪检监察组会商机制，召开专题会商会，压实"两个责任"，以实际行动践行"两个维护"。深化政治巡察，制定一系列巡察及整改制度文件；高站位推动、高起点谋划、高标准开展对19所省属高职院校党组织巡察，实现省属高校政治巡视巡察全覆盖和民办高校选派党委书记全覆盖；落实巡视巡察整改主体责任，制定全省高校党建工作整改清单，会同省委组织部研究制定（修订）高校领导班子建设"1+5"系列文件，有力推动全面从严治党向全省教育系统延伸。

（二）精心组织庆祝建党百年系列活动，扎实推进党史学习教育走深走实

严格对标对表习近平总书记重要讲话精神，落实省委"1+10+N"总体工作安排，把学党史、悟思想、办实事、开新局贯穿始终。组织召开党史学习教育、学习"七一"重要讲话精神、学习六中全会精神动员部署会3次。成立党史学习教育、"七一"重要讲话精神、六中全会精神宣讲团3个，深入开展宣讲；带动高校成立各级宣讲团2 000多个，开展专题宣讲近1万场，覆盖听众超过100万人次。编发简报125期，素材被省委简报采用40次，"广东采取十项举措推动党史进校园"被省委作为专报报送中央。组建15个巡回指导组开展督导工作，推动高校比学赶超。推动党史进校园，组织大中小学"同上一堂党史课"活动，组织制作100个党史教育优质思政课例、100门党史教育微课、100堂学生讲党史公开课，推动党史融入思政课程、嵌入校园文化、汇入社会实践、走入组织生活。扎实开展"我为群众办实事"实践活动，将"推动新高考平稳落地"等5个项目列入重点民生项目，切实推动解决人民群众"急难愁盼"问题。联合南方日报等推出28期"百年对话——广东高校党委书记谈党建引领育新人"，展示广东高校百年党建的丰硕成果。组织高校开展"七一"走访，慰问老党员、困难党员和烈士遗属、因公殉职党员干部家属等共2 787人。

（三）坚持以习近平新时代中国特色社会主义思想铸魂育人，扎实做好各类安全防范工作

推动新制定《广东省教育系统意识形态工作责任制实施细则》落地见效，构建横向到边、纵向到底的意识形态工作责任体系。深化思政课改革创新，协调省领导到高校讲党课暨思政课，持续抓好高校专职思政课教师配齐工作，制定《统筹推进大中小学思想政治理论课一体化建设的工作措施》。巩固建强宣传思想阵地，开展新媒体政治性错误信息排查整治；全面开展政治问题书刊专项整治，制定《高校图书馆藏书管理工作指引》；开展高校、中学（中职）学生社团风险隐患排查化解和专项整治，强化学生社团阵地管理。制发《广东省高等学校招收和培养国际学生实施细则》，规范国际学生管理。

加强心理健康教育，印发《广东省高校学生心理危机筛查工作指引》《广东省中小学心理危机筛查工作指引》，指导各地各校科学规范开展心理测评。聚焦校园安全工作突出风险隐患，开展教育系统基层矛盾纠纷排查化解专项行动和校园安全专项整顿工作，组织5批次校园安全隐患大排查大整治，注重抓好校园食品安全，常态化抓好实验室安全管理和危险化学品管控。筑牢网络安全坚固防线，建立网络安全"零报告"制度，确保重要时期网络安全稳定。筑牢学校疫情防控坚固防线，坚持每天排查2630万名师生健康状况，每天编印简报累计600余期，建立挂点包干督办工作机制，对全省各级各类学校（含校外培训机构）不定期开展专项督查，压实责任，确保教学秩序平稳，无校园新冠肺炎等聚集性疫情。驻点指导并稳妥处置广州新华学院东莞校区疫情。坚决守住考试安全，普通高考、研究生考试、成人高考、自学考试等13类49场教育考试安全平稳实施，服务考生1033万人，63.6万名高考考生"应考尽考、能考尽考、愿考尽考"，无一因疫情缺考，实现了"健康高考""平安高考""暖心高考"目标。

（四）大力深化教育领域综合改革，稳妥实施各项新政新策

制定《广东省深化新时代教育评价改革试点工作方案》，统筹推进办学模式、育人方式、管理体制、保障机制改革，教育评价的"四梁八柱"基本健全，积极创建教育评价改革试点省。研制省政府规章《广东省教育教学成果奖励办法》并推动颁布实施。开展对市县级人民政府履行教育职责评价并"点对点"反馈政府履行教育职责评价结果，推动教育督导"长牙齿"。协同省委机构编制委员会办公室制定下达省级统筹周转空编控制基数推动中小学教职工编制全面达标工作方案，为基础教育高质量发展提供有力保障。注重素质教育，推动学校体育美育高质量发展，参加第十四届全国学生运动会共斩获113枚奖牌，排名全国第三。落实最高标准、最严要求、最强保障，稳妥做好新高考落地。稳步推进大湾区教育合作发展和深圳教育先行先试，积极推进大湾区大学、广州交通大学、中山科技大学的筹建工作，重点推进香港科技大学（广州）建设工作，天津大学佐治亚理工深圳学院等一批不具有法人资格中外合作办学机构获教育部批准设立，部省全面启动深圳职业教育创新发展高地创建工作。规范民办教育健康发展，持续推动《广东省民办学校规范达标计划和品牌提升计划（2019—2022年）》落地实施，完善民办高校年检实施办法和指标体系，强化规范办学监管。加强语言文字工作，推进开展港澳居民普通话水平测试。

（五）严格对标对表，稳步推进基础教育高质量发展

印发实施《广东省推动基础教育高质量发展行动方案》，着力加强教师队伍建设和增加公办优质学位供给。促进普惠性学前教育扩学位、提质量。全年新增公办学位28.84万个，新增公办学位和普惠性民办园学位42.51万个，超额完成2021年省民生实事建设任务。制定《关于规范民办义务教育发展的工作方案》，全省进城务工人员随迁子女公办学校就读比例达85%以上，民办中小学在校生比例进一步降低。制定《关于进一步减轻义务教育阶段学生作业负担和校外培训负担的若干措施》，开展"双减百日会战"，推进校内减负提质措施落地落细落实；学科类校外培训机构数量累计压减95%以上，义务教育阶段学生校外培训负担有效减轻。新改扩建农村寄宿制学校835所，累计增加寄宿制学位37.65万个。出台《关于进一步加强普通高中招生管理工作的实施意见》。开展省优质基础教育集团遴选培育工作，遴选首批优质基础教育集团72个。义务教育阶段适龄残疾学生入学安置率达到99%以上。制定出台《关于加强专门学校建设和专门教育工作的实施办法（试行）》。首批遴选145个省级基础教育教研基地项目，加快建设高质量教研体系。

（六）大力实施扩容提质，增强职业教育适应性

加强高水平学校建设，推进实施"双高"计划，启动省级高水平高职院校建设项目，立项71所高水平中职学校建设单位和17所培育单位，立项127个省级高职高水平专业群和第三批92个省级中职教育"双精准"示范专业，大力实施一流高职院校结对帮扶计划，推动第一批7所高职院校平稳有序做好省属职业院校集团办学工作。高质量推进省职业教育城建设，二期工程后续项目大部分单体建筑已于2021年8月底交付学校使用，已进驻10所院校，在校生约11万人。深入推进1+X证书制度试点，超额完成高职扩招任务，国家级职业教育示范性虚拟仿真实训基地入选数居全国第一，荣获2021年全国职业院校技能大赛"突出贡献奖"。全国职业教育大会对粤港澳大湾区职业院校对接产业设置专业给予高度肯定，职业教育工作再次获国务院办公厅督查激励表扬。

（七）提升高等教育内涵发展水平，实现地级以上市本科、高职院校全覆盖

印发《高等教育"冲一流、补短板、强特色"提升计划实施方案（2021—2025年）》，启动实施新一轮"冲补强"计划。123个学科入围ESI排名前1%，较2017年增长121%，增幅全国第一。学位授权审核工作取得自1984年以来历史最好成绩，新增博士、硕士学位授予单位各3个。新增201个专业入选国家一流本科专业建设点，全省半数以上高校拥有"国一流"专业建设点。258门课程入选国家首批一流本科课程。建有173个产业学院，遴选认定26个省级示范性产业学院，数量居全国首位。推动印发《广东省人民政府办公厅关于调整优化高等教育学科专业结构的实施意见》，提升学科专业与经济社会发展尤其是产业发展契合度。深化医学教育改革发展，印发《广东省加快医学教育创新发展实施方案》。完善高等教育布局，调整广东石油化工学院等5所省市共建高校为省属高校；加快推进粤东粤西粤北地区高校（校区）建设，11所新建高校（校区）顺利开学，实现地级以上市本科院校、高职院校全覆盖。用心用情用力做好高校毕业生稳就业工作，就业率达到96%以上，实现有就业意愿的家庭困难毕业生百分百就业。在第七届中国国际"互联网+"大学生创新创业大赛中共获得27枚金牌、53枚银牌，实现了"走在前列"的参赛目标。

（八）夯实基础精准发力，全面提升教育保障能力和水平

推进实施"新强师工程"，完善新时代教师发展体系，开展基础教育全口径全方位融入式对口帮扶，制定《高校教育人才"组团式"帮扶工作优化提升实施方案（2022—2024年）》，启动新一轮组团帮扶工作。建立健全新时代基础教育教研体系，挂牌成立147所市县级教师发展中心。实现县域内义务教育教师平均工资收入水平不低于或高于当地公务员平均工资收入水平。加强乡村教师队伍建设，新增招收公费定向培养本专科师范生和教育硕士2109名。深入推进中小学教师"县管校聘"管理改革和教师评价制度改革。狠抓教育经费投入，广东省连续4年实现"两个只增不减"。深化教育预算管理制度改革，建立教育支出大事要事保障机制，落实"先谋事后排钱"要求，集中财力保教育发展重点。提高国家助学贷款额度，将本专科生和研究生国家助学贷款额度每人每年提高4000元。全面推进依法治教，开展全省教育系统"法治建设年"活动，推进新一轮高校章程修改、核准工作，将党的创新理论和党的建设相关内容写入章程，完善治理结构和提升治理能力。扎实开展各类审计项目，完善审计制度，推进教育审计全覆盖，推动内部审计工作专业化和制度化。全面提升教育管理信息化水平，加快推进教育信息化融合创新应用。巩固教育脱贫攻坚成果同乡村振兴有效衔接，推进对口帮扶揭东区龙尾镇驻镇帮镇扶村工作；实施"组团式"教育援疆援藏，与黑龙江、贵州、广西等省区加强教育结对协作，成效得到教育部和受援地充分肯定，并受邀在2021中国-东盟教育交流周等会议上做经验介绍。

2021年广东省教育要事录

1月1日 省教育厅、省发展和改革委员会、省财政厅、省人力资源和社会保障厅印发《广东省深化新时代职业教育"双师型"教师队伍建设改革实施意见》（粤教师〔2021〕1号），进一步加强职业院校教师队伍建设，打造高素质职业教育"双师型"教师队伍。

1月13日 2021年全省教育工作会议在广州召开。会议总结了"十三五"时期和2020年全省教育工作，研究部署了2021年教育重点工作，提出紧紧抓住粤港澳大湾区和深圳中国特色社会主义先行示范区"双区驱动"战略机遇，围绕构建"一核一带一区"区域发展新格局，深化教育领域改革，促进教育公平，提高教育质量，加快建设教育强省。副省长王曦出席会议并讲话，省委教育工委书记，省教育厅党组书记、厅长景李虎传达2021年全国教育工作会议精神并做工作报告。

1月29日 省政府办公厅印发《广东省加快医学教育创新发展实施方案》。

1月 广东高校启动新一轮高校章程修改核准工作，推动将党的建设有关内容写入民办学校章程。截至2021年12月底，完成民办高校章程修改核准工作和民办中小学章程修改备案工作。

1月—8月 面向2021届高校毕业生共开展供需见面活动330场，共计8.96万家用人单位参加，累计提供就业岗位427.08万个。

2月7日 广州市黄埔区人民政府与广东省教育研究院签署合作办学协议，正式挂牌成立广东省教育研究院黄埔实验学校。

3月1日 省政府印发《广东省进一步稳定和扩大就业若干政策措施》（3.0版），促进高校毕业生等群体就业。

3月8日 省教育厅召开学习贯彻习近平总书记在全国政协医药卫生界、教育界委员联组会上的重要讲话精神座谈会。省委教育工委副书记、省教育厅党组副书记李大胜主持会议并讲话。

3月10日 修订印发《广东省教育厅关于民办高等学校年度检查实施办法（试行）》《广东省教育厅关于民办高等学校年度检查指标体系（试行）》（粤教策〔2021〕3号）。

3月19日 省委教育工委召开2021年全省高校思想政治工作视频会议，深入贯彻习近平总书记关于高校思想政治工作的重要论述精神，认真贯彻习近平总书记在全国政协医药卫生界、教育界委员联组会上的重要讲话精神，总结工作，分析形势，部署任务。省委教育工委副书记、省教育厅党组副书记李大胜出席会议并讲话。

3月25—26日 省委教育工委、省教育厅在广州番禺举办2021年度全省中小学德育工作会议暨德育管理干部培训班，深入贯彻习近平总书记关于学校德育思政工作的系列重要论述，认真贯彻习近平总书记在全国政协医药卫生界、教育界委员联组会上的重要讲话精神，总结工作，分析形势，部署任务。省委教育工委副书记、省教育厅党组副书记李大胜出席会议并讲话。

4月1日 省教育厅公布2021年广东省高校就业创业金课名单，共有26门课程立项，其中有3门（全国共21门）课程获评全国金课，占全国的1/7。

4月8日 省教育厅召开全省深化新时代教育督导体制机制改革暨2021年教育督导工作会议，落实国家和广东省深化新时代教育督导体制机制改革要求，部署加强新时代教育督导工作。省委教育工委书记，省教育厅党组书记、厅长景李虎出席会议并讲话。

4月9日 以省委党史学习教育领导小组办公室名义印发《党史进校园系列活动工作方案》，推动党史融入思政课程、嵌入校园文化、汇入社会实践、走入组织生活。

4月9日 组织召开实施"粤菜师傅"工程推进会，省委教育工委副书记、省教育厅党组副书记李大胜出席活动并讲话。发布、解读和推广"粤菜制作""粤点制作"国家职业技能等级证书标准，21个地市教育局和115所学校参加现场活动，6.2万多人次线上收听收看。

4月12日 由广东省教育厅主办、广东新华发行集团承办的广东省中小学"书香校园"研讨暨表扬活动顺利落幕。省委教育工委委员，省教育厅党组成员、副厅长李璧亮出席活动并讲话。省委宣传部有关领导、各地市教育装备部门负责同志、2020年广东省中小学"最美阅读空间""最美图书馆馆长"获奖代表等60多人参加了活动。

4月14日 省教育厅印发《广东省教育系统"法治建设年"工作方案》，组织开展全省教育系统"法治建设年"活动，围绕依法治理能力和水平提升制定48项重点任务，提升教育领域依法治理能力和水平。

4月15日 召开2021年广东省人民政府教育督导委员会第一次会议，贯彻落实党中央、国务院以及广东省深化教育督导体制机制改革相关文件精神，审议2020年对市县级政府履行教育职责评价结果，研究发挥督导作用推动基础教育高质量发展。省政府教育督导委员会主任、副省长王曦出席会议并讲话。

4月19日 省委教育工委书记，省教育厅党组书记、厅长景李虎在深圳出席部省共建深圳职教高地新闻发布会，并介绍了部省共建深圳职业教育创新发展高地的重要意义、主要建设内容和下一步工作计划。

4月20日 广东省就业工作领导小组印发《2021年广东省高校毕业生就业创业十大行动方案》，坚持把高校毕业生就业作为就业工作重中之重，千方百计加大高校毕业生就业岗位供给，拓宽高校毕业生就业渠道，确保高校毕业生就业总体稳定。

4月22日 全国职业教育大会精神广东宣传贯彻会议在广州召开。会上，教育部职业教育与成人教育司副司长谢俐宣讲全国职业教育大会精神，广东省委教育工委书记，省教育厅党组书记、厅长景李虎主持会议并部署广东贯彻落实工作。

4月25日 省教育厅公布广东省2020届普通高校毕业生就业创业工作典型经验集体和个人获奖名单，共有140个集体和318人获奖，发挥了就业创业典型示范引领作用，激发了就业创业工作队伍工作热情。

4月25—30日 组织开展广东省中小学"百千万人才培养工程"教育家、名校长、名教师培养对象走进乡村学校巡教讲学活动，共计200多名培养对象走进潮州、韶关、梅州等市县开展覆盖幼儿园到高中的巡教讲学活动。

4月28日 2021年广东省中小学心理健康教育活动月启动仪式暨心理健康教育工作推进会在佛山市顺德区容山中学召开，省委教育工委副书记、省教育厅党组副书记李大胜出席并讲话，对进一步做好广东省中小学生心理健康教育工作提出要求。

4月30日 省教育厅、省卫生健康委员会、省中医药局联合印发《关于深化医教协同进一步推动中医药教育改革与高质量发展实施方案》。

4月 广东省教育厅荣获"省直机关模范机关创建先进单位"荣誉称号。

5月7日 国务院办公厅印发《国务院办公厅关于对2020年落实有关重大政策措施真抓实干成效明显地方予以督查激励的通报》（国办发〔2021〕17号），广东省因校企合作推进力度大、职业教育发展环境好、推进职业教育改革成效明显获国务院办公厅督查表扬激励。

5月8日 省教育厅组织召开2021年深化教师队伍建设改革推进会，全面总结和交流全省2020年教师队伍建设情况，部署2021年推进教师队伍建设改革重点工作。省委教育工委委员，省教育厅党组成员、副厅长李璧亮出席会议并讲话。

5月11日 省教育厅印发《广东省教育厅关于加强教育行政执法工作的实施办法》。

5月13日 省教育厅印发《广东省教育厅关于进一步加强高等学校法治工作的实施意见》。

5月19日 省教育厅、省司法厅、省普法办印发《关于命名第三批全省青少年法治教育实践基地的通知》，遴选认定2020年度省级青少年法治教育实践基地22个，实现了"一市一基地"。

5月20日 2021年度广东省基础教育教研基地项目启动暨负责人培训活动在广州市花都区举行。教育部基础教育课程教材发展中心副主任刘月霞，广东省委教育工委委员，省教育厅党组成员、副厅长李璧亮，广州市花都区副区长蒋福金出席活动。

5月21日 第十届广东省大学生职业生涯规划教学大赛决赛在广州城市理工学院举行，该届大赛以"立德树人，就业育人"为主题，共有120所高校的3 138名教师报名参赛，有效提升了就业指导教师的能力水平。省教育厅二级巡视员邱克楠出席颁奖典礼并讲话。

5月25日 2021年全省教育装备工作会议在中山市召开。会议深入学习贯彻习近平新时代中国特色社会主义思想和习近平总书记关于教育的重要论述，贯彻落实全省教育工作会议精神，总结2020年教育装备工作，交流各地工作经验，部署"十四五"及2021年教育装备工作。省委教育工委委员，省教育厅党组成员、副厅长李璧亮出席会议并讲话。

5月 按照省委机构编制委员会有关编制规定，启动实施第一批7所高职院校与10所中职学校集团办学机构编制调整工作。

6月1日 省委教育工委委员，省教育厅党组成员、副厅长李璧亮主持召开世行贷款广东省欠发达地区义务教育均衡优质标准化发展示范项目领导小组工作会议，就审计指出的世行贷款项目存在的问题进行研究并提出解决方案。会议听取了世行贷款项目管理办公室（以下简称世行办）关于世行贷款项目实施情况的汇报，研究了世行贷款项目领导小组的人员构成、职责分工以及解决世行办人员问题的方案。

6月21日 省人民政府副省长王曦到暨南大学调研指导实验室建设与安全管理工作，对相关工作给予肯定。

6月 省政府印发《广东省推动基础教育高质量发展考核评价实施办法》，重点考核教师队伍建设和公办优质学位供给情况，压实市县政府推动基础教育高质量发展的主体责任，确保推动基础教育高质量发展取得实效。

7月1日 省教育厅印发《广东省中小学幼儿园教师违反职业道德行为处理工作指引》《广东省高校教师违反职业道德行为处理工作指引》，明确教师违反职业道德行为的类型、适用范围、处理和解除程序，为相关处置工作提供了规范。

7月14—15日 广东省新一轮（2021—2023年）中小学（幼儿园、特殊教育）名教师、名校（园）长、名班主任工作室主持人授牌仪式暨交流研讨活动在佛山市南海区教师发展中心召开，启动新一轮中小学名教师、名校（园）长、名班主任工作室建设，发挥工作室示范引领作用，推动广东省基础教育高质量发展。

7月20日 广东省中小学教师校本研修示范学校和示范培育学校授牌仪式暨交流活动在广州举行，交流了中小学教师校本培训研修的做法和经验，部署了校本研修示范学校和示范培育学校建设工作。

7月21日 省委组织部、省委宣传部、省委机构编制委员会办公室、省教育厅、省财政厅、省人力资源和社会保障厅、省住房和城乡建设厅联合印发《广东省加强新时代高校教师队伍建设改革实施意见》（粤教师〔2021〕8号），进一步加强高校教师队伍建设，打造高素质创新型教师队伍。

7月27日 广东省中小学"百千万人才培养工程"省级培养项目启动仪式在广州举行，项目培养类型分为名教师、名校长、名班主任三种，共有17个子项目、499名培养学员。省委教育工委委员，省教育厅党组成员、副厅长李璧亮出席仪式并讲话。

7月31日—8月1日 首届全国高校教师教学创新大赛就业指导课程教学大赛在上海财经大学举办，华南师范大学选手陈璐获得一等奖，广东省教育厅获优秀组织奖。

7月—12月 组织全省学生参加全国"宪法卫士"在线学习宪法活动，共有1581万名学生参加，学生参与率位居全国前列，学生参与总人数位居全国第一。

8月2日 省教育厅印发《广东省教育厅关于坚决做好减轻义务教育阶段学生校外培训负担工作的通知》，全省各地停止审批新的面向义务教育、普通高中学生招生的学科类培训机构和学前教育阶段的校外培训机构。

8月11—12日 第七届中国国际"互联网+"大学生创新创业大赛广东省分赛决赛在广州大学（大学城校区）举行，该届大赛共决出金奖102个。大赛同期举办第四届粤港澳大湾区大学生创新创业项目对接洽谈活动，为全省大学生创新创业项目与社会投融资机构对接提供了良好的平台。省教育厅二级巡视员邱克楠出席活动。

8月16日 省教育厅印发《广东省中小学有偿补课和教师违规收受礼品礼金问题专项整治实施方案》（粤教师函〔2021〕20号），组织全省教育系统在职教师开展专项检查，进一步规范中小学教师职业行为。

8月21—22日 省委组织部、省委教育工委举办第二十五期全省高校领导干部暑期读书班暨第一期全省高校骨干教师暑期读书班，读书班在省教育厅设主会场，在地市教育局和高校设30个分会场，全省各地级以上市政府分管教育副市长、教育局局长，全省高校领导班子成员及党委组织部部长、宣传部部长、统战部部长、骨干教师代表等共1600多人参加学习，省领导宋福龙、张义珍、陈建文、王曦重点围绕学习习近平总书记"七一"重要讲话精神、坚持和加强党对高校的全面领导做辅导报告。

8月27日 2021年广东省师德建设主题教育月活动启动仪式暨第十届师德主题征文及微视频征集活动颁奖典礼在广州召开。全省共有359篇师德主题征文优秀作品获奖，36个微视频优秀作品获奖，20个单位荣获优秀组织奖。省教育厅在主会场为第十届师德主题征文及微视频征集活动中表现优异的在穗代表颁发了获奖证书。省委教育工委委员，省教育厅党组成员、副厅长李璧亮出席活动并讲话。

8月 省政府办公厅印发《2021年对市县级人民政府履行教育职责评价实施细则》，召开2021年对市县级政府履行教育职责评价工作布置会，指导市、县政府开展自评和初审，省教育厅主任督学徐仕敏出席会议并讲话。

9月1日 省教育厅公布137个县（市、区）计划申报国家学前教育普及普惠县（市、区）时间，加快推进全省学前教育普及普惠发展。

9月8日 省教育厅印发《广东省中小学教师资格考试试点实施办法》和《广东省中小学教师资格定期注册试点实施办法》，深入推进中小学教师资格考试和定期注册制度改革。

9月9日 省委、省政府在广州召开广东省庆祝2021年教师节暨表彰优秀教师大会，表彰近2000名南粤优秀教师（南粤优秀教育工作者）和特级教师，为广大教师和教育工作者树标杆、立榜样。会前，省委书记李希、省长马兴瑞等省领导会见南粤优秀教师、南粤优秀教育工作者、特级教师代表。马兴瑞出席会议并为受表彰的教师代表颁奖。

省教育厅印发《广东省本科高校"十四五"教学质量与教学改革工程建设实施方案》（粤教高〔2021〕3号），结合广东省教学改革实际重新规划省质量工程项目类型和载体。

9月17日 省教育厅、省财政厅印发《广东省中小学名教师、名校（园）长、名班主任工作室的管理办法》（粤教继〔2021〕3号），规范广东省中小学"三名"工作室建设，发挥"三名"工作室示范和辐射作用，适应新时期中小学教师、校（园）长、班主任培养培训工作要求。

9月27日 省教育厅二级巡视员吴艳玲在广西南宁出席2021中国-东盟职业教育联展暨论坛开幕式，作为全国唯一省份代表在2021中国-东盟职业教育高峰论坛上做主旨报告，分享了广东职业教育产教融合、校企合作的做法。

9月28日 第六届全国教育科学研究优秀成果奖颁奖大会暨2021年中国教育科学论坛在北京召开。广东省教育研究院的《应用型本科院校建设的理想标准与现实进路》获得第六届全国教育科学研究优秀成果奖三等奖。

9月29日 省教育厅举办2021年度"同上一堂党史课"广东省大中小学思政课一体化教学展示交流活动，推动党史走进校园、融入思政课程，全面展示广东省学校思政课改革创新的面貌，推进全省大中小学思政课一体化教学改革创新，提高思政课系统化、整体性育人质量和实效。

9月 指导各地各校申报2020—2021年全省国家机关"谁执法谁普法"创新创先优秀项目，省教育厅获评活动优秀组织奖。

9月—12月 省委书记李希等19名省领导分别到高校给师生讲党课暨思政课，深入交流学习贯彻习近平总书记"七一"重要讲话精神的心得体会，深情回顾党的百年奋斗历程和取得的伟大成就，全面讲述中国特色社会主义伟大事业的广东实践，深入阐释中国共产党为什么"能"、马克思主义为什么"行"、中国特色社会主义为什么"好"的深刻道理，并回答师生关注的重大理论和实践问题。

10月1—7日 省教育厅党组书记朱孔军，省委教育工委副书记、省教育厅党组副书记李大胜，省教育厅主任督学徐仕敏等厅领导分别带队，采取"四不两直"方式对广东省校外培训机构进行督导检查，共检查培训机构24家。

10月9日 省教育厅、省民政厅、省市场监督管理局、国家税务总局广东省税务局等四部门印发《广东省面向义务教育阶段学生的学科类校外培训机构统一登记为非营利性机构工作方案》，全省各地妥善完成"营改非"工作，完成比例为100%。

省教育厅、中国人民银行广州分行、广东银保监局制定《广东省校外培训机构预收费资金管理工作指引》，对校外培训机构预收费进行风险管控，全省预收费资金纳入监管的机构数量占应纳入监管机构的100%。

10月11日 省教育厅印发《关于进一步加强广东省职业院校教师培训工作的指导意见（2021—2025年)》，进一步加强全省职业教育"双师型"教师队伍建设，提升职业院校教师整体水平。

10月12日 省教育厅召开世行贷款项目领导小组工作会议，省委教育工委委员、省教育厅党组成员、副厅长李璧亮出席会议并讲话，省教育厅二级巡视员黄友文出席会议并部署相关工作，领导小组各成员单位有关负责人出席了会议。会议强调，要紧紧围绕"探索、借鉴"两方面主题，认识世行贷款项目对推进广东省义务教育高质量发展的重大意义；各成员单位相关处室要重新学习、重新思考，进一步加强沟通协调，积极开展宣传工作，确保世行贷款项目按时间节点保质保量推进。

10月15日 广东省重点领域研发计划项目"5G+智慧教育"重大专项研讨会在华为深圳基地召开。广东省教育研究院、华为、拓维、华南师范大学计算机网络与信息系统广东高校工程技术研究中心，以及广州、深圳、珠海、佛山、东莞等地教育系统的领导、专家、一线教师和华为生态企业代表等100余人，共商广东"5G+智慧教育"推进的思路和举措。

首场广东省高校（高职）青年教师教学大赛成果推广活动——"名师送教"在清远职教城举行。

第四届、第五届大赛的 18 名优秀选手分成 9 个组进行现场展示和教学经验分享。

10 月 15—17 日 第八届广东省中小学班主任专业能力大赛在深圳举行，来自全省各地的 108 名优秀班主任同台竞技。省委教育工委副书记、省教育厅党组副书记李大胜出席大赛总结表彰会并讲话。大赛采取现场观摩和线上直播两种形式，吸引了众多教师关注，大赛网络直播浏览量超过 200 万次。

10 月 16 日 2021 年广东省新建高校（校区）启动仪式在广东金融学院清远校区举行，历史性实现了全省 21 个地市高职院校全覆盖。

10 月 28 日 全省 13 所高校的 39 个项目入选教育部 2021 年首批新文科研究与改革实践项目。

省教育厅印发《广东省教育厅办公室关于建立校外培训机构风险防范工作调度机制的通知》，召开全省视频调度会议，指导全省各地教育行政部门做好校外培训机构风险防范工作。

10 月 29 日 省教育厅召开广东省第七届中国国际"互联网＋"大学生创新创业大赛总结会。广东学校在此次大赛中表现优异，共获 27 金（含萌芽赛道）53 银，获金奖数和获奖总数均位于全国第三，实现了预期的参赛目标。广东省获主职赛道省市优秀组织奖和红旅赛道省市优秀组织奖，华南理工大学获主职赛道高校集体奖和国际项目优秀组织奖，广州大学获红旅赛道高校集体奖。省教育厅二级巡视员邱克楠出席活动并讲话。

10 月 举办 2021 年广东省中小学实验教学说课活动，237 名由各地市教育部门和学校推荐的全省优秀教师参加此次活动，共评出一等奖 66 名、二等奖 76 名、三等奖 90 名。此次活动以赛促教、以赛促学，推动中小学实验教学广泛开展，进一步发挥实验教学育人功能，为广东省实验教学改革创新做出贡献。

10 月—12 月 面向 2022 届高校毕业生共开展供需见面活动 521 场，共计 10.34 万家用人单位参加，累计提供就业岗位 475.44 万个。

11 月 1 日 对全省学科类校外培训机构建立分级标识制度，按照涉稳风险（经营困难程度）从高到低的原则，分为红、黄、绿三个层级，实行动态更新和监测，为各地各部门防范风险提供有效预警信息。

11 月 2 日 省教育厅、省市场监督管理局印发《中小学生校外培训服务合同（示范文本）》，进一步规范全省校外培训的治理。

11 月 5 日 印发《广东省"双减"工作专门协调机制办公室关于正式成立"双减"工作专门协调机制的通知》，联合各有关单位建立广东省"双减"工作专门协调机制。

"广东产业学院科创资源在线平台"获得计算机软件著作权。

11 月 8 日 省委组织部、省委宣传部、省教育厅、省财政厅、省人力资源和社会保障厅印发《关于加强新时代中小学思想政治理论课教师队伍建设的实施意见》（粤教师〔2021〕14 号），全面推进广东省中小学思想政治理论课教师队伍建设。

11 月 9 日 省教育厅、省发展改革委、中国人民银行广州分行、国家税务总局广东省税务局、省市场监管局、广东银保监局等部门转发《教育部等六部门关于加强校外培训机构预收费监管工作的通知》，切实防范"退费难""卷钱跑路"等损害群众利益的问题发生。

11 月 10 日 省委宣传部联合省教育厅举行"红色广东"丛书进校园赠书仪式暨"红讲台"故事进课堂启动仪式，引导广大青少年在学党史中坚定理想信念、传承红色基因、汲取奋进力量，为实现中华民族伟大复兴的中国梦而勤奋学习、不懈努力。

11 月 12—13 日 第三届广东省中职青年教师教学能力大赛决赛在广州举行。全省 21 个地级以上市和省属中职学校共 209 名中职青年教师参加比赛。

11 月 13 日 2021 年粤港澳大湾区中小学校长论坛在佛山、香港以线上线下的方式同步举行。来自广东、香港、澳门三地的中小学校长代表、高校专家学者和教育科研工作者等 200 余人，围绕"迈向教育发展新征程：粤港澳大湾区基础教育高质量发展的实现路径"的主题展开交流研讨，推动三地教育合作交流。

11 月 15 日 省教育厅、中共广东省委网络安全和信息化委员会办公室、省公安厅、省民政厅、省通信管理局、省市场监督管理局等六部门印发《广东省现有线上学科类培训机构由备案改为审批工作方案的通知》，落实线上培训机构备案改审批要求，线上培训机构"备改审"完成率达 100%。

11 月 16—20 日 由教育部职成司主办、省教育厅承办的全国职业院校党史学习教育成果展示活动顺利举行，广东省在全国职业院校党史学习教育成果展示活动中作示范展示。

11 月 19 日 2021 年广东省中小学智慧课堂交流展示活动在梅州举行。活动围绕"智慧教研助力教师专业成长"主题，聚焦智慧课堂展示和智慧教研探索，助推基础教育高质量发展。此次活动以线上线下相结合的方式进行，活动当日线上点播量累计135.85万次。

广东省"新师范"建设总结大会在肇庆学院召开，全省56所设有师范类专业的高校代表、广东省第一批创建国家教师教育创新实验区负责人，以及21个地市教育局领导等近200人参会。省委教育工委委员，省教育厅党组成员、副厅长李璧亮出席会议并讲话。

11月24—25日 2021年普通高中新课程新教材实施示范区示范校建设交流研讨活动在深圳举行。省委教育工委委员，省教育厅党组成员、副厅长李璧亮出席活动并讲话，省教育研究院和各地市教育行政部门、教研部门有关负责同志，广东省国家级和省级示范区示范校校长、教师代表参加现场活动。

11月27日 举办广东省首届本科高校课程思政教学大赛，大赛由广东省教育厅指导、广东省高等教育学会主办、华南农业大学和广东高等教育出版社承办。全省本科高校共有450名教师参赛，经过复赛、现场决赛，评出一等奖18名、二等奖30名、三等奖42名、优秀奖16名以及优秀组织奖12名、特别贡献奖2名。

11月28日—12月1日 组织学生参加第六届全国学生"学宪法 讲宪法"活动全国总决赛。广东省参赛选手获演讲比赛高校组冠军、初中组亚军、小学组季军、高中组第九名，知识竞赛团体赛亚军，取得近六年来最好成绩。

11月29日 教育部发布公告，确定了基础学科拔尖学生培养计划2.0基地（2021年度）名单，广东共有3所高校7个基地入选。入选的广东高校包括中山大学、华南理工大学、华南师范大学。中山大学有4个基地入选，包括计算机科学拔尖学生培养基地、"深蓝"海洋科学拔尖学生培养基地、哲学拔尖学生培养基地、经济学拔尖学生培养基地；华南理工大学有2个基地入选，分别为化学拔尖学生培养基地、计算机科学拔尖学生培养基地；华南师范大学入选基地为物理学拔尖学生培养基地。

省人大常委会听取并审议通过了广东省民办教育工作情况报告。受省政府委托，省教育厅党组书记朱孔军向省人大常委会报告民办教育工作。

全省学校"三全育人"暨高等学校课程思政改革工作推进会在华南农业大学举行，全省65所本科高校党委书记（校长）参会，并举办广东省学校"三全育人"工作成果展。省委宣传部副部长李斌，省委教育工委副书记、省教育厅党组副书记李大胜出席会议并讲话。

11月 省教育厅发布"百年辉煌·使命担当"——广东省大中小学"三全育人"工作巡展宣传片，全面展示全省学校"三全育人"工作成果。

11月—12月 省教育厅印发《关于进一步加强高等学校法治工作的实施意见》和高等学校法治工作测评指标体系，完成测评专家遴选，选取4所高校试点测评。

12月3日 组织全省教育系统开展"宪法晨读"活动。各地各校通过观看直播、举行升旗仪式、开展法治讲座等形式开展多样的"宪法晨读"活动。

12月9日 省教育厅公布广东省大学生创新创业教育示范学校（2021—2024年）名单。南方医科大学、广东技术师范大学、广东海洋大学、韶关学院、五邑大学、广州城市理工学院、广东轻工职业技术学院、广东省外语艺术职业学院、广东科贸职业学院、广州番禺职业技术学院、广州铁路职业技术学院11所高校为广东省大学生创新创业教育示范学校（2021—2024年）。

12月14日 省教育厅印发《统筹推进大中小学思想政治理论课一体化建设的工作措施（试行）》的通知，推进大中小学思政课一体化建设。

12月15日 省教育厅、省人力资源社会保障厅共同召开广东省2022届普通高校毕业生就业创业工作视频会议，省教育厅党组书记朱孔军出席会议并讲话。

12月18日 由广东省教育厅指导、广东省教育研究院主办的第九届中国南方教育高峰年会召开。省委教育工委委员，省教育厅党组成员、副厅长李璧亮出席峰会并做主旨演讲。15名知名专家学者与教育行政部门负责人、教育科研机构负责人、大中小学校长教师代表，聚焦主题"基础教育高质量发展：新理念、新路径、新举措"展开研讨，51.48万人次点击观看、参与交流。

12月20日 "中央专项彩票公益金宏志助航计划"全国高校毕业生就业能力培训基地揭牌暨开班典礼在华南农业大学红满堂学术报告厅举行。省教育厅二级巡视员邱克楠出席活动并讲话。

12月23日 根据《中共广东省委机构编制委员会办公室关于调整省教育厅机构编制事项的函》，正式设立广东省教育厅校外教育培训监管处。

12月28日 省教育厅作为唯一省级教育行政部门参加教育部"办实事，见实效"系列新闻发布会，省教育厅二级巡视员邱克楠在发布会上分享

"广东经验"。

12月29日 省教育厅印发《广东省教育厅关于做好2021年普通高中教育质量试点监测工作并开展工作培训的通知》，在汕头市澄海区、江门市鹤山市和蓬江区、肇庆市德庆县（试点县）开展普通高中教育质量试点监测。

12月 举办2021年广东省中学物理和小学科学实验操作与创新技能竞赛。经过校、县、市层层选拔，203名优秀教师参加省级竞赛，共评出一等奖40名、二等奖66名、三等奖87名、创新奖47名。广州市教育局等9个地级以上市教育行政部门获得广东省中小学实验教学技能竞赛系列活动优秀组织奖。

组织20名广东优秀教师参加由教育部装备研究与发展中心举办的"全国中小学优秀自制教具展评活动"，广东省代表队取得历届活动最好成绩，7个作品获一等奖，12个作品获二等奖，1个作品获三等奖，4名优秀教师获评全国优秀自制教具能手。根据团体总分排名，广东省教育装备中心获团体奖第三名和优秀组织奖。

2021年 全省新增201个国家级一流本科专业建设点，数量位居全国前五，新增233个省级一流本科专业建设点。

全省高校有120个专业点获教育部备案或审批通过，其中50%以上为理工科和医学专业。新增22所高校81个专业开展第二学士学位教育，为高校毕业生创造更多再学习机会。

组织2021年国家级课程思政示范项目（本科教育类）遴选推荐工作，共有10门课程和1个教学研究中心入选国家级课程思政示范项目。组织开展广东省2021年课程思政改革示范项目遴选认定工作，认定示范高校、教学研究示范中心、示范团队、示范课程、示范课堂五类改革示范项目共计424项，遴选出首批课程思政改革优秀案例124个。

组织开展第十届高校教学名师遴选工作，表彰和奖励教学名师59名，调动广大教师参与教学改革的积极性。

开展高校附属医院专项治理整顿工作。围绕"跨省设立附属医院""一院多挂""拖挂附属医院数量较多"等重点问题，组织13所本科高校对203家附属医院进行深入自查和整顿。

完成2019—2021年三年高职扩招行动计划，累计扩招42万人，超额完成高职扩招任务。

省职教城二期工程正式宣告完成，如期实现省委、省政府制定的2021年底实现二期工程全面交付目标。至此，位于清远市清城区东城片区的省职教城"新城"面貌初现，拥有10所高校约11万名师生。

广东教育视点

全省教育系统学习贯彻习近平总书记在庆祝中国共产党成立 100 周年大会上重要讲话精神

7月4日，全省教育系统学习贯彻习近平总书记在庆祝中国共产党成立 100 周年大会上重要讲话精神动员会在广州召开。

会议学习习近平总书记在庆祝中国共产党成立 100 周年大会上的重要讲话精神，传达全省学习贯彻习近平总书记在庆祝中国共产党成立 100 周年大会上重要讲话精神干部动员大会精神，对全省教育系统学习宣传贯彻工作进行全面部署，组织动员各地各高校坚持以习近平新时代中国特色社会主义思想为指导，在全面建成小康社会基础上，意气风发向第二个百年奋斗目标迈进，奋力推动广东教育高质量发展，为实现中华民族伟大复兴的中国梦不懈奋斗。省委教育工委书记，省教育厅党组书记、厅长景李虎出席会议并讲话。会议由省委教育工委副书记、省教育厅党组副书记李大胜主持。

会议指出，习近平总书记的重要讲话高屋建瓴、思想深刻、内涵丰富，具有很强的政治性、思想性、理论性，体现了深远的战略思维、强烈的历史担当、真挚的为民情怀，是一篇马克思主义的纲领性文献。全省教育系统要深刻领会习近平总书记重要讲话精神的重大意义和丰富内涵，认真学习领会总书记关于党的百年奋斗光辉历程和伟大成就的重要论述，切实增强牢记初心使命、开创美好未来的信心决心；认真学习领会总书记关于全面建成小康社会的庄严宣告，切实增强牢记初心使命、开创美好未来的历史定力和历史自觉；认真学习领会总书记关于伟大建党精神的重要论述，进一步振奋牢记初心使命、开创美好未来的精气神；认真学习领会总书记关于"九个必须"的重要论述，从中深刻汲取牢记初心使命、开创美好未来的智慧力量；认真学习领会总书记向全党发出的号召，切实强化牢记初心使命、开创美好未来的责任担当；认真学习领会总书记对新时代中国青年的殷切期望，切实凝聚牢记初心使命、开创美好未来的青春力量。

会议要求，要以习近平总书记重要讲话精神为引领，立足千秋伟业，夯实中华民族伟大复兴的基础工程，推动广东省教育高质量发展。要坚持和加强党对教育工作的全面领导，确保全省教育系统成为坚持党的领导的坚强阵地。要深入践行以人民为中心的发展思想，推动各级各类教育高质量发展，努力办好人民满意的教育。要坚持用习近平新时代中国特色社会主义思想铸魂育人，培养德智体美劳全面发展的社会主义建设者和接班人。要坚持中国特色社会主义教育发展道路，扎根中国大地办教育。要着眼构建人类命运共同体，深入推进教育交流合作。要持续抓好教育系统意识形态工作，坚决守好意识形态安全"南大门"。要坚持党要管党、全面从严治党，继续推进新时代党的建设新的伟大工程，扎实推动管党治党责任落地落细。

会议强调，学习好、宣传好、贯彻好习近平总书记重要讲话精神，是全省教育系统当前和今后一个时期的头等大事和重要政治任务，要迅速兴起学习宣传贯彻的热潮，成为全省教育系统的共同意志、共同行动。一要高标准高质量制定学习宣传贯彻方案，对标对表中央部署和省委工作安排，结合开展庆祝建党 100 周年系列活动、党史学习教育活动，高标准制定学习宣传贯彻工作总体方案。二要高标准高质量抓好学习培训和宣传宣讲，坚持以上率下，充分发挥领导干部示范带动作用，推动学习培训覆盖到每个支部、全体党员、全体师生。三要高标准高质量加强理论研究阐释，努力推出有深度、有分量、体现时代特点的研究成果。四要高标准高质量推进党史学习教育，把学习宣传贯彻总书记重要讲话精神作为党史学习教育重中之重的任务抓好。五要高标准高质量加强指导督查，强化跟踪问效和督促检查，压实责任链条，确保中央部署及省委要求落实到位。

广东教育系统干部师生掀起学习热潮

习近平总书记在庆祝中国共产党成立 100 周年大会上的重要讲话在广东教育系统干部师生中产生强烈反响，各级党组织迅速召开学习会、座谈会、研讨会，讲感受、谈体会、悟思想，深入学习贯彻习近平总书记重要讲话精神。

华南农业大学组织全校师生集中观看庆祝大会。学校党委书记王斌伟表示，习近平总书记的重要讲话让我们深刻感受到中国共产党的伟大、光荣、正确，让我们更加清晰地看到中华民族伟大复兴的美好前景。华南农业大学将进一步加强党对学校工作的全面领导，不忘立德树人初心，牢记强农兴农使命，为党育人、为国育才，以高质量党建引领推动学校高质量内涵式发展。

华南师范大学组织师生集中观看大会实况直播，学习习近平总书记重要讲话精神。学校党委书记朱孔军表示，习近平总书记的重要讲话高屋建瓴、思想深邃，闪耀着马克思主义真理的光芒，为我们奋进新征程提供了根本遵循、指明了前进方向。作为教育工作者，我们要深刻理解"江山就是人民，人民就是江山"，坚持服务人民群众对美好教育的需求，坚持教育发展成果惠及全体人民，坚持为党育人、为国育才，办好人民满意的师范教育。

广东外语外贸大学举办"庆建党百年，话党员初心"老中青党员代表学习贯彻习近平总书记重要讲话精神座谈会。马克思主义学院院长谢迪斌在会上表示，作为思政课教师，感到无比振奋。中国共产党第二个百年伟大征程，必须坚持用马克思主义基本原理，用中国化马克思主义创新理论，指导和引领中国人民的伟大实践。我们将牢记习近平总书记对思政课教师的嘱托与要求，站稳站好高校思政课讲台，在新时代马克思主义理论教育中做出新贡献。

广州中医药大学召开党委理论学习中心组学习会，专题学习习近平总书记重要讲话精神。学校党委副书记、纪委书记白建刚表示，习近平总书记重要讲话精神深刻宏大、意义深远。作为纪检监察干部，要牢记打铁必须自身硬，弘扬伟大建党精神，锤炼出鲜明的政治品格，不断把为崇高理想奋斗的实践推向前进。时刻牢记庄严职责，永葆清正廉洁的政治本色，保持安不忘危、存不忘亡、乐不忘忧的高度政治警觉，坚定不移推进党风廉政建设，推进学校"中国特色、世界一流"的高水平中医药大学建设。

广东轻工职业技术学院在各校区开展升旗仪式、收听收看庆祝大会、同绘百米画卷和"启航新征程"环校跑等活动。学校党委书记杜安国表示，习近平总书记的铿锵宣言，展示了中国共产党人把中国特色社会主义伟大事业推向前进的强大定力和信心。作为肩负"为党育人、为国育才"使命的教育者，必须以"胸怀千秋伟业"的责任感，永葆"百年恰是风华"的青春感，从党史中汲取智慧和力量，以实干推动职业教育实现"大有可为"。

广州市黄埔区教育局组织局系统各单位收听收看庆祝大会现场直播盛况。黄埔区教育局党组副书记、副局长区永军表示，作为新时代的黄埔教育人，要扛起时代赋予的责任，继承和发扬开发区艰苦创业，敢为人先的精神，抓住当前产业发展和城市改造的大好机遇，优化布局调整，改造升级，提高教育硬件设施建设；外引内培，创新机制，实施名校名师工程，强化师资队伍建设；全面发展，凸显特色，全面贯彻立德树人的教育思想，培养德智体美劳全面发展的社会主义事业的建设者和接班人，使黄埔教育事业整体水平上一个新台阶。

云浮市邓发纪念中学组织集中观看庆祝大会并召开学习座谈会。教师代表牟雪利表示，习近平总书记的重要讲话内涵丰富、催人奋进。作为一名党员教师，将牢记初心使命，坚定理想信念，努力践行党的宗旨，勇挑时代重任，坚持"立德树人"的初心，勇担"为党育人、为国育才"的使命。

本文来源：《广东教育·综合》2021年第8期；文/记者 黄博彦

抢抓机遇，提高质量，加快建设教育强省

1月13日，2021年全省教育工作会议在广州召开。会议总结"十三五"时期和2020年全省教育工作，研究部署2021年的教育重点工作，提出紧紧抓住粤港澳大湾区和深圳中国特色社会主义先行示范区"双区驱动"战略机遇，围绕构建"一核一带一区"区域发展新格局，深化教育领域改革，促进教育公平，提高教育质量，加快建设教育强省。副省长王曦出席会议并讲话，省教育厅厅长景李虎传达2021年全国教育工作会议精神并做工作报告。会议由省政府副秘书长陈岸明主持。

会议强调，2021年是建党100周年、"十四五"开局之年，全省教育系统要谋好篇，开好局，起好步，精准发力，推动教育工作再上新台阶。

一是要坚持社会主义办学方向，落实立德树人根本任务。要以迎接、庆祝建党"百年"为契机，扎实开展"四史"学习教育，筑牢听党话、跟党走的思想根基。要强化育人意识，全面推进课程思政建设，深化思想政治理论课改革创新，把社会主义核心价值观融入教育全过程。要继续提升教育智库水平，着力培养学生认知能力，促进思维发展，激发创新意识。

二是要坚持办好人民满意的教育，推进基础教育高质量发展。进一步促进学前教育普惠健康发展，持续保障学前教育学位供给。巩固提升"5080"攻坚工程成果，推动普惠性幼儿园可持续健康发展，不断提高科学保教水平。落实县级政府管理义务教育的主体责任，加大义务教育优质均衡县（市、区）建设力度，实施"改薄提升"工程，全面加强"两类学校"建设，强化控辍保学，加快消除城镇中小学大班额。探索普通高中与高校协同育人，推动普通高中和中职教育协调发展，深入实施薄弱普通高中办学水平提升工程，实施特色普通高中创建工程，推进普通高中优质特色多样化发展。完善特殊教育布局，巩固提高残疾儿童少年义务教育普及水平，加快发展残疾儿童学前教育和高中阶段教育，稳步发展残疾人高等教育。

三是要坚持教育服务经济社会发展方向，不断提升科技创新人才培养能力和水平。加大省职教城建设力度，加快推进职教集团办学，确保完成高职年度扩招任务。优化职业教育和技工教育的区域布局、专业设置、院校结构，进一步完善技能人才教育培训体系，打造高素质技能人才队伍。深入实施"冲一流、补短板、强特色"提升计划。加快世界一流大学和一流学科建设，实施一流本科人才培养计划，提高研究生教育人才培养质量。深入实施振兴粤东粤西粤北高等教育计划和特色高校提升计划，加快粤东粤西粤北已规划高校（校区）建设进度，优化高等教育区域结构布局。主动对接国家、省重大项目和工程，提升高校支撑粤港澳大湾区国际科技创新中心和深圳综合性国家科学中心的能力。

四是要坚持深化教育领域改革开放，推动教育事业科学发展。深化各级各类考试招生制度改革。深化新时代教育评价改革，实施以科学履职为导向的党委和政府教育工作评价、以立德树人为导向的学校评价、以教书育人为导向的教师评价、以全面发展为导向的学生评价及以品德和能力为导向的用人评价。深化教育领域"放管服"改革，完善教育行政审批管理制度，提高学校办学治校水平。积极构建教育对外开放合作新格局，支持粤港澳合作办学，稳步扩大广东高校招收港澳台学生规模，健全港澳居民或其随迁子女在广东入学、考试政策，建设粤港澳大湾区国际教育示范区。大力推进"规范达标计划和品牌提升计划"，促进民办学校规范办学和内涵发展，打造广东民办教育品牌。深化民办教育分类管理改革，完善民办学校分类监督管理机制，强化过程监管、绩效问责。

五是要坚持加强教师队伍建设，不断创新教师管理体制。遵循教育规律和教师成长发展规律，培养高素质教师队伍；深入实施教师教育振兴行动计划，全面推进广东"新师范"建设；加强师德师风建设，全面提升教师思想政治素质和职业道德水平；深化教师管理制度改革；提高教师职业地位待遇。

会议指出，要加强领导、压实责任，为广东省教育高质量发展提供坚实保障。一要加强党的建设和依法治教，持续提升教育治理体系和治理能力现代化。二要创新教育模式，改革教育体制，切实加大教育创新力度。三要加大结对帮扶力度，建立全口径组团式结对支持、协同推进的帮扶机制，促进全省基础教育协调、持续、高质量发展。四要提升教育督导效能，加强对各级政府履行教育职责的

督导。

会议还特别强调，要做好疫情防控工作，把师生生命安全和身心健康放在首位，确保不发生校园聚集性疫情风险。抓好校园安全工作，确保教育系统安全稳定。

会议透露，"十三五"时期，广东省教育系统深入贯彻教育优先发展战略，加快推进教育现代化建设，打造南方教育高地，交出了一份亮点纷呈的"成绩单"。

一是坚持加大财政投入，教育资源保障更加充分。广东一般公共预算教育支出从2016年的2318.47亿元增加到2019年的3210.51亿元，连续三年实现"两个只增不减"。2019年，广东一般公共预算教育经费达3218.57亿元、同比增加14.73%，总量和增速均排名全国第一。

二是全力推进教育强省建设，人才培养规模不断扩大。截至2019年底，全省有各级各类学校36071所，排全国第三位，比2015年增长13.26%。各级各类教育在校生2541.7万人，比2015年增长11.38%。毛入学（园）率保持高位增长，基本满足人民群众就读需求。

三是全面深化教育改革，教学质量不断提升。2017年实现广东省教育强县（市、区）全覆盖、2019年实现教育现代化先进县（市、区）全覆盖。获基础教育国家级教学成果奖35项，居全国第五位；职业教育国家级教学成果奖43项，居全国第三位；高等教育国家级教学成果奖31项，居全国第五位。

四是持续加大人才培养，教师队伍不断优化。目前全省各级各类学校共有专任教师149.14万名，其中公办本科高校教师具有博士学位比例从2015年的39.71%提高到2019年的53.63%；2019年初中和高中教师具有高级职称比例分别达13.76%和24.26%，比2015年提高3.2%和2.49%。

五是服务"双区驱动"战略，教育合作和先行先试稳步推进。《教育部 广东省人民政府推进粤港澳大湾区高等教育合作发展规划》出台，大湾区合作办学项目、高水平大学筹建项目以及8家省内高校牵头和参与的粤港澳联合实验室建设有序开展。积极争取省内高水平大学进入国家"双一流"建设行列，支持广州推进学前教育普惠健康发展和基础教育优质均衡发展，支持广州联合深圳、港澳共建职业教育基地。

据悉，广东新建高校（校区）建设，取得阶段性重要进展，2021年，全省将有11所高校（校区）建成招生，其中9所落户粤东粤西粤北地区，填补了部分地市没有本科高校或高职院校的空白，实现地级以上市本科高校（校区）、高职院校全覆盖，为粤东粤西粤北经济社会高质量发展注入新动能。

此次会议以电视电话会议形式召开，分1个主会场和175个分会场，共计6229人参会。省政府领导、广州地区本科高校主要领导、省教育厅领导班子成员及机关处室（单位）负责人在主会场参会；各地级以上市分管市领导、副秘书长，市教育局领导班子成员及职能部门负责人和各高校领导、职能部门及院系负责人在各分会场参会。深圳、汕头、茂名市政府，华南农业大学、广东轻工职业技术学院、广州南方学院代表在会上进行交流发言。

本文来源：《广东教育·综合》2021年第2期

上好"开学第一课",持续推进党史进校园

新学期,新气象。广东中小学持续推进党史进校园系列活动,抓好新生入学教育,讲好"开学第一课",引导广大青少年儿童铭记党的百年光辉历史,厚植爱党爱国爱社会主义的情感,让红色基因、革命薪火代代传承。

讲好百年党史,感悟信仰力量

各中小学校利用"开学第一课"着力讲好党的百年辉煌历程,深入学习宣讲习近平总书记"七一"重要讲话精神,教育引导广大青少年儿童传承红色基因,赓续革命血脉。

邮票是国家名片,方寸之间记载了中国共产党百年历史征程上的重要事件和人物。广州市海珠区将党史学习教育融入"开学第一课",在卫国尧纪念小学举办海珠区历史文献纪录片《卫国尧》首发暨"红邮寻踪 学史力行"邮票中的党史进校园主题活动。《卫国尧》从求真理救国救民、赴军营秘密入党、中山县敌后抗战、开辟沥滘根据地、智擒恶霸"八老虎"、血战番禺植地庄、浩气长存照千秋7个篇章,讲述卫国尧烈士的"青春之歌",让学生更加深刻铭记革命先辈的英雄壮举。"卫国尧校长的故事我们都很熟悉,他舍家为国、顽强拼搏的精神激励我们好好学习,提醒我们珍惜现在来之不易的幸福生活,将来要为社会做贡献。"参与活动的学生丹丹说。

现场,有着50年集邮经验的华南理工大学教授、广东省集邮协会副会长孙海平,以访谈互动的形式,讲述第一套纪念党的生日的邮票、开国大典、广州解放纪念邮票以及《众志成城,抗击疫情》、庆祝中国共产党成立100周年主题邮票,与学生一起重温红色历史。

东莞高级中学以波澜壮阔的百年党史为主线,开设《站起来 富起来 强起来——中国共产党百年奋斗史》思政课,以"生在盛世,不负盛世""砥砺前行,不忘初心""为中华之崛起而读书"主题讲话勉励学生践行社会主义核心价值观,让奋斗点亮青春之路。云浮市邓发小学以"请党放心 强国有我"为主题,开展校长"思政第一课",引导学生弘扬邓发精神,传承红色基因,争做堪当民族复兴大任的时代新人。

用好红色资源,赓续红色血脉

各地市教育系统结合实际,用好当地丰富的红色资源讲好地方党史,帮助广大青少年儿童扣好人生第一粒扣子,勉励学生听党话、跟党走,用奋斗书写青春华章。

"我和我的祖国,一刻也不能分割,无论我走到哪里,都流出一首赞歌……"9月3日下午,开平市马冈镇中心小学在梁福松烈士纪念碑下举行"纪念碑下的开学第一课"纪念抗战胜利76周年爱党爱国主题教育活动,结合中国人民志愿军第八批烈士遗骸回国新闻,引导学生了解抗战胜利的光辉历程和梁福松烈士的光辉事迹,让学生明白"山河无恙乃是革命先烈用鲜血换来的和平",并在纪念碑下宣誓:"历史不可忘,吾辈当自强!强国有我,请您放心!"

深圳市龙华区教工委组织学生解说员开展"党史第一课"——"我为红色龙华代言"现场主题展演活动,立足龙华本土红色文化资源,依托10个"党史学习教育基地",组织区内各中小学开展红色景点讲解活动。湛江市委教育工委在黄学增烈士纪念馆开课,将现场教学和传统教学有机融合,用鲜活的红色资源,为全市中小学生带来一堂生动的党史教育课,让革命精神深入课堂。

偶像空降"云课堂",照亮前进方向

广东省教育系统利用"开学第一课"引导青少年儿童以科学家、爱国志士为偶像,崇尚他们的内在品质与精神,将他们作为自己奋斗的目标,加强人生规划,增强前进的动力。

可能是"世界上'跑得最快'的副教授"的苏炳添、青春帅气的雅典奥运会跳水冠军杨景辉、《最强大脑》中国战队联合总领队攸佳宁、曾经4次与科学家霍金见面的李森教授、钟南山院士团队新冠肺炎疫情防控的核心成员之一的桑岭医生、拥有600多万"粉丝"的广州"网红禁毒警官"张胜春、来自民间专业拯救生命精锐队伍"蓝天救援队"的嘉宾等,空降"云课堂",为广州中小学生带来不一般的开学礼。8月29日晚8时,由广州市教育局、广州市妇联、广州市广播电视台联合打造的

"青春开学礼"广州开学第一课开讲。"探索未知的世界，科技强国，未来有我""我的理想是当一名医生，挽救更多的生命，为'健康中国'而奋斗""坚定理想信念，成为一名能够担当民族复兴大任的时代新人"……在"青春开学礼"的课堂上，学生们许下了一份份"强国有我，请党放心"的青春告白。

珠海市香洲区第十二小学邀请3名退役老兵到校，参加新学期第一次升旗仪式。他们作为护旗手出现在全校学生面前，铿锵有力的脚步、刚正不阿的气魄，让学生倍受感动。

画出最大同心圆，培育家国情怀

广东省相关中小学利用"开学第一课"，深入开展"四史"宣传教育，推动粤港澳青少年之间的广泛交往、全面交流，增强港澳学生对国家的认同和向心力，画出最大同心圆。

"感觉很庄严，有了一种对国家的归属感和认同感。"由香港转学到内地的高一学生朱思翰说，这是他第一次正式在学校参加升旗仪式和唱国歌。9月1日，内地首家港澳子弟学校——广州暨大港澳子弟学校迎来了创校以来的第一个开学日。升旗仪式上，五星红旗在雄壮的国歌声中冉冉升起，来自粤港澳的学生穿着整齐的礼服，庄重响亮地高唱国歌。16名学生表演了诗歌朗诵《香江赞》，清朗坚定的童声伴随旋律优美的琴声，见证了开学日的正式到来。

"白云珠海，遍地阳光，广东侨中，钟灵毓秀，黉宇轩昂……"随着悠扬轻快、响亮整齐的歌声响起，广东华侨中学的新一级港澳子弟班的"开学第一课"——"学校史党史 增乡情国情"拉开帷幕。在教师的讲述和引导下，学生们了解了学校厚重的办学历史、教师躬耕杏坛的使命担当以及知名校友成才的事迹，他们表示，要努力学习，掌握技能，为祖国的发展贡献力量。

珠海市斗门区第一中学利用"开学第一课"强化对港澳台籍学生的教育引导，效果明显。澳门籍学生冯雅妍在聆听完党委书记、校长陈勇"做有志气、有骨气、有底气的新时代青年"的"开学第一课"后表示："作为新时代的青少年，我们生长在红旗下，沐浴在春风里。我们应该珍惜和平、把握当下，做有志气、有骨气、有底气的青少年。"江门中港英文学校开展"从小学党史 永远跟党走"开学第一课，通过"手抄报展示交流会""诵红诗写红诗"的形式，展示学生的暑假实践作业，把鲜活丰富的党史内容融入"开学第一课"，引导学生传承发扬红色精神，激发爱党爱国情怀。

本文来源：《广东教育·综合》2021年第10期；文/记者　黄博彦

合力共促学前教育扩普惠提质量

——全省"学前教育科学保教示范工程"项目推进会召开

11月23日,广东省教育厅召开全省"学前教育科学保教示范工程"项目推进视频会议。会议深入贯彻中央和省发展学前教育重要决策部署,对落实2021年省十件民生实事任务,巩固提升学前教育"5080"攻坚工程成效,推进"学前教育科学保教示范工程"项目实施等重点工作提要求做部署,并为46个省学前教育高质量发展实验区授牌、12组省"学前教育科学保教示范工程"项目管理专家颁发聘书。省委教育工委委员,省教育厅党组成员、副厅长李璧亮出席会议并讲话。

为构建广东省高质量学前教育公共服务体系,广东省建立教育行政部门、教研部门、高校专家、示范项目"四位一体"协同推进学前教育高质量发展工作机制。此次会议首次实现全省学前教育行政管理干部、教研负责同志以及省级项目负责人、骨干幼儿园负责人、高校专家等力量整合,共同探索提升幼儿园保教质量的科学路径。

会议指出,近几年广东省幼儿园的办园条件、管理水平、师资配备、保教质量等实现了较快发展,努力响应了社会对普惠性学前教育学位扩容和保教提质的需求。2017年至2020年,全省学前教育财政性经费从85.2亿元提高至231.41亿元,在各级各类教育投入中增幅最大;2021年普惠性幼儿园生均经费最低标准提高至每生每年500元,全省下达学前教育生均拨款补助资金5.55亿元。2021年1月至10月,全省新增公办学位28.84万个,新增公办和普惠性民办学位42.51万个,有效落实省"5080"攻坚工程任务,超额完成2021年省十件民生实事学位建设任务。自2020年起,推进实施135项省学前教育"新课程"科学保教示范项目、2项安吉游戏推广国家级实验区和46项省学前教育高质量发展实验区项目,并以"广东省学前教育科学保教资源共享平台"推动学前教育课程资源建设与共享。

会议强调,启动"学前教育科学保教示范工程",对于落实新时期高质量发展任务要求、贯彻落实省人民政府印发的《广东省推动基础教育高质量发展行动方案》、回应人民群众对优质学前教育的期盼具有十分重要的意义。各地要重点做好以下四项工作:一是强化项目培育、发挥示范作用,建设"四位一体"协同机制,确保项目培育成效;二是精心组织部署、加强多方联动,全面重视和系统提升学前教育教研工作;三是树立科学导向、营造良好氛围,努力提高学前教育师资队伍专业能力;四是创新工作方式、建设资源平台,全面推进构建科学保教资源共享体系。

会上还进行了"学前教育科学保教示范工程"项目阶段性实践成果梳理工作培训,从总体要求、工具方法、案例分析三个层面,对项目成果梳理工作进行全面介绍,指引各立项单位科学有效形成项目成果。

据了解,"广东省学前教育科学保教资源共享平台"已经上线,展示分享了由广东省育才幼儿院二院、广州市第一幼儿园、华南农业大学幼儿园、广州市番禺区北城幼儿园分别领衔的4个课程资源梳理范例。中期验收后,各地经教研机构、项目专家审核的成果将陆续上传到平台进行展示分享,届时还将选取优秀的课程资源项目成果结集出版,促进建设完善、科学、适宜的课程资源体系。

省教育研究院有关负责同志,省教育厅基础教育和信息处有关负责同志,各地市、县(市、区)教育局学前教育负责同志、教研负责同志以及省"学前教育科学保教示范工程"项目负责人、部分骨干园园长代表参加了会议。

本文来源:《广东教育·综合》2021年第12期;文/记者 韦英哲

推进"粤菜师傅"工程高质量发展

近年来,广东省教育厅深入贯彻落实省委、省政府实施"粤菜师傅"工程的战略部署,出台《关于进一步做好教育系统推进实施"粤菜师傅"工程有关工作的通知》,建立任务清单,多措并举,融合优势资源,校企深度合作,提高培养培训能力,扩大技术技能人才供给,推进"粤菜师傅"工程高质量发展、走向全国。

会议现场

4月9日,广东省教育厅组织召开实施"粤菜师傅"工程推进会。省委教育工委副书记、省教育厅党组副书记李大胜出席活动并讲话。

李大胜指出,各地、各校要贯彻落实省委、省政府工作部署,进一步推进"粤菜师傅"工程高质量发展。一是提高政治站位,将实施"粤菜师傅"工程作为检验党史学习教育成效、践行"我为群众办实事"的重要抓手。二是任务落实落细,有效服务"粤菜师傅"人才体系建设。把工程相关任务落实落细,打造专业品牌,开发高水平教学资源,畅通成长通道,不断提高实绩实效。三是深化产教融合,大力推动"粤菜师傅"标准体系建设,推动人才评价相关的省地方标准建设,做好"粤菜制作""粤点制作"职业技能评价标准的推广应用。

会上,为来自粤港澳三地名店名厨的广东省粤菜名家名师教学指导委员会委员颁发了聘书,举办了省级粤菜师傅培训基地揭牌仪式。会后,参会人员参观了广东省烹饪职业技能大赛现场。同期,广东省餐饮职教集团举办了"粤菜师傅"工程产教对话活动。

工程成效

持续扩大人才培养规模。全省近百所职业院校开设相关专业,年培养培训逾8万人,筑牢"粤菜师傅"培养主阵地。组织职业院校对接粤菜产业,通过中高职贯通培养三二分段、高职扩招、现代学徒制、自主招生等形式,扩大招生规模,培养高端技术技能人才。据统计,2020年"粤菜师傅"现代学徒制试点专业招生1 000余人,"高职扩招行动""粤菜师傅"专班帮助475名企业骨干人员提升了学历和技能。

大力提升人才培养质量。2020年,广东省粤菜名家名师教学指导委员会成立,聘请了30多名粤菜"大咖",指导职业院校开展相关专业建设,推进教育教学改革研究与实践。2020年8月,广东省首家"粤菜师傅"产业学院在广东省外语艺术职业学院成立,高标准建设人才培养基地,联合多家广东餐饮知名企业,培养具有国际化视野的高素质、强技能、大潜力的复合型粤菜师傅专门人才。与此同时,积极开展技能比赛,以赛促教、以赛促学、以赛促改,在全省职业院校学生专业技能大赛中,设立"烹饪""酒店服务""中餐主题宴会设计"等赛项,每年有50多所职业院校参与技能切磋。

建立人才培养规范标准。2020年,"粤菜制作职业技能等级标准"和"粤点制作职业技能等级标准"成功入选为教育部第四批1+X证书培训评价组织及职业技能等级证书。这是由广东省餐饮技师协会联合相关职业院校开发的。两种证书都包含了初级、中级、高级三个级别,培养文化与技能并修的人才。依据考培分离原则,采用院校培训、评价组织考核管理和发证的方式,开展证书的培训、考核计划,已出版了5本配套培训教材。此外,"粤菜制作职业技能等级规划"和"粤点制作职业技能等级规划"已被列入广东省地方标准修订计划,将积极推动人才培养培训走向标准化、规范化、优质化道路。

典型案例

韩山师范学院成立了潮菜学院,依托烹饪与营养教育专业,构建了科学、完善的潮州菜课程体系,包括潮菜工艺学、潮菜制作技术、潮州小吃以及茶文化等理论与实操课程,这是国内目前最为完善的潮州菜教学体系。2018年,学校向中国烹饪协会申报建设"中国潮州菜研发和人才培养基地",获得立项。目前,基地已陆续投入建设资金1 500多万元,新增烹饪实训场地2 000多平方米,集教学、科研、培训、生产、文化传承等多项功能为一体。学校还致力于创建国家食物营养教育示范基地,开展了"全民营养周""线上烹饪营养教育推广""菜肴营养成分分析"等系列活动。学校组织研发力量推动潮州菜团体标准建设,已起草和参与制定了潮州菜团体标准145项，正研发复热潮州菜半成品。

顺德素有粤菜重要发祥地、世界美食之都、中国厨师之乡的美誉。为充分挖掘地方独特的优势资源，顺德职业技术学院于2018年6月成立顺德厨师学院，以"一人学厨，全家脱贫""一人学厨，全家幸福"为目标，助力精准扶贫和乡村振兴。近三年，在广东湛江、清远、云浮，四川凉山，甘肃张掖、山丹等地，开展粤菜师傅招生宣传、厨艺展示、厨艺培训等工作，共开办各类粤菜师傅厨艺培训班115期，培训学员6 298人。其中，1 171名贫困户全部脱贫，学员全部就业。学院先后被评为教育部第三届省属高校精准扶贫精准脱贫典型项目，入选全国职业教育服务乡村振兴典型案例。

作为广东省"粤菜师傅"培训基地，佛山市顺德区梁銶琚职业技术学校投入500万元扩（改）建了9间实训室和1间大师工作室，建成粤菜特色文化长廊。引入5名烹饪大师，建立了20人的企业兼职教师库。学校与行业协会共同推进"三层两翼四课堂"育人模式改革，近三年培养了378名优质"粤菜师傅"苗子，毕业生中有2人成为"佛山工匠"，13人成为"顺德青年名厨"。

梅州农业学校于2008年开设了中餐烹饪专业，是广东省首批"双精准"示范专业。学校参与省教育厅"1+X"客家菜教材编写，主持制定广东省《客家菜考核规范》《客家菜点心考核规范》；参与《中国粤菜故事》的审稿，组织出版《中国客家菜经典名菜、名点录》；主编粤菜师傅风味系列《客家风味菜烹饪工艺》，参编《客家风味点心制作工艺》等特色教材，将"粤菜师傅"工程推向纵深。学校派出陈钢文国家级大师工作室团队，为"兴宁鸽"制定烹饪技术标准，助力其产业化发展。

广东省餐饮职教集团于2012年由广东省贸易职业技术学院牵头组建，已有理事单位14个，成员单位57个。集团依托成员资源，成立了广东省名厨俱乐部、专家委员会，搭建了行业精英交流、产教研一体化、文化传承推广、信息网络传播平台。集团拥有广东省职业院校"双师型"教师培训基地，成立8年来为50多所中职院校培养餐饮类专业师资共572人，2017年被评为"优质省级培训基地"。

本文来源：《广东教育·综合》2021年第5期；文/记者 魏文琦

培养高水平中小学教师人才队伍，推动基础教育高质量发展

为培养高水平中小学教师人才队伍，推动基础教育高质量发展，7月27日，2021年广东省中小学"百千万人才培养工程"省级培养项目启动。广东省委教育工委委员，省教育厅党组成员、副厅长李璧亮出席启动仪式并讲话。启动仪式由广东省教育厅师资管理处处长龙海山主持。

李璧亮指出，启动"百千万人才培养工程"，培养教育家型教师，是深入贯彻落实中央和广东关于全面深化新时代教师队伍改革的意见和推动基础教育高质量发展的重要举措，具有重大意义。没有高水平的教师，就没有高质量的教育；要为优秀的教师成为卓越的教师提供平台、搭建舞台，让他们成为教师的"领头羊"，带领一大批教师成长，在教师群体中形成人人乐于发展的氛围。

李璧亮要求各培养机构、培养学员和地方教育局要各司其职、加强沟通合作，共同为高层次教师人才的专业发展营造良好的环境和搭建优质的平台。他强调要科学规范管理，不断提升"百千万人才培养工程"省级培养学员的示范辐射能力；"百千万人才培养工程"省级学员是最优秀教师群体的代表，应积极参与基础教育帮扶。特别是来自发达地区和城镇学校的培养学员，一定要积极走进乡村、服务乡村、回馈乡村，充分发挥自身专业优势和各类资源优势，带动和引领广东省乡村教师的专业发展。

据悉，2021年广东省中小学"百千万人才培养工程"省级培养项目包括17个子项目，共有499名培养学员，分别由7个培养机构承接培养任务。培养周期为3年，培养目标是培养造就一批教育家型的教师或校长。

本批省级培养学员的具体区域分布情况为：省直19名，广州56名，深圳47名，珠海23名，汕头17名，佛山39名，韶关19名，湛江28名，肇庆17名，江门25名，茂名29名，惠州16名，梅州19名，汕尾7名，河源18名，阳江9名，清远20名，东莞36名，中山29名，潮州7名，揭阳11名，云浮8名。粤东粤西粤北地区学员和珠三角地区学员相对均衡，不仅体现了项目的择优选拔，而且落实了向粤东粤西粤北地区倾斜的政策。

华南师范大学、广东第二师范学院代表培养机构交流了经验和做法，北京师范大学（珠海校区）、肇庆学院的导师代表以及深圳、湛江、潮州3名培养学员代表分享了收获和体会，广州市教育局、茂名市教育局介绍了地市相关工作情况。

培养机构说

在前两批"百千万人才培养工程"8个子项目中，华南师范大学共负责培养229名学员，约占总培养人数的一半。其中，85人被评为特级教师，103人被评为正高级教师，158人成为省级名师、名校长工作室主持人等。在培养过程中，华南师范大学首先整合校内优质的教育资源，调动全校各学院各专业的专家队伍服务培养工作；其次是开拓国内外优质培训资源，开阔学员的眼界；最后是加快教师教育学科建设，提升教师教育的学术水平，以学术引领高层次教师人才的培养。

——华南师范大学副校长陈文海

在广东第二师范学院已培养的99名学员中，32人被评为特级教师，39人被评为正高级教师，41人被评为省级校（园）长工作室主持人。学校充分挖掘广东地域文化与基础教育之间可以相互结合的地方，提炼出粤派教育"自信""自得""力行"的核心内涵，此次将以培养教育家型校长（教师）为目标，按培养方案实现"一人一案"个性化培养，以高水平科学研究支撑高质量创新人才培养。

——广东第二师范学院副校长黄慕雄

地方教育主管部门说

截至目前，广州参加"百千万人才培养工程"省级培养项目的学员共117人，占全省学员的11.34%。广州自2012年以来，委托教育部中学校长、小学校长、幼儿园园长培训中心及国内知名高校，形成包括广州市基础教育系统新一轮"百千万人才培养工程"在内的五大高水平教育人才培养工程，为广州中小学教育教学领军人才的成长提供重要支持。

——广州市教育局市管一级调研员林平

在今年全省中小学"百千万人才培养工程"项目中，茂名市有29人入选为培养学员。下一步，我们将加快建立完善我市中小学高层次教师人才队伍

建设机制,形成省、市、县三级分工负责、相互衔接的中小学教师人才培养体系,充分发挥我市省级学员的示范引领和辐射作用,推进我市基础教育高质量发展,努力办好人民满意的教育。

——茂名市教育局局长助理窦体阳

学员说

我们要通过三年的培训,成为具有高尚师德师风、先进教育理念、扎实理论知识、开阔教育视野和精湛业务能力的名教师、名校长、名班主任。更重要的是,我们要有种子意识,能够起到辐射引领作用,带动更多的人,投身于教育教学改革,积极推进教育现代化建设。

——名校长培养学员代表、深圳市光明高级中学宋绍鹏

名师要有名师之名望、名气和名节。我们将以"明"立德、立行,以"鸣"立言、立功,并持之以恒,以成名师之"名"之所望、"名"之所旨、"名"之所意和"名"之所至。

——名教师培养学员代表、岭南师范学院附属中学李文送

新时代呼唤新教育,新的教育形势对班主任的专业素质提出了更高更全面的要求。我们要达到"教育家型班主任"的高度,更急需全面更新适应时代发展的新型教育模式,这也让我们深感学习新的教育理论、更新教育理念、提升专业素养的必要性和迫切性。

——名班主任培养学员代表、潮州市湘桥区实验学校刘洁

本文来源:《广东教育·综合》2021年第9期;文/记者 韦英哲

"1+1+3"联动帮扶，打造教师校本培训研修广东模式

为加强省、市、县、校、工作室"五位一体"教师培训体系建设，更好地贯彻落实"全口径""组团式""融入式"结对帮扶粤东粤西粤北地区基础教育高质量发展方案，2021年，广东启动280所中小学教师校本研修示范学校和示范培育学校建设，通过每所校本研修示范学校结对1所示范培育学校、3所粤东粤西粤北地区乡村学校（即"1+1+3"联动帮扶机制），连续五年开展帮扶活动，助力粤东粤西粤北地区乡村学校提升教师校本培训研修能力和水平。同时，通过发挥校本研修示范学校引领和辐射作用，全面激活全省中小学教师的校本培训研修，积极打造"一校一案""一科一策""一师一题"的校本培训研修广东模式，提升全省中小学教师队伍尤其是粤东粤西粤北地区教师队伍整体素质，推动广东基础教育高质量发展。

7月20日，广东省中小学教师校本研修示范学校和示范培育学校授牌仪式暨交流活动在广州市举行。此次活动由广东省教育厅教师继续教育指导中心组织，广东第二师范学院、广东省中小学校长培训中心承办。全省各地市教育局分管局长和继续教育委员会办公室（教师发展中心）主任，280所示范学校和示范培育学校负责人等300多人参加了活动。省委教育工委委员，省教育厅党组成员、副厅长李璧亮出席活动并讲话。

李璧亮指出，校本研修示范学校和示范培育学校建设是完善省、市、县、校、工作室"五位一体"教师培训体系的客观需要，是推动校本研修创新发展、激发基层培训活力的重要手段，是提高教师整体素质、促进基础教育高质量发展的有效途径。他强调校本研修示范学校和示范培育学校要明确把握目标任务，积极创新培训研修模式，认真做好对粤东粤西粤北地区乡村学校的结对帮扶工作，并充分发挥示范作用，努力构建校本培训研修新生态，激发基层一线教师培训活力，持续促进中小学教师专业成长。他要求各级教育行政部门要加强管理，为校本研修示范学校和示范培育学校建设保驾护航；各级教师发展机构要加强业务指导，为示范学校和示范培育学校提供智力支撑；示范学校和示范培育学校要加强自身建设，不断提升示范和辐射能力，在新征程中谱写新篇章。

会上，广东第二师范学院副校长黄慕雄致欢迎辞。校本研修示范学校和示范培育学校授牌仪式后，华南师范大学附属幼儿园园长吴冬梅、深圳市福田区荔园外国语教育集团校长柳中平、汕头市龙湖区金珠小学校长纪胜辉、东莞市松山湖实验中学校长万飞、广州市第五中学校长裘志坚、岭南师范学院附属中学校长陈圣德做了校本培训研修经验介绍。广东省中小学校长培训中心副主任、教授龚孝华对校本研修典型案例进行分析和点评。广州市教育局市管一级调研员赵琼飞作为地市教育局代表做了发言。

据了解，此次遴选出来的校本研修示范学校和示范培育学校，具有注重学科建设与提升学校整体办学水平相结合、校本研修常态工作和改革创新相结合、统一要求与分段分科相结合的特点，充分考虑了示范学校的覆盖面，注意了学段、学科之间的均衡。在280所示范学校和示范培育学校中，有特殊教育学校4所、幼儿园28所、小学97所、九年一贯制学校5所、初中51所、高中85所、完全中学10所。

校本研修典型案例摘录

华南师范大学附属幼儿园园本研修的组织机构健全，实行"园长负责制"，在园长领导下，由教学、科研、后勤3名副园长负责统筹、推进、落实。下设职能部门和教师成长学院，各职能部门分工明确，共同推进与落实研修工作。经过多年实践，探索出了培训和考核相结合、教研与科研齐带动、自修与互助相结合、专家与名师做引领、演练与比赛多助力五类研修方式。

深圳市福田区荔园外国语教育集团构建"教育统整发展、科组一体教研"管理模式，提出"自然生长的教育"理念，成立教科研中心和学科指导小组，组建"七彩树"教师成长共同体，常规教研与特色教研并进，促进了集团优质均衡发展。

汕头市龙湖区金珠小学在校本研修实践中建立了一个体系、两项抓手、三个成长梯度、四种实践方式的"1234"教师发展体系。一个体系，即以校内循环为主体、校内校外双循环相互促进的教师发展体系；两项抓手，即"青年教师卓越成长研修

班"与"课题研究";三个成长梯度,即新入职教师(入职3年内)、骨干教师(3～10年教龄)、成熟教师(取得中级职称后教师)这三个不同成长梯度;四种实践方式,即集体备课、上公开课、教学反思、学习培训。

东莞市松山湖实验中学建立了"四层五级"校本研修机制,"四层"既包括教师发展中心、课程发展中心、名师工作室信息技术研究室四个校本研修机构,又包括过程管理制度、教研活动制度、学习研究制度、教师评价制度四个研修制度;"五级"指专家引领、名师辐射、同伴互助、课程开发、自觉发展。"四层五级"校本研修健全了教师培训规章制度,规范了管理流程,为校本研修提供了新路径。

广州市第五中学探索出的"互动协同式"校本研修模式,以"提升教师领导力,促进教师专业发展,使教师成为决策者、学习者、反思者"为核心目标,搭建了"青年教师基本功大赛""百花奖课堂教学比赛"等互动研修平台,"青蓝工程"学习共同体平台,"实地考察学习"考察分享平台,"校际同课异构"校际合作平台。基于"互动协同式"校本研修,学校培育了一支高素质的教师团队,有效地提高了教育教学质量。

岭南师范学院附属中学先后被确定为中国好老师公益行动计划基地校、广东省基础教育研究实验基地学校、广东省示范性教师教育实践基地、广东省基础教育教研基地校和广东省中小学教师校本研修示范学校。其主要经验做法是积极创造研修文化,让校本研修在和谐的环境中生根;以中青年教师为重点,分层打造;让现代信息技术,在研修中发挥其独有的作用;创新研修平台,让校本研修更有实效。

本文来源:《广东教育·综合》2021年第8期;
文/记者 黄日暖

名师送教，助力乡村教育发展

——记 2021 年"百千万人才培养工程"省级培养对象走进乡村教育活动

"2021 年'百千万人才培养工程'省级培养对象走进乡村教育活动拟于 4 月底开展……"召集令一出，近 200 名培养对象积极响应，分赴潮州市、韶关市、梅州市三地的五个县区同步开展走进乡村教育活动。省教育厅已连续 5 年发起该活动，把省级名师、名校长送到最需要的地方，助力提升粤东粤西粤北乡镇中小学校长的管理能力、教师的教育教学能力，补齐基础教育短板，从而促进全省基础教育高质量发展。

名师组团强帮扶

4 月 26 日，2021 年"百千万人才培养工程"省级培养对象走进乡村教育活动潮州专场在潮州市湘桥区城西中学启动。

华南师范大学教师教育学部副部长罗一帆表示，走进乡村教育活动是广东省落实《乡村教师支持计划》和《全面深化新时代教师队伍建设》的重要举措，希望培养对象发挥示范引领作用，通过活动提升乡村教师的教育教学能力，加强沟通交流学习，探索建立城乡教育联动的新机制，为全省基础教育高质量发展贡献力量。

"此次活动给潮州教学教研带来了一个绝佳的发展机遇。"潮州市教育局副局长蔡少玲表示，"名师团送来新的教学理念和教学方法，可以让当地教师真切学习到，在同样条件下，名师如何组织课堂教学、传授知识、培养能力、启迪智慧，这也为城乡校际相互交流、相互合作搭建起桥梁。"

在韶关翁源专场启动仪式上，广东第二师范学院教师研修学院副院长于慧说："走进乡村教育活动，增加了各地教育交流的机会，也让培养对象真切感受到被需要，从而增强了身为教师的获得感和幸福感。"

"这次活动是当地基础教育界一场名副其实的'教育盛宴'。"韶关学院教师教育学院教授徐廷福受邀参加了翁源专场活动。在他看来，这样的教育帮扶针对性强、实效性高，是粤东粤西粤北地区非常需要的，也是促进广东基础教育均衡发展的一种非常好的方式。

据了解，此次走进乡村教育活动时间为 4 月 25 日至 30 日。华南师范大学承办赴潮州市饶平县、湘桥区的活动，广东第二师范学院承办赴韶关市翁源县、新丰县的活动，广东省外语艺术职业学院承办赴梅州市五华县的活动。由各培养机构组织培养对象进行混合编队。

参与此次活动的师资队伍有中小学特级教师、正高级教师、省级名教师、名校长、教育家培养对象和高校知名教授等，共计近 200 人。其中，中小学特级教师、正高级教师占比 40%。活动辐射面涵盖幼儿园到高中各个学段，涉及语文、数学、英语、物理、化学、生物、政治、历史、地理、信息技术、美术、音乐、体育、心理健康教育等学科。

在示范带学、成果引领、相互促进、协同成长等方面借鉴了以往的活动经验，并增加了网络直播、回看环节，打破了时空的局限，使更多的师生能够受益。比如，五华县选派相关学段、相关学科骨干教师参与此次活动，活动结束后结合此次教学教研示范活动在网上的全程直播、回放，回到各自学校分享自己的学习收获。通过这种线上线下相结合的方式，在不影响正常教学秩序的前提下，使活动影响辐射面最大化。据统计，有超 1.3 万人次的教师在线上观看了送教活动，涵盖五华县及附近地区高中、初中、小学各阶段的教师。

示范引领促成长

广东省中小学新一轮"百千万人才培养工程"是全省基础教育高层次人才培养工程，也是基础教育领域培养造就教育家型教师和校长的特色品牌项目。为充分发挥培养对象的示范引领和辐射带动作用，完善城乡教育互相联动和促进机制，助力全省教育均衡发展，省教育厅坚持开展走进乡村教育活动,把优秀师资送到最急需的地方。

翁源县兰雅幼儿园刚刚开办两个多月,是当地以高起点、高规格而建成的一所公办园。该园以绘本阅读为特色,将其融入语言、健康、科学、社会、艺术五大教育领域中。园长刘丽琴正在为开展绘本教学中遇到的困惑与难题而感到烦恼。

4月26日,于慧和第二批幼儿园名教师培养对象、广州市荔湾区上九路幼儿园教师麦榴一行来到兰雅幼儿园。在与幼儿园教师座谈时,丁慧分享了如何从低阶思维到高阶思维进行绘本阅读的经验,她用平时引导自己的孩子阅读绘本的方法,指出孩子在读绘本时我们应该当一名忠实的听众,在孩子读完绘本给予相应的回应,还要善于捕捉孩子的兴趣,更要懂得放下,多给孩子一些空间。当天下午,麦榴为当地教师带来了关于开展绘本阅读活动的专题讲座,她从"阅读支持探索""阅读不止于此""阅读遇见美好"三方面进行讲述。

刘丽琴说:"两位老师从环境打造、区域创设、户外活动、绘本教学等方面给出了很好的建议,特别是从我们的绘本阅读这一园本特色着手,让我们明确了什么是绘本课、如何上好绘本课,今后在园本特色发展上也有了更清晰的思路和明确的方向。"

实际上,根据行程安排,原本麦榴到兰雅幼儿园送教只有一个上午的时间。但是,当翁源县学前教育教研员毛丽贞得知有省级名师要来送教时,她马上意识到,这是一个很难得的学习机会。她提早跟麦榴取得联系,增加了一场专题讲座,让全县幼儿园都派教师代表来聆听和学习。

名师组团送来先进的教学理念和经验,当地教师都翘首以盼,十分珍惜这难得的学习机会。

"乡村教师外出参加高层次学习的机会很少,很难接触到教学名师。"潮州市饶平县教师发展中心主任郑文发表示,"这次活动一下子让我们见到这么多的不同专长、不同风格的名师、名校长,尤其是看到了他们'真刀真枪'地示范如何授课,如何进行教学设计,如何进行有效听、评课,如何借助多种教学资源提高学生学习兴趣,如何克服客观困难上好每一堂课,非常难得。"

而活动对于培养对象而言,也是一个特别的成长机会。就如第一批教育家培养对象、佛山市南海区九江镇初级中学科技处主任刘志伟在潮州专场启动仪式上所言:"锻炼自己,成就他人。"

第一批小学名校长培养对象、茂名市茂南区露天矿小学校长赖晓妍说:"作为'百千万'的一分子,送教送培下乡是汇报培养成果的最好方式,也是最好的锻炼和考验的机会,通过走进不同的乡村,了解到更多的教育真实现状,无论是灵魂的触动,还是教育教学的思考,都会让我们更自觉去钻研、去做真教育、去超越自己。"

在翁源县,第二批初中理科类名教师培养对象、珠海市凤凰中学教师伍文庄与20多名信息技术教师分享了"区域文化特色的校本课程研发"做法和经验。"教学绝不只是滋养学生,也应变成滋养教师自我的过程,丰富教师自我的过程。充满智慧的教师,应该是一个自己快乐,也能给别人快乐的人。此次送教,两地信息技术教师分享了区域文化特色校本课程研发过程,交流了信息技术教育的优秀教学经验,开拓了信息技术教师的专业视野,共谱一曲教育协同发展的乐章。"伍文庄说。

深入课堂细把脉

在此次活动中,培养对象通过开展示范课、公开课、听课评课、同课异构、专题讲座、教育论坛、师徒结对和现场诊断等形式,给予乡村学校教师和校长有关教学、办学及教研方面的指导,从而帮助提升乡村教师和校长的专业水平。

在潮州市湘桥区磷溪中学高二(5)班,当地生物教师刘喜斌用一个问题——"治疗三天就出院,特朗普用了什么新冠病毒特效药",引导学生开始"动物细胞融合与单克隆抗体"一课的学习。

"这个导入很好,但是后面的板书解释太复杂了。"第一批高中理科类名教师培养对象、东莞市石龙粤华外国语学校校长成杰建议,可以把它当作一个故事,直接用语言来解释,无须板书。

而针对刘喜斌担心学生回答不了问题而不提问的做法,成杰说:"不要怕课堂出问题,问题就是机会。学生回答不了,课堂出问题了,正是引导他们的时候。"他还建议可以在班上设几名科代表,让他们成为助手,每节课前,教师可以先把问题抛给"助手",让他们好好准备,成为班级气氛的引导者,这就是"鲶鱼效应",让这几名科代表激活全班这一池春水。

"让学生真正成为学习的主体。"成杰表示,教师要学会转到学生身后,助力他们成长。对于成杰的评课,潮州市教育局教研室生物学科教研员黄仰奕表示非常有收获:"这不单是针对一节课的指导,而是对整个生物学科教学的指导。"

在第二批教育家培养对象、华南师范大学附属中学学生处副主任李之宁带来的"下一个奇迹就是你——考前心理潜能激发"课堂上,随着"如果明天就是 6 月 7 日了，你会感到……"这一问题的抛出，高三学生仿佛提前体验一般，纷纷给出了激动、紧张、亢奋等不同的答案。接着，李之宁通过一个"英勇的部落猎人"的故事进一步给出"亢奋"的含义，告诉学生考前紧张是正常的，并教学生如何跟压力做朋友。

通过这节课，磷溪中学的高三学生认为李之宁能够切实地为他们解决问题。刚下课，他们便围绕在李之宁身边："老师，我最近总是突然感觉头痛，怎么办？""老师，同学总是来问我问题，我很困扰，但是不知道怎么拒绝？""老师，平常没有考试，我也就一直不紧张，很松懈，要怎么办？"……李之宁来不及收拾课件，便认真地一一解答这些困扰学生的难题。

此次活动，除了为学生开设心理主题的课堂，也有面向教师开设如何开展心理健康教育的讲座。

在翁源县龙仙二中，第一批初中文科类名教师培养对象、深圳市罗湖区教育科学研究院心理教研员吕军为全县的初中德育副校长、德育主任、副主任带来了一场主题为"读懂孩子的心：心理咨询的谈话技术在教师工作中的运用"的讲座。她从为什么教师需要学习心理学知识、谈话技术的基础是心理学理念、心理咨询的谈话技术在教师工作中的运用三个问题展开，结合案例进行分析，提出每位教师都需要学习心理学。

"这是一次很接地气的心理专题讲座。"龙仙二中副校长许秀玲表示，"吕老师列举了许多案例，分析每一个案例的同时教给大家一些技巧，特别是运用心理学和问题学生的谈话技巧，引起了我们的共鸣。我们遇到的许多学生问题都一定是有原因的，而每个事件、每个学生都有不同的原因，因此，要懂得如何用不同的谈话技术与学生谈话。"

同样是在龙仙二中，第一批初中文科类名教师培养对象、深圳市福田区梅山中学教师傅红为八年级学生带来了一堂不一样的阅读课——诗歌鉴赏课。

下课后，龙仙二中教务处主任童秀莲拉着傅红的手说："傅老师，谢谢您！您的课对我的冲击很大，回顾自己的课堂，反思自己过去二十几年的英语教学，有太多遗憾。我还需要不断地'充电'，不断地完善自己。"

对这节课感到更震撼的是龙仙二中教师黄丽婷，因为傅老师上课的班级正好是她教的班级。"学生读书提不起劲来，声音小，很多学生不肯开口，还有小部分学生上课走神。我经常抱怨这班的学生学习没有激情，所以对傅老师的课很期待，想从中学到调动学生积极性的方法。"

课堂上，让黄丽婷印象深刻的是有个成绩中等的男生，原来他上课容易走神，但在傅老师的这堂课上却特别认真，一直跟着傅老师的节奏走，也会积极回答问题。"这给我的冲击特别大，也让我深刻反省自己的教学方式：最重要的是像傅老师一样要把激情带进课堂，把可爱的内容带进课堂，把笑容带进课堂。这次学习更新了我的新课程教学理念，为我的英语教学打开了新天地。在今后的工作中，我会以此为模板，结合本班学生的情况吸收借鉴，让我的英语课堂更加精彩。"黄丽婷说。

针对即将进入白热化的中考、高考复习，广东省外语艺术职业学院项目办有意设置了"复习"专题。比如，"中考备考复习课"的示范课，分析了一些典型试题，总结试题的特点，指出今后初中英语测评的趋势，并提出了建议；"电学专题复习课"的公开课，分析了当前中学物理课程的价值定位及其实现途径，强调物理学科就是要帮助学生将正确的思想导向判断融入对物理的兴趣中。

一堂堂精彩的课程、一场场经验的分享不仅来自培养对象深厚的教学实力，更源于他们服务乡村教育的责任担当。许多培养对象表示好不容易来一趟，一定要给当地师生带去更多有用的东西。不少培养对象刚到达当地，就迫不及待到学校深入了解，根据班级的学情和最新的思考，有针对性地再次调整优化教学内容与环节的设计。

第二批小学名教师培养对象、佛山市禅城区启智学校教师马善波参加了走进翁源县启智学校的送教活动。出发前两天，马善波就与对方学校校长取得联系，了解学校的基本情况、上课班级的基本学情、教师成长急需的专业知识等，做好充分准备。送教时注重实效问题，通过第一天的参观和了解后，及时调整了送教的内容，从学校教师最关心的课堂入手，希望通过备课、上课、说课、评课环节的展示给当地教师更多启发。

据不完全统计，"百千万人才培养工程"培养对象走进乡村教育活动至今已为 15 个地市 23 个县区输送了成百上千的名师资源，其间举办了 400 多场讲座、280 多堂示范课、40 多次同课异构、50 多次听评课，并为 20 多所学校做个性化诊断，惠及乡村学校共 300 多所，形式和内容全面多样、辐射范围广，取得的成效显著，为助力乡村教育发展，推进全省基础教育高质量发展发挥了重要的积极作用。

本文来源：《广东教育·综合》2021 年第 6 期；文/记者 韦英哲 王思静

各级各类教育

VARIOUS LEVELS AND SORTS OF EDUCATION

·各级各类教育·
VARIOUS LEVELS AND SORTS OF EDUCATION

基础教育

2021年，广东省基础教育以习近平新时代中国特色社会主义思想为指导，立足国情省情，深化改革创新，补齐发展短板，以《中共广东省委 广东省人民政府关于推动基础教育深化改革高质量发展的意见》《广东省人民政府关于印发广东省推动基础教育高质量发展行动方案的通知》为指导，全力推动基础教育公平而有质量发展。

学前教育

【基本情况】根据教育事业统计，2021年广东省共有幼儿园21101所，在园幼儿500.39万人，学前教育毛入园率为104.14%，专任教师34.51万人。其中，公办幼儿园7926所，在园幼儿258.42万人（含购买学位38.3万人），占比51.64%；民办幼儿园13175所，在园幼儿280.28万人（其中普惠民办幼儿园9963所，在园幼儿208.6万人）。

【实施"5080"攻坚工程】2021年，省政府将"促进普惠性学前教育扩学位、提质量"纳入省十件民生实事，印发《广东省教育厅关于落实2021年省民生实事任务巩固学前教育"5080"攻坚成果的通知》，压实市县主体责任，以乡镇、街道为单位开展学位需求预测，编制年度学位建设规划，落实学位建设进展通报制度，明确要求有购买学位的地市切实增加公办学位供给，逐步减少购买学位数量，提高纯公办学位占比。全省完成新建公办幼儿园375所、改扩建公办幼儿园342所、通过其他方式增加公办幼儿园631所，新增公办学位28.84万个，新增公办学位和普惠性民办园学位42.51万个，公办在园幼儿占比达51.64%（含购买学位），公办和普惠性民办园在园幼儿占比达85.68%。

【推进"学前教育科学保教示范工程"】省教育厅加快推进"学前教育科学保教示范工程"，部署实施135项省学前教育"新课程"科学保教示范项目，设立2个安吉游戏推广国家级实验区和46项省学前教育高质量发展实验区（包含21个幼儿园与小学科学衔接项目实验区、25个岭南幼儿园自主游戏项目实验区），推进实施幼小科学衔接行动方案，促进幼儿园实施科学保教。其中，"新课程"科学保教示范项目列入2021年度省十件民生实事任务。省教育厅成立学前教育科学保教示范工程项目管理专家组，召开省学前教育科学保教示范工程项目推进会，依托"广东省学前教育科学保教资源共享平台"分享优秀案例，推进项目培育和成果推广。

【开展学前教育规范管理三项治理】持续推进无证园治理，中共广东省委教育工作领导小组办公室、广东省人民政府教育督导室印发《关于进一步加强无证幼儿园监管和整治工作的通知》，指导各地制订工作方案，建立健全长效机制，进一步加强无证幼儿园监管和整治，巩固无证幼儿园治理工作成效。按照国家部署开展保教活动核查，印发《广东省教育厅关于对幼儿园违规开展保教活动进行核查治理的通知》，对全省21个地市的幼儿园课程内容、办园资质与管理、虚假宣传等情况进行全面摸排。巩固小区配套幼儿园专项治理工作成效，开展城镇小区配套幼儿园专项治理收尾工作，完成小区配套幼儿园年度治理任务。

【持续安排学前教育专项经费】2021年中央下达两笔共计1.73亿元支持学前教育发展资金，支持普惠性资源补短板、提高保教质量和家庭经济困难儿童资助。省财政下达省级基础教育高质量发展奖补资金13.8亿元，统筹安排用于包括学前教育在内的基础教育高质量发展项目。

【开展"学前教育改革发展十年巡礼"主题全国学前教育宣传月活动】以"学前教育改革发展十年巡礼"为主题，从5月20日起开展为期1个月的学前教育宣传月活动，省教育厅组织21个地市建立专题宣传网页，通过制作宣传资料和视频、推送典型案例等方式加大宣传力度，同时在省教育厅官微、官网上开设2021年宣传月专栏，宣传广东以及各地市学前教育改革发展的突出成就，讲好广东学前教育故事。2011—2021年，幼儿园数增加8962所，年均增长7.6%；在园幼儿数增加172.4万人，增长56%，在园幼儿数位居全国第一；学前教育三年毛入园率达到107.04%，提高17.67%，有效缓解"入园难"问题。

（撰稿 冯婉燕 邵 毅 方立鹏；审稿 周 贵）

义务教育

【基本情况】 2021年,广东省有义务教育阶段学校14431所,在校生1508.22万人。义务教育阶段小学10599所,在校生1079.01万人(其中民办小学642所,在校生229.36万人),小学净入学率达100%,专任教师59.22万人。初中3832所,在校生429.21万人(其中民办初中1101所,在校生98.1万人),初中毛入学率达109.52%,专任教师31.51万人。全省义务教育随迁子女在校生434.96万人(其中外省户籍随迁子女233.39万人),占在校学生总数的28.84%。

【全力抓好"双减"工作】 制定《关于进一步减轻义务教育阶段学生作业负担和校外培训负担的若干措施》,开展"双减百日会战",以"六项管理"为抓手,围绕校内减负提质工作,严格均衡分班、严格教学要求、严格作业调控、严格考试管理,着力提高作业管理水平、提高课后服务水平、提高课堂教学质量,确保学校减负措施落地落细落实。100%的学校实行作业公示制度,出台作业管理办法,按要求提供了课后服务,课后服务时间达到"5+2"(每周5天、每天2小时)要求;71.22%的学生参加课后服务,82.45%的教师参与提供课后服务。

【补齐农村教育发展短板】 切实将优先发展乡村教育作为巩固脱贫攻坚和乡村振兴等重大战略任务成果的重要内容,深入推进义务教育薄弱环节改善与能力提升工程,及时下达2021年"改薄提升"中央资金6.7亿元。狠抓项目管理,建立广东省"改薄提升"月报制度和"农村寄宿制学校建设"周报制度,组织项目县工作人员培训。及时向地市人民政府通报工作进展情况,对学校项目建设工作进展慢的地市负责人进行约谈,有效推进项目实施。全面加强乡村小规模和乡镇寄宿制学校建设,全省2021年完成现有寄宿学位改造52.8万个,新增寄宿学位26万个。全省乡村小规模学校标准化率从80.67%提高至92.73%。

【保障适龄儿童平等就学权利】 紧盯47个国家重点督查县(市、区),落实"一县一案",细化量化年度工作目标和阶段性工作目标,明确工作举措和实施路径,积极推进问题整改。2021学年,广东省进城务工人员随迁子女达303.34万人,其中87.26%入读公办学校(含享受政府购买学位服务),全省122个县(市、区)均达到国家"两为主"工作要求。指导各地市制定或完善招收符合条件并在广东工作的港澳居民子女入读义务教育学校政策,保障持有香港、澳门居民居住证的港澳居民或其随迁子女在广东省平等享受当地基本教育公共服务。

【规范招生工作】 全面规范民办义务教育发展,规范全省民办义务教育学校招生,巩固公民同招。完善"进校园"活动备案审核管理制度,组织并公布2021年度全省17项中小学竞赛活动"白名单"。

(撰稿 刘 蔷 邓 超 迪丽努尔;审稿 张正安)

普通高中教育

【基本情况】 2021年,广东省共有普通高中学校1076所,在校生200.77万人(其中民办高中363所,在校生32.27万人),招生70.52万人,专任教师15.74万人,高中阶段教育毛入学率达到97.71%。

【加强学位建设】 各地加大学位资源投入力度,提高学位建设水平,公办学位数同比增加5.94万个。持续实施消除大班额专项规划,2021年全省普通高中学校存在56人以上大班额总数为309个,占比0.75%,较2020年减少527个,下降1.38个百分点。

【推进新课程新教材实施】 7月8日,广东省教育厅在广州市执信中学举办工作研讨活动,推进普通高中新课程新教材实施国家级示范区和示范校建设。11月24—25日,省教育厅会同深圳市教育局举办全省普通高中新课程新教材实施示范区示范校建设交流研讨活动,部署推进全省示范区示范校建设工作。12月底,组织专家遴选5个省级示范区和40个省级示范校。

【深化综合素质评价改革】 8月22日,印发《广东省教育厅关于实施初中学生综合素质评价的指导意见》。12月6—7日,组织开展全省初中学生综合素质评价工作研讨交流活动,提高综评信息化应用水平。广州等11个地市已出台综评实施意见;广州、珠海、茂名市使用省平台开展综评工作,深圳、汕头市使用自建平台开展综评工作。

【加强普通高中招生管理】 向各地下达2021年高中阶段学校指导性招生任务,核定2021年全省高中阶段学校招生任务为126.97万人,其中普通高中65.44万人。深化普通高中违规招生行为治理,强化违规行为核查通报力度,招生秩序得到进一步规范,教育公平得到有力保障。

【规范毕业证书管理】 3月3日,印发《广东省教育厅关于调整普通高中毕业(肄业)证书印制和发放方式的通知》。从2021年起,全省普通高中毕业(肄业)证书由省统一样式,由地市负责统一印制和发放。

【推进集团化办学工作】 2月8日,印发《广东省教育厅关于开展广东省优质基础教育集团遴选培育工作的通知》,启动集团化办学申报遴选工作。8月至12月,组织专家团队开展优质基础教育集团评审,共评选出71个优质基础教育集团培育对象,进一步扩大优质教育资源覆盖面和受益面,促进基础教育优质均衡发展。

(撰稿 段中岳;审稿 张正安)

特殊教育

【基本情况】 2021年,广东省有特殊教育学校150所,特殊教育学生数71 170人,残疾儿童少年义务教育入学率为98.66%。特殊教育学校教职工8 407人,其中专任教师6 589人。

【残疾儿童少年入学安置成效显著】 印发《广东省教育厅关于做好2021年适龄残疾儿童少年义务教育入学安置工作的通知》,逐一指导各级教育行政部门"一人一案",做好残疾儿童少年入学工作。截至2021年12月底,全省共有14 468名适龄残疾儿童得到妥善安置,残疾儿童少年义务教育入学率达到98.66%。

【完善专业支撑体系建设】 召开省特殊教育专家委员会年度会议,举行广东省特殊教育资源中心挂牌成立仪式。印发《广东省教育厅等七部门关于加强适龄重度残疾儿童少年送教服务工作的指导意见》,编制优质特殊教育资源中心、随班就读示范区、随班就读示范校、特殊教育示范学校四个建设指南。

【加大特殊教育经费投入】 下达2021年特殊教育公用经费、课本费和中央补助资金约3.47亿元,提前下达2022年特殊教育公用经费和课本费约3.8亿元。2021年,新增特殊学校7所。

【加强教师队伍培训】 2021年11月,省教育厅在华南师范大学、岭南师范学院举办第六届特殊教育干部培训班,全省各地市(县、区)特教干部170余人分批参加培训。

【举办随班就读示范区示范校(园)建设工作交流研讨活动】 2021年12月10日,由广东省教育厅、深圳市教育局主办,广东省教育研究院、深圳市教育科学研究院承办的2021年广东省随班就读示范区示范校(园)建设工作交流研讨活动在深圳举行,各地市教育局分管领导、特教教研员、普通学校校长等120余人参与交流研讨。

【提升学校办学质量】 启动特殊教育内涵示范项目和精品课程建设。组织开展广东省特殊教育精品课程建设项目、特殊教育内涵建设示范项目及特殊教育事业发展政策研究课题的申报与评审工作,遴选66个内涵建设示范项目和30门精品课程。开展珠三角地区对口粤东粤西粤北地区特殊教育帮扶活动,组织珠三角地区6个广东省特殊教育名教师工作室和广东省基础教育特殊教育学科(广州)教研基地赴清远等8个地市开展10场特殊教育教研帮扶活动。开展融合教育优质资源的征集和遴选。确定优秀区域融合教育实施方案40个、融合教育主题活动案例58个、融合教育研究论文70篇。

(撰稿 王莹 何非;审稿 周贵)

民族教育

【基本情况】 2021年，广东省少数民族地区在读学生8.77万人，民族学生4.02万人。内地民族班西藏班学生1567人，新疆班学生5985人。

【加大民族教育经费投入】 根据省委、省政府《关于推动民族地区加快高质量发展的意见》精神，下达民族地区教育补助资金1500万元，支持民族地区公办幼儿园和普惠性民办幼儿园新建、改扩建和改善办园条件项目。

【加强内地民族班教育服务管理】 印发《广东省教育厅关于进一步做好内地民族班疫情防控和线上教育有关工作的通知》和《广东省2020学年春季学期内地民族班学生健康返校复学工作指引》，会同省公安厅、新疆驻粤教育协调组深入全省9个地市31所内地民族班学校走访调研，指导学校统筹做好防疫防控防舆、线上教育和日常管理等相关工作。积极协调省公安厅、广州市公安局、广铁集团等单位，扎实做好内地民族班学生暑期返乡返校交通运输保障工作。

【加强内派教师管理和培训】 召开广州市内地民族班学校座谈会，深入学校督促指导全省各内地民族班学校开学新生培训和学生军训工作。完成新疆95名内派教师、内地民族班学校新疆部主任培训工作。

（撰稿 王 莹；审稿 周 贵）

教育信息化

【深化"三通两平台"建设与应用】 一是教育宽带网络实现全覆盖。积极推进互联网行动攻坚计划，推进全省宽带网络进校园全覆盖和提速扩容。全省各级各类学校（含教学点）网络宽带接入率达100%，学校平均宽带接入率超过100M。二是优质资源"班班通"不断普及和深化。最少拥有1间多媒体课室的学校（含教学点）达100%，多媒体课室占普通课室比例超过98%。三是开展网络学习空间"人人通"建设。推进省教育资源公共服务平台暨"人人通"落地服务试点区工作，开展网络学习空间应用普及活动，全省师生空间开通率达100%，共有4个区域21所学校成为全国网络学习空间应用普及优秀区域和优秀学校。四是教育资源公共服务建设稳步推进。着力构建"粤教翔云"教育资源公共服务体系，全省20个地市已实现与省教育资源公共服务平台的对接，基本形成上接国家，下连市、区的教育资源公共服务体系。五是完善教育管理公共服务平台。教育管理公共服务平台功能不断完善，逐步实现全省教育行业统一实名制身份的全覆盖，完成了可信教育数字身份与省统一身份平台的对接。编制发布了教育管理公共服务平台集成、接口、安全、数据规范，构建一站式服务门户，逐步消除信息孤岛和数据壁垒。

【加快推进信息技术与教育教学融合创新】 推进信息技术环境下的课程与教学改革，着力解决信息技术应用于课堂教学改革的"最后一公里"问题。一是扎实推进国家课程数字教材规模化应用全覆盖工程。扎实推进义务教育阶段国家课程全版本全学科全学段数字教材配套资源及应用服务，面向全省20个地市电教、教研、骨干教师普及应用推广培训并基本完成了教师全覆盖，联合华南师范大学、出版集团等单位开展基于数字教材支持课堂改革的应用研究，推进全省义务教育优质均衡发展。二是开展互联网环境下基础教育教学改革。构建基于互联网的自主学习、互动探究、主题拓展的新型教学模式，组织名校名师开发小学阶段10个学科各版本的体系化课程教学资源。在广州从化区、清远清城区开展教学改革试点的基础上，在粤东粤西粤北地区建设17个互联网环境下基础教育教学改革实验区，探索基础教育高质量发展。三是持续推进教育信息化融合创新示范"种子计划"。以"融合创新"为核心着力推进全省516所县域内信息化中心学校（智慧校园）建设，带动区域内其他学校发展。探索形成以信息化促进教育优质均衡发展的有效策略，推动信息技术环境下的课程与教学改革，提高教育教学质量和教育治理现代化水平，着力推进建设

241个教育信息化融合创新示范培育推广项目。建立评价机制，对实施信息化中心学校和融合创新示范培育推广项目进行评价。四是推进信息化教学应用创新实践共同体创建。以教育信息化教学应用创新实践共同体项目为载体，探索构建"传、帮、带、导、扶"的信息化教学应用推广新模式、新机制，实现共同体成员单位结构"跨区域"、协同"跨学校"、实践"跨年级"、课程"跨学科"协同发展，全省有3个共同体项目通过教育部科学技术与信息化司立项。五是深入开展教育信息化应用融合创新研究。以教育部基础教育信息化试点为抓手，以课题为依托，聚焦课程、教学、教育治理、评价、师生发展等深入开展教育信息化发展研究，形成了《广东省教育信息化融合创新优秀案例集》《教育信息化应用融合创新示范课题教与学模式分析报告》等研究成果。

【促进教育信息化科学发展】为夯实教育信息化发展基础，不断加大教育信息化发展研究力度。在制定《广东省中小学智慧校园建设参考标准及指南》《广东省中小学智慧教室建设指南》《广东省基础教育"互联网+"教学评价框架与模式研究》的基础上，正在研制《广东省中小学创新教育课程指导纲要》《"互联网+教学"评价监测》《义务教育学科科学规范（小学）》《创新学习空间建设指南》《广东省区域教育云建设指南》《广东省区域教育云建设指南参考指标》，促进广东省教育信息化科学规范发展。

【提升教育治理体系和治理能力现代化水平】加强新时代教育大数据应用，统筹规划教育治理体系和治理能力建设。一是建设了覆盖全省的教育数据交换融通平台，通过该平台采集汇聚相关教育数据，建设省教育数据共享仓库，实现部与省之间、教育数据中心内部各业务系统间、省与地市区县学校之间、省教育厅与其他厅局之间的实时双向数据交换共享。二是建设了"广东省教育数据资源中心"，通过数据资源中心，整合内、外部各类教育信息资源，按照统一标准，建立不同粒度、不同主题、不同维度的教育信息资源库，真正实现数据横向集成、纵向贯通、全局共享的信息资源及服务模式，为数据的开放共享和应用分析提供支撑环境。基本实现了从"数出多门"到"一数一源、数入一库、数出一门"的转变，让数据资源真正成为政府的核心战略资产。三是持续推动教育数据开放共享，创新数据使用服务。不断优化教育数据支撑服务能力，继续扩大教育数据开放共享范围，精准施策、优化流程、提高效率，支撑省教育厅各业务处室、下级教育部门以及近10个厅局的业务，完成了省政务信息资源目录系统信息编目总数89项，涉及业务系统60多个，挂载发布数据几千万条。为疫情防控、精准扶贫、控辍保学、审计、反腐等提供数据支撑，特别是助力公安部门首创全国数据打拐模型成效显著，找回19名被拐儿童。

【提升教育系统网络与信息安全保障能力】一是完成广东普通高校实现EDU.CN域名全覆盖。加强高校网站安全规范管理，提高高校网站辨识度。在粤的154所普通高校和7所省外高校在粤办学机构网站已全部启用EDU.CN域名，率先在全国实现在粤普通高校网站的EDU.CN域名全覆盖。二是持续加强网络安全漏洞处置的督办工作。通报、审核各种漏洞（事件）共985件。要求各地各单位按照"核实取证、及时断网、检测分析、清洗堵漏"的快速处置流程，汇集各渠道的通报，处置各种漏洞（事件）并按要求反馈函复至相关部门，依时处置率超过了99%。三是落实网络安全"零报告"制度。按各级网信办、政法委、教育部等有关部门要求，在重点保障时间内，各单位实行值班值守，并报送每日指定时间段内"零报告"，汇报单位网络及信息系统的运行情况。四是组织参加教育部网络安全攻防演习，获教育部网络安全攻防演习优秀单位及粤盾网络安全攻防演练先进单位。

（撰稿 叶振华；审稿 赵 琦）

佛山市禅城区机关第二幼儿园

佛山市禅城区机关第二幼儿园（以下简称机关二幼）成立于1954年，是由佛山市禅城区教育局主办的市一级公办四星级公益普惠性幼儿园。拥有本园、松风园、诚信园3个园区，其中，诚信幼儿园为集团化办学模式下开设的佛山市第一所新型公办园，是作为佛山市小区配套幼儿园治理的典范，其典型经验被广东省教育厅在全省推广并向教育部推送。3个园区共有教学班32个，在园幼儿1100余人。

优质的师资团队　机关二幼拥有一支素质优良、积极上进、团结协作的教职工队伍，坚持"师德为先，能力为重"的培养原则，以科研引领教师成长。现有副高级教师2人，中级职称教师9人，有区名园长1人、区名教师1人、区骨干教师2人。

完善的办园理念　机关二幼秉承"用爱分享、用心赞美"的办园理念，开展"悦·经典"特色文化课程，全力培养"健康自信、乐于探索、懂得感恩、乐于分享"的完整人格儿童，努力打造一所办学质量好、社会美誉度高、充满童趣的灵性学园。

厚重的办园成效　历经年深日久的办学沉淀，机关二幼赢得了广泛的社会赞誉，现为广东省《3—6岁儿童学习与发展指南》实验园、佛山市中华文化经典幼儿诵读培训基地、"崇文佛山·书香禅城"禅城区国学经典诵读创建工程示范点、"文化润德：基于非物质文化遗产幼儿园德育课程体系建设"核心园等，多次获评佛山市优秀家长学校、禅城区先进基层党组织单位、先进单位等。

先进的发展战略　科研兴园是机关二幼的长期发展战略，近年来在教科研方面取得了显著成效：3项省级课题、5项区级课题顺利结项，近百名教师在各级各类比赛中频频获奖，教学论文在省级以上刊物上屡屡发表。项目分别获得广东省创新科技成果三等奖、佛山市"十二五"教育科研优秀成果二等奖、佛山市"十三五"教育科研优秀成果二等奖。机关二幼先后启动了广东省中小学教育科研能力提升计划项目"中华优秀传统文化与幼儿一日活动环节融合的实践研究"，以及佛山市学前教育"新课程"幼儿园科学保教示范项目"运用粤语儿童经典培养幼儿良好品德的策略研究"。2021年，幼儿园又屡获突破：2项佛山市教育科学"十四五"规划学前教育专项和3项佛山市禅城区基础教育研究课题顺利立项。

展望未来，机关二幼集团化办园迎来新的高峰，明德城幼儿园、星星凯旋幼儿园2所新型公办园破土而出、蓄势待发，计划于2023年9月开园，两所新园将开创机关二幼教育集团品牌建设的新篇章。全体机关二幼人将以一往无前的奋斗姿态、风雨无阻的精神状态，不断完善办园特色，打造优质品牌，携手共同体齐头并进，力求打造一所"用爱分享、用心赞美"的童趣学园，办好人民群众满意的学前教育。

国学经典诵读活动

传统节日活动

粤语童谣展示

国画活动

课题活动

东莞市松山湖中心幼儿园

幼儿园大门

全体教职工

幼儿园举办"爱党心·松湖情·创客梦"
第三届创客周暨五周年国庆活动

东莞市松山湖中心幼儿园于2016年开园,占地面积5834平方米,建筑面积4727平方米。该园是松山湖首家公办园,办学规模为18个教学班,教职工共100人,教师中研究生学历1人、本科学历40人、大专学历达标率及持证上岗率均为100%。幼儿园有活动室18间和音体室、美术室、构建室、科学馆、绘本馆5间功能室,是一所布局合理、环境优美、功能齐全的市一级幼儿园。幼儿园现有东莞市名园长、名师工作室主持人2名,东莞市优秀教师1名,学前教育教学能手3名,名师培养对象1名,园区优秀教育工作者、优秀教师16名。

幼儿园以"让孩子享受幸福的教育、让教师感受教育的幸福、让家长参与幸福的体验"为办园理念,以"让教育从生活开始,与幸福同行"为办园思想,秉承"尊重孩子的天性,为孩子的终身幸福奠基"的办园宗旨,树立"办一所有幸福感的本真乐园"的办学目标,旨在培养孩子"开心玩、大胆想、勇敢做、自信说、学会爱"的品质。

幼儿园以"创客孩子王"课程为依托,构建"幸福中国小创客"园本课程体系。幼儿园在区域、户外、社团等活动中渗透创新思维,培养幼儿开心玩、大胆想、勇敢做、自信说、学会爱的能力。全力打造幼儿、教师共同发展,家长陪伴参与的"幸福教育"品牌,力求创建与松山湖创新特质匹配的具有"幸福中国小创客"特色的示范园。

幼儿园多次举办省级骨干园长培养项目跟岗活动、"强师工程"骨干保育员培训班,开展东莞市《3—6岁儿童学习与发展指南》实验园课程游戏化专题教研活动、松山湖学前教育教研活动等。先后获得国家级荣誉1项、省级荣誉10项、市级荣誉33项;立项省级课题3个、市级课题5个。自制教玩具《百变移动迷宫》代表广东省参加全国教玩具展评活动获二等奖,《幸福教育理念下的创客特色幼儿园建设》获广东省创新教育成果三等奖,体育课例《我的足球好朋友》代表东莞市参加广东省第十届中小学体育与健康教学展示活动获一等奖,游戏案例获广东省中小幼STEAM课程案例评选三等奖。教师参加广东省首届美育教师教学基本功比赛获二等奖。

作为松山湖园区唯一的公办幼儿园,东莞市松山湖中心幼儿园为引领园区民办幼儿园发展建设起着示范、辐射作用。开办5年多,幼儿园先后被评为广东省STEM课程实验园、广东省规范化幼儿园、广东省无烟单位、东莞市一级幼儿园、东莞市《3—6岁儿童学习与发展指南》实验园、东莞市A级食堂单位、东莞市德育研究会会员单位、粤港澳姊妹学校缔结园、东莞市首批中小学(幼儿园)"品质课堂"实验学校、东莞市信息化教学实验单位。

军旅运动会

创客活动

户外戏水活动

茂名市第一幼儿园

茂名市第一幼儿园创建于1960年3月，是一所文化积淀深厚的省一级幼儿园、省级示范性幼儿园、市教育局直属幼儿园。幼儿园实施"总园+分园"的办园模式，总园占地面积15000平方米，分园占地面积6000平方米。全园共有教学班36个，在园幼儿1260人；教职工160人，其中专任教师108人，教师学历和资格达标率为100%。全体教职工爱岗敬业、敢于实践、勇于研究，成立了"茂名市许静茹名教师工作室"，涌现出广东省特级教师、广东省南粤优秀幼儿教师、茂名市教育系统名教师、茂名市教育系统师德标兵、茂名市基础教育系统优秀教师、茂名市基础教育系统优秀班主任、茂名市技术能手等骨干教师。

幼儿园全体教职工集体照

园领导接待香港明我幼稚园的同行参观交流幼儿自主游戏

播种幸福，扎根本土幼儿教育 幼儿园始终坚持"播种幸福 共享快乐"这一理念，提出"体魄强健、心智聪慧、习惯良好、人格健全"的培养目标。通过营造幸福校园、成就幸福教师、培育幸福幼儿、辐射幸福家庭四种途径，打造一个幸福的教育乐园。园内设有体育馆、生活体验馆、科学启蒙室、音乐活动室、美工活动室、多功能演播厅等功能室；室外有大型的运动场、篮球场、种植园等综合设施供孩子自由嬉戏，处处体现着"幸福教育"的教育理念。

孩子们在户外晨练

协同互助，科研团队匠心筑梦 园领导班子富有朝气，师资队伍素质高，保教质量一流，享有很高的社会声誉。幼儿园以科研为切入点稳步提升教育质量，不仅拥有本地特色的园本课程，同时鼓励教师积极开展课题研究，先后承担了国家级课题1项、省级课题8项、地市级课题6项，其中12项课题已顺利结题，《挖掘年例资源，开发园本课程》获得广东省中小学教育创新成果奖二等奖。《科技节（周）活动成果》在广东省全民科学素质行动科技活动成果交流展示活动中被评为一等优秀成果。《优化幼儿园户外体育活动的实践策略》获茂名市第三届教育教学成果奖一等奖。此外，幼儿园还成功申报了由广东省教育厅立项的广东省学前教育"新课程"幼儿园科学保教示范项目"幼儿园自主游戏的实践研究"。作为项目领衔园，茂名市第一幼儿园立足本园自主游戏开发的优势和经验，带领4所乡镇幼儿园行走在探索、支持幼儿在自主游戏中发展的路上，发挥积极的带动辐射作用，成果显著。

孩子们在科学启蒙室进行创意搭建

孩子们在进行区域游戏活动

广州市白云区黄边小学

广州市白云区黄边小学始创于1994年，是一所全日制公办小学，2005年被评为广东省一级学校。学校位于广州市白云区空港大道与黄边北路交汇处，拥有2个校区，其中黄边校区占地面积11660平方米，云山诗意校区占地面积8507平方米；现有教学班36个，在编教师59人，学生1500余人。

自2019年以来，学校办学质量不断提升，先后被评为全国篮球特色学校、广东省中小学中华优秀传统文化传承学校、广东省绿色学校、广州市中小学智慧型成长阅读第二批试点校、白云区"书法进校园"第一批试点校、白云区智慧校园建设第三批试点校、白云区德育品牌示范校、白云区家庭教育示范校、白云区书香校园示范校、白云区心理健康教育示范校、白云区先进基层党组织、白云区中小学劳动教育试点学校城乡结对学校等。

学校全体师生及学生家长对"让童心自由绽放"的校训进行了深入解读、认真领会："童心"即"儿童立场，尊重呵护"，"自由"即"自我内心，主动发展"，"绽放"即"生命成长，现在幸福"。在校训精神的引领下，学校聚焦"阳光育人"理念，启动实施"黄边儿童阳光计划"，着力培养学生形成"爱国正气、书卷底气、健康朝气、艺术才气、劳动香气、进取勇气、创造灵气"七种气质，实现"培育充满童真的阳光少年"的育人目标。学校逐步构建起"四美书法"和"童年篮球"的育人新体系，走"课程内涵发展、特色文化办学"的教育之路，积极打造全科优质教育品牌。

展望未来，学校将一如既往地给予孩子们温暖而有能量的"阳光教育"，精心打造诗意校园，创建"人人都能主动而有个性地发展，以获得人生幸福"的育人环境，实现"每个教师有自己追求的文化精神和专业领域，每个学生有自己投入的学习活动和研究项目，每个人在适合自身发展的路上探索更好的自己"的办学愿景。

远程互动课堂

大课间活动

文艺表演

千人书法比赛

花式篮球训练

学生在"学"字墙前阅读

广州市协和小学

广州市协和小学是广州市教育局直属唯一一所小学，也是广州市最早的省一级学校。学校于1911年在南关创办，经过110年的历史积淀和文化传承，取得了丰硕的成绩。

环境优美，彰显文化 学校本着"人与自我和、人与人和、人与社会和、人与自然和"的"四和境界"，树立"文化融合、个性融合、课程融合、学科融合"的"四融理念"，营造"教师之间和谐互学，学生之间和谐互助，师生之间和谐互动，人与环境之间和谐共生，中西文化和谐共存，古今传统和谐共赏"的和谐校园。

经过微改造的校园，更具文化气息。大气恢宏的门楼与"四楼"（和正楼、和雅楼、和悦楼、和致楼）、"六园"（桃李园、雅园、和园、励志园、种植园、科技园）、"三廊"（百年协和、五千年中华文化、智慧阅读）、"三院一局"（协和书院、科学与工程学院、艺术院、邮局）交相辉映，构成了亮丽的风景线。创客室、网络室、科学室、美术室、音乐室、舞蹈室、心理咨询室、卫生室等功能场室配备齐全，教学区、运动区分布合理，为学生提供了良好的学习、生活场所。

传承历史，开拓创新 学校始终秉承以"和"为核心的文化，牢记"尔识真理，真理释尔"的校训，致力于"协力和衷，作育英才"，以"协作和谐，至真至善"为校风，发扬"协力同心，和衷共济"的协和精神。进入新时代，学校以"和雅教育"为学校文化的底色，致力于全方位工作的提升与完善。

在历代协和人的不懈耕耘下，"协和之树"得以硕果累累。百年协和，英才辈出。协和学子"外显于温文尔雅，内涵于和而不同，植根于脚踏实地，致力于探求真理，胸怀于家国责任，放眼于世界未来"的特质愈加明显。

学科融合，全面发展 校园是学生多元发展的舞台，"和合""雅正"课程是学生发展的基石。球类、武术、田径、健美操等，助力学生强健体魄；曼妙舞姿、飞扬歌声、绘画、剪纸、纸黏土等，陶冶了学生的艺术修养；戏剧表演、诗文诵读，艺术和文学的结合，培养了学生的文化自信；3D打印、VR、编程、人工智能、发明创造、自然探究，激发了学生的创造精神。学生屡获全国、省、市大奖，让梦想照进了现实。

作为百年名校，学校现有特级教师4人，名校长、名师工作室主持人3人，教育家培养对象1人，南粤优秀教师3人，省市"百千万"骨干培养对象、市骨干教师多人，师资力量雄厚。协和小学勇担社会责任，努力成为"家门口的好学校"，为推动广州基础教育高位均衡发展做出了贡献。

美丽雅致的校园——协和亭

《托举梦想》雕像

庄重的和正楼

用爱和专业谱写教育的协和团队

艺术涵养的协和学子

广州市番禺区广州南方学院番禺附属小学

雅言雅行,以美润心——这里是传承文明的学园。
翰墨飘香,博学致远——这里是明理启智的舞台。
同心筑梦,共向未来——这里是放飞梦想的天地。

广州市番禺区广州南方学院番禺附属小学(原华师附中番禺小学)创办于2003年8月,是一所由合生创展集团有限公司投资创建的民办小学。学校围绕"五育并举,精品示范"的办学目标,提高教育教学质量,努力办人民满意的教育。

美丽校园,环境育人

花香、绿树,窗明几净,优雅迷人;欢声、笑语,悉心育人,桃李芬芳。学校现有34个教学班,美育工作室、书法室、多功能电教室、体育馆等功能场室齐全,并按国家标准配备图书和教学仪器,让学生得以在愉悦的体验中生活学习,全面提升综合素养。

深耕课堂,化茧成蝶

多彩课程勤探索,深耕细研踏歌行。学校对环境进行了全面升级,并引进了"广东省孔珍中小学名教师工作室",在提高办学水平的道路上实现华丽蜕变。全体教职工扎实工作,锐意进取,在国家课程的基础上,开设了"1+N"多学科融合课程及主题鲜明的学科拓展课程。通过自主、合作、探究的课堂学习,提升学生的核心素养。此外,学校还开设了30多个课外个性化课程,以满足学生多样化的需求,给学生创设一个自我发展、张扬个性的平台,促进学生发展。

多元发展,百花齐放

缤纷文化梦起航,乐趣横生伴成长。学校经过精心构思,努力建设多元的校园文化氛围,给学生提供对成长有益的熏陶,多维、立体地营造学校的教育生态。同时,学校基于立德树人的根本任务,依据市、区"十四五"教育规划要求,沿着教育国际化的发展方向,以学生为中心,以能力为导向,开辟了学工、学农、大自然工作坊等阵地,引导学生形成健全性格和高尚人格,为学生全面发展奠定坚实基础,获得了良好的教育效果。

建党100周年活动

班级活动

科技节活动

一年级预备队员活动

学生舞蹈表演

音乐节目排练

书法练习

舞蹈教学

学生毕业

奋发耕耘，硕果累累

清风吹来硕果香，金黄一片乐丰收。经过近20年的文化积淀和奋发耕耘，依靠精良的师资队伍和科学有效的教育教学管理，学校的办学质量不断提高，办学影响力不断扩大，已然成为师生喜爱、家长放心、社会称赞的品牌学校，得到了各级领导的肯定和社会各界的认可。

给学生一片天空，让他们繁星点点；给学生一方绿地，让他们生机勃勃。在未来的办学道路上，广州南方学院番禺附属小学将继续打造好环境、贯彻好理念、建设好团队、实施好管理、配置好课程、创造好成绩，书写崭新的篇章！

生物园

广州市天河区华景小学

学校活动区

学校吉祥物"优优雅雅"

学校棒球队训练活动

2021年,在天河区委、区政府"全国一流、广州领先、天河特色、示范引领"目标的指引下,在《天河区基础教育"幼有善育、学有优教"幸福标杆行动计划》的指导下,天河区华景小学始终以"立德树人"作为学校工作的出发点和落脚点,团结协作、锐意进取,充分发挥家、校、社三位一体的育人作用,推进"优雅"教育,培养"眼前有风景、心中有理想、能担当民族复兴大任"的"优雅"学子,办学成效显著。2021年,学校获得集体奖项10项,教师获奖61人次,学生获奖385人次。学校被评为广东省少先队先进学校、第二批广东省中小学中华优秀传统文化传承学校、第四批广东省中小学艺术教育特色学校。

党建工作领航 作为天河区教育系统先进党组织,学校党总支以培养"四有"好老师为目标,充分发挥党组织建设的引领作用,加强师德建设,推动党建工作与教师专业成长相融合,荣获"天河发展出新出彩突出贡献奖"。书记黄瑞萍在全国论坛上做党建引领主题发言,参与广州市庆祝建党一百周年"同上一节党史课"精品课录制,录播课在电视课堂、学习强国、羊城晚报、喜马拉雅等平台播出。党总支、团支部、少先队结合全国少工委学好"四史"要求,开发红色德育课程,获批广东省2021年度教育科学规划课题(党史教育研究专项)立项。学校的微课荣获天河区一等奖并被推荐为首批"红领巾学党史"微课在广州市团校等平台展播。

打造优秀团队 基于学校办学特色,立足教师专业成长,学校建立了3个层级教师(青年教师培养对象、骨干教师、"名师+共同体")专业成长体系,形成了《华景小学教师层级发展实施方案》,构建了"自定目标—制订计划—实践达标—层级认定"教师层级发展模式。邀请专家团队对教师成长、"名师+团队"情况进行认定,提出教师后期专业发展的诊断意见和建议,分层级有针对性地开展培训。坚持"二八理论",发挥优秀教师引领作用,促进教师自主发展。着力开展课题研究,立项广东省2021年度教育科学规划课题"基于百年党史的小学生理想信念教育路径研究——以英雄故事'立体书'为例"等8个科研课题。组织教师参加教

学校文艺汇演

学校参加广州市合唱展演

学校举办校运会

学评比活动,以赛促研,近 100 名教师在广州市教育教学创新应用评奖等活动中获奖。

彰显办学特色 学校秉承"优雅教育"的办学思想,着力培养习惯优秀、思维优势、品味高雅、品行端正的学生。通过文化发展规划,实现学校品牌、教师专业成长、学生素质的整体提升。学校以学生的学习和发展为中心开展教学活动,做到"从注重教到注重学的转变"。学校构建了独具特色的"华景 GRACE 学习模式",以课程开发和实施为手段,利用在线学习技术,把教师指导学习与家长协同互助相结合,把学生学习活动融入五个学习环节和过程中,实现学生学习素养的提升和综合素质的提高。学校践行活动育人理念,考虑低、中、高三个年段的特点,分层分类实施,创造性地打造"BGL 三大季",由开学季到成长季到毕业季,由导到知至行,由自主性,到培养兴趣,到培养自控力,真正实现着眼六年,着眼一生,为学生的终生成长奠基。同时,推动评价方式变革,构建阶梯式成长激励体系,《优雅学子争章手册》以章促长,《分批入队方案》以分促同。

"让每个孩子发展自我,完善自我,最终实现自我"是华景小学始终追寻的教育愿景。

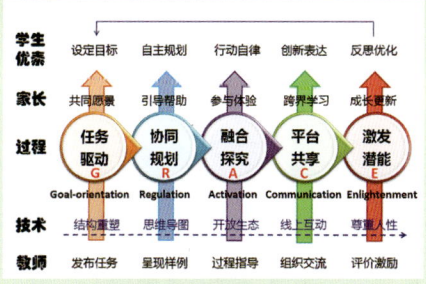
华景 GRACE 学习模式

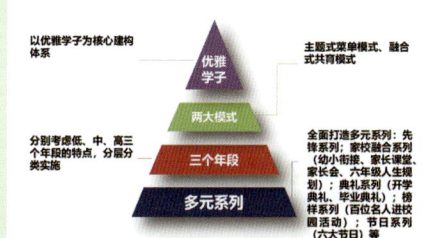
全面打造多元系列

科技活动巡游

家长课堂开课

良好的课堂学习气氛

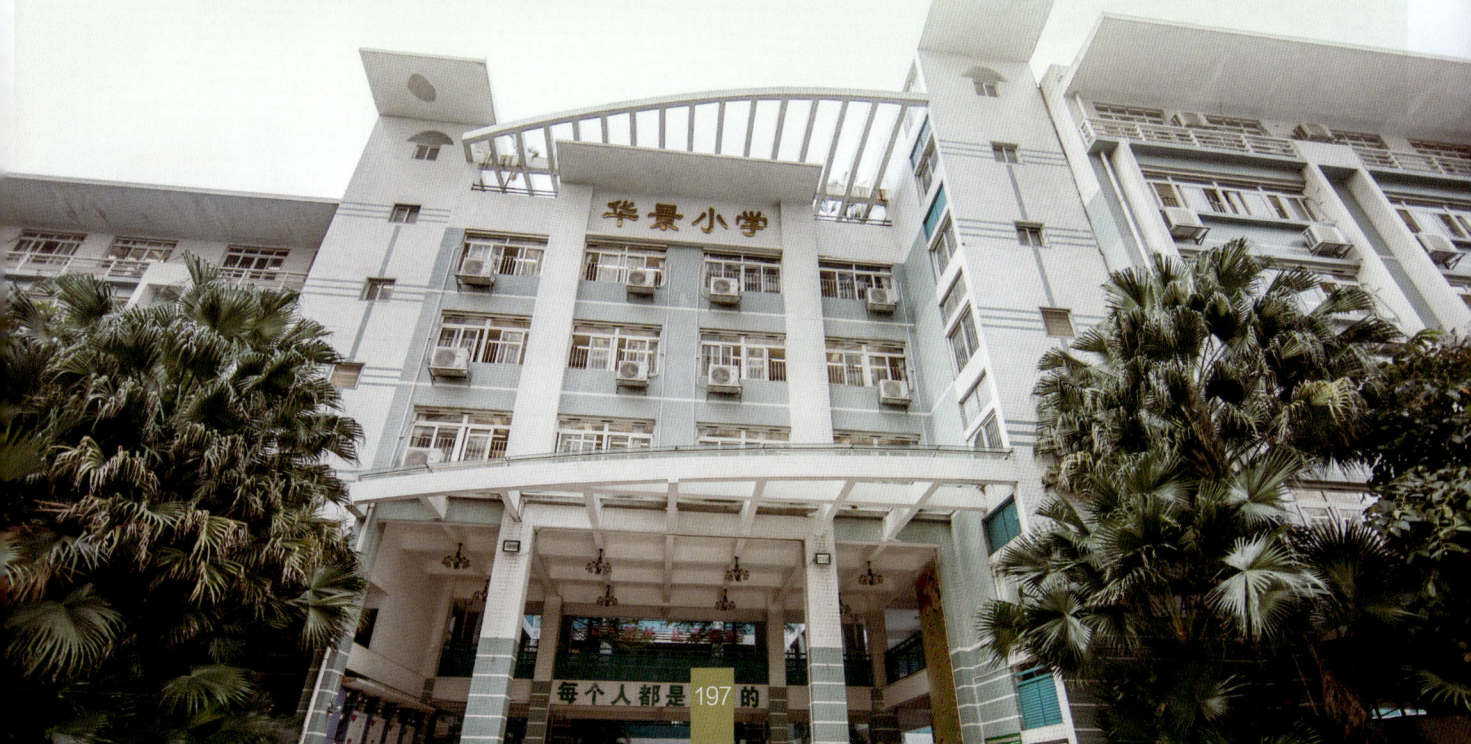

广州市越秀区东风东路小学

广州市越秀区东风东路小学创办于1948年。2010年始,学校实现"一门四校区",现有教学班77个、教职工190余名、学生3400余名,形成了现代化、集群式创新发展的办学规模。学校先后获得全国红领巾示范学校、全国教育信息化创新应用先锋学校、全国首批教育信息化试点学校、全国少先队先进集体、全国文明校园、全国明远书院实验校、中国工农红军广州习仲勋红军小学等荣誉,成为享誉华南的现代化名校。

校长彭娅带领行政团队闪亮登场

70多年的砥砺而行,学校始终秉持"适应时代,面向未来"的办学理念,坚持"责任为大、师生为本、发展为重"的办学宗旨,为孩子终身发展奠基,为教师职业成长创建平台。教师团队精英荟萃,先后涌现了一批全国五一劳动奖章获得者、全国优秀教育工作者、全国优秀教师、省级特级教师等,近年来获省、市、区级光荣称号共200多人次。

何镜堂院士进校园为孩子们讲解建筑知识

面向新时代,学校提出打造"现代化、国际化、信息化"的未来智慧学校,形成"管理智能化、课程多维立体化、教育信息化"三大品牌,不断探索创新面向"AI+"时代智慧学习范式,培养具有"世界眼光、中国情怀"的创新人才。

管理智能化——以协同、灵动、和谐发展为目标

学校以"云服务+云终端"的方式,打造"智慧校园云平台"。通过特色课程设计、校区交换日等方式,构建学校、家庭、社会"三位一体"融合互动的教育网络,形成了极具特色的双向家校互动模式。

学生利用VR进行智能人机对话

课程多维立体化——以搭建平台、全员参与、丰富内涵为准则

学校成功立项全国教育科学"十三五"规划教育部重点课题——"信息技术支撑下的TRSP课堂研究",以"全学段、多学科、全要素"为特征,构建涵盖了基于问题解决的思维课堂、基于跨学科融合的研学课堂和基于社会现象的实践课堂。

教育信息化——以重构"AI+"时代的学习空间与创新应用为标志

数学课堂培养学生立体空间思维

学校从20世纪90年代开始走信息化强校之路,获得教育部首批教育信息化优秀试点单位、全国教育信息化创新应用先锋学校等荣誉。学校将教育科学领域的"大教育"理念、人工智能技术和脑科学领域的学习研究交叉融合,从物理到虚拟的优化融合、学校到社会的拓展延伸和认知到情意的螺旋式发展等三个维度重构"AI+"时代的学习空间,荣获广东省教学成果一等奖,专著《AI+学校》荣获全国教育科学研究优秀成果三等奖。

面对未来,东风东人将开拓进取,创新引领,不断推进学校教育走向更广阔、更科学、更公平,引领未来学校教育发展的新方向。

在游戏中培育学生社会主义核心价值观

校本部

华南师范大学附属小学

2021年,华南师范大学附属小学(以下简称华师附小)迎来了百年校庆。漫漫一世纪薪火相传,华师附小以"博学于文,约之以礼"为校训,以"培养拥有家国情怀和国际视野的卓越的人"为培养目标,为祖国培养了千千万万的栋梁,用耀眼的成绩谱写时代篇章。

华师附小自创办以来因战乱、办学规模扩大等原因,共经历9次易名、13次迁址。几经波折,华师附小仍旧秉承最初的历史责任与教育使命。即使在抗战烽火中,学校的文脉都不曾断绝。百年来,华师附小不断调整课程设置,完善校舍设备,逐步发展壮大。

一百年前,虽然"粤省连年用兵,地方深受影响",但华师附小创办者笃信"美言不信、信言不美,言不求美、事取征信",教育"虽不足以臻醇美,亦可告无罪于社会",把"美"育的基因注入华师附小。一百年后,在中国改革开放事业取得伟大胜利,全面推进中华民族伟大复兴的时代大背景下,华师附小的办学者再次出发,全面阐释"美"育理念:将非遗文化融入教学和班级建设中,开设了33项非遗课程,被评为全国中小学中华优秀文化艺术传承学校;以12个"学会"和6个"走进"为抓手,让学生养成良好习惯、健康成长;教学方面提质培优,形成了图解语文、国学吟诵、数学思维、英语融通、科技教育、劳动教育等学科特色,强调体育为魂、艺术为魄,积极构建"美好教育"课程体系,推进"五园八馆"建设。

展望未来,华师附小将继续践行"让每一个孩子美好地生活在当下,使每一个生命因教育而美好"的办学愿景,实现"育名生,出名师,创名牌"的办学目标,在新时代努力成为小学教育的引领者。

校史馆

汉字数字博物馆

非遗博物馆

琢园

旨园

立湖

深圳市福田区福南小学

校长邱坤彬为学生讲授"中国优秀传统文化与百年党史教育思政课"

学校举办"双减"背景下学生核心素养展示暨建校30周年庆典活动

深圳市福田区福南小学创建于1991年,1999年通过广东省一级学校评估,2004年通过省一级学校复评。校园占地面积1.07万平方米,建筑面积1.61万平方米,运动场面积2048平方米。

学校现有教职工134人,其中高级职称教师14人,中小学一级教师85人,外籍教师2人,研究生学历教师15人;专任教师资格证书持有率达100%,学历达标率为100%;教师队伍中有全国优秀教师1人、"绿色通道"引进人才3人,多名教师获得"深圳市骨干教师""福田区首席教师""福田区优秀园丁"等称号。

长期以来,学校始终坚持"顺应孩子的天性,使其内心强大做事自觉,不断获得成功体验"的办学思路,牢固树立"做孩子幸福成长的指南针"的办学宗旨,积极践行"文化修身、立德远行、知行合一"的育人理念,全方位培育"知书达礼、自强自立"的福南学子。

福南小学拥有深厚的历史底蕴,注重文化传承,以"办一所以自主文化为底色的品牌学校"为办学目标,构建了"自主管理、自主课堂、自主课程、自主成长"的完整办学体系。学校围绕"自主教育"的实践探索,形成了"以卓越团队'1+X'项目运营模式管理学校,以课堂改革作驱动,以课程开发为抓手,以社团建设擦亮品牌"的学校发展路径。在诸多亮点中,学校实施的"自主课堂"改革大大提升了学生学习的自主性,形成了具有"福南特色"的自主教育理论,影响力逐渐辐射至全国。学校构建的"指南针"课程体系成绩备受社会各界瞩目:独创式的3D打印、漆艺课程教学成果享誉全国,古筝队勇夺国际大奖,合唱团荣登深圳音乐厅表演,舞蹈队登上央视献艺,戏剧社作品屡获奖项,田径队、篮球队竞赛成绩名列前茅,科技发明作品《智能无人车》荣获全国大奖。

学校先后被授予广东省一级学校、全国优秀教研单位、"全国百强特色学校"、全国创新人才培养计划模范校、全国语文优秀教研组、广东省书香校园、广东省诗歌教育示范学校、深圳市绿色学校、深圳市教育系统先进单位、深圳教育改革质量奖、深圳市群众体育先进单位、深圳首批"三结合"(教研、科研、学校)实验学校、深圳教育改革创新大奖"年度体育典范学校"、深圳市"年度阅读典范学校"、深圳市中小学第二批心理健康教育特色学校、深圳市健康促进学校、深圳市广电公益基金会公益爱心单位、福田区首批课程建设基地学校、福田区田径运动训练基地学校、福田区教育科研先进单位等荣誉称号,获福田区教育改革创新奖一等奖。

心肺复苏急救知识教育活动

校园植树活动

心理知识手抄报展示活动

深圳市仙桐实验小学

深圳市仙桐实验小学是深圳市罗湖区人民政府、区教育局高标准、高起点建设的一所全日制公办小学，创办于2013年，于2014年9月1日正式开学。学校占地面积10977.36平方米，建筑面积9851.47平方米。学校围绕"自信教育"的办学特色，积极开展五大行动。

治理共享 充分整合学校、家庭和社会三方资源，形成教育合力。学校在深圳市线上教学工作评比中获得"优秀学校"称号；获得深圳市"最美校园图书馆"荣誉；被广东省教育研究院列为"第四批广东省财经素养教育基地学校"；在深圳市第五届家庭健康技能竞赛罗湖区选拔赛中，学校家委会荣获罗湖区优秀组织奖一等奖。

课程改革 学校围绕"TONG"梦想生态教育课程体系，深化落实"双减"背景下的"课堂革命"，全面推进和构建适应课堂教学转型，并具有学科、学段特征的课堂教学模式；在评价方式上也做了改革，以《梦想花开——学生成长手账》为原点，打通学校、家庭、社会的关联，以过程记录还原学生学习及生活本色，根植积极向上的价值追求。

师生成长 学校通过开展"青蓝工程""教师讲堂""教师论坛"等，提升教师的教学基本功，促进教师的专业化发展；全面开发"课程超市"，同时以公益普惠性课后服务为突破口，不断丰富课程资源，拓宽学生视野。学校师生努力拼搏，开拓进取，在各级各类比赛中喜报频传，收获累累硕果。

智慧赋能 学校围绕硬件、软件、课程建设，以"学生学习""教学与专业学习""评价与问责""领导力与学校文化""基础设施"五个方面为重点，加快建设"数字化校园"，推进数字化学习和个性化学习；以数字化设备为基础，以互联网为依托，以优质课程资源为重要内容，以及时动态反馈为重要特征，着力构建师生"个性化教学"的智慧校园。

健康生态 学校精心营造健康安全的校园环境，构建活力热情的学习生态，以满足学生的运动、阅读、种植、体验、互动等多样化需求，力求让每一个孩子都能在校园里找到属于自己的发展空间，让传统文化根植于课堂，浸润于校园的每一面墙壁、每一缕声音、每一个影像。

在"自主陪我成长，自信伴我成功"校训的指引下，一代一代仙桐人将怀揣着教育梦想，坚守敬业务实的信仰，携手同行，努力把学校建成品位高、特色明、现代化的新型学校。

学生在校长思政课上发言

学校参加2021年"罗湖区中小学第四届大创客节"活动

学生在校园图书馆中畅游书海，享受阅读乐趣

师生在校园里的"开心农场"一同播下希望的种子

学校荣誉

仙桐喜阅节系列活动

珠海市斗门区第二实验小学

校长薛峰

国画课堂

庆"六一"文艺汇演

教师节"敬师礼"活动

一年级新生入学礼

学校"百优墙"

珠海市斗门区第二实验小学创建于2017年9月，是斗门区"十三五"教育规划的重点工程，位于珠海市斗门区和荣路68号，校园占地面积约为28500平方米。学校通过公开招聘，从全国各地引进高层次优秀教育人才，着力打造一支师德高尚、业务精湛的教师队伍；学校教师均拥有本科及以上学历，其中研究生占30%。

自建校以来，学校始终以"创办一所充满爱、有温度的学校，一所以人为本、适合学生发展的学校"为宗旨，基于学生立场，践行公平而有质量的"优教育"，秉承"让每个声音都被倾听，让每个孩子都被关注"的理念，实施面向未来而有创新性的"优教育"。

学校坚持落实"立德树人"根本任务，大力发扬"让努力成为常态，让优秀成为习惯"的办学精神，组织开展"阅读强师"系列活动，倡导全校教师坚持阅读打卡，同时引领学生积极阅读。学校注重开拓学生的国际视野，培养学生的良好阅读习惯和科技创新能力；积极推行"双语教育"，致力于将学校打造成为高起点、有内涵、规范化的现代化小学。

办学四年多，学校取得了显著的办学成效，先后获得广东省依法治校先进单位、广东省信息化中心校、广东省足球推广学校、广东省科技特色校、广东省优秀文化传承学校、珠海市儿童礼仪示范教学基地、珠海市文明学校、珠海市信息化2.0试点学校、珠海市劳动教育实验学校等荣誉称号；教育质量在全区处于领先地位，培养了一大批优秀的教师和学生，受到社会各界人士的广泛赞誉。

展望未来，学校将在"优教育"文化的引领下，以更高站位的"开放、共享"和更大范围的"交互、协作"，实现"让每一名教师都获得幸福感，让每一个孩子都得到更好的发展"的办学目标。

学校"行优楼"

学校功能室

佛山市高明区第一中学附属小学

　　佛山市高明区第一中学附属小学（原高明区荷城街道跃华中学小学部）创办于2012年9月，2015年更名为高明区第一中学附属小学，2021年1月成为高明一中教育集团成员学校。学校现有六个年级共53个教学班，在校学生2400多名。

　　学校以"在阳光中播种爱和美"为办学理念，积极创建特色学校，探索"特色项目—学校特色—特色学校"之路。在创建特色学校过程中，通过"管理育人、课程育人、协同育人、实践育人、活动育人、文化育人"六大途径，凸显"全员·全程·全面"的阳光教育特色，即全员参与建设和谐的阳光学校，关注每个学生发展的全过程，全面落实"立德树人"的根本任务，促进师生阳光发展。

队伍建设——有情有梦

　　教师队伍业务精良、团结奋进，稳步推进教学质量高位均衡发展，实现"共承担、共分享、共成功"的管理理念。年轻教师是学校发展的中坚力量，参加各级各类教育教学比赛，成绩喜人。

德育建设——有滋有味

　　学校以"立德树人"为根本任务，扎实开展年级德育特色建设，探究阳光德育管理模式，使"阳光德育"成为学校管理特色的品牌。在有滋有味的系列德育活动中培养"六自"（自理、自律、自立、自主、自信、自强）阳光少年。

课程建设——有声有色

　　学校建构阳光课程体系，既落实国家课程，又开设校本课程。其中，"音乐＋小器乐"课程、校本阅读课程等已经成为学校特色课程。在区内小学率先建构"1+1"音乐课堂教学模式，每周每班一节器乐课堂，期末进行考核并评选"小小器乐家"。学生在6年内学会2种器乐（口风琴、双排箫），实现"每个学生至少学会两种乐器"的目标。

　　课程建设关注学生成长的全过程，以"全员参与，关注全程"为宗旨，搭建大舞台，让每个孩子成为活动的主人。在每年学校举办的艺术节上，一年级双排箫、二年级韵律操、三年级武术操、四年级手语操、五年级朗诵表演、六年级口风琴展示已经成为特色节目。"创新德育主题活动，力促'双主体'（即教师和学生）阳光发展"特色项目建设荣获广东省教育创新成果奖三等奖。

　　十年砥砺前行，全体师生、家长群策群力实施"全员·全程·全面"的阳光教育。学校被评为中国"好老师"公益行动计划基地学校、佛山市模范党支部、佛山市平安校园、佛山市武术特色示范学校、高明区特色学校、高明区现代化学校。佛山市高明区第一中学附属小学已成为学生喜爱、教师幸福、家长满意的优质学校。

校门

学生扇子舞表演

学校鼓号队展演

快乐体育节

学生红色研学活动

少年交警队研学活动

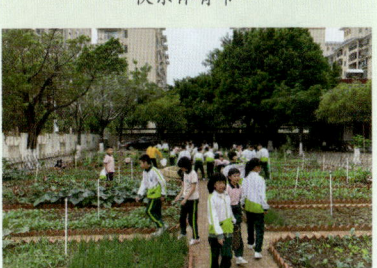
学生劳动实践活动

学校劳动基地——拾趣园

佛山市南海区桂城街道怡海小学

怡美教师

"怡乐园"劳动实践基地揭牌仪式

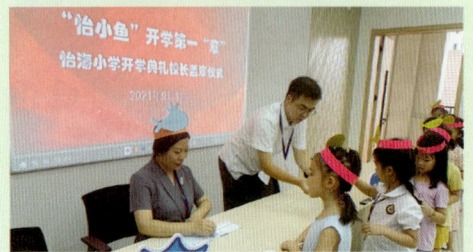
开学典礼盖章仪式

"新时代好少年"表彰大会

佛山市南海区桂城街道怡海小学建校于2021年9月，总用地面积约21899平方米，办学规模为36个教学班，是一所高起点、高定位、高标准的全日制公办学校。怡海小学按省级规范化标准建设，是桂城教育稳步推进学校建设"双翼"工程的重要组成部分，是桂城怡海学区最具实力的优质教育资源之一。

怡美教育，以美育人 怡美教育就是以"美"为标准，以实现人的全面和谐发展为宗旨，培养学生认识美、崇尚美、追求美、创造美的能力，最终实现引导学生追求人性的美，追求一个有意义、有情调的人生。在"怡美教育"办学理念的引领下，怡海小学秉持"办家门口的贴心教育，让师生在爱与暖中成长"的办学精神，以"办怡美教育，成美好怡海"为办学愿景，以"有品质、有品性、有品位的现代好少年"为培养目标，提出"怡跃学海，美好未来"的办学口号。

和美校园，以美化人 怡海小学校区采用仿红砖外立面，复古气息与时尚气质并存。校区美观大方，以"时光之门""印刻时光""花样年华""鸟语花香""光阴似箭"五大时光印象的概念雕琢景观。校内体育馆、美术室、多媒体室、舞蹈室、学术报告厅、英语活动室、阅览室、校史室、书法室、多功能会议室等功能场室齐备，旨在打造孩子健康成长、家长满意、政府放心、社会口碑良好的雅致精品学校。

雅美师生，向美而行 在怡海小学，教师充满敬业与乐业精神，学生充满好奇心与求知欲。他们朝气蓬勃，天天向上，在充满爱心与温暖的学校生态环境中，实现师生真正意义上的彼此成就与共同成长。怡海小学自2021年9月开办至今，在上级领导的指导与关怀下，教学科研各项工作取得长足发展。虽然仅有18名教职员工和一年级190名学生，但仍取得丰硕成果。第一学期，师生合计118人次获奖，其中教师9人次获国家级奖励，4人次获省级奖励，8人次获市级奖励，26人次获区级奖励，39人次获街道级奖励；学生有1人次获市级奖励，26人次获区级奖励。

怡彩课程，精彩绽放 结合"怡美教育"理念，怡海小学进行"怡彩校本课程"的实践研究，从"怡德正心""怡智明理""怡体健身""怡美陶情""怡劳践行"五个领域，全面构建出适应学生个体成长特征的多样、可选的校本课程。针

"童心飞扬，怡彩绽放"校园才艺大赛

"我的小风车"校本课程

宝盒里的航天梦

对一年级学生特点，开展了"我的小风车""我的航天梦"等综合性课程。其中，"我的小风车"以"风车"为核心元素，融合美术、创客、数学、语义、心理等多个学科，在家校共同协作下，帮助学生与家长顺利完成幼小衔接，令怡海学子们迈出坚实的入学第一步。该课程被全国"STEM+"创新教育学术交流研讨会录用，并在会上进行了现场分享，获得在场专家的一致好评。

智美融合，以美启智 在"双减"政策下，怡海小学积极探索课后服务的新路径，不断深化课后服务课程的研究，让学生学好、学足，为家长解除后顾之忧。学生们利用课后服务的时间完成特色作业："鱼"你读科普，一书一世界——科普书籍读书卡；"鱼"你绘家谱，一画一港湾——绘制Family Tree（家谱）等。为期一个月的科创节活动，让学生近距离接触科学技术，为"双减"注入"科创"活力。博士、名家进校园，让名家课程真正走到身边。园林高级工程师梁俊杰博士到校授课，带领学生"绿野寻踪，游园识物"，打破学科壁垒，突破课室狭小空间，让校园的每一处都成为跨课程的一部分。

怡跃学海，美好未来 凭借着学校优美的校园环境、优良的设施设备及富有特色的办学理念，怡海小学获得了承办多项大型活动和赛事的机会，在上级各项检查和评估中均获得高度评价。在广东省教育厅公布的第二批广东省基础教育教研基地项目中，怡海小学是佛山市唯一参与此项目的小学美术基地学校。

怡海小学自创建以来便备受瞩目，多次接受佛山电视台、佛山日报、南方日报等媒体的拍摄采访、报道等，多角度展示了怡海小学的办学理念、教育追求、教学模式等方面的特色，获得社会各界的称赞和支持。"品质教育，学在南海"，怡海小学的创建将为"幸福南海"的城市名片添上浓墨重彩的一笔。

"向美而行"美术成果展

怡美科创节之科创嘉年华

怡彩科创节之纸飞机竞距赛

怡小鱼的麦"甜"新年劳动实践活动

怡身怡心趣味运动会

雅致校园

五华县第二小学

学校举办"庆祝中国共产党成立100周年"活动

学校教师合唱《我们走在大路上》

五华县中小学生"写党史名言·抒爱党情怀"万人同步硬笔书法比赛在学校举行

学校文艺队

学校运动健儿

五华县第二小学（以下简称五华二小）创办于1996年，是五华县教育局直属全日制完全小学，坐落在五华县水寨镇华侨直街学子巷3号。学校占地面积3221平方米，建筑面积4468平方米；配备了标准化教室30间，拥有图书室、阅览室、录播室、美术室、计算机室、音乐室、内操场等教学功能场室。学校开设了30个教学班，现有学生1569人，教职工81人，其中高级教师16人，一级教师47人，本科学历教师74人，教师学历达标率为100%。

自创办以来，五华二小在上级党委、政府的正确领导下，坚决贯彻执行党的教育方针，坚持走中国特色社会主义教育发展道路，着力培养德、智、体、美、劳全面发展的社会主义建设者和接班人。学校以"面向全体，全面发展，因材施教，主动发展"为宗旨，践行"崇德、求真、博学、尚美"的校训，形成了"求实、创新、勤奋、和谐"的校风、"民主、爱生、乐教、善思"的教风和"明礼、守纪、勤学、多思"的学风；秉承"给孩子美好回忆，为学生终生奠基"的办学理念，聚焦核心素养，潜心立德树人，发展素质教育，当学生健康成长的指导者和引路人；构建活力课堂，激趣导学，激励互动，激扬生命。

学校积极探索"科学管理"和"素质教育"新思路，坚持"以传统文化为基，以学生发展为本"的新思维，努力实现"师本教育"向"生本教育"的根本转变。学校教育教学成绩显著：少先队大队部连续多年被评为市、县先进集体，获得广东省少先队红旗大队、梅州市少先队红旗大队称号，学校获得广东省红领巾示范校、广东省少先队先进学校称号；学校多次被评为五华县先进学校、五华县表扬学校，还先后被评为五华县先进党支部、优秀团组织、美丽校园、综治工作先进单位等；此外，还获得梅州市一级学校、梅州市安全文明校园、梅州市行为规范示范学校、梅州市文明校园、广东省书香校园、广东省绿色学校、全国优秀家长学校等荣誉称号。

不忘初心，筑梦前行。学校将乘着上级党委、政府实施教育优先发展战略的东风，全面实施素质教育，扎实推进学校发展，谱写更加辉煌的教育篇章。

五华县华城镇第一小学

五华县华城镇第一小学是一所创办于1902年的百年老校，先后获得全国青少年足球特色学校、广东省安全文明校园、广东省书香校园、广东毒品预防教育示范学校、广东省绿色学校、梅州市文明校园、梅州市少先队红旗大队、五华县先进学校等荣誉称号。

学校现有班级42个，学生2566名，教师117名，其中有22名教师被评为省、市级各类优秀教师。近10年来，在五华县小学毕业班水平测试中，学校的综合排名每年均名列前茅，连续4年均有学生在测试中夺得全县第一名的好成绩。

在五华县教育局和华城镇党委、政府的正确领导下，学校始终以教学为中心，瞄准目标，扎实落实教学常规工作，借助上级下拨以及番禺市桥中心小学帮扶支持的多媒体电教平台等资源，开展教研教改活动，教科研力度不断加强。学校充分发挥名校长、名教师工作室及县级教研团队成员的引领示范功能，以点带面，实施"点线结合、分级分组"的管理模式。接受梅江区人民小学的"全员、全方位"帮扶，通过学习交流，不断创新教学理念，丰富学校的办学内涵。学校曾多次承办全县教学工作现场会、全县北片教改开放周、全县北片师生专项比赛等教学活动并取得成功。

学校教师队伍稳定，团结敬业。广大教师以办公室为小天地，以教室为大舞台，彼此交流、探讨、共同合作、展示。有成绩，一起分享；有困难，一起分担。教师之间和睦相处、关系融洽，形成了"人心思齐，人心思进"的良好氛围，为学校的可持续发展提供了宝贵的人力资源。

学校注重抓好校园足球运动的开展，多次参加县级以上足球比赛，在每年举行的全县校园足球三级联赛和全镇小学生足球赛中均取得了突出的成绩。学校积极组织学生参加每年的文艺会演、展演活动，精心创编的节目曾多次在省、市级展演活动中获奖。此外，学校还结合"乡村学校少年宫"建设工作，合理成立兴趣小组，打造"状元文化"品牌。学校每学期出版一期的校刊《华山花》，以及每周五开播的校园小广播，为华城镇教育系统"三好一正"宣传工作的开展起到了良好的交流和引导作用。

乘着党的二十大的东风，乡村教育的振兴发展迎来更好的机遇。展望未来，学校将勇立教育改革的潮头，敢于担当，砥砺前行，用心谱写"乡村教育又好又快发展"的新乐章。

学校教师参加五华县委教育工委举办的"奋进新征程，展青春风采"主题演讲比赛

学校组织学生到广东省文物保护单位"李威光故居"开展"小小讲解员"实践活动

学校少先队员到梅江区人民小学开展交流活动

孔子石像落成仪式

东莞市东城虎英小学

学生参加莞城美术馆研学之旅

虎英融合课程"我与秋天有个约会"

虎英"同行石"

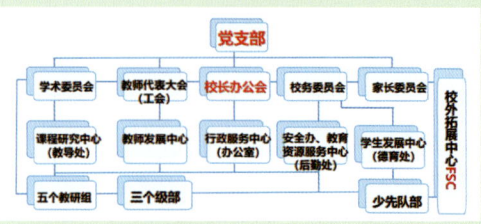

学校"同行管理"组织结构

在推进教育高质量发展的当下,东莞市东城虎英小学以培养"能与他人同行,能与万物同行,能与家国同行,能与天下同行"的未来人才为目标,创新赋能未来学校建设,让孩子抵达最好的未来。

"同行管理"组织建设,赋能未来学校建设

构建起党支部领导下的"同行管理"学校治理格局,"五会"民主决策为"六中心"协同实施教育教学工作、发展学生核心素养提供最直接的服务。班级核心管理团队,对学生德智体美劳发展全面负责;教研团队,实现教学知能与教育智慧的快速传播;学生学习共同体,构筑起包容互鉴、充满活力的新型学习伙伴关系。FSC(Family School Community)同行共育创意联合会成为学校发展智库,汇聚优质教育资源,共同打造互信、融合、开放、包容的学校发展共同体。

"同行仁师"队伍建设,赋能未来学校建设

构建新技术支撑的"同行教育评价体系",形成学校的数据大脑和评价平台,为师生和学校发展提供基础数据。其中,"教师发展质量"评价系统包括师德师风、教育教学、专业发展、家校社联动、突出贡献五个重要内容,为扁平管理、专业发展、民主测评、评优评先提供数据参考。

"无边界教育"文化建设,赋能未来学校建设

课程建设"无边界",发挥国家基础课程学科育人功能,夯实学生基础学力和学科核心素养。"1+N"重在拓展学生学科课程视野,融合课程重在培养学生的横跨力。学习环境"无边界",让校园空间成为集成、智慧、因变的新学习场景,学生在自由参与和创意表达中获得发现兴趣、爱好和培育特长的机会;研学基地为学校最大限度地释放教育资源的空间。学习内容"无边界",丰富的馆企资源让项目式课程成为学生学习的重要载体,生长为儿童的学习力、行动力和横跨力。教育评价"无边界",依托东莞市"探究学习平台"展示学生参赛作品,实现主体评价多元;借助人工智能成果,"同行教育评价体系",全面收集学生校内外德智体美劳表现,为学校、教师、家长调整教育教学策略提供数据支持,促进"同行共育"文化生成。

东莞市南城阳光第五小学

学校概况 东莞市南城阳光第五小学于2005年9月1日建成启用，是南城作为东莞首善之区配套的重点打造的一所现代化学校。校园设计尽显人文、绿色、科技、新颖的特点。校园占地面积57800平方米，建筑面积40800平方米，绿化面积23000平方米。现有教学班72个，规划教学班90个，在校生3600人，教师196人，其中特级教师、省骨干教师、市学科带头人、市教学能手等共计43人。

学校文化 学校坚持实施阳光教育工程，以"阳光教育、乐学创新"为办学理念，以"友善成长、博学成才"为校训，形成了"阳光、向上、好学"的校风、"博学、勤思、乐行、创新"的学风、"以博爱的阳光滋润心灵，以智慧的阳光启迪人生"的教风，以"豁达自信、活泼创新"为培养方向，打造"科学精神与人文素养并举"的校园文化。学校倡导"五美"教育，即心灵美、行为美、学习美、阅读美、艺术美。

办学特色 学校始终贯彻"精致育心"的理念和"全员育心"的措施，力求通过精致课程、创新活动、家校共育等途径，全面关注学生的个体差异，用发展的眼光看待学生，让每个学生都能在教学实践中获得成就感和认同感，建立自信，习得快乐，体验幸福完整的校园生活。学校积极拓展丰富的课程及多样性的实践活动，秉承"科学、科普、科技、科创"的教学理念，开展"科技五小，奔向未来"的特色教学，以科技为特色，为未来科技强国赋能。此外，学校还开设了戏剧课程、橄榄球运动社团、击剑社团、小记者小主持人社团等特色课程。

办学成就 学校办学成效日益显著，社会影响力不断增强，先后被评为全国校园足球特色学校、广东省体育传统项目学校、广东省乒乓球传统项目学校、东莞市篮球运动试点学校、东莞市科技教育先进学校、东莞市文化建设先进学校、广东省中小学德育研究会班主任专业委员会研究实践基地、广东省绿色学校、东莞市中小学心理健康教育特色学校、东莞市优秀家长学校等多项国家、省、市级荣誉。

教师诗歌朗诵活动

科技运动会

校园运动会

小组合作课

闹元宵活动

中山市东区朗晴小学

中山市东区朗晴小学建校于2008年,是一所由东区党工委、办事处投资兴建的现代化小学。学校由原东区小学、长江小学和槎桥小学合并而成,是东区基础教育优质化、均衡化的一个缩影,也是东区教育走向公平化、现代化的一个标志。学校占地面积38000平方米,建筑面积35000平方米,现有在职教师164人,在校学生2801人。教学规模为72个教学班,可容纳学生3400人。

立足儿童,打造品牌 学校立足儿童立场,遵循儿童发展规律,聚焦核心素养,聚力教育本真,秉承"成全教育"理念,用温暖而坚定的力量做有温度的成全教育,强化教学改革与德育深化"双轮驱动",坚持精细管理与激发内驱"双效合一",全面推进基础教育课程改革,探索深化素质教育的新起点和新方向,致力于因势利导、激活潜能,让每一个生命因成长而精彩,培养具有"朗晴心、健康体、科学脑、世界眼、民族情"的全面发展的社会主义建设者和接班人。

环境浸润,涵养性情 学校注重文化浸润,以校园环境之美,涵养师生性情,春到木棉似火,夏来紫薇溢彩,秋至丹桂吐蕊,冬临桃李绽放。信步朗晴,总有惬意之感。四园区树影婆娑,花木扶疏,亭台生辉,环境典雅。所有功能场室均是家校携手,匠心筑梦。一厅两馆气势恢宏,三大园林分布各处,四大阁子精致呈现,五大主体建筑遥相呼应。廊亭相映,品慧相生,刚柔相济,东西相成。岐江的水,香山的风,民族的情,世界的眼。在朗晴校园,一花一石都飘逸着文明的馨香,一砖一瓦都渗透了善美的文化,一草一木都蕴涵了温暖的教育。

智慧管理,引领发展 学校领导班子改进人事管理、校园安全管理、教育教学管理等制度,做到建制必依,依法治校。学校走出了一条"学校——管理规范有特色,教师——整体优化有特点,学生——全面发展有特长"的智慧管理之路,形成了在坦诚交流中凝聚共识,在思维碰撞中智慧相长,在切磋借鉴中蕴养自我的管理文化。整个校园都氤氲着爱校如家、爱生如子的和谐融洽氛围。

专业成长,保质提效 朗晴小学师资力量雄厚,学校以课题研究为抓手,以课堂建设为阵地,切实提高教师的专业素养与教学能力;以建设学习型学校为手段,激发教师的学习热情,丰富教师的精神世界;以骨干教师帮扶青年教师,发挥团队资深教师力量,扎实推进师徒教学水平;以赛促教,提高科组备课组教研和教学能力;以写促思,提高教师的反思能力和提炼水平;以点带面,搭建教师多元成长平台,加强校际间的交流互动,打造出一支师德高尚、专业素养和教育能力良好的教师队伍。

多元课程,滋养情智 学校致力于优势强项的提炼,打造教育品牌,擦亮课程名片。经过多年的探索,学校开发了具有实用性和针对性的多元校本课程体系。

新校区

新校区教学楼

音乐室

校园操场

科学课

版画课

舞蹈课

　　主题课程，凝润学生品质。学校开展了深度阅读课，启迪智慧滋养情智；博物馆研学课，拓宽视野丰实阅历；"朗晴心"心育课，润泽言行呵护心灵；节气厨房课，提升技能热发生活；项目融合课，创新尝试激发潜能等涉猎多个方面的主题课程，助力学生系统地学习、持续地成长。朗晴学子在书本学习、社会学习、实践学习中绽放精彩。

　　特色课程，彰显个性发展。学校通过"朗晴定向"熔铸精神，"朗晴版画"张扬活力，"朗晴足球"锤炼意志，"朗晴民乐"传承精髓等多种具备多元性、适应性、综合性和选择性的特色课程，更好地满足学生个性化需求。在此基础上，学校各项目通过"课堂普及+特长发展"的方式得到了充分的发展，呈现百花齐放、各美其美的局面。

　　不忘初心，成果显著　经过10多年的发展沉淀，在上级部门的正确领导下，在全体教师的共同努力下，学校获得全国首批文明校园、全国数字化教学示范学校、全国首批校园足球特色学校、全国科技体育定向越野试点学校、广东省基础教育研究实验基地学校、广东省书香校园等40多个荣誉称号，学校已初步成为办学理念先进、管理团队精干、教师爱岗敬业、文化特色鲜明、学生发展成效显著的一所区域优质学校。

　　展望未来，朗晴人将以真诚码字，用信念泼墨，写就一本记录师生生命成长、有温度的教育之书，扉页是希望，封底是精彩。

劳动课

学生书法展活动

定向越野活动

学生版画作品展活动

少先队活动

江门市新会圭峰小学

校长冯家传：广东省"百千万人才培养工程"名校长培养对象（优秀学员）、广东省名校长工作室主持人

副校长胡务娟：广东省特级教师、广东省名教师工作室主持人

学校在新会区教育集团化办学考核评价中获先进奖

江门市新会圭峰小学（原新会师范附属小学）复办于1994年，2003年独立办学后更现名至今，2005年被评为广东省一级学校，是江门地区示范性窗口学校。校园占地面积约26667平方米，建筑面积28000多平方米，现有教学班70个，学生3704人，教职工203人，其中专任教师196人，本科以上学历教师占98.5%。

学校以"让幸福成为教育的不懈追求"为办学理念，立足发展现状，确立学校教育哲学——"幸福教育"，构建"追求卓越，幸福成长"的学校文化，大力构建幸福课程体系，推进青蓝工程成就幸福名师，落实优质和特色教育培养幸福学生，营造师生与学校共成长的幸福"家"园，走"立足新会—辐射五邑—知名广东—走向全国"的名校办学发展之路。

学校师资力量雄厚，拥有广东省教育系统"百千万人才培养工程"名校长培养对象1人，广东省名校长工作室主持人1人，广东省名教师工作室主持人1人，广东省特级教师1人，江门市名校长工作室主持人1人，江门市名师工作室主持人1人，江门市专家工作室主持人1人，江门市红领巾工作室主持人1人，江门市名师名医名家2人，江门市学科带头人、兼职教研员等19人，区级名教师、名班主任、学科带头人、兼职教研员等33人，副高级以上职称13人。80多名教师在区级以上教学赛课中获一、二等奖，18名教师获省级以上一等奖。

办学27年来，学校教育教学质量在新会区名列前茅，先后被授予全国艺术教育特色单位、全国"真语文·真教育"培训基地、全国名师培训基地、国家基础教育实验中心外语实验学校、全国少年军校示范校、全国小小科学家实验学校、中华优秀传统文化教育示范学校、全国"真语文·真教育"示范校、人民德育实验学校、广东省基础教育校（园）本教研基地、广东省首批中小学校本培训示范校、广东省首批书香校园、广东省首批心理健康教育示范校、广东省首批红领巾示范校、广东省德育示范校、广东省安全文明校园、广东省绿色学校、广东省依法治校示范校、广东省现代教育技术实验校园、广东省小学语文教学研究先进学校、广东省语言文字规范化示范学校、广东省规范汉字书写特色教育示范校、广东省中小学教师信息技术应用能力提升工程示范校、广东省科技创新教育实验学校、广东省中小学艺术教育示范学校、广东省最美阅读空间、广东省科普E站、广东省足球推广实验学校等光荣称号。

学校承办"五邑名师大讲堂"展示活动

幸福教师，专业成长

素质教育，圭小风采

阳江市绿地小学

阳江市绿地小学是由绿地集团斥资近亿元捐建给政府的一所公办小学,学校位于四围大道北侧新阳路西侧,毗邻漠阳湖公园新阳河,周边环境优美怡人,交通方便。学校总占地面积3.4万平方米,总建筑面积2.4万平方米,规划36个教学班、1620个学位,于2021年9月1日顺利开办,现有学生1682人。绿地小学按照"一流的教师队伍、一流的办学理念、一流的设施设备、一流的管理模式、一流的发展质量"标准,致力于将学校打造成高起点、高规格、高质量的公办标杆性示范学校,成为阳江最好的重点学校之一。

学校有编制教职工81人,教师学历达标率为100%;小学高级教帅16人,南粤优秀教师和省、市、区优秀教师、优秀班主任、优秀大队辅导员和优秀教育工作者35人。学校配套一流的设备设施,拥有141间教室和功能场室,教学平台59台,空调216台,电脑499台,每个教室和场室均配备数字化教学设备和空调,建有可供千人以上学生午休的托管中心、体育馆、报告厅、学生饭堂,配备智能化学校管理系统。

学校秉承一流的办学理念,确定以"活力教育"为发展主题,形成了"一训三风",即"向阳向上、活力成长"的校训、"动静相宜,善美成趣"的校风、"仁慧相生,春风化雨"的教风、"德才相济、知行合一"的学风,努力把学校打造成"活力校园,成长乐园",让校园洋溢着活力,成为师生的成长福地。

学校是广东省义务教育标准化学校、广东省校本教研基础学校、阳江市安全文明校园、阳江市校内课后服务特色学校、江城区三八红旗集体,获评"城区十佳最美教室"、江城区体质健康抽测第一名,在江城区事业单位绩效考核中被评定为一等奖。

全体教职工合照

春季开学礼

第一届"活力杯"校际足球比赛

运动会开幕式

首届班级常规比赛

六一文艺汇演活动

阳西县丹江小学

全体教师合照

学校举行"广东省楹联文化教育基地"授牌仪式

首届风筝节

学校概况 阳西县丹江小学开办于 2020 年 9 月,是一所县直属公办的现代化小学。学校总占地面积 47153 平方米,建筑面积 20277 平方米;办学规模为 48 个教学班,共 2160 个学位,编制配置教职工 115 人;现有教学班 29 个,学生 1483 人;教职工 62 人,全部为本科以上学历。

办学理念 学校秉承"让每一个孩子卓越成长"的办学理念,以"办人民满意的教育,培育全面发展的学生"为追求目标,以"善真、忠勇、致远、雅正"为校训,以"文明守纪、勤奋进取"为校风,营造"敬业爱生、博学善导"的教风,树立"尊师乐学、探索求新"的学风,全力打造"丹江文化"特色品牌学校。

办学特色 学校秉承"以生为本、全面发展"的育人理念,以"减负增效"为教学特色,以"培养好习惯,先成人,再成才"为德育特色,着力推进"双减"政策落实,以"活动育人"为学生综合素养赋能。在充分利用自身资源开设 10 多种校本特色课程的同时,创新课后服务形式,引入社会资源,与阳西县文学艺术界联合会合作,在学校成立"文艺进校园"志愿者服务基地,充分利用全县各艺术家协会志愿者的专业特长,开设了 12 种艺术特色"公益课",使其成为学校课后服务"一校一案"实施的有力支撑。

办学成果 开办一年多来,学校形成了校风正、教风好、学风浓的校园氛围,取得了显著的成绩,先后通过了广东省依法治校达标学校、广东省义务教育标准化学校、广东省绿色学校、广东省楹联文化教育基地学校的验收。至 2021 年 11 月,教师在国家级刊物发表论文 1 篇,获省级奖 11 人次、市级奖 18 人次、县级奖 12 人次。

发展目标 深入学习和贯彻党的教育方针,落实立德树人根本任务,全力提升教育教学质量。学校将以"质量立校,教研强校,特色亮校"为工作思路,重点抓好"四个发展"(学校发展、教师发展、学生发展、家长发展),追求"学校设施高标准、学校管理高效率、教育教学高水平、师资队伍高素质、学生家长高素养",创建根植传统、放眼世界、点亮未来的"丹江文化"特色品牌学校,努力办好人民满意的教育。

"爱种子"教学模式课堂教学活动

学校戏曲兴趣小组参加阳西县"文艺进校园"表彰会暨庆祝六一文艺汇演

楹联知识进课堂

廉江市第二十五小学

廉江市第二十五小学是廉江市委、市政府投入资金1.06亿元以高规划、高起点、高标准建设的一所标准化学校。2021年10月正式落成启用，学校占地面积22060平方米，建筑面积19964.6平方米，按广东省标准化学校建设小学一至六年级，每个年级10个教学班，共60个教学班，可提供优质学位2700个。

学校按省级标准化学校建有教学楼4幢、综合楼1幢，校园环境优美、布局合理，教室宽敞明亮、室内整洁、布置规范。学校各种功能教室配备齐全，拥有多媒体教室60间，多功能场室40多间，其中包括计算机室、科学室、录播室、音乐室、舞蹈室、美术室、书法室、心理辅导室、广播室、少先队部室、卫生保健室、图书室、学生阅览室、电子阅览室、教师阅览室、创客室、地理专用教室等。学校运动场地和体育设施设备完善，拥有250米环形塑胶跑道运动场1个、足球场1个、篮球场3个、排球场1个、羽毛球场3个。学校建有智慧校园管控平台，校园无线网覆盖，办公自动化，教学手段现代化，形成了"人人皆学、处处能学、时时可学"的教学环境，教学条件达到省内一流标准。

学校以"全面贯彻党的教育方针、全面实施素质教育"为办学宗旨，培育和践行社会主义核心价值观，坚持德育为先，能力为重，培养德、智、体、美、劳全面发展的社会主义建设者和接班人。学校以"以书为友让生命更精彩"作为学校特色，让书伴随孩子们的成长，让人类文明滋润孩子们的生命。学校抓好习惯养成教育，重塑读书文化，提高学生读写能力，让学生"有书读、会读书、爱读书"，营造书香校园文化，夯实文化底蕴，陶冶学生情操。校园内，处处可见"书声琅琅，书香满校园"的良好氛围，让阅读真正成为学生的自觉行动和生活需要，并践行"读书生活化、学习终身化"的理念。

学校将继续按照新时期的办学要求，积极谋划办学思路，以全面推进素质教育为基础，以建设现代化学校为标准，以深化新课程改革为核心，以加强教师队伍建设为重点，致力于打造成为环境优美、特色明显、学生喜欢、家长满意、适合师生全面和谐健康发展的现代化优质学校，为廉江教育高质量发展做出新的贡献！

学校大门

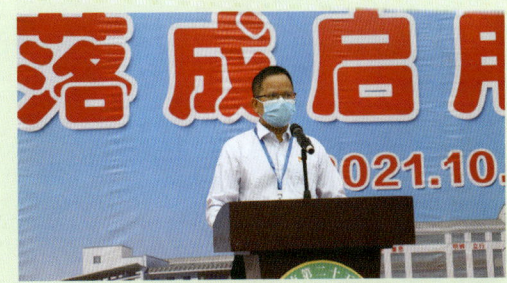
学校落成启用仪式

教职工排球比赛

开学仪式朱砂启智

少先队入队仪式

六一儿童节活动

好家风亲子诵读

吴川市梅菉街道向阳小学

吴川市梅菉街道向阳小学创建于1978年，是一所占地面积14000多平方米，建筑面积11117.6平方米，建有标准运动场、图书阅览室、计算机室、科学实验室、音舞室、美术室等功能室配套完善，设备设施一流，管理规范、校风严谨、具有艺术特色的学校。

向阳小学以"以人为本，着眼未来，求真明礼，张扬个性，为学生终生发展奠定基础"为办学宗旨，提出"素质立校、特色强校"的办学思路，倡导"爱岗、善教、爱生"的教风，构建和谐校园，促进学生全面发展，并初步形成"以师生共进共育，善教乐学，全面发展素质为中心"的办学模式，成为市区小有名气的特色学校。

学校办学水平和教育教学质量不断提高。2021年，教师参加青年教师教学能力大赛，语文、体育、心理健康教育3个学科获吴川市第一名，体育学科获湛江市第一、广东省二等奖，语文学科获湛江市一等奖。学校先后获得湛江市义务教育规范化学校、湛江市德育示范学校、湛江市"双优"学校、湛江市依法治校示范校、吴川市先进党支部等荣誉称号。艺体教育是向阳小学的特色，校足球队多次获得吴川市小学足球比赛第一名，学校先后被评为全国青少年足球传统特色学校、湛江市艺术教育特色学校、湛江市体育传统项目学校（足球）、吴川市非物质文化遗产进校园示范点（泥塑），学校的足球、泥塑文化曾多次被广东电视台、今日头条等媒体报道。

学校党支部书记、校长李应洋

学校召开支部党员会议

学校召开德育工作经验交流暨表彰大会

学校召开教学教研工作总结暨表彰大会

学校特色课堂——泥塑

学校运动场

茂名市电白区第九小学

茂名市电白区第九小学（原电白区新城小学，2017年9月正式改名为茂名市电白区第九小学）创建于2006年。学校坐落于电白区水东镇海滨四路的海堤路，面朝大海，南门正对水东湾，站在教学楼走廊，可将整片红树林尽收眼底。办学以来，学校教育教学质量始终居于全区前列，先后被评为全国优秀家长实验基地、广东省校本研修示范学校、广东省安全文明校园、茂名市先进"护苗"工作站、茂名市教育系统创建全国文明城市工作先进单位、茂名市教育系统创建国家卫生城市工作先进单位、茂名市语言文字规范化示范学校、茂名市书香校园、茂名市优秀禁毒示范单位、茂名市德育规范学校、电白区卫生红旗单位、电白区德育先进单位等。现有教学班75个，在校生3911人，在职教师207人。其中，全国优秀教师1人，广东省南粤优秀教师2人，茂名市名校长1人、名教师1人，"电白好老师"1人，电白区学科带头人3人、骨干教师4人。

学校把"办人民满意的教育"作为工作目标，始终秉承"厚德、健康、知行、养智"的校训，在发展过程中形成了"以人为本，温暖校园"的办学理念，沿着"为师生的幸福成长奠基"的办学宗旨前进，在"立德逐梦"的校园文化熏陶下，形成了"民主、至善、积极、阳光"的校风、"爱生、敬业、勤教、善导"的教风和"合作、习惯、乐学、活用"的学风。学校创建了以"德"为主题的特色校园文化。每一栋楼的命名都赋予"德"的寓意——立德楼、明德楼和厚德楼，还构建了两廊三园——党建廊、书香廊、禁毒园、好心园、明德园、录播室、计算机室、美术室、音乐室、舞蹈室、图书室、读书吧、心理咨询室、校史荣誉室、少先队部室等功能室配套齐全，充分发挥环境育德的作用。

学校每周三下午在课后服务时间开设社团活动课，推动学生核心素养教育，并利用重大节日、班级文化等契机，开展了开学典礼、开笔典礼、毕业典礼、校园运动会等活动，精彩纷呈的文体活动，丰富了师生们的课余生活，增强了师生群体的凝聚力。在校本研修平台的助推下，学校教科研硕果累累，先后获2个省级课题立项，5个市级课题已顺利结题，20多个区级课题结题。

厚德养智共逐梦，阳光书香伴成长。茂名市电白区第九小学正以独具特色的"德"文化展示着她的发展历程，走向充满希望的明天。

校长冯汉娟在菜园给孩子们上劳动课

学校党建亭

学校书香廊

学校举行一年级开笔典礼

明德田园

学校好心园

罗定市罗城中心小学

罗城城南小学庆祝2021年元旦暨艺术节文艺汇演

罗城南区小学"龙狮"队表演

罗城柑园小学"小棋王"比赛

罗城城中小学代表队参加广东省机器人竞技对抗获广东省小学组一等奖

罗定市罗城中心小学下辖有街属完全小学6所、公办幼儿园3所，分别是罗城中心小学、罗城东区小学、罗城南区小学、罗城城南小学、罗城城中小学、罗城柑园小学、罗城街道中心幼儿园（原名罗城第二幼儿园）、罗城街道新城幼儿园（原名罗城第三幼儿园）、罗城街道区屋幼儿园。全街道小学共有在校生11374人，在园幼儿1208人。罗城中心小学拥有一支师德高尚、爱生敬业、具有现代教育理念和丰富教学经验的教师团队。现有专任教师668人，其中广东省特级教师3人，南粤优秀教师（教育工作者等）16人，广东省优秀辅导员2人，云浮市学科带头人2人，高级教师职称者31人。学校硬件建设达到教育现代化指标要求，建成了校园网络、广播、安全监控系统，所有教室均配有多媒体教学平台，为师生提供了更加舒心的工作、学习环境。

党建引领，聚力前行 罗城中心小学坚持学习贯彻习近平新时代中国特色社会主义思想，贯彻落实习近平总书记对广东系列重要讲话和重要指示批示精神，开展党史学习教育。开展"红色故事我来讲"活动、党史知识小竞赛、"爱心献给党"绘画比赛、"我与我的祖国"征文比赛、"学党史，强信仰"思想政治理论课优秀教学案例征集活动、"红心向党"主题书画活动等丰富多彩的党史学习和教育活动，切实提高了广大党员干部和师生的政治思想水平。

专业示范，改革创新 罗城中心小学高度重视教师队伍建设工作，现有罗定市陈深惠、刘玉娟等8个名教师工作室以及罗定市吴格萍、唐莹名班主任工作室。在名教师工作室和名班主任工作室的示范引领下，不断提升教师队伍的专业素养和业务能力。各小学、幼儿园教学研究氛围浓厚，开展校本教研公开课、名师示范课、青年教师课堂教学大赛、教师基本功能力大赛、"我的教学生涯"演讲比赛等活动，卓有成效。罗城中心小学开展教学改革，聚焦课堂，多方联动，探索实践适合学校的教学模式，以提高课堂效能，现已通过罗定市教育局的验收，并被授予"罗定市中小学课堂教学改革实验学校"称号。

内涵发展，凸显特色 罗城中心小学推进素质教育，全面提升学生核心素养。开展各类文娱体育艺术活动，一年一度的读书节、体育节、科技节、艺术节活动已形成制度。各支部充分挖掘团队工作潜力，发挥社团课堂的功效，每间小学均根据学校特色开办社团项目，如罗城中心小学校本部的烹饪、丙烯画社团，罗城柑园小学的象棋社团，罗城城中小学的科创社团，罗城南区小学的足球、龙狮社团，罗城城南小学的小钟琴、篮球社团，罗城东区小学的书法社团等。推进特色

罗城街道区屋幼儿园的建构室

罗城街道新城幼儿园艺术教育特色

罗城街道中心幼儿园的特色编织活动

学校建设有成效：罗城中心小学获评广东省艺术教育特色学校，并被命名为云浮市科普教育基地；罗城南区小学获评全国青少年校园足球特色学校；罗城柑园小学获评全国象棋特色学校会员单位、广东省象棋特色学校；罗城城中小学的科创团队多次代表云浮市参加省级赛事均获好成绩，该校被命名为云浮市科普教育基地；罗城东区小学师生的书法作品在各级赛事中获得好成绩；罗城城南小学的女子篮球队在罗定市小学生篮球比赛中获得冠军；罗城中心幼儿园重视对幼儿良好行为习惯和社会意识的培养，以各类游戏活动为载体，利用地方自然特色和民风民俗，开展特色编织活动；罗城街道新城幼儿园致力于幼儿品质发展，开展园本特色课程，将艺术教育融入幼儿一日生活的各环节；罗城街道区屋幼儿园坚持以"构建阳光家园，点亮幸福童年"为办园理念，努力培养文明有礼、勇敢自信、乐思好学、亲善合作、健康活泼的未来小公民。

罗城中心小学被命名为云浮市科普教育基地

主题阅读活动

科技节活动

成果显著，接续前行 2021年，罗城中心小学教师获得广东省级奖项90多人次、云浮市级奖项150多人次、罗定市级奖项300多人次，其中吴建玲获"广东省特级教师"称号，叶良坚获"南粤优秀教育工作者"称号。学生参加各级比赛获得广东省级奖项50多人次、云浮市级奖项200多人次、罗定市级奖项330多人次。

罗城中心小学将继续坚持以育人为追求，以素质教育为根本，擦亮罗城中心小学的教育质量品牌；全体教师将凭着热情、务实的工作态度，锐意改革，开拓创新，不断进步，在教育工作的道路上走得更远。

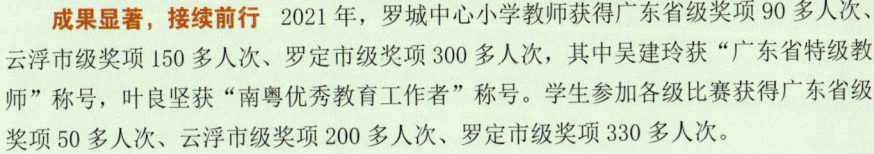
罗城中心小学获评广东省艺术教育特色学校

饶平县中山实验学校

饶平县中山实验学校是饶平县教育局直属公办小学，学校位于黄冈丁未革命纪念亭西侧，原饶平宾馆旧址。学校建设项目于2018年11月立项，2020年3月开工建设，2021年6月竣工并建制，2021年9月1日开学投入使用。学校占地面积17681.79平方米，总建筑面积28934.34平方米。其中学校地面建筑面积17015.27平方米，地下车库建筑面积11919.07平方米，项目总投资约1.4亿元。

学校可开设48个教学班，容纳2160名学生。学校现有34个教学班，学生总人数1509人，教职员工总人数83人。学校学位主要提供给原黄冈镇第一小学、黄冈镇第二小学服务半径内学生就读，彻底解决县城老城区"深巷祠堂办学"活动场地不足、功能室不齐全的历史问题。

学校积极打造"智慧校园"，配套现代化信息技术教学设施设备。现有教师办公电脑128台、教学用电脑98台、图书32000册、150米环形塑胶跑道运动场1个、足球场1个、篮球场1个，按标准配套建设800多平方米的大型室内活动室及其他运动设施。学校还提供午餐、午休、午托服务。

在县委、县政府的重视和亲切关怀下，学校坚持全面贯彻党的教育方针，以"立德树人，全面发展"为办学宗旨，以"爱国、自强、开心、开创"为校训，以"开拓创新，善教勤学，优化五育，持续发展"为办学目标，为实现"建成教师队伍一流，办学质量一流的县直优质品牌学校"而努力奋斗。

学校举行法治讲座

校园文化节趣味活动

学生合唱比赛

广东华侨中学

广东华侨中学（以下简称侨中）创建于1930年，是直属广州市教育局领导的广东省国家级示范性普通高中。学校历史悠久，文化底蕴深厚。一代代侨中人秉承"爱国、正直、奋发、图强"的校训，奋发有为，砥砺前行，为民族铸希望，为国家育栋梁。

学校荣誉

特级、正高级教师

侨中现有中学正高级教师4人，特级教师4人，高级和中级教师142人；博士后1人，研究生学历教师86人，硕士以上学位专任教师110人（占全体专任教师的52.4%）；省名教师工作室顾问1人，省、市名校长名教师工作室主持人9人；40多人获全国优秀教师、南粤优秀教育工作者、南粤优秀教师、广州市优秀教育工作者、广州市优秀教师及省、市名班主任等称号。

侨中整合多方资源，创新人才培养路径，构建"必修课程＋选修课程＋特色课程＋社团活动＋研学拓展"五位一体的课程体系。强调知识和能力、实践与创新并重，致力于培养"基础厚实，勤于实践，勇于创新"的未来人才。侨中秉承"以学生健康发展、全面发展、终身发展为本"的教育理念，形成了以"三礼"（开学礼、成人礼、毕业礼）、"六节"（科技节、体育节、艺术节、悦读节、社团节、班主任文化节）为主要内容的校园文化，形成全面发展的多元育人格局。

学校聘请华东师范大学霍益萍教授团队担任学生发展指导工作

侨中在全市率先成立了学生发展指导委员会，通过聘请清华大学、华东师范大学等高校教授以及家长代表担任学生发展指导导师，构筑起全方位学生发展指导体系，助力学生健康成长。2021年，侨中学生共获国家级以上奖项22人次，省级奖项153人次，市级奖项204人次。

第七届校园马拉松开跑

学校认真贯彻《粤港澳大湾区发展规划纲要》精神，经广州市教育局同意，在全市率先开设公办高中港澳子弟班。在广州市教育局和社会各界的支持下，凭借悠久的文化底蕴、雄厚的办学基础和丰富的国际办学经验等优势，侨中港澳子弟班办学成绩广受社会各界肯定。

作为广州市三个"基础教育国际交流与合作基地"之一，学校成功申请AP学校代码、A-Level学校代码，与美国大学理事会、牛津考试管理局、剑桥考试管理局等进行交流合作，使"普通高中＋港澳子弟班＋国际课程班""三驾马车"齐头并进的办学格局得以不断夯实。

港澳子弟班特色课——贺元宵

广东实验中学

广东实验中学附属茂名中学签约仪式

广东实验中学与佛冈中学、佛冈县第一中学举行结对帮扶签约仪式暨教学教研交流活动

广东实验中学举行庆祝中国共产党成立100周年暨表彰大会

民乐团参加广东省第七届中小学生艺术展演活动

广东实验中学是直属广东省教育厅领导的省级重点中学,广东省首批国家级示范性高中。学校秉承"爱国、团结、求实、创新"的校训,坚持"以人为本,以德树人,以质立校"的办学理念,形成"实验性、创新性、示范性"的办学特色,培养了包括邓锡铭、黄耀祥、范海福、蔡睿贤、姜伯驹、岑可法、钟南山等在内的万千优秀学子。由于办学成绩显著,学校荣获全国文明单位、全国文明校园、全国师德建设先进集体、广东省先进集体、广东省文明单位等称号。

2021年,学校学习贯彻习近平新时代中国特色社会主义思想,全面贯彻党的教育方针,在广东省教育厅的正确领导下,矢志深耕内涵,勇担教育使命。

奋斗百年路,启航新征程 广东实验中学党委以党史学习教育为主线,开展系列活动,引导全体师生"学党史、悟思想、办实事、开新局",推动学校各项事业持续健康发展。学校深入学习贯彻习近平总书记在党史学习教育动员大会上的重要讲话精神,贯彻落实《中共中央关于在全党开展党史学习教育的通知》文件精神和中央、省委、全省教育系统动员大会精神,提高政治站位,明确目标任务,注重实效长效,扎实推进党史学习教育。扎实推进党史进校园,用好红色资源,开展革命传统教育;召开专题组织生活会,交流收获,查找问题,落实整改;开展"我为群众办实事"实践活动,解决群众"急愁难盼"问题。引导全体师生"学史明理、学史增信、学史崇德、学史力行"。2021年7月1日,学校举行庆祝中国共产党成立100周年暨表彰大会,为"光荣在党50年"老党员代表颁发纪念奖章,表彰优秀党员、优秀党务工作者和先进党组织。

立德树人,五育并举 党委书记、校长全汉炎参加录制2021年广东省中学秋季开学禁毒团课第一课。学校荣获"广东省少先队红旗中队"称号,多名学生荣获"广东省优秀共青团员""广东省优秀学生骨干"等称号及"广东省宋庆龄奖学金"等。学校高中部参加2021年广东省中小学优秀德育科研成果奖评审活动,荣获一等奖8项、二等奖13项、三等奖5项。曹阳老师获得第八届广东省中小学班主任专业能力大赛高中组综合一等奖和2个单项一等奖。李文老师参加广东省中小学班主任基本功展示交流活动获高中组一等奖第一名,并在全国展示。

高考中考,再创辉煌 2021年高考,屈志韬、彭梓健2名同学成绩被屏蔽。其中,屈志韬成绩位居全省物理类总分第一名。物理类总分全省前10名2人,前50名4人,前100名9人,前200名13人;历史类总分全省前200名4人。超过47%的同学高考成绩达到中山大学投档分数线,超过62%的同学高考成绩达到华南理工大学投档分数线。2021年中考,750分以上的考生共18人,广州市750分以上的有240人,学校占比7.5%,其中汤翌如同学772分。学校前50名平均分为747分,南山班平均分为735分。

合唱团参加广东省第七届中小学生艺术展演活动

舞蹈团参加广东省第七届中小学生艺术展演活动

学校参加2021年广东省中学生羽毛球锦标赛获奖

学校参加2021年广东省中学生篮球锦标赛获奖

学校参加2021年中国中学生网球联赛（总决赛）获奖

学校参加2021年广东省"省长杯"青少年校园足球联赛获奖

打造品牌特色，科创体艺齐绽放 2021年，在五大学科奥赛中，学校共获得1枚金牌、3枚银牌、1枚铜牌及36个广东省一等奖。在第三十八届全国中学生物理竞赛中，刘华君获金牌，并获清华大学、北京大学"强基计划"破格入围资格；梁清尧获铜牌。在第三十五届中国化学奥林匹克决赛中，翁正豪和蔡俊钧获银牌，并获清华大学、北京大学"强基计划"破格入围资格。在第三十届全国生物学竞赛中，罗玥萦获银牌，并获清华大学、北京大学"强基计划"破格入围资格。在2021年全国高中数学联赛中，谢雨舟获得入选2022年中国女子奥林匹克数学竞赛省队资格。

学校"卧食宝——卧床人士流食智能喂食器"项目作为全国唯一高中科技项目代表，参加了第七届中国国际"互联网+"大学生创新创业大赛现场展示。在第七十二届德国纽伦堡国际发明展中，获得3枚金牌、1枚银牌。在2021年世界机器人大赛中，获VEX-EDR赛项第一名，摘得最高奖项"全能奖"。学校"语音智能节水控制器"项目摘得第十八届全国中学生水科技发明比赛桂冠。

学校参加2021年世界机器人大赛锦标赛获奖

学校合唱团、交响乐团、民乐团、舞蹈团均在广东省第七届中小学生艺术展演活动中获得广东省一等奖。合唱团在爱尔兰科克国际合唱节获3项国际大奖（2个冠军和1个季军）。交响乐团在第九届世界乐团艺术节获金奖第一名。

在全国第十四届学生运动会中，游泳队获得2枚金牌、2枚银牌、2枚铜牌，田径队获得1枚金牌；在中国中学生游泳锦标赛中，游泳队获6个冠军；在广东省青少年游泳锦标赛中，初中游泳队获5枚金牌、4枚银牌。在全国U15篮球预选赛中，初中男子篮球队获亚军；在中国初中篮球联赛（广东赛区）和广东省中学生篮球锦标赛中，初中男子篮球队获冠军；在广州市耐克高中篮球联赛中，高中男子篮球队获三连冠。在广东省中学生乒乓球锦标赛中，乒乓球队获1枚金牌、2枚银牌。在中国中学生网球联赛中，网球队获男子团体亚军、季军。在广东省"省长杯"足球联赛中，足球队获总决赛亚军。在广东省中学生羽毛球锦标赛中，高中羽毛球队获混双冠军、男双冠军、团体总分一等奖第一名，初中羽毛球队获团体总分一等奖；在广东省学校羽毛球协会总决赛中，初中羽毛球队获6枚金牌、4枚银牌、2枚铜牌。在广东省无线电测向锦标赛中，测向队获9枚金牌、5枚银牌、4枚铜牌，连续13年获团体总分第一名。在广东省中学生武术套路锦标赛中，武术队获3枚金牌、2枚银牌、1枚铜牌。在广东省健美操锦标赛中，健美操队获1枚金牌、2枚铜牌。

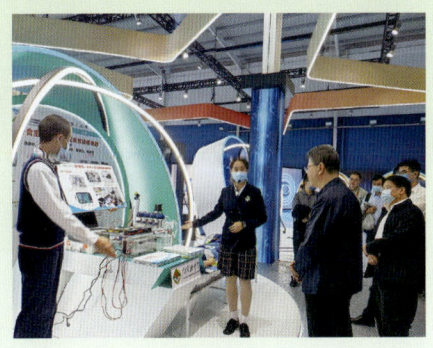
学校"卧食宝——卧床人士流食智能喂食器"项目参加第七届中国国际"互联网+"大学生创新创业大赛现场展示

勇担时代使命，助力教育均衡 广东实验中学不忘初心，贯彻基础教育均衡发展的重要战略方针，于2021年10月22日与茂名市人民政府正式签约合作创办广东实验中学附属茂名中学。2021年9月1日，广东实验中学深圳学校举行2021学年第一学期开学典礼。同时，广东实验中学荔湾学校举行第二小学部揭牌启用仪式暨首届开学典礼。

高考优秀学生

广州市白云区桃园中学

学校师生迎新春文艺汇演

孔子广场

智慧图书馆

篮球场

办学理念： 以人为本，人人成人，人人成才
校　　训： 礼、信、爱、勤
办学特色： 学生开心、老师尽心、家长放心
育人目标： 人人成人，人人成才
德育理念： 阳光、健康、睿智
桃园精神： 不怕苦，能吃苦，敢于拼搏，积极上进

广州市白云区桃园中学创办于2004年，自建校以来，先后获得广州市白云区民办教育先进单位、广州市白云区一级学校、广州市白云区课改示范学校、广州市白云区特色学校、广州市白云区首批智慧校园试点学校、广州市"青年文明号"、广州市"三个文明"建设先进单位、广州市安全文明校园、广州市规范汉字书写教育特色学校、广东省绿色学校等荣誉称号，并于2015年通过社会组织等级评估，成为"AAAA级"学校。

学校开设了丰富多彩的"第二课堂"，供学生自主选择感兴趣的课程；课程全员免费，涉及面广，多达20项，内容涵盖传统文化类、语言科技类、趣味科学类、体育竞技类、艺术表演类、生活趣味类等。

作为华南地区的优质特色学校，桃园中学始终秉持"立德树人，以人为本"的办学思想，为教师搭建成长舞台，使教师的自我价值与学校发展相结合；在师资队伍建设中，注重实现中青年教师的科学合理配备和专业化发展，并有素质良好的区级、市级、省级优秀教师、骨干教师作为学科带头人。

桃园中学在校内实现"光纤到班"及"无线网络全覆盖"，于2017年建设了"白云区教育局智慧课堂试点班级"，搭建起以云计算、互联网技术为依托的校园综合管理平台，形成"高效的校园管理""平安校园""领先的教学过程""便捷的校园生活"四大功能体系，全力打造"高效、智能、幸福"的五星级智慧校园。

今后，桃园中学将继续坚持"高瞻远瞩，追求卓越"的办学风格，在崭新的起跑线上，以全新的姿态，用心智和汗水谱写华丽的教育篇章。

广州市第二中学南沙天元学校

广州市第二中学南沙天元学校是由广州市南沙区政府建设，委托广州二中教育集团全权管理的区属公办完全中学。学校于2019年开始借址办学，2020年新校落成，占地面积16.8万平方米，建筑面积约17万平方米。学校秉承广州市第二中学（以下简称广州二中）"元元相承、厚德格物"的办学理念，以"培养品行端正、习惯贞固、兴趣高雅、身心健康的二中天元人"为目标，以"守初心，养正气，尚实行"为校训，形成了"读书与运动并重"的育人风格，矢志追求"有品质的教育"，办一所"真正的学校"。

学校从广州二中教育集团总部引进19名专职优秀教师，初步形成了完备的教师团队，其中有正高级教师2人、特级教师1人、高级教师6人，广东省名师工作室主持人1人，广州市名校长工作室主持人1人、名教师工作室主持人1人、教育专家培养对象2人、骨干教师3人，南沙区骨干教师5人、兼职教研员3人、高三教研中心组成员8人。

学校办学业绩辉煌，先后被评为广东省绿色学校，广东省劳动教育科研教学基地校，广州市高中自主招生学校，广州市义务教育标准化学校，广州市文明校园先进学校，广州市安全文明校园，广州市依法治校示范校，广州市红色教育示范校，广州市校园足球推广学校，广州市中小学校高水平学生体育美育团队（定向越野），广州市体育传统项目学校（羽毛球），广州市学校体育诊断提升项目实验学校，"中华优秀传统文化进校园"鸣鸠琴教学示范校，南沙区第三批课程改革实验学校，南沙区校园应急避险和安全防范疏散演练达标单位，南沙区高中英语、中小学音乐、初中语文教科研基地，南沙区数学、英语、体育校本研修示范校等。

学校在科学、人文教育等方面呈现良好态势，师生们积极进取，在各级各类比赛中获多个奖项。在2021年全国化学奥林匹克竞赛中，陈彦辰同学荣获全省一等奖，梅子晔同学荣获全省二等奖。学校赓续广州二中注重经典诵读的传统，先后获得广州市第十二届中小学生诵读中华经典美文表演大赛一等奖、广州市第五届"羊城学校美育节"中小学生语言艺术比赛2项一等奖。学校充分利用STEM教育设施建设的丰厚资源，应用智慧教育的多项技术，积极开展"无线电测向"和"无人机竞速"课程活动，在赛事中分别夺得省级一等奖和国家级金牌。

自办学以来，学校的高一录取分数线稳居南沙区领先地位，2021年高一录取分数线为户籍生650分、非户籍生651分、外区生655分。

展望未来，学校将继续传承广州二中的"义忠仁"精神，致力于打造一所"办学理念先进，管理团队卓越，教师队伍优秀，教学设施一流，办学成绩卓著，具有君子人格"的高品质学校。

学校第一届初三学生参加体育中考

护旗手风采

中华经典诵读活动

校运会

学生在学校饭堂就餐

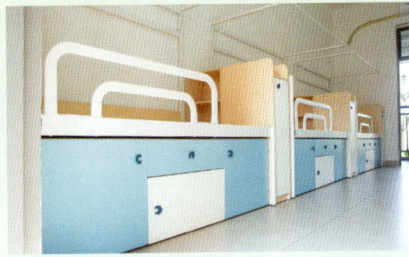
学生宿舍

行政综合楼远景

广州市南武实验学校

"赓续红色血脉，践行初心使命"迎国庆红色剧目展演活动

2021年教师专项课题开题论证会

智慧课堂提升效率

自主学习促进提升

南实学子在赛场上尽情奔跑

舞蹈队展现优美舞姿

2000年9月1日，广州市南武实验学校（以下简称南实）诞生在珠江之滨。学校现有教学班18个，学生近900人，教职工70人，是一所全日制公办初级中学。她依托百年名校南武中学的教育资源，传承南武文化的精髓，自强不息，志存高远，在不断践行"为学生提供优质教育"办学宗旨的过程中，逐步凝练成"高标准、严要求、重落实"的南实精神和"旭日教育"特色，努力打造优质教育的品牌。

思维教学聚核心，智慧课堂增效能 经过20年的沉淀与研究，学校创出独具南实特色的自主学习五步法：课前先学—课堂学习—改错—追记—教会别人。同时，借助智慧课堂实施精准教学，提升思维教学的水平，取得不俗的成果。此外，南实积极开展综合性活动，举办语文阅读分享会、数学讲题比赛、英语诗歌朗诵会……在课余留下了学生们听说读写的风景。

良好习惯促养成，五育并举润心智 南实坚持以培养良好习惯为抓手，落实养成教育。以"守规则 担责任 求真知 能创新"作为育人目标，依托南实"养成教育目标体系"，借助"每月一事"德育主题活动，分级推进落实德育工作。课余时间，组建了菁音主持社、阳光志愿团、腾飞文学社、日晞记者社等学生社团，举办形式多样的党史学习活动、田径运动会、元旦文艺晚会、爱国歌曲展演、红色剧目展演、经典诵读活动……精彩纷呈的课余活动与年轻的生命相碰撞相融合，收获成长与力量。

优质教育守初心，硕果累累创辉煌 南实教育教学水平和质量连年攀升，中考成绩一直位居海珠区前列，多年获得"海珠区初三毕业班工作一等奖"，先后被评为广东省义务教育标准化学校、广东省优秀学校推选活动示范名校、广东省绿色学校、广东省书香校园、广东省依法治校示范校、广州市义务教育阶段特色学校、广州市民办教育先进单位、广州市安全文明校园，获得广州市优秀党组织、海珠区巾帼文明岗、海珠区师德先进集体、海珠区教育工作先进集体等荣誉。

榜样引领铸文化，课题成果强品牌 南实重视教科研工作，鼓励教师积极撰写教学心得、论文，开展教育教学研究。2021年，席俊梅老师主持的课题"在语文活动课中培养初中生作文真情实感的实践研究"、邓凤连老师主持的课题"'每月一事'活动提高初中生学习与创新素养的实践研究"、林兆恒老师主持的课题"利用数学'五步法'培养学生自主学习能力的研究"顺利结题，由梁春梅老师主持的课题"新中考形势下基于生生合作的初中生物学实验教学研究"顺利开题。

一路风雨，一路欢歌，站在新的起点，南实将以更高昂的姿态迎接新的挑战，高扬时代精神，向着更高更远的方向奋进，为建设一个现代化的国家培育更多的社会人才而不懈努力，为实现中华民族的伟大复兴而奋斗不息。

广州市南武中学

百年南武,沧海桑田。锐意改革,从未停歇。迈入21世纪第二个十年,学校从改变教师的教学方式入手,引导学生转变学习方式,由课堂教学方式的转变延伸到日常教学管理的转变,最终深入课程体系的变革,开发和实施特色校本选修课程,丰富学生的学习过程和学习体验。基于未来人才培养的需求,历经"十年磨剑"教学改革的厚积薄发,构建并不断完善"拓展学生潜能的思维教学体系"。

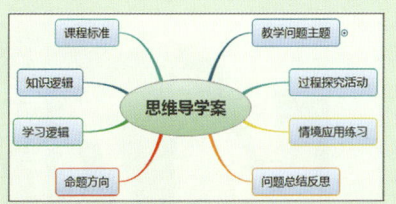
学校思维导学案

拓潜教育,传承有序 思维教学,成果丰硕。转变育人方式,学生通过跨学科融合、完整性研究、智慧式项目等不同的学习方式,潜能得到极大拓展,综合素质明显提升;推进思维教学改革,教师专业水平快速提升,一大批青年教师成长为市区骨干教师、名教师;学校高考成绩不断攀升,办学质量日益提高;思维教学改革的成果在广东省内外产生了很大的影响,学校多次接待北京、河北、江苏、浙江等地的教育考察团,澳门特别行政区教育局曾到学校调研,《中国教育报》《南风窗》《教育家》《人民教育》等多家报刊对学校的思维教学改革进行了宣传报道。

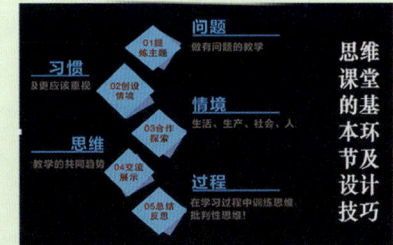
学校思维课堂操作流程

2021年12月,经专家评审通过,学校成为广州市新课程新教材实施示范校和综合实践国家课程学科基地。学校召开了多次建设研讨会,有序地推进新课程新教材的实施。鉴于学校取得的突破性进展和成果,广州市教育研究院推荐南武中学入围广东省新课程新教材实施示范校的遴选。

新课程,新机遇 学校以习近平新时代中国特色社会主义思想为指导,全面贯彻党的教育方针,落实立德树人根本任务。新学期,新征程。学校努力完善课程管理制度,构建"五育并举"的学校课程体系,在开齐开足开好国家课程的基础上,开设丰富多彩的校本选修课程;建立科学高效的选课"走班"运行机制,完善校本选修课程管理制度。深化课堂教学改革,完善"拓展学生潜能的思维教学体系",落实基于真情境和真问题、强调应用性和创新性的"思维课堂"和"思维作业";推动信息技术与课堂深度融合,探索基于新技术的新学习方式,在学生综合素质评价方面改革创新,健全学分认定管理制度,形成可推广的经验做法;加强校本教研和培训,建设学术型研训共同体;积极组织开展研讨交流和经验推广活动,切实发挥好示范引领和辐射带动作用。

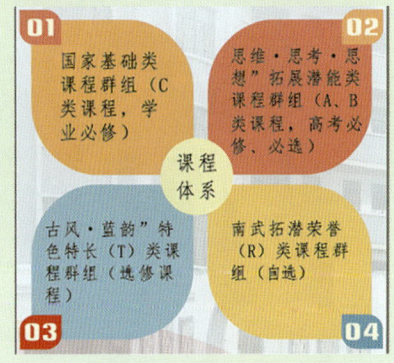
学校课程体系

学校古榕苑入口

地理科陈丹丹老师主题发言:《高中地理课堂上落实STEAM理念的可行性》

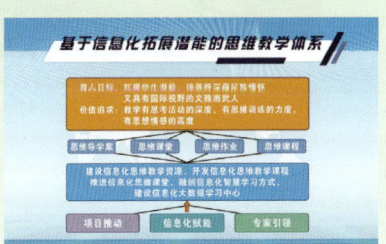
学校思维教学体系

广州市天河区汇景实验学校

用爱与责任开展有温度的教育

广绣第五代传人梁秀玲到学校开设"广绣"课程

广州市天河区汇景实验学校是一所九年一贯制学校，学校秉持"聚德汇智，养正育才"的办学理念，践行"崇德、笃学、务实、超越"的校训，不断凝练和优化"成功教育"品牌，创新适性、多元、开放的培养路径。通过建构成功教育的课程体系，培养适应未来的汇景学子；通过培养专业精湛的教师团队，构建智慧型的学习共同体；通过优化智慧校园的文化建设，营造迈向成功的校园环境；通过提高领导能力的专业水平，建设引领示范的品牌学校。

学校依据"成功教育"新认识及育人目标新构想，不断完善课程规划和建设，以此强化学校内涵发展、特色发展。在实施国家课程的基础上，根据办学目标、办学特色、课程传统，尊重学生差异和发展需求，以"悦纳真我、塑造新我、做最好的自我"为思路，营造开放互动的教学环境。挖掘课程资源，优化课程生态，打造"成功教育"精品课程群，开发拓展课程、非遗课程、科创课程等多元的校本课程，引导师生共同迈向"成功"。

——厚植家国情怀。开设新闻传媒课程，播音主持班学生利用周末到农讲所、黄花岗等地进行新闻主播、采访拍摄、宣讲活动，提升学生对地方史、党史、国史的认识。开展"寻访红色足迹——行走的思政课之红色教育"主题实践活动，学生到爱国主义教育基地开展研学活动，通过图文及视频等方式完成研学报告。校本课程与红色研学相结合，课堂外延不断扩大，学生从历史经验中汲取奋进力量，红色精神内化于心，外化于行。

——重视传统文化。学校以入选广州市非物质文化遗产传承基地为契机，筑巢引凤，实现优秀传统文化进校园。开设"粤剧"课程，邀请广东省粤剧院老师到校上课，手把手教授唱腔、扮相、眼神、身姿、台步等基本功。开设"广绣""广彩"等非遗课程，邀请非遗传承人及民间工艺大师进校，让学生们更深入了解岭南文化。学生在非遗文化的熏陶下，提升了对中华传统文化的认同感和自豪感。

——培养创新意识。学校着力为不同年龄、不同层次的学生提供零

基于STEM教育的初中人工智能课程

追寻红色记忆 传承红色基因

学校体育节开幕

基础、科普类的课程和高阶类科创课程。打造人工智能特色课程，基于生活场景，以STEM教育教学理论为核心，采用跨学科项目式学习模式，在智能交通、智能家居、智能农业三大模拟教学沙盘上开展实践教学。开设3D打印创客课程，学生通过创意设计、三维构建，运用人工智能编程技术，结合3D外观或结构件设计完成发明作品，实现艺术、数学、信息技术等跨学科学习。

校本课程为学生提供了更广泛的实践平台和成功体验，铸就了"成功"的基石；夯实了学生家国情怀与人文素养，奠定了"成功"的精神底色；培养了学生的创新思维和实践能力，为成功插上坚实的翅膀。

学校《小学音乐德艺融合体验教学实践与探索》获2021年广东省教学成果一等奖，并连续13年获广州市天河区普通初中毕业班工作一等奖。学校先后被评为全国初中百强校、全国环境教育百强学校、全国青少年足球特色学校、全国综合实践活动先进学校、全国环境教育示范学校、全国心理健康教育先进学校、广东省绿色学校、广州市"成功教育"特色学校、广州市人工智能助推教师队伍试点校、广州市非遗传承基地。建校18年，学校已成为学生成才、教师成功、学校高品位发展的现代化智慧名校。

学校运动场

朝气蓬勃的学子

教学楼一景

广州协和学校

学校领导班子

教师带领学生开展"E-STEM"课程活动

学生诗歌朗诵表演

中英文双语解说员培训课程活动

广州协和学校是广州市教育局直属公办学校,办学层次包括小学、初中和高中。近年来,学校先后被评为国际生态学校、全国生态环境教育百强学校、全国环境教育特色学校、国家曲棍球奥林匹克后备人才基地、广东省国家级示范性普通高中、广东省教育系统创先争优先进基层党组织、广东省校园足球推广学校、广东省绿色学校、广东省节能减排先进单位、广东省校园生活垃圾分类教育基地、广东省依法治校示范学校、广东省青少年科技特色学校、广东省中小学心理健康教育示范学校、广东省劳动教育特色学校、广东省基础教育劳动学科教研基地实验学校、广州市文明单位、广州市德育示范学校、"广州市中小学思政课新结构教学评范式研究项目"试点实验学校等。

环境优美

学校地处广州市中心城区,交通便利,靠近地铁站,有多路公交车线路途经校门口。学校占地面积约7.18万平方米,建筑面积约6.4万平方米,校园环境优美,古木参天,鸟语花香。学校办学条件优越,教育教学设施齐全,实验室、语音室、科创室等设备先进;宿位充足,热水器、洗衣机、吹风筒等生活设施一应俱全;学校饭堂为"A级食堂",食物品质安全,菜式丰富,味道可口。

传统优良

学校的前身为1911年创立的"慈爱保姆传习所"和1921年设立的"广州市立师范学校"。学校于2001年由师范转制创办普通高中,2016年复办初中。学校办学传统优良,人才辈出,先后涌现出中国科学院院士、中国工程院院士林秉南、黄翠芬、李绍珍,著名作家欧阳山,国画大师、岭南画派代表人物关山月,漫画家廖冰兄,雕塑家潘鹤等一大批杰出校友。学校被誉为"广东中小学校长的摇篮""广州基础教育的黄埔军校",现今活跃在广东教坛的400余名在职中小学校长都是"协和人"。

学校积极践行"尔识真理,真理释尔"的校训,秉承"协力和衷,作育英才"的办学理念,致力于实现"把学校建设成为文化厚重、特色鲜明、优质卓越的粤港澳大湾区基础教育示范学校"的办学目标。

师资优秀

学校现有教职工347人,专任教师295人,其中正高级教师3人、特级教师6人、高级职称以上教师97人,全国优秀教师、南粤优秀教师10人,市级优秀教育工作者、优秀教师34人,广东省、广州市"百千万人才培养工程"教育专家培养对象、名教师培养对象及名教师工作室主持人、骨干教师等共计59人,广东省名班主任2人、市级名班主任、优秀班主任、骨干班主任共计33人,博士、硕士研究生107人。

轮滑球训练

学校航模社团

学校文物建筑——协和堂

课程优质

学校精心构建了和心、和正、和乐、和致、和雅、和合的"六和"协和十二年一贯制特色课程，着力培养身心健康、学识渊博、思维活跃、视野宽广的可持续发展人才。"和心"课程是指开展好协和校史讲解、生态园林讲解、校友访谈、劳动教育等，传承"协和精神"，厚植学生"爱国、爱校、爱家"的情怀；"和正"课程是指体育运动、国防教育、大思政等，培养学生勇敢顽强、遵纪守法、堪当民族大任的品格；"和乐"课程是指身心健康、发展指导、各学段衔接教育，激发学生的兴趣爱好，培养学生的积极体验，发展学生的健全人格；"和致"课程以STEM、创客、竞赛等为依托，重点打造数学思维品牌课程，培养学生的理性思维、科学精神，培养学生追求卓越、超越自我的品质；"和雅"课程是以戏剧表演、阅读写作、演讲辩论等为依托，重点打造语文和外语学科品牌课程，提升学生的审美能力，培养学生的艺术涵养，引导学生增强文化自信、加深国际理解；"和合"课程是在现有特色课程的基础上，利用校园资源，将自然科学国家课程校本化，打造科技创新课程，培养学生尊重自然、勇于探索的品格。

协和亭

社团优品

学校以多元化、可选择性为原则，以学生社团为依托，搭建了以满足全体学生不同特点和发展需求为目标的社团课程。学生社团门类多样，活动异彩纷呈，成为学生"学礼仪、长才干、勇担当、展风采、促交流"的平台。近年来，学生社团获得国家、市级奖励达20多次，其中协和模联社获得2018年粤港澳中学生模拟联合国大会"最佳组织奖"，OM社团连续5年赴美国参加世界总决赛并屡创佳绩。

同寅楼

成绩优异

学校先后承担了广东省重大科技项目"协和静园智能化绿色建筑集成与示范"、广州市环保局科技示范项目"协和静园生活污水强化吸附曝气处理生活污水"等多个科研项目的研究，开创了国内基础教育的先河。学校在环境地图、自然笔记、生物多样性保护、生态研学等方面取得突出的成绩，其中"环境地图"作品在全国"中图杯"环境地图大赛中荣获30多个奖项。协和学生围绕"生态校园"建设，开展相关研究性学习达150多项，大批项目案例入选联合国教科文组织国际交流成果库；获得已授权发明专利2项，实用新型专利16项；部分学生通过原"631"自主招生模式入读省内外名校。

学校连续多年获得广州市高中毕业班工作一等奖，曾培养出一批考入北京大学、清华大学、中国人民大学等全国著名高校深造的学生。近5年来，学生获得国家、省、市级各类创新与科技类竞赛奖项累计近400项。科技教师团队获得"广东省青少年科技教育创新团队"称号。学校成功承办广东省学生航空航天模型锦标赛和广东省电子制作锦标赛。

陶园与碧卢堂

学校校友、著名雕塑家潘鹤赠予母校的雕塑作品《托举梦想》

广州市庆丰实验学校

教学楼

运动场

创客室

游泳池

广州市庆丰实验学校（原广州市广大附属实验学校）创建于1998年，由广州大学举办。20多年薪火相传，学校已发展成为一所集小学、初中、高中于一体的全日制、高品质民办寄宿学校。学校隶属广大附中教育集团，现为广州市示范性普通高中学校。

学校交通便利，地处广州主城区白云区，东临国家五A级景区白云山，南连广州内环，西接许广高速，北靠广佛肇高速。校园环境优美，校内绿树成荫、鸟语花香，占地面积53000多平方米，建筑面积74000多平方米。现有教学班87个，其中，小学部38个、中学部49个。全校共有教职工417人，学生近4000人。学校拥有一支师德高尚、教学严谨、乐于奉献的高素质教师队伍。现有专任教师273人，其中博士研究生学历教师1人，北京大学、清华大学、香港中文大学等名校研究生学历教师55人。

学校始终坚持"为学生迈向人生高峰奠定坚实基础"的办学理念，内强素质，外树形象，科学构建了"崇德尚善"的独特德育文化体系，精心打造了"激—研—熟—创"四环八步高效教学模式，形成了善德教育、国防教育、艺术教育三大鲜明办学特色，取得了丰硕的办学成果。学校先后被评为全国英语素质教育实验学校、广东省标准化学校、广东省安全文明校园、广东省绿色学校、广东省依法治校示范学校、广东省艺术教育特色学校、广东省劳动教育实验学校、广东省规范汉字书写教育特色学校、广东省特级档案室单位、广东省民办教育四十年突出贡献学校、广州市一级学校、广州市高中教学水平优秀学校、广州市A级食堂单位、广州市羽毛球示范学校，成功跻身于广州市优质品牌学校行列。

学校理事会为帮扶西部地区教育发展，先后在贵州省黔南布依族苗族自治州开办独山县广州大学附属实验中学（独山三中）、独山县高级中学、独山县为民中学、都匀市广大附属实验中学共4所分校，在校学生10000多人。分校独山县广州大学附属实验中学（独山三中）已夺得黔南布依族苗族自治州中考八连冠。

国防班

国防班国旗护卫队

体育节

广州市新穗学校

学校荣誉　　　　　　　　　　　　　　　　　阅览室

心理室

广州市新穗学校创办于1997年,是广州市教育局直属的公办专门学校。学校位于广州市海珠区,交通便利,占地面积3万多平方米,是环境优美的花园式学校。

学校采用多层次、多形式办学:石榴岗校区在全市范围招收初中阶段具有心理及行为偏常、家庭难管、学校难教的不适宜在普通中学就读的学生,采取半封闭式、准军事化、寄宿制的专门教育管理模式;石井校区由广州市新穗学校与广东省未成年犯管教所联合办学,采取全封闭、军事化、九年一贯制办学模式,学生拥有独立学籍,发放广州市新穗学校毕业证书。

学校现有正高级教师1人、高级教师14人、一级教师22人,中高级教师占专任教师总数的45%。先后有2人被评为广东省特级教师,1人被评为南粤优秀教师,1人被评为广州市劳动模范,7人被评为广州市优秀教师,5人被评为全国工读教育系统优秀班主任,8人被评为广州市优秀班主任,3人被评为广州市名班主任。学校还成立了名校长工作室、名班主任工作室、名师工作室、劳模工作室等。学校参与国家、省市级科研立项课题12项,教师论文获国家级一等奖180余篇,省市级一等奖20余篇,3名教师出版了个人专著。同时,学校成为中国青少年研究中心研究基地和多项国家级课题的科研实验单位。

校园一角——回心亭

学校贯彻落实立德树人的根本任务,依法办学,遵循"科学、规范、人文"的理念,形成了以"礼孝仁爱"为核心、"塑形铸魂"为载体的行为规范养成教育特色。学校开足义务教育阶段课程,辅以地方课程和内容丰富的校本课程,致力于把学生培养成德、智、体、美、劳诸方面均符合社会规范及要求的合格公民。

建校以来,学校教育转化了数以千计的"特殊学生",转化率达98%,远高于全国同类型学校平均水平,为预防和减少未成年人违法犯罪、实现社会治安综合治理、推进广州义务教育均衡发展和创建教育现代化教育发展目标做出应有贡献。

学校参加2021年粤港澳学生诵读中华经典美文表演大赛

学生民乐表演

广州市执信中学

执信中学校长何勇在学校建校100周年庆典大会上致辞

2021年8月,学校举行天河校区建成启动仪式

学校特色项目成果《高中创新人才培养的"元培计划"开发与实践》荣获国家级教学成果奖二等奖

"丘成桐科学奖"获奖学生与导师合影

学校合唱团荣获维也纳世界和平合唱节"金橄榄"奖

广州市执信中学是孙中山先生为纪念民主革命家朱执信先生而亲手创办的一所学校,于1978年被确定为广东省重点中学,2006年被确定为国家级示范性普通高中。

执信中学的前身是创建于1921年的"应元书院",1926年建成执信路校区,现有执信路校区、天河校区、水荫路校区、二沙岛校区4个校区;其中,天河校区项目总用地面积约21.53万平方米,校内实际用地面积约15.67万平方米,总建筑面积约20万平方米,办学规模为初中30个班、高中60个班,学生总人数约4500人。如今,执信中学已从一所学校发展成为执信教育集团,辐射3市10区,办学层次涵盖小学教育到高中教育,课程内容包括国家课程和国际课程。

学校现有专职教师372人,全体教师均具有本科以上学历,其中研究生以上学历教师占43%,具有博士、硕士学位教师共计112人;拥有高级教师124人、正高级教师6人、特级教师6人,教育名家工作室主持人1人、广东省名校长工作室主持人1人、广东省名教师工作室主持人3人、广州市教育专家工作室主持人1人、广州市名班主任工作室主持人3人。学校教师中有近百人次获得全国模范教师、全国优秀教育工作者、全国优秀教师、全国巾帼建功立业标兵、广东省名教师、广东省师德建设先进个人、广东省优秀教师、广东省优秀班主任、广东省三八红旗手、南粤杰出教师、南粤优秀教师、南粤优秀教育工作者、广州市劳动模范、广州市名教师、广州市名班主任等荣誉称号;40多名教师担任省、市学科研究会常务理事、正副会长、学科中心组成员,一批教师承担国家、省、市教育科研课题研究的工作。学校所有科组均获得"广州市优秀科组"称号和"高考突出贡献(集体)奖",英语科被评为"全国工人先锋号""全国巾帼文明示范岗""全国职业道德建设百佳班组",语文科、物理科被授予广州市"工人先锋号"称号,政治科被评为广州市"巾帼文明示范岗"。

2021年,一批来自清华大学、北京大学等高校的硕博毕业生加盟学校,促使教师队伍建设提质增效。近年来,学校教师取得了丰硕的科研成果,立项课题83项,其中全国课题2项、省级课题33项;出版个人专著58部;获得市级以上荣誉及奖项315项,其中国家级95项、省级81项、市级139项。

学校始终秉承"崇德瀹智"的校训,全面落实"立德树人"根本任务,坚持"还师生完整教育生活,促进师生主动发展"的理念,构建了"三层六类二特色"的课程体系。学校有2项教学成果获得基础教育国家级教学成果奖二等奖,其中"元培计

学校正门

舞蹈团作品《青春飞扬》在广东省第六届中小学生艺术展演中荣获舞蹈类一等奖

学校特色美育项目作品《执信陶塑》在2021年第三届粤港澳大湾区学校美术作品展暨第五届广东省高校美术作品学院奖双年展评选中荣获一等奖

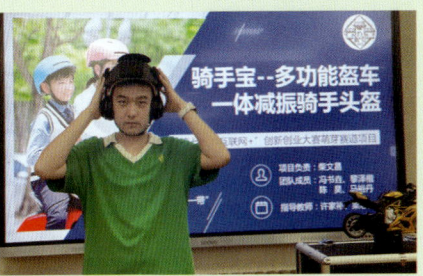
学生在第七届中国国际"互联网+"大学生创新创业大赛全国总决赛萌芽赛道项目竞争赛中荣获"创新潜力奖"

学校承办第四届粤港澳中学生模拟联合国大会

学校承办第三届国际友城青少年足球交流赛

奥运会跳水冠军谢思埸到学校演讲，并与学校师生合影留念

划"创新人才培养项目入选广东省深化教育领域综合改革重点项目立项名单。近三年来，学生在青少年科技创新等各类竞赛中获得市级以上荣誉及奖项224项，其中国家级81项、省级72项、市级71项；羽毛球队、足球队、游泳队、合唱团、舞蹈团多次在省级、国家级和国际赛场上摘金夺银，交响乐团荣获第六届全国中小学艺术展演一等奖。近年来，学校高中毕业生有40%以上考取"双一流"大学，70%以上考入"211"大学，95%左右考上重点大学。每年均有上百名优秀毕业生被中国清华大学、北京大学、香港大学，以及美国哈佛大学、斯坦福大学、康奈尔大学等高校录取。

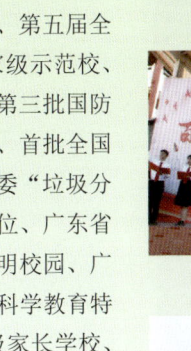
执信路校区"厚德楼"

学校办学成效显著，教育教学硕果累累，先后获得首批全国文明校园、第五届全国未成年人思想道德建设工作先进单位、普通高中新课程新教材实施国家级示范校、全国艺术教育先进单位、全国中小学中华优秀文化艺术传承学校、教育部第三批国防教育特色学校、全国现代教育技术实验学校、全国创建绿色学校先进单位、首批全国STEAM教育领航学校、世界顶尖科学教育联盟实验基地校、首批中央文明委"垃圾分类进校园"重点工作项目基层联系点、全国五四红旗团委、广东省文明单位、广东省先进集体、广东省依法治校示范学校、广东省德育示范校、广东省安全文明校园、广东省体育特色学校、广东省中小学心理健康教育特色学校、广东省青少年科学教育特色学校、广东省中学示范团校、广东省少先队工作先进学校、广州市星级家长学校、"广州榜样"十大先进集体等近70项国家级、省级荣誉称号。

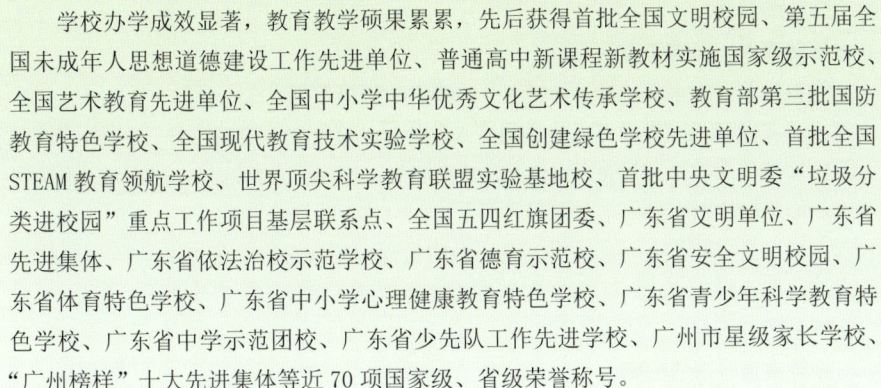
十八岁成人礼

沉甸甸的荣誉背后，是党和人民对执信中学践行社会主义核心价值观、深化全国文明校园建设、培育全面发展学生等办学成果的充分认可和高度肯定。学校教育经验《铸魂育人，立德树人，为学生终身发展奠基——广州市执信中学体验式德育活动》入选教育部首批"一校一案"落实《中小学德育工作指南》典型案例。

天河校区执信楼

天河校区游泳馆和综合体育馆

校园内的"世纪钟"与"奉恩堂"

校园荷塘

广州外国语学校附属学校

学校领导班子

学校与德国歌德学院签订PASCH项目合作协议

学校在2021年大湾区演讲家大赛（广州赛区）决赛中荣获青年组冠军

学生在2021年南沙区中小学生游泳锦标赛中获得小学组团体总分第一名

学校国旗仪仗队

广州外国语学校附属学校位于广州市南沙区，占地面积约10.7万平方米，于2019年9月2日正式开学。校园整体建筑风格既承袭了中国传统书院的古朴典雅，又融入了西式建筑的开放和大气，通过"墙面文化""班级文化""井盖文化"等，营造出中西融合的校园景观，成为深受学生喜爱的"城堡式校园"。

学校服务于粤港澳大湾区建设需要，传承广州外国语学校教育集团（以下简称广外教育集团）"博雅和"的校训，践行"全人教育"理念，致力于做义务教育国际化学校的探索者和践行者，提出了"面向全体学生，着眼于学生的未来，培养学生终身学习能力"的办学思想和目标，精心培育具有"中国灵魂、世界胸怀"的复合型国际化预备人才。

传承"博雅"，课程多元

学校积极传承广州外国语学校"一体两翼"的"博雅教育"课程体系，科学规划学校的九年一贯制课程，全面落实"做强国家课程，做活外语课程，做新体艺课程"；尊重学生的差异与个性，力求建设开放、多元、阶梯状、生成性的课程体系，为学生的适性发展提供课程平台。

在"做强国家课程"方面，学校注重贯彻新课标要求，以学科素养为导向，实现由"教"到"学"的转变。在"做活外语课程"方面，学校注重小学与初中学段衔接以及跨学科整合、跨文化融合，定期开展英文影视作品赏析教学、亚欧文化教学活动等；开设第二外语课、阅读课、科技实践课等一批特色必修课程，旨在提高学生的人文素养和创新能力。学校首届日语班考生在"第160回J. TEST"中100%收获认定，首届德语班考生在德国歌德学院举办的"青少年德语A1"语言证书考试中均取得全球通用、终身有效的德语语言水平证书。此外，学校还开设60多门自主选修课程供学生自由选择，培养学生的兴趣爱好，挖掘个体内驱力，帮助学生更好地认识自我，并不断挑战自我。

活动育人，润德于心

学校按照《中小学德育工作指南》的要求，积极贯彻"课程育人、文化育人、活动育人、实践育人、管理育人、协同育人"理念，开展"体验式德育"；结合本校实际，将理想信念教育、社会主义核心价值观教育、中华优秀传统文化教育、生态文明教育、心理健康教育融入丰富多彩的师生活动中，不断提高学校德育工作的质量。学校深度融合各年级课程与校内外活动，做实做强中外文化艺术节、体育节、科技节、读书节"四大节"活动，不断充实学生的校园生活，激励学生磨练意志、彰显个性、促进学生的身心健康发展。

中外交流，联通国际

学校传承广外教育集团"国语大承，外语大通"的办学理念，以创建"教育国际化窗口学校"为抓手，加强粤港澳融合课程和多语种课程建设，规范国际交流合作，探索多元、开放的办学格局，有效推动国际交流与合作，提升学生的多元文化意识和国际理解力。

学校少年交警队

击剑课程

网球课程

中学生课堂

小学生课堂

唱红歌比赛

阳光体育大课间活动

学校中砥楼

学校朗读亭

学校先后与德国歌德学院、韩国仁川延寿小学、爱莎国际教育集团签订合作协议，入围中国教育国际交流协会公布的第七批中美"千校携手"项目；以项目合作为契机，积极开展国际交流和教研活动，传播优秀"中国文化"，推广优质"广州教育"。学校重视与港澳地区的教育领域合作，举办港澳学生家庭教育研讨会，与港澳学校进行互动交流，组织学生参加"同根同源同心"穗港澳青少年冬令学习营等活动，为培养具有国际视野、国际理解力的国际化人才打好基础。

开放式图书馆

学校以高起点、高标准办学，形成了"鲜活、开放"的办学特色，赢得了学生、家长和社会各界的广泛赞誉，先后获评为广东省依法治校达标校，广东省绿色学校，广东省基础教育劳动教育学科教研基地实验学校，广州市教育国际化窗口学校培育创建单位，广州市义务教育标准化学校，广州市安全文明校园，"广州市关爱学生健康成长的好学校"，广州市卫生与健康教育工作成绩突出学校，全国基础教育研究中心多语种教育发展分中心会员单位，中华经典吟诵实验学校，广州市第一、二批中小学生研学实践教育基地，获得广州市"基础教育精品课"遴选工作优秀组织奖。

展望未来，广州外国语学校附属学校将赓续初心，不断强化素质教育，持续提高办学质量和教育水平，为学生的终身发展奠定坚实的基础，开启推动教育现代化、国际化发展的新渠道，为国家基础教育事业的发展做出新的贡献。

外语情境室

恒温游泳池

广州市增城区凤凰城中英文学校

学校校门

陶艺课程

外教课程

英语风采大赛

学生当选"羊城小市长"

凤凰城中英文学校是由博实乐教育集团倾力打造的一所九年一贯制学校，创办于2003年9月，位于广州市增城区碧桂园凤凰城内，占地面积约9.53万平方米。现开设小学、初中、小学双语、初中双语4个课程项目，在校生4000余人，教职工600余人。现为教育部基础教育课程改革实验基地、国际文凭组织成员学校、中国大陆首批剑桥英语学校、全国特色建设先进学校、全国科技体育传统学校、广东省人工智能实验学校、广东省绿色学校、广州市义务教育阶段"博雅教育"特色学校、广州市STEM课程实施试点学校、广州市劳动教育试点学校、广州市科普教育共建学校、华南师范大学校外实践基地、广州大学实习基地。

学校以"学会做人"为校训，以"博学雅正"为校风，以"永葆激情，追求卓越"为教风，以"通情达理，与众不同"为学风，以"全面发展，英语领先"为特色，旨在培养具有家国情怀和全球视野的终身学习者。

在19年的发展历程中，学校逐步形成和完善了"PCIS"校本课程体系："P课程-基础保障课程、C课程-素养课程、I课程-个性发展课程、S课程-活动展示课程"。四大课程体系为培养具有幸福力和未来胜任力的优秀学子奠定了扎实的基础。

学校国际化教育异军突起，中小学PYP项目和MYP项目均获国际文凭组织授权，是广州市第一所以中文为探究语言的IB成员学校。学校曾荣获国际化人才培养实践大奖，并跻身中国国际学校数字品牌百强榜，也曾获评"值得家庭信赖的国际学校"。2021年，学校被广州市教育局遴选为广州市首批国际化教育窗口学校创建单位。

凤凰城中英文学校不仅有骄人的中考成绩（11次取得增城区中考前2名），而且学生综合素质突出：连续八年获得21世纪英语演讲比赛广东省总冠军，创下了一所学校10年5届有学生连续当选"羊城小市长"的历史。

行稳致远，进而有为。凤凰城中英文学校厚积19年绵绵之力，将在广州这片教育沃土上继续砥砺深耕，收获灼灼芳华。

广州市真光中学

2021年，广州市真光中学贯彻党的教育方针，落实立德树人根本任务，强化纪律观念，改进工作作风，落实"管理科学化，教育优质化，科研实践化，特色品牌化"的工作目标，走内涵发展道路，提升教育教学质量，彰显体育、艺术特色，取得了优异的成绩。

加强党建引领，铸造坚定的政治信念

一年来，学校筑牢党建思想根基，夯实制度建设，为全校师生铸造坚定的政治信念。把握建党百年的重大契机，开展庆祝中国共产党成立100周年系列教育活动，深入开展党史教育，深入学习十九届六中全会精神，升级党建园地，营造宣传氛围，强化思想引领，教育引导党员教师不忘初心、牢记使命。

加强师德师风建设，提高教书育人能力

坚持立德树人，牢记为党育人、为国育才使命，教育引导学生听党话，跟党走。注重引导教师把理论学习与新课程改革相结合、与教研教改相结合、与课堂教学实践相结合，增强理论学习的实效性。大力弘扬新时期"工匠精神"，传承真光六种精神，加强师德师风建设，提升教师教研教学能力。在广州市中小学青年教师教学能力大赛中共有32名老师脱颖而出。广州市教育研究院到校调研听课，优课率达到36%。

落实五育并举，各项成果丰硕

围绕百年党建契机有序推进各项爱国主义教育活动，取得良好的教育效果。学校足球队、健美操、击剑、合唱、美术、航模等项目均在省市各类比赛中获得荣誉。学校体育节、艺术节等大型活动也深受师生喜爱。2021年高考，校本部文化类考生750人，特录线上线人数546人，特录线上线率达72.8%，比2020年提升3.9%。高考总分排全省前500名的有3人，前1000名的有5人，总分超过600分以上的合计146人，高分段人数创历史新高。学校还先后获得广东省中小学教师校本研修示范学校、广东省优质基础教育集团、广州市文明校园、广州市教育工作先进集体等多项荣誉。

踔厉奋发，笃行不怠！学校将继续带领全校教职工，用汗水浇灌收获，以实干笃定前行，在新征程上谱写学校发展的新篇章。

开展真光教师六种精神评选

学生参加2021年广东省中小学生健美操锦标赛

青春不散场，成人礼宣誓活动

学校获评"广州市教育工作先进集体"

东北师范大学附属中学深圳学校

"校长有约"座谈会上，校长宋锐与学生面对面进行交流

学校赛艇团队在2021年广东省"中国体育彩票"青少年赛艇锦标赛中荣获奖项

学校举办首届校园文化节系列活动

东北师范大学附属中学深圳学校是坐落在深圳市东北部坪山区的一所现代化、国际化的学术型高中，于2021年9月正式开学，在筹建之初就得到深圳市教育局、坪山区人民政府、东北师范大学和东北师范大学附属中学多方的支持。作为深圳市引入的优质教育资源，学校从高平台、高起点起步，始终坚持"为学生一生奠基，对民族未来负责"的办学宗旨。

学校积极传承东北师范大学附属中学71年的光荣传统，扎根深圳基础教育，文化底蕴丰厚，学术氛围浓郁。学校在深圳市教育局的领导下，服务于粤港澳大湾区发展战略，致力于创办特区人民满意的优质高中，建设高质量教育体系，扎根中国大地，建设世界一流中学。

名校之名，在于名师。学校校长宋锐系化学正高级教师，高中化学奥林匹克竞赛高级教练员、金牌教练员，曾获全国高中化学优质课比赛一等奖，先后9次被中国化学会表彰，所带年级累计超过160人考入北京大学、清华大学等全国重点高校。学校选聘了一批来自全国各地的优秀骨干教师，有4名正高级教师、2名副高级教师来自校本部东北师范大学附属中学，为学校师资力量的高质量发展提供了坚实的保障；同时，还有毕业于清华大学、北京大学、剑桥大学等国内外著名高校的优秀人才；教师队伍中有博士5人，其余均为硕士研究生。学校组织所有应届毕业生教师前往校本部东北师范大学附属中学进行为期6~8周的岗前培训，确保年轻教师的教学水平实现"高起点起步"。

名师之名，在于本心。学校对每一名教师有着极高的业务水准要求，尤其看重教师的"本心"——是否真心热爱教育、热爱学生、热爱生活；在最终确认招聘教师人选之前，会安排每一名教师与学校领导班子进行谈话，以确保学校教师的业务水平过关，选聘出真正"关心学生、关爱学生的好老师"。

学校积极组织开展融思想性、文化性、娱乐性、学术性、实践性于一体的学生活动，并将各种特色学生活动与学校的素质教育和多样化的课程体系紧密结合，从而推动学生的全面发展。近年来，学校举办了"文澜杯"诗歌朗诵会、"校长有约"、社团文化节、"情归纸笔"、体育文化节、"耘耕四季，爱在附中"新年联欢会

校园文化艺术节合唱团表演

学校第一届"校园十佳歌手"决赛

新生入学

校史馆沙盘模型

校史馆外景

学生参加深圳市马术比赛

等一系列精品学生活动。丰富多彩的特色学生活动,为学生的全面发展提供了锻炼、成长的广阔平台。

学校精心打造"家文化"特色,倡导"情感教育",致力于把校园建设成为温馨和谐的大家园,助力师生幸福成长,成就师生幸福人生;以"家的温暖和陪伴成长"为核心理念,为入读学校的每一个孩子配备了"跟进式"导师,助力孩子成长,让家长放心;用心倾听每一个孩子在成长过程中遇到的烦恼,引导孩子平稳健康地度过青春期。此外,学校还定期举办"校长有约"活动,让学生可以和校长面对面交流,提出自己的问题和困惑;每天开展"阳光晨跑"活动,由学校领导、教师带领全校学生一起进行晨跑,共同迎接朝阳,强健体魄,养成良好的生活习惯。

学校肩负着时代的使命,浓墨重彩地描绘着优质教育的新纪元,治学问、求真理、揣情怀、育英才,成为东北师范大学附属中学"一校七区"高水平办学实力的一股新生力量。展望未来,学校将坚定地扛起延续东北师范大学附属中学71年教育辉煌的大旗,努力践行"志存高远,学求博深"的校训精神,引领全校师生共同努力,朝着"将学校打造成为深圳市民家门口的名校"的目标不断迈进。

学校正门

教学楼

学校精神

"连廊式"建筑风格的教学楼群

深圳市光明区实验学校

学校新入职教师与学科指导教师合影留念

"学党史，送祝福"活动中，学生写下对党的祝福

"恰同学少年，扬青春梦想"室内活力操比赛

学校小学部校门

深圳市光明区实验学校创办于2005年8月，由原深圳市光明区公明镇周家村小学、塘尾小学、东坑小学三所乡村小学合并而成；创校时校名为"深圳市公明实验学校"，2007年11月更名为"深圳市光明新区公明实验学校"，2011年8月更名为"深圳市光明新区实验学校"，2018年11月更名为"深圳市光明区实验学校"。学校设有小学、中学两个教学部，现有教学班90个，学生4500余名，教职工330余名。

学校先后被授予中国学生定向运动突出贡献单位、全国生涯教育实验学校、广东省基础教育党建示范校、广东省德育示范学校、深圳市"市民身边的好学校"等140余项荣誉称号，多次获得深圳市办学效益奖。

在"人心向学 学以成人"办学主张的指引下，学校坚持以党建为引领，不忘教育初心、矢志立德树人，逐步形成了以学校党委为核心，师生同心、家校同心的"同心圆"党建品牌；"人心向学 课程育人"的办学特色日益鲜明，"人心向学 多元共生"的"智雅少年"评价体系日趋完善，"人心向学 同心共赢"的教师发展体系不断优化。

一大批"心向学生、心向学术、心向学校"的教师从学校脱颖而出。曾广波荣获2020年深圳市"十佳校长"、2021年"南粤优秀教育工作者"称号，张夏乐荣获2020年深圳市基础教育系统"年度教师"称号，黄健荣获2020年"深圳市文明市民（道德模范）"称号。

一大群"心向学习、心向学校、心向未来"的学生在校园里拔节生长。2018年、2019年、2020年、2021年连续四届光明区中考第一名均花落学校，高分段考生人数持续领跑全区。丘晓儒同学以总分450分夺得深圳市中考总分第一名，实现了光明区中考成绩的历史性突破。

面对新的征程，学校将继续践行"人心向学 学以成人"的办学主张，致力于"办品质教育、建品牌学校"，勇当新时代教育改革排头兵，为打造"与世界一流科学城相称的教育强区"贡献力量。

深圳市光明区理创实验学校

深圳市光明区理创实验学校创建于2018年9月，原名为"深圳市光明区马山头学校"，是深圳市光明区教育局主办的九年一贯制公办学校，位于深圳市光明区马田街道振兴路与龟岗东路交汇处，西临龟山公园，东邻深圳钟表产业基地，校园占地面积为36540平方米。学校办学规模为54个班，提供学位2520个；开设了一至九年级共51个教学班，拥有在校学生2463人。

学校校园环境幽雅美观，各类功能场室可满足54个教学班的高品质教学需求，每年招生都受到学区家长的热烈欢迎。

学校师资力量雄厚，校长薛森强系广东省中小学数学正高级教师、特级教师，教师队伍中有国家级专家1名、省级专家2名、省级名师3人、市级名师2人、区级以上名师39人，有40%的教师具有研究生以上学历，众多青年教师来自北京大学、香港大学、香港中文大学等高校。

近年来，学校发展驶入"快车道"，先后获得深圳市"儿童友好实践基地"、广东省绿色校园、广东省科技创新教育实验学校、全国家校共育创新实验校、全国学校心理危机干预能力建设示范校、人民教育出版社"名著阅读教学实验学校"、深圳市中小学消防示范校、全国青少年校园冰雪运动特色学校、广东省防震减灾示范校、"小平未来科技创新实验室"等荣誉称号，成为华中师范大学、广西师范大学、广东第二师范学院、韩山师范学院等学校的教学实践基地。

学校助力光明区打造"科技创新教育示范区"的宏伟蓝图，依托广东省数学名师薛森强、物理名师朱建山等优质师资，开展独树一帜的"数理特色教育"，着力培养学生形成周密、严谨的科学思维，提升运用知识解决问题的能力，使学生可以从容应对日新月异的科技发展和社会变化，在未来的社会竞争中占据优势。

学校每年均举办四季节日活动——春季数理文化节、夏季六一游园节、秋季体育节、冬季艺术节，不断丰富学生的校园生活；开办了48个学生社团，精心培养学生的个性特长。学校师生在各级各类比赛中屡创佳绩：学生累计获得国家级荣誉5项、省级荣誉30项、市级荣誉342项、区级荣誉253项，教师累计获得国家级荣誉3项、省级荣誉16项、市级荣誉37项、区级荣誉206项。

2021年11月，深圳市人民政府教育督导室对学校进行了为期4天的办学水平督导评估，督导组专家对学校3年多的发展给予了高度评价：

"学校领导班子拼搏创新，领航发展，与光明教育同声共律；管理团队务实敬业，合作精进，与全校师生同生共长。"

"办学理念以人为本，体系完备，与时代教育同频共振；学校管理有序规范，科学人文，与生命自觉同声共气。"

"学校发展科研引领，亮点纷呈，与数理教育同彰共显；开放办学成绩斐然，态势良好，与社区发展同生共荣。"

学校党支部书记、校长薛森强

曲棍球社团多次获得省、市级比赛冠军

学校航模社团代表队优秀选手接受中央电视台记者的采访

"非常实验"活动

校园气象站

校园一角

深圳科学高中五和学校

深圳科学高中五和学校是深圳科学高中（以下简称科学高中）旗下的一所九年一贯制学校，秉承"三全"育人理念，以科学教育为特色，致力于培养有高度、有温度、有习惯的创新型学子。学校位于深圳市龙岗区坂田街道第五园社区，是龙岗区打造龙岗教育西部质量高地的重要组成部分。学校占地面积15655平方米，建筑面积26000平方米，现有教学班32个，学生1564人，教职工116人，专任教师106人。

办学9年多来，学校始终如一，追求卓越，先后被评为广东省语言文字规范化示范校、广东省中小学教师校本研修示范学校、深圳市改革创新榜样学校、深圳市教育科研基地学校、龙岗区"走进市民身边好学校"。学校科学教育为学子们打开了一扇通往知识殿堂的大门，提升学生各项能力，让学生拥有优质"跑道"，成就美好未来。

多元课程，全面发展——办精品教育，出教育精品

学校秉承科学高中"全员、全程、全方位"的"三全"育人理念，坚持因材施教，全面推进素质教育，探索学生特色发展创新之路，树卓越品牌之理念，绘多元发展之蓝图，铸素质教育之品牌。

在开足开齐国家课程的基础上，学校结合国家课程和教学实际，打造有特色、有时效的多元课程体系。增设多学科的创新课程，并与科技创新团队签订战略合作协议，打造符合科学高中特色、符合学生特长发展的一系列科创课程。学校多功能教室丰富，设有3D打印多功能室、虚拟机器人功能室、科创体验中心等，让学生学有所用、学有所长、学有所成，尽情施展才华和个性。学校成立"学生科学院"，对标科学高中，接轨科学高中。聘请了科学高中一批学科带头人作为学校名誉教授，对学校特色课程开发及学生的特色素养学习提供全方位指导。"学生科学院"还有丰富的小初、初高中衔接课程，为学生的升学提供全方位资源。

为满足学生的特长需求和个性化发展，学校还增设了覆盖面广泛的精品社团，现有各类社团30余个，让学生在校内就能体验专业且丰富的课程，让学校真正成为学生学习的殿堂、生活的乐园、成长的摇篮。

学校奖章

学校荣誉墙

校运会

师生交流

团队合作

色粉画课堂

硬核队伍，业务精良——培人才栋梁，育栋梁人才

学校在科学高中的引领下，造就了一支向心力强、凝聚力强、战斗力强的卓越管理团队。教师队伍结构合理、配备精良、师资卓越，现有全国正高级教师、特级教师，市优秀班主任、区年度教师、骨干教师等名师引领，还有一批来自海内外名校的优秀毕业生。拥有高学历、高素质、高能力，并极具爱心、耐心和责任心的师资队伍，他们善于钻研，踏实肯干，为学生的梦想守航，让学校始终充满活力和希望。

学校立足教研、深耕不辍，"卓越工程"已经成为学校专业发展的一张名片，内容涵盖教育科学研究、品牌班级建设、特色课程开发等，着力打造"奋斗五和、书香五和、人文五和、创新五和"。教师获区级以上奖励300人次，其中国家级奖励1人次，省级奖励13人次，市级奖励43人次，区级奖励155人次，另有120人次的课题结题或成果发表。学生获区级以上奖励接近1000人次，其中国际奖励1人次，国家级奖励129人次，省级奖励16人次，市级奖励620人次，区级奖励210人次。

五育并举，异彩纷呈——展学子风采，造风采学子

学校倾力构建"三全"精品德育平台，创新德育工作方法，通过丰富多彩的课余活动、主题班会、国旗下演讲、校园文化建设等方式，对学生进行思想道德教育，实现"教学育人、管理育人、活动育人"三者有机结合的育人氛围。

学校以科学高中作为坚强后盾，始终走在科学高中优质发展的道路上。未来，学校将坚持"三全"育人理念，通过团队并进、课程助力、环境优化、文明传承，让学校的广度、高度、温度不断提升，成为每一位学子"梦开始的地方"！

趣味运动

舞蹈队

葫芦丝社团

深圳市龙岗区平湖中学

历史课上，教师通过开展故事会、辩论赛等形式，让学生主动参与到课堂活动中

物理课上，教师正在给学生讲解物理知识

生物课上，学生在教师的指导下进行实践操作

深圳市龙岗区平湖中学是深圳市龙岗区的一所公办初级中学，被评为广东省一级学校。学校位于龙岗区平湖凤凰大道297号，于1956年开办，首任校长是刘仲德，现任校长为毛展煜。学校占地面积62155平方米，建筑面积105417平方米，运动场面积34650平方米；多媒体教室、网络室、电脑室、科技室、图书馆、音乐室、舞蹈室、实验室等功能室齐备，校园网络和无线局域网全覆盖。

学校现有初中教学班52个，学生2471人，教职工256人。学校师资力量雄厚，专任教师中有正高级职称教师2人、高级职称教师41人、中级职称教师59人，区级以上骨干教师25人，本科及以上学历教师187人（其中博士3人、硕士66人）；拥有名校长、名师工作室4个。

学校以"正德博学，为善自强"为校训，积极践行"让每个孩子都得到最优发展，让每位教工都享有职业幸福"的办学理念，注重学生兴趣与能力的培养，致力于打造多元化的课程体系。学校开设陶艺校本课程已有20余年，共有20000多名学生参与学习，其中有数百人获得省级以上奖励，5000余件作品参加校内外展示，30000余件作品发放到学生手中。为了给学生提供更多成长的平台和发展的空间，学校陆续增设了管乐团、合唱团，定期开展舞蹈、健美操、足球、篮球、田径、游泳、科创、衍纸、国画等社团活动，促进学生的德、智、体、美、劳全面发展。

学校是深圳市"基于改革、融合信息技术的新型教与学模式"实验校、深圳市信息技术2.0试点学校，与深圳市科大讯飞股份有限公司签署了战略合作协议；获得深圳市首批办学效益奖、龙岗区教学进步奖、龙岗区五一劳动奖章；先后被授予广东省巾帼文明岗、深圳市教育系统先进单位、深圳市多才多艺示范学校、深圳市校园文化建设特色学校、深圳市年度美育典范学校、龙岗区初中教育教学先进单位、全国青少年校园网球特色学校等荣誉称号；被定为中国陶艺特色教育示范基地、广东省陶艺特色教学与创作实践基地、中国人民大学书报资料中心学科共建基地（历史）学校。2021年，学校成为龙岗区首批"卓越学校"培育对象。

新学期开学第一天，学生登上学校"含黛山"写下自己的心愿和梦想

学校正门

学校立体运动场

珠海哈罗礼德学校

珠海哈罗礼德学校（以下简称"哈罗珠海"）坐落于珠海市香洲区"横琴粤澳深度合作区"，学校占地面积约47915平方米，是一所为G1—G12学生提供国际化双语教育的寄宿制学校。

作为珠海市引进高端国际化教育的重要项目，"哈罗珠海"是亚洲K-12高端英式教育先行者AISL哈罗学校的成员校之一，设有1300个学位，并能够为310名四年级以上的学生提供寄宿服务。

"哈罗珠海"的所有外籍师资均由AISL哈罗学校总部直接进行全球招聘。为了确保教师队伍的稳定性，哈罗亚洲教育研究院花费精力和资源开放了高质量的线上专业发展平台，提供300多门专业发展课程，邀请国内外专家、大学教授、前沿领域研究者和一线教师、校长共同建设学习型社区，助力教师们的专业发展，使他们与先进的教学理念和教学方法保持同步。

"哈罗珠海"在传承英国哈罗公学英式教育方法的同时注重锐意创新，以全新独特的国际化双语教育推动粤港澳大湾区教育的高质量发展。学校以"育以至善，卓以领航"为办学愿景，在大力弘扬中国传统文化的同时，重视培养学生的国际化思维与全球视野，让学生在成为国际化人才之前先稳扎"中国根"；以"勇气、荣誉、谦和、互助"四大核心价值理念为基石，积极实施"全人教育"，给予每一名学生个性化的关怀与支持。

学校将中西方教育精髓相融合，创建了独具特色的"礼德课程"，让学生全方位体验真正的"双语言、双文化"课程内容，全面启发中英双语思辨能力，逐步培养"跨文化领导力"；创新融合中国国家课程大纲与经典英式教学法，引导学生通过动手实践，深化对课程内容的理解。此外，学校采用以学生为中心的探究式学习形式，这使学校的互动性教学在教学设计和授课上均独树一帜。

学校建立了以"院舍制"为核心的校园文化，通过不同颜色衣服标志不同院舍，帮助孩子们在跨龄互助中培养领导力特质

强调中国传统文化教育，稳扎"中国根"

以外籍教师为"主班老师"，确保英式教学法的实践

全英式科学课上，学生在教师的辅导下全面激发双语思辨能力

高标准的24小时恒温游泳池

校园功能区采用紧凑连续的布局方式，构建无缝链接的学习成长空间

珠海市斗门区珠峰实验学校

教师风采

珠峰实验学校教育集团成立

学校参与斗门区教育文化节"活力校园"风采展示

校园足球文化节

珠海市斗门区珠峰实验学校成立于2019年，是一所九年一贯制公办学校。学校位于斗门区珠峰大道核心区域，是珠海市重点建设民生工程。斗门区委、区政府高度重视，投入近3亿元，力求将学校打造为斗门区、珠海市一流的高质量发展校、九年一贯制的标杆示范校和集团化办学的核心校，以带动区域义务教育水平的整体提高，最终发展成为粤港澳大湾区的品牌优质学校。

学校占地面积64202平方米，建筑面积44483平方米，校园环境开阔大气，校舍建筑端庄雅致，功能场室、设备设施均依照省一级学校的标准配全配齐，心理咨询室为全区的建设典范。学校设计规模为9个年级90个班，现有在校学生近2500人，在校教职工近150人，研究生占比49.3%，其中正高级教师1人，高级教师2人，特级教师1人，省、市级名师工作室主持人、骨干教师、名班主任10人。

珠峰实验学校肩负斗门教育高质量发展的重托，以高度的责任感，着力培养有理想、有本领、有担当的斗门时代新人。办学以来，学校打造"珠峰·攀登者"教育品牌，彰显科学与艺术特色，教师蓬勃向上，学生五育并举，首届中考取得了好成绩。

知行合一润品德　珠峰实验学校以"育珠峰精神、向未来生长"为办学理念，以"融人文气韵，育创新人才"为培养目标，确立"知行融创，情智共生"的校训，形成"融以和，创以进"的校风，崇尚"爱于心，慧于教"的教风，培养"学而思，正而新"的学风，全力打造"珠峰·攀登者"精神：一是为国奉献、强国有我的爱国精神；二是不畏艰险、自强不息的奋斗精神；三是超越自我、追求卓越的专业精神。以艺术审美涵养美好心灵，以科学思维连接未来人生，汇聚传统与革新之长，融合人文与智能之慧，为未来社会培养新时代的攀登者。

砥砺奋进攀高峰　珠峰实验学校以"珠峰·攀登者"精神为引领，从爱国精神、奋斗精神、专业精神三个层面，按照中学生核心素养六大要素"理想信念、责任担当、行为习惯、健康生活、人文底蕴、科学精神"的指引，注重价值观塑造和政治启蒙，五育并举，通过学校课程沉浸、校园活动体验、家庭教育陪固、社会实践提升、知行合一达成五个途径，构建以学生德育课程为主、以教师和家长德育协同课程为翼的"三联动"德育工作体系，建构各学段纵向衔接、各学科横向贯通、课内外深度融合的"珠峰·攀登者"德育课程体系，培养担当中华民族伟大复兴大任的全面发展的学生，为未来社会培养新时代的攀登者。

英语戏剧节　　　　　舞蹈比赛　　　　　自编操比赛

珠峰学院助成长　　珠峰实验学校创建了"珠峰学院——青年教师成长营",以培养为党育人、为国育才、面向未来、全面发展的现代化教师。"珠峰学院"以问题需求为导向,采用学院培养体系,实行学分制考核,通过"校内自主培训+校外第三方培训"双结合的模式,提供菜单式、个性化培训方案,以推动青年教师成长。综合必修课程包括教育信仰与情怀、政治修养、教育理论和政策法规等,专业发展必修课程包括教学基本功、教学常规专题训练、德育和班主任工作等,选修课包括管理能力、国际视野、形体礼仪、艺体特长、戏剧表演等,以培养有教育智慧、有自我驱动力、有执行力的现代教师队伍。

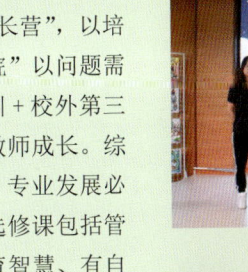

"小小创想家"发明大赛

特色突出展风采　　珠峰实验学校以国家课程为核心,以"活力课堂研究"为契机,形成简单易行且行之有效的教学模式——"激情导入,诱发活力;自主探究,孕育活力;合作探究,外显活力;突破难点,展现活力;拓展延伸,丰富活力;总结升华,创造活力",以提高整体教学质量。同时,开设多元化特色校本课程、"一期一科一特色"学科特色活动和社团活动课程,培养"五育齐修、内外俱美"的珠峰学子。学校通过少年红星训练营、"学长制"驻班辅导、德育周作业等培养责任担当者;在珠峰画廊开展主题画展,依托器乐之夜音乐会、草坪音乐节等融合礼仪教育培养优雅生活者;创建自编操和优质运动队,在有趣、有爱、有乐的锻炼中培养终身运动者;通过少年科学家、天文帐篷节、珠峰劳动节等培养问题解决者。

"珠峰·攀登者"社团活动

顽强拼搏创辉煌　　珠峰实验学校在全校师生的共同努力下,先后获得省、市、区级奖励100多项。其中,学校通过了广东省教育厅关于第四批"广东省绿色学校"称号的认定;学校信息技术提升工程2.0"整校推进"典型案例荣获珠海市一等奖第一名;少先队荣获广东省"红领巾奖章"四星章(斗门区唯一);学校原创微电影《信仰之光》荣获广东省二等奖、珠海市一等奖第一名;"珠峰少年科学家-科学实验基地"项目被评为珠海市特色项目。

科技节活动

珠峰实验学校将继续发扬"为国奉献、强国有我;不畏艰险、自强不息;超越自我、追求卓越"的攀登者精神,倾心培养有理想、有本领、有担当的斗门时代新人,努力实现教育为产业发展赋能,为斗门基础教育高质量发展做出贡献!

艺术长廊

珠海市第二中学

学校现任党委书记、校长郑军

珠海市第二中学创建于1980年，2001年被评定为广东省一级学校，2008年被评为广东省国家级示范性普通高中。

学校坐落在珠海市城区犀牛望月山下，地理位置优越，校园环境优美。学校占地面积82982平方米，建筑面积81884平方米，教育教学设施完善。

学校现有教学班60个，在校学生2944人，在编在岗教职工238人；专任教师230人，其中正高级教师4人、特级教师4人、高级教师110人、中级教师84人，具有硕士学位教师84人，博士研究生1人。

学校师资力量雄厚，拥有广东省名校长1人、国家级骨干教师2人、省级骨干教师8人，获得"南粤优秀教育工作者""南粤教书育人先进教师""南粤优秀教师""南粤教坛新秀""珠海市劳动模范"等荣誉称号以及获得"广东省五一劳动奖章"的教师共有57人。学校获批成为珠海市9个学科的新课程改革教研基地，承担了多项国家、省、市级课题。

学校确立了"文化养人"的核心办学理念，坚持"以优良的学校文化滋养有高度责任感的人"，取得了丰硕的教育教学成果。近年来，学校先后获得广东省教学水平优秀学校、广东省心理健康教育示范学校、广东省安全文明校园、广东省依法治校示范校、广东省青少年科学教育特色学校等荣誉称号；2018年，学校被中央教育科学研究院评为"中国财经素养教育实验基地"；2019年，学校被广东第二师范学院评为"广东省创建国家教师教育创新实验区"基础教育成果培育（孵化）基地和示范性教师教育实践基地，被第十八届全国基础教育学习论坛评为"中国研学实践教育示范学校"，被珠海市教育局评为"珠海市高中教学质量优秀学校"；2020年，学校被珠海市人民政府评为"2020年珠海市教育系统先进集体"；2021年，学校先后被中共云南省委、云南省人民政府授予"云南省脱贫攻坚先进集体"称号，被广东省教育厅评为"广东省中小学教师校本研修示范学校"，被中国班级文化论坛组委会、华中师范大学学校文化研究中心评为"全国学生社团活动创新示范学校"，被广东省教育厅复评为"广东省绿色学校"。

中山大学物理与天文学院副教授杨莉莉到学校开展科技节天文科普讲座

2021年珠海市中学生羽毛球赛暨广东省学校羽毛球联赛（珠海站）在学校落幕，学校羽毛球队荣获佳绩

"日偏食"观测活动

校园一景

佛山市禅城区张槎中学

佛山市禅城区张槎中学是一所公办全日制初级中学,创办于1956年。学校现有教学班39个,学生1800多人,教职员工138人,其中高级教师41人,一级教师39人,硕士研究生13人。张槎中学先后获得全国教育科学规划课程实验学校、全国机器人进课堂实验基地、全国"国防"特色学校、全国青少年足球特色学校、广东省交通安全文明示范学校、广东省绿色学校、广东省文明校园先进学校、佛山市首批文明校园、禅城区龙狮武术教学特色学校、禅城区教育系统先进单位、禅城区教育信息化先进单位等荣誉称号。

2021年12月22日,学校召开省级课题"促进学科高阶思维发展的课堂教学模式研究"开题报告会

秉先进办学理念 学校坚持"以人为本,师生与学校同成长"的办学理念,秉承"把学生培养成自律、奋斗、创新的三有时代新人"的培养目标,致力于落实"精细管理、习惯养成、特色引领"的办学思想,制定"'四为'并举,改善德育生态,'五措'齐施,提高教学质量"两条主线,将"生命得到尊重、课程丰富多元、师生教学相长、生活幸福有味"四种气象融入校园文化。学校领导班子以"每天进步一点点,每年跨上一台阶"的信念带领槎中人乘风破浪不断向前,成果丰硕。

学校参加全国青少年舞龙舞狮锦标赛,获南狮项目乙组南狮鼓乐项目一等奖、单狮规定套路二等奖

遇专业教师团队 学校优先发展"青蓝工程",制定了《佛山市禅城区张槎中学见习教师和新教师规范化培训方案》,践行以青年教师专业培养为抓手的提质减负行动,助力青年教师修炼基本功,提升教育教学能力,从"青芽"快速成长为"青藤"。在教研上,学校申报广东省中小学"百千万人才培养工程"专项科研项目2021年度课题"促进学科高阶思维发展的课堂教学模式研究",并获立项。教师全员参与高阶思维培训、研究、实践,紧跟现代化教育脚步。

学校参加第16届全国机器锦标赛和第二届中国(广东)国际"互联网+"博览会,创意闯关机器人被作为示范点进行展示

育幸福文明学生 学校围绕"扣好人生第一粒扣子"开展德育"六大主题"教育活动,即"新时代好少年"学习宣传、"传承红色基因"系列教育活动、中华优秀传统文化传承活动、学雷锋志愿服务、"劳动美"社会实践、"阳光成长"心理健康教育活动,推动社会主义核心价值观进教材、进课堂、进头脑。

设多元特色课程 学校注重课程改革,创设"花开四点"校本课程体系,同时把传统的龙狮文化和现代文明(机器人进课堂)相结合,打造"双翼齐飞"的特色发展项目。学校连续18年蝉联禅城区青少年舞龙舞狮锦标赛冠军,参加全国青少年舞龙舞狮锦标赛均获一等奖,在全国舞台上展现"槎中南狮""岭南鼓乐"的风采。创客社团获第八届广东省科技七巧板创意制作竞赛中学组团体赛广东省一等奖;民乐团在广东省音乐交流展示活动专场比赛中获佛山市一等奖、广东省二等奖。

张槎中学以校训为策,不断梳理工作成果,思索未来发展,推动学校改革和高质量发展;槎中人将继续不忘初心,扬帆远航,在教育的花海里深耕播种。

学校科创节活动

学校足球社团

学校举办65周年校庆活动

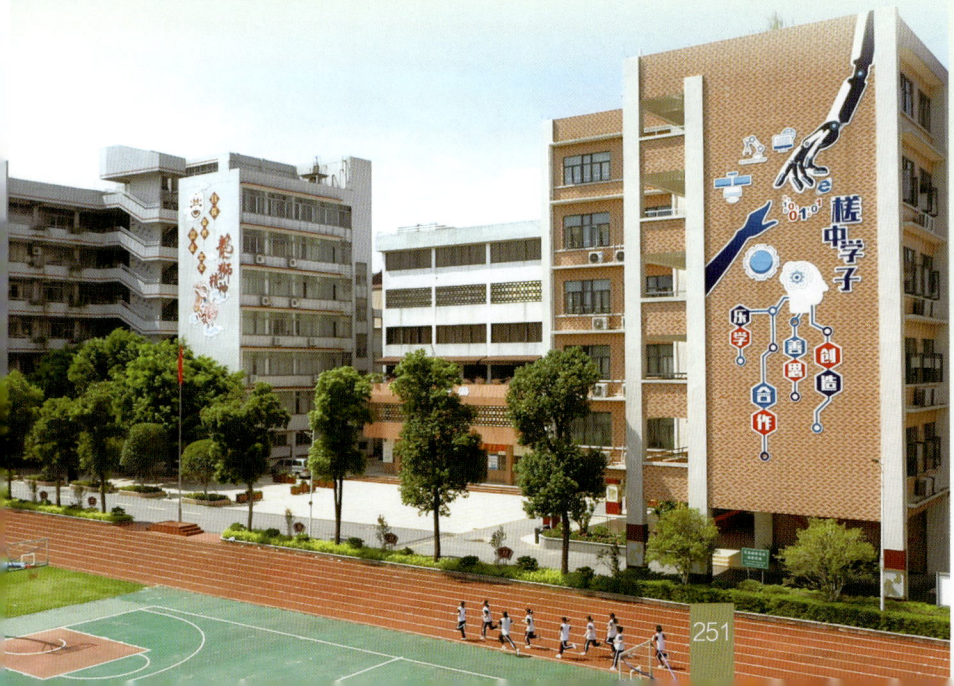

佛山市南海区桂城街道灯湖初级中学

教师带领学生在劳动教育实践基地观察记录植物的生长

体艺科技节上，学生表演合唱节目

学校体艺节开幕式活动

佛山市南海区桂城街道灯湖初级中学（以下简称灯湖中学）坐落于风景优美的千灯湖畔，校园环境优美，四季繁花簇拥，是桂城街道重点打造的公办教育标杆学校。灯湖中学以"让每个生命熠熠生辉"为办学理念，着力打造"亮教育"品牌，以提升学生核心素养为导向，探索适合师生发展、家长成长的路径。

灯湖中学以岭南特色为主要设计风格，各个楼栋间有架空连廊相连，形成特有的岭南特色庭院空间，校园内有茵茵绿地、特色雕塑、石刻景点、雅庭绿苑、风雨连廊等各类建筑与美景，校园空气清新，环境整洁卫生，指示标识牌规范美观。

学校教学区设有生物实验室、物理实验室、化学实验室，还配备了美术室、音乐室、舞蹈室；行政楼区域设有2间数字地理课室、2间数字历史课室、2间信息技术课室，拥有创客实验室、综合实践木工坊、档案室、保密室等功能场室，还有多功能体育馆、标准恒温泳池、两层地下停车场等配套设施。学校的负一、负二层设置了学生接送区，方便家长接送学生，有效解决了放学高峰时段学校周边交通阻塞的问题。

灯湖中学创校不足两年，已成功举办了两届体艺科技节活动，通过开幕入场式表演、科技展示与体验活动、班级合唱比赛、田径运动会等丰富多彩的项目，营造了"班班飘歌声，人人有舞台"的体艺活动氛围。

学校定期开展"英语文化节"和"语文文化节"系列活动，包括"中英文美文诵读""经典名著手抄报展示""名著戏剧展演""英语十大演讲家""阅读素养竞赛"

等,极大地丰富了学生的校园生活,营造了浓厚的中英双语学习氛围。

灯湖中学每年均举办"庆元旦"师生书画艺术作品展示活动,白描、水彩、国画、书法、素描、漫画、剪纸、摄影、手工、木艺等艺术作品百花齐放,为"美在灯中"做了生动的诠释。

学校以"劳动教育"为切入点,在校内开辟了多块种植园地,组织学生种植各类蔬菜,收获了累累硕果。

灯湖中学在"让每一个生命熠熠生辉"办学思想的引领下砥砺前行,一步一个台阶,着力打造"亮"教育品牌,正逐步创建成为广佛地区的公办标杆性学校。

具有岭南风格的校园建筑

校园内的"风雨连廊"特色建筑

学校操场及宿舍楼

韶关市第一中学

教学楼

月儿湖

运动场

校训石

升旗仪式

课堂教学

校运会

文艺晚会

韶关市第一中学创建于1905年,办学历史悠久、文化积淀深厚,是广东省人民政府确认的首批省重点中学之一,首批广东省一级学校,国家级示范性普通高中学校。学校占地面积216000平方米,校舍建筑面积92250平方米,绿化面积134100平方米,植被覆盖率为62%。

2021年,学校有78个教学班(含七年级、八年级、九年级、高一、高二、高三共6个年级),在校学生3653人;教职工350人,专任教师264人,正高级教师2名,高级教师109人,特级教师5人,研究生学历62人。

学校长期坚持"全面育人为本,为学生终身发展奠基"的宗旨,以"创一流名校,育时代英才"为目标,以"励群有为 博雅至善"为校训,营造"乐教、勤教、善教"的教风,"乐学、勤学、善学"的学风,形成"校园建筑营造整体美、'三化'建设营造环境美、发展特长营造个性美、人际和谐营造文明美"的校园文化特色。学校坚持"用人唯贤、德才兼备",倡导"五湖四海、人尽其才",全面贯彻教育方针,推进素质教育,施行课程改革,从教育、教学、管理三个方面进行以主体教育为主题和特色的整体改革,取得了显著的办学成效。学校为高等院校输送了大批优秀生源,多次获得"韶关市普通高中(A类)教学质量优秀学校"的称号,多名学生被清华大学、北京大学等名校录取。

学校曾获得全国实践教育活动先进单位、全国体育卫生先进集体、全国科技活动先进单位、全国信息学年赛优秀参赛学校、全国青少年信息学奥林匹克竞赛优秀参赛单位等荣誉称号,还先后被评为全国文明校园、广东省绿色学校、广东省文明单位、广东省师德建设先进集体、广东省青少年科技活动先进集体、广东省安全文明校园、广东省依法治校示范校、广东省先进集体、广东省德育示范学校、韶关市高考优胜学校、韶关市教育科研先进单位、韶关市绿色生态校园。

韶关市田家炳中学

学校概况 韶关市田家炳中学创建于1992年,是由香港著名实业家田家炳先生捐资、政府兴办的市直公办重点完全中学,1998年被评为市一级学校,2000年晋升为广东省一级学校,2012年被评为广东省国家级示范性普通高中。学校先后荣获全国国防教育特色学校、广东省文明单位、广东省安全文明校园、广东省体育特色学校、广东省青少年科学教育特色学校、广东省五四红旗团委、广东省书香校园、韶关市抗击新冠肺炎疫情先进集体、韶关市中小学卫生工作示范学校等称号。学校分为惠民南校区和沙洲校区,共有教学研67个,其中高中36个、初中31个。

学校沙洲校区

办学理念 学校秉承"克己奉公、仁者爱人"的办学理念,立德树人,充分发掘田家炳先生的思想品质和人格魅力,构建独具田中特色的校园文化。新时期,学校确立"厚德田中、文明田中、修业田中"的校园建设目标,不断提升教育教学质量和办学竞争力,力求把学校打造成全国田家炳中学里的品牌学校和粤北高质量、有特色的精品学校。

师资力量 学校现有专任教师227人,特级教师3人,正高级教师1人,高级教师104人,市拔尖人才1人,市高层次人才2人,"广东省特支计划"教学名师1人,市名教师5人,市学科带头人31人。此外,还有一批省市"优秀班主任""南粤优秀教师"等称号获得者。高中语文、英语、数学、体育、政治、生物、信息技术,以及初中英语、语文等教研组荣获"韶关市中小学先进教研组"称号,高中信息技术科组还被广东省教育厅评为"先进教研组"。

2021年度教师节表彰大会

办学效益 学校全面推进素质教育,教育教学硕果累累,高考捷报频传,一批学生考取清华大学、北京大学等全国知名高校。学校办学综合实力不断增强,办学效益稳步提高,连续两年被评为韶关市教育科研先进单位,被省教育厅评为广东省普通高中教学水平优秀学校。在立足传统教育的优势下,学校积极寻求内涵发展,培育办学特色,创造教育品牌,在电脑制作、体艺项目等方面均取得重大突破,是韶关市开展电脑制作活动培训基地,也是韶关市体育传统项目学校和艺术特色学校。在全国及省市中小学电脑制作活动比赛中,学校多次被评为广东省电脑制作活动组织工作先进单位。参加2021全国模拟飞行网络大赛,获国家级一等奖4人、二等奖6人、三等奖1人。毽球、乒乓球和舞蹈作为学校体艺传统项目,在历届"英东杯"文体比赛中多次取得优异成绩。

2021年"破浪逆行,为你而诵"诗词大会

硬件建设 学校的办学条件逐年完善,惠民南校区(高中部)投入3000多万元兴建的新实验楼配有现代化物理、化学、生物实验室以及音乐室、舞蹈室、美术室等;图书馆藏书10万多册,阅览室座位达400个。学校初中部和高中部所有教学课室及部分功能室均安装了交互式触摸一体机教学平台并配备有空调系统,为学生提供良好的学习环境;为每位教师安装了云办公平台,极大地提升了校园多媒体教学的质量和效率。学校已拥有万兆核心、千兆主干、百兆到桌面的校园网,网络覆盖面遍及整个校园。

2021年"青春向党,歌声飞扬"五四主题歌唱大会决赛

学校获评全国国防教育特色学校

河源市源城区啸仙中学

励志楼

修治楼

阮啸仙雕像

河源市源城区啸仙中学创办于1984年秋,是河源市源城区直辖的一所公办初级中学。学校总占地面积9万平方米,建筑面积50386.95平方米,拥有66个教学班,学生3504人,教职工202人,其中高级职称教师57人、特级教师1人、南粤优秀教师2人、省名教师工作室主持人2人、市名教师工作室主持人1人。

传承英名,底蕴深厚 为纪念阮啸仙同志牺牲50周年,1985年学校校名改为啸仙中学,由时任省长刘田夫亲笔题写校名。学校以"以德为首、以人为本、全面育人、和谐发展"为办学理念,以"善学修身,砺志成才"为校训,以"优质服务兴校、校本教研强校、特色教育亮校"为指导思想,以"打造河源市优质品牌初中"为目标,形成了"三志三礼"的德育模式,创建了红色校园文化特色。学校文化底蕴深厚,治学严谨、校风淳朴、学风浓厚。

弘扬精神,启智修身 学校将阮啸仙精神文化与当代教育和校园文化内涵有机结合,开发和利用校本教材《啸仙人学啸仙》《阮啸仙学生时代的故事》和《阮啸仙》画册等,开展了一系列学习阮啸仙精神的德育特色活动。其中以"七年级立志、八年级砺志、九年级扬志"为指导思想,以"七年级入学礼、八年级青春礼、九年级毕业礼"为抓手,不断挖掘和拓展校园文化内涵,精心打造校园特色文化。

教坛论道,高效课堂 学校以立德树人为根本,落实"双减"政策,开展了形式多样的课后服务,促进学生全面发展。开设国旗班、舞蹈队、合唱团、美术社、足球队、篮球队、啸轩文学社等社团,形成了校本课程。学校以师徒结对为手段打造优质教师团队,以课堂教学有效性为核心,以课堂诊断小组为抓手,以课堂教学为主阵地,深入钻研教学,提高教与学的实效性,形成富有学校特色、学科特点、教师个性的"以教导学,以学促教"的高效课堂。

文明宿舍,温馨家园 学校对寄宿学生的管理以"静、雅、谐"为目标,提出了"以学生管理学生"的自主管理模式。宿舍管理达到了"灯熄人静"的效果,为寄宿学生的健康成长创造了有利的条件和环境。

闻啸轩

红色教育阵地

国旗班

立志入学礼

砺志青春礼

扬志毕业礼

硕果飘香，彰显品牌 学校承担了国家、省、市、区级以上科研课题20多项，其中国家级2项、省级6项。近3年，学校荣获国家、省、市、区级荣誉和奖励达48项，师生荣获国家、省、市、区级荣誉和奖励达548项，累计698人次。学校先后被评为国家教育科研先进学校、全国优秀家长学校、广东省德育示范校、广东省绿色学校、河源市示范性初中，连续4年荣获"河源市初中教学质量优胜奖"，连续16年荣获河源市初中毕业水平测试源城区第一名。

提质改造，校园换颜 学校推进校园改扩建工程和环境品质提升，扩建项目用地面积达8215平方米。扩建项目包含1栋6层教学楼、1栋1层风雨操场及在风雨操场南侧加建1栋4层学生宿舍楼、1栋6层学生宿舍楼、1栋3层学生食堂，总建筑面积达23588.66平方米。学校扩建后建筑面积达50386.95平方米，是源城区办学规模和占地面积最大的一所公立学校。

"十年树木，百年树人"。啸仙中学正乘着教育强区的东风，以一流的师资、一流的环境、一流的科研推动学校发展，向着"建成具有现代化教育特征的高品质的窗口学校"的目标迈进。

文化艺术节

"讲述红色故事 传承红色精神"活动

五华县河东中学

书法课

班级足球赛

学生在读书吧阅读

学校综合大楼

校园宣传栏

学校被评为"全国青少年校园奖足球特色学校"

五华县河东中学创办于1995年,位于五华县河东镇澄塘村东升92号,占地面积42320平方米,建筑面积17782平方米。校园布局合理,绿树成荫,鸟语花香。学校设施设备完善,实验室、计算机室、图书室、阅览室、音乐室、美术室、书法室、心理咨询室、科技活动室、体育器材室等功能场室齐全,还配备了"班班通"多媒体互动教学平台;运动场地有足球场1个、篮球场2个和体育器械场1个,阅读场所拥有开放式读书吧3个。

学校现有教学班28个,学生1506人;拥有专任教师95人,其中具有研究生学历3人,中学高级教师33人,南粤优秀教师1人,广东省最美教师1人,嘉应名师1人,获得市级荣誉称号共21人。学校以习近平新时代中国特色社会主义思想为指导,全面贯彻党的教育方针,落实立德树人根本任务。学校秉承"为每一个孩子奠定无悔人生的基础"的办学理念,以"身心健康,以德启智"为育人目标,为国家培养社会主义建设者和接班人。在上级党委、政府以及教育主管部门的领导和关怀下,学校教育教学质量稳步提升。2000—2015年,学校连续15年中考成绩稳居全县前列,其中2010年获得全县综合排名第四名。

学校坚持"五育"并举,每学年均举办班级足球赛、体育节、读书节等活动,开展丰富多彩的书法、音乐、美术、劳技等第二课堂活动,促进学生的德、智、体、美、劳全面发展。学校积极组织学生参加各级各类文体竞赛,在历届五华县中学生田径运动会比赛中,团体总分一直保持在前5名;先后获得2020年五华县校园足球三级联赛暨"县长杯"足球赛第二名、2021年梅州市第一届中小学大课间体育活动评比二等奖、2021年梅州市中小学足球主题大课间展示活动一等奖、2021年梅州市第二届中小学生艺术展演活动二等奖。

学校办学成效显著,先后被评为全国青少年校园足球特色学校、全国国防教育特色学校、广东省交通安全文明示范学校、广东省健康促进示范学校、广东省第二批青少年校园足球推广学校、梅州市书香校园、梅州市德育示范学校、梅州市安全文明校园、五华县先进学校、五华县表扬学校,获得五华县初级中学教育综合评价奖、五华县初级中学教育综合评价进步奖,成为五华县高考前五名初中生源学校。

展望未来,五华河东中学将全面实施素质教育,积极探索教育教学发展新模式,为培养高素质的新时代人才奋勇前进。

五华县横陂中学

五华县横陂中学创办于1910年，是梅州市一级学校。学校占地面积80000平方米，校舍建筑面积37500平方米，校园分为教学区、运动区和生活区，环境优雅、绿树成荫，校园文化氛围浓郁。学校建有办公楼1幢、图书馆1幢，以及能容纳40个教学班的教学大楼3幢，全部教室均配置了多功能教学一体机；拥有与学校规模相适应的电脑室6个、多功能演播厅1个、阶梯教室1个、校史室1个，以及理化生实验室、仪器室、藏书室、音乐室、美术室、生物园、地理园等各类功能室；建有能提供1000人寄宿的公寓式学生宿舍楼2幢、能容纳500名师生同时用餐的学生食堂1个；配备有独立的标准篮球场4个、羽毛球场2个、乒乓球台7张。

学校现有教学班34个，学生1900多人；教职工152人，其中高级职称教师56人、一级职称教师47人，专任教师本科达标率为100%。学校结合生源实际，创新育人模式，设有体育班、美术班、音乐班、舞蹈班、传媒班。高考成绩年年迈上新台阶，实现了"低进多出""低进高出"的目标，让更多学子能圆大学梦。

学校以突出的办学成绩，在奖教奖学方面获得了"广东省横陂育才基金会"的大力支持。"广东省横陂育才基金会"是广东省第五间、梅州市第一间获得广东省民政厅正式批准成立的中学基金会，基金会总额近2000多万元。从2011年始，"广东省横陂育才基金会"对横陂中学投入900多万元，用于改善学校的教学设施设备或奖励优秀师生。

近年来，学校在五华县委、县政府的正确领导以及社会各界的大力支持下，不断改善办学条件，兴建了"孔子文化广场"；不断深化教育教学改革，传承百年老校丰厚的文化底蕴，着力打造特色学校，实现了快速、和谐、稳定发展。

学校办学成果显著，先后被授予全国校园足球推广学校、广东省校园足球推广学校、广东省群众体育先进单位、梅州市绿色学校、梅州市文明校园、五华县先进学校、五华县文明单位、五华县"三好党支部"等26项集体荣誉；获得五华县高考优胜奖，成为五华县高考前五名初中生源学校。学校教职工中有12人次获得省级以上荣誉称号，20人次获得市级荣誉称号，108人次获得县级荣誉称号。

学校校风淳朴、教风严谨、学风浓郁，如今已成为一所享有良好声誉的市级名校。

学校行政领导班子

学生李文超获得梅州市第九届运动会金牌

学校田径队在五华县中学生田径运动会比赛中获得团体总分第四名

美术课

舞蹈课

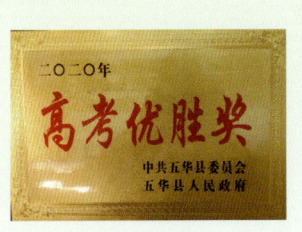  
学校荣誉

五华县潭江中学

优秀学生与学校行政领导合影

校园一角

五华县潭江中学创办于1950年，是一所具有半个多世纪办学历史的山区初级中学，学校地处五华县潭下镇中心地带，地理条件得天独厚。校园占地面积83080平方米，校舍建筑面积12430平方米，校园内绿树成荫、环境优美、清静优雅，现代化的教学楼、综合楼、宿舍楼错落有致，为莘莘学子营造了优美的学习环境。

田径运动会入场式

学校现有教学班31个，在校学生1819人，专任教师117人。专任教师中，高级职称38人，中级职称43人，南粤山区优秀教师3人，嘉应名师1人，市级优秀教育工作者1人，叶剑英基金优秀教师奖获得者1人。学校各功能场室配备齐全，全部教室均装配了一体化多媒体平台，还有音乐室、美术室、心理咨询室、图书室、阅览室、录播室、计算机室、实验室等。学校运动场面积15000平方米，有标准的足球场与200米环形4跑道（含100米硅胶直跑道）、篮球场4个、羽毛球场4个、排球场1个，充分满足学生的各种运动需求。

为了打造"书香校园"，学校定期举办"读书日"交流活动，不断添置各类图书和教学资料，图书阅览室有各类图书近5万册。学校还加强了"墙壁文化"与"绿植文化"建设，先后建成了国学教育宣传画廊和百米"传统美德·经典名画"墙，让广大师生在优美的环境熏陶下，提升道德修养。

志愿者到敬老院送温暖

学校创办至今，始终贯彻党的教育方针政策，在各个历史时期均取得了较为突出的办学成绩，培育了一大批优秀人才。学校先后被评为全国青少年篮球特色学校、梅州市足球特色学校、梅州市文明学校、五华县德育禁毒法制教育示范学校、五华县先进单位等。

在新的历史时期，潭江中学全体教职员工"不忘初心、锐意进取"，致力于办好人民满意的教育，为五华山区教育做出更大的贡献，争创"潭江"新辉煌！

五华县田家炳中学

五华县田家炳中学创办于1995年，是由著名旅港实业家、慈善家田家炳先生捐助兴建的一所公办高级中学，是广东省一级学校、国家级定点考场、全国青少年校园足球特色学校。

学校占地面积7万平方米，建筑面积4.8万平方米，绿化面积2.55万平方米，绿化覆盖率达85%，校园环境优雅，布局合理。现有教学班70个，在校生4000人；教职员工321人，其中高级教师99人、中级教师128人、广东省特级教师1人、南粤优秀教师3人、嘉应名校长1人、嘉应名师3人、叶剑英基金优秀教师奖获得者6人。

教学楼

实验楼

学校树立"以人为本，素质为重，面向全体，和谐发展"的办学理念和"崇德、博学、和谐、进取"的校训，以严格精致的管理和科学创新的思维，创设浓郁的书香氛围，营造优美的育人环境。学校不断改善办学条件，教学设备、运动设施先进齐全，并更新升级了先进的希沃教学交互一体机，充分满足现代化教学需求。由县委、县政府投资600万元兴建的高标准校园运动场，是师生强身健体、开展足球运动的理想场所；占地500多平方米的粤东地区最大的校园书吧——"田园书屋""智慧图书馆"，成为全校师生读书、交流的"精神氧吧"。此外，县委、县政府还投资1500多万元新建1栋现代化公寓式的学生宿舍，可以容纳全部高中生寄宿，并实行"准军事化"的管理模式，对学生严格要求、规范管理，使学生养成良好的生活和作息习惯。教室和学生宿舍全部安装空调，学生的学习、生活条件大为改善。

图书楼

学校充分挖掘每个学生的潜能，促进学生德、智、体、美、劳全面发展。学校男子足球队参加首届、第二届全国田家炳中学足球邀请赛并荣获冠军，女子足球队参加"市长杯"足球赛荣获第二名。在五华县校园足球三级联赛暨"县长杯"足球赛中，获高中男子组第二名。2021年高考，学校特殊类上线（含地方专项）19人，本科上线352人，其中杨颖鹏被中央美术学院录取，是五华县首个考入中央美术学院的学生；周琳辉、古辉富被哈尔滨音乐学院录取。作为田家炳先生捐资兴建的学校，田家炳基金会一如既往资助学校优秀毕业生，凡是考上清华大学、北京大学、中山大学、华南师范大学、暨南大学等72所全国知名高校的学生，都将获得奖学金。田家炳基金会每年还另外资助学校10名优秀贫困毕业生上大学。

崇德楼

学校先后被评为梅州市优秀足球特色学校、广东省健康促进示范学校、省级毒品预防教育示范学校、梅州市文明校园、"省长杯"青少年校园足球联赛全省总决赛优秀组织单位、广东省朝阳读书活动先进单位、广东省书香校园、广东省依法治校示范校、广东省安全文明学校、五华县先进单位。

学校获五华县校园足球三级联赛暨"县长杯"足球赛高中男子组第二名

五华县小都实验学校

校园文化大厅

校风校训展示

学生宿舍

室外绘画课程

校园全景

梅州市五华县小都实验学校（水寨中学小都校区）创办于1958年，坐落于梅州市五华县小都村。学校拥有全省一流的教学环境，富有特色的教学大楼，连廊相依贯通；标准化的教室，窗明几净；先进的多媒体教室，尽享科技便利；全新的宿舍及食堂，彰显人性关怀；齐全的功能场室，尽展多彩校园。学生可以在现代化的体育场馆尽情挥洒青春的汗水，享受运动的趣味；在葱茏的校道，品鲜花绽放，赏彩蝶嬉戏。景在校园里，学在美景中，风华正茂、书生意气的莘莘学子在这里追逐新梦想，开启新征程。

乡贤助力，开创助学新模式 学校是一所农村寄宿制初级中学。五华杰出乡贤、鸿艺集团董事局主席蔡鸿文捐资2.3亿元建设小都实验学校，全面改善小都片区办学条件和就学环境，开创了梅州助学新模式，实现了"交钥匙工程"。从原来仅靠零星社会力量的分散捐资助学，到如今按照省一级标准进行项目整体规划建设，实现让师生拎包"入校"。

集团办学，描绘教育新蓝图 学校采用集团化办学模式，作为水寨中学的一个校区，与校本部高度融合，集团内同部署、同教研、同考核、同管理，共享本部优质资源。集团办学进一步优化教育资源配置，盘活现有教育资源，挖掘学位供给潜力，不断增加优质学位和优质教育资源供给，惠及五华广大百姓。与此同时，水寨中学校本部和广州番禺区教育局分别选派9名、13名优秀骨干教师进驻学校，学校的师资力量得到增强，教学理念不断更新发展。

基金依托，汇聚教育新力量 学校在原有奖教奖学基金的基础上，新成立2000万元"小都教育基金"，用于奖教奖学。以"小都教育基金会"为依托，协同社会各界的帮扶力量，积少成多，聚沙成塔，逐步形成更有效的教育扶贫实践力量，持续凝聚教育新力量，打造独具特色的乡村教育新形象。

成绩显著，谱写教育新篇章 小都实验学校先后获得五华县表扬学校、五华县先进学校、五华县年度考核进步一等奖、五华县先进党支部等荣誉。在近十年的中招考试中，学校成绩稳居全县前十名左右，是五华县较具影响力的学校之一。

站在新的起点上，学校以"鸿图大志，文德天下"为理念，团结一心，真抓实干，以砥砺奋进的高昂激情，扎实推进办学育人各项工作，通过党建引领，着力打造城乡教育示范点、全寄宿制品牌学校，谱写新时代农村教育新篇章！

五华县特殊教育学校

五华县特殊教育学校是广东省民生工程项目，是五华县直属的九年一贯制学校，按标准化特殊教育规模建设，占地面积26128平方米，建筑面积12415平方米。学校拥有27个教学班建制，主要招收听障和智障学生，配备了感觉统合训练教室、个别训练室、体育康复训练室、心理宣泄室、音乐律动室、美工室、劳技教室、心理辅导室等功能场室，藏书6000多册，教育教学设施日趋完善。此外，学校还设立了特殊教育资源中心，为普通学校的资源教室工作开展提供各种支持和帮助，是一所集教育、康复、养护为一体的特殊教育学校。

实践园地

学校有学生252人（其中在校寄宿生173人，送教上门79人），教职工75人，其中在职在编教师49人，临聘的生活指导老师、保卫、厨师等工勤人员26人。

学校开设了语文、数学、语言训练、写字、律动、手工、劳动、生活指导、健康教育、美术、体育等课程，着力打造书法、美术、舞蹈、劳技等特色课程，并取得了很好的效果。学生表演的文艺节目《心鼓》参加梅州市首届残疾人文艺汇演荣获二等奖；学生表演的舞蹈《我心飞翔》在第十届全省残疾人艺术汇演中获得优秀奖；学生张静萍的《柚子树下》、张美婷的《客家舞狮》、周莹莹的《围龙屋的记忆》在"印象·童年"梅州市首届"凤眠杯"中小学绘画比赛中分别获得初中组二等奖、小学组一等奖和特等奖；教师器乐合奏《大鱼》在梅州市特殊教育学校教学成果展演中荣获一等奖；学校编印了《洗车技能》《客家美食制作》《优秀论文集》3本校本读物，深受师生喜爱。学校先后被评为五华县表扬学校、五华县先进学校、梅州市文明校园。

学校将继续秉承"一切为了残疾孩子"的办学宗旨，"让孩子有一定的劳动技能，有足够的能力适应社会，实现幸福人生"的办学理念，以"博爱、进取、力行、超越"为校训、"敬业、自强、务实、和谐"为校风、"爱生、严谨、善导、创新"为教风、"立志、乐学、勤奋、成才"为学风，坚定不移地高举习近平新时代中国特色社会主义伟大旗帜，不忘初心，砥砺前行，为残疾儿童、少年实现幸福人生开启新的征程。

学生在上美术课

培智班语文公开课

大课间活动

朗诵比赛颁奖仪式

主题党日活动

惠州一中博罗启正学校

学校游泳馆揭幕仪式

学校体育节开幕式

学校举行中考送考仪式

学校举行第一届中考百日誓师大会

学校全体教职员工大合影

惠州一中博罗启正学校由罗浮山水泥集团控股的惠州市宏邦达实业有限公司斥资4.5亿元兴办。学校占地面积5.6万平方米，建筑面积约9万平方米，是按省一级学校标准兴建的全封闭、寄宿制、九年一贯制高端民办学校。

从零起步的博罗启正学校，于2018年9月3日正式开学，首期招生1068人，2019年秋季在校生2630人，2020年秋季在校生3918人，2021年9月在校生达4500多人。在校教职工440多人，专职教师近300人，教师学历达标率为100%。2021年，学校首届中考成绩优异，参考学生395人，其中博罗县前5名2人，博罗县前10名3人，600分以上的有117人，惠州市第一中学上线人数39人，博罗中学上线人数170人；文化课单科满分有5人，体育满分有301人（满分率为84.6%），高中升学率达94%。

学校开办以来，按照"高站位、高起点、高品质"的办学策略，以"倾听生命的律动，关注教育的温度"为办学理念，实施"正教育"，倡导"家文化"，坚持"精细管理"，做到"四个绝对"（绝对畅通、绝对服从、绝对高效、绝对一流），发扬"和、拼、情"精神，取得了显著的办学成效。如今，学校已发展成为一所"师资力量雄厚、管理理念先进、育人环境优美、办学特色鲜明、教学质量一流"的现代化学校，先后被评为中国民办教育先进学校、广东省义务教育标准化学校、广东省特色教育品牌学校、惠州市"三全"育人示范校、惠州市艺术特色学校、惠州市文明校园。

砥砺三载 梦圆花开——惠州一中博罗启正学校建校三周年成果展

东莞市第一中学

东莞市第一中学创建于1957年，在近半个世纪的风雨中，学校三迁校址，五易其名，2005年8月更名为东莞市第一中学，并获评为广东省国家级示范性普通高中。2019年成立东莞市第一中学教育集团，托管中堂镇实验中学。学校教育质量扎实稳定，拥有良好的社会口碑。学校以"办一所让人幸福成长的学校"为办学理念，特色鲜明，成绩显著，是东莞市首批30所品牌学校之一。

学校致力于建立"天地人和"的幸福校园文化生态，打造校园"幸福成长共同体"。在统一的思想引领下，教学质量节节攀升，教学特色蓬勃发展。"幸福教育"成为学校有辨识度、有知名度的品牌特色。

东莞市第一中学（集团）中堂镇实验中学挂牌仪式

以人为本，打造幸福共同体 学校以60周年校庆为契机，借助校友力量建造校史馆、校友名录长廊，构建文化载体，营建温馨课室、办公室，倾力打造师生饭堂，升级硬件设施。通过实施"青蓝工程"、开设"东莞一中教育集团卓越教师专业发展研修班"等措施，引领教师开展"幸福教育"思考和实践，使一大批教师快速成长为课程开发能手和课程研究、实践骨干。发扬传统体育特色，擦亮"幸福教育"品牌。学校改造建设了健美操训练中心，推动了健美操普及和专业化发展之路；成立了游泳队，成为东莞市推进游泳项目发展布点学校。学校体育科组获评东莞市先进集体。建构"5H"幸福课程体系，开设了100多门线上和线下校本课程，在微课、慕课、创客等新改革实践中，取得显著成绩，"走班制"教学改革实验也取得了突出成果。

东莞市第一中学、铜仁市第二中学结对帮扶签字仪式

品牌示范，助力强校提质 学校组建了东莞市第一中学教育集团，托管中堂镇实验中学。成员校传承东莞市第一中学的办学理念，创建"慧雅·幸福"品牌学校，创建慧雅课程体系，培养慧雅少年。中堂镇实验中学各项建设取得质的突破，2021年成为东莞市第三批品牌学校之一。

2021年，学校按照上级部署，与贵州铜仁市第二中学成为结对帮扶学校。两地跨越山海之遥，千里携手，这不仅是东西部教育协作、共同发展的实践，更是东莞市第一中学品牌建设的"辐射效应"。为响应市教育局提质扩容政策，东莞市第一中学启动了扩招扩建工作。2021年11月，改扩建工程封顶，竣工后可满足扩容30个班、1500个学位的教学需求。

东莞市第一中学改扩建工程封顶仪式

六十五载风雨路，砥砺前行谱新篇 东莞市第一中学将继续以昂扬向上、锐意创新、不断超越的办学精神，将"以质立校""永创第一"作为教育追求，续写腾飞新篇章。

校运会入场仪式

雕塑——《凤凰展翅》

建党100周年献礼《灯火里的中国》合唱

东莞市望牛墩中学

教学楼

运动会

体育艺术节活动

博雅书坊

东莞市望牛墩中学是创办于1966年的全日制公办初级中学，是首批广东省一级学校。2020年成立东莞市望牛墩中学教育集团，2021年被市教育局认定为东莞市第三批品牌学校。

学校占地面积37700平方米，建筑面积49423平方米，在校学生2800人。学校师资队伍精干，有专任教师206人，其中省特级教师1人、正高级教师1人、副高级教师28人，拥有东莞市名师工作室主持人3人、东莞市学科带头人5人、东莞市教学能手45人、镇名师工作室主持人16人。2021年，学校教师参加各类比赛，获市级以上奖励200人次；7个市级科研课题获批立项。

理念墙

学校以"自得教育"理念为统领，秉承"为每个学生可持续发展提供最适合的教育"的办学宗旨，鼓励学生自我立志和自勉，学思行结合，让学生积极主动地参与学习过程。打造"自主管理、自律德育、自得课程、自得课堂、自得科研"五个平台促进师生的自我教育和自我成长，实现"自悟自得，立德立行"目标的达成。学校在教学上提倡发掘学生的内驱力，鼓励学生主动学习；在德育方面强调学生的自律自觉，自我约束，努力培育具有奋斗精神的德智并重、健康开朗、会自我学习的现代中学生。

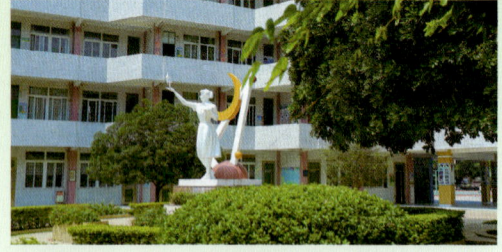
校园雕塑

学校办学特色鲜明，第二课堂活动丰富多彩。利用校内外资源，丰富学生课余活动，培养学生的创新精神和实践能力，提高学生综合素质，形成百花齐放的各类社团，开设了歌唱社、版画社、英语话剧社等41个社团。篮球、书法、计算机等项目扎实开展，成果丰硕，先后两次获得东莞市中学生篮球赛男子组冠军；一大批计算机尖子生获得奥林匹克竞赛全国奖和省级奖；师生多次荣获广东省中小学规范汉字书写大赛特等奖。

校园歌手大赛

学校创办以来，先后获得东莞市先进集体、广东省绿色学校、广东省文明单位、全国中小学德育工作先进集体、广东省先进集体、东莞市文明单位标兵、东莞市模范集体、广东省书香校园、全国青少年校园篮球特色学校等荣誉。

东莞市松山湖北区学校

东莞市松山湖北区学校是一所九年一贯制公办学校，也是一所面向未来教育的现代化高端学校。学校于2020年9月开学，办学规模为84个教学班，其中初中36个班、小学48个班，提供3960个学位。

水滴广场

理念·向未来 学校定位高远，以"无痕·未来"为办学理念，以"与世界同步，与未来同行"为办学愿景，以校训"发现你自己"为指引，致力于培养"身心自然完整、未来自由胜任、具备中国根基、拥有全球视野"的未来公民。

课程·觅未来 学校致力于培养孩子的未来胜任力，构建了完善的"觅·未来"课程体系，包括觅知·基础课程、觅行·拓展课程、觅思·融合课程、觅趣·社团课程、觅雅·活动课程五大部分，促进学生全面而有个性的发展。

学校一景：流瀑听涛

教师·研未来 学校师资力量雄厚，有特级教师1人，广东省"百千万人才"培养对象3人，广东省名班主任工作室主持人1人，东莞市基础教育领军人才1人，市级名校长、名师、名班主任工作室主持人6人。教师获国家级荣誉10人次、省级荣誉30人次、市级荣誉72人次。应届毕业生教师中，具有硕士研究生学历的占81%，"985""211"高校以及香港地区、国外著名高校毕业占90%。

无痕教育评价系统发布会

空间·育未来 学校校园环境宁静和谐，建筑错落有致，创设了学生成长中心、人工智能中心、资源互动中心、未来学习中心等八大空间，每一个空间都融入了课程设计理念，为孩子打造一方利于身心健康成长的天地。

2020—2021学年度第一学期期末总结大会

评价·导未来 学校以"评价立校"为宗旨和目标，坚持立德树人，依托大数据、人工智能技术研发创建了"一脑五平台"无痕评价系统，并在实践中不断完善，推动教育评价改革，实现学校高质量内涵式发展。

学校办学以来，先后获得全国足球特色学校、央馆智能研修平台应用试点工作实验校、广东省评价改革实验学校、广东省"5G+智慧教育"实验学校、广东省名师网络课堂试点校、东莞市评价改革典型校等荣誉。以松山湖北区学校为龙头校的松山湖无痕教育集团也获评广东省首批优质基础教育集团培育对象。

学校低年级段期末游考活动

东莞台商子弟学校

学校校门

学校举办二十一周年校庆活动

幼儿园节目表演

小学部节目表演

中学部节目表演

　　东莞台商子弟学校（以下简称东莞台校）成立于2000年9月2日，是中国大陆第一所由台商举办、专门招收台商子女的学校，是一所凝聚珠三角台商家庭，以大爱公益精神捐资兴建的十五年一贯全日制住宿学校。东莞台校以推展台商子女教育为志业，融合两岸教育团队的智慧与心力，以前瞻的视野、开阔的格局，不断追求创新与卓越，致力于教学质量的提升、促进两岸教育的交流与合作。

　　学校创办人为董事长叶宏灯，曾担任东莞台商投资企业协会第二、三届会长，现任校长为郑忠煌先生。学校成立以来，学生人数从698人发展至2500多人，学校依台湾教育模式办学，培养新时代的台商精英，助推两岸文化教育交流，回馈社会公益；学校积极推动精进再造，营造优雅的学习环境、翻转优质学习文化。同时，学校强化学生心智开发及品格涵养，深厚文化底蕴，引导创意学习，培育台校人都能"具好奇心、会思考、有智慧"，成为"关怀社会、真诚奉献、气度泱泱"的敦厚公民。

　　课程上，学校强调阅读理解、口语表达、STEAM跨领域探究实作教学，重视理论与实作，培养孩子做中学、穷真究理的素养，并以生活、生命及品格为核心，透过语文、信息、才艺、生活、探索、环境课程，培养五育均衡发展、具备企业社会责任及国际视野的时代新人。经过20多年推动发展，东莞台校教学质量不断提升，所培育的学生纷纷进入两岸顶尖名校就读：台湾地区的大学有台湾大学、清华大学、阳明交通大学、成功大学、政治大学等台湾传统名校；大陆地区的大学有北京大学、清华大学、浙江大学、复旦大学、中山大学、厦门大学等。升学成绩深受两岸教育界肯定，毕业校友在全球各行各业中发光发热。

东莞启智学校

东莞启智学校创办于1995年，是市教育局直属公办学校，是一所集文化教育、康复教育和职业教育于一体的综合性十二年制特殊教育学校。学校有3个校区，分别是小学校区、中学校区和启航校区（专门学校）。学校校园布局合理、环境优美、设备完善，配有各类专业功能场室，为特殊儿童少年的学习和成长提供了良好的条件。

学校始终把"为每一个特殊孩子的幸福人生奠基"作为办学宗旨，以"办一间有温度有品质的学校"为办学目标，以培养学生的生活能力和社会适应能力为重点，致力于把学生培养成为德、智、体、美等全面发展，具有一定科学文化知识和劳动技能，适应社会发展要求的合格公民。

学校拥有一支师德修养高尚、专业水平过硬、教学经验丰富的师资队伍，有广东省中小学名师工作室2个、东莞市中小学名师工作室3个、东莞市名班主任工作室3个，"全国特教园丁"1人，全国优秀教师1人、全国优秀班主任1人、广东省特级教师2人、广东省南粤优秀教师4人、广东省最美教师1人、广东省优秀教师3人、广东省优秀班主任4人，另有16人获得其他省级荣誉称号，69人获得东莞市优秀班主任、东莞市特殊教育教学能手、东莞市优秀少先队辅导员等市级荣誉称号。

学校坚持以生为本的现代化教学理念，全面落实素质教育，构建康复训练、基础教学和职业教育相结合的教育模式，探索艺体教育特色。学生在全国特殊奥林匹克运动会、省残疾人运动会等国家和省级体育比赛中共获得55枚金牌、49枚银牌和53枚铜牌，在全国、省级文化艺术大赛中共获得一等奖14项、二等奖25项、三等奖20项；先后有1人荣获国家宋庆龄奖学金，3人获评广东省优秀少先队员、5人获评东莞市优秀少先队员、7人获得"莞邑最美少年""最美南粤少年"等荣誉称号。

办学27年来，学校培育了300多名毕业生走向社会，他们不忘初心，砥砺前行，在各行各业发挥着自食其力、自强不息的精神，用奋斗书写着青春华章。学校先后获得广东省特殊教育先进单位、广东省残疾人之家、广东省绿色学校、广东省中小学教师校本研修示范学校、东莞市文明单位、东莞市文明校园、东莞市平安校园、东莞市残疾人之家、"十一五"全市特殊教育工作先进单位等荣誉称号。

今后，学校将继续不负重托，把握机遇，迎接挑战，办好人民满意的教育，让东莞每一个特殊孩子都能得到优质的教育，共享现代化教育的成果！

小学校区

中学校区

学校荣誉

学生成长足迹

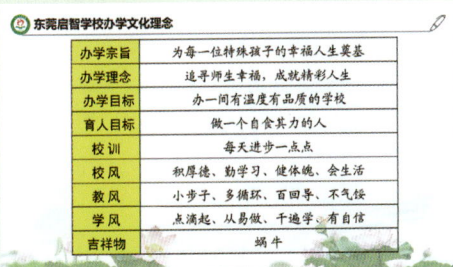

学校办学文化理念

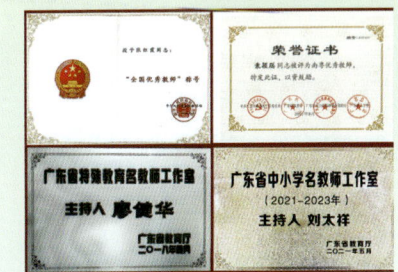

师资力量

东莞启智学校启航分校

美食课堂素质拓展课

风景绘画素质拓展课

学校主题雕塑

修身十礼文明礼仪操

东莞启智学校启航分校创办于2020年7月，是根据国家和省市关于专门学校的有关文件精神建设的全国首批专门学校，是在东莞市专门教育指导委员会的指导下，由东莞市教育局和市公安局共同管理的市直属公办学校。

专门教育是国家教育体系的重要组成部分，启航学校认真贯彻党的教育方针，在全国首创"警师共育"管理新模式，致力于办有爱心的教育、有温度的教育、有书香的教育。启航学校以"明理修身，梦想启航"为办学理念，以"拥抱孩子"为教育理念，为已满12周岁未满18周岁、有严重不良行为的青少年提供最适合的教育。

学校筹办至今，扎实推进各项工作，得到社会各界广泛认可。学校先后承办全国专门教育研讨会和"加快创新广东省未成年人保护机制"专题调研会，在会上做经验介绍，得到各级领导、兄弟院校的良好反响。社会媒体对学校高度关注，包括新华社、中新社、中国教育报等国家级主流媒体在内的20多家媒体对学校进行了采访，发表专题报道50余篇。学校承办了平安东莞"护航成长"直播活动，视频报道、网络直播的观看人数约500万人次，在社会各界引发热烈讨论，得到广泛好评。学校创办以来，科学开展学生的教育矫治工作，转化成功率达95%以上，大部分学生离校后或继续求学，或认真工作，积极融入社会，矫治效果得到家长和社会认可，为社会和谐稳定做出了积极贡献。

在东莞市教育局及市公安局的共同领导下，启航学校将不忘初心，行稳致远，继续做好教育工作，持打造专门教育品牌学校之愿景，为学生重塑梦想，为家庭点燃希望，为社会贡献力量！

集体结业礼

集体生日会

新春嘉年华

中山市特殊教育学校

中山市特殊教育学校创办于 1989 年，原名为"中山市红十字会石岐启智学校"，是一所为特殊孩子提供从小学到高中阶段教育的公办特殊教育学校。现有教学班 55 个，学生 713 名，在编教职员 192 名，其中高级职称教师比例达 17%，具有硕士学位教师比例达 33%。

学校践行"尊重生命尊严，创造生命价值"的校训精神，以"打造中山特殊教育平台，创建全国一流特教学校"为办学目标，以"博爱"精神为统领，铸造"博爱教育"特色品牌，使每一个特殊孩子都实现最大化、最优化的发展。

学校以科研为先导，坚持内涵发展。2021 年，学校获广东省教育厅"特殊教育内涵建设示范项目"立项 2 项、"精品课程"立项 2 项；获广东省创新成果奖 3 项，中山市教科研成果特等奖 1 项、一等奖 1 项。"培智学生综合评价改革"被中共广东省委教育工作领导小组办公室确定为省深化新时代教育评价改革试点项目。袁玉芬、汤剑文、蒋建强老师编著的《IEP 理念下培智学校课程本位评估体系》一书由东北师范大学出版社出版发行，系统呈现了学校在 IEP 教学领域的探索研究与阶段性成果。

学校积极实施"教师队伍立体化建设工程"，着力打造"一专多能"的复合型教师队伍，以教师专业成长推动学校的创新发展、特色发展，被评为第二批中山市"教师发展示范学校"。学校教师参加省、市中小学青年教师教学能力大赛，1 人获省赛一等奖，2 人获省赛二等奖，2 人获市赛一等奖，另有 7 人获得省赛三等奖和市赛二等奖。学校共有 6 名教师入选广东省名校长工作室，7 名教师入选广东省名教师工作室，现有省、市名校长工作室主持人各 1 名；拥有广东省特级教师 1 名，广东省中小学"百千万人才培养工程"省级培养学员 2 名，中山市骨干教师 6 名，中山市学科带头人 2 名；成立"中山市劳模和工匠人才创新工作室"1 个；近 10 篇教师先进典型事迹登上"学习强国"平台，获得广泛转发与好评。

学校充分发挥资源优势和专业优势，打造"教育学生、感召市民、影响社会"的平台；建立政府、企业、学校、家庭、志愿者"五位一体"的多方联动机制，凝聚社会资源，助力学生成长，用心用情解民忧、办实事；建设"自助助人、集智创新"的家长团队，让家长多渠道参与学校管理，携手传递温暖、跨越苦难；带动教师以手语、沙画、陶笛、绘本阅读等专业特长服务社会，在扶贫支教、扶困助残、爱心慈善、疫情防控等志愿服务工作中争当先锋，弘扬大爱。

学校承办长、珠三角教研伙伴联盟第二期线上教研活动

学校与中山市农业科技推广中心共建劳动教育实践基地

学校举办"红心向党，礼赞生命"欢度第 31 个"全国助残日"文艺汇演

学生参加全国第八届特殊奥林匹克运动会特奥篮球比赛获得第三名

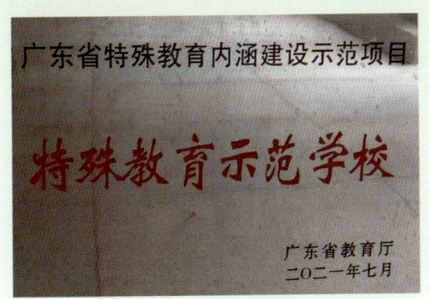

学校被评为广东省特殊教育内涵建设示范项目"特殊教育示范学校"

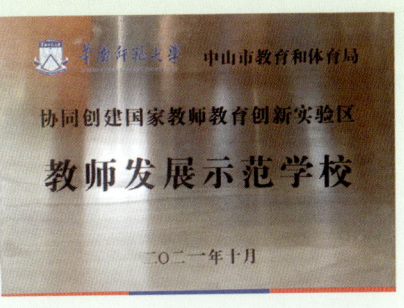

学校被评为第二批中山市"教师发展示范学校"

学校听障学生摄影作品在中山市文化馆展出

学校组织学生到市场"爱心实践基地"卖菜，提升学生的就业能力和社会生存能力

鹤山市纪元中学

学校举行"百年风华茂 追梦正青春"五四文艺晚会

学校党总支全体党员干部观看庆祝中国共产党成立100周年大会实况直播，聆听习近平总书记重要讲话

学校开展"缅怀革命先烈 传承红色基因"主题党日活动

学校举行"向党旗敬礼"活动

学校举行"义心义意 义路同行"校园义卖活动

　　鹤山市纪元中学是为了纪念鹤山结束261年县制历史，开创设市新纪元而集资兴建的一所完全中学。学校于1993年12月奠基，1995年9月正式开学。学校地理位置优越，位于鹤山主城新区，南倚大雁山，西临鹤山公园。校园占地119605.14平方米。校园内绿树成荫、风景宜人、设施齐备，是读书求学的理想园地。

　　学校有教学班38个，学生2053人，教职工162人，其中，中学高级教师以及研究生57人，16人获得南粤优秀教师、江门市名师培养对象等荣誉称号，44人被认定为江门市高层次人才。学校党总支书记、校长黄焱是广东省特级教师。

　　学校坚持德育为先、育人为本，推进"体验式德育"。坚持"纪元之星"评比、文明班评比等系列活动，加强未成年人思想道德建设，着力打造高质量思政课，使社会主义核心价值观植根于学生心田，开展一系列学生喜闻乐见的德育活动，增长学生才干，磨炼学生意志，提升学生责任感、自信心，由外而内培养学生遵纪守法意识，全面塑造学生健全人格。学校坚持"五育"并举，以"让每个学生都得到发展，让每个学生都获得成功"为办学理念，秉持"读书明理，奋发有为"的校训，形成了"严格、朴实、拼搏、文明"的校风。

　　学校践行"成功教育"，为学生搭建成功的阶梯。学校积极推动课堂教学改革，全面推进"六环节"高效课堂教学实践，开启新一轮"基于情景与问题导向教学，发展学生核心素养"的课堂教学研究，以"导学案"为载体，以"小组合作"为形式，培养学科核心素养，把课堂的主动权还给学生，充分激发学生学习的潜能和兴趣，让学生体味成功的喜悦。学校推进体艺特色教育，将第二课堂和社团活动列入校本课程，丰富学生的学习内容。开展歌唱节、体育节、科技节、劳动周等活动，有效促进学生德、智、体、美、劳全面发展。

　　学校朝着创建现代化优质高中的目标，坚持依法治校，教育创新，办学成绩突出，先后获得广东省一级学校、广东省普通高中教学水平评估优秀学校、广东省安全文明校园、广东省绿色学校、广东省依法治校示范校、广东省校本培训示范学校、广东省健康促进示范学校、江门市文明单位、江门市文明校园、江门市"朝阳读书"活动先进集体、鹤山市文明校园等荣誉称号。2021年荣获江门市高中阶段教育质量先进学校一等奖。

　　未来，纪元中学将沿着"成功教育"的发展道路，落实立德树人的根本任务，向着"办人民满意的教育"目标不断迈进，开创教育教学发展的新纪元！

江门市蓬江区紫茶中学

江门市蓬江区紫茶中学是创办于2018年的公办初级中学，是蓬江区重点打造的高品质学校。学校融合百年紫茶文脉和梁启超先生的精神，秉持"紫旭劲上，茶静慧生"的办学理念，遵循"厚德向上，笃学生华"的校训，弘扬"向上向善，守正出新"的校风，倡导"明德明志，通慧达人"的教风，营造"求新求进，博思善为"的学风，深化"党建红"引领"教育蓝"，做高品质教育，培养高素质人才。学校推进"慧德、慧雅、慧志"三级阳光德育模式，形成"六大文化"实践体系，健全厚德、善学、健体、尚美、勤劳"五品少年"评价体系，走出一条打造"紫慧"教育品牌的特色之路。

学校积极探索思政育人模式，形成全员、全程、全方位的"大思政"教育体系和"'六个一'课程思政"工作体系，实现了学科课程与思政课程同向同行，取得了良好的育人效果。学生获得区级以上奖项300余人次，其中省级特等奖4人次、省级二等奖7人次、市级以上奖项30余人次。首届毕业生在2021年中考中取得优异成绩，综合成绩获蓬江区中考优秀成绩一等奖，10个科目有8科获蓬江区中考单科成绩一等奖、2科获二等奖，学校荣获江门市2021年初中阶段协同教育质量先进学校一等奖。

学校现有中学英语正高级教师1人、广东省中小学"百千万人才培养工程"名教师培养对象1人、区级以上名师15人、区级"最美教师""最美班主任"6人，面向全国选调引进优秀教育人才4人，拥有名师工作室3个。教师获区级以上集体奖项50余次、个人奖项300余人次、省级以上奖项20余人次、市级以上奖项80余人次。

学校先后获评广东省少先队先进学校、广东省绿色学校、江门市书法特色学校、蓬江区先进基层党组织、蓬江区教育先进集体、蓬江区文明校园、蓬江教育宣传工作先进单位、蓬江区教育系统党建工作示范学校，2021年获评广东省初中校本教研基地建设项目基地学校。

学校正门

名教师、校长张叉红

"共圆中国梦"思政课

献礼建党百年：动态造型表演

学校举行五四入团仪式

学校举办慈善义卖活动

学校举办校运会

阳江高新技术产业开发区漠南中学

阳江高新技术产业开发区漠南中学是一所普通中学，创办于1942年，是广东省绿色学校、广东省安全文明校园、广东省交通安全文明示范学校、广东省义务教育标准化学校、阳江市一级学校、阳江市校园足球特色学校、阳江市书香校园。

学校位于南海之滨，靠近国家5A级景区闸坡旅游区，地理位置发展潜力大。学校规划布局合理，各式景点错落有致，风光绚丽多姿，育人环境优雅。校园占地面积约10万平方米，拥有4幢教学楼、1幢5层的校友综合大楼（设有图书馆、科学馆、艺术馆、电脑室、多媒体室、理化实验室等）、2幢公寓式学生宿舍大楼等建筑。实验室、电脑机房、语音室、多媒体教室等现代化教学设备一应俱全。

学校秉承"文化漠中、绿色漠中、平民化漠中"的办学理念，始终将良好的校风建设放在首位。全面实施素质教育，经过几代人的辛勤耕耘、积极探索，已形成了鲜明的教风和学风。学生团体组织健全，设有学生共青团支部、学生会、云帆文学社、足球社、美术小组、书法小组、舞蹈小组、摄影小组等。学生整体素质不断提高，教育教学质量取得显著成绩。

作为阳江市第一批校园足球特色学校，足球是学校的特色办学发展项目。学校以"足球文化"作为特色文化，渗透"追求进步，自强不息"的理念于管理教学全过程。不断完善校园"足球文化"主题建设：学校体育设施、场地、器材样样俱全，达到适应全校学生参加体育活动和学校运动员训练的要求；校园内建设有足球文化广场、足球文化墙和足球社，足球社集展览、教学、办公于一体，内有多媒体设备可以进行视频讲解、战术分析等；学校定期开展"足球特色"主题系列活动，每年举办年级足球联赛，积极参加市级和区级足球联赛。学校足球队取得了丰硕的成果，2021年获得市级足球比赛男子组冠军、女子组亚军。

学校正门

教学大楼

学生宿舍楼

学校孔子像广场和综合楼

学校足球社比赛成绩斐然

学校参加2021年阳江市第八届中小学生运动会足球比赛获得男子组冠军、女子组亚军

吴川市金沙实验学校

碧海蓝天，红砖绿树。美丽南海边，一所理念新、高起点、成长快的学校正以蓬勃的朝气、昂扬的势头书写教育华章，她就是——吴川市金沙实验学校。

学校是由广东省优质民办学校——广东实验中学附属天河学校与工程产值达200多亿元的庞大投资集团强强联合创办的一所九年义务教育寄宿学校，于2020年9月开学，现有师生1200多人。学校建筑面积约32444平方米，总投资1.7亿元。校园环境优美，设施先进。图书馆、游泳馆、科技馆、陶艺室、计算机室、理化生实验室一应俱全，学校充分共享省级优质资源，智慧校园管理让师生充分感受信息化带来的便捷。

全体教职工秉承"以人为本、以德树人、以质立校"的办学理念，践行"为了每一个学生的进步，为了每一个学生的发展"的育人理念，竭力培养具有学习力、审美力、创造力和幸福力的现代公民。丰富多彩的主题活动和校本课程，唤醒孩子的生命内力；全员德育和精细管理，促进学校的高品质发展。先进的教育理念、精细的教育实践为孩子的幸福人生奠基，助力学校高质量发展。

建校短短两年时间，学校发展之势迅猛强劲，家长推崇度、学生喜爱度、教师向往度、同行认同度均直线上升。学校拥有一支充满活力的教师队伍，教师有情怀、有担当、有智慧，爱岗敬业，乐于奉献。在教师们的积极影响下，金沙学子的行为习惯、道德品质、学习能力、综合素质也得到了明显提升。学校发展趋势喜人，在多项县、市、省、国家级的比赛中取得了不俗成绩，学生个人获奖上百人次。学校先后荣获全国青少年航天科普活动基地校、广东省义务教育标准化学校、广东省少工委示范点、湛江市依法治校达标校、吴川市消防安全教育示范学校、吴川市科普教育基地等称号。

潮平风正扬帆竞，百舸争流逐浪行。展望未来，金沙实验学校将努力成为教育领航路上的优秀答卷人！

常务副校长曹莹

庞大投资集团董事长庞建文

学校举办2021年建党一百周年朗诵比赛

陶艺课

竖笛课

学校举办第一届学生游泳比赛

化州市第九中学

学校承办化州市第十二届中小学田径运动会

化州市第九中学创建于1997年，是化州市最年轻的区域性重点完全中学。学校坐落在化州市石湾街道与化州城西交汇的城乡接合部，地理位置优越，交通便捷。学校校园环境优美，教学区、运动区、宿舍区分布合理，被评为"茂名市森林校园"。

学校外树形象，内强素质，以"管理育人，环境育人，服务育人"为办学理念，以培养学生良好的学习习惯、生活习惯、纪律习惯等日常行为为抓手，实行"学校—年级—班级"层级管理目标责任制，抓好常规教学，严抓细节、活抓课堂、实抓过程，向课堂教学要质量，教育教学成效显著。2021年高考，学校上特控线人数13人，上重点高校线人数47人，上本科线人数271人，本科上线人数比2020年增加30人。

2021年，学生参加各类学科素养展评，收获满满，成绩突出。参加化州市中小学"珍惜粮食，从我做起"征文比赛，高中组获一等奖2人、二等奖3人、三等奖4人，初中组获一等奖3人、二等奖2人；参加茂名市"控烟禁烟，我行动"征文大赛获一等奖1人；参加茂名市"新华书店杯"高中语文读写素养竞赛获一等奖1人，二等奖9人，三等奖4人，学校获团体总分二等奖；参加茂名市初中生物学科素养展示活动，获一、二、三等奖各1人。

学校先后获得广东省安全文明校园、广东省书香校园、茂名市安全文明校园、茂名市书香校园、茂名市森林校园、茂名市高中教学质量监测二类学校二等奖、"茂名市最具教育意义十佳校园文化景观"等荣誉。

学校举办纪念建党100周年合唱比赛

师生志愿者服务队

荣誉一角

绿色校园

茂名市电白高级中学

茂名市电白高级中学创建于1959年，是广东省一级学校。学校校名历经电白县第十三中学、电白县南海中学、水东开发区一中、茂港一中，2015年7月改为现名。2012年，学校迁至投资近3亿元的新校区。2021年，学校有教学班72个，在校生3711人；教职工307人，其中高级职称教师77人、一级职称教师107人、研究生学历教师25人，教师学历达标率为100%。

美丽校园，陶冶行为情操 新校区毗邻果园，远离喧嚣，校园建筑大气典雅，运动场红绿相间，文化长廊诗、书、画、名言盈眼。早春二月，劳动基地果蔬蓊郁、百花争艳；阳春三月，南苑风铃黄花满枝，一展芳颜；晴日里，"电高蓝"宁静祥和；阴雨天，"燕岭灰"诗意朦胧；夕阳西下，晚霞映天，五色交辉；夜幕降临，华灯溢彩，星月相伴。从启航大道踏步而来，一步一景，养性怡情。

特色发展，实现全面育人 学校大力推进体育大课间活动，定期举办足球、篮球比赛。积极开展"阳光体育活动"，营造良好的校园体育文化氛围。学校曾获得广东省群众体育先进单位、广东省体育特色学校、电白区首届校园足球联赛高中男子组冠军等荣誉。学校艺术特色品牌凸显，舞蹈《海姑娘》和《烛光·阳光》获全国一等奖，《雨自由》获全国金奖，先后被评为广东省艺术特色学校、广东省中小学中华优秀传统文化传承学校。学校还获得电白区科技比赛一等奖、茂名市科技实践能力挑战赛一等奖、广东省科技实践能力挑战赛一等奖等荣誉，被授予"茂名市科普示范学校"称号。学校教学质量稳步提升，2021年高考上重点线29人，上本科线以上235人，专科以上上线率超过99%。

党建引领，提升服务质量 学校党委积极开展"党建+师生结对帮扶"活动，发挥党员先锋模范作用，给困难学生送温暖；设立校长、级长信箱，搭建学生与学校及时沟通的桥梁，提高学校管理效能。为师生提供了良好的工作和学习条件，炎夏的空调、寒冬的热水、可口的饭菜、四季供应的直饮水等。学校还邀请"驿闪送"网络科技有限公司入驻校园，为师生提供便利；定制学生校园班车，把"车站"设在学校，方便学生出行。

学校还是全国青少年校园足球特色学校、广东省青少年校园足球推广学校、广东省楹联文化教育基地，先后获得全国基层示范家长学校、广东省"朝阳读书"活动先进集体、茂名市高中教育教学工作先进单位等近150项集体荣誉。

2021年，学校被评为"茂名市先进基层党组织"

海韵楼

校园风景

校园花灯节

广播操

升旗仪式

肇庆市高要区恒大黄冈实验学校

肇庆市高要区恒大黄冈实验学校是一所九年一贯制国际化高端民办精品学校。学校坐落在肇庆市高要区恒大世纪梦幻城27洞国际高尔夫球场中心,背靠将军山,独享省级旅游3A级景区,自然环境一流。

传承黄冈教育基因 校长团队由黄冈市教育局在黄冈市遴选,学校由优秀校长团队管理,构建的"1+2+X"睿思课程体系,落实国家及地方课程,融合多彩校本社团课程,以高质量的育人模式培养具有生命活力、科学思维、国际视野的时代新人。

丰富的兴趣课程 学校设置有丰富的兴趣课室,包括书法室、音乐室、阅览室、多功能报告厅、科学室等,为孩子们提供缤纷课程,培养孩子全面发展。学校创新运用蒙特梭利教育理念,运用探索式教育方法,通过丰富的科学教具、小组合作,鼓励孩子自发研究感兴趣的课题,锻炼学生解决问题的能力,实现学生自主探索。学校还开设了高尔夫课程,普及高尔夫运动,培养学生的优雅气质、环境适应力、意志力和自我调节能力,吸引了一大批爱好高尔夫的优秀学生。其中,郑紫萱同学在国内外高尔夫球锦标赛中多次蝉联冠军。

2021年9月,学校被评为广东省绿色学校。教师在国家级教育杂志发表文章2篇,在数学优质课程评比大赛中获高要区特等奖、肇庆市一等奖。未来,学校将秉承黄冈教育精神,以黄冈教育为根基,守正创新,乘粤港澳大湾区发展之势,办一所国际的中国学校、一所求真的智慧学校、一所"为孩子发展而转变"的未来学校,培养有生命力、有科学素养、有国际视野的人。

创意编织课

数理逻辑课

生物实验课

自然研学课

阅读小组课

高尔夫教学

蒙特梭利教学

项目式研学

广州大学附属中学英德实验学校

学校概况 广州大学附属中学英德实验学校（以下简称英德广附）创办于2020年8月，坐落在英德市浈阳湖畔，是一所按广州大学附属中学的办学理念、模式、标准建设的，既传承广附书香正脉、又具现代化理念的高起点、高规格、高品质的公办完全中学，由英德市人民政府与广州大学附属中学教育集团合作共建。学校总占地面积47105平方米，建筑面积24759平方米；拥有教学班49个，在校学生2436人。

办学理念 英德广附秉承总校红色革命传统，以"以生为本，与时俱进，培养面向未来的人才"为办学理念，以"做最好的自己"为校训。在教育上强调"德育为先、知行合一"，重在培养学生"乐观奋斗、阳光向上"的精神和态度，走"活动育人"的办学之路，力争打造一所英德学子向往、家长满意的粤北名校。

教育成果 2021年11月，学校被授予"先进基层党组织"称号。2021—2022学年，八年级生物、地理中考会考满分率和平均分均名列清远市第一。高一、高二年级两个学期各科及总平均分均名列英德市第一，其中高二年级第二学期数学科平均分在清远市名列第一。2021—2022学年初中期末核心素养展示活动中，七年级、八年级两个学期各科及总平均分，均名列英德市第一。国防教育已成为英德广附一张响亮的名片。学校代表清远市参加广东省国旗护卫队比赛，被清远市推荐申报"国防教育特色学校"和"广东省国防教育基地"。

师资力量 作为一所新近创立的学校，师资队伍建设取得实质性成效，一支实力雄厚、富有激情活力、教育教学成果突出的教师队伍初步建成。学校有教职工168人，其中研究生学历45人；拥有特级教师1名，成立了清远市名教师工作室1间、英德市名教师工作室1间，近两年获清远市、英德市市级荣誉的教师达20多人次。教师指导学生参加国家级、省市级各类竞赛活动20多次，获得各级荣誉100多项。

展望未来 学校立足英德，面向粤北，放眼时代和未来，以生为本，引导师生勇敢挑战自我、超越自我，力争五年内建设成为得到社会广泛认可的粤北名校。

广州大学附属中学教育集团总校长欧卫国接受采访

学生军训

学校阅览室

清远市海德外国语学校

体育节

师生互动

万国博览会

学生活动

清远市海德外国语学校于2021年9月正式开办，是一所集小学、初中、高中于一体的高品质学校。学校坐落在清远市清城区大学城，占地面积15.47万平方米，总建筑面积27万平方米，总投资15亿元，各类场馆齐全，教学设施一流。全校有教学班60个，学生2100人，教职工420人。

学校以"坚持全人教育，对学生终身发展负责，培养走向世界的现代人"为办学宗旨，以"先做人，后成才"为育人理念，以"轻负荷，高质量"为教学特色，采取小班制教学，致力于培养学生的全球视野、独立思维和科技创新能力。

育人育德——学校以"全人教育"为核心理念，以全程激励为抓手，建立目标、文化、阅读反思、竞赛、活动、评价六位一体的全程激励体系；以德育活动为载体，充分激发学生潜能，提升学生素养，让学生终身受益。

研教研学——学校坚信教师是学校的核心生产力，教师的成长与发展是提升办学质量的关键，因而想方设法为教师的专业成长和发展创造良好的条件，形成了浓郁的教育科研氛围和教师研修学习氛围。

课堂课程——以生本课堂建设为目标，更新观念，切实转变"教"与"学"的方式，让全体教师努力把握好课堂教学的激情度、参与度、信息度、生动度、新颖度，不断优化课堂教学，打造"四有"课堂（有法、有序、有趣、有效）。学校推行"综合素质+特长"的育人模式，以发展学生优势特长、提高学生综合素质和能力为目标，不断开发培养学生全面发展的校本课程。学校开设了丰富多彩的艺体科创选修课程，为培养孩子兴趣爱好并掌握1～2项艺体特长及全面发展提供了保证。

家园乐园——学校不仅是师生们的学园、乐园，更是大家的家园。学校高举服务大旗，实施环境打造、人文关怀、心理疏导、安全守护、温馨就寝、快乐就餐、校车接送等全方位的生活服务，让学生体验校园的幸福生活。

未来，学校将立足清远，面向粤港澳大湾区，打造成一所有灵魂、有温度、有视野的区域性、现代化、国际化高端品牌学校。

食堂及学生宿舍

学校总平面图

清远市华侨中学

承半百辉煌历史 清远市华侨中学是广东省国家级示范性普通高中。学校秉承"厚德尚学，达济天下"的校训，先后获得全国航空特色学校示范学校、全国中小学国防教育示范学校、全国北斗科普基地、中国人民解放军空军优质生源基地、全国心理辅导特色学校、全国青少年校园足球特色学校、全国群众体育先进单位、全国五四红旗团委、广东省青少年科学教育特色学校、广东省中小学心理健康教育特色学校、广东省中小学劳动教育特色学校、广东省普通高中新课程新教材实施示范校、广东省基础教育校本教研基地和广东省体育特色学校等荣誉称号。学校占地面积20万平方米，建筑面积近10万平方米，环境优美。在校生4338人，教学班90个，专任教师376人。学校师资雄厚、实力超群，现有正高级教师1人、特级教师3人、高级教师110人，34人次分别获得省级以上荣誉称号。

学生参加清远市中小学生中华经典朗诵比赛总决赛获一等奖

学校国旗班参加清远市中小学朗诵比赛

学校男子足球队获广东省第十五届运动会学校体育组足球比赛冠军

办人民满意教育 学校以德育为首，全员育人，落实课程思政，坚持办人民满意的教育。以"特色立校，科研强校"为发展目标，深化课堂教学改革，打造多元特色课程体系，凝练发展华侨中学"侨"文化，依托"四位一体"的管理体系，以"五育"融合，促进学生德、智、体、美、劳全面发展。十年间，侨中人锐意进取、敢为人先、卓励奋发，实现了高考成绩十连升，本科上线人数在全市独占鳌头，提升了学校的凝聚力和影响力，赢得了广泛的社会赞誉。

创多元办学特色 学校校园文化内涵丰富，在"根、智、搏、和、义"五个维度的"侨"文化的引领下，学校蓬勃发展、孕育生机。学校关注学生个性发展，依托"一体三维四层"的核心素养发展校本课程体系，积极探索特色教育发展之路，形成了团建、航空、科技、体育以及劳动实践教育特色等，并取得了瞩目的成绩。学校培养了国家一级、二级运动员40多名，为国家输送航空航天后备人才60多名。

学校航空科普活动

启清远学子未来 为贯彻落实上级党委、政府关于推动基础教育深化改革高质量发展的意见，扩大优质教育资源覆盖面，推动基础教育高质量发展的精神，学校与4所学校成立教育集团，将优质教育资源辐射到周边学校，让更多清远学子享有更公平、更高质量的教育。

学校劳动教育实践基地

潮州市饶平县第二中学

学校荣誉

校园中庭

体育艺术楼

潮州市饶平县第二中学是饶平县唯一的重点高级中学，位于县城北石壁山风景区内，占地面积10.67万平方米，建筑面积6万平方米。学校坐拥湖光山色，布局合理，建筑大气，设施齐全，校园内大树参天，绿植充沛，文化底蕴深厚，自然与人文相得益彰，是学子治学成才的理想之地。全校有教职员工229人，教师学历达标率为100%，副高职称75人，中级职称97人，硕士研究生学历16人，特级教师3人；在校学生2800人。

学校被广东省教育厅确认为"高中教学水平优秀等级学校"和"国家级示范性普通高中"。按照"广东省推进教育现代化先进县"的创建要求，学校在已有基础上逐年扩大招聘高学历教师比例。近3年投入800万元建设智慧校园。

学校工作始终以培养德、智、体、美、劳全面发展的中国特色社会主义事业建设者和接班人为主线，在实施过程中彰显特色："德"方面，通过教师评、同学评、本人评、综合评的"四维评价模式"，对学生成长进行全面考评，有效提升德育的"感知度"，教师在授业过程中重视学生道德品质的培养，以德立学，在教学中注入道德精神，以德施教；"智"方面，五育并举，智育为重，重视智育在学生全面发展中的前提和支持作用，通过学科核心素养培育、综合素质评价推进以及高质量实施实践课程等方式不断提升办学品质；"体"方面，实施全员体育健身策略，学校每年都举办体育节，让学生在体育锻炼中享受乐趣，增强体质，健全人格，锻炼意志；"美"方面，传承百年学校瑞光文化，把优良传统与新的时代要求相结合，对书法、篆刻、潮汕民谣等传统艺术进行传承和创新，重视艺术熏陶和审美情趣的培养；"劳"方面，把尊重劳动、崇尚劳动、热爱劳动的价值观融入学生思想。通过"五育"的实施和推陈出新，使学生成为自觉的文化传承者与创新者。

学校先后获得全国精神文明建设工作先进单位、全国厂务公开民主管理先进单位、广东省现代教育技术实验学校、广东省群众体育先进单位、广东省语言文字规范化先进学校、广东省文明校园、广东省中小学教师校本研修示范学校等荣誉称号。学校高考成绩居潮州市前列，本科率、高优特控率均稳定在较高水平。

新生入学训练

团体操

潮州市特殊教育学校

学校全景

教师风采

课题成果

潮州市特殊教育学校是潮州市教育局直属的九年一贯制特殊教育学校，主要承担聋哑、智障、自闭症等残疾儿童少年的义务教育教学、康复训练，于2017年9月开始办学。

学校以"爱国、文明、乐学、自强"为校训，以"教书育人、管理育人、服务育人、环境育人"为办学理念，树立"爱心、严谨、业精、格高"的教风，勠力同心、务实奋进，立足于残疾儿童少年的发展需求，让残疾孩子接受良好的教育，共享一片蓝天，自珍、自重、自爱、自信成长。

学校有在编在岗教师30人，学生92人。学校以"爱"为主题，呵护学生健康快乐成长。一是"用心"教学，教书育人，坚持以课堂教学为主阵地，探索"分层次教学"和"个别化教学"模式，开展科学的康复训练，进一步做好特殊儿童康复工作。二是"专心"教研，科研引领，以赛促训，开展学科竞赛以及优课设计、课件实录、优秀公开课、优秀论文等评比活动，引进潮州传统文化进课题，训练二十四节令鼓和小组唱，促进学校特色教育的形成。三是"耐心"训练，提升素质，因材施教训练学生的生活自理能力、社会适应能力，促进学生健康快乐成长。

传统文化进课堂

办学几年来，学校教师承担的科研课题获得省级课题一等奖1个、二等奖2个、三等奖1个；教师论文刊登在省级刊物2篇、市级刊物18篇。2021年，学校有2项课题分别获广东省教育厅和广东省教育研究院立项；完成粤东基础教育课题1个，出版《潮州教育》专刊1本，结集出版潮州文化手语翻译手册《无声的语言》和《教师精品论文集》；2名教师获评广东省特殊教育优秀管理工作者，5名教师荣获市级奖项；学生获省级奖项15人次。

专注个训

新兴县稔村镇初级中学

校园一角"至稔园"

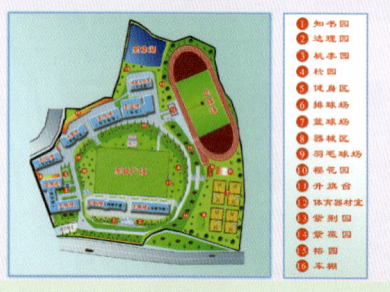

学校平面图

学校足球队近年来参加市、县足球联赛获得的荣誉

学生在劳动基地开展劳动教育

劳动社团的学生开展果树嫁接圈枝实践活动

教学大楼

创办历程 稔村中学创办于1956年，原为新兴县第三中学，1959年改名为新兴县第四中学，1965年更名为新兴县稔村中学。1980年9月，撤销高中部，改名为新兴县稔村镇初级中学至今。1999年9月和2012年9月分别与原稔村二中、兴育中学合并。

学校规模 学校布局合理，三区分立，校园占地面积55960平方米，建筑面积7628平方米，绿化面积15000平方米，运动场地面积15765平方米。现有教学班21个，学生982人；专任教师69人，教师学历达标率为100%。学校建有1幢科学大楼、1幢教学大楼、1幢师生食堂、2幢公寓式学生宿舍楼、2幢教师公寓，拥有1个300米环形塑胶跑道田径运动场、4个塑胶篮球场和羽毛球场、1个排球场和600平方米的器械场地。学校全面开展了"三通两平台"的教育教学，软硬件建设均全面达到广东省标准化学校的标准。

学校管理 业务上分处、管理上分级的综合管理为学校内部管理基本架构，以促进全面发展为根本目标，通过科学、规范的处、级、科三者结合的校本管理，将制度管理和人文管理相结合，形成团结协作、共同提高的学校氛围，实现学校教育效果和办学效益的共同提高。

办学特色 学校以"至稔文化"为学校文化特色，以打造"至稔教育"特色学校品牌为办学目标，以"稔熟成就至美人生"为办学理念，以"培养主动勤奋、乐学会学的精美少年"为育人目标，以"至和齐心、至善正德、至精生慧、至容弘特、至美润化"为育人策略，以"快乐足球"和"至稔课堂"为特色项目，以"熟能生巧，至善至美"的校训、"和谐上进，雅致清新"的校风、"精益求精，务实创新"的教风、"自主勤奋，乐学日新"的学风，走出一条以"至稔教育"为办学特色的办学新路。

教育成果 近年来，学校综合评估考核均获新兴县三等奖以上。女子足球队3次获新兴县中学生足球联赛第一名，2次参加"市长杯"分别获得冠、亚军。"建构乡镇学校'绿色课堂'行动研究"和"创建德育特色学校行动研究"2个市级课题顺利结题。学校先后被评为全国青少年校园足球特色学校、广东省毒品预防教育示范学校、云浮市文明学校、云浮市文明校园先进学校、云浮市绿色学校、新兴县德育示范学校、新兴县教书育人先进单位、新兴县"两德"教育活动先进单位。

展望未来 "挟惠能之灵气，聚稔村之秀色，融不懈之拼搏，创至稔之品牌。"今后，学校将继续创新现代管理方法，夯实校园文化氛围，全面开展"至稔课堂"和"校园快乐足球"特色项目，加快教育现代化前进步伐，朝着打造"至稔教育"特色学校的目标迈进。

职业教育与终身教育

发 展 综 述

2021年,广东省职业教育与终身教育坚持以习近平新时代中国特色社会主义思想为指导,认真贯彻全国职业教育大会精神,提质培优、增值赋能,推动全省职业教育进入高质量发展新阶段。广东省职业教育工作获国务院办公厅督查激励表扬。全国职业教育大会对粤港澳大湾区职业院校对接产业设置专业给予高度肯定。广东省获全国职业院校技能大赛"最佳组织奖"、教师教学能力大赛"突出贡献奖"。省教育厅在教育部职业院校实习管理与质量建设推进会上分享经验,并作为全国唯一省份代表在2021年中国-东盟职业教育高峰论坛做主旨报告。

深入贯彻全国职业教育大会精神。举办全国职业教育大会宣传贯彻会议,是全国最早召开宣讲会议的省份。转发《教育部关于学习宣传贯彻习近平总书记重要指示和全国职业教育大会精神的通知》,拟制《关于推动现代职业教育高质量发展的若干措施》。

健全现代职业教育体系。畅通技术技能人才成长通道,全省58所高职院校与29所本科高校在217个专业点开展三二分段专升本协同育人试点,招生计划1.2万人,同比增加29.6%;80所高职院校与275所中职学校在1612个专业点开展三二分段试点,招生计划8.6万人,同比增加33.1%;11所本科高校与14所高职院校在本科38个专业点开展四年制本科协同育人试点,招生计划1660人,同比增加34.4%。

大力推进"三项工程"。实施"粤菜师傅"工程,召开"粤菜师傅"工程推进会,共有115所院校开设相关专业,在校生6.1万人。实施"广东技工"工程,优先发展先进制造业和战略性新兴产业相关专业。实施"南粤家政"工程,举办首届"南粤家政"技能大赛,共有89所院校开设相关专业,在校生8.7万人。

深化产教融合和校企合作。加强职业教育集团建设,新增5家省示范职教集团和10家国家示范职教集团。全省高职院校共成立146家产业学院。加强示范性虚拟仿真实训基地建设,13个基地立项为国家培育项目,立项数居全国第一。深入推进1+X证书制度试点,将X证书纳入中高职三二分段转段考核、自主招生、"3+证书"等招生考试证书范围,开展年度试点抽查监测工作。2021年,300多所院校参与了283个证书试点工作,总申报人数超24万人,较2020年增长40%。

高质量推进重大工程项目。稳步推进省职业教育城建设,完成二期工程后续项目,已进驻10所院校,在校生约11.3万人。有序推进省属职业院校集团办学,第一批实施集团办学的10所中职学校与7所高职院校顺利对接。推动深圳创建职业教育发展高地,召开部省共建深圳职教高地新闻发布会,推动深圳市先行先试、改革创新,率先形成职业教育高质量发展格局。

营造良好发展氛围。参与全国职业教育活动周,组织10所职业院校前往山东参加全国活动周展览,搭建省级展览馆和7个"双高计划"院校展览馆。5月24日,在东莞举行活动周启动仪式,以"产教全方位深度融合,服务'双区'高质量发展"为主题,展示广东职业教育与区域产业同生共长办学成果。组织开展147项2021—2022年度广东省学生技能大赛和6项2021年教师教学能力比赛省赛及国赛遴选工作,参赛院校321所,参赛师生15617人。

(撰稿 张文跃;审稿 张家浚)

高等职业教育

【基本情况】 2021年,广东省共有高等职业院校95所,在校生127.3万人,其中:专科层次职业学校93所,在校生125.4万人;本科职业学校2所,在校生1.9万人。

【高水平高职学校和专业群建设】 组织有关高职院校按质按量完成国家"双高计划"项目建设,安排1.3亿元2021—2022年省财政配套资金予以支持。组织开展2021年度高职教育"创新强校工程"考核。启动省域高水平高等职业院校建设计划立项工作。立项建设311个定位准确、特色鲜明、校企合作共生、培养质量高、综合实力强的省级高水平高职专业群。

【高职扩招工作】 广东省教育厅等八部门(单位)印发《关于做好2021年高职扩招工作的通知》(粤教职函〔2021〕28号),制定和实施《2021年高职扩招工作方案》,重点面向退役军人、农民工、下岗工人、高素质农民、灵活就业人员等实施高职扩招专项行动。2021年高职扩招10.2万人,超额完成扩招任务。

【一流高职院校结对帮扶计划】 继续实施一流高职院校结对帮扶计划,召开结对帮扶工作推进会,建立信息定期报送和总结制度。2020—2021年,19所帮扶学校累计选派专家1125人次开展指导,培训教师14494人次,选派56名优秀教师到受扶院校挂职,接受受扶学校选派的110名教师到帮扶学校挂职。

【现代学徒制试点】 组织63所高职院校与451家单位开展现代学徒制试点,帮助1.6万名在职员工提升学历和技能。联合省退役军人事务厅启动2022年退役军人现代学徒制专项试点申报工作,做好退役军人教育培训工作。

【本科层次职业教育试点工作】 印发《关于做好职业本科试点学校办学质量改进提升工作的通知》,组织2所本科层次职业教育试点学校按照"高起点、高标准、高质量"要求,做好质量改进提升工作。组织开展2021年职业本科试点专业省级评议和2022年增设专业论证工作。

【高职教育质量工程项目】 印发《广东省教育厅关于组织开展2021年省高等职业教育教学质量与教学改革工程项目申报和认定工作的通知》(粤教职函〔2021〕41号),启动校外实践教学示范基地、教师教学创新团队、技能大师工作室、高层次技能型兼职教师、创新创业训练计划、示范性产业学院、专业教学资源库、高职教育教学改革研究与实践等项目申报认定工作。

(撰稿 伍金清;审稿 张家浚)

中等职业教育

【基本情况】 2021年,广东省共有中等职业学校(不含技工学校)382所,在校生90.3万人,总体规模保持稳定。

【招生工作】 2021年,中职招生共55.54万人(含技工学校),比2020年略有增加。广东省教育厅、省人力资源和社会保障厅根据职普比大体相当要求,下达普通高中、中职指导性招生任务,将中等职业教育招生计划完成情况纳入市县政府履行教育职责考核指标,建立通报制度,统筹推进普通高中与中职教育协调发展。

【布局调整优化】 2021年,各地市按照《广东省教育厅关于进一步优化中等职业学校布局结构的意见》,持续推动中职布局结构调整,整合"空、小、散、弱"学校,中职学校数减少18所,布局更加契合当地产业发展。

【高水平中职学校建设】 实施广东省高水平中职学校建设计划,立项建设71所省高水平中职学校建设单位和17所培育单位。认定12所省重点中等职业学校。制定《广东省高水平中职学校建设项目管理要求》,举办高水平中职学校校长培训班和研讨活动,规范项目管理。

【专业设置及专业建设】 加强专业内涵建设,共立项建设298个省级"双精准"示范专业。开设72个专业类别,占目录内专业类别总数的81.82%,

·各级各类教育·
VARIOUS LEVELS AND SORTS OF EDUCATION

涵盖教育部专业目录的19个专业大类；共开设180种专业，占目录内专业数的50.28%；专业布点数共2233个。其中财经商贸大类专业布点数最多，占全省专业布点总数的18.14%。

【中职教育质量工程项目】广东省教育厅印发《广东省教育厅关于开展2021年省中职教育教学质量与教学改革工程项目申报工作的通知》（粤教职函〔2021〕38号），组织开展省中职教育教学质量与教学改革工程项目审核认定和评审立项工作。项目分认定类和立项建设类，其中认定类2项分别是"课堂革命"典型案例、课程思政教育案例；立项建设类5项分别是课程思政教学研究示范中心、教师教学创新团队、在线精品课程、信息化标杆学校、示范性虚拟仿真实训基地。

【就业升学工作】全省中等职业学校通过订单培养、引企入校、共建实训基地等方式，提升就业质量。2021年，全省中职毕业学生共25.26万人，中职毕业生就业率为97.28%，毕业生升学率为43.47%。

（撰稿　张文跃；审稿　张家浚）

终身教育

【基本情况】大力推进终身教育体系建设，全民终身学习持续发力，培育、评选了一批终身教育领域教育教学成果。率先推动全省开放大学体系整体更名转型，聚焦终身教育体系建设转型发展。推动老年大学建设，支持老年教育实践研究。

【全民终身学习活动周】2021年12月17日，广东省教育厅举办2021年全民终身学习活动周广东省开幕式，认定一批全民学习之星、终身教育品牌项目，广泛宣传营造全民终身学习氛围。

【学历继续教育】2021年，广东省高等学历继续教育在籍学生167.58万人，招生69.89万人。广东省高等学历继续教育总规模占全省高等教育的1/3，为实现高等教育普及化做出了积极贡献。省教育厅将高等学历继续教育纳入广东省教育发展"十四五"规划统筹部署，纳入省教育厅年度工作要点推动实施。指导院校围绕服务国家重大战略部署和区域发展需要，科学优化专业布局结构，科学、规范制订继续教育人才培养方案。与团省委联合开展广东省新生代产业工人"圆梦计划"，每年资助一批符合条件的产业工人通过高等学历继续教育提升学历。联合省市场监督管理局、省委网信办、省通讯管理局、省公安厅开展高等学历继续教育广告发布专项整治行动，净化高等学历继续教育广告宣传环境。

【继续教育质量提升工程】"十四五"期间，广东省设立广东省继续教育质量提升工程，同时纳入《广东省国民经济和社会发展第十四个五年规划和2035远景目标纲要》专栏重点工程和《广东省教育发展"十四五"规划》专栏重点工程，是广东省"十四五"时期继续教育发展的重点项目集合。2021年，广东省继续教育质量提升工程启动认定类项目2项、建设类项目10项。

【乡村振兴教育】广东省积极探索继续教育服务乡村振兴创新模式，指导广东开放大学以云浮市为试点建设乡村振兴学院，推动办学网络下沉、专业建设下沉、教学模式下沉，服务乡村品牌建设，打造乡村振兴教育"一镇一品牌、一村一特色"的继续教育"云浮模式"。

【社区教育、老年教育】广东省教育厅印发《关于实施百校助推老年人运用智能技术行动的通知》，充分发挥院校资源，组织各地、各校参与助老活动。做到"开展一场助老活动、开放一门助老课程"，并形成典型案例。

（撰稿　周宝堂；审稿　张家浚）

广州幼儿师范高等专科学校

广州幼儿师范高等专科学校是广州市人民政府举办、广东省人民政府批准、教育部备案的一所公办全日制普通高等专科学校，于2021年9月正式开学。建校初期，学校办学规模为6000人，现有在校生2252人。

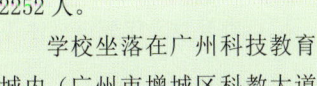
学校入驻科教城新广州校区

学校俯瞰全景

学校坐落在广州科技教育城内（广州市增城区科教大道110号），占地面积360102平方米，校舍总建筑面积14.97万平方米，建有教学楼、实训楼、排演中心、图书馆、学生宿舍等教学、生活单体建筑41栋。学校依托自然山体、湖泊，打造出岭南风格、山萦水绕的诗意校园，也是一所文化气息浓、宜学、宜教、宜居的智慧型校园。

学校开展学前教育实践活动

学校秉承"德道传承、明理崇智、敏而乐学、卓尔超群"的文化理念，构建诗意校园文化特色，形成以"幼"字当先、"师"字为本的学前教育及托育服务办学特色，发展形成"经典浸润心灵"语言艺术特色、"节奏律动"奥尔夫音乐融合教学特色。以广州市幼儿园教师发展中心为依托，建立幼儿教育"育训结合"的培养模式。学校将产教融合作为发展的重要途径和发展方略融入人才培养的全过程，主动适应产业变革对技术技能人才的新要求，精准对接行业企业需求，与增城区教育局、广州市文化发展集团等11家单位构建深度产教融合。学校已建立校外实习基地167个，可以满足各专业学生实践实训需求。

学校开展艺术融创活动

学校坚守师范教育属性，开办初期开设了学前教育、早期教育、音乐教育、美术教育、舞蹈教育、婴幼儿托育与管理等6个专业，后续将根据粤港澳大湾区的社会发展需要，建设"1+3+N"专业群发展模式，培养"有梦、有艺、有为"的应用型、艺术型"三有两型"高素质幼教人才。

学校正朝着"成为南粤幼儿师范教育的引领者，成为广州乃至粤港澳大湾区幼儿教育人才培养的支撑者，成为幼教高端培训、教育研究与实践的示范者"的目标而努力。

校内实训室

广州市幼儿师范学校

美术展厅

手工陶艺室

图书馆阅览室

"广州市幼儿师范学校思想政治理论课研学实践基地"揭牌

广州市幼儿师范学校直属广州市教育局,是一所有百年幼教历史传承的学校,从1911年广州西关的慈爱幼稚师范学校到1956年独立建校至今已有112年的办学历史,以"建成培养幼儿教育储备师资、艺术类人才为主的全国一流幼儿教育职教名校"为办学目标。校园环境优美,文化氛围浓厚,图书馆、报告厅、运动场、学生种植体验园、学生发展中心等学习场所配套完善,设有学前教育综合实训室、陶艺手工综合室、营养保健实训室、奥尔夫音乐教室、舞蹈教室等功能室175间。学校先后被授予第一批全省基础教育党建工作示范校、广东省首批中职学校"三全育人"典型学校培育建设单位、第四批广东省中小学艺术教育特色学校、广东省绿色学校、广东省依法治校达标校、广东省节水型单位、广州市教育工作先进集体等称号。

坚持党建领航,凝聚奋进力量 学校始终坚持党建领航发展,注重加强党对教育工作的全面领导。持续推进"党史进校园"系列活动,开展"党史十讲"专题培训;承办第七期广州市教育系统党史学习教育培训示范班;打造红色课程,把党史学习教育渗入全学段各学科,构建"思政课程+课程思政"幼师特色思政教育生态。出版《百年幼师·人物故事》校史读本,作为学校独特的红色教育资源;组建青年学生党史宣讲团,用青春语言讲好红色故事,陈静舒同学在粤港澳大湾区首届青少年演说大赛中获三等奖;学校作品《红烛》在2021年粤港澳学生诵读中华经典美文表演大赛中获一等奖;视频《60秒看幼师"成长记"》获全省教育系统党史学习优秀宣传成果奖。

深耕专业建设,优化人才培养 优化专业结构布局和资源配置,加快培养育幼等领域技术技能人才。2021年,学校开设幼儿保育专业,续接学前教育专业成为"双精准"示范专业,构建以幼教托育为核心、艺术教育为补充的专业建设体系。打造校企合作"订单班"模式,2021级幼儿保育订单班在"第六届职业教育金睿奖"中被评为"最受欢迎人才培养模式";与广东省婴幼儿照护与早期发展行业协会等合作共建早教实训室,探索0~3岁托育专业人才培养模式。组织学生参加省、市级各类比赛共计24项,其中获一等奖10项,参与学生达387人次。

强化内涵特色,激发办学活力 打造学校体育美育工作品牌,语言艺术、合唱、足球、美术等4个团队被确定为"广州市高水平学生体育美育团队",开展4场校外专家进校园活动;承办2021年广州市"诵读中国"经典诵读大赛与广州市"诗

学校举办庆祝中国共产党百年华诞合唱比赛

学校举行"请党放心，强国有我"成人宣誓仪式

学校参加粤港澳姊妹学校经典美文诵读大赛

教中国"诗词讲解大赛；2项成果获评广州市优秀教学成果；开展1+X证书试点工作，以模块化课程为主体打造"课证融通"课程体系，幼儿照护、母婴护理、生涯规划指导三个证书试点落地。

建设高水平教师队伍，推动职业发展 加大对高层次人才引进力度，新入职教师均具有研究生学历、硕士学位。推进"名师工程"引领师资队伍成长，学校有"百千万人才培养工程"名教师2人、市级骨干教师8人，名教师工作室1个、名班主任工作室1个。配齐学科专业"领头羊"，李燕被评为"南粤优秀教师"。搭建青年教师专业发展平台，开展师徒结对19对。组织教师1005人次参与各类教师素质提升培训，参加省、市各类教学能力大赛获省级一等奖3个、二等奖2个、三等奖10个，市级一等奖2个、二等奖8个、三等奖10个。

学校合唱团在广州市中小学生"童心向党"歌咏比赛总决赛中获一等奖

精准开展社会培训，助推乡村振兴 建立层次分明、特色明显的幼儿园教师专业发展体系。开办园长任职资格培训班、幼儿园骨干教师培训班、幼儿教师融合能力培训班等，总培训人数达7000人。聚焦乡村振兴，打造乡村教师培训特色项目。开展"聚焦乡村幼教，携手名师促发展"的乡村教师专题培训，培训教师6560人次。"聚焦乡村学前教育，助力接续乡村振兴——广州市乡村园长、教师培训"获广东省继续教育质量提升工程"终身教育品牌项目"。

舞蹈课教学

拓展对外交流合作，扩大社会影响力 学校与香港明爱庄月明中学缔结为广东省"粤港姊妹学校"；参加"中外人文交流小使者"展示活动获全国一等奖、最佳改编奖、人文交流合作示范奖；举办了16期海外幼儿华文师资培训班和4期汉语班；对接粤港澳大湾区幼教托育人才培养，与"一带一路"沿线国家加强职业教育合作，依托中华技艺输出，传播岭南特色中华优秀传统文化。

幼儿歌曲教学

深圳市宝安职业技术学校

2021年12月,学校举办产教融合论坛

学校举行中高企共建产教联合体签约仪式

汽车运用与维修专业学生到企业参加实训

学生在数控实训室进行三坐标测量技能实训

学校共青团团干、团员在2021年宝安区中学共青团团干、团员技能大赛中荣获5个特等奖

深圳市宝安职业技术学校成立于1985年,是国家级重点中等职业学校、首批国家中等职业教育改革发展示范学校。

2021年,学校被广东省教育厅列为"广东省高水平中职学校建设单位"和"广东省第一批中小学劳动教育基地";经深圳市委、市政府复评,被授予"深圳市文明校园"称号。

实施"匠心德育" 2021年,学校共招收新生1334人,毕业生有1280人,其中4人被本科院校录取,4人被海外本科院校录取,5人获国家奖学金。学校学生荣获第五届"一带一路"暨金砖国家技能发展与技术创新大赛一等奖、二等奖各1项,获广东省职业院校技能大赛一等奖7项、二等奖11项、三等奖5项,获深圳市技能大赛奖项10个。

推进集团化办学 学校于2016年牵头组建深圳市宝安职业教育集团,并入选为"全国首批示范性职业教育集团(联盟)培育单位"和"广东省示范职业教育集团建设储备入库项目"。2021年,深圳市宝安职业教育集团与深圳市银宝山新科技股份有限公司等合作共建企业校区8个,成立了企业学院1个、行业培训中心4个、技术技能传承创新中心6个、教师企业实践基地14个,聘请兼职教师25名,打造了"一体两翼四平台"的产教融合发展新模式。学校的校企合作案例《"中高企"产教联合体培养多元化人才——深圳市宝安职业技术学校产教融合实践探索案例》入选教育部"2021年产教融合校企合作典型案例"。

打造优质"双师型"队伍 学校现有专任教师281人,其中研究生以上学历教师74人;拥有专业教师153人,其中"双师型"教师144人;成立省级名师工作室1个、省级名班主任工作室1个、市级教科研专家工作室1个、市级名师工作室3个。2021年,学校教师在全国职业院校技能大赛中等职业学校班主任能力大赛中荣获二等奖1项,在全国职业院校技能大赛教学能力比赛中荣获二等奖2项,此外,还获得其他省级以上比赛奖项共10个,2名教师获得"南粤优秀教师"称号,1名教师被评为"广东省技术能手"。

深圳市龙岗职业技术学校

深圳市龙岗职业技术学校（原深圳市龙岗中等专业学校）创办于1994年，先后被评为国家级重点中等职业学校、国家中等职业教育改革发展示范学校、广东省高水平中等职业学校建设单位等。

学校游泳池与运动场

学校教师刘卫（左一）在电子商务师竞赛全国总决赛中荣获职工组特等奖第一名，被授予"全国技术能手"称号

学校位于深圳市龙岗中心城区，交通便利，校园环境优美。学校占地面积7.2万平方米，建筑面积7.4万平方米；拥有400米跑道标准田径场、体育馆等体育设施，建有专业实训室80余间，校外实习基地15个；图书馆藏书7.5万册。

学校以"建设全国一流的现代中等职业学校"为目标，实施"教师发展与学生发展并行、文化素养与职业技能并举、职教高考与技能竞赛并重"的发展战略，以文化建设、队伍建设、课程建设、校园建设为抓手，促进教师发展、学生发展和学校发展。

学校教师团队参加2021年全国教学能力大赛

学校现有学生3000名，专任教师252人，其中"双师型"教师170人，具有硕士以上学位的教师56人，具有高级职称的教师58人。

学校开设13个专业，共60个班，其中数控技术应用专业、汽车运用与维修专业、计算机网络技术专业被评为广东省重点专业，计算机网络技术专业群（计算机网络技术、计算机应用、动漫与游戏制作）和物流服务与管理专业群（会计事务、跨境电子商务、物流服务与管理）入选"广东省高水平专业群"建设项目，学校被确定为全国中职学校"数控技术应用专业"紧缺人才培训基地。

学校在2020—2021年度广东省职业院校学生专业技能大赛（中职组）机器人技术应用赛项中荣获一等奖

一直以来，学校秉承"责任立身、技能立业"的校训，践行"产教融合、多元发展"的办学理念，以"培养德才兼备、知行合一的高素质技术技能人才"为育人目标，坚持立德树人、五育并举、产教融合，着力培育"人文、技术、学术、艺术、体育"五位一体的课程文化，建立了"职教高考、技能证书、技能竞赛"三位一体的教学质量体系；积极开展新时代"职教高考"制度背景下职业教育的探索与实践，在课程体系设置、职教高考应考、打造优良学风、学生多元发展与个性化教学等方面进行了大胆创新和尝试，职教高考和技能竞赛成绩位居全市中职学校前列。在2021年广东省职业院校学生技能比赛中，学校夺得9枚金牌、17枚银牌和16枚铜牌，共获得42个奖项，所获奖牌总数名列全市第一、全省第二。

"未来工匠说"演讲比赛

"校园十佳歌手"大赛

国旗班风采

珠海市第一中等职业学校

学校与广东科学技术职业学院共同签署珠海大中小学思政课一体化建设研究与党史学习教育基地共建协议书

学校参加粤港澳大湾区旅游职业教育联盟协议签署仪式

校企合作签约暨"珠海一职·京东校园实训中心"揭牌仪式

大课间活动

珠海市第一中等职业学校（以下简称珠海一职）是首批国家级重点中等职业学校、国家中等职业教育改革发展示范校，先后获得全国五四红旗团委、首批广东省高水平中职学校培育建设单位、"三全育人"典型学校培育建设单位等100多项荣誉称号。

学校拥有"心华"和"香华"两个校区，设有旅游部、现代商贸部、信息技术部、艺术设计部、智能应用部、高职部六大专业部共26个专业。

学校师资力量雄厚，现有正高级教师2人，高级教师98人，国家级专家及裁判、省市级名师、名校长、名班主任、技术能手共71人。近年来，学校教师在各级各类教学能力大赛中屡创佳绩：获国家级奖项39人，省市级奖项127人；获国家级教育教学成果奖1项，广东省教育教学成果奖一等奖2项、二等奖2项。

学校坚持以党建引领各项工作的开展，将"和乐"校园文化理念与党建工作紧密融合，将党建工作与学校事业发展保持同频共振，促进学校核心竞争力的提升，打造具有职教特色的党建模式，逐步形成了以"和聚力、乐担当"为特色的学校党建品牌。

学校主动面向珠海产业结构调整专业设置，以省级"粤菜师傅"培训基地、"狮山街道·珠海一职社区旅游学院"、"珠海一职·京东校园实训中心"等建设为契机，以校企共建"三基四室"为突破口，着力打造校企合作命运共同体，让全体师生参与到产教融合之中，促进了教育链、人才链与产业链、创新链的有效衔接。中国教育电视台《魅力中国》栏目专题报道了学校《产业第一 职教先行》的典型案例，向全国观众讲述了学校紧扣"产业第一"要求，加快学校内涵发展、创新发展、特色发展和高质量发展，争创高水平中职学校的奋斗故事。

自2016年以来，学生在各级各类技能大赛中获奖逾1000项，其中获得全国职业院校技能大赛企业经营沙盘模拟赛项、计算机数据恢复赛项、分布式光伏系统的装调与运维赛项和酒店服务赛项一等奖4次。学生升读本科院校共计79人，升读大专院校的比例高达91%。

学校积极加入粤港澳大湾区旅游职业教育联盟，与其他6所职业院校及3家企业共同签署粤港澳大湾区旅游职业教育联盟协议，协助粤港澳大湾区推动旅游职业教育和人才培养工作的开展。省市级主流媒体及澳门特别行政区政府官网多次对学校与澳门旅游学院的合作办学成果进行了宣传报道并给予高度评价。

顺德梁銶琚职业技术学校

学校综合楼

校园一角

顺德梁銶琚职业技术学校创办于1988年，是首批国家级重点职业学校、首批国家中等职业教育改革发展示范学校、全国重点建设职业教育师资培训基地、广东省高水平学校建设单位、广东省粤菜师傅培训基地，先后获得全国职业技术教育先进单位、全国中小学德育工作先进单位、全国职业院校学生管理50强、全国校企合作优秀学校、广东省基础教育党建示范校、广东省先进基层党组织等荣誉称号。

学校开设数控技术应用、机电技术应用、中餐烹饪、中西面点、数字影像、工业机器人技术应用、美术设计与制作、模具制造技术、高星级饭店运营与管理和工艺美术共10个专业，其中国家示范专业1个、省重点专业3个、省双精准专业3个、省高水平专业群2个，逐步形成智能制造、现代服务、文创艺术三大高水平建设专业群。

建校以来，学校坚持以质量立校、人才兴校、品牌强校为主线，不断深化教育教学改革，人才培养质量和办学效益不断得到提升。高职高考连续多年上线率为100%，本科录取人数领先于全省各中职学校；师生参加各级各类比赛获得多项省级、国家级和国际奖项；近3年学生参加技能大赛获国际金奖、银奖各1项，国家级一等奖6项、二等奖4项、三等奖2项，省级一等奖35项、二等奖4项。学校教学改革成绩突出，近2年获省教育教学成果一等奖2个、二等奖1个，教师队伍建设案例入选"首批全国职业院校'双师型'教师队伍建设典型案例"；学生管理优势明显，获评"全国职业院校学生管理50强"，是全国获评的15所中职学校之一，也是广东唯一入选学校。

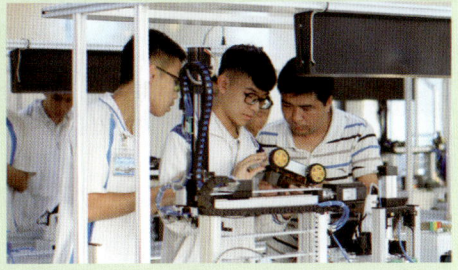
教师指导学生做机器人竞赛项目

学生参加职业教育活动

学生参加高考前的誓师仪式

韶关市中等职业技术学校

智慧课室

篮球场

风采园

校园电视台

学校首届师生茶艺技能竞赛

学校技能竞赛——电力拖动电路设计及组装调试赛场

学校技能竞赛——酒店服务赛场

韶关市中等职业技术学校是韶关市教育局直属的一所国家级重点中等职业技术学校、国家中等职业教育改革发展示范校、广东省高水平中职学校建设学校。学校由7所学校资源整合而成，经费按财政补助一类拨付，是粤北地区一所办学效益显著的示范性学校，挂牌韶关市职业与成人教育师资培训中心、韶关市职业第九技能鉴定所、韶关市旅游行业岗位培训基地、韶关市建筑培训中心等。

学校占地面积16.8万平方米，在校生3300人（含高职专业学院学生255人），在职在编教职员工251人。教师队伍中，有专任教师226人、专业教师122人。学校设机电汽修系、信息建筑系、经贸化检系、升学旅游系和高职部5个部系，拥有12个专业类别共23个专业资质。其中，电子信息技术、计算机网络技术为广东省重点专业；电子信息技术、计算机网络技术、旅游服务与管理为国家示范校重点建设专业；建筑工程施工、电子商务是广东省"双精准"示范专业；旅游服务与管理、建筑工程施工、粮油储运与检验技术为学校特色专业。

学校环境优美，实训设备先进。校内实训基地包括旅游服务与管理、财经贸易、学前教育、计算机、电子自动化、数控技术、汽修、工艺美术八大类，共有115间实训室。教学仪器设备工位数达1138个，教学用计算机达1423台。

学校拥有高素质的师资队伍，秉承"德技树人，德技立身"的办学理念，培养高素质技术技能人才。学校根据社会经济发展需求，积极开展产教融合、工学交替、订单培养、产业学院等多方面的改革与实践，深化校企合作。学校加强党建引领、"五育"并举，突显学校德育和思政工作成效，构建全员协同、全程覆盖、全方位渗透、职业教育特色突出的育人体系，培养劳模精神和工匠精神，促进学生成人成才。

海丰县中等职业技术学校

海丰县中等职业技术学校创办于2009年，是海丰县唯一的公办全日制职业技术学校。学校总占地面积14.7万平方米，总建设面积86.4万平方米，总投资1.68亿元。现有在职在岗教职工158人，专任教师147人，硕士研究生17人；其中专业教师58人，"双师型"教师42人。全校有在校生4636人，其中全日制中职生4343人（含联合办学），大专生和高技生293人。学校拥有教学仪器设备总值约3143万元，生均设备值为10863.60元。建有千兆主干校园网、多媒体、校园演播系统等现代化教学系统，校内实训室59间，校企合作校外实训基地8个。

学校庆祝第37个教师节表彰大会

学校坚持党对教育工作的全面领导，坚持党建引领学校教育高质量跨越式发展。2021年，学校党委成立了下属8个党支部，将支部建在系部。深入开展党史学习主题教育活动，扎实推动党史进校园。学校党员教师在2021年县教育系统中共党史知识竞赛中获得一等奖并代表县委在市党史教育知识竞赛中获得二等奖；在汕尾市中小学思政课（党史专题）一体化教学技能大赛决赛中荣获三等奖。

学校举办班主任业务能力大赛

学校坚持实施"人才强校"战略，始终把师资建设作为重点工作来抓。学校教师在省中等职业学校班主任业务比赛中荣获三等奖，在市中小学班主任业务能力比赛中获得团体一等奖，在市首届美育教师教学基本功比赛中获得一等奖2项、二等奖2项、三等奖1项，在第三届广东省中职青年教师教学能力大赛决赛中获得二等奖1项、三等奖2项。学校重视教科研工作，鼓励教师积极申报课题、专利。2021年，学校中期验收的市级课题有8项、校本课题有8项；在2021年度市教育技术论文活动评选中获得一等奖3个。

学校坚持把做好毕业生就业作为落实立德树人根本任务的关键环节和重要内容，准确识变、主动求变、科学应变，努力降低疫情对毕业生就业的影响，全力保障毕业生充分、高质量就业。2021年应届毕业生885人，顺利就业811人，就业率为91.64%。

学校举办第五届技能大赛

学校先后被评为全国职工教育培训示范基地、国家级足球示范性学校、广东省交通安全示范学校、广东省安全文明校园、汕尾市语言文字规范化示范学校、广东省重点中等职业学校、汕尾市基础教育党建工作示范校、广东省中学生志愿服务示范校。2021年，学校被广东省教育厅确定为"广东省高水平中职学校"建设单位，其中重点建设电子商务专业群、会计事务专业群和计算机应用专业群。学前教育专业为广东省教育厅第一批备案专业，也是"双精准"示范专业。2021年，海丰县委、县政府与广东科贸职业学院合作在学校共建"乡村振兴学院"。

学校开展职业活动周活动　　校园杯五人制足球赛开幕式　　军训会操表演

东莞市电子科技学校

学校校门

学校主体雕塑

学校获得全国职业院校技能大赛（中职组）计算机检测维修与数据恢复赛项一等奖

学校获 2021 年广东省中学生篮球锦标赛（中职组）冠军

学校获 2021 年广东省"省长杯"青少年校园足球联赛（中职组）冠军

学校获 2021 年全国职业院校教学能力比赛一等奖

学校航模航拍社

东莞市电子科技学校成立于1993年，是东莞市直属公办国家级重点职业学校、广东省示范性中职学校、广东省高水平中职学校建设单位。学校占地面积10.67万平方米，建筑面积9万平方米，全日制在校生4500多人，教职工300余人，拥有南粤优秀教师2名、广东省职教名师1名、东莞市职教名师3名。学校拥有15个专业方向，其中电子技术应用、计算机应用、数字媒体技术应用为广东省中等职业教育"双精准"示范专业。学校建设了电子、机电、计算机、财经、动漫、艺术等"五位一体"省级实训中心，进驻8家成长型科技公司（包括8条SMT企业生产线）、联想集团全国首家PC+人才培养基地、中兴通迅全国首家中职ICT产教融合基地等，专业设备先进，教学理念超前。

学校坚持技能和素养双优的培养理念，开放办学、双轨并行，为学生打造高端就业平台和优质升学途径，力争让每一位学生接受最适合的现代化职业教育。学校坚持走校企携手、互利共赢之路，牵手中兴通讯、联想集团、大疆无人机等知名企业，推行"岗位定向，专班培养"，践行现代学徒制"东莞模式"人才培养模式，牵头组建110个单位加盟的东莞电子职教集团。校企合作开发"中职生职业素养能力训练"等课程，联袂打造208集央视动画片《吉祥宝宝》并获全国职业院校技术成果交流一等奖。2021年，学校参加全国职业院校技能大赛获一等奖，篮球、足球和艺术体操队参加比赛均获得广东省冠军，足球队获得"省长杯"青少年足球联赛中职组冠军。学校每年培养20余名国家二级运动员，有学生考取中南大学、广州体育学院等本科院校。

经过多年改革创新，学校先后获得全国教育系统先进集体、职业教育国家级教学成果二等奖、广东省中职技能大赛特殊贡献奖、东莞市先进基层党组织等荣誉。

开平市吴汉良理工学校

开平市吴汉良理工学校创建于1981年，前身为开平市职业高级中学，是国家级重点职中、国家职业技能鉴定所、广东省实训中心、广东省示范性中等职业学校。

学校从东河中学旧址借用两间教室开始办学，于1982年搬迁到现苍江中学校址。1996年由实业家吴汉良先生捐款筹建校舍，更名为开平市吴汉良理工学校，搬迁至现迳头校址。学校于2006年与开平市第二职业高级中学、开平市农业机械学校两所学校合并，于2007年与开平市成人中专合并，于2010年与开平市旅游学校合并。

学校由创办之初的2个财会教学班发展至今，拥有财信、机电、旅游、艺术四大专业部，共13个专业。其中，中餐烹饪及电子信息技术专业是广东省重点建设专业，中餐烹饪、学前教育及计算机平面设计专业是广东省中等职业教育"双精准"示范专业。学校占地总面积约10.5万平方米，建筑面积4.3万平方米，拥有在校生2452人，教职工183人。

学校以就业为导向，以技能为核心，立足开平侨乡，辐射珠三角地区，为区域经济发展服务。学校深化校企合作，与当地几十家企业签订校企合作协议，根据社会发展需求设置专业。学校翠山湖校区通过"走出去，请进来"的校企合作方式与园区企业紧密对接，近距离了解企业用工需求，大大拓展了学生的就业渠道。学校毕业生就业率达100%。

学校不断提高师生文明素养，持续提升校园文明程度，取得了良好成效。学校先后被评为全国素质教育先进单位、全国德育管理科研先进学校、中华全国职工教育培训示范点、江门市文明学校、江门市绿色学校、江门市科普示范学校、江门市中小学心理健康教育特色学校、江门市中小学劳动教育综合实践基地、江门市中小学劳动模范（先进集体）、开平市教育工作先进单位、开平市师德建设先进单位、开平市校园文化（环境）建设标兵单位、开平市法制教育先进单位，学校工会被评为开平市"先进职工之家"、开平市教育系统"模范职工之家"。

"向国旗敬礼，育爱国情怀"践行社会主义核心价值观升旗仪式

"扬文明新风，铸理工之魂"志愿服务活动

2021年艺术部开放日专业技能展示

学生获2020—2021年度广东省职业院校学生专业技能大赛（中职组）烹饪赛项二等奖

校企合作参观学习

孔学经典咏读活动

阳春市中等职业技术学校

学校举办庆祝中国共产党成立100周年系列活动

学校承办2021年阳江市中等职业学校技能竞赛

2021年开学典礼

2021年高考百日誓师大会

2021年校庆晚会

阳春市中等职业技术学校创建于2006年6月，位于春城街道阳春大道北旁，是阳春市唯一公办职业学校。学校有全日制学生6000人，教职工400人，开设工业机器人技术应用、新能源汽车运用与维修等20个专业。学校是广东省重点职业学校、广东省高水平中职学校建设单位、广东省粤菜师傅培训基地、广东省新型农民培训试点学校、广东省中小学劳动教育基地，先后获得广东省五一劳动奖状、广东省职业技术教育工作先进集体、广东省依法治校示范校、广东省安全文明校园、全国国防教育特色学校、全国青少年校园足球特色学校等30多个省级以上荣誉，以及阳江市十大文明示范校园、阳江市先进基层党组织等30多个市级荣誉。

学校打造了"成人、成才、成功，培养德能兼备现代职业人"的"三成"教育特色和"礼行德育"特色，坚持"以人为本，技能为主，全面发展"的办学理念，坚持"服务学生、服务教工、服务企业、服务社会"的办学宗旨，构建了"德能兼备、九训共育、人人出彩"的学生职业素养成长模式，实现人人成才。学校以"家文化"为核心进行校园文化建设，形成了"温暖热情，友爱包容，彼此支持，成就彼此，共同成就事业"的校风，"爱生、爱校、爱职教，用心、用力、用真情"的教风及"学思结合，手脑并用，知行统一"的学风，打造了积极向上、自信阳光、温暖友爱的校园文化生态环境。

学校开设了"3+证书"普通高考班，打通中职教育向高职教育的上升通道，让中职学生也能圆大学梦。学校紧密对接"广东技工""粤菜师傅""南粤家政"三大工程，人才培养成效显著。学生就业前景好，毕业生就业率达到98.2%，平均每年向阳江地区和粤港澳大湾区输送2000名德能兼备的技能型人才，同时进行非学历技能培训约2000人次，为劳动力转移、解决就业问题以及实施乡村振兴战略发挥了积极的作用。

雷州市职业高级中学

雷州市职业高级中学创办于1989年,是广东省高水平中职学校建设单位、广东省重点中等职业学校、湛江市"提质培优"重点发展公办中职学校、广东省绿色校园。

学校秉持"构建高质量融入国家职业教育新体系的前沿阵地"的办学理念,以"崇德明理、知行合一"为校训,以"文明、和谐、尚技、创新"为校风,以"爱生、敬业、匠心、务实"为教风,以"砺志、自律、崇技、进取"为学风,致力于达成"培养一人,学有一技,致富一家"的办学目标。

学校有在校生4513人,教职工219人,教学班80个,并设物联网技术应用、电子技术应用、计算机应用、化学工艺、幼儿保育、农机设备应用与维修、绘画7个主干专业,三二分段全日制大专班15个。2021年,物联网技术应用专业群规模突破1000人,"双师型"专业教师比例达65%。教师获得省级荣誉4人、湛江市级以上荣誉43人;学生参加省市级以上技能竞赛,获省级荣誉8人次、湛江市级以上荣誉25人次。

学校大胆创新,开拓普职融通道路。实施"高一同步开设普通高中课程;高二开设专业技能证书课程,鼓励学生考取专业证书;高三实现持证参加'3+证书'春季高考,或者夏季高考,或者持证就业""一个学生三条出路"的灵活办学模式,为学生提供接受不同教育的机会,以及更灵活更多样的成长道路。学校"3+证书"春季高考连创佳绩,连续四年处于湛江市同类学校龙头位置,名列广东省同类学校前列。

学校专家团队外出调研高水平专业建设

庆祝建党100周年文艺汇演

学校田径运动会开幕式

物联网技术应用综合实训室

计算机专业实训室

学校文艺晚会

广东省连州卫生学校

医学检验技术专业技能操作

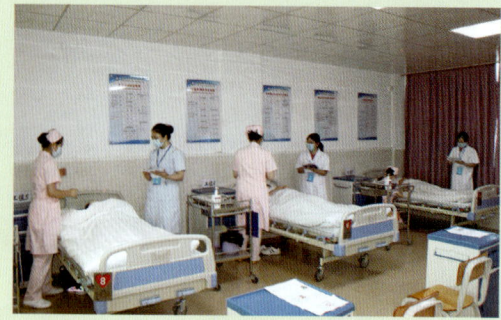

广东省中等职业技术教育专业技能课程"护理"考试现场

学术报告厅

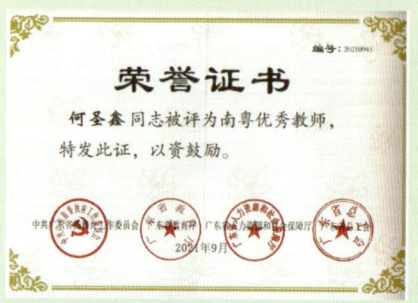

"南粤优秀教师"荣誉证书

学校荣获"连州市文明校园"称号

广东省连州卫生学校是清远市唯一市县共管公办省重点医药卫生类中等职业学校,是公益二类(财政核补)事业单位,主要职能为培养卫生技术技能人才,促进卫生事业发展,承担医药卫生类学历教育服务和卫生健康培训服务。学校创建于1947年,1951年广东省卫生厅将学校更名为广东省第六医士学校,1994年更名为广东省连州卫生学校。

学校有在校全日制中职学生4835人,各种层次大专以上学历教育学生565人(其中高职专业学院全日制专科学生134人、基层卫生人员学历提升专科学生320人,成人业余学历教育专科、专升本学生111人)。教职工总计220人,其中在职在编95人、长聘教师28人,其他均为后勤服务人员。现有任课教师111人,"双师型"教师52人,本科以上学历教师占92.7%,硕士以上学历教师6人,高级职称教师17人。

学校开设护理(含三二分段)、药剂(含三二分段)、中药、医学检验技术(含三二分段)、口腔修复工艺(含三二分段)、智慧健康养老服务(含三二分段)、中医养生保健(中医美容)(含三二分段)、中医康复技术(推拿治疗技术)(含三二分段)8个专业。

学校投入3600万元进行校园提质改造,用于校园路面黑底化、新学生宿舍楼建设、池塘改造等;投入310万元用于建设学术报告厅及职工之家,新增学生床位840个,校园面貌焕然一新,极大地改善了师生办公和学习的环境。

学校围绕中心工作,出色地完成各项任务,形成创先争优、干事创业的良好氛围,学校先后荣获连州市文明校园、连州市五四红旗团委称号。在第五届全国职业院校教师检验技能竞赛中,廖晓连荣获一等奖,邓丽燕、陆玉霞荣获二等奖,陈露荣获三等奖;在2021年广东省职业院校技能大赛教学能力比赛中,梁惠冰老师团队荣获二等奖,何圣鑫被评为南粤优秀教师,吴嘉雯被评为清远市优秀思政理论课教师。在广东省职业院校技能大赛护理技能赛项中,成小慧、李仟卉同学荣获三等奖。

连州市职业技术学校

连州市职业技术学校是一所有40多年办学历史的全日制中等职业学校,加挂连州市开放大学、连州技工学校牌子,集职业教育、成人教育、技能培训于一体,是连州市职业教育中心,"粤菜师傅"省级培训基地。校园占地面积64290.54平方米,建筑总面积34720.69平方米,校内教学场所8640平方米,实训场所11707平方米。2021年,学校有教学班38个,全日制学生1659人,教职工121人,其中专职教师91人,高级职称教师10人,中级职称教师40人,"双师型"教师32人。

学校开设了中餐烹饪、机电技术应用、计算机网络技术、电子商务、珠宝玉石加工与营销、幼儿保育、汽车运用与维修、通信运营服务、城市轨道交通运营服务9个专业。学校以"厚德立身、勤学建业、知行一致、行胜于言"为校训,积极贯彻职教改革措施,全面推进教育教学改革,致力于打造成为全日制中职教育、成人学历教育、短期培训和技能鉴定多元办学的粤北中职名校。

2021年,学校组织学生53人参加高职高考,全部上录取线并被录取,上线率和录取率均达100%;中职招生实现历史性突破,达到了821人。教师王丽丽被评为南粤优秀教师,熊惠莲被评为清远市优秀班主任,何志群、韦慧、张建军分别被评为连州市优秀教师、教坛新秀、优秀教育工作者;胡小雅、艾希仁分别荣获清远市首届美育教师教学基本功大赛中职组音乐类二等奖和美术类二等奖。学生参加连州市第七届中小学生乒乓球比赛,获得男团第三名、女团第二名,学校获体育道德风尚奖;学生伍舒欣荣获清远市2021年"中华传统美德教育"之"爱党、爱国、爱家乡"中华经典书法大赛硬笔书法项目比赛中职组一等奖;啦啦操团队荣获2021年清远市中小学生健美操啦啦操比赛团体总分第二名、最佳团队奖,以及自选花球第一名、自选爵士第二名、规定套路爵士第三名。

展望未来,学校将深入贯彻新修订的职业教育法,加强依法治教,凝心聚力,奋勇前行,全面开启高质量发展的新征程。

2021年6月30日,学校举办庆祝建党100周年文艺表演

2021年9月10日,学校开展教师节"赓续百年初心,担当育人使命"敬师活动

啦啦操团队荣获2021年清远市中小学生健美操啦啦操比赛团体总分第二名、最佳团队奖

广东省粤菜师傅培训基地

学校舞狮队在国庆文艺汇演上表演

学校举办广播体操比赛入场式

广东工程职业技术学院

2021年10月29日，广州长隆集团全国首家产业学院——长隆学院在学校的省职教城（清远）校区揭牌成立

2021年12月28日，学校召开广东工程职业教育集团第二届理事大会三次会议和常务理事第三次会议

学校举行2021年教师节庆祝表彰大会暨师德建设主题教育月活动启动仪式

学校马克思主义学院直属党支部荣获"广东省先进基层党组织"称号

广东工程职业技术学院是一所省属公办高职院校，创办于1958年，其前身为广东省成人科技大学，2005年转制为高职院校，是一所以工科专业为特色，文、经、管、艺等专业综合发展的高职院校，先后被评为广东省示范性高等职业院校、广东省"创新强校工程"A类院校、国家级示范性职业教育集团（联盟）培育单位、教育部首批现代学徒制试点院校、全国现代学徒制研究中心秘书长单位、全国首批1+X证书制度试点院校、广东省"三全育人"体制机制建设试点单位、广东省绿色学校、广东省红十字标准校，全国建筑工程技术专业（群）"双师型"教师培养培训基地、首批广东省大学生创新创业教育示范学校、全国毕业生就业工作典型经验高校。

学校坚守"为党育人，为国育才"的初心与使命，秉承"工于建构，成于创造"的校训精神，突出特色发展、创新发展，强化内涵建设，深化产教融合，综合办学实力不断增强，社会影响力和声誉度日益提升。

学校现有广州天河、省职教城（清远）两个校区，占地总面积93万平方米，建筑总面积81.12万平方米；教学科研仪器设备资产总值超过1.8亿元；图书馆藏书175.69万册，电子图书45.45万册；建有校内外实践基地230个，其中中央财政支持实训基地3个、省财政支持实训基地11个、省级产教融合实训基地2个；拥有二级学院9个，特色产业学院7家，登记式事业单位独立法人研究所3个。

一校两区协调发展 2021年，学校省职教城（清远）校区全面完成基本建设，配套设施进一步完善，办学条件进一步提升；省职教城（清远）校区在校生近12000人，整体学生规模超过25000人，形成了"一校两区协调发展"的格局。

优质师资力量雄厚 截至2021年12月31日，学校高级职称教师占教师总数的25.2%，具有硕士及以上学位教师占教师总数的65.8%，"双师型"素质教师占教师总数的60%。教师队伍中，有全国技术能手1人，全国高校思政课教学能手1人，全国旅游职业教育教学指导委员会委员1人，广东省督学1人，广东省教学名师2人，广东省高校思政课名师工作室主持人1人，广东省技术能手1人，广东省职工经济技术创新能手2人，南粤优秀教师5人，南粤优秀教育工作者1人，广东省优秀青年教师培养对象5人。学校立足于产业学院，推动校企师资互聘共享，引进企业能工巧匠，师资结构更加优化。

学生参加工业机器人实训

学生参加数控车床实训

学校广州校区举行2021级新生开学典礼暨军训动员大会

专业建设成效显著 学校开设了以工科类为主的专业47个，其中国家级骨干专业1个，教育部现代学徒制试点专业6个，省级高水平专业群2个，省级示范专业2个，广东省重点专业1个，广东省二类品牌专业2个，高本协同应用型本科人才培养专业3个。学校密切对接"创新链"和"产业链"，不断优化专业群建设，环境艺术设计专业群成为省级高水平专业群；全力打造电梯工程技术、软件技术、环境艺术设计3个高水平专业群，初步形成了"数字设计＋智能制造＋智慧服务"格局的高水平专业集群。

学校省职教城（清远）校区举行2021级新生军训总结大会

思政育人成果丰硕 学校坚持落实立德树人根本任务，深入推进"三全育人"体制机制建设，推动思想政治理论课创新，构建高职思政课"3+X"实践教学模式，开设"思政小课堂""社会大课堂"和"云上新课堂"，建成"党史红课"云上育人资源库、"德e行社区"等思政课融媒体平台；承办广东高校大学生讲党史公开课展示、党史教育融入思政课专题研讨会等活动，树立了高职院校红色思政课育人新标杆。学校有2个教育部思政专项项目、1个中国科协学风传承项目获准立项，教师荣获广东省高校思政课青年教师教学基本功比赛二等奖1项。

新校区落成纪念石

产教融合特色鲜明 学校扎实推进"一群一产业学院"建设，打造校企协同育人平台：与世界500强企业"迅达电梯"共建"电梯产业学院"，与世界级民族文化旅游品牌企业长隆集团共建长隆产业学院等7家特色产业学院。学校的电梯工程技术专业群校企合作案例入选教育部职业教育提质培优典型案例。

师生竞赛成绩优异 2021年，学校学生参加职业技能竞赛屡创佳绩，获得国家级二等奖1项，省级一等奖8项、二等奖18项、三等奖47项；参加"互联网＋"等省市级创新创业大赛，获得各类奖项20个。学校教师参加教学能力比赛捷报频传，获得省级二等奖1项、三等奖3项，获青年教师教学基本功比赛二等奖1项。

学校"育人园"文化石

广东建设职业技术学院

广东建设职业技术学院是广东省内唯一的公办建筑类高职院校，是广东省建筑类高素质技术技能人才培养的主要基地，被誉为"现代鲁班摇篮"。

学校的前身是原广东省建筑工程局于1979年创办的广东省建筑工程技工学校（技校），1986年成立广东省建筑工程学校（中专），2000年成为国家级重点中等职业学校，2001年升格为广东建设职业技术学院（高职），2006年移交广东省教育厅管理。

迈入新时代，学校提出并实施"建新校、上规模、强内涵、促和谐"的行动计划，2021年全面建成清远校区，办学规模达到2.2万人。

办学43年来，学校扎根南粤大地，服务"一带一路"，培养了30多万名高素质技术技能人才，为广东省建设行业与经济社会发展做出了重要贡献。

基本情况　学校现有广州、清远两个校区，占地面积近66.67万平方米，在校生2.2万人，教职员工900多人。其中坐落在广东省职教城的清远校区于2019年10月启用，2021年12月全面落成，彰显了"特色、文化、智慧、生态"的校园特色。

党建成果　学校坚持党的全面领导，不断加强党的建设，为学校事业发展和党的教育方针贯彻落实提供坚实的政治保障。学校的新时代党建"双创"工作取得"大满贯"历史性成绩，学校直属第二党支部成功入选第三批"全国党建工作样板支部"培育创建单位。

师资队伍　学校现有专任教师800多名，其中副高以上职称教师占20%，具有硕士以上学位教师占60%，具有"双师型"素质教师达到80%；拥有省级教学团队5个，省级专业领军人物1名；聘请了200多名行业专业技术人员作为兼职教师，19名广东省传统建筑名匠为学校客座教授。

专业建设　学校现有招生专业48个，涉及8个高职专业大类、18个二级门类，其中土木建筑大类专业有17个；拥有国家级骨干专业5个，中央财政支持建设专业2个；开设国家级精品在线开放课程1门，国家教指委推荐精品课程1门；开发国家级专业教学资源库项目1个，中央财政支持的职业教育实训基地建设项目1个；创建国家级生产性实训基地4个，国家级"双师型"教师培养培训基地1个。学校先后与6所本科高校开展"3+2"或"2+2"高本衔接试点建设工作，为开办本科层次职业教育奠定基础。

教研成果　近年来，学校教师的教科研水平不断提升，获得国家级教学成果一等奖1项，省级教学成果一等奖1项、二等奖4项；共有10项省级教改专项、125项省厅级项目、16项国家1+X职业技能等级证书试点项目获批立项，获得

学校召开2021年全面从严治党工作会议

校长赵鹏飞（左一）参加在学校成立的中国－赞比亚职业技术学院建筑工程学院揭牌仪式

思政课

"建筑工匠进校园"活动

被学校派驻到赞比亚援教的教师为当地员工进行架子工培训

学生参加钢筋绑扎实训

测量实训活动

足球比赛

跳绳比赛

校园招聘会

学校智慧党建中心

各类专利达 68 项。学校有 6 个省级高水平专业群获批立项，建成省级示范专业 1 个、省级重点专业 5 个、省级一类品牌专业 1 个、省级二类品牌专业 5 个。

校企合作　学校牵头成立的广东建设职业教育集团是国家级示范性职业教育集团，与 300 多家行业企业保持合作关系，形成有效的校企合作办学体制机制，在现代学徒制试点、职工培训、技术研发等方面广泛深入地开展合作。学校是全国第二批现代学徒制试点单位，现有 18 个专业开展省级现代学徒制试点，3 个专业为全国试点专业。学校的"岭南建筑技术职业教育产教创新基地"项目被列入国家"十三五"职业教育产教融合发展工程规划，是广东省乃至全国集人才培养培训、科技研发、服务产业为一体的建筑类产教融合国家级创新示范基地。

立德树人　近年来，学校以高质量党建引领思想政治工作实践，构建"三全"育人体系，促进学生的德、智、体、美、劳全面发展，在各类科技学术、文化艺术大赛中累计获得 300 多项省级以上奖励。学校积极组织学生参加全国职业院校技能大赛（高职组），在"建筑工程识图"赛项中获得团体二等奖，在"建筑装饰技术应用"赛项中获得团体三等奖。学生参加第十五届"挑战杯"广东大学生课外学术科技作品竞赛荣获特等奖，在创新创业大赛全国总决赛中荣获一等奖，实现了历史性突破。

学校鲁班广场

学校建立了海外创新创业研习基地，组织优秀学生多批次参加研修，开启了创新创业教育国际化的征程；每年发放学生奖学金、助学金共约 3000 万元，全面推进"贫困生帮扶制度"的实施。学校毕业生的初次就业落实率达 95% 以上，处在全省高职院校前列；毕业生遍布粤港澳大湾区，为"双区"建设贡献了一份力量。

国际合作　学校积极响应国家"一带一路"倡议，成为教育部职业教育"走出去"的试点院校，赴海外开展架子工、焊工、计算机等技能班及建筑技术学历班培训，得到教育部、中国有色矿业集团有限公司的高度肯定。2019 年，学院首个海外分院"赞比亚鲁班学院"揭牌成立，促进了国际化技术技能人才的培养，更好地服务了中资企业和当地经济的发展，逐步成为境外办学的典范。学校先后与新西兰、澳大利亚、英国、法国、美国、德国、韩国、加拿大、芬兰等国家和中国香港地区的高等院校及教育机构开展了高层互访、教师培训、师生交流、合作办学等合作项目。近年来，学校先后获得"2020 亚太职业院校影响力 50 强""中国职业院校世界竞争力 50 强""广东省高校对外交流合作先进集体"等荣誉称号。

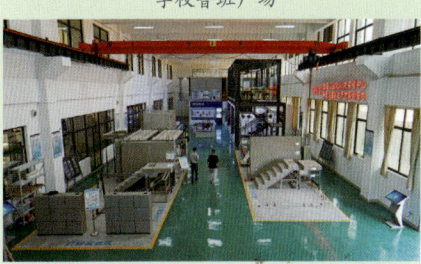
校内的国家级装配式建筑生产性实训基地

教学楼

未来展望　未来五年，学校将认真贯彻新发展理念，深入实施"提质量、强服务、优治理、育新人"的"十四五"行动计划，由扩容提质转入高质量发展阶段，打造底色鲜红的"现代鲁班摇篮"，显著提升服务粤港澳大湾区建设行业及经济社会发展的能力，全面建立与省内建筑产业及区域经济发展相适应的产教融合机制，促进人才培养质量持续提高，内涵建设达到省级一流学校水平，全面建成"国内知名、业内领先、服务区域、走向国际"的高水平建筑类高职院校。

体育馆

清远校区教师公寓

清远校区学生饭堂

学校正门

广东南华工商职业学院

学校与梅州市平远县人民政府共建校地实践育人基地

学校全面服务于地方政府和企业，助力乡村产业振兴

学校深度参与2021年清远市乡村新闻官"三结对"培训活动

广东南华工商职业学院是经广东省人民政府批准、中华人民共和国教育部立案的一所公办全日制普通高等院校，2020年11月入选教育部"第三批国防教育特色学校"名单。学校现有天河、黄埔、清远三个校区，校园占地总面积73.26万平方米，规划建筑面积50万平方米；主校区坐落于清远的广东省职业教育城，校园占地面积约66.33万平方米。

夯实发展基础，"十四五"规划引领新发展 2021年度，学校以习近平新时代中国特色社会主义思想为指导，落实"立德树人"根本任务，完成了学校"十四五"发展规划的制定；在省内高职院校中率先出台学校高质量发展综合改革实施方案，开启了高质量发展的新征程；办学水平不断提升，在2021年度高等职业教育"创新强校工程"考核中获得B类院校第一名。学校以"强、特、亮、融"（做强商科、做特工科、擦亮工会底色、深化产教融合）为发展主线，围绕"提质培优、增值赋能"，抓好"扩、提、强"核心工作，大力弘扬"劳模精神""劳动精神"和"工匠精神"，打造"商科上水平、工科有特色、工会底蕴浓厚"的高水平高职名校，培养全面发展的高素质技术技能商科人才。

深耕专业建设，构建产教融合新生态 截至2021年底，学校共有3个省级高水平专业群获批立项，拥有省级1+X证书试点项目22项，省级现代学徒制试点项目64项。学校加强与龙头企业的深度合作，探索产教融合新机制，与中兴通讯股份有限公司签订战略合作协议，共同成立"中兴通讯数字化产业学院"；开办首届"南华-中兴创新订单班"，实施"2+0.5+0.5"人才培养模式，创建"南华-中兴现代化产业人才海外培训基地（印度尼西亚）"。学校积极参与"龙粤职业教育协同发展联盟"建设，结对帮扶黑龙江职业教育发展；清远高新区合作稳步推进，"英德茶产业学院"深度运作，成立"数字金融产业学院"和"文化旅游产业学院"。2021年，学校举办第二届产教融合大会，获得中国农业银行5年3000万元的产教融合资金支持；成功培育校企共建共享生产性实训基地10个，产教融合实践典型案例入选《2021中国职业教育质量年度报告》教育教学案例。

学校举行劳动模范"兼职德育导师"集中聘任大会

全国劳动模范、学校德育导师张重阳为师生们讲授党课

全国劳动模范陆建新到学校给学生上课

落实扩容提质，技能竞赛获得新突破　2021年，全校普高生录取人数4652人，报到人数3858人，报到率达83%；拥有全日制在校生12056人，办学规模稳定在12000人左右。全校成人大专生录取人数1376人，达到近5年来的录取人数新高。学校毕业生初次就业去向落实率达96.98%，比2020年的94.1%高出2.88%，比全省平均水平高出7.98%。学校参加2021年广东省职业院校技能大赛，获得一等奖9项、二等奖15项、三等奖19项；参加2021年广东省职业院校技能大赛教学能力比赛，获得二等奖2项、三等奖2项。

实施"四雁工程"，构建教师发展新系统　学校按照"扬师德、拓规模、厚基础、强中坚"的思路，遵循"引才、育才、用才、聚才"的路径，实施"四雁工程"，构建教师"四阶"发展系统，通过待遇引人、事业留人，打造了一支数量充足、结构合理、扎根南华、真抓实干的人才队伍。学校教师中有"广州地区十大杰出中青年法学家"、南粤优秀教师、南粤优秀教育工作者、全国职业院校艺术设计类专业"金教鞭奖"获得者、"广东省教学能力大赛一等奖"获得者共10余人，"双师型"专业课教师所占比例达84.57%；现有全国劳动模范、全国道德模范陆建新等53名"兼职德育导师"，以及省级非物质文化遗产代表性传承人、南粤工匠、广东省工艺美术大师饶宝莲等9名"能工巧匠"教授，聘请了"全国五一劳动奖章"获得者左晓佛等15名客座教授作为学校的兼职教师。

学校"曹氏木雕技能大师工作室"成员

2021年，学校与中兴通讯股份有限公司开展深度产教融合

擦亮工会底色，探索特色育人新模式　学校深入开展劳动教育"特色人才培养第一课"，不断加强和优化新时代劳动教育；发挥"工会院校"优势，打造"劳模学院"，形成特色思政工作品牌；坚持"一个中心+双核驱动+三课共融+四维支撑"的发展思路，构建完整的劳动教育体系，打造高职劳动教育高地。学校积极发

学校与中兴通讯股份有限公司联合设立印度尼西亚海外人才培训基地

中兴通讯股份有限公司在学校开展招聘宣讲会

学校"南华-中兴"订单班同学座谈会

挥"劳模德育导师"的引领作用,探索并形成"劳模讲党课""劳模讲开学第一堂思政课""毕业生一封劳模推荐信""我与劳模同劳动"等多种特色思政工作形式;聘请多名能工巧匠为兼职教授或特聘教授,通过"劳模德育导师"全过程协同育人工作的探索与实践,构建具有工会特色的劳模协同思政育人体系;创建后勤育人"1+N"多功能体系,利用"1"个学生公寓平台,打造"N"个育人功能体系,形成"服务育人"特色品牌。2020年,学校被教育部授予"全国第三批国防教育特色学校"称号;2021年,学校的国防教育典型案例《彰显国防特色,共筑钢铁长城——广东南华工商职业学院国防教育典型案例》被广东省教育厅评为"全省国防教育典型案例"三等奖。

完善培训体系,打造服务湾区新格局 2021年,学校进一步打造"总部+培训基地"的培训构架体系,拓展深圳工人疗养院、中兴通迅股份有限公司等多个校外培训基地,着力打造服务湾区产业工人队伍建设的培训集群;成立校外培训基地13个,为打造湾区工会培训格局打下良好的基础;继续开办劳模工匠本科班,承接"广东技工""南粤家政"等职工技能培训项目;成功组织第二届全国评茶员职业技能竞赛,举办第二届全国茶叶加工职业技能竞赛全国总决赛赛前培训班。

共建实践育人基地,助力广东乡村振兴 学校重点打造广东省"校地共建实践育人基地"项目,全面助推广东乡村产业振兴,2021年累计投入资金100万元,开展消费扶贫、堆肥技术培训、创新工作室设计等项目。学校与揭阳市揭东区教育局签订结对帮扶协议,对揭东区开展基础教育帮扶工作;与梅州市平远县人民政府共建校地实践育人基地,挖掘当地农产品特征,讲好"橙的故事",推广"平远甜橙"走出大山,让平远果农丰产又丰收;开拓"菠萝的海、玉米的地",打造"一县一品古驿道农产品系列包装之连州白茶"等文创产品,多次获得主流媒体的好评。2021年11月,中国教育网络电视台报道了学校助力广东乡村振兴的典型做法。

广东培正学院

广东培正学院创建于1993年，原名培正商学院。2005年3月，经教育部批准为民办普通本科高校，更名为广东培正学院；2018年通过教育部本科教学审核评估。

学校为公益非营利性质办学，早年由主要创办人、首任董事长梁尚立先生秉持为改革开放社会经济建设培养人才之诚心，得林秀棠、何厚煌、何善衡慈善基金会等海内外培正校友及社会贤达鼎力相助，以捐资、合作等方式筹集办学资金，奠就学校基业。

学校坐落于广州市花都区赤坭山清水秀益湖畔，校园占地千亩，登高一览，远山含黛，近湖吐烟，尚立路前紫荆花开，善衡图书馆塔影相映，林木葱茏中建筑群错落有致，校园内山水环绕的自然气息和融合人文风格的建筑，为莘莘学子提供了一个广阔、自然、宁静、舒适的学习环境。

学校有全日制在校生1.7万余人，专任教师900多人，拥有省级重点培育学科2个、本科专业44个，基本形成适应广东地方经济和现代服务业发展，以管理学、经济学为主干，管理学、经济学、文学、法学、艺术学、工学、理学多学科协调发展的学科专业格局。

学校始终坚持"公益办学、规范办学、诚信办学、特色办学、以生为本、质量至上"的办学方针，秉承"培智·正德·尚行·立新"的校训，坚持"董事会领导、校长负责、党委政治核心、教授治学、民主管理"的管理体制。办学多年，学校获得社会的广泛认同和赞誉，先后获得了全国民办高校先进单位、广东民办学校竞争力十强、全国民办教育先进集体、中国民办教育百强、广东当代民办学校突出贡献奖、广东民办教育四十周年突出贡献机构等荣誉和称号。

广东培正学院即将迎来"三十而立"的成长节点，中国民办高等教育发展也将迎来重要的战略机遇期。面临"十四五"建设高水平民办大学的大好时机，学校将不断在改革创新中发展壮大，踏上建设国内一流民办高校的追梦里程。

培正钟楼

学校运动场

2021年获得国家奖学金学生合影

2021届毕业典礼

学校荣获"广东民办教育四十周年突出贡献机构"称号

广东培正学院艺术学院被授予"广州玉雕非遗工作站人才培养基地"称号

2021级新生军训拉练活动

广东体育职业技术学院

2021年,广东体育职业技术学院有全日制普通高职在校生4148人,教职工245人,其中,"双师型"专业课专任教师占比78.29%。学校设有7个教学机构,10个专业全覆盖广东省体育产业链;建有校内实训场所52个,校企共建校内校外实训基地174个。

加强学科专业建设,优化协同育人机制 学校现已建成运动训练、体育保健与康复2个省级高水平专业群,是全国唯一拥有两大省级体育类高水平专业群的高职院校;在金平果2021高职专业竞争力排行榜中,学校3个专业在全国12个高职体育类专业中排名第一。学校有省级重点专业2个、省级二类品牌专业1个、省级重点实训基地专业3个、高-本协同育人试点专业2个、中-高职衔接人才培养试点专业5个、五年一贯制专业2个、现代学徒制试点专业7个。在全省21个地级市设立体育行业国家职业资格技能培训基地48个,与行业龙头企业联合构建产教集团1个、产业学院5个、产教融合平台3个、智能运动测评实训室1个;建立首个南方滑雪人才培养基地,开创"滑雪教练员订单班"和"校企滑雪竞技队"。

推动师资队伍建设,促进学校内涵发展 学校现有"双师型"专业课专任教师101人,占比78.29%,研究生以上学历教师占比55.4%。学校以立德树人为根本任务,以高素质教师队伍建设支撑学校内涵式高质量发展,成效显著。教师参加广东省职业院校技能大赛教学能力比赛,获公共基础课程组(高职组)一等奖;以中华体育精神教育为特色的思政课实践教学案例"冠军论坛"获得中共广东省委教育工作委员会特色案例一等奖;获评南粤优秀教师1人、广东技术能手2人,广东省教育系统优秀共产党员和优秀党务工作者各1人。

2021年3月2日,湖北省体育局、湖北体育职业学院领导一行到学校调研交流

2021年5月27日,国家雪橇队一行到访学校

2021年6月23日,学校举办庆祝建党100周年党史知识竞赛活动

2021年6月29日,学校组织党员干部参观广州起义烈士陵园

2021年8月19日，学校赴肇庆市高要区活道镇开展"深化党史学习教育 助力乡村振兴发展"及驻镇帮镇扶村调研活动

2021年9月10日，学校召开庆祝第37个教师节暨表彰大会

2021年9月11日，学校党委书记马国川、党委副书记、校长徐佶带队走访广州帽林营地教育科技有限公司

深化教育教学改革，提升人才培养质量 学校始终把提高人才培养质量作为一切工作的出发点和落脚点，科学制订和实施人才培养方案，推进课程体系改革，探索课证融合路径，在人才培养工作中取得优异成绩。学生获得省级以上职业技能大赛和体育技能竞赛奖项166个，其中国家级33个（其中第一名12个），省级133个（其中第一名33个），大学生创新创业类大赛省级奖项3个，大学生科技创新培育项目立项2项。

厚植社会服务精神，赋能体育服务产业 学校社会服务工作领先全国同类体育院校，开展体育职业鉴定309批次，鉴定人数27882人次，鉴定规模15年稳居全国第一。服务国家竞技体育建设能力提升，为全红婵、樊振东、汤慕涵等奥运健儿提供运动康复技术保障，服务对象900余人次。顺利承办2021年广东省体育行业职业技能竞赛，为全省体育高层次技能人才服务搭建平台，为粤港澳大湾区体育产业提供了强劲的人才支撑和保障。

新的发展周期，学校将全面贯彻党的教育方针，以立德树人为根本任务，立足广东，扎根粤港澳大湾区，辐射全国，为健康广东、体育强省战略培养高素质体育应用型人才，努力把学校建设成为全国体育高等职业院校的标杆，争当国内领先、国际知名的全国体育高等职业院校排头兵。

2021年10月31日，学校在2021年广东省大学生跆拳道锦标赛中荣获佳绩

2021年11月27日，"南粤匠心 梦想同行"2021年广东省体育行业职业技能竞赛顺利揭幕

学校体育保健与康复专业学生给东京奥运会游泳冠军汤慕涵做治疗

广州番禺职业技术学院

何克宁国家级非物质文化遗产（广东音乐）大师工作室签约揭牌

学校与广州珠江实业集团有限公司签订战略合作协议，打造校企合作"新样板"

国家级教学名师张来源教授（前排右二）

广州番禺职业技术学院（原名番禺理工学院、番禺职业技术学院）地处粤港澳大湾区腹地的广州市番禺区，占地面积137.8万平方米。1993年筹建，1997年9月教育部正式批准备案，是首批国家示范性高等职业院校、一流高职院校建设计划立项建设单位、中国特色高水平高职学校建设单位30强。学校以习近平新时代中国特色社会义思想为指导，积极对接国家"一带一路"和粤港澳大湾区发展战略，坚持走以质量为核心的内涵式发展道路，不断深化校企合作、产教融合体制机制改革，致力于为粤港澳大湾区经济社会发展培养具有高素质的复合型、创新型技术技能人才。

学校现有13个学院（部），开设46个紧贴珠三角地区产业结构和社会发展需求的专业。现有全日制在校生14070人，生源地分布于全国14个省（区）。学校拥有艺术设计、珠宝首饰技术与管理2个在建中国特色高水平专业群，拥有国家骨干专业10个、国家示范性高职院校重点专业6个、全国职业院校国家级示范专业点1个、中央财政支持提升专业服务产业发展能力专业2个、省级协同育人平台2个、省级示范性专业9个、省级重点建设专业8个、省级品牌建设专业16个、国家级精品课程15门、省级精品课程10门、国家级精品资源共享课14门、省级精品资源共享课29门、国家级精品视频公开课1门、省级精品视频公开课2门、国家级精品在线开放课程2门、省级精品在线开放课程11门、国家级课程思政示范课程1门、国家级校内实训基地3个、国家职教示范性虚拟仿真实训基地培育项目1个、省级校内实训基地12个、省级大学生校外实践教学基地18个、国家级课程思政教学研究示范中心1个。

学校现有教职工1039人，专任教师532人，专任教师中具有高级职称者占36.09%，具有研究生学历者占88.35%，"双师"素质专任教师比例达86.1%。现有全国教育系统先进集体1个、全国职业教育先进单位1个、"百千万人才工程"国家级人选（国家有突出贡献中青年专家）1人、国家级教学名师（含"万人计划"教学名师）7人、享受国务院政府特殊津贴专家7人、国家级教学团队（含教学创新团队）4个、全国高校黄大年式教师团队1个、全国技术能手3人、世界技能竞赛教练1人、全国五一劳动奖章获得者1人、全国优秀教育工作者1人、全国高校思政课名师工作室主持人1人、全国高校思想政治理论课教师影响力提名人物1人、教育部课程思政教学名师和团队1个、广东"特支计划"教学

国家级教学名师渠川钰教授（左二）

模具设计与制造专业2001届毕业生黄德智荣获全国劳动模范、全国五一劳动奖章等多项国家级荣誉

学生荣获中国"互联网+"大学生创新创业大赛金奖

名师5人、省级以上教学名师29人、省级优秀教学团队主持人13人，以及省劳动模范、省级技术能手、南粤优秀教师（教育工作者）、省级领军人才、省优秀青年教师等名师专家100余人次。

学校积极与企业、科研院所开展产学研合作，搭建12个省级以上应用技术研发平台。学校是广州市知识产权试点学校，专利授权总计2400余项，学校获得广州市人民政府授予的"专利贡献奖（单位奖）"。

学校坚持走质量、规模、效益协调发展的内涵式发展之路，强化质量意识，以教师为主导，以学生为主体，以培养学生创新精神和职业能力为目标，积极探索教学改革。2001年以来，学校共有75项教学成果获得国家、省、市教学成果奖。其中，国家级教学成果奖一等奖1项、二等奖10项，广东省教学成果奖特等奖1项、一等奖16项、二等奖19项。

学校广泛开展对外交流与合作，与新加坡南洋理工学院学生海外研习基地合作项目入选全国首批20个"中国-东盟高职院校特色合作项目"；入选教育部首批"经世国际学院"，获评"亚太职业院校影响力50强"；入选中国职业院校世界竞争力50强、中泰职业教育国际合作贡献奖、第五届中国（青岛）世界职业技术大会优秀案例。

学校培养出以"全国劳动模范"黄德智、广东省第十三届人大代表徐雅洁、"广东省五一劳动奖章"获得者王俊文等为代表的一批优秀毕业生。毕业生以其适应性强、动手能力强、综合素质高而受到用人单位普遍欢迎，80%以上在粤港澳大湾区就业。2021年，毕业生毕业去向落实率达98.17%。

学校39名师生赴新加坡南洋理工学院研习

学校组织在革命圣地延安开展"不忘初心牢记使命"主题教育培训

学生在"三下乡"社会实践活动中为小朋友们上"童真童趣"书画课

学生积极参与无偿献血公益活动

学生与外籍教师进行学习交流

广州华南商贸职业学院

学校教职工代表大会暨工会会员代表大会参会代表合影

广东省民办教育协会研学实践专业委员会成立大会暨研讨会在学校举行

学校与广州市白云区钟落潭卫生院结对共建基地，开展院校企合作

园校合作幼儿教育专业人才培训交流会

学校概况 广州华南商贸职业学院是2005年经广东省人民政府批准成立、教育部备案的财经商贸类全日制普通高等专科职业院校，与广东科技学院（应用型本科院校）、广州南洋理工职业学院（理工类高职专科院校）同属广东南博教育集团。学校坐落于广州第二大学城——白云区钟落潭镇健康城高校园区，规划占地面积60万平方米，现已建成校园面积20.46万平方米、校舍面积22.62万平方米；拥有教学仪器设备总值2679.9万元，纸质图书59.4万册，电子图书14.3万册。

办学理念 学校坚持社会主义办学方向，全面贯彻党和国家教育方针，遵循高等职业教育规律、人才成长规律和产业发展规律，坚持高等教育发展的公益性原则，依法办学，规范管理；以立德树人为根本，以服务发展为宗旨，以就业为导向，主动适应区域经济社会发展和产业发展对人才的需要和高等职业教育教学改革的要求；坚持"以学习为中心"的教育理念，加大教学投入，完善办学条件，改革体制机制，加强队伍建设，优化专业结构，深化教育教学改革，培育和凝练办学特色，实现以提高人才培养质量为核心的内涵发展、高质量发展。

办学定位 学校以"立足广州、面向粤港澳大湾区、辐射全国，为区域经济社会发展和产业发展服务"为办学定位，着力培养有觉悟、讲责任，德技并修，全面发展，适应区域经济社会发展需要，具有良好公民素质、人文科技素质，且身心健康、人格健全的高素质技术技能人才，致力于把学校建设成为新商科类民办高水平高职院校。

专业设置 学校现有招生专业35个，其中省级二类品牌专业2个、省级高水平专业群1个、省级特色专业1个、校级重点建设专业5个、校级品牌专业2个，形成了以财经商贸大类为主，电子信息、教育与体育、文化艺术、医药卫生、旅游、公共管理与服务、新闻传播、交通运输等专业大类协调发展并具有"新商科"特点的专业结构；设有数智经济贸易学院、新商务管理学院、新商务外语学院、健康学院、云智信息技术学院、云智设计传媒学院、马克思主义学院、博雅教育学院8个二级学院。

师资力量 学校现有教职工近500人，其中专任教师331人，具有高级专业技术职务的专任教师70人，"双师型"教师193人，广东省民办教育优秀校长1人、优秀教师2人，南粤优秀教师、南粤优秀教育工作者6人，广东省优秀共产党员1人、优秀党务工作者1人。近年来，学校教师在广东省职业院校教学能力大赛屡创佳绩，获得二等奖7项、三等奖10项；1支教师团队入围国赛遴选，1名教师获得广东省第五届高校青年教师教学大赛三等奖。

学校教师参加广东省职业院校技能大赛教学能力比赛荣获一等奖

国家奖学金表彰仪式

"走进美丽寮采,助力乡村振兴"主题教育活动

学前教育专业学生在上幼儿舞蹈、幼儿管理教学课

教学成果 学校致力于提高人才培养质量,落实立德树人根本任务;积极开展基于"产教融合、校企合作"理念、面向企业真实生产环境的任务式人才培养模式和基于"工学结合,知行合一"理念下的"教中学,学中做,做中练"教学模式的改革与实践,形成了"素质优、能力强、就业好"的人才培养特色。近年来,学生参加广东省职业院校学生专业技能大赛,共获得二等奖7项、三等奖26项;参加国家、省、市以及集团等各级各类大赛,共获奖项122个。

特色创新 学校为全校师生创造了舒适优美的学习和生活环境,教室、图书馆、饭堂等场所均配备空调,宿舍配备热水,提供网络接入,标准田径运动场、足球场、篮球场、羽毛球场等文体活动场所一应俱全。学校定期组织开展"读书声""跑步周"等特色活动,丰富学生的校园文化生活,不断提升学生的综合素质。

未来展望 学校积极践行"创百年学府,育产业精英"的愿景和使命,贯彻落实集团"人才为本、制度为纲、机制为魂"的管理方针、"制度管人,流程管事,全程信息有效跟踪"的管理理念和"企业与员工共赢,经济效益与社会效益并存"的发展理念,大力发扬"厚德、自强、勤思、敏行"的校训精神,持续改善软硬件设施,扎实推进以提高人才培养质量为核心的内涵建设,全面提升办学实力和办学水平,实现"将学校打造成为新商科类民办高水平高职院校"的目标。

学校举办2021年"华贸杯"篮球赛

元旦晚会教师舞蹈表演

军训汇演

"跑步周"特色活动

多媒体教室

教学大楼全景

校园一景

广州南方学院

校长喻世友（前排右）与爱尔兰驻华大使安黛文（前排左）共同为"中爱合作数据科学与大数据技术专业实训基地"揭牌

学校商学院教师周瑛（中）及其团队在首届全国高校教师教学创新大赛中荣获二等奖

学校学生在2021年"高教社杯"全国大学生数学建模竞赛中斩获15个奖项，取得历史性突破

学校校友张斌（左三）及其团队荣获第七届中国国际"互联网+"大学生创新创业大赛高校主赛道初创组银奖

广州南方学院（原中山大学南方学院）创建于2006年，是经教育部批准设立的综合性应用型普通本科高等学校，2016年被遴选为广东省普通本科转型试点高校，2021年获批成为广东省硕士学位授予立项建设单位。

基本情况

学校图书馆面积2.91万平方米，阅览座位近3000席，现有中外文图书329.47万册，中外文报刊近1000种。图书馆每周开馆时间共计100余小时，网络服务每日24小时不间断，并提供形式多样的信息服务，全方位满足读者的需求。

办学定位

学校立足于粤港澳大湾区，构建管理学、经济学、医学、文学、艺术学与工学交叉渗透、协调发展的学科专业体系，重点发展与人工智能及大数据交叉的工科、商科和社会短缺的医科（医技类）；以应用型本科教育为主，积极发展专业学位研究生教育，为粤港澳大湾区经济社会发展培养具有理想信念、公民素养和健全人格，且专业基础扎实、创新实践能力突出的高素质复合型应用人才；通过"强基础、聚特色、显品牌"，致力于打造一所"管理体制完善、位居中国应用型大学前列、特色鲜明的高水平大学"。

学科发展

学校设有11个院系共46个专业，形成了以管理学、经济学、文学为主，工学、医学、艺术学协调发展，结构合理、优势互补的学科体系。学校现有国家级一流本科专业建设点2个、省级一流本科专业建设点2个、省级重点学科2个、中华工程教育认证（IEET）专业1个、省级综合改革试点专业7个、省级特色专业5个、省级重点专业2个、省级战略新兴特色专业1个、省级应用型人才培养示范专业1个、省级卓越人才培养计划专业1个、省级实践教学基地8个、省级人才培养模式创新实验区6个、省级实验教学示范中心3个、省级教学团队4个、省级一流课程11门、省级课程思政示范课程11门、省级精品资源共享课5门、省级在线开放课程5门。2021年，学校获批成为广东省硕士学位授予建设单位，与爱尔兰格里菲斯学院合作开展数据科学与大数据技术专业本科教育项目。

项目开发

近年来，学校承担了一批包括国家社科基金、教育部人文社会科学研究项目在内的科研项目。学校教师公开发表的高水平论文被CSSCI、SSCI、SCI等国

学校护理与健康学院两名学生获得"广州市见义勇为最美街坊"表彰

党史学习教育活动

学校举行2021级学生成长导师聘任仪式

内外核心期刊收录达300余篇,在国际顶级学术期刊 PNAS 发表论文1篇。学校的广东地方治理研究中心、粤港澳大湾区新兴产业协同发展研究中心获批入选广东省普通高校特色新型智库;与越秀区政务服务数据管理局共同推进"数字人口"专题研究,推动政府新型治理模式的探索及应用;通过实施广州市科学技术协会批准立项的"科普特色村建设"项目,为从化区太平镇共20个村落提供"科普+乡村振兴"志愿服务,助力乡村振兴工作,推进美丽乡村建设。

班级篮球赛

人才培养

学校以应用型本科教育为主,积极发展专业学位研究生教育,深入实施"学科专业知识传授、核心价值观传承、能力素质养成"三位一体的立体化人才培养方案,着力践行"学科专业交叉、产科教融合"的人才培养机制;建立"政校行企资深人士担任首席导师+学校骨干教职员担任专业导师、通识导师和辅导员"的学生成长导师制,制定"启梦·筑梦·圆梦"的学生成长育人方案,实行"自由选择、严格管理、悉心引导"的学生成长机制,提升学生的内驱力,推动学生的德、智、体、美、劳全面发展。

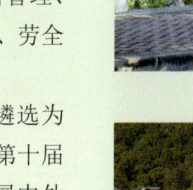

学生骑行风采

近年来,学校获准立项了教育部第一期供需对接就业育人项目2项,被遴选为广东省普通高校毕业生就业工作典型经验集体和创业工作典型经验集体,荣获第十届广东省大学生职业生涯教学大赛二等奖。2021年,学校获得教育部批准,开展中外合作办学项目1项,获批入选教育部《中美人才培养计划》121双学位项目"。

办学成果

近年来,学校办学水平不断提高,社会声誉逐步上升,先后荣获广东民办教育四十周年突出贡献机构、中国社会影响力独立学院、中国最具办学特色独立学院等称号。在广东省教育厅公布的2021年国家级和省级一流本科专业建设点名单中,学校位居广东高校第29位、同类院校第1位;在艾瑞深校友会网正式公布的2021中国大学排名中,学校位居中国民办大学第4位。

学校学生在省部级以上学科专业竞赛中荣获各类奖项多达300余项,在第六届、第七届中国国际"互联网+"大学生创新创业大赛全国总决赛中夺得银奖,在核心期刊发表学术论文24篇,申请知识产权130余项。

学校运动场一角

广东食品药品职业学院

学校南门

教学楼（明德楼）

阳光大操场

电子实训室

西苑学生公寓

广东食品药品职业学院是经广东省人民政府批准、教育部备案的公办全日制普通高等职业院校，是国家优质专科高等职业院校、中国特色高水平高职学校和专业建设计划立项建设单位、第一批国家示范性职业教育集团培育单位、教育部第二批现代学徒制试点单位、广东省示范性高职院校、广东省一流高职院校立项建设单位、广东省五一劳动奖状获得单位、广东省先进扶贫工作单位、广东省绿色学校。

基本情况 校园总面积82.2万平方米，其中龙洞校区30.33万平方米、白云校区51.87万平方米，校舍建筑面积达到26.8万平方米，教学科研仪器设备总值达14257万元，拥有实验实训场地面积7.7万平方米，校内实训基地57个，校外实习基地1162个。专任教师670人，其中，正高级职称教师46人，副高级职称教师209人，博士、博士后113人。高职全日制在校生15782人，成人教育函授生6635人，另与广东医科大学和韩山师范学院合作的本科插班生录取256人，与广东医科大学合作的"2+2"协同培养本科生录取128人，总体办学规模为22000余人。

办学特色 学校形成了以中国特色高水平中药学专业群为示范引领，以药学、食品质量与安全、护理、药物制剂技术、中医养生保健、医疗器械维护与管理6个专业群为骨干培育，以卫生信息管理、电子商务、化妆品技术3个专业群为基础支撑的专业发展格局。

职教集团 广东食品药品职业教育集团入选第一批国家示范性职业教育集团培育单位。集团拥有成员单位943家，包括学校32所（中职13所、高职6所、本科13所）、政府部门4个、事业单位22个、行业18个、科研机构9个、企业858家，连续4年入编《全国职教集团化办学案例汇编》。

科技创新 2021年学校总立项项目达71项，科研总经费903.04万元，其中省部级纵向项目4项、市级项目16项、厅局级项目37项、横向课题13项。全年教师发表论文共147篇，其中SCI收录论文20篇，北大中文核心期刊收录论文29篇；新增著作2部；获得授权专利22项，计算机软件著作权18项。

国际视野 与英国伯明翰城市大学、新西兰奥克兰大学、澳大利亚南澳大学、泰国西那瓦大学、澳大利亚绿星健康护理教育开发集团、新加坡南洋学院、韩国济州观光大学、马来西亚城市大学、台湾弘光大学等国（境）外知名高校和企业建立合作关系，入选2019—2020年度"亚太职业院校影响力50强"、第五届"中国职业院校世界竞争力50强"，是英国国家学历学位评估认证中心（UK NARIC）会员单位、"高等职业教育领域国际专业标准评估认证计划"试点院校、广东省高等教育学会中外合作办学研究分会常务理事单位。

2021年广东省"一带一路"职业教育联盟年会，学校作为联盟发起单位、副理事长单位主持联盟年会承办单位会旗交接仪式

2020—2021年度广东省职业院校学生专业技能大赛工业分析与检验赛项（高职组）在学校顺利举行

广州理工学院

广州理工学院是经教育部批准设立的全日制普通本科高校，2021年入选广东省民办本科高校首批硕士学位授予立项建设单位，是广东省就业工作先进单位、创新创业工作先进单位，是广州市内保先进单位。学校坐落在广州市白云区帽峰山风景区南麓，环境优雅，白云校区距离广河高速出口200米，4条公交专线直通市区，交通便利，设施完备，是青年学子求学深造的理想校园。

学校新工科特色鲜明，工学、管理学、经济学、文学、艺术学、教育学等多学科协调发展，立足广东，面向华南，服务粤港澳大湾区，致力于培养知行合一、信息化素养高、实践能力创新精神强、具有国际视野的高素质应用型人才。学校设有二级学院12个、产业学院3个，本科专业45个，其中工科专业21个。拥有全日制在校生15400人，专任教师682人，其中副高级及以上职称教师209人。2021年，学校获评南粤优秀教师1人、省民办教育优秀校长1人、省民办教育优秀教师4人。

学校坚持走产教深度融合、校企协同育人的应用型人才培养道路。现有广东省重点学科2个、国家级一流专业1个、省级一流专业3个、省级质量工程80项、省"创强"科研项目65项、教育部教育厅产教协同育人项目70项。建成校内实验室136个、校内外实践教学基地101个，教学科研仪器设备总值1.2亿元；合作企业超过400家，长期驻校企业16家。学校突出应用研究、协同创新，促进科技成果转化应用。新增社科联大湾区乡村振兴经济咨询研究中心、省教育厅大湾区企业人才管理研究院、省人力资源和社会保障厅博士工作站，省级平台增加至5个。全年承担纵向项目85项、横向项目130项，科研经费达2600余万元；完成广州市知识产权试点学校建设并验收结项。

学校积极实施"二全育人"，教育教学质量稳步提升，社会声誉良好。学生参加全国大学生机器人大赛荣获一等奖。学校全年获得国家级奖项41个、省部级奖项293个、创新创业国家级项目10个、省级项目30个。毕业生最终就业率达97.18%，位居全省本科院校前列，95.69%的毕业生在粤港澳大湾区就业。

学校与广东技术师范大学签订联合培养硕士研究生协议

新学校揭牌仪式

粤港 BIM 国际联合实验室

智能制造典型应用实验室

2021 届毕业典礼

广州应用科技学院

校　　训：博学笃行、经世致用
建筑理念：山水校园、文礼学府
育人理念：以学生发展为中心，以学习效果为中心，以学生学习为中心
发展理念：规范发展、内涵发展、融合发展、集群发展、创新发展
发展战略：质量立校、人才强校、开放活校、文化润校、特色名校

学校教师高浩光在第十四届全运会毽球比赛男子三人组（青年组）赛项中为广东代表团夺得金牌

广州应用科技学院是经教育部批准设立的全日制普通本科高校。其前身是创办于2000年的广州大学松田学院，2020年经教育部批准转设并更用现名，入选2020中国应用型大学排名100强（独立学院）榜单。学校地处粤港澳大湾区，拥有广州、肇庆2个校区，占地面积约94.67万平方米；面向全国招生，现有在校生14000余人。

办学条件　学校建有实验（实训）室139个，多媒体教室145间，教学科研仪器设备总值7367万元，满足各专业教学需要；总建筑面积4.7万平方米的图书馆，藏书百万余册，是绿色、生态、人文的学习空间；总建筑面积2.7万平方米的体育馆，包含综合训练馆、篮球馆、游泳馆、学生体质测试室、舞龙舞狮馆、武术馆、健身馆、舞蹈馆、有氧操馆、健美操馆、瑜伽馆、乒乓球馆、羽毛球馆等18个附属场馆和标准攀岩场；建有400米跑道标准田径运动场、网球场和篮球场，是功能齐全的体育文化活动中心。学校积极推进校园数字化建设，校园宽带、无线网络、5G信号全覆盖，实现了信息技术与教育教学的深度融合。学生公寓为4人空间，配备空调、直饮方便、网络覆盖，为学生提供了温馨舒适的学习和生活环境。

学研相融、创新实践的实训实验课程

专业建设　学校对接国家、省、市重大产业发展战略和珠江三角洲主导、支柱、新兴产业链，建设与粤港澳大湾区先进制造业、现代服务业、文化创意产业、数字产业等产业匹配的专业集群。学校的体育学、民商法学等学科获批成为广东省重点培育学科，社会体育指导与管理、法学、金融学等专业获批成为省级一流专业建设点，高级英语、管理学课程获批成为省级一流本科课程，法学专业获批成为省级重点专业，金融学专业获批成为省级特色专业，金融学、产品设计、法学等专业获批成为省级专业综合改革试点专业，学校还凭借外语学科应用型人才培养模式获批成为省级人才培养创新试验区。

宽敞明亮、菜品丰富的学生餐厅

人才培养　学校牢固确立人才培养在学校工作中的中心地位，创新应用型人才培养模式，强化"三全育人"和"五育并举"，推进"十大育人"体系建

缤纷动感、活力四射的篮球场

餐饮休闲、娱乐购物一体的特色商业街

温馨舒适的学生公寓

设,全面提升应用型人才培养质量;聚焦粤港澳大湾区建设和国家发展所急需,紧缺的复合型、应用型人才,以"对接产业、工科为主、多科协调、应用为本"的学科布局,大力推进新工科、新文科协同发展,推动人工智能、大数据等现代信息技术与文科专业深度融合,构建互融、互通、共学、共享的人才培养共同体。近年来,学校先后有 800 余人次在各级各类课外学术科技、文体艺术竞赛中获得省级及以上奖励 300 余项;历年毕业生就业率达 97% 以上。

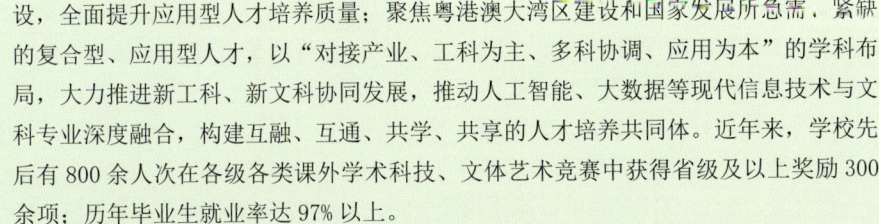

师资力量 学校以高层次人才队伍建设为龙头,以青年骨干教师队伍建设为重点,以培育创新团队和教学团队为主线,打造了一支结构合理、素质优良、充满活力的教师队伍。学校现有教师 670 余人,其中副高级及以上职称教师 200 余人;聘任了一批海内外知名教授担任学术顾问及客座教授,以及一大批业界精英和"双师型"教师担任创新创业导师。学校全面实施"双高"型教师引育计划、"双源双师双能"型师资建设计划、"双智"型教师培养计划、中青年骨干教师培育计划等,为建设高水平应用型本科高校提供了坚实的人才保障。

学校体育场馆

展望未来,学校将实施"三步走"发展战略,培养高素质应用型本科人才,倾力打造粤港澳大湾区应用型大学品牌,实现"将学校建成一所在国内有美誉度与影响力的特色鲜明的高水平应用型本科高校"的办学愿景。

室内篮球馆

学校"博雅楼"

图书馆

室内游泳馆

广州商学院

学校概况 广州商学院的前身是华南师范大学增城学院,1999年招收第一批学生,是广东省第一所新机制二级学院、全国第一批独立学院。学校2011年获得学士学位授予权,2014年成为广东省第一所由独立学院转设的普通本科高校,2016年5月成为广东省第六批博士后创新实践基地单位,2020年顺利通过教育部本科教学工作合格评估,2021年获批为广东省博士工作站及硕士学位授予立项建设单位,并被评为2021年度品牌影响力民办高校。

办学条件 校园占地面积93万平方米,总建筑面积55万平方米,图书馆馆藏纸质图书286.1万册,电子图书113.1万册,教学科研仪器设备总值1.15亿元,校园网、无线网络已覆盖全校。学校现有省级实验教学示范中心3个,校内实验、实训中心(室)174个,校外实践教学基地276个。

人才培养 学校设经济学院、管理学院、会计学院、外国语学院、法学院、信息技术与工程学院、现代信息产业学院、艺术设计学院、国际学院、数字经济产业学院、马克思主义学院、体育学院、继续教育学院13个学院。学校注重"新商科+泛ICT融合"特色学科专业群建设,形成了经济学、管理学、工学、文学、法学、艺术学、教育学等多学科相互支撑、交叉融合、协同发展的学科专业布局。电子商务学科是广东省特色重点学科;法学、金融学、电子商务专业为省级一流本科专业建设点。国际经济与贸易、金融学、电子商务、会计学专业为省级专业综合改革试点专业。学生在学科竞赛活动中大放异彩,近年获得国家级、省部级奖项达100多个;历届毕业生最终就业率均在95%以上。

国际化办学 学校始终践行"国际化"办学理念,培养了17届国际项目毕业生,现已同美国、英国等15国及港澳地区共96所知名高校建立合作关系,联合开展多模式的国际化办学项目,形成"预、专、本、硕"一体化的国际教育格局。在第八届"大国教育之声"论坛活动中,学校荣获"品牌竞争力中外合作院校"称号。2021年,学校当选为广东省高等教育学会中外合作办学研究分会副理事长单位。

成果荣誉 学校是广东省第六批博士后创新实践基地单位,《体育与健康课程实施模式探索》获得第五届全国教育科学研究优秀成果三等奖;《社会法律服务中心"三融三通"人才培养模式的构建与探索》荣获广东省第八届教育教学成果二等奖,《产教相互激励融合、分层培养关键能力"的产品设计人才培养模式创新与实践》获得广东省第九届教育教学成果二等奖。获批国家级科研项目3项,其中国家社科基金重点项目1项。

2021年5月,学校获批为广东省博士工作站

学校与澳门科技大学签署校际合作交流协议

广东省素质教育科普基地暨何质彬院士团队科教工作室落户广州商学院

学校揭牌成立粤港澳大湾区法治研究院

学校北校区一期项目1号宿舍楼顺利封顶

学校举行喜迎建党百年暨2021年迎新文艺晚会

广州新华学院

广州新华学院前身为中山大学新华学院，创建于2005年。2021年2月，经教育部批准，中山大学新华学院转设成为独立设置的本科层次民办普通高等学校，更名为广州新华学院。学校有广州、东莞两校区，规划用地145.67公顷，校舍总面积64.5万平方米；在校生21296人，教职工1226人，专任教师923人；设有23个院（系、部），54个本科专业，涵盖经济学、法学、教育学、文学、理学、工学、医学、管理学、艺术学等学科。2021年，学校经广东省学位委员会批准成为"硕士学位授予立项建设单位"；经广东省人力资源和社会保障厅批准设立"广东省博士工作站"；经教育部港澳台事务办公室批准获港澳台本科生招生资格。学校秉承"育人为本、质量第一"的宗旨，坚持"质量立校、学术强校、特色兴校、开放办校"，致力于培养"德才兼备、知行合一"的应用型人才。

打造品牌专业，建设一流本科 学校为广东省唯一开设生物医学工程、听力与言语康复学、医学影像技术、眼视光学专业的民办高校；听力与言语康复学、药学获省级特色专业立项，护理学获省级重点专业立项；公共管理学科和医学技术学科分别获评为省级特色重点学科和省级重点培育学科；药学、会计学、护理学、行政管理、人文地理与城乡规划获批省级一流本科专业建设点；护理学在2017—2020年艾瑞深中国校友会网护理学专业排名中均位居全国独立学院榜首。

推动教学"质量革命"，推进教育改革 传承践行"四个一"教学传统，疫情期间"停课不停学、停课不停教"，全力保障教育教学工作安全有序高质量开展。增设以学科深度交叉融合为特点的新工科、新医科、新文科等方向的课程组成逸仙新华班"高阶课程群"，推进教育教学改革，《逸仙新华班——广州新华学院优秀人才培养教育教学模式的探索与实践》入选广东省教育厅民办学校品牌建设典型案例；"思政课程"和"课程思政"有机融合，建设师德高尚、业务精湛的高素质专业化教师队伍，打造"金师""金课""金专"，新增认定"广东省课程思政示范课程""广东省课程思政示范课堂"各2门。

增强学术原创力，提升办学硬实力 2021年，学校承担各级科研项目46项，共获资助金额约85万元；发表学术论文230篇，含SCI、EI、ISTP（CPCI）等中英文高水平学术期刊论文60篇；新增国家发明专利授权6项，转让专利权3项。10月，《2021中国民办本科院校及独立学院科研竞争力评价研究报告》发布，学校跻身广东省民办本科院校科研竞争力第1名、全国第19名（层级A）。

2021年3月18日，广州新华学院举行挂牌仪式

2021年5月，广州新华学院美育案例获全国第六届大学生艺术展演活动——高校美育改革创新优秀案例二等奖。图为师生原创的话剧诗朗诵《花开广州城》

2021年5月15日，第六届全国大学生人力资源管理知识技能竞赛（精创教育杯）第二大区赛暨高峰论坛在广州新华学院东莞校区举办。图为参加论坛的师生合影

2021年10月17日，广州新华学院健美操队在广东省健美操锦标赛中获得第一名

广州新华学院西部（山区）计划志愿者合影

广州新华学院东莞校区俯瞰图

广州新华学院广州校区

私立华联学院

学校管乐团代表中国大学生参加"第一届维也纳世界杯管乐大赛"获青年组第一名（金牌）和团体总分第一名（冠军）

2021年，学校国旗班荣获第二届广东省国防教育成果交流展示活动暨第四届学校国旗护卫队比赛二等奖

2021年12月，学校艺术教育中心合唱团参加广东省民办高校大学生合唱比赛获三等奖、最佳创意奖和优秀组织奖

学校开展以"立志、修身、博学、报国"为主题的实践教育活动

学生在VR模拟仿真教学实训中心学习汽车发动机构造与检修课程

学院概况 私立华联学院于1990年建校，1994年经广东省政府批准、教育部备案，纳入全省统一招生计划，是在改革开放大潮中成立的全国第一批、广东第一所民办高校。现有广州校本部（天河区）、清远两个校区，校园面积72万平方米，建筑面积35万平方米。学校设有14个系（部）和继续教育学院、培训学院，开设38个专业；有专兼职"双师型"师资400余人（其中外教10余人），在校生近万人。30多年来，学校在党的领导下，践行党的教育方针，坚持社会主义办学方向和教育的公益性，累计培养实用型人才68000多人，发展党员4800多名，安排了600多名社会青年、高校毕业生到校就业。学校管乐团代表中国大学生参加"第一届维也纳世界杯管乐大赛"获青年组第一名（金牌）和团体总分第一名（冠军）；3名学生被评为广东省"大学毕业生创业之星"，受到省政府表彰。

办学特色 学校落实立德树人根本任务，以高素质技术技能型人才为培养目标。实行董事会决策、校务委员会执行、党委政治核心作用和工会监督、教授委员会咨询的"四大系统"领导体制以及举办者、所有者、教育者、管理者、监督者"五位一体"的法人治理结构。以退休老教授为骨干、中青年教师为主体、"双师型"专兼职结合的教育教学团队为依托，坚持党的教育方针，践行教育公平、有教无类，发挥教育家办学，教授治学治教优势。不断加强大学生思想政治教育，连续17年开展"立志、修身、博学、报国"大学生思想政治教育社会实践活动，培育和践行社会主义核心价值观，强化爱学习、爱劳动、爱体育、爱祖国的"四爱"教育。举办了50多个"实训实操"学生社团，活跃"第二课堂"，成就学生兴趣、爱好和专业梦想。

实践性教学 紧贴国家和本地区经济社会发展，不断扩大校企合作规模，深化产教融合，在广州、深圳、东莞等地建有多个校企合作人才培养基地和实训基地，涵盖智能网络、华为ICT、新能源汽车及汽车产业链、特种作业、VRT制作、服装设计与制作、税务见习、司法见习、外语翻译等。2020—2021学年度，学生获全国、省级、市级技能大赛一等奖10项、二等奖20项、三等奖45项、优秀奖及其他奖88项。

扶贫助学 实施奖、贷、减、免、助等一系列扶贫奖学政策，设立"曾近义奖学金""校长奖学金""麦克尔助学基金""老教授扶贫助学基金"等固定或临时性助学奖项。董事长、老校长侯德富教授近3年先后自费捐资60万元作扶贫助学专款，自费捐资40万元在清远校区建立"老校长清远技校学生扶贫助学基金"资助贫困山区、民族地区学生。

广东新安职业技术学院

广东新安职业技术学院创办于1998年,校园占地面积91259.31平方米,校舍建筑面积76872.77平方米。学校固定资产总值2.2亿元,其中教学、科研仪器设备总值2539.73万元。学校开设了8个系(部)、36个专业,全日制在校生规模达6621人(包括高职扩招生),现有成人教育学生1400人;拥有教职工305人,其中专任教师233人、高级职称教师61人、具有硕士以上学位教师133人。2021年高职毕业生有1355人,就业率达99.11%,毕业生广受用人单位的青睐和欢迎。

校园风光

2021年1月12日,国内首个真实场景基因测序实训中心在学校建成投用

学校在广东省民办高校年度检查中连续4年获评为"合格";"创新强校工程"名单排位从B类第15位跃升至B类第9位,位列全省25所民办高职院校第4名。2021年,学校新生报到率达82%,专插本上线人数和录取均实现历史新突破。在2021年中国管理科学研究院"中国大学评价"课题组发布的"中国高职高专综合实力排行榜"中,学校排在第689位,首次进入千校排名榜单。学校通过实施"名师工程",加强师资队伍建设,2021年新入职教师8人,此外还聘请了一批有丰富教学经验的兼职教授和客座教授到校任教,教师队伍不断壮大。

社会服务能力 学校申报"广东新安职业教育服务标准化试点项目",获得国家标准化管理委员会批准;该项目成为第七批社会管理和公共服务综合标准化试点项目,也是全国职业院校中首个获批立项的项目,填补了全国职业教育服务标准化领域的空白。学校以该项目为抓手,围绕职业教育功能、人才培养模式与质量标准等方面,按照国家要求,制定了121项服务标准,并贯标试行,为职业教育服务社会提供更高效、更科学的教育服务新模式。学校与陆丰市教育局进行结对帮扶,面向社会开展非学历培训项目25项,参训人员达13357人次。

2021年9月17日,全国首个华大"基因+"产业学院揭牌仪式在学校举行

对外交流合作 学校与4个国家和地区的7所院校建立长期稳定合作关系,开展交换生项目和教师学历提升合作。2021年,学校共有7名学生通过参加线上课程获得英国大学本科文凭,有3名学生赴英国攻读研究生课程、5名学生赴英国攻读本科课程。

硬件设施建设 学校校园(南区)提升改造项目及校园配套设施提升改造工程的实施初见成效,部分项目已投入使用,部分校舍工程完成装修改造。2021年,学校的实习实训场所达到27492.75平方米;教学仪器设备总值达2539.73万元,比2020年增加13.7%;完成监控系统建设三期建设,着手进行校园信息化二期工程建设。

2021年11月27日,学校党委书记、董事长王磊(前排左)出席2021年陆丰乡村人才振兴发展论坛,并代表学校与陆丰市教育局签订《协同推进"大湾区与粤东地区职业教育均衡发展研究中心"战略合作框架协议》

深圳北理莫斯科大学

国际象棋推广活动

学校举行2021年毕业典礼暨学位授予仪式

学校第二届"深北莫之星"评选会活动

"中俄风情体验节"活动

学校生物系学生到深圳仙湖植物园开展研学活动

深圳北理莫斯科大学是由深圳市人民政府、北京理工大学和莫斯科国立罗蒙诺索夫大学合作设立的具有独立法人资格的中外合作大学。学校以"建设独具特色的世界一流国际化综合性研究型大学"为目标,承载着国家"一带一路"人才培养的光荣使命,致力于开展精英教育以及高水平的科学研究和创新活动,为中俄战略合作与区域经济社会发展培育高质量的创新型人才,提供高水平的学术成果。

学科专业建设成效显著 2021年,学校新增国际经济与贸易(单学籍)本科专业以及计算数学、材料、国际经济3个硕士专业,新申报化学、汉语言(面向国际学生)2个本科专业以及无机化学、国际经济(商)法、国家审计3个硕士专业,达到11个一级学科,涉及理学、工学、经济学、文学、管理学、法学6个门类。2021年,学校进入广东省新一轮高水平大学建设重点学科建设高校行列,有4个学科入选广东省重点建设学科;3个专业入选为省级一流本科专业建设点,2个专业被推荐参评国家级一流本科专业;学校获批成为学士学位授予单位,4个专业获批成为学士学位授予专业。

首届本科毕业生成绩优秀 2021年,学校迎来首届100名本科毕业生;在96名中国籍本科毕业生中,有5人在知名国际期刊上发表学术论文;16人获得莫斯科国立罗蒙诺索夫大学颁发的"红本"毕业证,成为优秀毕业生;83人攻读硕士研究生,升学率超过86%;17名学生获得国家留学基金委公派留学资格(截至2021年底);另有9人被华为、中国铁建、毕马威、亚马逊等知名企业以及深圳地区机关事业单位录用,4人继续备考名校硕士。

招生规模迅速增长 2021年,学校招生地域增加4个,录取学生584名,增长率为46%。其中:中国籍本科生444名,增长率为41%;硕士研究生99名(含留学生7人),增长率为200%;国际本科生30名,博士研究生11名。办学5年来,学校累计招收学生1559名,完成了三方合作办学协议中约定的"学校成立后的第1至5年,每年招生300~500人"的任务。

学校学生赴俄罗斯游学

校园风景

珠海科技学院

2021年5月28日，珠海科技学院举行揭牌仪式。随着红绸被缓缓拉开，"珠海科技学院"六个金色大字在礼堂灯光的照射下熠熠生辉，标志着学校开启新的征程。

珠海科技学院的前身为"吉林大学珠海学院"，于2004年5月18日经教育部批准成立，2021年2月2日获批完成转设更名。凭借着良好的发展态势，学校一跃成为民办高校"排头兵"：获得首届"广东省文明校园"荣誉称号并顺利通过复评，在"2021软科中国大学排名"榜单中位列民办高校全国第二、广东省第一，在"2021校友会中国民办大学排名（综合类）"中位居首位，是"广东省民办高校2020年度检查结果"中唯一"年度检查优秀学校"。一直以来，学校朝着内涵式发展的目标迈出坚实的步伐，转设以来在多方面实现了"大突破"。

党建引领跑出发展"加速度" 学校始终把党建放在核心位置，成立党建工作领导小组，落实"双向进入、交叉任职"的工作机制；推行理事长和党委书记"一肩挑"的管理机制，以党建引领带动学校的高质量发展。在庆祝中国共产党成立100周年之际，学校党委荣获"广东省先进基层党组织"称号。

招生就业工作喜迎"开门红" 2021年，学校多个学科类的投档分数线均位居省内同类高校第一，超过多所公办高校的最低投档线；学校毕业生的毕业去向落实率和就业质量在省内同类院校中名列前茅；2021届毕业生佘军被评选为中国第十六届"大学生年度人物"，是广东高校学生中的唯一获奖者，全国仅20人入选。

办学层次水平实现"新突破" 2021年5月，学校获批成为硕士学位授予立项建设单位，迎来了发展的重大历史机遇；先后与澳门科技大学开启两校研究生教育领域深度合作，与华南师范大学共同开展全日制专业学位硕士研究生联合培养工作，进一步助力地方人才高地建设。

专业课程跻身"国家队"行列 学校在已有3个广东省重点学科的基础上，不断加强专业建设规划，2021年有2个专业获批成为国家级一流本科专业建设点，6个专业获批成为省级一流本科专业建设点；同时，合理布局、继续强化一流课程建设，开设了国家级一流课程1门、全国高校就业创业金课1门、省级一流课程7门。

筑牢高层次人才"蓄水池" 学校对标重点学科专业建设，转设后加大对高层次人才和学术领军人物的引进力度，现有二级教授18人、博士生导师54人；通过一系列师资队伍建设举措，促进教师队伍职称学历结构的不断优化，取得了突出的教学科研业绩。

不断开启科研创新"新篇章" 学校在"国家中小企业公共技术服务示范平台"（化学工程与材料公共技术服务平台）等70个科研平台资源的支撑下，取得了一系列具有影响力的科研成果。尤其是转设以来，学校获准立项了教育部人文社科项目、国家艺术基金资助项目等多项科研项目，获批设立的广东省博士工作站进一步助力产学研的深度融合。

展望未来，珠海科技学院将聚焦内涵建设，围绕"一流创新性、应用型大学"的建设目标，不断开创学校高质量发展的新局面。

学校成立揭牌仪式

学校与澳门科技大学签署合作协议

学校图书馆

学校莲花池

校园全景

学校党委获评"广东省先进基层党组织"

学校获得首届"广东省文明校园"称号并顺利通过复评

韶关学院

学校举行粤北华南教育历史纪录片拍摄展览开展仪式

2021年1月29日,学校办学体制正式调整为省属全日制普通本科高校。图为签约仪式现场

学校东湖

学校银杏大道

校园樱花

韶关学院是广东省人民政府举办的全日制普通高等学校,是一所以师范教育为特色,以农学、工学为发展优势,多学科协调发展的区域性高水平应用型大学。

办学条件 学校占地面积175.13万平方米,校舍建筑面积94.52万平方米,固定资产总值17.54亿元,教学科研仪器设备总值3.87亿元,图书馆藏书290.67万册。现有专任教师1496人,其中正高职称教师119人,副高职称教师414人,硕士学位以上教师1277人。

人才培养 学校以全日制本科学历教育为主,兼顾研究生教育。现有全日制本专科在校生3万人,成人教育学生0.9万人。开设11个学科门类,17个二级学院,73个本科专业。其中国家级特色专业1个、省级一流本科专业14个、省级特色专业9个、省级重点专业4个、通过IEET认证专业3个、通过师范专业认证专业1个;国家级一流本科课程1门、省级一流课程17门;省级产业学院3个、省级示范性产业学院1个。2018年以来,学校获省级教学成果奖14项,学生参加学科竞赛获省级以上奖励1734项,其中国家级390项、省级1344项,连续3年入围全国300强、全省20强。毕业生年平均总体就业率达97%,考研录取率稳定在8%左右。

科研与服务 学校聚焦区域产业发展需求,重点打造生态特色农业、文化旅游、现代机械装备、信息网络技术应用、教师教育五大重点学科专业集群,现有5个省级特色重点(培育)学科、3个省级"冲补强"重点建设一级学科、6个市校共建重点(培育)学科。拥有省级以上科研平台25个(含省级重点实验室1个)、省级科研创新团队7个,在服务北部生态区发展,助推乡村振兴,推动粤北基础教育优质均衡发展,参与地方政治、法治和文化建设等方面发挥积极作用。学校成功申报广东省博士工作站、华南农业大学-韶关学院博士后创新实践基地。

对外交流 学校主动服务粤港澳大湾区建设,被教育部列为内地免试招收香港学生高校,被广东省人民政府侨务办公室列为中华文化传承基地。与近20个国家和地区的50余所大学建立友好合作关系,开展专升本、本科双学位、本升硕等10多项交流合作项目。

学校荣誉 学校曾先后荣获全国文明单位、全国绿化模范单位、全国五四红旗团委、全国大中专学生志愿者暑期"三下乡"社会实践活动优秀单位、全国"镜头中的三下乡"社会实践优秀单位、国家节约型公共机构示范单位、广东省文明单位、广东省依法治校示范校、广东省安全文明校园、广东省普通高校毕业生就业工作先进集体、广东省首届百佳学生资助工作单位典型、广东省绿色学校等称号。

惠州经济职业技术学院

惠州经济职业技术学院成立于2004年3月,位于惠州市惠城区马安镇新乐教育园区,是全日制普通高等专科学校。

学校坚持"以生为本、以质立校、学工并举、崇尚实用"的办学理念,秉承"明德、博学、求真、致用"的校训,坚持根植马安、融入惠州、特色发展,努力打造"职业味、企业味、惠州味"浓郁的"三味"校园。

2021年,学校设有8个二级学院,44个招生专业,分布在财经商贸、电子信息、装备制造等9个专业大类中,其中58%的专业对标广东支柱产业或重点发展产业,重点建设的专业群有6个。拥有省级重点专业1个、省级品牌专业2个、省级实训基地3个、省级公共实训中心1个、省级大学生校外实践教学基地2个、符合现代化教学需求的实践教学实训室137个、符合产教融合要求的校外教学实践基地105个。学生考证通过率达95%以上,毕业生就业率在98%以上。

2021年,学校党委荣获"惠州市先进基层党组织"称号,学校团委荣获"惠州共青团工作先进单位"称号,学校被确立为"广东省教育评价改革综合试点高校"。学校军鹰队在广东省第四届学校国旗护卫队比赛中再获一等奖,并获得"十佳护旗方阵"称号;在2021年"4·15"全民国家安全教育日广东高校密码法宣传素材设计大赛中,荣获平面类一等奖、优秀指导教师奖和优秀组织奖;作品《寻找红色记忆——东江纵队》荣获第九届中国大学生数字媒体科技作品及创意竞赛全国总决赛一等奖、"我心中的思政课"第五届全国大学生微电影展示活动省级复赛一等奖;组织教师参加2021年广东省职业院校技能大赛教师教学能力比赛,获得二等奖1个、三等奖2个;组织学生参加省级以上各级各类竞赛共获得奖项104个,其中一等奖12个、二等奖35个、三等奖57个。

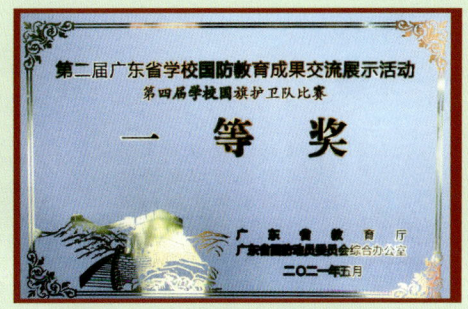

2021年5月22—23日,第二届广东省学校国防教育成果交流展示活动暨第四届学校国旗护卫队比赛在珠海科技学院举行,学校军鹰队获团体一等奖

2021年5月26日,学校庆祝建党100周年红色文化作品展暨现场百米书画活动启动。图为百米书画活动现场

学校物联网创新工作室

学校景观

2021年6月,学校党委获"惠州市先进基层党组织"称号

2021年12月3日,学校军鹰队在燕贻小学开展爱国主义教育活动。图为活动现场

2021年12月15日,学校开展首届学生专业技能"比武堂"活动。图为学前教育专业学生表演当代舞《时候》

汕尾职业技术学院

希望广场

匠心亭

2021年5月19日，举行汕尾职业技术学院二级学院成立暨艺术学院揭牌仪式

学校概况 汕尾职业技术学院是独立设置的公办全日制普通高等职业院校。2001年5月，经广东省人民政府批准，学校在原汕尾市师范学校和原汕尾市中等专业技术学校的基础上合并成立。2021年，学校有全日制在校生10163人，教职工654人，其中专任教师451人。专任教师中，正高职称22人，副高职称67人，副高以上职称占19.73%；博士55人，硕士269人，硕士学位以上占71.84%。

学校设有人工智能、智能制造、海洋经济、商务旅游、教师教育等专业群，招生专业47个。校园占地面积42.66万平方米，建筑面积15.14万平方米，图书馆藏书47.71万册，电子图书17万册。

党的建设 推进党史进校园，开展"艺心向党"书画展、"青春向党·强国有我"文艺晚会、红色家书朗诵比赛等"八个一"系列活动，成立博士教授和师生党史宣讲团，落实19个办实事重点项目。成立基层党建常态化督查工作专班，"每周一督查、每周一通报"。推进3个校级基层党建"标杆院系"和8个"样板支部"创建。表彰52个校级先进基层党组织和先进个人，1个基层党组织和4名党员获市级表彰。发展党员217人，提拔干部23人，落实干部交流轮岗9人。

专业建设 组织精干力量高标准编制省域高水平高职院校建设方案，开展申报工作。深化教学机构改革，完成"系部"改"二级学院"。工商企业管理、学前教育2个专业群获批广东省高水平专业群立项，现有省级高水平专业群3个。开展校级教育教学成果奖申报和评选，拥有课程教学教师创新团队14个，申报广东省质量工程项目47个。推进计算机应用技术专业专本衔接，"3+2专本衔接班"招生68人，分别与韩山师范学院、广州商学院合作办学。开展中高职衔接转段考核和招生工作。4个专业获批省级现代学徒制试点，与2家实体企业开展现代学徒制试点。学校与麦克韦尔电子科技有限公司合作共建智能制造产业学院。推进1+X证书考核，开展16个职业技能等级证书考核。

科研工作 申报获批广东省博士工作站、广东省岭南文化研究基地——海陆丰红色文化研究中心、海陆丰地方文化研究基地、"数字+"乡村振兴创新传播研究基地4个省级研究平台。支持建设专业化校级科研平台，成立研究

中心10个。承担纵向科研课题55项、校级科研课题86项，科研经费达1123.2万元。教师发表学术论文182篇，出版著作4部，申请专利18项，获得授权发明专利2项。深入县区、企业开展产学研合作交流，立项横向课题13项，科技成果转化项目2个。开展"红场大讲堂"学术讲座15场。

队伍建设 推进师资队伍建设，引进高层次人才86人，其中博士、教授共38人；做好职称评审工作，39名教师通过评审获得职称晋升。开展首批"双师型"教师认定工作，认定"双师型"教师187名。开展校级教师教学能力比赛、青年教师比赛。开展师德专题教育，4名教师获省市荣誉称号。举办庆祝第37个教师节暨表彰大会，表彰校级先进个人63人。

人才培养 加强思想政治教育，充分利用海陆丰红色文化开展引领大学生思政教育"四级联动""八全融入"工作，各党总支着力打造"一院一品牌"。召开马克思主义学院和思政课建设会议，部署马克思主义学院建设"五大攻坚"。实行"一对一"或"多对一"帮扶就业困难毕业生，为362名经济困难家庭毕业生申请发放求职创业补贴108.6万元。组织高校毕业生专场招聘会，2021届毕业生的毕业去向率为94.14%。学生参加技能竞赛获得全国数学建模比赛一等奖、"互联网+"创新创业竞赛省级三等奖。

合作交流 推进与深圳信息职业技术学院结对帮扶学校工作，与泰国格乐大学签订《招生合作协议》和《合作备忘录》，共有18名教师赴国（境）外提升学历。推进中外人文交流人才培养基地创建工作，获批教育部"智能制造中外人文交流人才培养基地"项目。开展"中国寻根之旅"夏（冬）令营·智能制造科普与展示交流活动。

成人教育 持续开展电工上岗证、会计资格证等证书培训与考核。定期组织学生到各地参加暑期"三下乡"活动。开展社会培训，学校入选中央电化教育馆首批"职业院校网络与信息安全专业校企合作建设"项目院校和中国成人教育协会乡村振兴电商人才"鸿雁计划"合作院校。先后与中国银行、阿里巴巴集团、汕尾税务局等多家政府、企事业单位合作，举办非学历社会培训项目。

制度建设 深化学校体制机制综合改革，以"依法治校"为抓手，推进学校治理体系和治理能力现代化建设。完成二级学院党政干部配备、党总支及党政联席会议制度制定。出台规章制度100多项，成立15个改革专项小组推进学校重点改革事项。规范完善财务审批、采购、合同、印章管理，推进学校精细化管理。完成新校区建设项目初步勘察工作，完成老校区改造立项审批。立项"深圳一号"住宿楼建设项目，并纳入深圳对口帮扶民生库。严抓食品安全，加强校园环境卫生管理。加强国有资产管理，规范采购和招投标工作。加强财务规范管理，拓宽融资渠道，强化专项资金绩效评价管理，提高项目资金使用效率。

2021年6月10日，举行汕尾职业技术学院广东省博士工作站揭牌仪式

2021年6月22日，举行汕尾职业技术学院教授博士党史学习教育宣讲团、师生党史学习教育宣讲团授旗仪式

2021年9月29日，汕尾职业技术学院第三届第一次教职工代表大会暨工会会员代表大会召开

2021年11月12日，举行汕尾职业技术学院马思聪音乐艺术研究中心、马思聪陈列室、马思聪管弦乐团揭牌仪式暨学术研讨会

东莞城市学院

2021年3月11日，学校召开党史学习教育动员大会

2021年5月11日，学校召开"十四五"教育事业发展规划研讨会

2021年10月18日，学校召开中层干部大会，宣布知名教育专家李树英博士任执行校长

2021年12月1日，东莞市世界艾滋病日宣传活动在学校举行

学校概况 东莞城市学院是由广东鸿发投资集团有限公司举办的本科层次民办普通高等学校。2021年5月，经教育部批准同意学校转设，更名为东莞城市学院。学校占地面积798540平方米，设有14个教学单位，45个本科专业，现有全日制学生15336人。学校科学编制了"十四五"发展规划，确立了学校的愿景和使命，提出发展目标和发展战略。

党建工作 加强思想政治引领，提升党建工作水平。学校举办建党一百周年系列庆祝活动，开展党史学习教育；建有2个省级"三型"党支部、1个省级"双创"标杆院系、1个省级"双创"样板支部、1个省级"双带头人"教师党支部书记工作室；荣获国家级表彰2项、省级表彰16项、市级表彰27项。

专业建设 学校会计学专业入选国家级一流本科专业建设点，8个专业入选省一流本科专业建设点（位列全省民办高校第一），获批新增2个本科专业；选取了商学院、金融与贸易学院4个优势专业开展IACBE国际商科认证工作；共有4门课程被认定为省级一流课程；获广东省教育教学成果奖二等奖1项、教育部首批新文科研究与改革实践项目1项。2020—2021学年，教师共发表论文375篇，其中SCI、SSCI、EI、CPCI-S等收录论文45篇；横向合作项目合同经费达229.08万元；获得授权专利23项。

人才培养 为构建德智体美劳全面培养的高水平人才培养体系，学校启动新版人才培养方案及"专业+"人工智能改革工作。学校在孵团队总营收达294.76万元，已完成工商注册的团队有8个。2021届共有5607名毕业生。

队伍建设 为加速推进人才强校战略，持续完善引才、育才、用才、留才机制，建设一支高水平专业化创新型师资队伍，学校始终以"高起点引进"，健全"1+3+N"高层次人才建设体系。引进国际教育知名专家李树英教授担任执行校长，人才聚集效应日益显现。

文化建设 学校进一步完善网络思想政治教育体系，推进"三全育人"体制机制建设，加强阳光社区示范工程建设。举办东莞地区高校技工院校预防艾滋病同伴教育培训班；承办东莞市2021年"世界艾滋病日"主题宣传活动；成立东莞市首家高校红十字会。

教学保障 学校进一步做好校园疫情防控工作，完善基础设施建设。校园网实现了千兆无线Wi-Fi 6全覆盖，图书总册数达1969166册，生均图书达128.27册，并在推进数字化建设中进一步便利师生学习和生活。

东莞理工学院

2021年，东莞理工学院坚持以习近平新时代中国特色社会主义思想为指导，扎实推动新型高水平理工科大学示范校建设再上新台阶，实现"十四五"良好开局。

学校入选广东省高水平大学重点学科建设高校，正式获批"博士学位授予立项建设单位"以及"广东省深化新时代教育评价改革试点校"。新增土木工程、材料与化工等8个硕士学位授权点，工程学科和材料科学学科进入ESI全球排名前1%。主动参与服务粤港澳大湾区综合性国家科学中心先行启动区建设，加快建设智能制造、绿色低碳、创新服务三大特色学科专业集群。7个专业入选国家级一流专业建设点，5个专业入选省级一流专业建设点。入选教育部产教融合实训基地优秀案例2项，获教育部首批新文科研究与改革实践项目立项1项。粤港机器人学院和西门子智能制造学院入选教育部首批现代产业学院。2名教师获评"南粤优秀教师"，10名教师获"杏坛优秀教学奖"。学生参加中国国际"互联网+"大学生创新创业大赛广东省分赛获2枚金牌、5枚银牌、5枚铜牌，参加总决赛获1枚银牌、2枚铜牌。学生作品"Shadow"获"红点设计大奖"桂冠。教师发展中心被认定为省级教师教学发展中心。新增与新西兰奥克兰大学国际联合培养博士项目，与澳门科技大学签署合作框架。

学校加快重大科技成果培育与产出，2021年组织申报各级各类纵向项目898项，获批立项352项、专项资金10066.82万元，其中国家级项目70项、省部级项目146项。获授权专利438件，其中发明专利198件、实用新型234件、外观设计6件。对口服务20个东莞镇街，签订横向合同226项，合同金额6533万元。成果转化合同37项，转化金额509万元。多物理谱仪（东莞理工学院多物理谱仪）顺利通过验收并对外开放运行。10个重大项目进入松山湖科学城项目库。联合东莞材料基因高等理工研究院，参与获批广东省基础与应用基础研究重大项目1项。科技超市及新一代通信发展研究院被纳入"十四五"东莞市发展规划。获批广东省工程技术研究中心1个、广东省普通高校工程技术研究（开发）中心1个、广东省企业重点实验室1个、广东省社会科学界联合会社会科学研究基地1个、全国名特优新农产品全程质量控制技术试验站1个、广东省普通高校创新团队3个。广东省城市生命线工程智慧防灾与应急技术重点实验室获批为广东省重点实验室。13个重大项目平台纳入《粤港澳大湾区综合性国家科学中心实施方案》。获广东省科技进步奖二等奖1项，广东省技术发明奖二等奖1项，中国产学研合作创新成果二等奖1项、优秀奖1项和合作促进奖（个人）2项，中国发明创业创新奖二等奖1项，中国仪器仪表学会科学技术进步奖一等奖1项。

2021年5月21日，校党委书记成洪波应邀出席第56届中国高等教育博览会开幕式，并在应用型大学建设与区域经济社会发展论坛做主题报告

2021年7月26日，中国散裂中子源开展多物理谱仪（东莞理工学院多物理谱仪）共建工作顺利通过验收

2021年9月15日，车联网关键技术领军科学家沈学民被聘为学校特聘院士

2021年10月15日，东莞理工学院3个参赛项目在第七届中国国际"互联网+"大学生创新创业大赛总决赛中获1银2铜的优异成绩

广东教材出版中心 / 广东南方出版传媒教材经营有限公司

《习近平新时代中国特色社会主义思想学生读本》配套教学资源平台培训

广东省义务教育道德与法治、语文、历史学科教研员培训

人教版教材回访座谈会

广东教材出版中心（以下简称教材中心）是广东省属国有文化上市龙头企业——南方出版传媒股份有限公司的直属单位，作为广东省免费教材的统一供应商，长期肩负着"课前到书，人手一册"的神圣使命，承担人教版教材教辅印制管理及结算、南方传媒教材教辅经营总协调、教材教辅纸张和印制招标及协助免费教材出版供应和结算工作，践行"以精品意识统领教材生产"的经营理念，着力打通产业链上下游，实现管理的规范化、标准化和精细化。教材中心每学季均以高度职责感和使命感完成"课前到书，人手一册"的任务；历年来在全国教材印制质量检测评比中均位居前列。

广东南方出版传媒教材经营有限公司（以下简称教材经营公司）于2017年2月28日成立，是广东省出版集团、南方出版传媒旗下的独立子公司。公司以"保存量，做增量"为基础，贯彻"一改革两扩张"的战略部署，坚持"上靠、下沉、内统"经营指导方针，负责人教版教材教辅和数字产品的推广、培训和服务的经营工作，并不断开拓教育咨询服务、教育信息化服务等与教材相关的新业务，以市场为导向，全面实施精细化管理，认真践行"服务促市场、创新求发展"的经营理念，提供立体、多元、个性的全方位服务。多年来，教材经营公司以人教版教材全国一流的专家资源库为依托，健全专家库资源；组织开展教材回访和培训活动千余场，数十余万名教育管理者、教研员和教师参与培训；协助省教育厅、省教育研究院举办国家统编三科教材、数字化教材大型省级培训；自主开发教育产品，主导创办了"南方传媒杯"粤港澳大湾区高考"下水作文"大赛，在业内形成广泛影响并享有良好声誉。

南方出版传媒股份有限公司

南方出版传媒股份有限公司（以下简称南方传媒）成立于2009年，是广东省级文化产业第一股、广东文化产业龙头企业、中国出版业重要力量。

南方传媒拥有10家出版社，按照专业化、特色化、品牌化的发展思路，深耕内容生产，共有101种出版物荣获中宣部"五个一工程奖"、中国出版政府奖、中华优秀出版物奖三大国家级奖项，出版了王蒙、莫言、饶宗颐、金庸、钟南山、吴敬琏、贾平凹、陈忠实、韩少功、马原、王安忆、葛剑雄、曹文轩、毕淑敏等众多名家的作品，以及《岭南文库》《世界客家文库》《广东华侨史文库》《岭南中医药精华书系》等2000多种弘扬岭南文化的精品力作。输出图书版权数量逐年增长，2021年超过300种（不含港澳台地区），位居全国前列。编写的19个科目的粤版新课标教材，使用范围覆盖全国。在全国率先实施中小学数字教材全省覆盖项目。

南方传媒旗下有4报26刊。《时代周报》被评为"史坦国际最具投资价值媒体"，《花城》被誉为全国大型文学期刊"四大名旦"之一，《随笔》享有"北有《读书》、南有《随笔》"之誉，《新周刊》定位为"中国最新锐的生活方式周刊"，《少年文摘》多次入选"全国优秀少儿报刊"并出口到东南亚多个国家。"诺奖得主中国行"、花城文学奖、中国年度新锐榜等品牌活动在全国影响颇大，成为行业风向标。南方传媒承办的南国书香节，被评为"全国全民阅读活动优秀项目"，已成为全球最大的华文书展。拥有以新华书店、教育书店为代表的多种类型发行网点1200多个，遍布广东省城乡。

南方传媒拥有1家印刷企业和1家物资贸易企业，推进印务板块供给侧结构性改革，加快转型升级，打造数字化、自动化、智能化现代印务体系。南方传媒利用上市公司投融资平台，打造资本运作平台，实现外延式扩张。推动"业务+资本"发展模式，打造首个专业资本运作平台——广东南方传媒投资有限公司。推进南方传媒产业园区项目——南方传媒广场（琶洲）、新华文化中心（番禺）、南方传媒中心（番禺）、广东国家数字出版基地（东圃）、岭南文化创意园（大旺）建设。

南方传媒把握"一带一路"和"粤港澳大湾区""深圳中国特色社会主义先行示范区"建设战略机遇，建立广东省粤港澳大湾区文化教育交流中心，设立澳门启元出版社、南方传媒（欧洲）有限公司，成立新加坡"中国主题国际编辑部"。

南方传媒以"兴文化 成美好"为使命，以"向上向善 实干笃行"为价值观，致力于成为植根岭南、服务湾区、放眼世界的文化领军企业。

出版大楼

南方传媒广场（正在建设中）

岭南文库

南方传媒作家墙

南国书香节

广东省出版集团数字出版有限公司

办公环境

会议室

番禺区国家课程数字教材应用系列专题研训活动

粤教翔云数字教材应用平台

广东省出版集团数字出版有限公司（以下简称数字公司）成立于2009年1月，深耕数字出版行业多年，是广东省出版集团有限公司、南方出版传媒股份有限公司旗下独家从事数字教育、数字阅读业务，具备网络出版服务资质的专业数字出版机构和高新技术企业。数字公司依托母公司在教材教辅编写、出版、发行方面的核心优势，以"成为国内领先，具品牌优势的数字教育优质内容提供商和服务商"为战略定位，致力于人工智能、大数据、物联网、5G等技术与数字出版平台、数字读物、数字教材、应用数据库等的联动研发，整合各出版单位的版权资源，建设人教版、粤版、北师大版等版本的数字教育资源，打造"一主线一核心五发展"的产业体系，研究与发展成果已成为数字出版业界的标杆。

自成立以来，数字公司推进出版与科技融合，行业影响力、品牌辐射力、社会知名度不断增强，承担多项国家级、省级产业类和科技类研究项目，参与制定《数字教材中小学教材出版基本流程》国家标准以及《数字教育出版课程制作要求》《智媒体电子书存储格式要求》《复合数字教材制作质量要求》等行业标准，取得网络出版服务许可证、网络文化经营许可证、增值电信业务经营许可证等重要资质以及多个软件著作权和专利。

数字公司实施"广东省国家课程数字教材规模化应用全覆盖工程"（以下简称全覆盖工程），研发了具有自主知识产权的运营支撑平台——"粤教翔云数字教材应用平台"，为广东省超过1.9万所义务教育阶段学校（含教学点）的逾1300万名师生提供优质、正版、权威的数字教材服务。全覆盖工程被业界誉为中国教育数字出版的里程碑项目，其覆盖用户规模之大、覆盖品种之多、覆盖学科之全、覆盖区域应用水平之不均衡在国内尚无先例，已被列入"广东省基础教育综合改革工程"十大任务目标之一和广东教育发展"十四五"规划，作为广东省未来一段时间的重点推进项目，服务让人民满意的教育。

广东教育书店有限公司

广东教育书店有限公司（以下简称教育书店）成立于1992年11月，2000年从广东省教育厅划至广东省广弘资产经营有限公司（以下简称广弘公司），2019年4月随广弘公司划归广东省出版集团管理。教育书店是广东省中小学教学用书发行单位，主要经营幼儿园、中小学、中职教材及配套教学用书，图书馆用书，音像制品，电子出版物，教育装备等。教育书店在全省拥有62家控股企业，建立了覆盖全省的发行服务网络和物流配送体系，具有ISO 9001质量管理体系认证、ISO 14001环境管理体系认证和T 28001职业健康安全管理体系认证。

教育书店从事教学用书发行工作迄今已有29年。自成立以来，一直秉承"服务教育、服务社会"的宗旨，坚持以促进青少年健康成长为己任，积极配合各级教育部门开展教学改革、新教材推广、师资培训及校园文化建设等活动，并以高度的事业心和责任感，全力以赴做好全省中小学教材的征订发行工作，确保"课前到书，人手一册"，取得了"政府满意，学校满意，家长满意"的良好效果。

在此基础上，教育书店充分发挥国有骨干文化企业的主渠道作用，积极参与社会主义精神文明建设，持续开展送书下乡、捐资助学、扶贫济困等公益活动。特别是近年来，教育书店顺应广东省教育文化事业发展需要，打造"最美基层书店"助力全民阅读，并倾力打造"粤教服务云平台"，为全省中小学师生提供多功能在线教育服务。教育书店先后被评为全国教育图书发行先进单位、广东省先进集体、广东省文明单位、全国"三科教材"发行工作先进集体。

作为广东省国有骨干文化企业，教育书店将在省出版集团的正确领导和上级部门的指导与支持下，进一步深化改革，一如既往地为全省的教育事业做好服务，为广东创建教育强省、打造南方教育高地、全面实现教育现代化做出应有贡献。

公司董事长蔡飚

公司旗下知本书店参加南国书香节

广东教育书店幼教产品《岭南幼儿多元智能课程》

高等教育

发展综述

（一）普通本科高校办学规模

2021年，广东省共有普通本科高等学校65所（含独立学院7所）。其中，公办学校38所，占全省普通本科高校的58.46%；民办学校16所，占全省普通本科高校的24.62%；合作办学4所，占全省普通本科高校的6.15%，独立学院7所，占全省普通本科高校的10.77%。广东省公办普通本科高等学校分布在广州地区的有22所，占全省公办普通本科高等学校的57.89%；广东省民办普通本科高等学校分布在广州地区的有11所，占全省民办普通本科高等学校的68.75%。

广东省会广州市设立的普通高等学校有36所，占全省高校总数的55.38%。广州市是广东省设立高等学校最多的城市，其次是深圳市（设立5所，占比7.69%）、湛江市（占比6.15%）、珠海市（占比6.15%）。广东省21个市中仍有6个市（汕尾市、河源市、阳江市、清远市、揭阳市、云浮市）暂未独立设立本科院校，其中河源市、清远市、云浮市已与部分高校合作办校区。广东省通过高校合作跨地市办校区的方式扩大省内高校的校区区域布局，以满足粤东粤西粤北地区人民群众日益增长的优质教育需求。同时，积极推动中外合作办学、跨境联合办学模式。广东省有4所中外合作办学的高校，分别为北京师范大学－香港浸会大学联合国际学院、香港中文大学（深圳）、深圳北理莫斯科大学、广东以色列理工学院，占全国中外合作办学高校的近半数。

2020—2021学年，广东省普通本科高校录取学生总数达367 406人，比2019—2020学年增加了23 007人，其中录取本省学生数占比82.63%。广东省普通本科高校录取本省学生数近年来增长速度明显，录取省外学生数增长速度较为平缓。全日制本科在校生1 270 038人，全省本科生人数排名前十的高校主要集中在广州，2021年本科生人数排名前三的高校分别是华南农业大学、广东工业大学以及广东海洋大学，本科生人数分别为38 341人、37 795人、35 802人。2021年广东省普通高等学校本科应届毕业生数281 004人。

（二）普通本科高校专业情况

1. 各学科门类专业情况。2020—2021学年，全省共设有3 389个专业点，较2019—2020学年新增165个专业点，涵盖417种本科专业，新增16种本科专业，其中工学开设了137种，在专业结构上占比达32.85%，数量在12个学科门类中排名第一。417种本科专业共涉及12个学科，92个专业类，参照教育部《普通高等学校本科专业目录》，除工学未开设兵器类专业外，其余11个学科门类实现了专业类100%全覆盖。

2. 专业布点数变化情况。2016—2021年，全省工学、管理学、文学、经济学、法学、教育学、医学的专业布点数逐年上升。其中增长比例最高的是医学，2021年比2017年专业布点增加35.34%；其次是工学，专业布点增加25.06%；再次是经济学，专业布点增加18.89%，均高于全省专业布点增长比例（16.86%）。在2020—2021学年全省的专业布点中，计算机科学与技术的布点数最多，达到56个（较2019—2020学年增加1个院校），全省84.85%的本科高校均有开设；英语的布点数排名第二，达到53个，全省80.3%的本科高校均有开设。

（三）普通本科高校办学师资条件

1. 部分省市高校专任教师数。广东省普通本科高校专任教师数历年来一直在全国名列前茅。截至2021年，广东省普通本科高校专任教师总数为83 977人，较2020年增加7 634人。

2. 广东省高校专任教师数。广东省普通本科高校专任教师数排名前十的高校中有9所位于广州，1所位于深圳。专任教师数排名前三的大学分别是华南理工大学、中山大学、深圳大学，其专任教师数均在2 500人以上。其中，2021年广东省公办普通高等学校专任教师55 177人，占全省本科院校专任教师数的65.7%；民办普通高校专任教师20 107人，占全省本科院校专任教师数的23.94%。各高校历年来专任教师比例逐步提高。

3. 师资队伍学位结构。2020—2021学年，广东省普通本科高校专任教师75 284人，其中具有博士学位的教师数为34 198人，占比45.43%，较2020

年增加了2 099人；具有硕士学位的教师数为31 791人，占比42.23%；具有学士学位的教师数为7 573人，占比10.06%；具有其他学位的教师数为1 722人，占比2.28%。2016—2021年，具有博士、硕士学位的专任教师数量逐年增加，具有学士学位和其他学位的专任教师数量有所减少，广东省普通本科高校专任教师的学历层次稳中有升。

4. 师资队伍职称结构。2020—2021学年，广东省普通本科高校专任教师中，具有高级职称的教师数为35 495人，占比47.15%；具有中级职称的教师数为28 280人，占比37.56%；具有初级职称的教师数为4 129人，占比5.48%。2016—2021年，广东省普通本科高校专任教师中具备高级职称的人数稳步增长，梯队结构呈现合理优化趋势。

5. 生师比情况。2020—2021学年，广东省普通本科高校生师比为19.1∶1，与2020年的18.47∶1相比增加了0.63。广东省普通本科高校生师比从2016年至2020年以较为稳定的速度逐年下降，但在2021年有小幅度上升。

（四）普通本科高校教学建设与改革

1. 落实立德树人根本任务，统筹推进本科人才培养。在夯实上一学年一流本科教育工作的基础上，以"一流本科人才培养计划"为统筹，进一步完善高水平人才培养体系，不断改革创新，"新工科""新医科""新农科""新文科""新师范"竞相发展，一流本科专业和一流课程建设在全国处于领先，质量工程建设持续深入推进，粤东粤西粤北高校振兴计划深入实施，粤港澳大湾区高校人才培养一体化不断加快。开展第三批新时代高校党建示范创建和质量创优工作，遴选产生了第三批全省党建双创工作培育创建单位"党建示范高校"5所、"党建工作标杆院系"63个、"党建工作样板支部"158个。第二批全省"双带头人"教师党支部书记工作室培育、创建单位42个。为深入贯彻落实习近平总书记关于教育的重要论述和全国教育大会精神，推进中华优秀传统文化全方位融入高校教育，广东省印发《广东省教育厅关于开展全省第三批高校中华优秀传统文化传承基地建设的通知》《广东省教育厅办公室关于对"全省第三批高校中华优秀传统文化传承基地"初评入围高校开展实地复评的通知》等文件，遴选出10个广东省第三批高校中华优秀传统文化传承基地。

2. 贯彻大湾区部署，推动粤港澳高校人才培养合作。教育部与广东省人民政府于2020年联合印发《推进粤港澳大湾区高等教育合作发展规划》，明确到2035年，粤港澳大湾区将建成若干所世界一流水平的高校，产出一批对世界科技发展和人类文明进步有重要影响的原创性科学成果，成为世界高等教育合作发展和创新发展先进典范。粤港澳大湾区内地9市在高等教育上"提速加码"，包括大学、学院、研究生院、新校区建设在内，一年来共有28处大湾区的高等教育建设正在推进，若只含大学和学院建设，也有不少于17所新高校正在加速动工或筹办，其中8所为合作办学。在最新艾瑞深校友会网2020中国大学排名中，粤港澳大湾区高校的综合排名表现突出，高校综合实力持续上升，发展势头强劲，特别是香港、广州、深圳、澳门四大中心城市的高校。

3. 持续推进质量工程建设，办好各项学科竞赛。完成省大学生实践教学基地等12类共1 290项建设项目验收工作。发布《广东省本科高校"十四五"教学质量与教学改革工程建设实施方案》，结合广东省教学改革实际规划省质量工程项目类型和载体。完成2021年度省"质量工程"项目申报遴选工作。完成2021年度国家级、省级大学生创新创业训练计划项目立项，13个项目参与第十四届全国大创年会。完成6个教师教学发展中心项目验收。发布《广东省教育厅关于做好2021年广东省本科高校大学生学科竞赛工作的通知》，指导相关承办高校做好大学生工业设计大赛等10项赛事组织实施工作。

4. 持续推进"新医科"建设，落实"健康广东2030"规划。制定《广东省加快医学教育创新发展实施方案》《广东省教育厅 广东省卫生健康委 广东省中医药管理局关于深化医教协同进一步推动中医药教育改革与高质量发展实施方案》。广东药科大学有条件获批成为博士学位授权高校，新增医学类博士一级学科授权点4个、专业博士点2个、专业硕士点4个。新增13个智能医学工程等医学相关专业，新增医学类国家级一流本科专业24个、省级一流本科专业14个。认定15所普通高等医学教育教学医院（一类实习医院），完成134项广东省临床教学基地教育改革研究项目验收。统筹9所高校开展医学生定向培养计划，规模增至2 200人。

5. 全面总结"新师范"建设，助推广东教育现代化。继续引导高校加强本科师范类专业对标建设，11月，组织召开广东省"新师范"建设总结大会，全面展示第一轮"新师范"建设成果并发布第二轮"新师范"建设方案。2021年，共有8个专业通过教育部师范类专业二级认证（截至2021年12月，已有19个专业通过师范类专业二级认证）。统筹全省开设师范类专业的21所高校提交师范类专业认证工作计划，完成2021—2025年师范类专业认证计划编制工作。完成对华南师范大学等11个国家教师教育创新实验区期满考核和项目验收工作。遴选出287个省级示范性教师教育实践基地，支撑实验区实践教学。

6. 深化产教融合，推进产业学院内涵发展。继续深入推进产业学院建设，新立项省级产业学院建设项目26个，已有省级产业学院建设项目78项。启动第三批省级示范性产业学院遴选。推荐14所高校22个产业学院参与教育部现代产业学院答辩，7个产业学院最终入选。全省已有41所本科高校设置173个产业学院，涵盖40多个产业，数量居全国之首。产业基础扎实，高端态势明显，发展后劲充足。

7. 举办首届全省骨干教师读书班，遴选第十届省级教学名师。举办首届高校骨干教师暑期读书班，全省157所学校共300多名高校骨干教师代表在省教育厅主会场和在各地市29个分会场集体学习。站位于国情、省情等更高层次，通过党建工作、"十四五"规划、科技形势发展、师德师风建设等专题学习，帮助高校教师从大局、全局的视角反观自身工作，找出差距，提升自己。完成第十届高校教学名师遴选工作，表彰和奖励教学名师59名，调动广大教师参与教学改革的积极性。

8. 维护意识形态安全，规范图书教材管理。对全省154所高校集中开展藏书清查，造册收缴60所高校问题藏书共计1694本，送省委宣传部统一处理。对暨南大学等4所高校图书馆信息安全进行集中整治，共清查问题图书366册，电子图书9种。印发高校图书馆藏书管理指引，建立藏书规范管理的长效机制。开展教材问题集中排查，实现全部本科高校教材排查全覆盖，坚决处理一批问题教材。举办2021年广东省马克思主义理论研究和建设工程重点教材统一使用工作会议暨任课教师培训班，推动党的理论创新成果进教材、进课堂、进头脑，提高任课老师教学能力和水平。组织高校开展马克思、恩格斯、列宁关于哲学社会科学及各学科重要论述摘编申报工作，加强高水平教材建设。

9. 严格规范学籍管理，切实维护教育公平。组织高校做好新生前置学历审查、学籍学历注册、毕业生身份复核及学生转学等学籍管理工作。进一步严格规范学籍学历信息审查勘误工作环节，定期组织专家开展审核论证。妥善做好有关学生申诉受理工作，切实保障学生合法权益。

10. 完善教学质量监测，优化教学评价体系。完善数据动态监测、定期评估和专项督导"三位一体"评价制度。完成2020—2021学年高等教育国家监测平台数据采集。研制本科毕业论文（设计）抽检相关办法，推动实施全省本科高校本科毕业论文（设计）抽检工作。

（撰稿　段颖逸；审稿　杨永文）

教育教学管理

【教学基本条件建设】教学科研仪器设备。2020—2021学年，广东省普通本科高校中，有66所高校的生均教学科研仪器设备值处于监测合格值以上。广东省所有普通本科高校都拥有普通教室、多媒体教室、语音室、计算机房等各类功能教室，设施齐全，设备先进，能较好地满足教学需要。

教学行政用房。2020—2021学年，广东省普通本科高校中，有36所高校的生均教学行政用房面积（教学行政用房面积/全日制在校生数）处于监测合格值以上，其中有15所高校的生均教学行政用房面积在20平方米以上；30所高校处于预警状态。

实验室数量。2020—2021学年，广东省普通本科高校实验室数量为14089个，实验室数量较上一学年保持稳定增长态势。

图书与信息资源。广东省各普通高等学校的图书馆在文献资源、学科服务、技术研发、阅读推广等方面稳步发展，构建了网络化、信息化的文献综合服务体系，建立了学科门类齐全、结构合理、独具特色的文献资源体系，实现了纸质资源和数字资源的一站式检索，为学生提供了日益丰富的学习资源。从高校生均图书监测状态来看，2021年广东省有20所本科高校的生均纸质图书处于监测合格值以上，哈尔滨工业大学（深圳）以生均纸质图书175.5本位居第一，5所高校生均纸质图书处于限制招生状态。近三年广东省普通本科高校生均图书资源状况整体较好。

【专业建设】加快"一流本科专业"建设，促进专业优质发展。2021年，全省高校新增201个专业入选国家一流本科专业建设点，数量位居全国前五，新增233个专业入选省级一流本科专业建设点。120个专业点获教育部备案或审批通过，其中50%以上为理工科和医学专业。新增22所高校81个专业开展第二学士学位教育，为高校毕业生创造更多再学习机会。广东省结合实际，高度重视一流本科专业的培育及建设点申报工作。按照教育部印发的《普通高等学校本科专业目录》和《普通高等学校本科专业目录设置管理规定》，广东省组织高校认真落实《普通高等学校本科专业类教学质量国家标准》（以下简称《国标》），严格对照《国标》开展专业建设，根据教育部专业标准和专业评估结果，对高校专业设置进行调控，新增一批经济社会发展急需专业，不断优化专业结构；继续落实《关于开展普通高等学校专业认证工作的意见》，统筹推进全省高校专业认证工作；实施建设广东省一流本科专业计划，遴选2021年一流本科专业建设点。

优化专业结构布局，推进专业认证。2020—2021学年，省教育厅继续落实《关于开展普通高等学校专业认证工作的意见》，统筹推进全省高校保合格、上水平、追卓越三级专业认证工作。基于专业认证工作，广东省组织高校继续健全专业动态调整机制，做好本科专业建设规划。对于入选的一流专业建设点，完善支持措施，持续加强建设，不断夯实基础、改善条件，强化专业特色，提升专业内涵和建设水平，保证其建设期结束后通过认定。全省已有244个本科专业通过国内外权威组织专业认证，其中有101个专业通过教育部、住建部等国家部委专业认证。

推进卓越计划2.0，培养拔尖人才。2020—2021年，广东省深入实施"冲一流、补短板、强特色"计划，紧密对接国家"双一流"建设，在新的起点上推进全省本科高校分类发展、内涵提升。全省高校深入推进人才培养模式改革，提升拔尖创新人才培养能力。根据高等教育质量监测国家数据平台显示，截至2021年，广东省累计共有78个国家级一流学科，296个省级一级学科；在一流专业中，累计共有19个专业入选卓越工程师教育培养计划2.0专业，8个专业入选卓越农林人才教育计划培养2.0专业，1个专业入选卓越教师培养计划2.0专业，2个专业入选卓越法治人才教育培养计划2.0专业，9个专业入选基础学科拔尖学生培养计划2.0专业。

【课程建设】2020—2021学年，广东省围绕落实立德树人根本任务，认真落实《教育部关于一流本科课程建设的实施意见》，推动专业课程与思政课程同向同行，全面加强一流课程建设，开展2021年广东省精品在线开放课程遴选认定工作和2021年度省级系列在线开放课程立项建设工作，对2020年立项的省级系列在线开放课程进行中期检查，推动高校建设体系优、质量高、内容适中、受益面广的课程群。

根据教育部2020年11月24日发布的《教育部关于公布首批国家级一流本科课程认定结果的通知》，全国共认定5 118门课程为首批国家级一流本科课程，广东省本科高校共有258门课程被认定为一流课程（包含原2017年、2018年国家精品在线开放课程和国家虚拟仿真实验教学项目），占全国总一流课程量的5.04%，认定一流课程数量居全国各省前列。根据《教育部办公厅关于开展第二批国家级一流本科课程认定工作的通知》（教高厅函〔2021〕13号），广东省遴选推荐全省376门课程申报第二批国家级一流本科课程。

就公布各类型课程分布情况看，广东省线上一流课程67门（包含2017年本科国家精品在线开放课程9门，2018年本科国家精品在线开放课程22门），占全国的3.57%；线下一流课程91门，占全国的6.22%；线上线下混合式一流课程40门，占全国的4.61%；社会实践一流课程11门，占全国的5.98%；虚拟仿真实验教学一流课程49门（包含2017年国家虚拟仿真实验教学项目7个，2018年国家虚拟仿真实验教学项目23个），占全国的6.73%。对比各类一流课程的占比率，线上一流课程和线上线下混合式一流课程占比较低，均低于5%；而其他三类课程占比率较高，均高于5%，其中又以虚拟仿真实验教学一流课程的占比率最高。这表明广东省在线上课程和线上线下混合式课程建设方面相对较弱，相比而言在虚拟仿真实验教学项目和线下课程的建设方面较强。从入选学校分布来看，在包含原2017年、2018年国家精品在线开放课程和国家虚拟仿真实验教学项目的情况下，广东省此次共有29所高校入选一流课程，中山大学、华南理工大学、暨南大学共入选111门，占全省入选总数的43.02%；广东省其他高校总计入选147门，占56.98%。其中入选30门及以上的高校共3所，分别为暨南大学（46门）、华南理工大学（33门）、中山大学（32门）；20门及以上、30门及以下的高校有2所，分别为华南师范大学（28门）、华南农业大学（21门）；10门及以上、20门及以下的高校有3所，分别为南方医科大学（17门）、深圳大学

（17门）、广州大学（10门）。

2021年，广东省普通本科高校精品在线开放课程规模在增大，但是MOOC（Massive Open Online Courses）、SPOC（Small Private Online Course）的数量规模在减小。其中精品在线开放课程自建门数为765门，引进门数为398门；MOOC自建门数为413门，引进门数为2 263门；SPOC课程自建门数为2 742门，引进门数为662门。

2016—2021年，广东省普通本科高校在线课程开设门数逐年递增，但到2021年，开设门数有所下降，2021开设在线课程7 243门，较2020年减少了1 094门。广东省普通本科高校开设的本科课程数量逐年增加，且在2021年达到110 762门，专业课达到92 974门，占83.94%；其中，专业课数量逐年增长，而公共必修课和公共选修课的数量每年基本保持一致，波动幅度较小。在2021年，公共必修课达到5 742门，占5.18%；公共选修课达到12 046门，占10.88%。

课程是人才培养的核心要素，是高等教育中最微观的问题，广东省各类高校根据自身所属类型和发展水平，紧贴经济社会发展需求，推动课程教学改革，促进本科教学工作内涵式发展。

明确课程建设目标，完善课程体系。广东省坚持以提高专业综合应用能力和实践能力为目的的产教融合课程教育体系以及旨在培养和锤炼思想素质、人文情怀、实践意识和创新精神的多维渗透素质拓展教育体系，引导各高校对课程体系进行优化，明确课程建设目标、深化课程内涵，满足学生对多样课程的需求。

推广在线开放课程，实现资源共享。广东省积极推进教学信息化建设，通过引入课程和自建课程相结合的办法，积极推广线上线下融合的混合式教学，强化课堂教学互动，提升课堂教学效果，将优质在线开放课程作为课堂教学的重要补充。同时，以教学质量工程项目建设为抓手，进一步加强优质课程建设，加大国家级、省级、校级、院系的优质课程、精品在线开放课程、创新创业教育课程和应用型人才培养课程建设力度，推动已有的精品开放课程向在线开放课程转型，建设一批优势学科特色课程，建成一批名师系列课程群，建立健全精品在线开放课程的运行机制，加快推进在线开放课程的应用，实现优质课程教学资源共享。并依托粤港澳大湾区高校在线开放课程联盟，推动整合粤港澳高校优质师资资源，联合建设优质大课。

深化课程思政改革，强化课程育人。为深入贯彻落实习近平总书记关于教育的重要论述和全国教育大会精神，贯彻落实中共中央办公厅、国务院办公厅《关于深化新时代学校思想政治理论课改革创新的若干意见》，深入实施教育部《高等学校课程思政建设指导纲要》，广东省组织了2021年国家级课程思政示范项目（本科教育类）遴选推荐工作，根据《教育部关于公布课程思政示范项目名单的通知》，全省共有10门课程项目、1个教学研究中心项目入选国家级课程思政示范项目。此外，广东省还开展了2021年课程思政改革示范项目遴选认定工作，认定示范高校、教学研究示范中心、示范团队、示范课程、示范课堂五类改革示范项目共计424项。2021年，广东省举办首届本科高校课程思政教学大赛，召开课程思政改革工作推进会议，全省65所本科高校党委书记（校长）出席，遴选出首批课程思政改革优秀案例124个。

提高课程建设质量，实现自主学习。广东省以优化教学内容、创新教学方法和加强课程管理为重点，着力提高课程教学质量；将课程建设与学科专业建设结合起来，积极探索课程体系、课程标准、课程质量、课程群以及课程考核的实现方式；整合优质课程资源，探索在线开放课程的学分认定，激发学生学习兴趣，提高教学效果，形成开放、互动、共建、共享的教育模式，满足学生多元化和个性化学习的需求，逐步提高学校整体教学水平和教学质量。

完善创新创业体系，建好双创课程。广东省为促进专业教育与创新创业教育有机融合，积极鼓励各高校开设创新创业教育必修课和选修课，把创新创业教育贯穿人才培养全过程，不断增强学生的创新精神、创业意识和创造能力。各高校创新创业课程体系建设不断完善，课程体系越来越成熟。

【教学质量管理】一是以评促建，完善教学质量保障体系建设。完善自评机制，健全质量保障体系；推进审核评估，持续改进教学质量；打造竞赛平台，促进创新人才培养。二是教研相长，加快实现本科教育提质增效。推进人才强校战略，建设教育高地；教学科研深度融合，促进卓越教学。三是多措并举，全力保障疫情期间线上教学。

（撰稿　段颖逸；审稿　杨永文）

学位工作与研究生教育

【学位工作】（一）严格规范做好新增博士硕士单位和学位点授权审核工作

广州美术学院、广东药科大学、广东财经大学获批博士学位授权单位，肇庆学院、广东金融学院、广东石油化工学院获批硕士学位授权单位。新增博士点32个，硕士点102个。全省已有博士授权高校19所、硕士授权高校29所，博士学位授权一级学科点218个，硕士学位授权一级学科点233个，45种专业学位授权类别，399个专业学位授权点，学位授权体系进一步优化。此外，完成48所高校135个新增学士学位授予专业的审核工作。

（二）着眼长远布局新增学位授权单位立项建设

新增博士学位立项建设单位6家、硕士学位立项建设单位14家，其中新增民办高校硕士学位立项建设单位8家。实施重点建设学科科研能力提升项目，助力立项建设高校推动学科建设和人才队伍建设，培育和提升重点学科能力和水平。

（三）实施学位授权点动态调整

根据国务院学位办有关文件精神和《广东省学位委员会关于做好博士、硕士学位授权学科和专业学位授权类别动态调整工作的若干意见》，省学位委员会开展了学位授权点动态调整工作。全省共有3所高校进行学位点动态调整，分别为汕头大学撤销美术学二级学科硕士点，增列设计学一级学科硕士点；广州大学撤销体育学一级学科硕士点，增列计算机科学与技术一级学科硕士点；深圳大学增列食品科学与工程一级学科硕士点。

（四）强化重点领域急需学科学位点布局

组织高校开展经济社会发展重点领域急需学科情况摸查，申报集成电路科学与工程博士硕士学位点。充分挖掘政策资源统筹增列广东工业大学、南方科技大学2个"集成电路科学与工程"硕士学位授权点。联合广东省科学技术厅、省工业和信息化厅组织实施高层次集成电路人才培养创新项目，指导5所项目承担单位提升人才培养能力和水平。

【研究生教育工作】 2021年，广东省研究生教育得到进一步发展。全省共招收研究生64 501人（其中博士生7 023人，占10.89%；硕士生57 478人，占89.11%），在校研究生174 309人（其中博士生25 020人，占14.35%；硕士生149 289人，占85.65%）。

（一）大力深化专业学位研究生教育综合改革

以服务国家重大战略、关键领域、区域重大需求为重点，加强顶层设计和组织协调，深入推进专业学位研究生教育综合改革试点工作。吸引行业企业全过程深度参与专业学位研究生培养，围绕产业升级转型关键性课题和企业实际难题精准培养产业急需人才。建立研究生培养示范点、出台系列激励政策、搭建全省高校科技成果转化中心等措施，引导企业深度参与人才培养。

（二）深入实施研究生教育创新计划系列项目

围绕落实立德树人根本任务和人才培养模式改革，立项认定111项教育改革研究、80项示范课程、65个研究生学术论坛、40所研究生暑期学校以及90个联合培养研究生示范基地项目，不断优化有利于高层次、高质量、创新型人才培养的研究生培养体系。

（三）营造促进研究生教育改革发展良好氛围

全面贯彻党的教育方针，进一步加大研究生教育教学研究和改革力度，推动教育教学质量和水平实现新的提升，开展首次高等教育（研究生类）省级教学成果奖评选，展示具有示范带动作用和推广价值的高水平教育教学成果，遴选出获奖项目10项，其中特等奖1项。开展优秀学生（研究生阶段）遴选工作，表彰327名优秀研究生。

（四）加强学位与研究生教育质量保证和监督体系建设

按照国家教育督导委员会的统一部署，2021年广东省硕士学位论文抽检工作按照"随机抽取，均衡比例，科学公正"的原则组织，从全省29家硕士学位授予单位（2020年9月1日至2021年8月31日）授予硕士学位的36 470篇学位论文中，抽取1 340篇送检，抽检比例达到3.67%。经初评与复评，共有54篇论文1名专家评价不合格，占送审总论文数的4.03%；7篇论文2名专家评价不合格，占送审总论文数的0.52%。在全省范围内公布各学位授予单位抽检统计情况，对相关单位、相关学位授权点给予相应预警，并将抽检结果与研究生教育资源配置直接挂钩。通过连续多年的抽检，全省研究生学位论文质量显著提高，学位论文质量与教育资源分配挂钩的做法受到认可。

（五）广泛开展科学道德和学风建设宣讲活动

广泛开展科学道德和学风建设宣讲活动，引导广大师生遵守学术规范，坚守学术诚信。在全省本科及以上高校开展学位论文买卖、代写行为专项检查工作，引导督促高校加强制度建设，严肃处理违规行为。

（撰稿　杨立群；审稿　吴宝榆）

民办教育

【概况】 截至2021年底，广东省有各级各类民办学校（含幼儿园，不含技工学校和培训机构）15 332万所，在校生737.84万人。其中民办幼儿园13 175所，在园幼儿280.28万人；义务教育阶段民办学校1 743所，在校生327.46万人；民办普通高中265所，在校生32.27万人；民办中职学校98所，在校生19.78万人；民办高校51所（不含中外合作办学学校），在校生78.05万人。

【加强民办学校党建工作】 加强党对民办教育的全面领导，坚持社会主义办学方向。全省各级各类民办学校贯彻党的教育方针，落实立德树人根本任务，用习近平新时代中国特色社会主义思想铸魂育人。各地各民办学校建立"第一议题"制度，把深入学习贯彻习近平新时代中国特色社会主义思想和总书记系列重要讲话精神作为重要政治任务。把社会主义核心价值观融入教育全过程，扎实推进"不忘初心、牢记使命"专题教育、党史学习教育。各级民办学校主管部门将民办学校党建工作纳入本系统党建工作整体规划，统一部署、同步推进。全省民办高校党组织实现100%全覆盖；民办中小学党建工作100%全覆盖，党组织覆盖率达92.98%。

【提升规范化办学程度】 各级政府建章立制、多措并举，强化各级各类民办学校办学行为规范。实施《广东省民办学校规范达标计划和品牌提升计划（2019—2022年）》，出台《广东省委教育工作领导小组关于规范民办义务教育发展的工作方案》，成立由省主要领导同志任组长，10多个部门组成的工作领导小组。2021年，民办义务教育标准化学校覆盖率为90.5%，民办规范化幼儿园覆盖率为87.3%。按照《深化新时代教育评价改革总体方案》部署，督促各民办学校全面完善学校章程内容，实现"一校一章程"。

【落实省级财政扶持政策】 2021年，广东省级财政安排1亿元（含技工教育400万元）专项资金支持民办教育。其中，9 600万元专项资金全部用于支持民办高校，共有37所高校获得150万至420万元不等的资助，进一步加大了对优质、规范民办高校的支持力度。广东省将学前教育和义务教育阶段民办教育纳入生均拨款范围。对普惠性民办幼儿园参照全省公办幼儿园生均公用经费财政拨款标准给予生均经费补助。对于义务教育阶段学生，不分公办和民办、统一标准安排。2021年，省财政下达普惠性民办幼儿园补助资金3.2亿元，民办义务教育公用经费补助资金22.53亿元。完成2020年度民办教育专项资金绩效自评工作，进一步改进和加强民办教育专项资金管理，不断提高对财政资金的管理水平和使用效益。

【开展民办高校年度检查工作】 2021年，广东省教育厅修改完善《民办高等学校年度检查实施办法（试行）》及指标体系，完成50所民办高校2020年度检查工作，年检主要检查党建与思政、办学条件、内部治理、办学行为、资产财务、师生权益等内容。经检查，1所民办高校年检结论为"优秀"，44所民办高校年检结论为"合格"，5所民办高校的年检结论为"基本合格"。

【提升内涵发展特色发展水平】 推进以立德树人为导向的学校评价。在实现民办义务教育质量监测全覆盖的基础上，试点组织学前教育和高中教育质量监测。修订相关管理办法，促进民办幼儿园改善办园条件，扩大普惠优质学位供რ。鼓励民办职业院校组建或参与职教集团建设，成立区域和行业职业教育集团（联盟）66家。实施高职教育"创新强校工程"。2021年，全省25所民办本科（含2所职业本科）高校获批立项建设83个省级一流本科专业点；2021年度共推荐民办本科高校15门课程参评国家级一流本科课程；同时启动第二批省级一流本科课程遴选工作，民办高校共获得推荐名额226门。立项支持27所民办高职院校（含2所职业本科院校）建设48个省高水平专业群，基本做到"校校有高水平专业群"，推动全省民办高职院校强化内涵建设，打造人才培养品牌项目。2021年，广东科技学院等8所民办高校成为广东省首批硕士学位授予权立项建设单位。

（撰稿　刘宏伟；审稿　戴庆洲）

◆ 教育综合管理

GENERAL MANAGEMENT IN EDUCATION

· 教育综合管理 ·

GENERAL MANAGEMENT IN EDUCATION

党 建 工 作

【综述】 2021年，广东省教育厅机关党建工作始终坚持以习近平新时代中国特色社会主义思想为指导，全面贯彻党的十九届六中全会精神，深入贯彻习近平总书记"七一"重要讲话精神，认真贯彻新时代党的建设总要求和新时代党的组织路线，以党的政治建设为统领，切实加强委厅党组织标准化规范化建设，全面推动委厅机关党建工作水平的提升，委厅各级党组织凝聚力和战斗力的增强，为推动广东省教育高质量发展提供坚强的组织保证。

【机关党务】（一）政治建设

坚持从严从实开展党史学习教育。一是精心谋划部署。第一时间制定印发委厅党史学习教育实施方案，实施传达动员全覆盖。召开全省高校和省教育厅机关党史学习教育推进会，对下阶段工作进行再动员、再部署。落实省委党史学习教育第十四巡回指导组提出的工作建议及提醒20多项，成立2个巡回指导组对厅属学校开展党史学习教育进行巡回指导。二是抓实学习教育。组织专家辅导报告、宣讲4次，厅机关党员参加集中学习1500人次。厅主要负责同志以《从百年党史中汲取奋进力量推动教育高质量发展，办好人民满意的教育》为题，为厅机关全体党员干部讲党课，厅领导班子成员讲党史专题党课14场次，参加学习的党员干部900余人次。督促委厅各级党组织高质量开好专题组织生活会，落实问题整改。三是办好民生实事。开展"我为群众办实事"实践活动，梳理办实事项目清单64项，将"推动新高考平稳落地""稳妥推动'双减'工作落实""促进基础教育高质量发展""促进普惠性学前教育扩学位、提质量""深入开展'护校安园'行动"列入重点民生项目清单，全力推动解决人民群众和师生的"急难愁盼"问题。

（二）思想建设

始终把学习贯彻习近平新时代中国特色社会主义思想作为头等大事和首要政治任务抓紧抓实抓好，特别是把习近平总书记对广东系列重要讲话和重要指示批示精神、习近平总书记关于教育工作的重要论述等重要内容作为厅党组会议第一议题和厅党组理论学习中心组学习的常设议题。共召开委厅机关学习教育部署会、推进会4次，厅党组理论学习中心组学习会10次，安排青年理论学习小组成员列席会议并发言。督促各级党组织深入落实"第一议题"制度，委厅机关各级党组织和厅属学校、青年理论学习小组、党员干部发放学习书籍10000余册，不断引领各级党组织和广大党员干部自觉用党的创新理论凝心铸魂。印发《委厅机关青年理论学习小组工作方案》，成立5个青年理论学习小组。举办党史学习专题读书交流分享会，组织青年干部立足教育工作实际分享学习体会和收获。

（三）组织建设

制定印发《广东省教育厅加强党的基层组织建设三年行动计划（2021—2023年）实施方案》，顺利召开中国共产党广东省教育厅直属机关第五次代表大会，规范完成新一届党委、纪委的换届选举工作。进一步完善基层党组织设置、换届选举工作规则，落实好换届督促提醒机制，全年共指导、督促、审核各党组织换届选举事项20余项，完成11所集团办学中职学校党组织关系的成建制转出。制定《2021年度委厅机关基层党组织"组织生活周"活动实施方案》，督促落实双重组织生活制度。严格执行党费收缴、使用、管理制度。扎实做好发展党员工作，共发展党员45人。落实党内关怀帮扶工作要求，组织2021年元旦、春节、"七一"期间走访慰问，共慰问76名党员。贯彻落实省委组织部要求，为厅机关221名党龄超过50年的老党员颁发"光荣在党50年"纪念章。开展评优评先，加强典型宣传。厅机关1个处室获得省直机关模范创建先进单位荣誉，1名党员、1名党务工作者、2个党支部获得省直机关"两优一先"荣誉。总结各级党组织开展党建工作的好经验、好方法，编印《广东省教育厅机关党委简报》27期，向省直机关工委报送2例机关党建案例。

（四）作风纪律建设

贯彻落实《广东省教育厅党风廉政建设主体责任清单》，加强对各级党组织和党员领导干部履行职责、行使权力、执行组织生活各项制度的监督。

进一步发挥机关纪委全面从严治党监督责任。一是不断强化执纪问责能力，深化运用"四种形态"，完成1名处级党员干部的党纪处分下达与谈话，完成1名科级及以下党员干部的党纪处分下达与谈话，完成直属学校3名校级干部的党纪处分下达与谈话，完成 2 名党员的诫勉谈话；审理厅机关违纪案件 1 件，向省直机关纪检监察工委报送备案案件 4 件；严格依纪依规做好信访、申诉件的处理与反馈 15 件；建立纪律处分决定执行情况的台账和定期排查机制，确保处分决定落实落细落到位。二是开展多种形式纪律教育。印发《2021 年广东省教育厅纪律教育学习月活动方案》，发放省纪委监委编撰的学习教育读本 204 册，组织委厅 207 名党员干部前往越秀区廉洁文化教育馆开展参观学习活动，组织观看省纪委监委组织摄制的 2 部警示教育片。在元旦、春节、端午等法定节假日期间发送廉洁自律提醒短信。

坚持形效统一充分发挥巡察利剑作用。一是加强巡察工作制度化建设。制定印发《中共广东省委教育工委 中共广东省教育厅党组巡察工作实施办法》《中共广东省委教育工委 中共广东省教育厅党组巡察整改日常监督工作规定》等重要制度文件，梳理编印《政治巡察要点》，不断提高巡察工作标准化、针对性、规范性。二是高质量完成对 5 家厅直属单位和 19 所高职院校的巡察任务。组织 2 场近 160 名巡察干部参加的专题培训，编印《巡察工作手册》《巡察工作制度汇编》。紧盯巡察了解、报告等关键环节，指导巡察组精准客观全面发现问题、反映问题。落实巡察中期汇报制度和组办会商机制，及时发布巡察业务指导信息近 80 条，编印《委厅巡察工作动态》12 期。认真起草审核巡察报告，对重点难点问题集体研究，把好政治关、事实关、评价关、建议关。三是做深做实巡察"后半篇文章"。巡察工作领导小组成员带队参加巡察情况反馈会 12 场次，压紧压实被巡察单位党委整改工作主体责任。建立委厅职能处室问题整改督导审核机制，交办问题整改督导事项 1000 余项。针对巡察发现的普遍性深层次问题深入研判，认真落实"四个融入"整改工作要求，推动举一反三、标本兼治。

【机关群团组织工作】全面落实党建带群建工作。一是充分发挥共青团凝聚青年的作用。在团员青年中开展"学党史、强信念、跟党走"学习教育活动，厅属学校每个团支部开展了 4 次党史学习活动、3 次主题团日活动，召开了 1 次组织生活会。二是创新厅直属机关工会、妇委会工作机制。落实干部职工各项福利，开展"家事共担"广东省直机关家庭关爱服务，集中采购、发放扶贫商品、节日慰问品、生活蛋糕券，对工会会员生病住院、生育以及直系亲属离世等进行慰问 13 次。以"重温党史，重温入党誓词，唱红歌颂党恩"为主题开展"三八"妇女节活动。

【全省教育系统党的政治建设】持续深入学习贯彻习近平新时代中国特色社会主义思想。抓好省教育厅党组理论学习中心组和"第一议题"学习制度，组织召开省教育厅党组会议 50 次、教育工委会议 29 次，开展"第一议题"学习 81 次，专题研究党建工作近 20 项，确保习近平总书记最新重要讲话精神第一时间传达学习、研究贯彻、部署落实。举办高校学习论坛 4 期，举办第 25 期全省高校领导干部暑期读书班，学习贯彻第 27 次全国高校党建工作会议精神，提出贯彻落实意见。省领导带头授课，各地级以上市分管教育工作负责同志和教育局局长、全省高校领导班子成员及骨干教师代表共 1600 多人参加培训学习。深入学习宣传贯彻党的十九届五中全会精神，开展专题网络培训，培训人数 1.1 万人。召开全省教育系统学习贯彻党的十九届六中全会精神动员部署会，组建六中全会精神宣讲团，举办高校处级干部专题培训班。

坚决做到"两个维护"。贯彻《关于加强高校党的政治建设的若干措施》工作方案，落实省委"两个维护"十项制度机制、政治要件闭环落实机制，坚定不移维护党中央权威和集中统一领导，推动教育系统广大党员干部自觉在政治立场、政治方向、政治原则、政治道路上同党中央保持高度一致。围绕政治要件、中心工作和问题线索深入抓好督查督办工作，全面落实疫情防控各项措施，坚决筑牢疫情防控严密防线，及时督办省领导重要批示和重点交办事项近 300 件。召开全省教育系统全面从严治党工作视频会议，制定全面从严治党工作要点，明确全省各类高校党建责任。

【开展建党 100 周年系列庆祝活动】组织开展中国共产党成立 100 周年系列庆祝活动。组织做好"两优一先"推荐表彰工作。高校获国家、省级表彰的"两优一先"人选 15 人次，党组织 10 个。省委教育工委、省教育厅党组评选表彰"两优一先"人选 157 人，党组织 79 个；各高校表彰"两优一先"人选 16 300 人，党组织 2 274 个；颁发"光荣在党 50 年"纪念章 3 012 枚。汇编教育系统"两优一先"风采录及高校党建研究成果，宣传高校党建工作成绩。联合南方日报、"南方+"客户端推出 28 期百年对话——广东高校党委书记谈党建引领育新人，组织高校开展"七一"走访，慰问老党员、困难党员和烈士遗属、因公殉职党员干部家属 2 287 人。

抓实抓好党史学习教育。按照中央的决策部署及省委党史学习教育"1+10+N"总体安排,成立领导小组和工作机构,印发全省教育系统工作方案,组建15个党史学习教育巡回指导组和党史学习宣讲团,持续抓好总书记"七一"重要讲话、十九届六中全会精神学习宣传贯彻,开展专题宣讲近百场,覆盖师生100万人次,出台广东党史进校园系列活动工作方案,推动党史融入思政课程、嵌入校园文化、汇入社会实践、走入组织生活。举办全省高校"知史爱党"党史学习挑战赛,编发党史学习教育简报131期,各高校党史学习教育的好经验被省委党史办简报采用38次,被中央电视台、光明日报、新华网等国家媒体报道1 868次。落实"小切口大变化"民生实事办理制度,将"推动新高考平稳落地""基础教育高质量发展""稳妥推动'双减'工作落实""促进普惠性学前教育扩学位、提质量""深入开展'护校安园'行动"等列入重点民生项目清单。

【织密建强党的组织体系】不断强化党的组织体系建设。完善党领导教育工作的体制机制,21个地市党委均成立教育工作领导小组。18个地级以上市、84个县区成立了党委教育工委或系统党委。印发了《广东省教育系统贯彻落实〈广东省加强党的基层组织建设三年行动计划(2021—2023年)〉实施方案》,不断优化组织设置,健全"党委—党总支—党支部—党员"全链条党建工作体系。省委教育工委所属高校党组织数8 398个,党员人数19.57万人,分别较2020年底上升1.17%、16.4%。优化调整基层党组织1 587个,会同省委组织部修订《高校党支部规范化建设指导标准》,拟制《中国共产党普通高等学校组织工作条例重点任务清单》。推动民办高校将党的建设写入学校章程,启动12所公办高校与12所民办高校建立党建对口帮扶工作,做好9所独立学院转设后党委更名和调整隶属关系,开展全省高校党委书记抓基层党建述职评议考核工作。

加强党员管理教育激发党建生机活力。落实《2019—2023年广东省教育系统党员干部教育培训实施方案》,全年开展培训3 439期,培训党员干部61.62余万人次。开展"百千万"党组织书记、公办高校组织部部长、民办高校党务干部专题培训班,深入学习贯彻《中国共产党普通高等学校基层组织工作条例》,开展党建教育基地排查、合作办学党建、高校多校区党建、中小学党建、高校党建工作责任落实、民办高校对口帮扶工作等专题调研,提出落实落地党建工作具体举措。开展全省高校学生发展党员专项检查,全年发展党员指导性计划数56 040名,较2020年增加近1倍。开展高校党建"双创"工作,3个研究生党支部、4个研究生党员入选全国第二批研究生党建"双创"创建名单。开展全省高校精品党课优秀党史宣讲员评选活动,择优选出100部精品党课,60名优秀党史宣讲员。

(撰稿 陈力成 徐鹏飞;审稿 邓旭峰 廖荣辉)

思想政治工作

【中小学德育工作综述】2021年,中共广东省委教育工委、省教育厅组织全省各级教育行政部门和中小学校深入学习习近平新时代中国特色社会主义思想,全面贯彻党的十九大和十九届历次全会精神,围绕落实立德树人根本任务,突出庆祝建党100周年主题主线,统筹抓好疫情常态化下德育工作改革创新,健全三全育人体制机制,全省中小学德育工作不断取得新进展。

【思政课程建设】持续推进习近平新时代中国特色社会主义思想进课程进教材,2021年秋季学期开始,全省中小学将《习近平新时代中国特色社会主义思想读本》作为必修内容。制定《统筹推进大中小学思想政治理论课一体化建设的工作措施(试行)》,探索建立大中小学思政课名师工作室联合开展一体化教学研究机制。推进中小学和中职学校思政课优质课程建设,重点培育建设100门教学效果显著的思政课程。印发《关于加强新时代中小学思想政治理论课教师队伍建设的实施意见》,举办2021年中小学青年教师思想政治(道德与法治)学科教学能力大赛,打造中小学思政课集体备课平台。

【中小学心理健康教育】持续发挥广东省学生心理危机联防联控机制和委厅防范学生心理危机事件专班作用。制发《中小学心理危机筛查工作指引》,指导各地各校完善筛查制度,科学开展心理测评。将心理健康教师、骨干班主任心理健康教育培训纳入"省培计划",举办首届广东省青年教师心理健康教育学科教学能力大赛。在重要节点发布心理健康教育系列推文,指导开设省级心理辅导热线

"心晴热线"，连续700多天不间断为学生服务。培育第四批55所省级中小学心理健康教育特色学校，举办2021年广东省中小学心理健康教育活动月活动。

【中小学校园文化建设】创建15个广东省首批中小学"三全育人"体制机制建设实验区，充分发挥示范引领和带动作用。围绕庆祝建党100周年、党史学习教育等主题，开展中职学校"少年工匠心向党、青春奋进新时代"、中小学"学百年党史、做时代新人"主题教育系列活动，进一步教育广大师生牢记百年党史、传承红色基因，争做担当民族复兴大任的时代新人。开展"文明校园""书香校园"建设，表彰432名2020—2021学年度广东省优秀学生（中学阶段），推动社会主义核心价值观培育践行。举办"红色广东"丛书进校园赠书仪式暨"红讲台"故事进课堂启动仪式，引导广大青少年在学党史中坚定理想信念、传承红色基因。联合团省委、省关工委等单位开展"灯塔工程"——"百剧庆百年"广东省少先队献礼建党100周年红色儿童剧目展演活动；联合省文明办、团省委、省妇联、省关工委等单位开展2021年度广东"新时代好少年"学习宣传活动；联合省自然资源厅、省住房和城乡建设厅、省文化和旅游厅举办第一届华南教育历史研学基地研学课程设计大赛。

【中小学德育队伍建设】各级教育部门从顶层设计入手，为班主任工作保驾护航。将省名班主任培养、省名班主任工作室建设纳入"强师工程"，与名校长、名教师并列形成"三名"培养工程。在省级教师培训培养项目中安排骨干班主任培训，推动形成分层培养、梯队衔接的队伍建设格局。举办第八届广东省中小学班主任专业能力大赛，网络观摩量超200万人次，班主任工作的职业认同感和社会关注度得到进一步提升。

【劳动教育】在省财政资金中设立学校劳动教育专项资金，推动形成劳动教育协同实施机制。审核通过3套中小学劳动教育地方教材，纳入义务教育阶段免费教学用书目录。举办4场"劳动教育进校园"现场观摩研讨活动，通过线上线下相结合，集中展示各地劳动教育特色成果和经验做法。举办"我劳动，我快乐"中小学劳动实践活动和中小学科技劳动教育实践活动。建设85所省级中小学劳动教育特色学校，评选推广优秀教学课例。在职业院校建立38所省级中小学劳动教育基地，有效拓展劳动教育资源。

【家庭教育】广东省教育厅办公室印发《关于学习贯彻落实〈中华人民共和国家庭教育促进法〉的通知》，推广教育部《家庭教育指导手册》，指导广东省中小学德育中心研制《广东省中小学教师家访工作指引》，遴选家庭教育优秀案例，编写系列家庭教育推文，宣传展示各地各校典型经验，着力构建家校协同育人机制，提升学校家庭教育实效。

【校外教育】举办广东省中小学研学实践教育基（营）地中期检查暨课程建设研讨会，征集中小学生研学实践教育优质课程，进一步做好全省各地中小学生研学实践教育工作。顺利完成教育部2021年中央专项彩票公益金中小学生校外研学实践活动项目申报与预算编制工作。

【高校思想政治工作综述】2021年，中共广东省委教育工委、省教育厅组织全省各高校坚持以习近平新时代中国特色社会主义思想为指导，全面贯彻党的十九大和十九届历次全会精神，深入贯彻习近平总书记关于高校思想政治工作的重要论述和重要指示批示精神，坚持用习近平新时代中国特色社会主义思想铸魂育人，突出庆祝建党100周年主题主线，坚持阵地建设与管理并重，全力推动高校思想政治工作高质量发展。

【党史进校园系列活动】深入贯彻习近平总书记在党史学习教育动员大会上的重要讲话精神，认真落实省委"1+10+N"部署安排，印发《广东省党史进校园系列活动工作方案》，推动党史融入思政课程、嵌入校园文化、汇入社会实践、走入组织生活。在思政课教学中强化"四史"特别是党史教育，召开高校思政课强化党史教育教学研讨会，组织大中小学的学校党组织书记、校长以党史教育为主题上"思政第一课"，举办大中小学"同上一堂党史课"教学交流展示活动、"建党百年与思政课教学·我能我秀"高职院校思政课名师工作室教学创新展示活动。在"马克思主义中国化进程与青年学生使命担当"精品思政课程中增加党史教育内容比重，组织制作100个党史教育优质思政课例、100门党史教育微课、100堂学生讲党史公开课。以"学党史、悟思想、庆华诞"为主题，组织开展"党史故事广东高校接力讲述"活动，深化开展高校"立志、修身、博学、报国"主题教育系列活动。组织制作"10天带你全面了解我们的党"系列H5宣传产品。举办广东高校网络媒体展示节，征集展示一批党史教育优秀大学生网络原创文化作品。广东省在全国职业院校党史学习教育成果展示活动中做示范展示。

【高校思想政治理论课建设】省委常委、省人

·教育综合管理·
GENERAL MANAGEMENT IN EDUCATION

大常委会主任、省政协主席、副省长等19名省领导到高校为师生讲思想政治理论课。召开全省学校思政课建设暨党史进校园视频推进会，进一步推动《关于深化新时代学校思想政治理论课改革创新的若干意见》《广东省学校思想政治理论课建设行动计划（2019—2021年）》各项任务落实。指导高校深入学习贯彻习近平总书记在庆祝中国共产党成立100周年大会上的重要讲话精神和党的十九届六中全会精神，加强以习近平新时代中国特色社会主义思想为核心内容的思政课课程群建设。组织出版第三辑高校"思政第一课"优秀讲稿。指导8个高校思政课名师工作室、11个高校思政课区域协同创新中心、23个"八个相统一"高校思政课建设示范点培育单位，多形式开展教学交流展示活动，深化思政课课堂教学改革创新，发挥好示范引领和辐射带动作用。推动高校持续抓好专职思政课教师配齐工作，举办2021年度高校思政课青年教师教学基本功比赛，分课程、分类型组织8场高校思政课骨干教师培训班。印发《统筹推进大中小学思想政治理论课一体化建设的工作措施（试行）》，提出思政课一体化建设的11条具体措施。

【高校思想政治工作体系和队伍建设】高质量抓好22个高校"三全育人"体制机制建设试点单位工作，召开全省学校"三全育人"改革推进会，举办学校"三全育人"工作成果展，发布"百年辉煌·使命担当"广东学校"三全育人"工作成果宣传片，扎实推进学校"三全育人"体制机制建设。召开全省高校思想政治工作年度会，加强对全年思政工作的谋划设计和布置推进。举办全省高校党委宣传部部长、学生工作部部长、马克思主义学院院长（思政课教学部主任）研修班，组织高校辅导员、心理健康教师专业能力大赛，开展"2020年广东高校辅导员年度人物""2020年广东大学生年度人物"推选展示活动，不断完善学校思政工作队伍培养培训体系。

【高校学生心理健康教育】发挥委厅防范学生心理危机事件专班、省学生心理危机联防联控机制作用，督办约谈学生心理危机事件多发地市和高校，压实各地各校工作责任，推动形成齐抓共管的学生心理健康工作格局。印发加强学生心理健康工作的提醒通知，开展学生心理健康教育和心理危机防范工作专项调研，举办高校大学生心理健康教育课教学基本功比赛，组织心理危机案例研讨会、心理危机干预督导培训班等心理健康教研活动。制发《广东省高校学生心理危机筛查工作指引》，指导各地各校科学规范开展心理测评。举办"5·25"大学生心理健康月系列活动，编写心理健康教育系列推文，强化心理健康知识宣传。用好省级心理辅导热线——"心晴热线"，为学生提供心理支持。

【高校少数民族学生教育管理服务】结合全省民族团结进步宣传月，开展2021年"爱在广东"少数民族大学生主题教育活动，共设主题演讲、摄影创作、社会实践项目3类活动，共评选表彰一等奖30项、二等奖60项、三等奖90项、优秀奖120项。

（撰稿 汪 芸 李顺风；审稿 倪 熙）

政 策 法 规

【深入学习贯彻习近平法治思想】要求各地各高校制订习近平法治思想学习宣传工作方案，组织师生干部开展专题学习培训。把习近平法治思想融入学校教育，纳入高校法治理论教育体系，做好进教材、进课堂、进头脑工作。通过课程与教材全面阐释习近平法治思想的丰富内涵，让师生充分认识习近平法治思想的理论意义和实践意义。开足开好思想道德与法治等思政课程，落实《习近平新时代中国特色社会主义思想学生读本》进中小学校，作为必修课程，通过课程阐述习近平法治思想。将习近平法治思想贯穿高校法学类专业课程，帮助学生学深悟透做实，引导高校在2021年秋季学期面向法学专业本科生开设"习近平法治思想概论"课程作为法学专业核心必修课，并鼓励有条件的高校开设相关必修、选修课程。2021年遴选认定省级法学类课程思政示范项目6个，突出习近平法治思想的课程融入。组织委厅机关深入学习习近平法治思想，不断提升委厅干部依法行政能力。组织各地市教育局、各高校开展"法治建设年"活动，并以深入学习宣传全面贯彻落实习近平法治思想为重点，制定全省教育系统法治建设48项任务，以项目台账方式定期跟踪督促各地落实，促进广大师生干部提升法治素养与法治工作能力。

【教育政策研究】开展系列调研座谈、政策研制、征求意见等，组织起草《广东省教育系统法治宣传教育的第八个五年规划（2021—2025）（征求意见稿）》，做好教师法修改、反食品浪费法起草、教育法修改等调研，进行学前教育、职业教育、学位等领域法治建设研究。

【依法治教工作】印发广东省教育系统"法治建设年"工作方案，系统梳理全省教育系统法治建设48项任务活动，推进各地各高校逐项对照制定落实方案并推进实施，多措并举营造法治环境，推动各地各校规章制度体系更加完善，领导干部法治意识、法治能力普遍提高，法律风险防控体系逐步建立，学校法人治理结构更加健全，师生权益保护救济机制更加有效，全面推进依法治教。

【依法行政工作】印发《广东省教育厅关于加强教育行政执法工作的实施办法》，进一步加强全省教育系统行政执法工作，强化执法监督，推进考核评价。开展行政执法案卷评查近300份，以"一案一评查报告"的方式，向各处室及地市教育行政部门反馈2020年度案卷评查报告，指出存在问题，指明改进方向。组织依法行政、行政执法和案卷评查培训4场次。编制《广东省依法治教"十三五"案例选编》，以案说法，指导依法治教工作。组织申领省政府行政执法证127本。做好"双随机、一公开"工作、反不正当竞争工作、公平竞争审查、行政执法公示工作，完成行政执法法制审核等工作。完成续聘2021年度法律顾问工作，为5名公职律师办理年检。组织法律顾问为各处室（单位）提供法律咨询71起，审核合同190件，出具法律意见书10份，开展多起重大决策论证等。每季度发一次"法情通报"。完成2020年度绩效考核依法行政专项考评相关工作，考核分数继续名列前茅。完成2021年法治政府建设督察自评及迎评相关工作，落实法治政府建设情况年度报告工作。

【行政复议工作】完善行政复议、行政诉讼、申诉办理程序，保障办理规范高效。在6月1日行政复议权交省政府统一行使前，认真履行复议审理职责，办理行政复议案件2件，行政复议办结率达100%。办理行政应诉11件，均依法进行答辩、举证，并履行人民法院生效裁判，行政诉讼按期答辩率达100%，审结案件胜诉率达100%。办理教师申诉1件，事业单位工作人员申诉2件，做好教师开除处分5件，处理学生申诉1件，做好政府信息依申请公开工作若干件，会诊信访疑难杂症若干，促进相关工作的规范性，提升依法行政水平。

【规范性文件管理】理顺规范性文件办理程序，做好审查存档公示工作，2021年完成规范性文件合法性审核和公平竞争审查5件，印发5件。落实厅规范性文件办理规定，履行征求公众意见、厅内合法性审查、公平竞争审查、厅党组会议（厅长办公会议）审议通过、提请省司法厅合法性审查、省政府公报发布、厅门户网站公布等程序。及时清理政策文件，将依法行政贯穿日常管理。完成涉及行政处罚内容等法规、规章、规范性文件、政策文件专项清理工作，进一步厘清厅规范性文件目录。为进一步规范教育系统行政管理行为，清理了一批不适用于现阶段教育改革发展需要的教育政策文件共123项，并向社会公开，进一步完善了依法行政、依法治教制度体系。

【依法治校工作】完成2020年法治广东考评相关工作，21个地市均已完成依法治校达标创建。开展高校章程修改、核准工作。2021年，完成17所高校的核准，其中，公办高校9所，民办高校8所；推动45所高校章程的修改，其中公办高校13所，民办高校32所。广东省教育厅印发《关于进一步加强高等学校法治工作的实施意见》和高等学校法治工作测评指标体系，完成测评专家遴选，选取4所高校试点测评。

【青少年法治教育】落实《青少年法治教育大纲》，以宪法法治教育为重点，开展青少年法治教育。开展第六届全省学生"学宪法 讲宪法"活动。组织广东省代表队参加全国学生"学宪法 讲宪法"活动总决赛，成绩优异，分获演讲比赛高校组冠军、高中组第九名、初中组亚军、小学组季军，知识竞赛团体赛亚军。组织全省学生参加全国"宪法卫士"在线学习宪法活动，学生参与率位居全国第五，学生参与总人数位居全国第一；开展全省教育系统宪法宣传周，在国家宪法日前夕，组织教育系统干部师生开展"宪法晨读"活动。不断提升青少年法治教育实践性，联合省普法办、省司法厅遴选认定2020年度省级青少年法治教育实践基地22个，实现一市一基地。指导各地各校申报2020—2021年全省国家机关"谁执法谁普法"创新创先优秀项目，教育系统共有7个项目获评，广东省教育厅获活动优秀组织奖。做好全国"七五"普法先进集体、全国先进个人组织推荐工作，广东省教育系统共有3人获评全国普法先进个人，广东外语外贸大学获评全国普法先进集体。

（撰稿　刘宏伟；审稿　戴庆洲）

发 展 规 划

【**高质量做好教育发展规划编制工作**】广东省政府先后召开多场专题咨询论证会，广泛听取省人大代表、政协委员和专家学者代表的意见和建议，书面征求各地市人民政府、省直有关部门、部分高校意见建议，积极吸纳合理性意见和建议，明确教育发展"十四五"规划的基本思路、发展目标和重点任务。《广东省教育发展"十四五"规划》经省政府第157次常务会议审议通过，并于2021年9月23日正式印发实施。强化"教育强省项目"细化落实，完成广东省"十四五"规划重大建设项目的征集、遴选与编报。经项目征集、专家论证、部门会商等，汇总形成重大建设项目工程包，纳入规划重大项目共114个。组织申报2022年省重点建设项目和重点建设前期预备项目，重点跟进近两年省项目建设进度，并开展工作经费绩效自评。对《加快推进教育现代化实施方案（2018—2022）》《广东省教育现代化2035》的实施情况进行评估，出台《广东省教育厅贯彻落实〈广东省国民经济和社会发展第十四个五年规划和2035年远景目标纲要〉三年行动计划》。

【**扎实推进高校设置工作**】一是积极推动新建高校（校区）建设，进一步补齐粤东粤西粤北地区高等教育短板。完成广州幼儿高等师范专科学校、广东汕头幼儿师范高等专科学校、广东梅州职业技术学院、广东潮州卫生健康职业学院、广东云浮中医药职业学院、广东肇庆航空职业学院6所新建高职院校设立工作，推动华南师范大学汕尾校区、广东工业大学揭阳校区、广东海洋大学阳江校区、广东金融学院清远校区2021年秋季启用，成功召开2021年新建高校（校区）启用仪式，标志着全省地级以上市本科、高职院校全覆盖。二是完成设立中国科学院深圳理工大学的省级层面审核，并由省政府提请教育部请求支持设立。持续指导跟进广州交通大学等本科高校设置事宜。三是落实国家职业教育改革精神，积极探索广东省轻工业技师学院等3所技师学院纳入高等学校序列，按照高职院校设置标准和程序完成省级层面审核，并报教育部备案。四是编制《广东省高等学校设置"十四五"规划》（草案），组织项目评审，并经省主要领导审批后报教育部。五是提前谋划本科层次职业学校设置事宜，指导高水平高职院校对照标准，进一步完善办学条件。

【**稳妥完成独立学院转设和民办高校管理工作**】一是推动中山大学新华学院、华南理工大学广州学院、广东海洋大学寸金学院、吉林大学珠海学院、广东工业大学华立学院、东莞理工学院城市学院转设工作，累计完成13所独立学院转设，居全国前列。二是持续加强民办高校管理。做好广州新华学院等6所转设后民办高校的办学许可证办理及换证工作，完成广州南方学院等7所高校校名、业务范围、办学地址等法人信息变更登记审核工作，办理广东创新科技职业学院等13所高校董事会成员变更备案，完成东莞理工学院城市学院举办者变更工作，做好北京理工大学珠海学院等高校办学风险防控相关工作。

【**全力做好高等教育招生计划工作**】2021年，广东省高等教育在校生408.82万人，排全国第二位，高等教育毛入学率达57.65%，高等教育进入普及化时代。积极向教育部争取研究生、本科招生计划，2021年教育部下达广东省博士研究生计划（不含部委属，下同）0.26万人，比2020年增幅10.9%；下达硕士研究生执行计划3.79万人，比2020年增幅10.1%，下达本科普通专升本执行计划6.7万人，比2020年增幅32.8%；下达普通本科计划29.27万人，比2020年增幅1.9%。各项计划的总量和增量均位居全国前列。科学编制、合理安排招生计划，建立健全招生计划安排动态调整机制，通过盘活存量，支持关键领域急需人才培养，引导高校提高培养质量、改善办学条件。严格执行招生计划，在各项招生录取工作期间，根据实际情况合理调整，达到计划最优完成效果。

【**深化粤港澳大湾区和深圳先行示范区教育工作**】一是编报《推进粤港澳大湾区教育合作发展重点项目工作台账》，做好粤港澳大湾区教育合作发展重点项目跟进落实，统筹推进大湾区教育合作发展，各项重点任务有序推进。二是会同地市政府推进大湾区大学、广州交通大学、中山科技大学的筹建工作，省政府已正式向教育部申请正式设立香港科技大学（广州），香港城市大学（东莞）等筹设工作稳妥推进。三是组织开展粤港澳联合培养研究生专项工作总结交流座谈会，合理安排联合培养研究生招生计划。四是支持深圳加快打造开放式创新型一流高等教育高地，加快推进相关筹建工作。

【科学推进教育大数据及统计工作】 深入开展数据分析，对高校招生报到、高校分学科招生、初中毕业生升普通高中、部委属高等院校在广东省招生等情况进行深入分析，形成系列报告供决策参考。编制统计简报，加强教育统计数据服务，为厅内业务提供数据支撑。按时保质完成统计常规的采集、汇总、审核、上报等工作。组织专家开展统计数据核查，通过多系统原始数据比对，组织专家分5个小组开展实地核查，同时利用远程视频核查，及时发现存在的问题，保障数据质量。广东教育统计工作得到教育部充分肯定，在全国教育统计基层单位主管领导培训中，作为省级先进案例，广东省教育厅副厅长那佳做了题为《抓落实 建团队 严核查 重应用 广东深入落实〈教育统计管理规定〉》的专题授课。

（撰稿 魏天翔；审稿 龙海山）

基建财务

2021年，广东省地方教育经费总投入为6 018.81亿元，比2020年增长11.73%。其中，全省财政性教育经费为4 499.07亿元，比2020年增长7.62%。全省一般公共预算教育经费为3 793.37亿元，比2020年增长7.22%，占全省一般公共预算支出比例为20.79%，比2020年占比提高了0.49个百分点。

2021年，各级教育生均一般公共预算教育经费绝大多数实现增长。全省幼儿园生均一般公共预算教育经费为9 598.5元，比2020年增长0.81%；普通小学生均一般公共预算教育经费为14 903.38元，比2020年增长1.7%；普通初中生均一般公共预算教育经费为22 141.37元，比2020年增长1.99%；全省普通高中生均一般公共预算教育经费为27 327.77元，比2020年增长14.97%；中等职业学校生均一般公共预算教育经费为20 743.52元，比2020年增长1.79%；全省普通高等学校生均一般公共预算教育经费为35 661.44元，比2020年（同口径）的36 894.01元增长-3.22%。

表　广东省2021年地方教育经费投入情况

项目	2020年（亿元）	2021年（亿元）	增长（%）
总计	5 386.96	6 018.81	11.73
一、国家财政性教育经费	4 180.32	4 499.07	7.62
其中：一般公共预算教育经费	3 537.82	3 793.37	7.22
二、民办学校中举办者投入	29.31	39.01	33.09
三、捐赠收入	10.36	12.23	18.05
四、事业收入	1 118.11	1 410.81	26.18
其中：学费	982.83	1 234.94	25.65
五、其他教育经费	48.85	57.69	18.10

（撰稿 刘琨；审稿 卢振家）

教育审计

【综述】2021年，各级教育行政部门和高校审计机构以习近平新时代中国特色社会主义思想为指导，深入学习贯彻党的十九大和十九届历次全会精神，认真落实习近平总书记关于审计工作的重要讲话和重要指示批示精神，增强"四个意识"，坚定"四个自信"，做到"两个维护"；坚守为民初心谋发展，自觉融入大局、主动服务大局，在新的赶考之路上敢于斗争、勇于担当、主动作为，汲取党的百年奋斗历史经验，准确把握立足新发展阶段、贯彻新发展理念、构建新发展格局对广东教育审计提出的新任务、新要求，充分发挥教育审计"温度计""体检表"功能，切实担负起新时代教育审计工作的职责和使命；努力构建集中统一、全面覆盖、权威高效的教育审计监督体系，为教育改革与发展保驾护航，为国家治理体系和治理能力现代化建设贡献教育审计力量。

2021年，广东省教育系统开展审计项目19 962项，审计总金额2 861.4亿元，查出有问题资金4.27亿元，促进增收节支12.07亿元，移交涉嫌违法违纪线索28件，提出审计建议17 217条，促进全省教育系统制定修订内审制度288个。截至2021年底，全省教育系统审计机构266个（其中独立设置111个），审计人员1 320人（其中专职审计人员576人）。

2021年，广东省教育厅组织开展审计项目8项，审计总金额21.18亿元，查出有问题资金1.81亿元，移送涉嫌违法违纪线索19条，促进增收节支313.73万元，提出审计建议168条，推动被审单位立行立改，完善修订管理制度67个。发出整改通知6份，涉及145个单位；向省政府办等有关部门提交审计整改报告11份；向审计机关提供审计资料24批。

【教育审计实务工作】拓展审计监督广度和深度抓发展。2021年，围绕委厅党组中心工作，贯彻落实审计全覆盖要求，统筹做好疫情防控和教育审计工作，着力推进教育审计全覆盖，推动政策落实，保障教育事业高质量发展，各类审计实务工作有力有序开展。

组织开展专项审计和专项审计调查工作。一年来，全省开展效益审计、专项资金审计、内控评审、风险评估、信息系统审计11 656项（其中广东省教育厅开展专项审计调查6项），有力推动各地各校规范管理提高效益，推进党风廉政建设。一是聚焦国有资金安全，做实国有资产"安全员"。组织开展对广东省环境保护职业技术学校、广东省旅游职业技术学校、广东省财政职业技术学校、广东外语外贸大学图书馆和广东水利电力职业技术学院等单位国有资产管理情况专项审计调查，规范高校管理，提高资金使用效益，促进教育科学健康发展。二是聚焦政策落实，做实政策落实"督查员"。围绕教育改革重点，采用"统一部署、分类指导、省市协同、整体推进"方式，以钉钉子精神，促使中央和省的政策措施贯彻实施。组织各地市开展2017年度至2020年度学前教育政策落实情况审计跟踪调查，组织省属高校开展科研经费和师资培训等政策落实情况审计跟踪调查；做好广东省旅游商务职业技术学校学籍管理和助学资金审计调查工作，进一步加强中职学校学籍管理和助学资金管理。

扎实做好领导干部经济责任审计工作。聚焦领导干部经济责任，贯彻落实《党政主要领导干部和国有企事业单位主要领导人员经济责任审计规定》和《广东省部门和单位内部管理的领导干部经济责任审计办法（试行）》，强化对权力运行的制约和监督，推动党风廉政建设，促进领导干部履职尽责、担当作为。一年来，全省教育系统开展领导干部经济责任审计1 367项。省教育厅按新要求新标准完成了广东省教育装备中心原主任彭红光同志、厅直属三企业联合经营实体原总经理李瑾凡同志的离任经济责任审计工作。

认真开展财务预决算审计和财务收支审计。聚焦"经济体检"，做准"温度计""体检表"。组织各高校认真开展预算执行与决算审计和财务收支审计851项，有力促进各地各高校加强经费预算管理，提高经费使用效益。

深入开展基建与修缮工程审计。聚焦重点领域和关键环节，服务高等教育"扩提强""提毛"，指导各高校做好工程项目审计，实施基建全过程跟踪审计。2021年，全省教育系统深入开展工程项目审计6 088项，核减工程造价约8.45亿元。

【教育审计整改工作】高度重视审计整改工作，

积极推进审计整改全覆盖促发展。探索打通审计整改"最后一公里",做好国家重大政策落实审计整改,强化整改主体责任,注重完善长效机制,推动中央和省的重大政策措施贯彻落实。一年来,省教育厅发出整改通知书4份、整改提醒函2份,共涉及145个单位;报送整改报告11份。

做好审计发现问题的整改工作。一是做好审计署广州特派办审计发现问题的整改工作。根据《审计署广州特派办关于送达审计报告的函》(审广特函〔2020〕32号)、《审计署广州特派办关于送达审计报告的函》(审广特函〔2020〕81号)、《审计署广州特派办关于送达广东省中央直达资金管理使用情况等审计报告的函》(审广特函〔2021〕88号)、《关于提供审计整改和审计推动完善相关制度情况的函》要求和省领导批示精神,积极做好整改工作,规范中央直达资金及基层"三保"资金管理使用,推动完善相关制度以及中央和省的重大政策措施贯彻落实。二是做好省审计厅审计发现问题的整改工作。针对省审计厅对广东省2019年度预算执行和其他财政收支审计查出的涉及教育方面问题,积极落实审计整改职责,切实做好审计整改工作,及时报送审计整改情况;根据《广东省审计厅关于16个市460名中小学教师违规向技校介绍生源收受回扣问题的审计移送处理书》(粤审法移〔2021〕83号)要求,督促16个市认真扎实做好审计整改工作,查处相关收受回扣人员402人,及时、完整地将有关查处结果和整改情况报送省审计厅;根据《广东省审计厅关于省级一级预算单位2020年度部门预算执行情况延伸审计发现问题的整改函》《广东省审计厅关于整改2020年度省级预算执行和其他财政收支审计查出问题的通知》要求,认真组织研究,深入分析原因,压实相关部门和单位的整改责任,切实做好审计整改工作;根据《广东省审计厅关于华南农业大学主要领导干部经济责任审计发现问题的移送处理书》要求,督促华南农业大学认真整改审计发现问题,及时报送审计整改情况。

开展审计跟踪检查,持续督促被审单位做好整改工作。一是跟踪检查被审计单位审计整改情况。2021年,根据广东药科大学、广东海洋大学、岭南师范学院、广东石油化工学院、广东生态工程职业学院、广东环境保护工程职业学院、汕头市教育局、茂名市教育局、省教育厅直属三企业联合经营实体、广东省教育装备中心10个单位报送的审计整改情况,共建立审计整改台账10份,对"问题清单""整改清单""销号清单"有机对接,实行对账销号,对已经整改到位的,予以销号;对整改不到位的,持续督促被审单位进行整改直至销号。二是公告审计结果。主动向社会公告我厅关于审计查出问题整改情况的报告,印发《关于切实做好审计发现学前教育政策贯彻落实情况问题的整改提醒函》《关于科研经费和师资培训资金专项审计调查发现问题的整改提醒函》,整理汇总2020年学前教育、科研经费和师资培训资金政策落实审计调查工作发现的典型性、普遍性、倾向性问题,要求各地各校依法依规深入开展自查自纠,在用好审计成果、狠抓整改落实上下功夫,促进国家和省学前教育、科研经费和师资培训管理政策落实落地,确保审计整改全覆盖、无死角,把审计整改转化为推动事业发展的强大动力。三是发出审计整改通知书。强化整改主体责任,注重完善长效机制。梳理审查2020年至今开展的13个审计项目的整改情况,对审计整改不够彻底、整改措施不够有力、治标多治本少的被审单位及时发出整改通知书,督促各单位针对审计发现的在学前教育、师资培训、科研经费、世行贷款、中职招生等方面问题开展自查并做好整改,从体制机制和制度层面上分析问题产生的原因,进一步推动各地各校规范管理、健全制度、完善内部治理体系和内控长效机制,堵塞管理漏洞,举一反三,防止同类问题再次发生。

【教育审计制度建设】坚持目标导向,强化法治思维,加强制度建设保发展。坚持问题导向,深入各地各校调研,筑牢广东省教育审计"马上就办、补台补位、齐心协力、求真务实"的工作作风,深入开展"我为群众办实事"实践活动,重点推进教育审计制度建设,进一步提升教育审计工作规范化水平。一是编印《广东省教育厅审计工作手册》。加强对中央和省有关规定的学习宣传和贯彻落实,收集整理党中央、国务院及省委、省政府近几年出台的审计相关政策文件以及省教育厅出台的内部审计制度、审计规范流程文书、资料等,编印了《广东省教育厅审计工作手册》,为全省各地各校提供工作指引,规范审计行为,提升教育审计工作质量。二是修订《广东省教育系统内部审计工作规定》等制度。适应新时期教育事业发展新要求,以新发展理念引领广东教育审计工作,着力拟定、修订教育审计制度19个,成立了以省教育厅厅长为组长的修订内审制度领导小组,启动对2016年印发的《广东省教育内部审计规范》18个制度的修订工作,促进广东省教育系统建立完善内部审计制度,进一步推动内部审计工作专业化和制度化。一年来,全省教

· 教育综合管理 ·

GENERAL MANAGEMENT IN EDUCATION

育系统制定修订内部审计制度共288个，进一步规范了审计行为，提高了内部审计规范化水平。

【教育审计队伍建设】实施教育审计能力提升计划。全年组织全省教育审计人员培训班3期，培训600余人，以上率下带头学、带头干，将学习成果转化为忠诚履职尽责的思想自觉和行动自觉，打造忠诚、干净、担当的教育审计过硬队伍。

【教育审计信息化建设】积极推进大数据审计，实现教育审计新发展。建立数据采集、访问与共享机制，研发重大问题预警数据模型，加快广东省教育系统综合监督信息平台建设。一是加强网络安全建设，开展专项整改。针对广东省政务服务数据管理局、省教育厅事务中心、省教育厅安服团队、数字广东等单位对平台检测发现的安全漏洞进行彻底整改。二是明确监督信息平台项目推进目标与计划，做好前置验收和整体验收的准备工作。三是汇总收集各省属高校财务电子数据、管理数据以及全省教育系统内部审计年度统计数据等，搭建审计监督数据平台，进一步提高审计监督效能和力度，为教育审计发展注入了新的活力。

（撰稿　李　赞　陈晓玲；审稿　丁开万　陈　斌）

学生助学

【综述】2021年，在广东省委、省政府和省教育厅党组的正确领导下和教育部的指导下，学生助学工作管理办公室（以下简称助学办）紧紧围绕委厅中心工作，持续健全学生资助政策体系，推动全省学生资助工作科学化、规范化、精细化。全省全年共资助各教育阶段学生375.1万人次，资助金额共88.7亿元。助学办被省委实施乡村振兴战略领导小组授予"广东乡村振兴先进集体"称号。

【加强党建引领】一是强化政治理论学习。深入学习贯彻习近平总书记在党史学习教育动员大会上的讲话精神、习近平总书记在庆祝中国共产党成立100周年大会上讲话精神、十九届六中全会精神，积极开展党史学习教育，增强"四个意识"、坚定"四个自信"、做到"两个维护"。二是开展"我为群众办实事"实践活动。为进一步把党史学习同解决实际问题结合起来，助学办党支部结合开展主题党日活动。支部党员与结对共建党支部广东技术师范大学自动化学院创新创业学生党支部联合开展党史学习教育主题党日活动。三是深入开展全省学生资助工作"大调研"，分组深入全省20个地市和部分高校，召开座谈会，实地调研，了解各地市及学校工作中存在的困难和问题。

【强化制度建设】一是健全资助工作制度，提升资助工作管理水平，印发《广东省学生资助资金管理实施办法》。二是推进学校资助工作制度建设，印发《广东省教育厅关于建立健全学校学生资助工作制度的通知》，对学校建立健全学生资助管理制度提出明确要求，进一步压实工作责任，加大工作力度，精准资助，协同发力。

【完善资助系统建设】"广东省中等职业学校资助学生在校情况管理系统""广东省学生资助申报系统"建成投入使用，将系统应用延伸到学生端，学生可在手机上进行资助申请，打通学生端"最后一公里"。落实"我为群众办实事"，共享部门数据，家庭经济困难学生认定手续进一步简化，受助学生识别认定效率显著提高。

【做好建档立卡学生资助工作】完成春季学期建档立卡贫困家庭学生确认和资助资金足额及时发放。政策实施以来，共发放生活费和免学费补助60.2亿元，补助学生150万人次。联合省财政厅和乡村振兴局印发《做好脱贫家庭学生资助政策衔接的通知》，确保脱贫家庭学生资助工作顺利衔接，为巩固教育脱贫攻坚成果与乡村振兴衔接打好基础。

【重点保障家庭经济困难学生顺利入学】设立家庭经济困难学生入学"绿色通道"，进一步优化资助资金发放工作，重点保障家庭经济困难学生资助更加及时、有效，切实保障"资助育人"无死角。对于"720"河南暴雨灾情，各校开展摸排工作，通过电话、网络等形式关心慰问受灾学生，逐一排查受灾学生的受灾情况，根据实际需求给予临时困难补助，确保家庭经济困难学生顺利入学。

【稳步推进生源地信用助学贷款工作】一是加大政策宣传工作，确保国家助学贷款政策全覆盖和"应贷尽贷"，稳步推进生源地信用助学贷款工作。2021年，广东省共有16.3万名家庭经济困难学生申请当年度国家助学贷款14.9亿元，贷款人数和金额分别较2020年增加12%和28%，再创历史新高。二是优化服务，按照"好事办好、方便群众"的原则，进一步创新和优化生源地信用助学贷款各项服务。三是加强实地指导和业务培训，指导各地把握时间节点，提前谋划，确保全面贯彻落实好生源地信用助学贷款资助政策。四是提高助学贷款额度，落实国家要求，将本专科生和研究生国家助学贷款额度由每人每年8000元和12000元提高到12000元和16000元。广东省已建立起以政府为主导、学校和社会积极参与的国家学生资助体系，实现了各个学段全覆盖、公办民办学校全覆盖、家庭经济困难学生全覆盖的"三个全覆盖"。在高等教育阶段，实现了家庭经济困难学生入学前不用愁、入学时不用愁、入学后不用愁的"三不愁"。

【全方位多角度开展资助政策宣传】一是制定全年资助宣传工作方案，加大家庭经济困难学生资助政策宣传，完善学生资助舆情监控和应对机制的舆论引导工作。二是把握关键节点，扩大宣传效果，印发《关于做好高校本专科学生资助政策宣传工作的通知》，在广东省教育考试院汇编的《招生专业目录》中转载《全国学生资助管理中心致高中毕业生的一封信》《致初、高中毕业生的一封信》《广东省高校（本专科）学生资助政策简介》。三是开通各级学生资助咨询热线电话。妥善受理约35条反映问题信息，答复1000余条政策咨询。

（撰稿　张馥洁　卓越　卢宁　朱顺平
任柱；审稿　张建锋）

安全保卫工作

【综述】2021年，广东省教育系统安全保卫工作以习近平新时代中国特色社会主义思想为指导，严格落实省委、省政府和省委教育工委、省教育厅党组的工作部署，牢固树立安全发展理念，健全学校安全风险防控体系，采取多种形式开展安全教育，加强涉校安全隐患排查治理和专项整治，全省教育系统安全稳定工作呈良好发展态势。

【政治维稳工作】严密部署年度安全稳定工作，召开全省教育系统2021年度安全稳定工作会议。与各地级以上市教育局、高校、省属中职学校签订《2021年安全稳定责任书》，明确各地各学校安全管理和宣传教育职能及责任，推动安全工作责任层层落实、到岗到人。深入开展维护教育领域政治安全专项行动，开展基层矛盾纠纷排查化解，加强应急值守和督导检查。推进教育系统"扫黄打非"，"法轮功"等邪教组织斗争，常态化扫黑除恶专项斗争工作。

【学校安全管理工作】扎实推进校园安防建设。联合省公安厅印发《关于中小学幼儿园安全保卫"五统一"工作规范的通知》《广东省中小学幼儿园一键式紧急报警联网规范（试行）》，指导和督促各地各学校加快校园"三防"建设工作。专职保安配备、校园封闭式管理、"护学岗"设置、一键式紧急报警装置安装及联网工作已完成，视频安装及联网达标率为94.1%。

加强部门合作，联防联控。与省公安厅建立学校从业人员身份背景审查、信息互通、校园最小应急单元等制度。累计组建校园最小应急单元34790个，排查消除校园周边治安隐患890处。

推进校车及学生上下学交通安全工作。广东省教育厅印发《全省教育系统校车及学生交通安全整治工作方案》（粤教保函〔2021〕1号），以实施"道路交通安全综合治理攻坚年"为主题，坚持自查自改与校园安全工作有关职能部门督查巡查相结合、全面排查与重点整治相结合、监督检查与严格执法相结合的原则，在全省教育系统集中开展拉网式校车及学生交通安全检查、整治。狠抓校车及学生交通安全隐患排查、治理整改、日常管理、督导检查、监管执法等各个环节的工作落实，全省已完成2.7万辆校车检查工作，消除校车安全隐患2000余处。

开展学生溺水问题专项治理。设立广东省防学生溺水工作特别防护期，加强防学生溺水专项治理，完善防溺水工作制度，提高防溺水管理水平。2021年溺水死亡学生118人，溺亡学生人数较2020年下降11%。

开展消防安全整治和自然灾害防范工作。加强消防隐患排查整治，建立消防隐患台账，累计通报70所高校消防隐患1108项。印发《关于开展2021年汛前防汛防风工作大检查的通知》《关于做好2021年学校防灾减灾救灾工作的通知》，要求各地各学校全面摸排地质灾害隐患现状，加强对校园及周边地质灾害隐患点或在建工地的监测防范，确保学校安全度汛。

开展防范中小学生欺凌专项治理行动。加强校园及周边防控，开展学生欺凌隐患排查及防治欺凌专题教育，加强对欺凌事件的监测处置、督导。

开展安全稳定工作培训。2021年11月29日至12月3日，在江门市举办全省教育系统安全稳定工作培训班，全省各地级以上市教育局安全管理部门负责人、各高校保卫处（部）负责人共190余人参加，提升广大一线安全管理人员的业务能力。

【安全教育工作】开展常态化安全教育。广东省安全教育平台登记注册学校近27 000所、班级39万个，注册学生1 410万名。2021年分时段开展网络素养、安全坐电梯、防范燃气泄漏、青春期烦恼、泥石流逃生、如何面对灾难等日常生活安全教育20次。开展预防溺水专题教育、全国中小学生安全教育日主题活动、"5·12"防灾减灾日安全教育、"11·9"消防安全日教育、"12·2"交通安全日教育、平安寒假作业、平安暑假作业等专题教育18次，发送安全提醒累计800万条。

加强国家安全教育。广东省教育厅印发《广东省大中小学国家安全教育实施方案》，推进国家安全教育进校园、进课程、进教材。在全省高校开展"维护国家安全，你我共同承担"知识竞赛，组织开展2021年"全民国家安全教育日"专题教育活动。组织全省各地各学校开展学习《反间谍安全防范工作规定》活动，推动各单位落实反间谍安全防范主体责任。

开展反诈骗宣传教育。建立健全反诈骗宣传教育工作机制，组织开展"全民反诈"进校园活动，举办"冲浪安全"公开课，构建家校协同反诈骗宣传体系。

深化网络安全教育。制订网安校园"百千万"三年行动计划，成立"广东省网络安全示范校联盟"，扩大示范校的辐射带动作用。构建家校社共育模式，促进网络安全教育融入教育教学。

加强毒品预防教育。推进青少年毒品预防教育"6·27"工程，全面落实禁毒教育"八个一"，巩固和提升毒品预防教育示范学校创建成果，在高校、中职学校开展"两个一次"禁毒专题宣传活动。推动全国青少年毒品预防教育数字化平台应用，全省符合要求的中小学生注册率达到100%。

开展交通安全教育。与省公安厅交通管理局联合开展"交通安全公开课"活动，进一步加强开学季校园交通安全教育，提高广大中小学生的交通安全意识和自我防护能力。加强家校沟通，在重要时间节点及时发布安全预警和提示，提醒广大学生家长（监护人）增强交通安全意识，督促家长加强看管和教育，履行好监护责任。

（撰稿 罗 洁；审稿 江存余）

科 研 创 新

【高校科技/社科统计工作】2021年，广东省共有153所高校和38家高等学校附属医院参加广东省普通高校科技/社科统计工作。参加理、工、农、医类（以下简称科技类）统计的单位有156个，其中普通高校118所，高校附属医院38家；参加人文社会科学类（以下简称人文社科类）统计的单位有149个，均为高校。

【科研人力资源】2021年，全省普通高校从事教学与研究人员总数为177 617人，其中科技类人数为112 035人，人文社科类人数为65 582人。

全省普通高校从事教学与研究人员中，具有高级职称（正高和副高职称之和）的人数为55 337人，其中科技类高级职称有36 275人，人文社科类高级职称有19 062人。具有博士学位者共46 968人，其中科技类有32 751人，人文社科类有14 217人。

【科研活动经费】2021年，全省普通高校当年投入科研经费总额为271.7亿元，其中科技类经费为240.99亿元，占总经费的88.7%；人文社科类经费为30.71亿元，占总经费的11.3%。

全省普通高校当年政府投入的科研经费为179.04亿元，占全省普通高校当年投入科研总经费的65.9%；其中投入科技类的经费为163.24亿元，占科技类总经费的67.74%；投入人文社科类的经费为15.8亿元，占人文社科类总经费的51.45%。

全省普通高校当年企事业单位投入的科研经费为51.9亿元，占全省高校当年投入科研总经费的19.1%；其中投入科技类的经费为45.24亿元，占科技类总经费的18.77%；投入人文社科类的经费为6.66亿元，占人文社科类总经费的21.69%。

全省普通高校当年其他经费投入的科研经费为40.76亿元，占全省高校当年投入科研总经费的15%；其中投入科技类的经费为32.51亿元，占科

技类总经费的13.49%；投入人文社科类的经费为8.25亿元，占人文社科类总经费的26.86%。

【研究机构】2021年，全省普通高校共拥有各级研究机构2 267个。其中科技活动机构1 618个，包括国家级机构82个，省部级机构1 129个，其他主管部门机构407个；人文社科研究活动机构649个，包括国家高端智库2个，省级智库30个，教育部重点研究基地11个，中央其他部委重点研究基地17个，省部共建基地2个，省级基地131个，省级实验室31个，其他研究机构425个。

【科研项目】2021年，全省普通高校投入项目经费合计162.8亿元，占全省普通高校当年投入科研经费的59.92%。在研项目119 451项，其中当年新立项项目41 500项，当年新立项项目投入经费87.21亿元。

科技类项目当年投入经费148.75亿元，在研项目71 568项；其中新立项项目26 943项，新立项目当年投入经费76.9亿元。

人文社科类项目当年投入经费14.04亿元，在研项目47 883项；其中新立项项目14 557项，新立项目当年投入经费10.31亿元。

【科研成果】（一）发表学术论文

2021年，全省普通高校共发表学术论文129 006篇，其中在国外发表学术论文63 599篇。全年发表科技类学术论文100 627篇，其中在国外发表学术论文60 413篇，三大索引（SCI、EI、CPCI-S）收录论文61 762篇。发表人文社科类学术论文28 379篇，其中在国外发表学术论文3 186篇。

（二）出版图书

全省普通高校出版各类图书3 020部，其中出版科技类图书1 150部，出版人文社科类图书1 870部。全省普通高校出版专著1 323部，其中科技类出版专著418部，人文社科类出版专著905部。

（三）技术转让

全省普通高校签订技术转让合同865项，合同金额127 813万元，当年实际收入33 681.9万元。

（四）专利

全省普通高校专利申请25 214件，其中发明专利16 542件，占专利申请总数的65.87%；专利授权21 396件，其中发明专利10 044件。全省高校拥有专利79 280件，其中发明专利37 746件。

（五）成果获奖

全省普通高校共获得各类成果奖398项。其中，科技领域获得省部级二等奖以上奖励171项；人文社科领域获得部级奖227项。19所高校作为第一完成单位获得省科技奖86项，其中，自然科学一等奖5项，技术发明一等奖4项，科技进步一等奖19项。

【学术交流】2021年，高校在开展科技类学术交流方面，共派出合作研究人员893人次，接受1 526人次；出席国际学术会议11 874人次，交流论文3 291篇；主办国际学术会议191场次，形成国际学术会议特邀报告982篇。

在开展人文社科类学术交流方面，共派出合作研究人员891人次，接受596人次；出席学术会议9 766人次，交流论文6 467篇；主办学术会议1 210场次。

另外，截至2021年12月31日，全省普通高校主办学术期刊216种。其中，科技类学术期刊129种，人文社科类学术期刊87种。

【高校科技创新工作】（一）高校重点平台建设

按照"需求导向、学校自主、政府统筹、分类指导"的建设思路，汇聚各方资源，统筹规划、科学布局、分类建设、重点突破，构建平台建设体系，布局平台重点领域，创新平台运行方式，增强重点平台的活力，力争实现广东高校重点创新平台整体实力的迅速提升。经组织专家遴选，确定了六大类101个重点平台立项建设，其中广东省普通高校重点实验室16个，广东省粤港澳高校联合实验室10个，广东省普通高校工程技术研究中心26个，广东省高职院校产教融合创新平台项目27个，广东省普通高校哲学社会科学重点实验室6个，广东省普通高校人文社科重点研究基地16个。

（二）高校重大科研项目立项

围绕国家和广东省经济发展、文化战略与社会可持续发展的重大科学及技术问题，充分发挥高校建设主体作用，组织跨学科、跨领域的高水平科学研究，分期规划，合理布局，重点突破，力争全面提升广东省高校承担重大科研项目、产出重大成果的能力。经高校推荐认定，组织专家遴选，确定了四类1 673项省级重大科研项目立项建设，其中，省级创新团队项目104项，重点领域科研项目384项（其中"新一代信息技术"重点领域专项79项、"生物医药与健康"重点领域专项87项、"高端装备制造"重点领域专项91项、"科技服务乡村振兴"重点领域专项127项），省级特色创新项目742项，省级青年创新人才项目616项。

【知识产权】（一）专利申请与授权

2021年，广东省高校申请专利量为25 214件，其中发明专利申请量为16 542件，实用新型申请量为7235件。广东省高校专利授权量为21396件，其中发明专利授权量为10044件，实用新型授权量为9759件。广东省高校专利申请量和专利授权量最多的高校是华南理工大学，专利申请量为3168件，专利授权量为2802件。

（二）专利技术的实施

54所省内高校和13家高校附属医院签订技术转让合同865项，合同总金额达127813万元，2021年实际收入33681.9万元。

【教育科研基本情况】一是完成广东省2021年度教育科学规划课题（高等教育专项）申报工作和立项工作。在2021年5月组织广东省教育科学"十三五"规划2021年度中小学教师教育科研能力提升计划项目的评审认定工作，共立项784项。从2015年度起，一般项目的评审工作由省教育厅委托各地级市教育部门负责（省直单位由省教育厅组织评审）。各地级市教育部门组织人员对本地区申报一般项目进行形式审查，并组织专家对申报项目进行竞争性评审，经地市教育部门领导班子集体讨论后确定建议立项项目；评审结果报送省教育厅，省教育厅组织专家进行审查后予以认定。在2021年5月组织广东省教育科学规划（高等教育专项）2021年度课题的申报评审认定工作，共立项753项。二是加强教育科研项目的中后期管理，及时受理全国规划办和省教育厅教育科研类立项项目的开题、变更和结题鉴定工作。三是完成全国教育科学规划课题申报和立项工作。2021年，全省高校获全国教育规划办项目37项，获教育部人文社科一般项目185项。

（撰稿　钟振原　曾俊伟；审稿　吴宝榆）

体育卫生艺术与国防教育

【提升党建工作成效】扎实开展党史学习教育，持续深入学习贯彻习近平新时代中国特色社会主义思想，严格执行省委、省政府和省教育厅党组决策部署，不断增强"四个意识"，坚定"四个自信"，做到"两个维护"。组织开展"我为群众办实事"实践活动，助推青少年近视防控工作，开展体育、美育浸润行动，助力"双减"政策落实。坚持落实"两会一课"制度，全年开展8次党支部学习活动，每月按要求召开支委会。

【做好校园疫情防控工作】一是强化组织领导。建立联防联控机制，不断拓展深化"五联"机制（部门联防、校地联网、上下联动、家校联手、师生联合），建立校园疫情防控工作专班和省教育厅领导、处室单位挂点包片督查工作机制，压实责任、精准防控。印发《校园疫情防控工作简报》584期（截至2021年11月30日），先后组织召开76次全省校园疫情防控工作专班视频调度会。二是细化指引。根据疫情发展变化，完善校园疫情防控工作指引，细化工作方案，制订师生分阶段接种新冠病毒疫苗工作方案以及大规模师生核酸检测工作方案。三是聚焦节点。针对开学前、寒暑假期前、"五一"、"高考"、"国庆"小长假等师生往返校园的时间节点前后，强化教育引导和督导检查，积极防范化解大规模人员流动带来的校园疫情防控压力。四是迅速响应。指导督促各级各类学校不断完善应急预案和医校协同应急工作机制，做到及早发现、及时核实、迅速上报、果断处置。驻点处置广州新华学院等超过30个省属学校疫情关联报告，指导学校科学有序地组织应急处置。全省校园内聚集性疫情零报告，保障了师生生命安全和教育教学秩序平稳。五是科学稳妥推进全省教育系统师生员工接种疫苗。坚持知情同意自愿和免费接种、依法审慎稳妥有序开展、落实主体责任和属地责任三个原则，做好人员摸底，细化工作方案，加强宣传动员，调整教学安排，优化接种服务，做到让学生暖心、家长放心、社会安心。截至2021年12月2日，全省高校师生接种覆盖率为96.34%，12～17岁学生接种覆盖率为98.64%，3～11岁学生第一剂次新冠病毒疫苗接种覆盖率为90.46%。

【研究制定学校体育相关配套文件】贯彻落实中共中央办公厅、国务院办公厅印发的《关于全面加强和改进新时代学校体育工作的意见》和国家体育总局、教育部印发的《关于深化体教融合 促进青少年健康发展意见的通知》精神，研究制定广东省配套文件。《广东省加强和改进新时代学校体育工作行动方案（送审稿）》和《关于深化体教融合 促进青少年健康发展的实施意见（送审稿）》已广泛征求意见，并分别报送中共广东省委办公厅、省委全面深化改革委员会会议审议。

【稳妥推进校园足球工作】举办了广东省青少

年校园足球夏令营,推荐176人参加全国分营;同时,在各地市报送基础上,组织专家开展了审核和抽查复核工作,共向教育部推荐379所特色学校、3个试点县(区)、2个"满天星"训练营;顺利完成"省长杯"校园足球联赛全省总决赛,比赛达424场次,参赛师生超5000人,赛事规模和影响力不断扩大,品牌效应凸显。

【持续开展学生体质健康监测工作】2021年,继续开展全省学生体质健康抽测工作,对全省21个地市126所中小学、30所高校共44 000余名学生进行了抽测。全省中小学学生体质健康优良率达到55%。

【第十四届全国学生运动会取得优异成绩】在第十四届全国学生运动会上,广东学校体育代表团参加了全部共计11个大项的比赛,共获得37枚金牌、37枚银牌、39枚铜牌,以113枚奖牌总数排名全国第三。中山大学、广州体育学院、华南理工大学3所高校荣获"校长杯"的好成绩,实现了学校体育竞赛走在全国前列的既定目标。

【顺利完成学生年度单项体育赛事活动】2021年,举办了广东省中学生田径冠军赛等13项年度单项赛,共1323支队伍17 031名运动员参赛,比赛累计4548场。参赛学校及运动员逐年增加,社会效益明显。

【开展全省体育浸润行动计划】不断推进新时代学校体育改革创新,探索建立全省高校支持中小学体育协同发展机制,组织中山大学等15所高校对口粤东粤西粤北15个地市开展体育浸润行动计划,形式多样,取得了较好的社会效应。

【大力开展校园冰雪活动】根据教育部、国家体育总局、北京冬奥组委相关文件精神,组织开展了校园冰雪嘉年华系列活动。逐步形成了以"以点带面、逐步推广"为目标,以培养、输送和储备旱转冰、轮转冰后备人才为方向的"广东方案"。

【研究制定学校美育相关配套文件】完成《广东省全面加强和改进新时代学校美育工作行动方案(送审稿)》起草工作,已提交省委、省政府发文流程。同时,开展学校美育评价改革方案文件等配套文件起草工作。

【组织开展系列展演活动】开展全省第七届中小学生艺术展演活动,参赛师生近3万人。顺利举办"翰墨薪传"全省教师书法作品展、全省中小学广东地方音乐交流展,开展高雅艺术进校园等活动。顺利完成全国第六届大学生艺术展演活动现场展演、高校艺术作品征集展演等工作,切实促进广东省学校美育工作改革和发展的有效落实。

【不断加大师资队伍建设力度】2021年,广东省教育厅举办了全省首届美育教师教学基本功比赛,面向大、中、小学全学段开展,各地各校共推荐1600人参加省级比赛,提升美育师资建设水平;同时,启动了美育名师工作室建设,已完成省级遴选。

【持续推进广东学校美育浸润行动计划】全省共有28所高校对口粤东粤西粤北薄弱地区学校开展浸润计划,促进教育均衡发展。同时,省教育厅与长江公益基金会和时代公益基金会深入合作,进一步加强乡村美育教师培训力度。发挥各类资源优势,建立健全帮扶机制,进一步缩小地区美育水平的差距。

【推动粤港澳学校美育交流与合作】开展"第四届粤港澳大湾区高校美术与设计作品展暨第六届广东省高校设计作品学院奖双年展"、粤港澳大湾区中小学生音乐节活动(线上方式进行)。积极开展粤港澳学生间的学习交流,进一步推动粤港澳三地学校艺术实践教育深度交融与合作。

【推动近视防控工作】省教育厅联合省卫生健康委等7部门建立儿童青少年近视防控工作联席会议制度,联合转发《儿童青少年近视防控光明行动工作方案(2021—2025年)》。将儿童青少年近视防控工作考核指标纳入对市县级人民政府履行教育职责的评价指标体系。遴选和创建一批国家和省近视防控改革试验区、试点县(市、区)和示范校。制定《广东省小学生(幼儿)家庭用眼卫生监测手册》,利用"爱眼日"、开学第一个月等契机开展"爱眼日健康宣教暨中小学学生近视干预活动",组建"广东省大学生近视防控科普宣讲团",开展科普宣传、眼科义诊等活动,提高社会、家庭、学校对儿童青少年视力健康的关注。编制《广东省地方标准〈中小学校教室照明技术规范〉》,组织开展"双随机"学校卫生综合监督检测,制定《广东省中小学校教室照明改造工作实施方案》,推进学校教学照明设施落实到位、照明环境逐步达标。

【加强健康教育和健康促进】遴选和成立了首届广东省高校、中小学健康教育教学指导委员会,加强对全省中小学及高校健康教育教学工作的指导。逐步建立全省中小学健康教育骨干师资库和课程资源库,推动中小学健康教育保质保量落实。组织部署"师生健康 中国健康"主题宣传教育活动,以预防艾滋病宣传教育为切入点,开展全省师生授课竞赛及专题巡讲。2021年11月,广东省卫生健康委、省教育厅、省财政厅、省妇联联合印发《广东省适龄女生人乳头瘤病毒（HPV）疫苗免费接种工作方案（2022—2024年）》，2022年开始实施初一女生HPV疫苗免费接种项目。

【超额完成大学生征兵任务】 继续开展党委书记谈征兵活动，将大学生征兵工作纳入党委书记考核指标体系。完成2021年大学生征兵任务，全省共征集大学生18420人，其中大学毕业生5648人，比2020年提高11个百分点，数量创历史新高。

【举办第二届国防教育成果交流展示活动】 2021年5月22—23日，广东省教育厅举办第二届广东省学校国防教育成果交流展示活动。此次活动吸引了全省21个地级市教育局和114所各级各类学校观摩团代表等3500余人参加，在广东校园掀起了以校园国旗护卫队交流为引领，开展爱国主义教育、传承红色基因生动实践的热潮。省内各媒体和新媒体平台网络展播总播放量突破3000多万次，评论量和转发量突破500多万次。

【完成学生军训工作】 结合疫情防控形势，严格按照学生军训大纲要求，克服疫情、气候等困难，采取错峰军训的办法，稳步推进学生军训工作，顺利完成全省学生军训工作。

【全力支持省内学校航空实验班等国防特色班工作】 配合海军招飞局在华南师范大学附属中学做好海军航空实验班招生工作，2021年共招录49名学生。

【军事课教学成绩显著】 2021年5月，组建广东代表队赴四川省参加2021年度高中阶段学校军事课教学展示。展示期间，代表队围绕识图用图、电磁频谱监测、战场医疗救护、机器人、军歌小合唱五项军事课教学内容开展现场展示和交流，并获得3个单项一等奖的优异成绩。

（撰稿　许　颖；审稿　陈健生）

队 伍 建 设

【综述】 2021年，广东省教师队伍建设工作坚持以习近平新时代中国特色社会主义思想为指导，全面贯彻落实党的教育方针，紧紧围绕推动教育高质量发展的中心任务，加强师德师风建设，大力实施强师工程，深化教师教育改革，科学谋划"十四五"重点任务，出台制定《广东省"新强师工程"实施办法》《广东省全口径全方位融入式帮扶粤东粤西粤北地区基础教育高质量发展实施办法》《广东省深化新时代职业教育"双师型"教师队伍建设改革实施意见》《广东省关于加强新时代高校教师队伍建设改革的实施意见》《关于加强新时代中小学思想政治理论课教师队伍建设的实施意见》，配合开展"加强中小学教师队伍建设，促进全省基础教育高质量发展"专题议政工作，组织召开2021年深化教师队伍建设改革工作推进会，为造就党和人民满意的高素质专业化创新型教师队伍提供重要保障。

【全面加强师德师风建设】 严格落实师德第一标准要求，研究制定《广东省中小学教师违反职业道德行为处理工作指引》《广东省高校教师违反职业道德行为处理工作指引》，明确教师违反职业道德行为的类型、适用范围、处理和解除程序等，规范教师违规行为的惩处工作。加强师德教育宣传，开展"赓续百年初心，担当育人使命"的师德主题建设教育月活动、师德师风专题教育活动等，召开广东省庆祝2021年教师节暨表彰优秀教师大会，省委、省政府表彰了近2000名南粤优秀教师（南粤优秀教育工作者）和特级教师。加大师德违规行为的查处力度，通报各地各校教师职业行为负面清单落实情况和师德违规行为查处情况，开展严禁中小学教师有偿补课和违规接受礼品礼金问题专项治理，配合审计部门查处中小学教师违规向技校介绍生源收受回扣问题。

【加快推进教师专业发展】 开展全口径全方位融入式对口帮扶，细化明确结对双方校长教师支教跟岗及培养培训等帮扶工作要求。推进省、市、县、校、工作室"五位一体"教师培训体系建设，促进10所省级中小学（中职）教师发展中心内涵式发展，全力推进市县级教师发展中心建设，全省计划建设149所市县级教师发展中心，147所完成挂牌成立，112所完成基本建设任务，同时遴选建设280所中小学教师校本研修示范学校和示范培育学校，推进486个名教师、名校长、名班主任及培训专家工作室建设，进一步完善教师、校长培训课程体系和质量评价体系建设，夯实教师专业发展支撑体系。加强高层次教师人才和青年教师队伍建设，启动实施新一批中小学"百千万人才培养工程"省级培养项目，遴选17个培养机构承担499名省级培养学员三年一周期的培养任务。选派220名中小学教师、校（园）长参加"国培计划"示范项目培训。组织遴选第二批黄大年式教师团队和第二批国家级职业教育教师教学创新团队。组织修订珠江学者岗位计划实施办法，开展122名珠江学者期中、期满考核，遴选推荐537名高校中青年教师到国内高水平大学访学，遴选推荐23名教师到国外高校或研究机构访学。加强教师、校长省级示范性培训工作，努力克服因疫情反复及防控常态化带来的影响，全年共完成培训项目87个，集中培训教师校长27 990名。

【加强乡村教师队伍建设】扎实推进公费定向培养粤东粤西粤北中小学教师计划，召开公费定向培养粤东粤西粤北地区中小学教师工作推进视频会，加强公费定向培养毕业生履约管理，指导督促各地各校加大公费定向培养工作力度。2021年，新增招收公费定向培养本专科师范生和教育硕士2 109名，全省共有在校公费定向培养师范生达10 258名。统筹做好2021年中小学幼儿园教师公开招聘及国家公费师范生就业有关工作，支持各地创新招聘办法，落实"上岗退费"政策，组织农村从教网上专场招聘活动，提供4 566个招聘职位，有效补充农村学校教师。深入实施"银龄讲学计划"，提高银龄教师补助标准，招募了327名优秀退休教师到农村学校任教。修订《广东省脱贫地区、民族地区和革命老区人才支持计划教师专项计划实施办法》，将工作经费提高至每人每年4万元；创新"双向"帮扶方式，组织帮扶双方选派1 200名左右优秀中小学教师进行支教跟岗。组织名教师、名校长、名班主任省级培养学员到粤东粤西粤北地区11个地市16个县（市、区）开展巡教讲学。持续推进"三区"教师全员轮训，按照"一县一案、分层分类、分科分段、精准到人"的施训原则，2021年共培训"三区"教师约9万名。

【深化教师管理制度改革】深入推进中小学教师"县管校聘"管理改革，委托韶关学院开展政策评估。推进教师评价制度改革，会同省人力资源和社会保障厅修订中小学教师职称评审办法和评价标准条件，建立科学评价体系，突出考核评价教师教书育人能力和教育教学实绩。推进高校教师职称制度改革，完成140份高校职称制度文件修订和报备、137所高校年度评审方案、134所高校评审结果审核备案。加强高校职称评审监管，全年开展了3批次共对51所高校职称工作进行抽查并通报。推进中职学校教师职称制度改革，召开广东省中等职业学校教师职称制度改革政策解读会，组建广东省中等职业学校正高级教师职称评审委员会及专家库，筹备改革后首次评审工作。推进落实《关于减轻中小学教师负担进一步营造教育教学良好环境的实施方案》，严格规范抽调借用中小学教师的审批权限，实行中小学教师减负清单制管理，切实减轻中小学教师不合理负担。

【规范教师资格制度工作】推进实施教育类研究生和公费师范生免试认定中小学教师资格改革，指导21所符合条件的高校制定师范生教育教学能力考核办法，组织师范生教师职业能力测试。组织修订了《广东省中小学教师资格考试试点实施办法》《广东省中小学教师资格定期注册试点实施办法》，指导规范教师资格认定和注册工作。开展中小学、高校教师资格认定，2021年全省共有129 775人通过中小学教师资格认定。

【提高教师社会地位待遇】广东省教育厅会同省财政厅提前下达2022年度中小学教师有关工资福利待遇等省级补助资金约计34亿元。以省政府督导室名义督导各地市政府推动落实教师工资待遇政策，加强拖欠义务教育教师工资问题核查和整改落实，建立健全"两个机制"（义务教育教师工资收入随公务员动态调整机制以及教师工资待遇长效保障机制），确保全省县域内中小学教师平均工资收入实现"两个不低于或高于"。加强和规范中小学临聘教师管理，压实主体责任，统一管理要求，严格控制增量，推进落实临聘教师与公办教师同工同酬。推动各地落实边远山区、农村地区教师生活补助政策和原民办教师、原代课教师生活困难补助政策。

【提升教师队伍建设管理信息化水平】加快推进中小学教师信息技术应用能力提升工程2.0，累计培训68万名中小学教师。支持和推荐华南师范大学、广东第二师范学院、广州市及清远市清城区成为全国第二批人工智能助推教师队伍建设试点单位，积极探索在"互联网＋"、人工智能等新技术条件下教师队伍建设发展的新机制。推动全国教师管理信息系统和教师继续教育管理信息平台升级改造，实现全省教师过程管理和流动情况的实时监控。加强教师职称评审、高层次人才及项目评选、考核评价等工作的信息化管理。深度挖掘教师信息管理系统和平台的数据资源，为教师工作决策提供重要参考。

【高校领导干部思想建设】以"深入学习贯彻习近平总书记在庆祝中国共产党成立100周年大会上的重要讲话精神和关于党史学习教育的重要讲话精神，贯彻落实第二十七次全国高校党的建设工作会议精神和《中国共产党普通高等学校基层组织工作条例》"为主题,会同省委组织部举办第25期全省高校领导干部暑期读书班。全省高校领导干部深受鼓舞,进一步焕发了干事创业的精气神。

【高校领导干部能力建设】强化高校领导干部学习培训力度,联合省委组织部举办全省高校组织部部长业务培训班,79所公办高校组织部部长参加培训。培训班聚焦高校组织、干部、人才工作和省委巡视巡察整改等热点,省委组织部两位副部长作专题辅导报告,3个业务处室负责同志做业务辅导讲座。全年选派高校优秀干部参加教育部国家教育行政学院、中南教育培训中心、省委党校学习共264人次,其中校级领导干部51人次、处级干部181人次;组织21 400人次参加国家教育行政学院干部网络学院远程教育,落实大规模干部培训要求。

【高校领导班子组织建设】坚持党管干部原则,突出政治标准选人用人,会同省委组织部优化高校领导班子建设,调整配备省管领导干部62人次。完成广东交通职业技术学院等4所高校及附属医院换届工作,促使学校领导班子结构更加合理。加强委管干部队伍建设,共调整使用委管干部20人次,厅属高职领导班子的年龄、职称等结构得到进一步优化。推进集团办学学校领导班子调整,妥善安排10所中职学校10名党政主要领导担任集团内高职院校副院长。

【干部管理监督工作】加强领导干部日常管理监督,组织全省77所高校领导班子和领导干部开展2020年年度考核,并按照要求和权限评定考核等次,组织29所高校开展选人用人"一报告两评议"工作;69所省属高校党委书记进行年度书面述责述廉,组织委管领导干部填报个人有关事项并开展有关查核工作,审核高校领导干部62人次社团兼职备案、51人次高校重要部门人事备案、26名高校领导干部试用期满考核工作。完成100名在职委管领导干部人事档案的专项审核工作,整理完善74名退休干部档案,共补充2 051份材料。

【高校教育人才"组团式"帮扶工作】优化整合教育资源,加大帮扶工作力度,组织召开结对高校帮扶工作专题座谈会5场,加快推进帮扶工作取得实效,帮扶工作信息专报被省委每日通报全文刊发转载;编印刊发帮扶工作简报6篇,展示了帮扶工作良好成效,广受好评。深化帮扶工作考核,启动新一轮组团帮扶工作,不断推动帮扶工作向纵深发展,进一步促进广东省高等教育均衡协调发展。

(撰稿 杨 澎 魏长松 吴 伦 马桂波 邱旭英 江远彬 巩克金;审稿 李 霞 陈东海)

教育交流与合作

【综述】2021年,广东省深入贯彻落实习近平新时代中国特色社会主义思想,"七一"讲话精神以及十九届五中全会、六中全会会议精神,按照省委、省政府和委厅工作部署及年度工作安排,认真开展党史学习教育,进一步加强和扩大教育对外开放,推进粤港澳大湾区教育合作,大力推动境内外教育交流合作。

【完善教育对外开放机制和制度】加强顶层设计,出台贯彻落实教育部等八部门关于加快和扩大教育对外开放的工作意见,指导广东省各地各高校持续推进教育对外开放,为进一步推进教育对外开放、推进粤港澳大湾区教育合作夯实基础。广东省教育厅与英国驻华大使馆文化教育处续签合作备忘录,与教育部留学服务中心签署战略合作协议,与香港教育局以线上形式恢复粤港教育合作专责小组会商机制,与澳门教育及青年发展局开展线下会商。

【深化粤港澳大湾区教育交流合作】一是重点服务国家战略。全力推进"双区"及横琴粤澳深度合作区、前海深港现代服务业合作区建设;支持横琴教育发展,支持在前海引进港澳及国际知名大学开展高水平合作办学,建设港澳青年教育培训基地。二是全力推动粤港澳教育交流不断线。指导粤港澳高校联盟及专业联盟等40多个交流合作平台持续开展暑期校园、校长论坛等多项交流活动。粤港澳姊妹学校缔结计划持续推进,2021年新增98对姊妹学校(园)。三是坚持粤港澳教育合作不停滞。加快推进粤港澳大湾区教师教育学院建设。稳步开展深圳职业技术学院和香港职业训练局共建特色职业教育园区项目。四是港澳台学生培养有成效。全省各级各类学校港澳台在校生超14万人,规模全国最大。2021年新增暨南大学港澳子弟学校、香港培侨书院深圳龙华信义学校等特色学校,支持香港副学位毕业生来粤升读本科,为港澳学生在广东省就读提供多元选择。切实开展港澳台学生国情教育。

【大力引进世界优质资源合作办学】 2021年，广东省新增不具独立法人性质的中外合作办学机构2个，本科层次以上中外合作办学项目3个。至此，广东省中外、内地与港澳合作办学机构达16个，本科层次以上中外合作办学项目38个。进一步加快和推进教育对外开放，引进世界一流资源来粤开展合作办学取得新进展。一是中外合作办学。2021年广东以色列理工学院、深圳北理莫斯科大学获省学位委员会批准成为学士学位授予单位，并举办首届本科生毕业典礼。龚新高院士正式担任广东以色列理工学院校长。华南师范大学阿伯丁数据科学与人工智能学院、南方科技大学伦敦国王学院医学院正式获批；广州航海学院、惠州学院、广州南方学院获教育部批准设立中外合作办学项目。二是内地与港澳合作办学。香港科技大学（广州）已向教育部提交正式设立申请，校园建设一期工程核心建筑和配套建筑主体结构已于2021年9月30日完成封顶。香港城市大学（东莞）筹设工作完成多轮整改。深圳市人民政府与香港大学签订合作办学备忘录。香港中文大学（深圳）临床医学专业获教育部批准设立。三是支持合作办学机构开展自主招生。2021年，广东省继续落实教育部政策，支持部分中外、内地与港澳合作办学机构和项目通过自主招生，缓解疫情影响下学生无法出国学习的困难，3个机构和4个项目录取1 005人，有效回应社会关切，获得良好社会反响。四是不断提升中外合作办学治理水平。加强对合作办学高校监管，多次组织办学检查，做好"双随机、一公开"工作。防范和化解涉外办学风险，推进依法依规办学。推动成立广东省高等教育学会中外合作办学研究分会，重点加强中外合作办学理论与实际问题研究，促进中外合作办学改革与持续发展服务。

【推进与"一带一路"沿线国家教育交流合作】 一是加强平台搭建。举办广东省"一带一路"职业教育联盟2021年度交流活动；配合教育部国际司指导暨南大学、南方医科大学、广东药科大学协助承办"海上丝绸之路国际产学研用合作会议"，促进与"海丝"沿线国家的产学研用合作。配合做好黑龙江省—广东省—俄罗斯阿穆尔州三省交流活动，推荐华南理工大学等4所高校加入中国东北地区与俄罗斯远东西伯利亚地区大学联盟；推荐广州市番禺区星海青少年宫参加中俄三省（州）校外教育联盟，进一步促进中俄地方友好合作。支持华南农业大学牵头成立中国-拉丁美洲农业教育科技创新联盟。二是支持和鼓励高职院校开展境外办学。广东机电职业技术学院中马共建"鲁班工坊"项目入选第四批中国-东盟高职院校特色合作项目；广东水利电力职业技术学院积极推进在境外建设坦桑尼亚大禹学院和鲁班工坊；广东建设职业技术学院与非洲广东总商会签署校企协同海外发展协议。三是推进职业教育国际化。组织广东省职业院校申报中德先进职业教育合作项目，落实广东省与西门子（中国）有限公司合作备忘录，推进产教融合。支持6所院校申报瑞士GF"智能制造创新实践基地"培育建设单位。开展职业教育国际化调研。四是推进国别和区域研究质量提升。2021年广东外语外贸大学南国商学院极地问题研究中心入选"教育部高校国别和区域研究高水平建设单位"。广东省高校共获教育部批准设立30个高校国别和区域备案中心或培育基地。五是支持民办高校参与教育对外开放。举办广东省民办高校对外开放座谈交流活动，推动民办高校进一步开展对外交流、提升民办高校国际化水平。

【做好国家公派出国留学工作】 在国家留学基金委大力支持与指导下，广东省教育厅与国家留学基金委联合开展了地方合作项目，在国家留学基金委优先资助学科专业范围的基础上，结合广东省"十四五"时期经济、社会发展战略和需求，重点优先选派海洋科学、电子信息、装备制造、轻工食品、纺织服装、工业设计、金融服务、生物医药、农业生态、文化产业等应用技术领域和人文与社会科学领域，以及其他国民经济重点领域相关专业。每年选派广东省普通高等学校（不含部委属本科院校）从事教学科研的在编在岗人员赴国外访学、进修。2021年共选派高级研究学者和访问学者（含博士后）两类对象70人。该项目有效提升了青年教师的专业学术能力，拓宽了国际视野，加强了国际学术交流合作和中外人文交流，促进了广东省高校青年教师队伍的建设。

【加强国际师生管理服务】 一是加强国际学生培养和管理。召开全省高校国际学生工作会议，开展国际学生管理服务的五项行动计划。2020—2021学年全省高校招收来粤留学生约1.8万人，备案招收留学生高校共88所。二是完善外籍教师管理服务。开展全省外籍教师调研，规范外籍教师管理，截至2021年底全省各级各类学校聘请外籍教师6 700余人，境内约4 500人。稳步推进境外外籍教师返华返校恢复教学工作。三是全面部署落实疫情防控措施。切实按照"一视同仁无差别服务"的原则，做好涉外师生的疫情防控和健康管理服务工作。

（撰稿　王静娴　周柳余；审稿　李金俊）

· 教育综合管理 ·
GENERAL MANAGEMENT IN EDUCATION

人事管理

【推进优化教育系统机构职能体系】 完成深化事业单位改革试点任务。撤销广东省教师继续教育指导中心、广东省高校毕业生就业指导中心两个参公管理事业单位，整合广东省教育厅政务中心、广东省教育技术中心（广东省电化教育馆）两个事业单位，统筹优化机关党和其他工作的机构设置和资源配置，推进优化义务教育"双减"、教师队伍建设等领域的职能体系和工作力量，整合优化教育政务服务和信息技术支撑机构。推进广东教育杂志社转企改制。

突出加强基础教育编制保障。协同省委编办印发《关于落实中小学教职工编制全面达到国家基本标准的通知》，制订实施下达省级统筹周转空编控制基数推动中小学教职工编制全面达标工作方案，超常规加大制度创新和资源保障。

协调推进高校机构编制规范优化。完成第一批实施集团办学7所高职院校、10所中职学校的机构编制事项调整，制定实施推动相关院校严格执行机构职能编制规定、高质量推进集团办学工作方案，指导督促学校做好人员安置和队伍建设。

【加强教育系统人才队伍建设】 加强教育人才工作体系建设。印发《广东省教育人才发展"十四五"规划》，制定省政府规章《广东省教育教学成果奖励办法》并颁布实施，新增15所高校设立广东省博士工作站。

加大教师表彰力度，营造尊师重教氛围。组织遴选1367名南粤优秀教师和150名南粤优秀教育工作者，组织召开广东省庆祝2021年教师节暨表彰优秀教师大会。做好南粤突出贡献奖和南粤创新奖推荐工作，高校系统1人获得南粤突出贡献奖，2人获得南粤创新奖。组织开展2021年广东省教育教学成果奖申报。

优化人才服务，创造良好创新环境。做好两院院士人选推荐服务，2021年广东省高校系统有6人入选，较上一届增加4人。

【深化教育系统人事制度改革】 优化办学体制。将广东石油化工学院、韶关学院、惠州学院、嘉应学院、肇庆学院5所高校办学体制由"省市共建"高校调整为省属高校。

试点"政事分开"。指导广东轻工职业技术学院探索建立政事权限清单。

（撰稿　曾启宇　姜英伟　吴思维　纪林彤；审稿　王春涛）

教育督导

【深化新时代教育督导体制机制改革】 认真落实国家和广东省深化新时代教育督导体制机制改革文件要求，召开全省深化新时代教育督导体制机制改革暨2021年教育督导工作会议，部署加强新时代教育督导工作，督促市、县出台深化教育督导体制机制改革文件，推动改革向纵深发展。落实国家要求，优化教育督导管理体制，调整省政府教育督导委员会组成人员，省教育厅设置总督学、副总督学，全省所有市、县（市、区）均成立了政府教育督导委员会，由分管教育工作的政府领导任主任，设立了教育督导部门，承担教育督导工作。省政府教育督导委员会建立了工作规程，每年召开1~2次工作会议，各成员单位确立了专人联系教育督导工作。加强督学管理，制定督学配备和管理办法。落实《教育督导问责办法》，起草广东省实施细则，强化督导结果运用。

【开展政府履行教育职责评价】 根据国家2021年对省政府履行教育职责评价要求，制订自查自评方案，牵头组织省直单位和厅内处室开展自评。省政府常务会议审定2020年对市县级政府履行教育职责评价结果，向各地政府"点对点"反馈评价成绩、区域排名，指出存在问题，提出整改意见。结合推动基础教育高质量发展考核要求，编制2021年评价指标体系，印发《2021年对市县级人民政府履行教育职责评价实施细则》。召开全省评价工作部署会，组织厅内处室对各地履职情况进行评审，抽取广州、河源、中山、潮州、云浮5市进行实地核查，重点督办评价发现的问题以及推动基础教育高质量发展行动方案的要求。征集业务处室年度重点工作，建立2022年评价指标库，督促各地落实好年度教育工作任务。提前印发《对市县级人民政府履行教育职责评价要点》，部署评价事项，引导地方政府提早谋划、提早实施和提早完成教育工作任务。联合省督导委成员单位共同开展评价，委托第三方开展公众满意度调查，对各市、县评分定级，分区域进行排名。

【开展基础教育质量监测工作】 在实现两轮义务教育质量监测全覆盖的基础上，继续拓展质量监测学段，进行了普通高中和学前教育质量试点监测，从而实现基础教育质量监测覆盖全学段。义务教育、普通高中和学前教育质量监测工作走在全国前列。实施义务教育质量监测，参加国家义务教育质量监测实施工作说明会，开展省级工作培训。全省125个县（市、区）2608所样本校的3万多名学生和8万多名教师参与现场测试和调查，顺利完成义务教育学生数学学业质量、体育与健康状况、心理健康状况监测。选取条件适宜的县（市、区）开展高中教育质量和学前教育质量试点监测预试。

【开展校外培训机构专项治理】 2021年8月，广东省教育厅迅速落实"双减"政策，印发《广东省教育厅关于坚决做好减轻义务教育阶段学生校外培训负担工作的通知》，部署全省各地开展校外培训机构专项治理工作。国庆期间，省教育厅党组书记、党组副书记、总督学等厅领导分别带队，采取"四不两直"方式对校外培训机构进行督导检查。10月20日至22日，会同相关职能部门组成调研组，针对调研发现的校外培训涉稳风险排查力度不够、查处违规开展学科类培训、压减学科类培训机构力度不够等问题，赴广州、深圳等10个地级市进行了实地指导和督办。陆续出台了《广东省面向义务教育阶段学生的学科类校外培训机构统一登记为非营利性机构工作方案》《广东省现有线上学科类培训机构由备案改为审批工作方案》《广东省校外培训机构预收费资金管理工作指引》《广东省校外培训服务学科和非学科鉴定工作指引》等文件，对校外培训机构的营转非、备案改审批、资金监管、学科和非学科鉴定做出了明确规定，督促各地、各单位结合本地实际情况，协调各部门对校外培训机构进行有效治理。截至2021年12月31日，全省学科类线下、线上校外培训机构分别有307家、7家，压减比例分别达到95.98%、86%。全省学科类培训机构营利性改非营利性完成率达100%、线上学科类培训机构备案改审批完成率达100%、校外培训机构资金监管占比100%，有效保障学员预付费安全，校外培训机构培训行为得到全面规范，有效减轻学生过重的校外培训负担，广东省校外培训治理年度任务如期完成。

【推进义务教育优质均衡发展和县域学前教育督导评估】 支持和鼓励有条件的地区创建全国义务教育优质均衡发展县。开发建设"广东省义务教育优质均衡监测系统"，指导深圳市南山区等6个区完成数据填报。对数据整理分析，指导申报区整改。开发建设"县域学前教育普及普惠督导评估系统"，开展2021年县域学前教育普及普惠督导评估摸底调查。开展幼儿园办园行为督导评估，截至2021年12月，完成幼儿园办园行为自评9694所、完成县级督导评估3192所。

【开展教育领域专项督导】 巩固教育创强成效，全年完成136个教育强镇复评，并对韶关、惠州、江门、肇庆市的19个镇进行教育强镇复评抽查。加强中小学生作业、睡眠、手机、读物、体质管理，印发《广东省人民政府教育督导室关于组织责任督学进行"五项管理"督导的通知》，部署全省中小学校责任督学开展"五项管理"督导工作。建立"双减"工作半月报机制，把"双减"专项督导作为2021年的头号工程。指导和督促梅州市政府严肃处理五华县中英文实验学校招生公告违规问题。配合安全保卫处、体育卫生与艺术教育处开展校园安全隐患排查整治、疫情防控专项督导。

【开展教育乱收费治理】 加强各地治理教育乱收费机构建设，把治理教育乱收费的工作责任落到实处。对清远市、湛江市、茂名市的5所中小学校教育乱收费线索进行实地调查，责成整改。联合省发展和改革委员会、省财政厅、省人力资源和社会保障厅、省市场监督管理局等部门制定《致教育工作者的一封信》，梳理教育收费政策，指导各地做好教育收费工作。畅通咨询举报渠道，接受广大群众对教育乱收费问题的咨询或投诉，主动回应社会关切。截至2021年12月，共受理查办教育收费投诉129件，为人民群众挽救经济损失740万元。

（撰稿 杨宇泽 张志立 李 超；审稿 方树生 陈韩冬 任 洁）

·教育综合管理·
GENERAL MANAGEMENT IN EDUCATION

学校后勤管理

【综述】 2021年,学校后勤管理处以习近平新时代中国特色社会主义思想为指导,认真贯彻落实习近平"不忘初心、牢记使命""四个走在全国前列"等重要指示,紧紧围绕委厅中心工作任务,以教育后勤制度化建设和规范化管理为抓手,以提高队伍素质为保证,深化改革、开拓进取、求真务实,进一步推动"平安后勤""公平后勤""文化后勤""效率后勤""绿色后勤"和"智慧后勤"六大保障体系的构建。

【支部建设】 制订2021年学校后勤管理处党支部学习计划,深入开展理论学习,推进"两学一做"学习教育常态化制度化,系统开展"学史明理、学史增信、学史崇德、学史力行"党史专题学习。坚持支部工作例会制度,全年共召开24次支部学习主题生活会。按照要求组织开展支部生活会,为支部同志过政治生日;支部书记、支部党员代表轮流讲党课;集中学习党史、习近平总书记最新论述、厅党组重要文件;分别与广东省食品检验所、广州华南商贸职业学院开展联合党日活动;到湛江市教育局、雷州市调风初级中学开展群众工作等,充分发挥党支部的战斗堡垒作用和全体党员的先锋模范作用。把涉及重点工作的人、财、物的重要事项纳入支部会议议事范围,充分发挥好支部把关定向作用,提高决策科学化、民主化水平。

【疫情防控与物资保障】 继续坚持"宁可备而不用,不可用而无备"的原则,主动了解各地各校防疫物资现有情况及需求,指导学校做好口罩、消毒液等相关物资储备工作,以保证学校防疫物资供应充足。同时,指导学校做好食堂、宿舍等场所的清洁消毒、通风换气等措施,对相关从业人员做好防疫知识的宣传培训,妥善处理舆情,加强对校园外卖和快递配送的管理,做好疫情期间师生各项服务工作。

【食品安全工作】 广东省教育厅召开2021年春、秋两季全省学校食堂食品安全工作视频会议,部署新学期校园食品安全工作;联合开展学校校园及周边食品安全专项检查和飞行检查,强化学校食堂日常监管工作;加强食品安全宣传教育,举办食品安全培训班,联合开展食品安全宣传周、食品安全进校园等活动;全面推行"互联网+明厨亮灶",实现校园食品安全智慧管理;推进制止校园餐饮浪费工作,做好世界粮食日和全国粮食安全宣传周活动;推动学校营养与健康工作,试点开展营养与健康学校创建工作;强化外包管理,召开大学城食堂承包企业座谈会。

【中小学"厕所革命"】 广东省教育厅印发《关于做好2021年中小学"厕所革命"提升改造工作的通知》,系统规划2021年中小学"厕所革命"提升改造工作,全省共898所学校完成"厕所革命"提升改造任务。2021年底,中小学"厕所革命"提升改造的三年计划任务已经全部完成,全省共5 009所学校完成"厕所革命"提升改造工作任务,累计投入经费超过8.39亿元、增加卫生厕所面积13.47万平方米、增加坑位3.62万个。中小学厕所改造基本实现了布局科学、数量充足、实用耐用、管理规范、文明卫生的预期目标,全省中小学校卫生厕所建设质量明显提高,厕所管理人性化、精细化服务水平不断提升。

【绿色学校】 继续按照广东省《绿色学校创建行动方案》安排,推进"绿色学校"创建工作,2021年完成第二批、第三批共6 090所"绿色学校"创建。截至2021年底,全省共9 212所学校完成创建工作,占全省学校的56.1%。

【节能减排】 根据牵头单位部署,有序推进节水节电宣传教育、能耗统计、节能示范创建申报等工作,继续推进生活垃圾分类教育工作,坚持以面向可持续发展的环境教育的思想为指导,构筑起以学校为主导,学生为主体,课堂和社会实践活动为载体的学校环境教育体系。省教育厅联合省水利厅组织开展第二批节水型高校创建,经学校申报、专家评审、联合复核等,共12所高校创建成为广东省节水型高校。

【高校医疗保健】 指导各高校做好学生医疗保健、无偿献血和红十字会工作,联合评选省红十字标准校(29所)和红十字青少年社会实践项目(19个),推荐部分高校申报教育部应急救护试点学校,同时积极协调有关公益组织捐赠急救设备AED(自动体外除颤仪),推进广州大学城高校、周边学校、揭阳市部分中小学校及省教育厅共安装69台AED,并开展应急救护培训,提高学校应对心梗等突发心脏疾病的自救、互救能力。

【调研检查】组织了对深圳、东莞、中山、揭阳、茂名、清远、汕头、韶关、湛江等地市共134所学校的食品安全、"厕所革命"、绿色学校创建、垃圾分类和节能减排等后勤工作检查，对中小学校服管理工作进行调研并召开座谈会，进一步加强对各地各校工作落实情况的检查，促进政策、制度、措施的推进、整改和落实。

【校办企业】组织广东省高校校办企业经济信息统计，做好相关信息审核上报工作，确保数据准确；配合做好校办产业专项清理整顿工作。

【舆情处理】处理舆情14条、信访件8件、"互联网+"督查件25件、网民留言5件、粤省心群众诉求14件、校园安全专项检查问题整改8项，涉及学校食堂食品安全管理、学校宿舍管理、校服管理、校园外卖、学校装修管理等，已全部完成回复，报省委、省政府突发事件专报5份。

【建议提案办理】办理人大建议和政协提案共6件，涉及校外托管机构规范管理、垃圾分类教育、制止餐饮浪费、中小学生校服、学生奶推广等内容，所有建议和提案已于2021年6月10日前全部完成书面回复。

【其他工作】指导广东省高校后勤协会和中小学校后勤协会开展工作；配合督导室开展春季、秋季开学检查；做好广东省教育厅官网学校后勤宣传版块和"广东教育"微信平台的宣传工作。

（撰稿　胡沛均；审稿　程五一）

老干部工作

【综述】2021年，在广东省教育厅党组和分管领导的正确领导下，老干部工作以习近平新时代中国特色社会主义思想为指导，深入贯彻党的十九届四中、五中、六中全会精神，切实落实习近平总书记对老干部工作重要指示精神，坚持精准服务的工作理念和求真务实的工作作风，积极创新工作方法，扎实推进各项工作，较好地完成了全年的任务，赢得了广大老干部的好评。

【抓深抓实党史学习教育】把党史学习教育作为全年头等大事和首要政治任务，采取多种形式深入扎实开展党史学习教育。一是集中学。组织党员干部集中收看习近平总书记在党史学习教育动员大会和庆祝中国共产党成立100周年大会上的讲话，参加委厅组织的党史学习教育动员大会、党史学习教育专题讲座、党史学习教育专题党课。二是自主学。对照《党史学习教育党员干部自学指引》，引导、督促党员干部围绕党的光辉历程、伟大贡献、初心宗旨、重大理论成果、伟大精神、宝贵经验等内容，抓好对习近平总书记重要讲话精神、四本指定书目及其他参考材料的学习，做好学习笔记，撰写学习体会。三是实践学。注重把党史学习教育同解决实际问题结合起来，同实际工作结合起来，深入开展"我为群众办实事"实践活动。

【落细落实组织生活制度】根据《中国共产党支部工作条例（试行）》，严格落实党支部工作机制和组织生活各项制度，推进党支部战斗堡垒作用有效发挥。一是严格落实"三会一课"制度。按照规定和要求，适时召开党员大会、支委会和党小组会，传达学习上级重要指示批示精神、组织政治学习和教育、研究部署重要工作安排等。二是严格落实"第一议题"制度。将"第一议题"学习制度作为党史学习教育的重要方式，作为强化理论武装的重要手段，重点抓好对习近平总书记最新重要讲话和最新重要指示精神的学习，并围绕党史学习教育内容，组织对党史、新中国史、改革开放史、社会主义发展史的学习，促进第一议题制度和党史学习教育的双落实。三是积极开展组织生活。每月利用主题党日时间，开展党性分析、谈心谈话、民主评议等活动，积极化解问题矛盾，自觉维护支部团结，强化支部战斗堡垒作用。

【指导各离退休党支部开展党建工作】一是指导开展党史学习教育。通过召开离退休党支部书记会议和离退休人员党史学习教育动员部署会，安排部署离退休人员党史学习教育活动；认真学习贯彻习近平总书记在党史学习教育动员大会上的讲话精神，组织老同志通过撰写文稿、观看广东老干部微信公众号"中共党史专题讲座"专栏、读好两本书（《论中国共产党历史》《中国共产党简史》）等形式，开展党史学习教育。二是指导开展庆祝建党百年系列活动。举行"见证建党百年华诞我自豪"恳谈会，结合支部活动，采取多种方式组织党员及其他老同志交流铭记中国共产党百年的奋斗历程、伟大贡献、宝贵精神，恳谈在党的教育下个人成长进步发展的深刻感悟及认识；开展"建党百年我讲党史传承正能量"活动。组织老同志结合自身实际回顾和讲述教育党建工作，以及党领导下教育事业改革发展进程；鼓励老同志积极参加省教育厅组织的庆祝建党百年书画诗词摄影展，充分展现离退休老同志的风采。老同志积极响应，踊跃参与活动，提交书法、绘画、摄影作品10多件，提交文稿作品30多篇，有16篇在《老干天地》刊登，其中，《退休"不言休"，离岗"不离党"》还被省委老干部局微信公众号"广东老干部"刊登；组织发动离退休老同志征集广东教育史宣传展览资料，助力广东教育史宣传展览馆建设。三是指导离退休党支部自身建设。草拟《离退休人员模范党支部创建方案》，从政治建设、组织建设、活动开展、作用发挥等方面提出初步的评分内容和标准，印发各离退休党支部征求意见，三个片区党总支书记和各支部联系人深入各支部参加支部活动，研究解决或收集各支部党建工作存在的困难和问题，促进各支部规范化建设。

【做好疫情防控常态化工作】一是加强宣传，将疫情防控措施落实到每一位离退休人员，强调减少人员流动、减少路途风险、减少人员聚集，非必要不离粤、非必要不到中高风险地区、非必要不出境，加强个人防护。二是及时将国家、省关于疫情防控的决策部署、有关文件精神传达到各支部，教育、引导老同志保持政治定力，坚定必胜信心，在做好自身防控的同时积极支持单位、社区开展联防联控工作。三是防疫工作力求做到精准细致。利用党总支和各支部微信群发布疫情防控提示，引导老同志强化自我保护意识，做好防范工作；建立健康信息报告制度，以支部为单位，通过微信、电话、短讯等多种方式定期了解、掌握每一位老同志的生活及身体健康等基本情况。老干信息管理统计系统以满分的成绩获得省委老干局的嘉奖。

【全力做好精准服务工作】一是注重人文关怀组织关心。春节、"七一"前夕、国庆中秋、重阳等节日走访慰问离退休老领导、老红军、老党员和困难、患病老同志400多人次，同时向老干部通报情况、听取意见建议，并致以问候和祝福。为98名老党员颁送"光荣在党50年"纪念章，引导其他同志向获得纪念章的老党员学习，鼓励他们继续发挥余热，为党旗增辉。慰问患病住院老同志45人次，帮助办理9名因病去世的老同志善后事宜；协助办理4名离退干部提高副省（部）长级医疗待遇和省（部）长级医疗费报销待遇；为厅机关和直属学校9名老同志申请困难补助8.5万元。组织委厅离退休干部前往南方医院体检；组织离休和副厅级以上退休干部到从化健康疗养；为离退休干部征订年度报刊。

二是开展"少跑腿暖心行动"。着眼老干部工作转型发展的需要，编制了《离退休人员服务工作指引》，包括《广东省教育厅新时期离退休人员公约》《离退休人员服务事项指引》《离退休人员互助服务参考指引》《离退休人员党群活动室制度》《各支部通讯录》等内容，做到一人一册。明确思想政治及意识形态底线，明确委厅部门及离退处人员职责，明确服务项目及流程，促进形成互帮互助机制，帮助他们解决医疗、学习、生活等方面的问题，使老同志足不出户便能了解各项服务的流程，精准做好离退休干部服务工作，引导老同志持续发挥互助精神。

三是开展"我能我智能"手机学习使用活动。在《老干天地》编印智能手机学习专刊，在各支部微信群发布智能手机使用简要指引，图文并茂地讲解智能手机使用常识，解决部分离退休老同志不会使用、不愿使用智能手机问题，帮助老同志适应新的组织生活方式，增强学习教育的感染力和吸引力，使老同志主动体验科技进步，共享信息化发展成果。

四是创建老干互助品牌，建立关爱互助机制。根据省教育厅离退休人员中高龄老人较多的实际，本着"处室牵引、支部主体、精准服务"原则，探讨建立"银铃互助"关爱互助品牌，帮扶互助，以老助老，循环往复，让老同志安享高质量的晚年生活。一是建档立卡。各支部建立老同志信息服务档案，记录老同志的家庭成员信息、经济状况、健康状况等。依托老干部信息系统，离退休人员服务处各联系人和各支部支委将支部老人情况进行分类，对独居、体弱多病老人制订"一对一互助"方案。二是包干挂钩。各支部建立互助小组，服务处联系人参加互助小组，每名小组成员挂钩联系2～3名老同志，制作发放联系卡等。三是探视制度。互助小组成员定期或不定期上门走访挂钩老同志，提供互助服务，如帮助购物送餐、陪同就医等。四是资源共享。服务处及时了解、掌握老同志生活中遇到的困难，将需要帮助的事项发布在支部群寻求帮助等，提供指引，互通有无，纾困解难。

（撰稿 林 青；审稿 邵子铀）

教育纪检监察

【综述】 2021年,广东省教育纪检监察工作以习近平新时代中国特色社会主义思想为指导,深入贯彻落实中央纪委和省纪委决策部署,聚焦主责主业,充分发挥监督保障执行、促进完善发展作用,深入推进党风廉政建设和反腐败工作,有力推动省级教育系统全面从严治党向纵深发展。

【强化政治监督】 驻省教育厅纪检监察组将各单位党组(党委)政治理论学习情况纳入必查科目,推动省直教育系统深刻认识"两个确立"的决定性意义,进一步增强"四个意识",坚定"四个自信",做到"两个维护"。推动省教育厅党组专题学习、研究全面从严治党相关事项11次,召开省管高校传达学习十九届中央纪委五次全会和十二届省纪委六次全会精神会议,推动省委教育工委召开全省教育系统全面从严治党工作视频会议,压实全面从严治党两个责任。加强对"一把手"和领导班子监督,推动教育工委、省教育厅出台贯彻落实加强对"一把手"和领导班子监督的工作措施,出台"一项制度"和"两份清单",细化主动接受监督的工作要求。主动参与省教育厅"三重一大"决策事项389项,提出意见建议89条。完善与驻在单位会商制度,召开首次专题会商会,提出意见6条。"室组"联动开展"平安高考"专项监督检查,督促推进教育"双减"工作落实。全年提供党风廉政意见回复1237人次,其中,对干部选拔任用回复291人次,做出"一票否决"8人次。积极组织开展党史学习教育,召开支部学习会24次,讲党课3次,组织现场革命传统教育2场,开展"我为群众办实事",完成民生项目6项,牵头帮扶清远市特殊教育。

【坚持有案必查】 驻省教育厅纪检监察组全年共受理群众来信来访来电网络举报1122件,其中,上级转办交办321件。坚持有腐必反、有案必查,全年立案36件36人,指导省教育厅机关纪委立案1人。积极探索建立"室组校地"联合办案机制,成功办理了系列案件,有关经验在《党风》杂志发表。坚持惩前毖后、治病救人,扎实运用"四种形态",审理案件10宗(其中处级干部7人),处理干部14人,给予党纪处分12人,政务处分5人。扎实纠治"四风"顽瘴痼疾,从严查处领导干部"四风"问题9件9人,查处节假日期间公车私用问题1件。深化以案促改,联系监督高校开展以案警示教育23场次。坚守安全底线,全年办案安全"零事故"。

【全程深度参与巡视巡察】 选派15名干部参与巡视工作,提供高校问题线索411条。推动教育工委完成19所高职院校巡察工作,发现问题1095项,问题线索128条,督促立行立改事项85件,提出意见建议130条,形成专题报告92份。推动召开省管高校巡视巡察整改工作推进会,推动建立教育工委(省教育厅)领导班子成员挂钩联系高校制度,压实巡视巡察整改责任。优先办理巡视巡察移送问题线索,处置巡视移送问题线索39条,立案9件9人;处置巡察移送问题线索78条,立案3件3人,发出快查快办提醒函30份、督办函14份,撰写《关于省属高职院校纪委履职和队伍建设情况的专题报告》。

【推动高校纪委建设】 完成对21所省管高职院校纪委书记的考核。会同省委教育工委全覆盖开展21所省管高职院校纪委建设和监督执纪专项检查,发现、反馈并推动解决问题115个。指导高校监督执纪工作200余次,21所省管高职院校纪委共受理信访举报170件,处置问题线索139条,立案17件,给予党纪处分9人,政务处分8人。

【加强队伍建设】 深入学习习近平总书记在党的十九届六中全会上的重要讲话和关于全面从严治党、教育工作的重要论述,认真学习中央纪委五次全会和省纪委六次全会精神,不断提升政治判断力、政治领悟力和政治执行力。坚持"双周学习制度",深入学习党言党语、纪言纪语、法言法语、教言教语。加强履职能力培训,组织高校纪委参加组织培训135人次,选派干部"以干代训""以案代训"191人次。制定印发《审查调查和日常监督工作纪律提醒》,严管严治,坚决防止"灯下黑"。

(撰稿 温燕欢 高琦;审稿 黄建固)

招生考试

【综述】 2021年,广东省教育考试院深入学习贯彻习近平总书记系列讲话精神和党的十九届六中全会精神,认真落实教育部、省委省政府和省教育厅党组决策部署,聚焦"服务考试、服务考生、服务育人"三项任务,坚持稳中求进工作总基调,坚持党建和业务同部署同推进,坚持考试招生和疫情防控两手抓,顺利完成各项考试、招生和改革任务。

全年组织普通高考、研究生考试、成人高考、高中学考等考试43场,共计1033万人、3722万科次,命制各类试题984套。完成普通高考、专升本、成人高考等15类招生录取,共计录取152万人。

【党建工作】 强化理论武装,始终把政治建设摆在首位。将学习习近平总书记系列重要讲话精神作为院党委会议第一议题和党委理论学习中心组学习常设议题,召开院党委会24期、党委理论中心组学习会5期。党员干部自觉运用党的创新理论凝心铸魂。广东省教育考试院党委被省直属机关工作委员会列为新一轮加强党的基层组织建设三年行动计划联系点。

落实重点任务,扎实开展党史学习教育。印发《关于开展党史学习教育的实施方案》《关于认真学习贯彻习近平总书记在庆祝中国共产党成立100周年大会上重要讲话精神的实施方案》。在官网、官微开设专栏,发布要闻26篇、参考文章109篇、原创稿件24篇,掀起党史学习教育热潮。扎实开展"我为群众办实事"实践活动,完成"推动新高考平稳落地"等3个重点民生项目。

加强党组织建设,创新开展党建活动。印发《2021年度广东省教育考试院基层党组织"组织生活周"活动实施方案》,制定《广东省教育考试院抓党建工作清单》。新发展党员4名,新增入党积极分子5名。从严从实开展专题组织生活会,共查摆问题38个,已完成整改33个。

夯实基层党支部建设,深化融入式党建。抓好支部常规学习,通过"三会一课"、主题党日、谈心谈话、分享会等形式加强支部建设。在高考录取、入闱命题等"急难险重"工作一线成立临时党支部,发挥党员先锋模范作用。

推进党风廉政建设,营造风清气正的干事氛围。扎实开展纪律教育学习月活动,引导党员干部强化责任担当。深入开展提醒谈话,全年共谈话提醒45人。履行招生录取执纪监察职责,及时处理和报告投诉举报13件次,移交驻厅纪检监察组问题线索1件,约谈涉嫌违规院校7所。

【普通高考概况】 2021年,广东省普通高考报名人数78.3万人,与2020年基本持平;其中,符合报考条件的外省户籍随迁子女考生共5.23万人,比2020年增加9069人。春季高考首次采用院校专业组模式进行投档录取,共录取考生24.9万人,比2020年增加0.4万人;其中依据学考成绩录取15.7万人,"3+证书"录取7万人,高职自主招生录取1.4万人。夏季高考考生63.6万人,实际参加考试60.7万多人,共录取考生46.05万人。全省21个地市共设考点537个、考场24554个(含广州市第八人民医院隔离考场2个),其中启用隔离考点19个,用于安排182名受疫情影响的考生(含2名确诊患者)考试,考务人员近8万人。高职扩招报名17.3万人,录取5.6万人。

【筑牢疫情防控"防火墙"】 将全省划分为三类地区,考点划分为四类考点,涉考人员划分为"七类人群"。考生考前14天连续健康状况监测和7天核酸检测全覆盖,考务人员除做到以上两个全覆盖外,还实现疫苗接种全覆盖。全省无1名考生因疫情缺考,实现了"健康高考、平安高考、暖心高考"的目标。

【新高考首考平稳落地】 科学合理制定志愿填报、投档录取等配套文件,确保新旧高考政策有效衔接、平稳过渡。抓实抓细高质量命题,实现高考历史和物理难度基本相当的目标,平稳推进以立德树人为核心的命题改革。录取结果呈现本科投档率创新高、考生志愿适配度高、专业调剂录取少、高校退档少的特点。

【中考概况】 2021年,全省高中阶段学校(含技工院校)招生计划126.97万人,其中普通高中招生计划65.44万人、中等职业学校(含技工院校)招生计划61.53万人。实际招生105.4万人,其中普通高中招生65.4万人,中职(含省属中职)学校招生30.5万人,技工院校招生9.5万人。

【开展中考加分情况调研】 向教育部报送《广东省中考加分情况及完善建议》,提出了散居少数民族学生中考加分的建议及今后工作打算。配合广东省民族宗教事务委员会指导惠州市做好风险评估，深入排查可能存在的风险隐患，统一宣传口径，稳妥化解矛盾。

【深化中考改革】 继续指导广州、深圳等6市开展中考改革试点；督促其余15个地市出台中考改革实施方案，13个市已正式印发实施。加强指导和督促，推进初中学业水平考试理化生实验考试。

【中高职贯通五年一贯制和三二分段工作】 指导各地市、招生学校做好五年一贯制和三二分段的招生宣传和计划编报工作。2021年，五年一贯制录取4372人；三二分段中职学段录取64428人，高职段63所高职院校共录取25141人，录取率为67.86%。

【普通高中学业水平合格性考试概况】 2021年，广东省普通高中学业水平合格性考试考生224.33万人。

【普通专升本考试概况】 2021年，广东省普通专升本招生考试考生12.3万人，比2020年增加4.4万人，增幅达55%；考点41个，比2020年增加14个。共录取考生6.35万人，其中，公办院校录取1.16万人，占18.31%；民办院校录取5.19万人，占82.72%。

【自学考试概况】 2021年，广东省共组织1月、4月和10月三次自学考试，共有22.83万名新生报名，报考规模120.3万人次、268.16万科次，报考人数和规模创历史新高，居全国首位。毕业生办理人数创历史之最，全年办理毕业5.7万人，比2020年增加1.59万人，大幅增长38.7%。

【社会考试概况】 2021年，广东省共组织中小学教师资格考试笔试、大学英语四六级考试笔试、计算机等级考试、英语等级考试、成人高等教育学士学位外国语水平全省统一考试、同等学力人员申请硕士学位外国语水平和学科综合水平全国统一考试、大学英语四六级口语考试7个项目12场考试，报考人数322.3万人，报考科次396.23万科次，与2020年相比（受新冠疫情影响，2020年上半年社考项目基本停考）分别上升42.84%和54.37%，完成评卷157.6万份、答题卡扫描536.9万份。

【硕士研究生招生考试概况】 2021年，全省30个招生单位招收硕士研究生5.75万人，全省17个博士招生单位招收博士研究生7022人，招生规模均有显著增加。

【成人高校招生考试概况】 2021年，全省成人高考报考62.8万人，再创历史新高。

【深化教育考试命题改革】 改变相对固化的试题形式，增强试题开放性，减少死记硬背和"机械刷题"现象。完成"一网两平台"（即卷库/题库平台、命题专家库管理平台和命题基地局域网）建设。完成省级命题骨干教师培训工作，开展全省中学、大学教师培训10期，共培训1224人。立项地理、历史等7学科8个课题研究项目，实现了命题成果省级科研转化零的突破。

【推进信息系统建设和升级优化】 2021年，广东省首次利用全国网上录取系统完成高考录取工作，实现自建系统与全国系统"双系统互验"功能。高考新生录取名册首次通过网络系统在线分发，实现全流程电子化。完善考点数据自动采集更新机制，打通地市网上巡查系统与省考务平台的数据通道，网上巡查实现"指哪打哪"功能。全面实现高考考生人脸核验入场，继续引入涉考地区和考点的气象、交通等数据。短信服务平台进一步优化，发送用时从25分钟缩短到15分钟。协调省直部门开展数据共享，新增户籍、居住证、资格证等数据。

【推进安全大运维模式】 2021年，广东省教育考试院印发《关于调整院网络安全和信息化领导小组成员的通知》，统筹全院网络安全、信息化项目采购等工作。综合运维管理平台建成上线，应急预案体系不断完善。信息化基础运维全年服务3971次，平均响应时间小于5分钟，均在5个工作日内完成。分5个阶段对自考系统进行4轮压测，成功定位问题，顺利解决堵点。

【推进标准化考点建设】 完成20所学校的21个考点检查验收工作。压实各方责任增加考位，下半年教师资格考试比上半年增加16.8万个考位，增幅达53.53%；新增河源等4个地市和南方科技大学共5个研究生考试新考点，实现21个地市研究生考试考点全覆盖。

【做好教育考试经费保障】 全面实现教育考试收费电子化，为考生缴费提供方便。稳步推进高考和高等教育自学考试收费标准调整工作，完成成本调查报告。按照考试项目编制全口径预算，加强考试成本控制。

【加强命题基地服务保障】 加强与所在地政府的联系沟通，与公安、保密等部门协同联动。做好后勤服务组织协调和监督管理，完成试卷印制监印任务。实施绿化、维修等工程，基地硬件明显改善。健全安全保密制度，工作开展有规可循。

【用心用情服务考生】 会同公安部门认真做好随迁子女在广东省参加高考报名资格审核，2021年

·教育综合管理·
GENERAL MANAGEMENT IN EDUCATION

夏季高考共录取随迁子女考生4.87万人，占随迁子女考生的93.3%。主动提醒考生和家长注意事项，发送各类服务短信2253万条。安排广州2名确诊新冠肺炎的考生在广州市第八人民医院隔离病房考场，顺利开考。

【创新宣传形式】以视频短片的方式宣讲新高考政策，阅读量最高突破67万次，被国务院办公厅作为"部分地方和部门政务新媒体典型经验做法"在全国推广。会同广东省教育厅高等教育处推出本科专业系列解读，为考生及家长了解高校专业提供权威渠道。通过广东省教育考试院官微、官网主动发声，2021年，官微共推送文章861篇；粉丝数共866万，同比增加217万。

【优化信访咨询服务】建设综合服务大厅，实现信访、咨询、话务三区一体。建立考试招生知识库，用智能化手段提高咨询解答率。印发信访咨询工作方案，建立网上咨询每周清零制度。全年共接待来访考生及家长3548人次，处理网络咨询1392件，接听电话73095人次。

【推进考试评价工作】完成普通高中学业水平选择性考试科目等级赋分评价，形成《广东省普通高中学业水平选择考适应性测试学科分析报告》和《2021年八省普通高考适应性测试学科试卷分析报告》。充实完善2021年高考年报体例，新增地市版、学校版。开展增值评价试点和考试"成绩报告单"工作。

（撰稿 李小丹；审稿 王魏锋）

教 育 研 究

【综述】广东省教育研究院坚持以习近平新时代中国特色社会主义思想为指导，在省教育厅党组领导下，深入学习贯彻习近平总书记重要讲话精神和党的十九大及十九届历次全会精神，着力建设高水平教育研究体系，服务教育高质量发展。

【建设高水平教育研究体系】一是扎实推进高水平教研体系建设。创新教研工作机制，以"三大抓手"为重点，为基础教育高质量发展提供教研支撑引领，得到教育部课程教材中心高度肯定。第一，组织开展广东省基础教育教研基地项目建设。首批遴选145个教研基地项目，其中学科教研基地89个、校（园）本教研基地30个、县（市、区）教研基地26个；研究制定广东省基础教育教研基地项目建设管理制度；组织开展项目启动暨负责人培训、项目实施方案论证和研讨会，各教研基地项目共开展教研活动（包括教研帮扶、送教下乡）1800多场，教研指导（包括专题讲座、课例展示等）3000多次，成果发表和获奖2000多项，2800多人次被评为省、市、区级名师、百千万人才工程培养对象、骨干教师等。第二，组织开展"南方教研大讲堂"活动，促进全省教研水平整体提升。全年开展各学段学科共26场"南方教研大讲堂"主题教研活动，打造被广大教师认可、具有广泛影响的教育教学研究示范平台、教研创新探索平台、教研成果交流展示平台，着力推进解决好中央关心、社会关注、群众关切的教育教学实际问题，线上总点播量达1402.06万次。形成每周大讲堂研究工作例会制度，精心研究打磨审核每一场活动内容，参与教师问卷调查整体满意度达99.68%。第三，组织开展"走进粤东西北教研帮扶活动"，促进缩小粤东粤西粤北与珠江三角洲地区的差距。省教育研究院学科教研员和各地教育教学专家323人次，先后深入5个地市10多个县区共117所中小学校、幼儿园开展教研帮扶，举行集体备课、组织专题讲座、同课异构400多节（次），直接带动2万多名一线教研员、教师，推动粤东粤西粤北基础教育内涵发展、"双减"提质，辐射带动全省教师队伍教研能力和专业水平提升。创设联动帮扶机制，推进珠江三角洲地区与粤东粤西粤北对口地市教研机构、学校"全口径""全方位""融入式"深度结对帮扶。受帮扶对象平均总体满意度达95%以上。第四，大力推动各地配齐教研员。制定人才引进办法，进一步提高教研员准入条件，教研员配置情况纳入《广东省推动基础教育高质量发展行动方案》考核指标和市县政府履行教育职责评价，截至2021年9月底，全省各地在编在岗专职教研员4052人，比2020年增长约75%。

二是聚焦教育高质量发展关键环节，深入开展教育理论与实践研究。第一，开展高质量教师队伍建设研究与实践。配合完成省政协《加强中小学教师队伍建设，促进全省基础教育高质量发展》议政专题调研报告，得到省委、省政府主要领导批示肯定。开展中小学教师综合评价改革研究，积极落实中共中央、国务院印发的《深化新时代教育评价改革总体方案》要求，撰写《广东省中小学教师职称制度改革政策实施情况报告》，配合修订《广东省中小学职称评审办法》《广东省中小学教师水平评价标准》。承担教育部教师司课题"高质量教师队伍建设指标体系研究"，充分借鉴发达国家和先进省、市教师队伍建设的典型经验，形成《我国高等教育教师队伍建设研究报告》。开展广东"新师范"建设研究，形成《广东"新师范"建设调研报告》《广东教师教育创新试验区案例报告》《"新师范"建设背景下公费定向师范生政策考察报告》等，《广东"新师范"建设调研报告》在全省"新师范"建设总结大会印发。承办第三届中小学（含学前教育、中职教育、特殊教育）青年教师教学能力大赛，推动全省21个地市组织1200多场次初赛、决赛，2万多名中小学教师参与研课磨课活动，"以赛促研、以赛促教"，促进教师教育教学能力和教学水平提升。举办全省基础教育教研员基础能力研修活动和骨干专题研修、首期中职专兼职教研员能力提升省级研修，线上线下4万人次参与。做好省属中小学教师职称评审工作。第二，主办第九届中国南方教育高峰年会。邀请知名专家学者与教育行政部门、教育科研机构负责人围绕"基础教育高质量发展：新理念、新路径、新举措"主题展开"云研讨"，51.48万人次在线观看。第三，编著出版《广东教育改革发展研究年度报告（2021）》。系统分析广东教育改革发展的新情况新问题新经验，提出新思路新任务新举措。第四，推进教育科技协同创新研究。指导STEM种子学校、领航学校及种子幼儿园开展课题研究和课程建设，推进STEM教育实验室建设；推动"同一堂课"MOOC（慕课）平台建设和网络教研活动大数据分析，获得4个外观设计专利授权；推进教研融媒体平台建设；升级"职业教育大数据调查分析平台"；"广东高校产业学院科创资源在线"获软件著作权。第五，积极承担国家、省教科研任务。获批全国教育科学"十四五"规划国家一般课题1项、教育部重点课题1项，省哲学社会科学规划项目一般项目1项、研究专项1项，省教育科学规划重点项目1项、一般项目6项，教育综合改革专项课题4项。获教育教学成果奖特等奖2项、二等奖2项。省教育研究院获得第六届全国教育科学研究优秀成果奖三等奖1项，在该奖项实现零的突破。第六，加强教育科研开放合作，联合华为技术有限公司、中国移动通信集团广东有限公司、拓维信息系统股份有限公司等信息技术龙头企业，佛山市南海区教育发展研究中心等教育研究单位以及多所试点学校，共同开展省重点领域研发计划项目"5G＋智慧教育"研究，共同打造5G与教育融合创新发展的示范和标杆，推动信息技术与教育教学深度融合，提高人才培养质量，促进教育公平和均衡发展。

三是推进"双区"教育发展及合作交流的研究与实践，服务"双区"建设。第一，深化粤港澳大湾区基础教育研究及交流合作。制定姊妹学校平台研究方案，举办中小学校长论坛，开展粤港"一课两讲"，推动STEM教育与青少年科技创新教育交流。开展"粤港澳义务教育学校内部质量评价体系研究"。第二，开展"双区"高等教育发展政策与制度研究，形成《粤港澳大湾区高等教育合作发展调研报告》；开展国家社科基金（教育学）重点招标课题之子课题"粤港澳大湾区教育一体化发展的制度创新研究"；开展广州市高等教育中长期发展政策研究，形成《广州市高等职业教育发展策略研究报告》《广州市民办高等教育发展策略研究报告》《广州市中外合作办学发展策略研究报告》等；深度参与东莞市高等教育高质量发展研究，参与撰写的《东莞市推动高等教育高质量发展的政府角色与作用发挥研究报告》被东莞市大学筹建办采纳。第三，开展粤港澳大湾区国际教育示范区研究。广东省哲学社会科学课题"粤港澳大湾区国际高等教育示范区建设标准研究"结题并获优秀等次。积极推进国家课题"粤港澳大湾区国际高等教育示范区政策支持体系研究"，有关成果在《大学教育科学》《高教探索》《中国社会科学报》等期刊发表。

四是指导基层一线实践，着力提高教育教学质量和办学水平。第一，开展普通高中新课程新教材实施研究，受委托制定《广东省普通高中新课程新教材实施省级示范区示范校评审方案》并组织评审工作，指导省级首批5个省级示范区、40所示范校建设。与广州市黄埔区人民政府签署合作办学协议，正式挂牌成立广东省教育研究院黄埔实验学校；协助完成教师招聘及教师队伍建设工作，指导开展组织班主任、心理健康少先队教育等专题培训；指导建立健全学校各项规章制度，指导申报各项课题。第二，加强职业教育教学实践指导，组织召开2021年广东省职业教育教科工作"教学改革项目研究"专题交流活动。第三，加强民办教育研究基地建设，主办民办教育研究基地工作会议、全省民办高校学科建设研讨会、民办教育广东论坛。第四，指导各

·教育综合管理·
GENERAL MANAGEMENT IN EDUCATION

学段学科教学教研。充分发挥省教育研究院8个省级名师工作室的辐射引领作用。开展全省学前教育"新课程"科学保教示范项目和学前阶段融合教育交流研讨,开展"面对面教研"活动7场。到8个地市开展特殊教育教研帮扶10场,到粤东粤西粤北10个市县开展校园足球送教宣讲。建立体育名师工作室联盟。举办全省中小学智慧课堂交流展示活动,编著出版《基于学习数据的适应性教学模式在薄弱学校的应用研究》。第五,培育推广优秀教学成果。遴选首批60项基础教育优秀教学成果推广应用。广东省特等奖教学成果"中职学生职业能力评测"现场展示推广活动直播点击量达71.65万。通过微信公众号宣传推广基础教育教学成果奖23项。第六,开展教育评估监测研究与实践引导。开展义务教育学校内部评价体系、地市级教研工作水平评价指标体系构建等研究。参与对16个市、30个县(市、区)、16所中小学、66所高校开展调研,确定48个综合试点、293个单项试点,开展教育评价质量监测实践探索。继续与珠海市联合开展普通高中教育质量监测研究与实践。研制《普通高中教育质量监测标准(修订版)》和配套监测工具,获文字著作权2个。积极申请师范类专业认证资质。

【提高教育治理制度供给水平】一是主动服务重大教育发展规划研究与实施。承担研制《广东省教育发展"十四五"规划》任务,指导部分市、区和高校编制教育发展"十四五"规划,研制《广东省教育研究院事业发展"十四五"规划》。其中,《广东省教育发展"十四五"规划》已由省政府于2021年9月23日印发(粤府〔2021〕63号)。二是积极参与政策文件研制。深度参与形成《广东省普惠性民办幼儿园认定、扶持和管理办法》《广东省"新师范"建设实施(2022—2025年)》《广东省民办高等学校年度检查实施办法》《广东省民办高等学校年度检查指标体系》《特殊教育示范学校建设指南(试行)》《广东省特殊教育提升计划(2021—2025年)》《广东省普通高中新课程新教材实施省级示范区示范校实施指南》,深度参与或协助完成《广东省人民政府关于我省民办教育工作情况的报告》《职业教育产教融合、校企合作情况调研报告》《"十四五"中等职业教育改革发展研究》《广东省初中学生综合素质评价指导意见》《广东省推动基础教育高质量发展行动方案》《广东省基础教育集团化办学研究报告》等。三是提升广东省教育研究院民主党派咨政建言能力。民盟广东省教育研究院支部承接民盟广东省委2021年度调研课题"关于义务教育校外培训(或校内托管)监管与改革的对策建议"调研任务,提交相关提案。该支部获得年度民盟广东省参政议政工作先进集体三等奖,并被授予"民盟广东省优秀基层组织"称号。

(撰稿 刘慧婵 蔡炜;审稿 傅湘龙)

教育期刊

【综述】2021年是"十四五"时期教育高质量发展开好局、起好步的关键一年。作为委厅教育宣传机构,广东教育杂志社(以下简称杂志社)围绕中心、服务大局,积极开展各项工作,助力广东省教育事业高质量发展。

【党建工作】一是在努力做好"三会一课"党建工作的同时,组织党员到广州市越秀公园参观《知党史·感党恩·跟党走——一百个广东党史故事》展览,到佛山市顺德区参观顺德抗日战争文物陈列馆,到广东省博物馆参观"红色热土 不朽丰碑——中国共产党领导广东新民主主义革命历史展"等,进一步提升党员党性修养。二是努力做好党史学习教育有关工作,贯彻落实习近平总书记在党史学习教育动员大会上的重要讲话以及有关通知和视频会议精神,组织党员线上学习中共党史专题讲座系列视频、中央党校中共党史公开课以及《中国共产党历史(第一卷)》,并组织开展"一日一读""一周一共学"党史学习教育。三是大力推进纪律教育学习月活动,组织党员深入学习领会习近平总书记关于全面从严治党、作风建设、纪律建设等方面的重要论述,进一步增强纪律意识。

【疫情防控工作】在杂志社新冠肺炎疫情防控工作领导小组的组织领导下,全社严格做好疫情防控工作。按照省教育厅和所在街道的要求,督促职工做好个人防护和核酸检测,每日向上级汇报情况,并有序组织职工接种新冠疫苗。2021年9月8日,杂志社派出3名党员和1名群众前往广州市越秀区德源里社区吉长里口袋公园核酸检测点做志愿者,助力抗疫。

【教育宣传工作】2021年,重点宣传了2021年

"百千万人才培养工程"省级培养对象走进乡村教育活动、广东各地各校开展党史进校园系列活动、广东高校开展疫情防控工作等，策划了"以高质量党建引领高质量教育""乡村优秀青年教师""以美培育时代新人"和"粤菜师傅"工程等专题，推出了中山市东升镇推进学校发展规划系列报道等，有力地传递了广东教育正能量。

【各刊编校工作】遵循杂志社"提品质，树品牌，办一流教育期刊"的办刊宗旨，坚持"质量第一"的原则，按时按质做好《广东教育》《广东第二课堂》《师道》《高教探索》等杂志的选稿、编辑、校对等工作，努力提升刊物的文化含量和学术影响力，为广大师生提供更优质的精神食粮。

【教育品牌活动】2021年，杂志社积极做好省教育厅主办的"淬炼师德师能，践行育人使命"师德主题征文及微视频征集活动、第十四届广东省中小学"暑假读一本好书"活动、广东省中小学"学百年党史，做时代新人"主题教育系列活动，并做好与广东教育学会联合主办的广东省第三届中小学书信活动的稿件征集和评选工作，顺利完成广东省校园摄影大赛有关工作，进一步提升了社会效益。

【新媒体工作】在新冠肺炎疫情常态化防控背景下，积极配合省教育厅做好疫情防控宣传、学生心理调节和安全教育等工作。在"广东教育传媒"微信公众号推送的一系列相关文章被省教育厅、各地市教育局公众号转发，受到了广大师生和家长的欢迎。截至2021年11月26日，共推送文章1700多篇，阅读量超1700万人次；推送短视频600个，播放量2000多万，产生多条"10万+"推文及百万播放量的短视频。此外，为更好地传播广东教育好声音和正能量，"广东教育传媒"开通了南方号、视频号，加大了短视频的制作力度，积极参与广东省教育系统多项重要活动的直播。

（撰稿、审稿　广东教育杂志社）

语言文字工作

【综述】2021年，广东省以习近平新时代中国特色社会主义思想为指导，认真落实习近平总书记对语言文字工作的重要指示批示，落实全国、全省语言文字会议精神，坚持和加强党对语言文字工作的全面领导，完善语言文字工作委员会工作体制，实施国家通用语言文字普及提升工程、推普助力乡村振兴计划和中华经典诵读工程，大力推进语言文字服务粤港澳大湾区建设等国家重大战略，做大做强广东语言文字活动品牌，以优异成绩庆祝建党100周年。

【语言文字体制机制建设和条件保障】成立广东省语言文字工作委员会（以下简称省语委），落实成员单位工作职责。2021年7月8日，广东省人民政府办公厅印发《关于成立广东省语言文字工作委员会的通知》（粤办函〔2021〕223号），省语委正式成立，由分管教育工作的副省长任主任，省政府协调教育工作的副秘书长、省教育厅厅长任副主任。确定省语委成员单位及成员名单，落实各成员单位职责并通过省领导审批后印发。

贯彻全国语言文字会议精神，建立健全语委工作机制。2021年1月，广东省教育厅副厅长那佳在教育部举办的2021年全国语言文字工作会议上做了题为《发挥语言文字基础作用　助力国家重大战略实施》的经验交流发言。1月，广东省教育厅印发《王曦副省长在全省语言文字会议上的讲话》，要求"各级党委和政府要加强对语言文字工作的领导和支持，切实把语言文字工作纳入政府议事日程和相关工作绩效管理目标，加大经费保障力度，建立健全工作机制，加强工作机构和干部人才队伍建设"；省语委着手全面推进建立健全省语委、市语委和高校语委工作体制机制。

【中华经典诵写讲大赛】2021年4月至8月，以"传承中华经典，庆祝建党百年"为主题举办2021年"中华经典诵写讲大赛"广东省四项大赛。四项大赛共收到作品5 022件，794件作品获得省级奖项，849件作品被推选参加国家级比赛，有470件作品获国家级奖项，获奖比例超55%。广东省语言文字工作委员会办公室获评全国优秀组织单位。

【广东语言文字活动品牌】2021年1月，广东省教育厅举办第十二届广东省规范汉字书写大赛优秀作品展——"同心抗疫　翰墨寄情"。江门市教育局"少年中国说——粤港澳台暨海外华裔青少年文化交流品牌活动"、深圳大学"唤醒耳朵——湾区大学生艺术诵读公益推广活动"入选国家语言文字工作委员会（以下简称国家语委）"全国语言文化活动品牌优秀案例"，居全国前列。教育部遴选广东省承办"中国诗词大会"(南方片区),并给予经费奖补。

【粤港澳大湾区及海外语言文化交流合作】 一是发挥区位优势,继续开展"粤港澳姊妹学校中华经典美文诵读会演"等活动。二是经教育部授权,开展港澳居民普通话水平测试。已对236名港澳居民进行了测试。三是广东省语言文字工作委员会办公室(以下简称省语委办)与华南师范大学国家语言文字推广基地共同承办教育部"粤港澳中小学教师普通话推广及教学能力提升班",支持、指导广州大学举办教育部委托的第六届中华经典诵读港澳展演交流活动。四是暨南大学于2021年度共举办海外华文教师线上考试350场,13个国家50多所华文学校和组织参加考试,考试人次近万人。

【语言文字科学研究】 指导广州大学开展粤港澳大湾区语言生活与语言规划研究,发布《粤港澳大湾区建设中的语言问题》《粤港澳大湾区会展官网的语言服务》《粤港澳大湾区的四大基本语言建设》等报告,编制完成《粤港澳大湾区语言生活状况报告》。2021年6月,广东省教育厅与教育部语信司、广州大学共建的"国家语言服务与粤港澳大湾区语言研究中心"推出学术精品《粤港澳大湾区语言生活状况报告(2021)》,由教育部、国家语委在北京发布。《广东践行"语言服务"理念 将语言文字工作做深做实》入选国家语委组编的《中国语言文字事业发展报告(2021)》。

【推广普通话宣传活动】 实施国家通用语言文字普及攻坚工程。全省国家一类、二类城市语言文字工作评估完成率达100%。大力开展第二十四届推广普通话宣传周活动,协调广东卫视等30多个电视台发布新闻报道,24小时滚动插播推普公益宣传片、"诵读中国"优秀红色经典作品,在学习强国、南方日报等主流媒体播发有关报道。

【普通话水平测试】 省语委办把开展普通话水平测试作为党史学习教育"我为群众办实事"的工作来抓,切实提高政治判断力、政治领悟力和政治执行力,建立每月通报制度,在抓好新冠疫情防控的前提下,扎实推进全省普通话水平测试工作,成效显著。2021年,全省共完成普通话水平测试2 042批次,考生603 913人次,为2020年测试总量的168.4%,创历史新高,超额完成年度目标测试量(568 436人次)。

【语言资源保护工程广东项目】 推进语言资源保护,积极打造广东省语保工程(一期)标志性精品成果《中国语言资源集·广东》(500万字,16大册),已交中国社会科学出版社高质量出版;启动语保工程(二期)广东项目,共获批20个濒危方言调查点。其中,2021年启动的5个调查点通过中国语言资源保护研究中心中期考核。教育部、国家语委授予省语委办"中国语言资源保护奖"先进集体牌匾。

【推进语言文字基地建设】 支持广州大学、岭南师范学院建设国家语言文字推广基地,最终广州大学获批国家语委第二批国家语言文字推广基地。

【"红色经典润乡土"项目】 实施民族地区、农村地区推普助力乡村振兴工程。自2018年以来,面向民族地区不具备普通话沟通能力的青壮年农民进行专项培训,同时鼓励民族地区学生帮助家长提高普通话水平。2021年着力推进"红色经典润乡土"项目,开展以"百年征程传薪火,红色经典润乡土"系列活动,该项目得到教育部经费奖补。

【"童语同音"计划】 实施对口帮扶推普助力乡村振兴工程。着力推进"童语同音"计划。华南师范大学、广东省外语艺术职业学院入选学前儿童普通话教育"童语同音"计划实施单位;指导华南师范大学国家语言文字推广基地在四川攀枝花仁和区以"国家通用语言文字应用能力培训"为主题,面向100名西北地区幼儿教师展开职业技能培训。

【大学生暑期社会实践活动】 扎实推进"推普助力乡村振兴"大学生暑期社会实践活动。广东省104支团队入选教育部2021年"推普助力乡村振兴"全国大学生暑期社会实践志愿服务国家级团队,居全国第二位。广东省参照国家做法,评选出省级优秀团队并颁发荣誉证书。

【语委干部等人员培训班】 2021年11月,举办2021年省语委办干部素养提升培训班暨普通话水平测试站工作人员培训班。培训班学习贯彻党的十九届六中全会精神,总结全省语言文字工作,邀请专家对提高中华经典诵读写讲大赛水平、做好国家普通话水平测试系统新版本推广等工作进行了培训。全省共77名语委干部和普通话水平测试工作人员参加了培训。

【国家通用盲文和国家通用手语推广工作】 2021年11月24日,广东省教育厅副厅长那佳和省语委办负责同志参加"十四五"国家手语和盲文工作部署视频会,与省残联共同推进"十四五"国家手语和盲文工作的开展。

(撰稿 冯成志 钟伟强;审稿 朱建华)

毕业生就业创业

【综述】受疫情常态化防控、经济下行压力加大及全省高校毕业生就业人数创新高等因素叠加影响，2021年广东省高校毕业生就业形势依然复杂严峻。在教育部和省委、省政府正确领导下，广东省教育系统全面贯彻党的教育方针，提高政治站位，加强部门联动，加大政策支持，提升就业创业精准指导服务水平，深化高校创新创业教育改革，攻坚克难，多措并举，确保高校毕业生更高质量和更充分就业，确保全省高校毕业生就业局势稳定。遴选2021年广东省高校就业创业"金课"26门，其中有3门（全国共21门）课程获评全国"金课"。广东省"职业生涯咨询工作室"项目获全国2021年高校职业生涯咨询特色工作室立项。在第七届中国国际"互联网+"大学生创新创业大赛中，广东学校共获27金（含萌芽赛道）53银，广东省获主职赛道省市优秀组织奖和红旅赛道省市优秀组织奖。广东省就业创业工作得到各级领导的充分肯定，2021年12月作为唯一省级教育行政部门，参加教育部"办实事，见实效"系列新闻发布会，并在发布会上分享"广东经验"。

【就业概况】2021年，广东省普通高校共有毕业生64.2万人，除去因休学、肄业等未取得毕业资格的学生，实际参加就业的毕业生62.3万人，比2020年增加了5.21万人，增幅为9.11%。高校毕业生就业去向落实情况总体稳定、稳中有升。从就业单位性质看，到机关、事业单位、部队和国有企业就业比例为20.86%，到三资企业和其他民营企业就业比例为79.14%。从就业行业流向看，制造业，信息传输、软件和信息技术服务业，批发和零售业等行业占据了行业流向的前三位，共吸纳约40%的已就业毕业生。自主创业毕业生人数为4163人，创业率为0.67%。从就业地区流向看，超过80%已就业毕业生在粤港澳大湾区就业。超过90%毕业生对就业现状和母校均感到"满意"或"较满意"。超过90%用人单位对招录的毕业生感到"很满意"或者"满意"。

【主要举措】一是出台积极的就业政策措施。实施"2021届广东省普通高校毕业生就业创业促进行动"，推动出台《广东省进一步稳定和扩大就业若干政策措施》（3.0版）和《2021年广东省高校毕业生就业创业十大行动方案》，多方施策，促进高校毕业生就业创业。

二是提供更加充足的就业岗位。联合省直有关单位落实政策性岗位18万个。面向全省2021届高校毕业生共开展809场不同区域、不同行业、不同形式的系列供需见面活动，共有15.6万家企业参加，累计提供就业岗位642.12万个。

三是进一步提升就业指导服务水平。建立职业指导师联系制度，要求高校为每个班级配置1名就业指导老师。通过"广东大学生就业创业"微信公众号和小程序，全程、全员、全方位对全省大学生开展就业育人活动。以赛促教，顺利举办第十届广东省大学生职业生涯规划教学大赛，共有120所高校的3138名教师报名参赛，有效提升就业指导教师能力水平。依托广东省高校毕业生就业创业智慧服务平台，加强毕业生求职需求与用人单位的岗位需求的精准匹配。强化就业育人效果，打造精品课程，遴选2021年广东省高校就业创业"金课"26门，其中有3门（全国共21门）课程获评全国"金课"，占全国的1/7。打造名师工作室，广东省"职业生涯咨询工作室"项目获全国2021年高校职业生涯咨询特色工作室立项，发挥了较好的示范带动作用。

四是深化高校创新创业教育改革。举办第七届中国国际"互联网+"大学生创新创业大赛广东省分赛，将创新创业教育贯穿人才培养全过程，营造良好的创新创业氛围。2021年广东省参赛报名项目达25.09万个，参赛学生超102万人次。在全国总决赛中，广东学校共获27金（含萌芽赛道）53银，其中，高教主赛道金奖6个，"青年红色筑梦之旅"赛道金奖3个，职教赛道金奖8个，产业命题赛道金奖3个（全国第一），萌芽赛道创新潜力奖7个（全国第一）。获金奖数和获奖总数均居全国第三，实现了走在前列的参赛目标。广东省获主职赛道省市优秀组织奖和红旅赛道省市优秀组织奖，华南理工大学获主职赛道高校集体奖和国际项目优秀组织奖，广州大学获红旅赛道高校集体奖。开展第四届粤港澳大湾区创新创业项目对接洽谈活动，精心打造了线上资源对接平台，将参与项目分为9大类，融资意向额共计2.88亿元，参与投资机构达212

·教育综合管理·
GENERAL MANAGEMENT IN EDUCATION

家，参与活动项目数308个，刷新历史最好纪录。开展第四批创新创业教育示范学校动态调整活动，发挥好创新创业教育示范引领作用。

五是营造良好就业创业氛围。开展广东省2020届普通高校毕业生就业创业工作典型经验集体和个人遴选，遴选就业工作集体典型经验72个，创业工作集体典型经验68个，就业工作个人典型经验166个，创业工作个人典型经验152个，激发就业创业工作队伍工作热情。做好普通高校毕业生就业创业普法宣传，引导毕业生树立健康、积极、理性的就业心态。

六是助力抗疫，为毕业生办实事。顺应疫情防控常态化要求，充分利用广东省高校毕业生就业创业智慧服务平台，提供就业手续全流程数字化一站式办理服务，实现电子报到证申领、签订电子就业协议和调整改派"零跑动"，疫情期间不见面办理就业手续，为师生身体健康保驾护航。统筹全省岗位资源为因疫情封闭管理的广州新华学院举办线上专场招聘活动，用心、用情为毕业生稳就业创造便利条件。

（撰稿　吴小明；审稿　周昭国）

教育装备

【综述】2021年，广东省教育装备系统坚持以习近平新时代中国特色社会主义思想为指导，认真贯彻落实省委、省政府和省教育厅决策部署，聚焦教育装备主责主业，服务教育改革发展大局，深入开展党史学习教育，积极推进"我为群众办实事"实践活动，不断推动教育装备高质量发展，教育装备标准体系逐步完善、管理能力显著增强、应用水平不断提升、服务基础教育高质量发展的作用进一步彰显，各项工作取得显著成效。

【中小学教育装备】2021年4月12日，广东省教育厅举办了"广东省中小学书香校园研讨暨表扬活动"。省委教育工委委员，省教育厅党组成员、副厅长李璧亮。省委宣传部、省出版集团、广东新华发行集团有关领导，省教育厅基础教育与信息化处、思想政治工作与宣传处有关同志，各地市教育装备部门负责同志，以及"书香校园"建设系列活动评审代表、行业专家、获奖代表等60多人共同参加了活动。

5月25日，省教育厅在中山市组织召开2021年全省教育装备工作会议。会议深入学习贯彻习近平新时代中国特色社会主义思想和习近平总书记关于教育的重要论述，贯彻落实全省教育工作会议精神，总结2020年教育装备工作，交流各地工作经验，部署"十四五"及2021年教育装备工作。省委教育工委委员，省教育厅党组成员、副厅长李璧亮出席会议并讲话。汕头市教育局、韶关市教育局、广州市教育局、深圳市教育局、佛山市教育局、东莞市教育局、中山市教育和体育局分别做交流发言。

7月30日，教育部教育装备研究与发展中心与广东省教育装备中心举行《广东省中小学阅读空间建设与管理指南》项目启动仪式。教育部教育装备研究与发展中心副主任赵宪志参加仪式。

9月10日，广东省教育装备中心组织召开实验操作考试装备座谈，围绕"加强实验操作考试装备建设，确保我省实验操作考试顺利高效进行"开展专题研讨。教育部教育装备研究与发展中心科研处处长刘强、首都师范大学教授艾伦、广东省教育装备中心主任林锡江、各地市教育装备部门负责人及业务骨干、有关企业代表共100余人参加研讨。

10月，广东省教育厅举办"2021年广东省中小学实验教学说课活动"，237名由各地市教育部门和学校推荐的优秀教师参加了此次活动，共评出一等奖66名、二等奖76名、三等奖90名，此次活动以赛促教、以赛促学，推动中小学实验教学广泛开展，进一步发挥实验教学育人功能。10月16日，首届广东省中小学实验教学优秀成果展示交流（送教下乡）湛江站活动在湛江市爱周高级中学举办；10月30日，首届广东省中小学实验教学优秀成果展示（送教下乡）潮州站活动在潮州市湘桥区意溪中学举行，两地市教育行政部门负责教育装备工作的领导，中小学校长和教师共约500余人参加了现场交流活动，全省有5万余人次在线观看网络直播。10月21—22日，"2021年广东省中小学图书管理员宣讲活动"粤东专场在汕头市金山中学举办；11月18—19日，粤北专场活动在清远市广铁一中外国语学校举办。粤东、粤北地区负责图书装备的同志，中小学校长和图书馆馆长共约250人参加了现场宣讲活动，全省有3.4万人在线观看网络直播。

11月，广东省教育厅举办"2021年广东省中小学实验精品课遴选活动"，各地市教育部门和学校共推荐1 003节课参加此次活动，249节课入选广东省中小学实验精品课。此次活动充分调动广大教师投身课堂教学的积极性和创造性，汇集优质教学资源，服务教师学生，为学生预习、复习、开展探究式和项目式学习提供服务。

12月，广东省教育厅举办"2021年广东省中学物理和小学科学实验操作与创新技能竞赛"。经过校、县、市层层选拔，203名优秀教师参加省级竞赛，共评出一等奖40名、二等奖66名、三等奖87名，创新奖47名。广州市教育局等9个地级以上市教育行政部门获得广东省中小学实验教学技能竞赛系列活动优秀组织奖。广东省中小学实验教学技能竞赛系列活动是贯彻落实《广东省教育厅关于加强和改进中小学实验教学的实施意见》的重大举措，能进一步提升教师的实验教学能力，推进基础教育高质量发展。12月，广东省教育装备中心组织20名优秀教师参加由教育部装备研究与发展中心举办的"全国中小学优秀自制教具展评活动"，广东省代表队取得历届活动最好成绩，7个作品获一等奖，12个作品获二等奖，1个作品获三等奖，4名优秀教师获评"全国优秀自制教具能手"。根据团体总分排名，广东省教育装备中心获团体奖第三名和优秀组织奖。

【高等教育装备】2021年1月27日，向省政府呈报《广东省教育厅关于学校实验室危险化学品管理工作情况的报告》（粤教装备〔2021〕1号），受到省长马兴瑞、常务副省长林克庆、副省长王曦的批示肯定。6月21日，副省长王曦到暨南大学调研指导实验室建设与安全管理工作，对相关工作给予肯定。

（一）全面排查校园实验室安全隐患

4月25日，下发组织开展2021年度高等学校实验室安全检查工作的通知，部署全省高校实验室安全自查工作。

5月，全省高校共排查出2 876个实验室安全隐患，立行立改了1 728个安全隐患，对未及时整改的1 148个隐患问题制订了整改方案，按照闭环管理要求于2021年底全部完成整改。5月11日，组织全省参加教育部2021年高校实验室安全现场检查启动暨工作交流会，启动全省年度实验室安全检查工作。全年共分7批次对各高校和地市部分中学实验室开展实验室安全检查指导。5月，派出2个检查组，对分布在广州、珠海、阳江、云浮4个地市的南方医科大学、广东药科大学（云浮校区）、珠海科技学院、阳江职业技术学院等19所学校的实验室安全管理工作进行了实地检查。

6月30日至7月2日，对阳江、江门2个地市的五邑大学、广东南方职业学院等8所学校进行检查。

8月26—27日，对广东工业大学（揭阳校区）、揭阳职业技术学院、潮汕职业技术学院等7所学校进行现场检查。8月31日和9月1日，对华南师范大学、广东工业大学、广东外语外贸大学等6所学校进行检查。

9月23—30日，对华南农业大学、广东技术师范大学、广州铁路职业技术学院等20所学校进行了现场检查。

10月4—5日，对揭阳技术职业学院、潮汕职业技术学院、汕尾职业技术学院、华南师范大学（汕尾校区）等4所学校进行现场检查。

12月23日，转发《教育部办公厅关于开展加强高校实验室安全专项行动的通知》，对照专项行动的总体要求、行动目标、9项具体任务，部署全省高校全面落实实验室安全责任。

（二）加强实验室安全宣传教育

10月下旬至11月上旬，结合"我为群众办实事"计划，组织专家开展"送教上门"活动。先后赴阳江、韶关、梅州、汕尾4个地市，为近1 000名实验室管理人员开展实验室和危险化学品安全教育宣讲、培训活动，提高了相关人员的业务能力。

12月3日，采取"线上+线下"相结合的方式，在南方医科大学举办全省教育系统实验室安全建设与管理教育宣讲活动，共2万人参加。省委教育工委委员，省教育厅党组成员、副厅长李璧亮，省应急管理厅二级巡视员丁林出席活动并讲话。清华大学教授艾德生做了题为《实验室危险化学品安全基础与技术路径》的专题讲座，华南理工大学、南方医科大学、广州市教育局介绍了实验室安全管理经验，与会人员参观了南方医科大学中西医结合证候实验室和中心实验室。

【教育采购管理】2021年3月16日，征集出台《2021年广东省教育部门进口产品清单》。根据省财政厅《关于规范省级单一来源采购方式审核和进口产品核准管理有关事项的通知》，通过前期发布需求公告向社会广泛征求意见、以绩效为导向严格清单准入标准、首次邀请优秀国产产品供应商代表参与专家论证等，精准对焦科研和教学任务，提高清单的"含金量"。

4月2日，启动广东教育"新政策 鲜解读"政府采购线上学习项目。按照"统一部署、分类指导、精准谋划、互助研讨、统筹推进"原则精心组织，采用业务与党史、线上与线下、理论与实践、自主学与集中学、校内与校际学习相结合的方式，紧贴改革脉络，开设"中国政府采购制度改革""政府采购需求管理办法解析"等系列课程，打造一个随时随地学习的移动学习平台，着力解决政府采购人员专业素养不高、培训机会少、知识观念更新不及时等问题，被列入省教育厅"为群众办实事"清单。截至10月6日，视频学习累计达21 086人次，音频学习累计达25 143人次，阅读量达37 158人次。

6月1日，省教育装备中心印发《广东省省直教育系统政府采购负面清单》（粤教装备函〔2021〕5号）。针对政府采购文件编制中存在的评审因素设置违法、涉嫌歧视待遇等突出问题，制订负面清单以提高政府采购文件编制质量，规范省直教育系统政府采购各方当事人的采购行为，持续优化政府采购营商环境。

9月26日，省教育厅举办首届广东高校"岗位大练兵 政采我最行"业务知识技能竞赛。竞赛采用"线上初赛+线下复赛"两级赛制，共有67所公办高校、268人报名参加初赛，20人获评"最佳选手"，20支队伍脱颖而出进入线下复赛。竞赛充分展现了高校政府采购人员在学知识、练本领、见行动上争先创优的良好精神风貌，搭建了交流互鉴、切磋业务、提升能力、团结协作的互动平台，实现了"以赛促学，以学促干"的竞赛目的。

11月25日，举办2021年广东省教育系统政府采购工作培训班。培训采取线上线下同步直播方式，围绕"练本领·强内控·集众智·惠教育"主题，采用"分组座谈+课堂教学"的方式，交流总结各单位深化政府采购改革的经验与亮点，共有省教育厅机关、直属单位、省属高校、中职学校等单位约200人参加了培训。

【世行贷款项目】6月1日，省委教育工委委员，省教育厅党组成员、副厅长李璧亮主持召开世行贷款广东省欠发达地区义务教育均衡优质标准化发展示范项目领导小组工作会议。会议听取了世行贷款项目管理办公室关于世行贷款项目实施情况的汇报，研究了世行贷款项目领导小组的人员构成、职责分工以及解决世行办人员问题的方案。会议提出更新项目领导小组成员名单，明确项目领导小组成员单位职责分工；要求组织精干力量参与项目办工作，切实加强队伍建设管理，保障项目顺利实施。

10月12日，广东省教育厅召开世行贷款项目领导小组工作会议，省委教育工委委员，省教育厅党组成员、副厅长李璧亮出席会议并讲话，省教育厅二级巡视员黄友文出席会议并部署相关工作，领导小组各成员单位有关负责人出席了会议，省教育厅世行办全体人员列席了会议。李璧亮指出，要紧紧围绕探索、借鉴两方面主题，认清世行贷款项目对推进广东省义务教育高质量发展的重大意义，要求各成员单位和相关处室重新学习、重新思考，进一步提高认识，进一步加强沟通协调，积极开展宣传工作，确保世行贷款项目安全顺利推进、按时保质完成。

11月19日，广东省教育厅在广东省外语艺术职业学院五山校区召开了世行贷款项目实施工作座谈会，总结、通报了全省世行贷款项目整体实施进展情况，分析研判了项目实施以来遇到的问题和困难，研究部署了下一阶段工作。承担世行贷款项目的县（市、区）教育局代表汇报了各地项目实施进展情况，交流了工作经验。

12月13—24日，世界银行开展项目中期调整前督导工作，督导采取线上、线下相结合的方式进行，世行专家团队和省教育厅世行办全体成员参加。世行团队审查了各子项目实施进展情况，评估了项目发展目标实现情况，对中期调整准备工作给予指导并商定了中期调整需讨论和决议的事宜。

2021年，世行贷款项目精心组织、加速推进。一是超额完成优质资源"班班通"教学平台采购任务。在完成原配备计划15 200套的基础上，利用结余资金开展第三批采购，增加配备优质资源"班班通"教学平台19 250套。二是加快推进标准化课室和农村艰苦边远地区教师周转宿舍建设。积极与省发展改革委、省财政厅沟通，加强对进度偏慢项目县（市、区）的指导。标准化课室建设累计完成投资13 660.03万元，占投资估算23 950万元的57.04%；农村艰苦边远地区教师周转宿舍建设累计完成投资28 060.25万元，占投资估算45 500万元的61.67%。三是稳步开展小学全科教师培养工作。指导4所培训承办院校做好农村小学全科教师的培养工作，建立定期报送小学工作进展情况制度。四是精心组织教师培训项目。推动各地、各培训承办单位在做好疫情防控工作的前提下，加快实施教师培训项目。校长能力提升项目、骨干教师能力提升项目以及小规模乡村学校、教学点的教师全科教学能力提升项目、"班班通"教学平台项目学校教师应用培训项目已按计划顺利完成，共培训教师22 600名。9月，开始对教师培训项目实施情况进行验收。五是扎实开展学校对口帮扶项目。2021年3月，将第一学年度工作经费共5 000万元拨付给500所支援学校。从秋季学期开始，组织开展第二学年的对口帮扶工作。11月，印发《广东省教育厅关于组织开展世行贷款学校对口帮扶项目验收工作的通知》，组织对第一学年实施情况进行验收。六是顺利实施农村留守儿童关爱服务。4月，将第一年工作经费675万元拨付给项目学校。从秋季学期开始，组织开展第二学年的项目实施工作。11月，组织对第一学年实施情况进行验收。七是顺利实施特殊儿童随班就读保障服务。4月，将第一年工作经费325万元拨付给项目学校。从秋季学期开始，组织开展第二学年的项目实施工作。11月，组织对第一学年实施情况进行验收。八是稳妥开展标准化流动实验室服务采购工作。12月，完成2间标准化流动实验室服务采购工作，与服务提供商签订合同。计划从2023年春季学期开始在吴川市、电白区开展试点工作。

（撰稿　黄晓滨　杨文金　廖　帆　陈　亮　郑双东　苗付顷；审稿　林锡江）

政 务 服 务

【综述】2021年，广东省政务服务工作坚持以习近平新时代中国特色社会主义思想为指导，贯彻落实国家和省各项政策部署，不断深化党史学习教育"我为群众办实事"实践活动，顺利完成各项工作任务，做到政务服务有突破、政务微信有亮点、推进巩固拓展教育脱贫攻坚成果同乡村振兴有效衔接有实效、新承担的省内教育脱贫攻坚工作有举措。

【政务服务有突破】把加快推进"互联网+政务服务"作为深化"放管服"改革的关键之举，持续提升政务服务能力，推动线上线下两个窗口全面融合。一是打造"互联网+政务服务"一体化升级版。动态化管理已取消和下放的行政审批事项，调整后的70项行政权力事项和37项公共服务事项全部进驻"广东政务服务网"，2021年共受理业务38 875单，比2020年增加50%；优化事项目录、办理材料和业务表单等方面存在的缺陷，及时处理各地市在实施标准化过程中反馈的问题；推动移动端同源同质管理，将已进驻粤省事平台、粤商通平台的16个事项纳入省政务服务事项管理系统管理并上线政务服务网提供一致的服务，将行政处罚等三类24个事项数据迁移至省政务服务事项管理系统，实现省统一申办受理平台与粤政易联动提醒；在省政务大数据中心上编制审批结果可供共享的数据资源目录，实现45项服务事项审批结果共享；通过前置机上报线下办理业务的办件数据，并协调省教育考试院及数字广东成功修复自考管理系统办件故障，重新推送自考数据3万多条。二是提供有温度、有态度、有速度的便民服务。在政务大厅积极开展"党员先锋岗"创建活动，窗口人员当好"办事员""咨询员""宣传员"三员角色，做好行政许可和公共服务事项现场受理工作并耐心解答群众现场咨询，全年通过窗口受理"中小学地方课程教材审定""省外高校设立函授辅导站"等事项办件83单、接受现场咨询约4 200人次；高质量做好"12345"热线受理工作，打通厅内部热线工单承办渠道，使工单"派单、接单、办理、回单"高效便捷畅通，确保群众咨询2天内回答，群众求助4天内办结，群众投诉、建议、举报10天内回复，全年共受理咨询、求助、投诉等777单，比2020年增加89%，整体满意率为90%。做好政务公开工作，通过省教育厅网站主动公开政府信息5 228条，受理信息公开申请156例，按时回复率达100%。三是推进政务服务"减时间、减跑动、立即办"。对标对表全国最佳，优化"两减一即"指标，做好国务院办公厅组织的省级网上政务服务评估迎检及各项整改工作。行政许可时限压减率从76.31%优化至89.07%，28项行政许可实现零跑动，即办件比例从10.71%优化至39.29%，"高等学校章程核准"由法定60天办结优化至6天办结，"办理自学考试成绩证明"从原来线下申请7个工作日办结优化为网上申请立即出证。清理不必要证明事项，修订相应办事指南，规范电子证照共享类型，做好各地市教育局电子证照目录审核，全年共签发约42万张电子证照。

【政务微信有亮点】"广东教育"政务新媒体坚持以人民为中心的发展思想，深化政务公开，积极传播党和政府声音，以创新方式提升解读回应效果，用群众喜闻乐见的形式讲好教育故事,办好群众事情,畅通互动渠道,听民意、聚民智、解民忧、凝民心,走好网上群众路线。一是及时发布重大资讯,让群众安心、放心。全年共推送资讯1200多篇,累计阅读量约5000万人次,关注用户达252万人,是全省教育系统和广大师生及社会各界了解广东省教育厅政策信息、工作动态的主要渠道。为更好满足人民群众对权威教育资讯的需求,"广东教育"通过密切与厅内各部门、各地各高校及省内权威纸媒网媒的联系,畅通信息报送渠道,落实关键时期7×24小时轮值制度,不断提高反应速度,做到"政策一签发,官微马上见,消息不过夜",权威资讯比谣言跑得更快、传播得更广,确保群众关注有回应、群众疑问有解答、群众需要有服务。2021年7月24日,厅政务新媒体"第一时间"跟进发布《关于进一步减轻义务教育阶段学生作业负担和校外培训负担的意见》和相关解读,并在接下来的几个月持续发力做好"'双减'广东在行动"专题策划,共推送专题文章20多篇。一方面,及时发布广东省落实"双减"的政策举措。7月,发布广东省做好义务教育校内课后服务工作通知,明确从2021年秋季学期开始推行课后服务"5+2"模式,做到课后服务义务教育学校全覆盖、有需求的学生全覆盖;8月,发布做好减轻义务教育阶段学生校外培训负担工作的通知,明确全省各地不再审批新的面向义务教育阶段学生的学科类校外培训机构、面向学龄前儿童的校外培训机构和面向普通高中学生的学科类校外培训机构;9月,公布省教育厅等10部门出台的全面规范校外培训机构培训行为专项治理行动方案和全省各地校外培训机构投诉举报电话、邮箱;10月,介绍了加强校外培训机构预收费资金监管工作措施,回应社会关注的校外培训机构"退费难""卷钱跑路"等问题;11月,开展全省中小学"双减"工作学生线上问卷调查活动,采用无记名方式调研"双减"落实情况,为下一步工作提供数据支撑。另一方面,为促进"双减"落地落实营造良好舆论氛围。"花样"播报各地各校"双减"工作落实情况,用图片、文字、短视频等多种形式展现各地各校从午餐午休、作业改革、特色课程、书包减负等方面着手,不断丰富课后服务内容,提升课后服务质量的做法,增强了家长对"双减"工作的认同感。二是积极回应社会关切,让群众想看、爱看。"广东教育"根据教育发展规律和新媒体传播规律,在不同时间节点推出教育要闻、政策图解、亲子育儿、教研探讨、招聘信息汇总、校园动态、微党课等多个专题专栏,为师生家长提供全方位教育服务。每年高考都是社会各界关注的热点话题,为了全方位服务好考生,在高考前夕,结合疫情防控,策划了心理调适讲堂系列,邀请专家用"短视频+图文"的方式为考生提供缓解焦虑情绪的小窍门,帮助考生和家长从容迎接挑战;在考试结束后,及时送上"供您参考""上学无忧"等系列,为考生提供志愿填报政策解读、往年投档情况、助学政策详解等内容,帮助考生顺利报考。2021年10月,"广东教育"坚持群众导向,传递教育好声音的做法在国务院办公厅政府信息与政务公开办公室印发的《部分地方和部门政务新媒体典型经验做法》中受到肯定,被称为"具有较强影响力的优质精品账号,在提升传播力、引导力、影响力和公信力方面跑出了加速度"。

【对口支援有实效】广东省因地制宜,精准施策,巩固教育脱贫攻坚成果助力乡村振兴,打造出"校地共建"等教育帮扶"广东样板",得到教育部、受援地充分肯定。广东省教育厅受邀在2021年中国-东盟教育交流周等会议上做经验介绍,被新华网等官方媒体以及省援藏援疆办多次推广报道。一是打造教育援藏"广东样本"。选派50名支教教师支援林芝中小学,组织两地教师结对117对,开展送教送培60批次300余人次,开设示范课、专题讲座等1232节,培训乡村教师4000人次,主持或带动受援学校申报市级课题立项120项;推动广东14所高校新增选派357名(累计选派1152名)大学生到林芝实习支教一个学期或一个学年,已覆盖全市80%中小学校,缓解了当地教师紧缺的矛盾,精准帮扶了薄弱学科教学,构筑了广东教育援藏优质资源辐射网;组织广东118所学校与林芝市63所学校开展结对帮扶,组织受援地师生到广东"游研学"35批次636人,通过"粤藏家庭云结对"活动结对帮扶关系262对;通过华南师范大学-林芝教育手机直播云平台开展教学教研直播352次。二是实现教育援疆两个"全覆盖"。选派120名援疆教师"组团式"支援新疆12所中小学校;协调组织18所中职学校帮扶受援地中职学校,组织5所省内高职院校帮扶喀什职业技术学院,组织中山大学、华南农业大学等高校共同援助喀什大学;实施"五个一工程",通过来粤培训和跟岗学习、师徒结对、成立名师工作室等方式,不断提升受援地教育水平;实施"红色筑基铸魂"工程,成立3个国家通用语言教育研究小组,组建200多个红色宣讲团,创建600多个特色文化课堂,组织两地学生开展书信来往21 200封，实现广东教育援疆基础教育、职业教育、高等教育全覆盖，课堂内外育人全覆盖。三是教育协作助力乡村振兴。推进省教育厅对口帮扶揭东区龙尾镇驻镇帮镇扶村工作，协调落实人员选派、经费保障、项目实施等各项规定动作；推进粤桂教育协作，推动两地高校共建国家重点实验室，组织两地中小学、幼儿园、中高职院校实施结对帮扶；推进粤黔教育协作，组织全省104所中小学、幼儿园帮扶贵州建设100所示范校；成立龙粤职业教育协同发展联盟，来自两省的19所职业院校首批加入联盟，在党建思政、专业建设、人才培养、师资队伍、科技创新、内部治理等方面加强合作；开展"请党放心 强国有我"大学生暑期社会实践活动，联合团省委开展2021年扶贫济困日活动，联合省乡村振兴局开展东西部扶贫协作特色农产品进机关活动，动员教育系统148家单位认捐爱心捐款8 000多万元。

（撰稿 李洁雯 熊伟平 植绮华 罗宇东；审稿 梅 毅）

市域教育

EDUCATION IN VARIOUS CITIES

广州市教育

概 况

推进基础教育高质量发展。一是推进学前教育普惠健康发展。增加公办幼儿园学位约4.75万个、普惠性幼儿园学位约6.36万个,公办园在园幼儿占比53.43%、普惠性幼儿园在园幼儿占比88.18%。二是增加优质学位供给。引进优质教育资源,清华附中湾区学校已首批招生,广东实验中学云城校区和永平校区、华南师范大学附属中学知识城校区启动建设,广东广雅中学花都校区高中部、广州市执信中学天河校区启动招生,广州市第六中学花都校区和从化校区已完成立项,正在推进项目设计。新增教育集团25个,获评省优质教育集团培育对象21个,示范性高中学位占比超过85%。适龄残疾儿童少年义务教育安置率已达99%,番禺区获评省级随班就读示范区,全市获评特殊教育示范学校、优质特殊教育资源中心等省级示范项目11个,省级特殊教育精品课程7门。继续办好专门教育,依托广州市新穗学校,做好不良行为学生教育矫治工作。三是抓好拔尖创新人才培养。全市学校获得五大学科奥林匹克竞赛金、银、铜牌44枚,广州市第二中学获得市属学校首枚国际奥林匹克学科竞赛金牌,被清华大学确认为首批"拔尖创新人才大学中学衔接培养基地";4所学校被评为省级示范校;广州市获评首批普通高中新课程新教材省级示范区。四是加强基础教育优秀教学成果培育和推广应用。推进基础教育国家级优秀教学成果推广应用示范区建设,遴选出5个示范区支撑区和39所支撑校(参与校),推动优秀成果在广州市落地见效。组织申报2021年广东省基础教育教学成果奖,省教育厅公示拟获奖43项,其中,特等奖1项、一等奖21项、二等奖21项。获立项2021年广东省基础教育优秀教学成果推广应用项目15项。

推动职业教育提质培优。一是加强内涵建设。狠抓高水平职业学校及专业群建设,推进广州番禺职业技术学院和广州铁路职业技术学院"双高计划"建设,市属高职院校共建设省高水平专业群31个;10所学校入选省高水平中职学校建设(培育)单位,建设省高水平专业群20个。新增省重点中职学校5所。以"优秀"等次顺利通过"创建广东省现代职业教育综合改革示范市"项目验收。二是提升教育教学质量。新增国家级职业教育教师教学创新团队3个,新增国家级课程思政教学研究示范中心1个、思政示范课程2门、示范性虚拟仿真实训基地培育项目2个;组织申报2021年广东省职业教育教学成果奖,省教育厅公示拟获奖31项。三是深化产教融合。推动28个项目纳入《广州市建设国家产教融合城市试点方案》产教融合重大建设项目清单。市、区属职业院校新成立职教集团(联盟)8个,累计成立28个,实现市属职业院校集团化办学全覆盖;新增国家级、省级示范性职业教育集团各1个。四是提升技能竞赛水平。首次承办职业院校技能大赛国赛1项,中高职学生获国赛一等奖3个、省赛一等奖141个。五是大力提升老年教育与社区教育水平。开设智慧助老相关课程班210个,开设"广州老年大学堂",线上线下服务63万余人次。

推动高等教育内涵发展。一是推进高水平大学建设。印发实施《广州大学2021—2025年高水平大学建设方案》《广州医科大学2021—2025年高水平大学建设方案》,广州大学、广州医药大学两校成功入选广东省2021—2025年高水平大学建设计划重点建设高校,新增ESI排名前1%的学科3个、博士学位授权点5个、硕士学位授权点13个、国家级一流本科专业建设点22个,ESI学科排名大幅提升。二是推进香港科技大学(广州)建设。推进正式设立申报工作,校园主体工程已全面封顶。三是推进高校筹建和设置工作。广州幼儿师范高等专科学校获省政府批复同意设立并通过教育部备案,于2021年9月顺利开学;广州交通大学筹建工作取得进展,校园用地已基本完成征拆。四是加强高校毕业生就业工作。市属普通高校应届毕业生就业情况总体稳定,去向落实率稳中有升。市属高校获第七届中国国际"互联网+"大学生创新创业大赛全国总决赛金奖4项,银奖10项。

全面推进素质教育。一是坚持"三全育人"。构建完善德育工作体系,贯彻落实《中小学德育工作指南》,营造崇德向善、见贤思齐的浓厚氛围。二是提升体质健康水平。开足开齐体育课,落实每天校内 1 小时体育锻炼和体育大课间活动。广州市获评全国青少年校园足球工作年度总结活动优秀校园足球改革试验区，获全国学生运动会 2 金 1 银 2 铜、"省长杯"青少年校园足球联赛总决赛高中男子组冠亚季军。推进"儿童青少年近视防控改革试验区"工作，受邀参加教育部新闻通气会和专题研讨活动。三是强化美育熏陶。举办第六届"羊城美育节"，在广东第七届中小学生艺术展演活动中，78 个作品获得一等奖，15 个作品推荐进入全国赛，数量均排名全省第一；参加全省首届美育教师基本功大赛，广州市参赛教师全员获奖。四是推进劳动教育。推广使用广州特色的中小学劳动教育教材，100%配备专兼职劳动教育教研员，创建认定劳动教育试点学校、特色学校、基地学校和教育基地，搭建"劳动实践教育成果展示平台"，完成推进中小学劳动教育民生实事工作。入选首批"全国中小学劳动教育实验区"，改革创新走在前列。五是加强智慧教育。建设中小学全学段全学科线上课程资源包 3 209 个，与线下教学同步开设"广州共享课堂"，《人工智能》地方教材成为全国首套经省级教材审定部门审定通过的中小学人工智能教材，3 个案例获评教育部等 6 部委发布的人工智能社会实验地区典型案例；获第五届全国青少年无人机大赛冠军 1 项、第七届中国国际"互联网＋"大学生创新创业大赛全国总决赛萌芽赛道最高奖——创新潜力奖 5 项；累计创建广东省绿色学校 1 218 所。六是深化国防教育。在国防教育典型案例评选中，3 所学校被省教育厅评为一等奖，并推荐教育部表彰。

全面提高教育对外开放水平。一是引进合作办学项目。新增市属高校中外合作办学项目 2 个、高中阶段中外合作办学项目 1 个、外籍人员子女学校 1 所、基础教育阶段国际化特色民办学校 3 所，开办全国首家由知名高校指导创办的港澳子弟学校，7 区 11 校开设港澳子弟班 44 个。二是拓展国际和港澳台"朋友圈"。首次在全市缔结普通中小学和外籍人员子女学校姊妹学校 36 对。新增缔结穗港澳姊妹学校（园）32 对，共 303 对；新增国际姊妹学校 17 对，共 105 对。广州国际友城大学联盟新增 4 个国家 5 所大学，成员大学达 18 所。三是加强规范引领。评定首批教育国际化窗口学校培育创建单位 20 所。加强外籍教师和外籍人员子女学校服务与管理，全覆盖完成在穗外籍人员子女学校年检工作。

全面落实教育督导职能。一是完善运行机制。推进"督政、督学、评估监测"三位一体教育督导体系建设，制定《广州市深化新时代教育督导体制机制改革实施方案》，完善教育督导运行机制。二是加强队伍建设。印发《广州市督学聘任管理办法》，完成第七届市政府督学换届工作，聘任市政府督学 131 名、特约教育督导员 15 名。三是落实督导职能。扎实做好政府履行教育职责评价、专项督导、省教育强镇复评。推进义务教育优质均衡发展区和学前教育普及普惠区创建工作，推动示范性普通高中、义务教育标准化学校和规范化幼儿园建设，义务教育阶段学校基本达标，规范化幼儿园占比 97%。开展 2021 年国家义务教育质量监测工作。

大力加强高素质教师队伍建设。一是加强师德师风建设。严格落实师德师风第一标准，扎实推进中小学教师有偿补课和违规收受礼品礼金专项整治。二是强化教师培育。健全"1＋6＋11＋N"四级联动教师发展支持体系，实施中小学教师"三类四阶段"和中职学校教师"两类四阶段"进阶式培训，开展基础教育五大高水平教育人才培养工程和乡村教师学历提升计划，认定 506 名市级名教师工作室主持人，省级名校（园）长、名教师工作室（主持人）数量居全省第一；全市中小学教师累计荣获实验教学类国家级奖项 4 项、省级奖项 81 项，省级奖项获奖数全省第一。三是引进高素质人才。引进教育高层次人才 16 名，赴京、沪等地开展校园招聘，成功签约优秀毕业生 139 人。四是加强专业教师配备。全市 1 000 人以上的中学、1 200 人以上的小学已 100%配备专职心理教师。五是提高教师社会地位。60 名优秀教师、20 名优秀教育工作者、40 个教育工作先进集体获得市政府表彰。新增中小学特级教师 45 名，南粤优秀教师（教育工作者）144 名。王隽枫入选全国"2021 最美教师"，吴晖晖家庭获评全国"教育世家"，赖宣治荣获 2021 年"全国五一劳动奖章"和"全国道德模范"称号。

各级各类教育

【基础教育】（一）学前教育

2021年，广州市有幼儿园2 155所，在园幼儿633 203人。幼儿园教职工94 942人，其中，专任教师44 206人。是年，广州市高质量巩固学前教育"5080"成果，截至12月底，全市公办幼儿园在园幼儿占比53.43%，普惠性幼儿园在园幼儿占比88.18%。印发《广州市推进幼儿园与小学科学衔接攻坚行动实施方案》，建立幼儿园与小学科学衔接的长效机制。加强幼儿园课程建设与研究。培育省级学前教育"新课程"科学保教示范项目，推动幼儿园开展课程资源项目研发共建。白云区被认定为安吉游戏推广国家级实验区；越秀区、海珠区、南沙区被认定为广东省学前教育高质量发展实验区（幼儿园与小学科学衔接项目、岭南幼儿园自主游戏项目）。

（二）中小学教育

2021年，广州市有小学986所，在校生1 164 403人；教职工75 302人，其中专任教师64 993人。中学551所（初中427所，高中124所），在校生569 589人（初中在校生407 956人、高中在校生161 633人）；教职工55 479人，其中专任教师47 167人（初中专任教师32 454人，高中专任教师14 713人）。

是年，市本级财政向有关区划拨2.92亿元专项转移支付经费，支持各区通过购买民办学校学位方式，增加公办学位供给。研制购买民办义务教育学校学位工作方案。印发《关于做好普通高中新课程实施工作的意见》，广州市被评为新课程新教材实施省级示范区，4所学校被评为省级示范校。启动数学、物理、化学、生物、信息技术等5门学科"强基计划"校本课程基地建设；广州市第二中学被清华大学确认为首批"拔尖创新人才大学中学衔接培养基地"。

（三）特殊教育

2021年，广州市有特殊学校19所，在校生7 571人；教职工1 533人，其中专任教师1 243人。实施适龄残疾儿童少年15年免费教育；大力发展融合教育，义务教育阶段开展随班就读学校1 154所，同比增加147所；新建资源教室18间，特教班9个，共建成资源教室286间，特教班64个；特殊教育学校覆盖全市各区，广州市启明学校、花都区智能学校新校区和广州市康复实验学校新校区建设稳步开展；广州市康纳学校新校区已规划建设用地；义务教育适龄残疾儿童少年入学率达99%；以教育部门牵头，市委编办、市发展改革委等八个相关职能部门共同组建了广州市特殊教育发展联席会议制度；组织成立首届广州市特殊教育专家指导委员会。获评省级随班就读示范区、优质特殊教育资源中心、省级特殊教育示范学校等建设示范项目合计12个，获评省级特殊教育精品课程7门，在全省各地市中项目数最多。

【中等职业教育】 2021年，广州市以提升人才培养质量为核心，以供给侧结构性改革为主线，持续深化职业教育改革，强化职业教育类型定位，职业学校办学布局更加优化，教学育人质量显著提高，现代职业教育体系逐步完善，服务广州经济社会发展能力不断增强，积蓄了打造粤港澳大湾区职教高地的强劲动能。

全市中职招生学校33所，注册2021级新生34 195人（其中三二分段贯通培养招生计划11 475人），毕业28 237人，就业率为96.7%。

广州市以"优秀"等次顺利通过"创建广东省现代职业教育综合改革示范市"项目验收。印发《广州市职业教育发展"十四五"规划》。10所学校入选省高水平中等职业学校建设单位（培育单位），共建设20个专业群，入选学校数、专业群数全省第一。新入选省重点中职学校5所。市、区属职业院校新增国家级示范性职业教育集团1个、国家级职业教育教师教学创新团队3个、国家级课程思政教学研究示范中心1个、国家级课程思政示范课程2门、国家级职业教育示范性虚拟仿真实训基地培育项目2个、省级示范性职业教育集团1个；新开设专业和专业方向48个；新立项市级精品课程25门，新认定市级精品课程26门；新成立职教集团（联盟）8个，累计成立28个，实现市属职业院校集团化办学全覆盖。8所中职学校和7所高职院校的28个项目被纳入《广州市建设国家产教融合城市试点方案》重大建设项目清单。与"粤菜师傅""南粤家政""广东技工"三大工程相结合，9所学校开展6项1+X技能证书培训工作。

【高等教育】2021年,广州有市属普通高校11所,其中普通本科高校3所,高职学校8所,在校普通本专科生126 704人、在校研究生10 639人、成人本专科教育在校生78 393人;成人高校1所,在校生12 737人。

推进广州市高水平大学建设。是年,印发实施《广州大学2021—2025年高水平大学建设方案》《广州医科大学2021—2025年高水平大学建设方案》。广州大学、广州医科大学成功入选广东省2021—2025年高水平大学建设计划重点建设高校,新增ESI排名前1%的学科3个、博士学位授权点5个、硕士学位授权点13个、国家级一流本科专业建设点22个,ESI学科排名大幅提升。华南理工大学广州国际校区2021级新生9月份入学报到,二期建设有序推进。

推进香港科技大学(广州)建设。2021年9月底,香港科技大学(广州)校园一期55栋建筑全部封顶。2021年10月3日,广东省政府向教育部提交香港科技大学(广州)正式设立申请。

推进高校筹建和设置工作。广州幼儿师范高等专科学校获省政府批复同意设立并通过教育部备案,于2021年9月顺利开学;广州交通大学筹建工作取得积极进展,校园用地已基本完成征拆。

持续做好大学生创新创业教育工作。市属高校在第七届中国国际"互联网+"大学生创新创业大赛决赛中取得金奖4项,银奖10项的好成绩。其中广州大学获得金奖2项、银奖6项、"青年红色筑梦之旅"赛道高校集体奖,实现了在该项赛事金奖及奖牌总数双突破;广州番禺职业技术学院、广州卫生职业技术学院各获金奖1项,广州卫生职业技术学院为首次获得金奖;广州铁路职业技术学院获银奖2项;广州医科大学、广州开放大学各获银奖1项,均为首次获奖。广州番禺职业技术学院、广州铁路职业技术学院共同获评广东省大学生创新创业教育示范学校(2021—2024年)。

加强高校毕业生就业工作。截至2021年9月1日,广州市属普通高校2021届毕业生共33 628人,就业情况总体稳定,去向落实率稳中有升。

【老年教育】2021年,广州老年开放大学新成立街道老年学校11所、居(村)教学点94个。全市176个街镇中有100个街镇完成老年教育机构布点,占比达56.82%;2 698个村居中有888个实现布点,占比达32.91%。

教育成果与特色

【《望江南·广州好:广州中小学生咏广州》出版】2021年8月至12月,为热烈庆祝中国共产党成立100周年,广州市教育研究院面向全市中小学生开展红色文化阅读暨《望江南·广州好:广州中小学生咏广州》诗词征集活动。此次活动共收到作品近4000份,经过专家评选,将132首优秀诗词结集出版。

【配备专职心理教师】广州市教育局将专职心理教师配备列入2021年广州市十件民生实事予以推进,全市550所1 000人以上的中学、1 200人以上的小学已100%配备专职心理教师,非较大规模中小学已100%配备兼职心理教师。组织心理教师督导培训,800余人次参加;开展2期心理危机干预骨干培训,指导11个区教育局建立危机干预专业团队。开展教师全员心理健康C证培训。

【开展中小学、幼儿园督导评估】完成幼儿园办园行为督导评估市级抽查,继续推进示范性普通高中、义务教育标准化学校、规范化幼儿园建设。指导中山大学附属中学创建成为市示范性普通高中。2021年,全市共有省、市级示范性普通高中74所,义务教育阶段学校基本达标,规范化幼儿园占比97%。

【启动教育国际化窗口学校创建工作】印发《广州市创建教育国际化窗口学校实施方案(试行)》,评定首批教育国际化窗口学校培育创建单位20所。着力规范和引领全市中小学校加快推进教育对外开放工作,提升教育国际化水平,培养德智体美劳全面发展且具有国际视野的新时代青少年,促进加快建设与国际化大都市相匹配的高水平教育服务体系。广州市创建培育教育国际化窗口学校入选2021年中国国际教育十大事件。计划至2025年,全市共培育和创建不少于50所教育国际化窗口学校。

【推进教育评价改革】广州市委办公厅、市政府办公厅印发了《广州市深化新时代教育评价改革任务分工方案》,从六个板块提出22个方面改革举措、55项具体改革措施,已完成19项;出台配套文件,初步建立广州市新时代教育评价体系。广州市入选广东省深化新时代教育评价改革试点市,广州番禺职业技术学院等4所院校入选试点校,探索增值评价等46个项目入选试点项目。以教育评价推动中心工作,制定《广州市"双减"专项教育评价改革实施方案》,促进"双减"政策全面落实;推动实施义务教育质量智慧阳光评价体系;打造特色项目,推进劳动教育评价;《智慧阳光评价,赋能广州教育——广州市中小学生综合素质评价》和《广州市以评价助推劳动教育提质增效》两个案例入选广东省首批教育评价改革典型案例,全省推广。

【教师招聘】2021年,广州市教育局组织开展教师招聘工作。探索适当扩大学校用人自主权,在条件成熟的市属学校试行自主招聘教职工。全年组织公开招聘专任教师4次,共录用253人,其中硕士研究生及以上236人、本科生17人。10月组织部分市属学校、区教育局赴京、沪等地开展校园招聘"优才计划",签约清华大学、北京大学、北京师范大学、中国人民大学、复旦大学等一批高校毕业生到广州市任教。

【建成首批中考实验操作考点】2021年,广州市高标准建成中考理化实验操作考场156个,分布在全市48所考点学校。中考理化生实验操作考试在全省率先实现"多学科、全覆盖、进中考、计总分",全市90 544名考生顺利完成考试,考场规模、考生体量位居全省前列。

【推动"党史学习进校园"】成立市教育系统党史学习教育宣讲团、红色教育宣讲团、少年先锋宣讲团三支宣讲队伍,深入学校开展党史学习教育、习近平总书记"七一"重要讲话精神、六中全会精神宣讲4 221场次、红色故事演讲7 413场次,参与师生达190余万人次。打造"羊城时政学堂"66讲,"思政讲习堂"党史专题节目60期,通过"基地+学校"合作模式开发35个爱国主题教育地方课程和校本课程。印发《薪火相传育新人——广州市青少年红色研学实践活动方案》,整合区域红色教育资源,公布138个"广州市红色教育基地"名录(爱国主义教育基地83个、国防教育基地13个、研学实践基地42个),组织全市1 600余所中小学红色教育基地结对共建,先后组织129.6万人次开展红色研学实践活动1.8万多次。

【开展学生应急救护普及教育工作】一是持续开展,强化培训效果。广州市中小学卫生健康促进中心自2018年起开展高中生徒手心肺复苏教育活动。2021年开展高一级新生徒手心肺复苏知识技能普及教育活动20场,共培训学生10 563人,学生100%通过培训考核。培训采用理论授课、现场演示和实践操作相结合的方式,向新生强调应急救护"黄金4分钟"的重要性,讲述心肺复苏时机、心肺复苏操作流程和停止心肺复苏的指征,以及心肺复苏与AED的结合使用等,让学生们切实有效地掌握基本急救技能。二是丰富形式,加强宣传氛围。2021年通过"广州中小学生体质健康"微信公众号举办中小学生红十字会知识竞答活动,约7万名学生参与,总浏览量超过20万人。

【推进学生体质健康监测工作】利用信息化手段,在全市推广使用"无纸化"体检数据采集系统,从入口端对学生体检数据严格把关。在提升数据质量和体检工作效率的同时,实现体检数据及时对接"广州市学生健康档案管理系统",实时掌握全市体检进度情况,监控学生体质健康状况。通过微信终端供家长查阅体检档案,让家长及时了解学生体质健康的动态变化。通过信息化技术,以学生体质健康监测数据分析为基础,重点聚焦制约学生健康成长的因素,开展大范围筛查,早发现、早干预,着力提升学生体质健康水平。

【印发《广州市普通中小学校建设标准指引》】2021年12月31日,广州市教育局联合市发展改革委、市财政局、市规划和自然资源局、市住房城乡建设局印发《广州市普通中小学校建设标准指引》(以下称《指引》)。《指引》对学位配置、学校布局选址、建设指标、校园设计、投资控制等提出明确指引,以适应"五育"并举改革要求,基础教育高质量发展新要求,提升中小学建设标准化、现代化、品质化水平。

【广州幼儿师范高等专科学校正式设立】2021年5月11日,教育部正式下发《教育部办公厅关于公布实施专科教育高等学校和成人高等学校备案名单的函》,广州市新设广州幼儿师范高等专科学校获得批复,正式设立。学校是广州市人民政府举办、广东省人民政府批准、教育部备案的一所公办全日制普通高等专科学校,坐落在广州科技教育城内,按8 000人规模设计,占地面积360 102平方米,校区建设工程投资9.89亿元,校舍总建筑面积14.97万平方米,建有教学楼、实训楼、排演中心、图书馆、学生宿舍等教学、生活单体建筑39栋,各类专业实训室909间;教学科研仪器设备、智慧校园建设、体育器材以及后勤服务等一应俱全;图书馆拥有馆藏纸质图书16万册,电子图书9.3万册。

【教育评估工作顺利完成】2021年，广州市教育评估和教师继续教育指导中心（广州市教师资格认定办公室）坚持以习近平新时代中国特色社会主义思想为指导，持续推进教育评估工作规范化、专业化和信息化，共顺利完成各类评估评审项目1001项，其中评估民办高中实地检查等学校项目135项，评审广州市高校教育教学改革等课题项目784项，评估特级教师82人。

【广州启动首批教育国际化窗口学校培育工作】2021年11月，广州启动首批教育国际化窗口学校培育工作。全市共26所中小学（职业学校）申报，经资料审核、申报答辩和专家质询等形式筛选，确定了广州华侨外国语学校等20所学校（19所中小学、1所中职学校）为首批教育国际化窗口学校培育创建单位。教育国际化窗口学校建设工程是广州市贯彻落实国家加快和扩大对外开放要求的具体举措，也是广州市经济社会发展和广州市教育事业发展"十四五"规划重点工程之一。至2025年，广州市将培育和创建不少于50所市级教育国际化窗口学校。

【新建"广州市中等职业学校教师正高级教师评委会"】根据中等职业学校教师职称制度改革的要求，向市人力资源和社会保障局申请核准备案了"广州市中等职业学校教师正高级教师评委会"，并完成评委会可评专业等相关设置。经向省属、市属高职院校发函征集遴选专家，共有290名高校教授、行业企业技术专家和高技能人才进入中等职业学校正高级教师评委会专家库。

【校内减负提质取得显著成效】一是着力提高课堂教学质量、作业设计质量和学生身体素质，优化校内课后服务和作息安排，创设午休平躺睡条件，减少考试次数，进一步减轻义务教育阶段学生作业负担。在作业管理方面，实现出台作业管理办法、建立作业公示制度、作业时间控制达标、实施"零起点"教学、不给家长布置作业5个全覆盖；课后服务方面，实现了提供课后服务、制订课后服务实施方案、服务时间达标（5+2）、所有学校覆盖有需求学生、所有区落实经费保障5个全覆盖。二是组织各区大力开展义务教育优质均衡创建工作，共组建111个教育集团，推动优质教育资源辐射。三是落实中小学教师"三类四阶段"进阶式培训任务，实施市级十大培训工程；持续建强"1+6+11+N"四级联动教师发展支持体系，健全培训质量管理体系。四是建立健全科学评价体系，督促各区坚决克服"唯分数论"，坚决改变简单以考分排名评老师、以考试成绩评学生、以升学率评学校的导向和做法。

【印发《关于进一步减轻义务教育阶段学生作业负担和校外培训负担的若干措施》】2021年12月23日，中共广州市委办公厅、广州市人民政府办公厅印发《关于进一步减轻义务教育阶段学生作业负担和校外培训负担的若干措施》。提出"校外治理、校内提质、多方联动、标本兼治"的总体思路和"坚定积极、科学稳妥、务实有效"的工作原则，明确全面压减作业总量和时长、提升学校课后服务水平、提升教育教学质量、建立健全科学评价体系、规范校外培训行为、实施专项行动、健全协同育人机制7个部分共28项举措，要求加强组织领导、落实部门责任，确保按期顺利完成"双减"工作目标。

【有效防范化解涉教培风险】出台《广州市校外培训机构预收费资金监管办法（试行）》《关于广州市义务教育阶段线下学科类校外培训机构收费标准的通知》。截至2021年12月31日，全市纳入预收费资金监管机构961家，监管资金总额8079万元。约谈提醒重点机构13次。联合多部门开展教培行业维稳纾困8项措施。市区两级共开展联合执法检查49次，暗访202次，累计出动1859人次，累计发出整改通知书231份。经营风险机构由266家（47个机构品牌）减少至195家（30个机构品牌），减少71家（17个品牌），风险机构数消减约27%。涉校外培训投诉量自2021年10月起至年底逐月下降，较峰值下降87.5%。

【中小学教师管理改革取得新进展】一是在全省率先落实提升高级岗位结构要求，高级岗位结构比例幼儿园达到10%、小学达到15%、初中达到30%、高中达到40%；二是深化中小学教师职称制度改革，增设"教育管理"专业评审组，被省采纳并写入新修订的省中小学教师职称评审办法及评价标准，解决了长期从事教育管理研究人员专业发展问题；三是深化"互联网+政务服务"改革，中小学教师资格认定体检实现全市无纸化通检，对接广州市电子证照系统，实现高中、中职（含中职实习指导）教师资格证书电子证照签发。

【持续推进教育人才培养】2021年，深入实施"百千万人才培养工程"，共遴选培养对象4355人，认定市区两级骨干教师14717人；省级名校（园）长、名教师工作室（主持人）数量居全省第一。强化"三薄"培训，开设针对薄弱学校、薄弱地区教师，以及薄弱学科的培训项目2402门次，共培训

15.39万人次。推动教师学历提升，为在职教师参加学历提升提供政策支持并给予学费资助。建强"1+6+11+N"四级联动教师发展支持体系，助力教育人才培养。

【全市教育行业推进生活垃圾分类专项行动】广州市教育行业生活垃圾分类专项行动于2021年4月至12月期间开展，活动包括2021年广州市学校生活垃圾分类工作专项培训、2021年广州市中小学生生活垃圾分类"开学第一课"、2021年广州市生活垃圾分类知识在线学习、2021年广州市中小学生生活垃圾分类知识竞赛四部分内容。其间，组织开展12场生活垃圾分类专项培训，通过线上或线下多种方式，培训教育系统教职工13 000多人。组织开展了2021年广州市中小学生生活垃圾分类"开学第一课"暨节能降碳宣传教育活动，并录制网络教学视频供全市学校学习分享，视频下载量超1 500次，播放量近4万次，26 173名学生参与线上生活垃圾分类知识网络答题。各区和局属学校24支中小学代表队参加学校生活垃圾分类知识现场决赛。增城区香江学校、花都区圆玄小学、黄埔区九龙第四小学、海珠区逸景第一小学、越秀区大沙头小学、从化区河滨小学6支队伍夺得小学组一等奖，广州市第一一三中学、黄埔区玉岩实验中学、广州市晓园中学、广州市执信中学、广州市从化区从化中学、广州市南沙东涌中学6支队伍夺得中学组一等奖。

【广州市网络安全应急演练】中共广州市委网信办联合市委保密办、市公安局、市国安局和市政务服务数据管理局组织开展了2021年广州市网络安全应急演练。对市工业和信息化局、市教育局、市审计局、市疾病预防控制中心、市妇女儿童医疗中心、市公交集团有限公司、广州供电局、万联证券、广州港集团有限公司、广州汽车集团股份有限公司等16家涉及金融、教育、卫生、交通、汽车制造、民生、党政机关等重点行业的重要业务系统运营单位开展实战攻击和网络安全事件应急演练。2021年12月，市委网信办印发《广州市网络安全专报》2021年第16期（总第32期），在关于2021年广州市网络安全应急演练情况的报告中，特别表扬广州市教育局在监测溯源方面表现突出。

【入围建设国家智能社会治理实验基地（教育）名单】为深入开展人工智能社会实验工作，按照《关于组织申报国家智能社会治理实验基地的通知》，由中央网信办、国家发改委、教育部、民政部、生态环境部、国家卫生健康委、市场监督管理总局、国家体育总局联合组织，经过地方推荐、专家评审、网上公示等程序，广州市教育局成功入围建设国家智能社会治理实验基地（教育）名单，探索人工智能对教育教学效能和教育治理能力提升的促进作用。

【获评人工智能社会实验地区典型案例】为深入推动人工智能社会实验工作，中央网信办、国家发改委、教育部、民政部、生态环境部、国家卫健委面向实验地区征集了一批实验案例。经过专家组严格评审，广州市开放大学的"智慧培训应用案例"、电化教育馆的"基于智能机器人的人工智能教育应用案例"、教研院的"智慧书法院应用案例"获评典型案例。

【建设基础教育国家级优秀教学成果推广应用示范区】2021年3月11日，广州市教育局发布《关于公布建设基础教育国家级优秀教学成果推广应用示范区支撑单位名单的通知》，遴选出越秀区教育局、天河区教育局、番禺区教育局、增城区教育局及广州市教育研究院5个成果推广应用支撑单位，分别对应推广1项国家级优秀教学成果，各支撑单位分别选择2～3所学校作为支撑校，以及3～5所学校作为参与校，确保成果推广应用的深度和广度。3月11日，广州市教育局召开了全市示范区建设启动会议，公布了示范区5个支撑单位以及39所支撑校（参与校）名单，介绍了市示范区建设3年推广应用计划，明确相关工作要求。在成果持有方大力支持下，5个支撑单位积极开展成果推广应用，形成良好氛围，成果推广应用初见成效。

【获第六届全国教育科学研究优秀成果奖4项】2021年9月24日，教育部公布第六届全国教育科学研究优秀成果奖获奖名单，广州市获4项三等奖，获奖者分别是广州大学马凤岐、苏启敏、吴开俊和广州市越秀区东风东路小学彭娅。

【普通高中新课程新教材实施示范区、示范校工作情况】广州市被评为首批普通高中新课程新教材实施省级示范区，广州市第二中学、广东广雅中学、广州市天河外国语学校、广州大学附属中学4所学校被评为首批普通高中新课程新教材实施省级示范校，省级示范校数量全省第一。此前，华南师范大学附属中学、广东实验中学、广州市执信中学已被评为全省仅有的3所国家级示范校。为了推进省级示范区工作，广州市遴选首批市级示范区2个、市级示范校20所、学科基地27个。

【抓好拔尖创新人才培养】2021年，全市学校获得全国五大学科奥林匹克竞赛金、银、铜牌共44枚，广州市第二中学获得市属学校首枚国际奥林匹克学科竞赛金牌，被清华大学确认为首批"拔尖创新人才大学中学衔接培养基地"；广州市执信中学、广州大学附属中学、广州市外国语学校等学校获得第七届中国国际"互联网＋"大学生创新创业大赛全国总决赛萌芽赛道最高奖——创新潜力奖5项，创历史新高。

（撰稿 陶海兵 郭海清 徐俊湫 沈 蔓 黄 艳 洪 续 刘贝铌 李耀喜 赵宝锋 徐胜阳 陈 泽 黄阶娟 杨冰涵 黄大谷 华 晶 华伦昶 黄俊辉 邓 奇 张 赛 吴海云 高 青 任祥辉 詹建光 蒋 凯 李柯柯 许瑞理 王依红 邱国俊 姚文权 郭 鑫 李建平 吴 勇；审稿 陶海兵 郭海清 徐浚湫）

· 市域教育 ·
EDUCATION IN VARIOUS CITIES

深圳市教育

概　　况

2021年，深圳市教育系统以习近平新时代中国特色社会主义思想为指导，贯彻落实全国全省和全市教育大会精神，不忘初心、牢记使命，以办好人民满意的教育为宗旨，坚持立德树人，秉承"教育成就民生幸福、教育决定深圳未来"的理念，紧紧围绕市委、市政府中心工作，主动担当、开拓进取，大力推进教育先行示范，完成全年各项工作任务，实现了深圳教育"十四五"良好开局。

截至2021年底，深圳市有各级各类学校和幼儿园2766所，在校生256.2万人，专任教师16.6万人，教职工达25.19万人。基础教育规模居一线城市前列。"十三五"期间累计投入财政性教育经费3560亿元，年均增长24.5%，各级学校生均经费标准居全国前列。全市公办义务教育标准化学校覆盖率达99%，规范化幼儿园覆盖率达97%。

各级各类教育

【基础教育】基础教育规模不断扩大。2021年，深圳市新改扩建公办中小学校75所，新增公办中小学位10.5万个，年度学位建设任务为10.45万个，完成年度计划任务的101%。全力保障超大规模移民城市的适龄人口入学需求。全市为非户籍学生提供义务教育学位85.6万个（占比59%），规模、比例均为一线城市最高。2021年义务教育招生中，全市为随迁子女提供小学一年级、初中一年级学位21.65万个，占全市义务教育招生学位（34.4万个）总数的63%，其中公办学位13.6万个，占公办招生学位总数的55.5%。在全市推进建设60个基础教育集团，18个基础教育集团入选省级优质教育集团培育对象；引入中国人民大学附属中学、广东省实验中学、东北师范大学附属中学等国内名校到深圳合作办学，优质学校集团化办学覆盖到全市所有的区。

基础教育发展质量稳步提高。参加第六十二届国际数学奥林匹克竞赛，深圳学生获得2枚金牌。出台《深圳市促进特殊教育公平融合发展行动方案》，确保符合就读条件的残疾儿童少年接受义务教育的权利，2021年深圳市义务教育残疾儿童少年入学安置率达99.16%。承办第八届广东省中小学班主任专业能力大赛。举办首届全球儿童发展与家庭教育论坛，完成10期家庭教育大讲坛活动，该活动被评为第十八届深圳关爱行动"感动深圳之百佳市民满意项目"。深圳市课后服务已实现全市公、民办义务教育学校全覆盖、有需求的学生全覆盖，学校课后服务时间达标率为100%，全市学生参与率达96.48%、教师参与率达91.77%，获评2021深圳治理现代化十大优秀治理案例，深圳市被教育部评为义务教育课后服务典型案例单位。组队参加广东省第七届中小学生艺术展演活动，获得省级奖项164个，其中一等奖83个。参加广东省中华优秀文化传承学校和艺术教育特色学校评审，22所学校获评广东省双色校。

【职业教育与终身教育】建设职业教育新高地。深入贯彻落实《教育部 广东省人民政府关于推进深圳职业教育高端发展 争创世界一流的实施意见》，召开新闻发布会，吹响建设深圳职业教育创新发展高地冲锋号；筹备深圳职业教育改革发展大会，调研形成职业院校、行业企业和国内外职业教育先进经验专题报告，起草《中共深圳市委 深圳市人民政府关于加快推动现代职业教育高质量发展的实施意见》。扎实开展高职院校定向云南昭通招收卡户生工作，录取昭通籍高职生695人，高质量完成招收云南昭通学生就读深圳市职业院校工作。

职业教育对外合作步伐加快。深化中德、中埃职业教育合作，推进深圳与埃及卢克索省职业教育合作项目，促成深圳信息职业技术学院与宝安区政府、德国史太白基金会、德国乌尔姆市政府合作共建"湾区中德教育与经济协同发展示范基地",交流学习职业教育先进经验;支持深圳信息职业技术学院与香港都会大学合作交流,促进两校学生学分转移、学分互认。加大职业教育参与"一带一路"建设力度,支持深圳职业技术学院承办以"开放·合作·共赢——共同共建人类技能共同体"为主题的职业教育国际研讨会,打造职教界"达沃斯论坛"。

职业院校工作高效推进。加快推动深圳职业技术学院、深圳信息职业技术学院升本工作,高水平建设中国特色的高职学校和专业群。深圳市第一职业技术学校等8所学校获评广东省高水平中等职业学校建设单位,深圳市第三职业技术学校高分通过省级重点中职学校评审。进一步改善提升民办职业院校办学条件、管理水平和办学质量。制定《深圳市中–高职教育集团建设方案》,组建由深圳职业技术学院、深圳信息职业技术学院牵头的东、西部职业教育集团,推进中职、高职、本科层次职业教育一体化协同发展。推进产教融合工作,加快建设特色产业学院,支持职业院校与行业龙头企业合作建设,全市特色产业学院达到31家。

职业技能大赛再创佳绩。深圳市参加2021年全国职业院校技能大赛(试点赛)荣获一等奖3个、二等奖5个、三等奖3个,位居广东省前列;参加广东省第八届中小学班主任专业能力大赛,所有项目均获一等奖。高职院校参加第七届中国国际"互联网+"大学生创新创业大赛,获国赛4金4银、省赛11金1银3铜。

全民素质教育深入推进。深圳市申报并获2021年教科文组织全球学习型城市提名奖。持续推动学习型街道评选,18个街道获评"深圳市学习型街道"。举办深圳市全民终身学习活动周、百姓学习之星、终身学习品牌项目评选等系列活动,评选出深圳市社区教育服务民生创新工作案例30个、2021年"深圳市百姓学习之星"10名、2021年"深圳市终身学习品牌项目"10个,张莹莹获评"全国百姓学习之星","深圳市民讲外语"项目获评百姓最喜爱的全国"终身学习品牌项目"。

【高等教育】高水平大学建设取得新进展。深圳大学、南方科技大学、香港中文大学(深圳)、哈尔滨工业大学(深圳)、深圳北理莫斯科大学、清华大学深圳国际研究生院、北京大学深圳研究生院纳入广东省第三轮高水平大学建设计划,深圳技术大学纳入"特色高校提升计划"。深圳大学、南方科技大学、香港中文大学(深圳)共16个学科进入ESI世界学科排名前1%。深圳大学、南方科技大学分别新增7个、3个一级学科博士点,深圳大学完全新增博士点总数位列全国第一。全市高校校园建设项目加快推进,深圳技术大学一期、南方科技大学二期、深圳大学西丽校区二期、中山大学深圳校区基本建成投入使用。

高起点高标准推进新高校筹建。深圳理工大学筹建工作全面提速,其明珠校区投入运行,主校区开工建设。深圳创新创意设计学院依托南方科技大学获批开设工业设计专业,招收首批本科生。深圳音乐学院依托香港中文大学(深圳)获批开设音乐表演专业,招收首批本科生。香港中文大学(深圳)医学院成立,临床医学专业招收首批本科生。全面启动海洋大学建设,研究制订办学方案。推动高水平师范大学深圳学院建设,探索定向培养深圳中小学急需的创新型教师。深圳市政府与香港大学签署合作办学备忘录。

合作办学成果丰硕。南方科技大学伦敦国王学院医学院获教育部批准设立。清华大学深圳国际研究生院、北京大学深圳研究生院成立20周年,两校在深圳办学取得显著成绩,累计培养研究生26 000余人。哈尔滨工业大学(深圳)国际设计学院加快建设。深圳北理莫斯科大学成立5周年,首届100名本科生毕业,初次就业率达到95%。天津大学佐治亚理工深圳学院开启全面办学,开设电子与计算机工程、计算机科学、分析学(大数据分析)、环境工程4个全日制硕士专业。

推进高校体制机制改革。贯彻落实教育部、广东省政府印发的《共同深化教育综合改革重点工作备忘(2020—2021年)》,进一步探索扩大在深高校办学自主权。探索高等教育管理新模式,加强高等教育统筹管理,推动高校人事制度改革,研究制定《深圳市新建高校教职工薪酬指导意见》。拓宽高校经费来源渠道,鼓励社会力量参与办学,拨付高校社会捐赠配比资金约2.4亿元。

【民办教育】不断扩大民办义务教育学位补贴覆盖面,2021年民办义务教育学位补贴惠及学生963万人次,投入资金35.6亿元,覆盖96%的民办义务教育学生。持续推进民办中小学校教师培训,2021年共举办了10期民办中小学新入职教师、班主任、道德与法制教师、校长、德育主任等市级专项培训,参训人数达3 500人;全市民办中小学教师参加市级继续教育学习近35 000人,完成继续教育250万个学时。民办中小学校党的组织和党的工作实现全覆盖,将党建工作内容写入学校章程全面完成；制定《深圳市民办学校党建工作重点任务清单》，向民办中小学选派党组织书记204名，覆盖率达78%。以政府购买学位方式实现了民办义务教育在校生比例控制在5%以内目标。完成了6所民办义务教育学校名称规范工作。

教育成果与特色

【教育综合改革】 深圳市获批教育部基础教育综合改革实验区。出台《深圳市"教育部基础教育综合改革实验区"行动方案（2021—2025年）》和《深圳市教育发展"十四五"规划》。成立深圳市学校规划与建设专家咨询委员会，筹建基础教育战略咨询委员会、职业教育战略咨询委员会、高等教育战略咨询委员会。起草教育经费保障体系、校长教师发展体系、教育教学研究体系和教育监测评价督导体系等文件。

【教育经费投入】 2021年，深圳市国家财政性教育经费投入1022.47亿元，投入结构进一步优化，教育经费预算执行与重点工作匹配度增强。保障基本运行经费的同时，加大学位建设、学位补贴等方面投入。发放在园儿童健康成长补贴8.36亿元，惠及55.7万名儿童；发放民办学校义务教育学位补贴35.27亿元，惠及学生48.3万人次；发放幼儿园保教人员长期从教津贴4.35亿元、民办教师长期从教津贴2.82亿元，惠及幼儿园保教人员4.42万名、民办教师2.07万人次；发放普惠性幼儿园奖补经费约3.3亿元。

【学校安全管理】 2021年，深圳市学校安全管理长效机制逐步形成并取得了显著效果，全市学校安全形势保持平稳向好态势发展，学生非正常死亡事件和"双险"出险理赔数均较2020年下降40%。持续推进学校食堂"提A"工程，全市A级学校食堂达2191家，占全市学校食堂的78%，公办学校食堂A级率达100%。全部学校食堂均通过"明厨亮灶"将视频监控数据接入监控平台。825所义务教育阶段学校（校区）为78.8万人提供校内午餐午休服务，基本满足学生校内午餐午休需求。全面推进"家校警"交通安全护航队工作，家长义工共计出动约120万人次。开展校园实验室危险化学品安全管理专项整治，联合市区应急管理局对全市学校共1792个实验室进行排查，出动检查人员850余人（次），整改相关隐患2556项，整改率达100%。利用"深圳市学校安全教育平台"，定期推送安全宣传教育课程，组织学生和家长共同学习，进一步提升学生安全意识与自救自护能力。

【教育督导】 在广东省对各地政府2020年政府履行教育职责考核中，深圳市得分在珠三角地区9市中排名第一；珠三角片区48个区县前10名中，深圳市占了7个区。出台《深圳市贯彻落实新时代深化教育督导体制机制改革实施方案》。开展基础教育学位建设及教育优质发展实地核查，推动各区（新区）加紧加快学位建设。开展"双减"工作专项督导检查。召开深圳市第二批督学工作室成立暨培训大会，搭建骨干督学专业成长平台。完成全市18个学习型街道、200余所幼儿园办园行为督导评估。组织开展义务教育标准化学校市级复查认定，认定31所学校为第十二批广东省义务教育标准化学校。

【教育宣传】 推出"最潮中国观·看我圳少年"系列宣传报道，全网流量超11亿，获人民日报、央视新闻等十余家中央级媒体报道。策划教师节"老师，我想您了"主题地铁专列、"城市，因教育而美好"系列灯箱海报，在全城主要地标亮灯致敬教师，推出"深圳市年度教师"宣传，"深圳教育"微信公众号关注人数超过310万人，"深圳教育"微博关注人数超93万人，微信视频号关注人数超过11万人，影响力居全国各大城市同类新媒体、深圳政务新媒体排行榜前列。深圳市有6件作品获"2021年广东教育好新闻奖"。进一步加强与国家、省、市主流媒体及新媒体的合作，回应教育热点难点问题，及时做好教育政策解读。新华社、中国教育报、光明日报、中国青年报等对中小学课后延时服务、职业教育争创世界一流、落实"双减"政策等工作做了报道。

【教育治理】 努力构建符合深圳实际的地方教育法规制度体系，推进《深圳经济特区学前教育条例》立法，统筹规范各类幼儿园办学行为。严格规范机关行政行为，落实处罚程序操作规程、处罚裁量权规定等相关文件。严格落实行政执法三项制度，做好"双随机一公开"工作，实现执法信息公开透明、执法全过程留痕、执法决定合法有效。以完善学校内部治理结构为核心，打造示范校，不断推动依法治校建设。所有中小学校都实现了"一校一章程"和"一校一法律顾问"，共有教育部依法治校示范校1所、广东省依法治校示范校71所、深圳市依法治校示范校156所，全市中小学依法治校达标率为99.7%。着力推进青少年普法教育，举办"深圳市校园法治文化节"，开展宪法晨读、主题班会等活动。联合深圳市检察院开展检校合作，推动检察官进校园担任法治副校长，共建法治校园。

【教育考试】2021年，深圳市组织了普通高考、中考、硕士研究生入学考试、自学考试、成人高考、普通高中学业水平考试、初中学业水平考试、教育类社会考试等八大类教育考试39次，各类考生总人数达146万人次，考点1363场次，其中备用隔离考点12个；考场29843间，其中备用隔离考场2580间，教育考试规模创新高，全年未发生考试安全事故。全市所有高中学考考点实现人脸识别设备全覆盖，每间考场配置1台人脸识别身份验证硬件终端，每10个考场配置1台备用终端。严格落实教育部中小学招生"十项禁令"，严格执行深圳招委会"六不""七严禁"等规定，多措并举，顺利完成各项考试组考工作，确保阳光招生。

【教育信息化】2021年2月，深圳入选教育部"智慧教育示范区"。推动国家级信息化教学实验区建设，明确了11个区级实验区的实验项目以及100所实验校的实验项目。云端学校正式开学。数字化资源平台优化提速，为全市中小学师生提供4382个包括教学微视频、教学设计和授课PPT的中小学在线教学资源包，涵盖小学、初中、高中共45个学科，完成优秀自制教具应用示范课程、先锋教师团队课程、信息化教学实验校特色课程等一批新型云端精品课程建设，逐步构建成系列化的优质资源库，缩短了区际、校际教育资源差距。用信息化的思维搭建深圳市中小学科创教育与信息化应用活动平台。该平台已开展活动共55项，平台教师17037人，学生4291人，作品共计30969件，其中学生作品13990件，教师作品16979件。

【教育资助】2021年，深圳市设立了政府奖学与助学项目30余项，健全了校内资助和社会资助制度，实现了从学前教育到研究生教育所有学段全覆盖，公办民办学校全覆盖，家庭经济困难学生全覆盖。全市投入各级各类奖助学资金5.95亿元，资助学生（含儿童）33.88万人次。其中：高校本专科和研究生阶段资助学生10.6万人次，资金投入2.76亿元；中等职业学校资助学生17.51万人次，资金投入2.72亿元；普通高中资助学生3.47万人次，资金投入3798万元；义务教育阶段资助学生2.19万人次，资金投入728.8万元；学前教育阶段资助学生1130人次，资金投入180万元。

【教育科研】2021年，深圳市获第六届全国教育科学研究优秀成果奖4项，广东省基础教育省级成果奖特等奖6项、一等奖10项、二等奖19项，广东省中职教育省级成果奖一等奖2项，第三届广东省青年教师教学能力大赛一等奖38名、二等奖12名、三等奖7名（其中小学语文和高中英语获得了广东省各组总决赛的冠军）。制定《深圳市普通高中新课程新教材实施示范校和学科示范基地管理办法》，推进10个示范校和28个学科示范基地建设。举办深圳学生创客节（2021）暨第37届深圳市青少年科技创新大赛。参加第七届中国国际"互联网+"大学生创新创业大赛，获萌芽赛道"创新潜力奖""最具人气奖"。启动深圳市中小学科普教育学分制试点工作。举办第六十二期深圳教育论坛——基础教育国际论坛暨深圳基础教育国际论坛。

【队伍建设】师资队伍建设水平进一步提升，深圳市人力资源和社会保障局、深圳市教育局修订了《深圳市深化中小学教师职称制度改革实施方案》，进一步完善中小学教师职称政策体系。建成9所区级教师发展中心，教师培养力度进一步加强。实施第二轮"苗圃工程""卓越园长培养工程"，举办"幼有善育"鹏城论坛，构建学前教育教师（园长）培养新模式。完成全市基础教育系统"名师工程"第五批名校长、名教师及培养对象评定，评选出首批特级正校长、一级正校长，校长教师队伍分类分层培养机制进一步健全。

【党风廉政建设】开展庆祝建党100周年主题朗诵、演讲、歌唱比赛等活动3000余场。举办党史学习进校园主题活动近万场，深入开展"我为群众办实事"实践活动，实施348个重点民生项目。制定《深圳市教育系统贯彻落实〈广东省加强党的基层组织建设三年行动计划（2021—2023年）〉实施方案》。打造党建"示范"品牌，深圳市有5所学校获评省级基础教育党建工作示范校。推动高校党建"一校一品牌"建设，立项11个省级以上党建标杆院系和样板支部。在全市中小学、幼儿园实施师德师风"负面清单"管理制度。会同深圳市检察院、市公安局、市人力资源保障局印发《关于实施教职员工入职查询与定期查询违法犯罪记录制度的通知》。组织开展私车公养、教育乱收费、公务接待"吃公函"、校园食堂整治等专项治理。

【学校思政工作】推动市委常委到高校上思政课、市区教育行政部门领导到中小学讲授思政课、大中小学党组织书记校长带头讲授"思政第一课"的三级制度体系。组织开展"同上一节党史课"中小学思政课一体化教学比赛,实施"金课"行动,编写发布深圳特色思政教材。推进"思政课程+课程思政"建设。创新思政教研机制,打造首批习近平新时代中国特色社会主义思想精品课程、示范课堂、示范活动和教学案例。

【校外培训治理】在全省率先成立市教育局校外教育培训监管处,周密制定校外培训机构规范治理1+N系列文件。对全市校外培训机构开展全覆盖排查,摸清底数、建立台账。组建社区联合执法"四人小组",对社区内校外培训机构开展全覆盖联合执法检查。全市学科类培训机构100%与银行签订资金监管协议、开设监管账户。引导机构关停并转,全市义务教育阶段学科类机构100%登记为非营利机构。深圳校外培训治理做法被教育部评为全国"双减"工作优秀案例,并在教育部官方网站报道。深圳市原有学科类校外培训机构862家,截至2021年底已压减819家,压减比例达95%,实现全市证照不齐学科类培训机构动态清零。系统设计义务教育阶段除小学一、二年级外各年级共12个学科1548个作业设计样例,指导教师控制作业时长。建立学校作业管理日常检查制度,全面加强作业管理。优化作业设计提高作业质量经验入选教育部推广第二批学校落实"双减"典型案例。

【对外交流合作】召开深港教育局局长联席会议,健全深港教育定期沟通机制。签署办学备忘录,在深合作共建香港大学(深圳)。引进优质资源建成深圳香港培侨书院龙华信义学校并招生。与香港职业训练局合作共建"粤港澳特色职业教育园区"。深港澳姊妹学校达346对,组织10 000名深港少年"一对一"结对开展携手同学行动,推动深港澳青少年交流常态化机制化。

(撰稿 鲍 魁;审稿 王伟峰)

珠海市教育

概　　况

2021年，珠海市教育系统以习近平新时代中国特色社会主义思想为指导，深入学习贯彻习近平总书记"七一"重要讲话精神和党的十九届六中全会精神，深入学习贯彻党的十九大和十九届历次全会精神，贯彻落实省委、省政府关于支持珠海建设新时代中国特色社会主义现代化国际化经济特区的意见，积极融入横琴粤澳深度合作区建设，聚焦建设高水平区域教育中心的目标，办好人民满意的教育，不断推进珠海教育高质量发展。

（一）全面加强教育领域党的领导和党的建设

一是全面提升党建工作水平。实施中小学校党建基础提升工程，全市中小学校党组织归口教育部门管理率提升至100%，市属公办学校书记、校长一肩挑比例达93.75%，全市公办中小学"一肩挑"比例提升至92%。市委教育工委归口管理党组织447个（含党委29个、党总支52个、党支部366个），覆盖6所党组织属地化管理高校、20所市直属学校、2家所属事业单位、1家社会团体及市教育局机关，党员11 238名（其中大学生党员5 901名）。切实强化意识形态工作，落实意识形态工作责任制，维护教育领域政治安全，守好校园政治安全、意识形态安全"南大门"。强化理论武装，举办中小学书记、校长秋季读书班，进一步提升全市中小学落实党的教育方针、担当立德树人使命的素质能力，深刻理解"两个确立"，自觉做到"两个维护"。

二是全面开创高校党建品牌。获评省级及以上党建标杆院系3个、样板支部4个、"三型"党支部2个，党建类项目获奖60余项，1个党支部通过首批全国党建工作样板点验收，珠海科技学院党委获评广东省先进基层党组织。高校党员领导干部作为党建"领路人"每人联系1~2名优秀教师，推动79名教师党支部书记成为"双带头人"，占比达85%。建设一批中小学"好书记工作室""双培双带"示范校。制定入党接续培养办法，全年发展党员3 374名，约占全市一半。

三是全面推进党史学习教育和党史进校园。按照"市区统筹、兼顾学段、一区一队"思路，遴选组建珠海市教育系统党史学习"百人宣讲团"，面向学校师生和社区开展宣讲活动607场次。开展党史知识竞赛、故事演讲、主题征文、歌咏比赛、书法绘画展览等学习活动3 222场次，主题文化活动1 990场次，党史主题社会实践活动（含研学）652场次，开发党史精品课程406个。面向全市教育系统开展"文艺献党"作品征集，超10万人参与，评选获奖作品182件。创新开展迎接建党100周年"百年行动"，首批推出百名名师进社区、百场教育政策宣讲到基层、百场教育大讲堂等七个"民生微实事"项目，惠及45万名师生群众。加强党史教学研究，7个课题获省委教育工委2021年度教育科学规划课题（党史学习教育专项）立项并顺利完成结题鉴定。

（二）聚焦"公平"和"质量"，努力发展公平而有质量的教育

一是打好学位攻坚战。持续加大教育经费投入，研究编制《珠海市教育发展与教育设施规划（2021—2035年）》，巩固学前教育"5080"攻坚成果，新增公办幼儿园22所，新增学位8 940个；新增中小学16所，新增学位2.5万个。

二是有效推进合作办学。开展新一轮办学联盟工作，出台《珠海市多校协同、区域组团集团化办学联盟实施方案》，组建同学段联盟、跨学段联合、集团化办学3种模式15组联合办学体，覆盖了西部地区35所义务教育阶段学校，着力缩小东西部义务教育差距。印发市属优质教育资源集团化办学的实施意见，批准成立珠海市第一中学办学集团。2021年8月15日，文园中学斗门校区暨斗门区博雅中学举行揭牌仪式，作为第一批合作办学试点，获得百姓"点赞"。引进市外优质教育资源，华中师范大学11月签约在斗门举办义务教育学校。起草《珠海市拟出让土地优质教育资源布局建议方案（2021—2025年）》《珠海市关于跨行政区（功能区）合作创办优质学校人员支持保障办法》，进一步选优配强合办学校管理团队，以优质名校带动相对薄弱学校，延伸拓展优质学校的管理和办学模式，促进优质教育资源在全市范围内合理配置，带动全市基础教育

高质量发展。遴选约11所卓越高中和优质特色高中，对申报对象予以精准培育，形成普通高中差异发展、各具特色的局面。

三是推动港澳高校来珠办学，有序推动职业教育扩容提质。推动澳门科技大学、澳门城市大学与珠海市合作办学取得新进展。完成香港大学海洋科学与技术研究院（珠海）项目的论证报告。协助推进北京师范大学-香港浸会大学联合国际学院二期校园建设。起草呈报《珠海市人民政府 北京师范大学合作提升珠海市基础教育质量专项协议》，完成《珠海市与港澳高校合作办学说明》，完成珠海大学纳入广东省高等学校设置"十四五"规划的材料起草工作。大力推动北京理工大学珠海学院转设，协助完成清产核资工作，完成起草相关转设方案。起草《珠海市职业教育发展"十四五"规划》，加强职业教育顶层设计。完成中等职业学校布局结构调整总结验收，完成珠海市首批"双精准"示范专业与精品在线公开课程评审工作。公布2021年珠海市中等职业教育质量年度报告，起草《珠海市推进省高水平中职学校建设项目实施管理办法》，开展"职业教育宣传活动周""珠海市全民终身学习活动周"，推动珠海职教城建设。

四是打造高水平教师队伍。大力实施名校长、名师培养工程，2021年获评省特级教师15人，新一批省名校长工作室主持人8人，省中小学（幼儿园）名师工作室主持人11人，省名班主任工作室主持人1人（每个地市1人）。各类主持人参评通过率位居全省第一，主持人数量按教师队伍人数比例位居全省第一。在全市中小学校开展"万师进万家"实地家访全覆盖活动，累计家访学生27万名。选派2名校长参加广东省教育厅2021年校长国培示范性项目培训，选派150名教师参加国培、省培项目，选派26名校长、教师参加广东省教育厅2021年职业院校教师素质提高计划。实施"珠海市基础教育高层次人才计划"，大力引进优秀毕业生和骨干教师；创新教师培训手段，探索与北京师范大学珠海校区合作实行"访问学者"培训制度，分批选派骨干教师到全国各地优质学校进行短期进修。全面推进珠海市中小学教师信息技术应用能力提升工程2.0，认定24所试点校，遴选58名培训专家库成员，进一步提升全体教师信息化应用能力。开展"百名名师进百校"活动，充分发挥正高级教师、特级教师引领带动作用。

（三）把"改革"作为关键一招，不断深化教育领域综合改革

一是出台系列方案为深化改革"立柱架梁"。印发《珠海市教育现代化2035》，编制《珠海市教育发展"十四五"规划》，实施《珠海市西部地区教育振兴攻坚行动计划（2020—2024年）》，完成市领导领衔课题"建设高水平区域教育中心"专题调研报告，印发《珠海市建设高水平区域教育中心行动方案》《珠海市教育局关于贯彻〈中共广东省委 广东省人民政府关于支持珠海建设新时代中国特色社会主义现代化国际化经济特区的意见〉的实施方案》。

二是把"双减"作为教育改革"一号工程"全力推进。全面推进校内课后服务"5+2"模式全覆盖，2021年暑假在全市范围内开展小学生暑期托管服务试点工作，组织到试点学校开展"三个一"特色活动（邀请市粤剧团等专业社团送红色公益节目进校园、邀请科普讲师团成员表演科普魔法秀、邀请消防员开展防灭火技能和消防器材操作培训），暑期托管服务在"2021年'慧眼识珠'珠海市民最期待十项政务服务举措评议活动"中排名第一。严格加强校外培训机构管理，成立校外培训机构减负工作协调小组，建立"双减"工作专项协调机制，制定校外培训机构专项治理行动方案，通过注销、转型的方式将义务教育阶段学科类校外培训机构压减203家，压减率为98.07%，现存学科类校外培训机构4家（均属非营利学科类培训机构），将培训机构预收费全面纳入"粤预付"等平台进行监管，全市义务教育阶段学科类校外培训机构资金监管率已达100%。探索开展校外培训地方立法，起草《珠海经济特区校外培训机构管理条例（草案）》，义务教育阶段学科类培训机构压减率排在全省前列，已顺利完成"双减"中的既定目标。推动校内作业"控量""提质"，开展全市"明珠课堂"教学改革实践活动，印发《珠海市义务教育学校学科作业设计指引（试用）》，发布12个学科的作业设计样例。开展"五项管理"督导专项检查，义务教育学校全部完成"双减"工作监测平台填报任务。

三是深化教育教学改革。深化教育评价改革，建立教育评价改革负面清单，在"破五唯"中"立新标"，不断提升教育治理能力和治理水平。深化督导体制改革，完善珠海市中小学校特色项目评估指标体系，评选一批中小学校特色项目培育对象。深化课程改革，推进基础教育课程综合改革示范实验区建设，开展以"导悟用改"为支架策略的"明珠

课堂"教学改革，试行深度教学、深度教研、深度学习"教学评"一体化，推动学校教学质量整体性提高。

四是推进人事制度改革。完善激励保障制度，建立校长流动机制。实施新一轮强师工程，培养、引进一批名师、名校长。探索编制管理模式，在新建学校试行教职员事业单位备案员额制改革，按教师编制标准核定员额，教师实行合同制管理。深化职称制度改革，争取省级职能部门支持，试点贯通使用中小学教师初级、中级岗位。试点向各直属学校、各区下放高级职称评审权，激发学校办学活力。深化中小学"区管校聘"改革，加大区域统筹力度，探索建立市区"周转池"，促进师资均衡配置。深化学校绩效工资改革，用好奖励性绩效工资增量的调控作用，逐步推进临聘教师同工同酬，提高教师待遇，进一步营造崇教厚德的良好氛围。

（四）全面提升教育保障能力和水平

一是切实保障人才子女入学。制定《珠海市产业园区配套公办学校（幼儿园）规划建设三年行动方案》，2021年富山工业园区新配建九年一贯制学校1所、保税区新配建小学及幼儿园各1所。及时修订《珠海市人才子女入学（园）服务工作实施办法》，2021年秋季学期招生共安排重点项目、企业人员子女入读幼儿园454人，入读义务教育阶段学校1255人。

二是切实保障校园安全、师生安全。坚持师生安全至上，加强疫情防控和平安校园建设，全市12～17岁学生接种第一针疫苗整体接种率为99.79%，累计第二针接种率为99.14%；3～11岁学生接种第一针疫苗整体接种率为97.37%，累计第二针接种率为82.12%。校园安全防范建设三年行动计划实现"四个百分百"（公安部门联网的校园一键报警系统、配备专职的安保人员、校园封闭化管理、校园视频监控与公安联网），组织"平安中考""平安高考"。

各级各类教育

【基础教育】（一）学前教育

2021年，珠海市有幼儿园403所，在园幼儿100457人，招生32647人，毕业生28885人；教职工15507人，其中专任教师7658人。新增公办幼儿园22所，新增学位8940个，公办幼儿园覆盖率达57.63%（含购买学位），普惠性幼儿园覆盖率达83.93%。

（二）义务教育

2021年，珠海市有小学144所，在校生194961人，招生34833人，毕业生27543人，专任教师8758人。初中68所，在校生78311人，招生27470人，毕业生22170人，专任教师6848人。进城务工人员随迁子女在公办学校（含政府购买学位）接受义务教育的比例达94.55%。开足开齐体育课，全市中小学生体质健康抽测优良率达57%，较2020年提高超20个百分点。全市师生参加全省音乐、美术比赛获奖超50项。全面推进校内课后服务"5+2"模式全覆盖，暑假在全市范围内开展小学生暑期托管服务试点工作。

（三）普通高中教育

2021年，珠海市有普通高中19所，在校生35443人，招生12552人，毕业生10276人，专任教师3467人。落实《珠海市普通高中质量提升行动计划（2019—2023年）》，提高普通高中办学质量。印发市属优质教育资源集团化办学的实施意见，批准成立珠海市第一中学办学集团。珠海市被广东省列为首批"新课程新教材实施"省级示范区，珠海市第一中学与珠海市实验中学被列为首批省级示范校，成功申报广东省级教研基地5个项目，包括市教育研究院和北师大附中联合申报的省级校本教研基地项目，高中物理、高中历史、高中信息技术、高中通用技术等4个省级学科教研基地。以"一区两校五项目"聚焦课程建设、教师发展、课堂改革、学业评价等关键领域，有序推进珠海市普通高中新课程新教材实施。推动普通高中争先创优，开展培育11所卓越高中和优质特色高中遴选工作。2021年高考，珠海市的本科特殊控制线上线比例为22.06%，本科上线比例为70%。

（四）特殊教育

2021年，珠海市有特殊教育学校2所，在校生709人，招生134人，毕业生54人；教职工253人，其中专任教师199人。不断推进特殊教育全面发展，获得省融合教育优质教育资源一等奖2项、二等奖2项、三等奖4项，珠海市特殊教育学校获评广东省特殊教育示范校。

【中等职业教育】2021年，珠海市有独立办学的中等职业学校13所，在校生34 881人，招生12 399人，毕业生8 646人；教职工2 114人，其中专任教师1 672人。技工学校5所，在校生14 247人，招生5 257人，毕业生2 239人；教职工845人，专任教师628人。普通中专2所，在校生3 833人，招生1 196人，毕业生1 376人；教职工246人，其中专任教师177人。职业高中7所（含1所学校附设中职班），在校生16 801人，招生5 946人，毕业生5 031人；教职工1 023人，其中专任教师867人。制定《珠海市职业教育发展"十四五"规划》，加强职业教育顶层设计。完成中等职业学校布局结构调整总结验收，完成珠海市首批"双精准"示范专业与精品在线公开课程评审。

【高等教育】2021年，珠海市教育局大力支持在珠高校提升内涵发展水平。支持中山大学、北京师范大学、暨南大学加快推进"双一流"大学建设，根据广东省《高等教育"冲一流、补短板、强特色"提升计划实施方案（2021—2025年）》，北京师范大学珠海校区、北京师范大学-香港浸会大学联合国际学院被纳入高水平大学建设计划（重点学科建设）名单。吉林大学珠海学院顺利转设为珠海科技学院，广东省教育厅公布50所民办高校2020年度检查结果，珠海科技学院成为唯一被评为"优秀"的高校。在珠海市大力支持下，北京师范大学-香港浸会大学联合国际学院二期校园建设进展顺利。

中山大学珠海校区。中山大学是珠海市引进的第一所大学，开启了名牌大学与地方政府合作办学的先河，被社会誉为"中大-珠海模式"，珠海校区已基本形成学士—硕士—博士完整的人才培养体系。珠海校区建设有中国语言文学系（珠海）、历史学系（珠海）、哲学系（珠海）、国际金融学院、国际翻译学院、国际关系学院、旅游学院、数学学院（珠海）、物理与天文学院、大气科学学院、海洋科学学院、地球科学与工程学院、化学工程与技术学院、海洋工程与技术学院、中法核工程与技术学院、土木工程学院、微电子科学与技术学院、测绘科学与技术学院、软件工程学院、人工智能学院等20个整建制院系。2021年，学校有在校生9 590人，招生2 475人，毕业生2 425人；教职工1 460人，其中专任教师823人。

暨南大学珠海校区。暨南大学是中国第一所由政府创办的华侨学府，是国务院侨办、教育部、广东省共建的"211工程"重点综合性大学，也是广东省高水平大学重点建设高校。珠海校区有人文学院、翻译学院、国际商学院、包装工程学院、智能科学与工程学院/人工智能产业学院、国际能源学院6个专业学院，轨道交通研究院、物联网与物流工程研究院、先进与应用化学合成研究院、能源电力研究中心等多个研究机构，17个本科专业，涵盖文学、经济学、管理学、法学、工学等学科门类，有社会学一级学科硕士学位授权点，国际商务、包装工程、智能信息处理、翻译学4个硕士学位授权点，1个博士学位授权点，已基本形成学士—硕士—博士完整的人才培养体系。2021年3月29日，珠海市、暨南大学、香洲区三方签订《珠海市 暨南大学 香洲区协同科技创新合作协议》，是珠海市为暨南大学珠海校区扩容提质进行的又一次大型基建投入，是广东省开展落实"部部省"共建协议内容的重点工作之一。市、校、区三方将通过优势学科共建、优秀人才共引、优质资源共享，共同打造政校创新资源、全面联动的多维度科技产业创新体系。2021年，学校有在校生5 488人，招生1 323人，毕业生1 268人；教职工386人，其中专任教师204人。

北京师范大学珠海分校、北京师范大学珠海校区。北京师范大学珠海分校是教育部批准设立、由北京师范大学和珠海市人民政府合作举办、进行本科层次教育的全日制普通高等学校。珠海分校设有文学院、教育学院、管理学院、信息技术学院、不动产学院、物流学院、法律与行政学院、设计学院、艺术与传播学院、外国语学院、工程技术学院、应用数学学院、运动休闲学院以及国际商学部14个学院（部），涵盖8大学科门类的61个本科专业，形成了以经济类、管理类及工科类等应用型学科为主体，教育类学科为特色，文学、艺术、法律、理学等传统学科协调发展的综合性学科布局。2021年，学校有在校生10 298人，招生0人，毕业生5 868人；教职工791人，其中专任教师617人。

北京师范大学珠海校区是北京师范大学建设"综合性、研究型、教师教育领先的中国特色世界一流大学"的重要组成部分，是按照学校"一体两翼"办学格局和"高标准、新机制、国际化"原则，打造的与北京校区同一水平的南方校区。珠海校区建设有一带一路学院、未来教育学院、文理学院、未来设计学院、国家安全与应急管理学院、湾区国际商学院以及乐育书院、会同书院、知行书院、凤凰书院，实行"学院+书院"协同育人模式。2021年，学校有在校生5 822人，招生1 583人，毕业生530人；教职工241人，其中专任教师207人。

北京理工大学珠海学院。学校以北京理工大学为办学主体，是其重要延伸和战略组成，下设有信息学院、计算机学院、工业自动化学院、航空学院、材料与环境学院、商学院、会计与金融学院、民商法律学院、外国语学院、设计与艺术学院、数理与土木工程学院、布莱恩特学院、中美国际学院、马克思主义学院、荣誉学院、创业学院、继续教育学院、体育部18个专业学院（教学部）。现有61个本科专业，其中理工科专业34个，占比为55.74%。专业结构基本对接通用航空、电子信息、智能制造、软件、化工、集成电路、智能电网、新能源汽车、物联网、大数据、3D打印等粤港澳大湾区重点发展的支柱产业，形成了工学类专业集成度高、专业体系与产业链关联度高、专业布局与珠三角主导产业吻合度高的应用型特色明显的专业体系。2021年，学校有在校生23 961人，招生3 346人，毕业生5 674人；教职工1 397人，其中专任教师1 242人。

珠海科技学院（原吉林大学珠海学院）。珠海科技学院2021年获批广东省硕士学位授予立项建设单位。学校围绕珠海新兴产业发展需求，对标粤港澳大湾区建设、服务国家战略，持续优化学科专业布局，现设25个二级学院、66个本科专业，涵盖经济学、法学、文学、理学、工学、医学、管理学、艺术学、教育学9大学科门类，拥有省级重点学科3个、市级优势学科3个、校级重点学科15个，拥有联合国世界旅游组织旅游教育质量认证项目2个、国家级一流本科专业建设点2个、省级一流本科专业建设点6个、省级特色专业13个、转型试点发展专业7个。2021年，学校有在校生32 506人，招生8 520人，毕业生8 117人；教职工1 454人，其中专任教师1 287人。

遵义医科大学珠海校区。遵义医科大学珠海校区是遵义医科大学与珠海市合作共建的珠海唯一的公立医学高等院校，是贵州省高校唯一在省外设立的校区。校区设有8个二级院系、11个本科专业、31个二级学科硕士点，拥有国家级和省级临床培训基地各2个，省级大学生创新创业中心1个。2021年以来，遵义医科大学深入贯彻落实习近平总书记在贵州考察时的重要讲话精神，特别是总书记关于贵州要主动融入粤港澳大湾区发展的重要指示，以新阶段东西部协作广东省与贵州省、珠海市与遵义市结对协作为契机，巩固深化黔粤两省、遵珠两市近20年来协作推动遵义医科大学珠海校区发展建设的重要成果，进一步把珠海校区建成贵州省和遵义市融入粤港澳大湾区高等教育与医疗卫生事业发展的桥头堡，以及两省两市教育、卫生、产业、科技和文化协作交流的重要纽带。2021年，学校有在校生5 428人，招生1 064人，毕业生1 180人；教职工475人，其中专任教师330人。

北京师范大学－香港浸会大学联合国际学院。北京师范大学－香港浸会大学联合国际学院（以下简称北师港浸大）由北京师范大学和香港浸会大学携手创立，是首家中国内地与香港高等教育界合作创办的大学，获得教育部特批。学校有工商管理、文化与创意、人文与社会科学和理工科技4个学部以及研究生院，设28个本科专业（方向），获批开设9个研究型研究生专业、5个授课型研究生专业。本科毕业生获颁北师港浸大毕业证书和香港浸会大学学士学位，硕士和博士研究生获颁香港浸会大学学位。北师港浸大在全球范围内广泛引进优秀人才，不断优化升级师资队伍。教师团队来自30多个国家和地区，其中讲师及以上级别教师100%具有境外高校留学或工作经历。2021年，学校有在校生8 433人，招生2 228人，毕业生1 896人；教职工1 006人，其中专任教师513人。

广东科学技术职业学院。广东科学技术职业学院是广东省人民政府批准设立、教育部备案的一所全日制公办普通高等学校，是在校生规模最大的省属高职院校。现设有计算机工程技术学院（人工智能学院）、商学院、应用外语学院、旅游学院、文化与传媒学院、机器人学院、汽车工程学院、建筑工程学院、艺术设计学院、财会与金融学院、体育健康学院、物联网学院、管理工程学院、马克思主义学院、国际合作学院、创新创业学院、继续教育学院17个二级学院；设有数字贸易研究院、广东省人才研究所高职教育研究院、职业教育大数据研究院、粤港澳大湾区公民与品德教育研究院等5个科研机构；现有招生专业56个。2021年，学校在全国职业院校技能大赛（高职组）"移动应用开发"和"软件测试"赛项中均以全国第三的成绩获国赛一等奖；在广东省职业院校学生专业技能大赛中，学校共获93个奖项，排名全省第二，实现了连续三年全省排名攀升的成绩突破。2019—2021年连续三年获得FIRA机器人世界杯大赛金牌。2021年，该校有在校生25 764人，招生10 116人，毕业生8 029人；教职工1 427人，其中专任教师1 227人。

珠海城市职业技术学院。珠海城市职业技术学院是由珠海市人民政府举办的全日制公办高职院校，广东省示范性高等职业院校。学校设有7个二级学院（马克思主义学院、人工智能学院、机电工程学院、经济管理学院、旅游管理学院、人文学院、继续教育学院）。学校有全日制高职招生专业29个，专业直接对接珠海高端产业，工科专业比例超过50%。2021年，学校有在校生6230人，招生2816人，毕业生2122人；教职工459人，其中专任教师346人。

珠海艺术职业学院。珠海艺术职业学院是经广东省人民政府批准、教育部备案，颁发电子注册文凭，纳入国家统一招生计划的全日制普通高等院校。学校设有音乐舞蹈学院、艺术设计学院、经济管理学院和文化与旅游学院，开设包括首饰工艺与设计、环境艺术设计、音乐表演、影视动画等专业以及舞蹈表演、播音与主持、电子商务、旅游管理和商务英语等在内的37个专业，涵盖文化艺术、土木建筑、财经商贸、教育与体育、新闻与传播等7大学科门类，形成以艺术教育为特色，文学、经济学、管理学协调发展的办学格局。2021年，学校有在校生4084人，招生197人，毕业生1671人；教职工337人，其中专任教师156人。

【民办教育】2021年，珠海市有民办学校（中小学）40所。其中九年一贯制学校16所、十二年一贯制学校4所、完全中学2所、小学18所。分布情况为市直属3所、横琴深合区2所、香洲区22所、金湾区2所、斗门区7所、高新区2所、鹤洲新区2所。学生总人数62 177人，其中，中学生18 808人、小学生43 369人。珠海市探索民办学校多元主体合作办学，进一步完善民办学校办学质量督导评估体系。实施民办学校品牌提升计划，重点建设一批制度规范、质量良好、特色鲜明、潜力突出的民办学校，提升全市民办学校教学质量和办学水平。发挥横琴粤澳深度合作区地域优势，扶持发展一批国际化特色学校。香洲区重点实施《香洲区民办教育质量提升计划》，计划在3年内通过采取加强党建引领、教育教学质量直接与年检结果及学校收费相挂钩、公民办学校"一对一"结对帮扶、加强民办教师培训等措施，帮助民办学校教育质量迈上一个新台阶，满足人民群众多层次、多样化教育需求。

教育成果与特色

【学校建设】2021年，珠海市持续巩固学前教育"5080"攻坚成果。新增公办幼儿园22所，新增学位8940个，公办园覆盖率达57.63%（含购买学位），普惠性幼儿园覆盖率达83.93%。完成教育类"十件民生实事"，新增中小学校16所，新增学位2.5万个。为全市中小学安装空调8456台，学校办学条件不断改善。

【师德师风建设】2021年，珠海市教育局印发《珠海市中小学教师师德考核负面清单》，面向全市中小学校和教师开展有偿补课和违规收受礼品礼金问题专项整治工作。开展"争当'四有'好老师师德师风主题教育活动"，举行第37个教师节庆祝活动，对910名优秀个人予以通报表扬，授予71户教师家庭"教育世家"称号，进一步营造崇教厚德的良好氛围。

【教育改革创新】2021年，珠海市印发《珠海市教育现代化2035》，对未来十五年教育发展进行系统化规划。印发《珠海市建设高水平区域教育中心行动方案》，统筹推进高水平区域教育中心建设。出台中考改革"3个方案+1个规范"，完善"考"的配套政策；各普通高中制定公布对新中考等级性考试科目成绩的要求，作为普通高中录取的资格条件，完善"录"的配套政策；修订印发《珠海市初中学生综合素质评价实施办法》，作为普通高中录取的重要依据或参考，完善"评"的配套政策。全力深化教育教学改革。印发《珠海市深化教育系统"放管服"改革的实施意见（试行）》，向学校批量下放办学自主权。深化教育评价改革，以市委办公室和市政府办公室名义印发《珠海市深化新时代教育评价改革任务分工方案》，制定负面清单、任务清单，培育教育评价改革试点，"聚焦学生发展的普通高中教育质量监测研究与实践"项目获广东省2021年教育教学成果特等奖。深化课程教学改革，推进基础教育课程综合改革示范实验区建设，开展以"导悟用改"为支架策略的"明珠课堂"教学改革，试行深度教学、深度教研、深度学习"教学评"一体化，推动学校教学质量整体性提高。

【依法治教】2021年，珠海市开展"法治建设年"活动，完善"一校一法律顾问"制度，推进新一轮中小学校章程修改，推进法治巡讲进校园、宪法进课堂，联合检察部门共开展法治巡讲活动50场，全市31万名中小学生同步开展"宪法晨读"，青少年法治教育进一步加强。

【助学帮扶】2021年，珠海市教育局稳步推进对口帮扶的省内外10个点，选派110名教师对外支援教育帮扶，获评"广东省脱贫攻坚突出贡献集体"。

（供稿　珠海市教育局办公室）

汕头市教育

概 况

2021年，汕头市共有中小学校1 045所（完全中学53所，高级中学23所，十二年一贯制22所，初级中学117所，九年一贯制学校97所，小学733所）。在校生共970 877人（普通高中生140 739人、初中生245 991人、小学生584 147人）。中等职业学校18所（含粤东高级技校），本地在校生48 536人。特殊教育学校8所，义务教育阶段残疾在校生4 138人（含送教上门）。幼儿园1 209所，在园幼儿216 751人。民办学校100所（包括小学19所、初级中学7所、九年一贯制学校47所、完全中学2所、十二年一贯制学校20所、中等职业学校4所、技工学校1所），民办学校在校生203 831人。全市学校基建总投入16.2亿元，新建、扩建、改建、修缮公办民办学校673所次，竣工建筑面积113.88万平方米。

各级各类教育

【基础教育】（一）学前教育

2021年，汕头市有幼儿园1 209所（包括公办园577所、民办园632所），其中规范化幼儿园853所，约占全市幼儿园总数的70.55%。全市具有管理职能的38个镇（街道）全部设立规范公办中心幼儿园，占比100%。全市在园幼儿216 751人，学前三年入园率超100%。幼儿园教职工约2.84万人，其中专任教师约1.7万人，教师学历达标率为99.8%，其中大专以上学历占比为85.11%。

（二）义务教育

2021年，汕头市实施义务教育薄弱学校基本办学条件改造计划，改善义务教育办学条件，缩小城乡差距，提高均衡化程度。全市义务教育阶段在校生83.01万人。公办义务教育学校标准化覆盖率为100%。全市有小学733所，在校生584 147人，比2020年增加0.79万人，小学适龄儿童净入学率为100%，小学辍学率为0。初中214所（含九年一贯制学校），在校生245 991人，初中教育毛入学率为110.86%，初中辍学率为0。

（三）普通高中教育

2021年，汕头市有普通高中（含完全中学和十二年一贯制学校）98所，在校生140 739人。全市77所普通高中均为市一级及以上普通高中。汕头市高中阶段教育毛入学率为99.56%。

（四）特殊教育

2021年，推动特殊教育发展，重点加快特殊教育学校建设力度。全市有特殊教育学校8所，其中市属学校2所，区级学校6所。设立特教班的普通学校3所。全市残疾儿童少年在各类学校接受教育4 138人（含送教上门），其中就读特殊教育学校1 155人，就读普通中小学附设特教班89人，在普通中小学随班就读1 818人，送教上门1 076人。

【职业与成人教育】2021年，汕头市中职学校从21所调整为15所（不含技工学校），其中，市属学校9所，区县属学校6所；公办学校11所，民办学校4所。其中，国家级重点中职学校1所，省级重点中职学校（含省级示范学校）5所，市级重点学校2所。全市有3所技工学校，其中2所是国家重点技工学校，1所是民办技工学校。全市中等职业学校专业覆盖电子与信息大类、商贸财经大类、装备制造大类、交通运输大类、医药卫生大类、土木建筑大类等15类110多个专业。全市拥有10个省级重点建设专业，12个市级重点建设专业，12个省中职教育"双精准"示范专业建设项目。中职教育办学结构和办学实力进一步优化提升。

2021年4月，汕头市招生委员会办公室根据省下达全市高中阶段教育学校指导性招生任务，结合全市巩固提高普及高中阶段教育质量和水平，研究确定全市高中阶段教育学校的招生送生指导性任务，以文件形式印发各区县人民政府、各中职、技工学校进行任务分解，明确责任并提出工作要求。9月开展中职自主招生，拓展中职教育招生渠道、建立中职招生周报制度，强化对中职招生的督促推动。截至2021年底，全市中职学校招生共11 680人，招生人数同比增长12.75%。

2021年4月，全市中职学校有4个专业被广东省教育厅确定为广东省中职教育"双精准"示范专业建设项目，全市"双精准"示范专业建设项目已达到12个；同月，全市有3所中职学校被广东省教育厅认定为"广东省高水平中职学校"建设（培育）单位，有6个专业群被确认为高水平中职学校建设（培育）专业群。5月，全市的4所中职学校完成新增专业的论证与申报工作，全市中职学校共新增8个专业（点）。11月，汕头市林百欣科学技术中等专业学校的数字媒体技术应用专业、汕头市潮阳建筑职业技术学校的工程测量技术专业被汕头市教育局认定为汕头市重点建设专业。

【高等教育】2021年，汕头市有普通高校4所，分别是汕头大学、广东以色列理工学院、汕头职业技术学院和广东汕头幼儿师范高等专科学校。2021年8月，汕头大学、广东以色列理工学院成功入选新一轮广东省高水平大学建设计划。2021年3月，省政府正式批准设立广东汕头幼儿师范高等专科学校。学校位于濠江区东湖职教园区，校园规划占地268 400平方米，首期项目占地243 187平方米、建筑面积约10万平方米，可容纳学生规模3 000人。2021年秋季学期，广东汕头幼儿师范高等专科学校正式开学，首批开设学前教育、语文教育、音乐表演、体育保健与康复共4个专业。教职工177人，在校生899人。

【民办教育】2021年，汕头市有民办学校100所，其中小学19所，初级中学7所，九年一贯制学校47所，完全中学2所，十二年一贯制20所，中等职业学校（含技工）5所。民办学校在校生203 831人，其中普通高中生24 799人，初中生84 387人，小学生88 370人，中职学生（含技工）6 275人。民办中职学校5所，占全市中职学校数的27.78%；民办中职学校在校生6 275人，占全市中职学校在校生数的12.93%。普惠性民办幼儿园467所，在园幼儿7.28万人，公办幼儿园和普惠性民办幼儿园的在园幼儿占全市在园幼儿总数的85.69%。

【终身教育和社区教育】汕头开放大学已开办16个老年教育专业，在读学员约1 400人，开设39个班，拥有专职教师7人，兼职教师16人。2021年11月24日，"2021年汕头市全民终身学习活动周"开幕式在汕头开放大学举行。

教育成果与特色

【教育系统疫情防控】2021年，全市教育系统全面贯彻落实中央、省、市疫情防控工作的决策部署，严格落实校园常态化疫情防控工作，坚持新冠肺炎与学校常见急性传染病多病共防，切实做好风险防范，全力保障师生身心健康安全。贯彻落实中央、省、市疫情防控工作的决策部署，印发《汕头市2021年春季学期开学新冠肺炎疫情防控工作指引》《汕头市2021年秋季学期学校疫情防控工作实施方案》，召开全市校园安全工作会议，确保春、秋季学期正常返校开学。严格落实校园常态化防控措施，指导督促促地各学校从严从紧从实开展校园疫情防控工作。密切家校联系，争取家长理解和配合，共同提高学生和家长自我防护能力，延伸防控链条提升防控成效。持续推进教育系统疫苗接种工作，因地制宜、分年龄、分阶段组织落实3~18岁学生及教职员工疫苗接种工作，全市3~18岁学生疫苗接种率已超过95%，有效构筑校园免疫屏障。扎实做好中考、高考疫情防控工作，严格要求所有考生、考务人员的健康监测、疫苗接种、核酸检测达到100%。

加强疫情防控督导检查，制定印发《学校疫情防控工作专项督查的方案》，组织汕头市教育局8个疫情专项督查组，分别挂钩各区（县）和市属学校不定期开展随机专项督查，同时要求各区（县）教育局相应成立督查工作组，开展辖区内学校全覆盖督查。

【教育督导】2021年，汕头市深化教育督导体制机制改革，切实履行督政、督学、评估监测各项职责。出台《汕头市关于贯彻落实深化新时代教育督导体制机制改革工作方案》，增加教育督导委员会成员单位9个，将党委组织、宣传部门及相关政府职能部门纳入市政府教育督导委员会，进一步完善

· 市域教育 ·

教育督导管理体制。健全督导委员会沟通联络机制，充分发挥教育督导委员会各成员单位作用。加强教育督导队伍建设，聘任新一届市督学，发挥教育督导专业优势。深化新时代教育评价改革，出台《汕头市深化新时代教育评价改革任务分工方案》和改革责任清单、工作清单。汕头市新乡小学入选省教育评价改革试点校，《汕头市探索高中信息技术通用技术考试评价方式改革项目》等4个项目入选省教育评价改革试点项目。做好2021年市县级政府履行教育职责评价工作。完成2021年全国义务教育阶段学生数学学习质量、体育与健康状况、心理健康状况（试点）监测任务，汕头市教育局及全市5个区教育局被教育部基础教育质量监测中心评为2021年国家义务教育质量监测实施优秀组织单位。积极承担省首批学前教育和普通高中教育质量试点监测工作，为打造具有广东特色、完整覆盖学前教育、义务教育、高中教育质量的监测系统贡献汕头经验。

【教育法治】2021年4月，汕头市教育局印发《汕头市教育系统"法治建设年"实施方案》《汕头市教育局2021年法治建设工作要点》，全面推进依法治教、依法治校工作。组织开展汕头市第六届学生"学宪法 讲宪法"活动并遴选6名选手参加第六届广东省学生"学宪法 讲宪法"活动，获得省一等奖1名、二等奖5名。其中汕头市龙湖实验中学谢钰涵获全省演讲比赛初中组第一名并代表广东省参加全国总决赛，获全国初中组亚军。全面推动"青少年法治教育实践基地"建设与使用，认定汕头市金中华侨试验区学校为2021年市级"青少年法治教育实践基地"。联合市普法办等单位组织汕头市2021年"法律进校园"系列现场活动及专题云课堂活动，在全市各区（县）学校、青少年法治教育实践基地分别举办"法律进校园"讲座2场，专题云课堂讲座3次，法治主题剪纸活动8次。组织百万学生参与2021年"宪法卫士"活动，参与率超88%，居全省前列。截至2021年底，全市有广东省依法治校达标学校1070所，实现全覆盖。51所中小学被评为广东省依法治校示范校，52所中小学被评为汕头市依法治校示范校。

【学校安全教育】2021年是中小学幼儿园安全防范建设三年行动计划收官之年，汕头市教育局深入贯彻习近平总书记重要指示精神，全面排查校园安全隐患，突出抓好学校日常安全管理和安全教育、校园欺凌治理等重点任务，着力解决涉校安全难点问题，切实维护师生人身财产安全和校园安全稳定。

维护好教育领域政治安全和意识形态安全。践行习近平总书记总体国家安全观，坚决落实上级有关工作部署，确保全市教育领域大局稳定。加强组织领导，强化主体责任，健全各级教育行政部门和各学校一把手"第一责任人"制度，全面落实政治安全和意识形态安全"一岗双责"制度。完善工作机制，制定工作预案，实施风险三级管控和三级响应，建立"四个一"突发事件处置工作机制。筑牢意识形态阵地，切实加强党的建设，提升思政课质量水平和教育效果。有效监管教育系统网络，加强各类网站、公众号管理，筑牢人民防线。

加强校园及周边安全防范。协同政法、公安、市场监管、应急管理、城管等部门和街道、村居等基层组织，做好学校及周边安全稳定形势分析研判，形成安防工作合力。排查整治隐患，联合公安部门，对全市学校幼儿进行全覆盖检查，落实校园全封闭式管理，按要求配备保安员、安全防护器材、一键报警、视频监控等"人防、技防、物防"措施。开展涉校矛盾纠纷排查，落实管控措施，严防发生伤害学生恶性极端事件。加强安防力量，争取地方政府财政投入，加强安防设施建设，并确保安保人员配备年轻化。截至2021年11月29日，全市2199所中小学和幼儿园共2255个校区实现校园封闭式管理、一键式紧急报警装置安装及联网工作、"护学岗"设置及专职保安配备、视频监控系统安装及联网等校园安防建设"四个100%"全部达标。协调公安部门落实好校园周边区域高峰勤务和"护学岗"机制，严格落实"1、3、5分钟"快速响应机制，优化联防联控，形成工作合力。

加强学生交通安全教育管理及校车专项治理工作。深入贯彻落实《汕头市教育系统交通安全整治工作方案》，在全市教育系统集中开展拉网式交通安全大排查，狠抓校车及学生交通安全隐患排查、治理整改、日常管理、督导检查、监管执法等各个环节的工作落实。落实学校主体责任，实现"一岗一清单"。加强交通安全宣传教育，提高学生及家长遵守交通法律法规的自觉性和交通安全意识。

持续加强学生防溺水工作。4月至11月为防学生溺水工作特别防护期，各地各学校严格落实"十二项必须"，持续加强关于防溺水安全的宣传教育，切实增强家长对学生校外安全监管意识。进一步健全学校、社会、家庭"三位一体"的学生溺水防控网络，共同构筑起安全防线。排查发现839处校园周边危险水域安全隐患点位并全部转交有关部门完善防溺水"三个一"设施的设置。要求教师定期对重点群体进行家访，不断提升家长的监管意识以及家庭教育水平，确保对学生假期的监管不出现"真空带"。

深入开展学生防欺凌工作。深入贯彻落实《广东省教育厅关于贯彻执行教育部〈开展防范中小学生欺凌专项治理行动工作方案〉的通知》要求，2021年全市各级各类学校共举办各类防欺凌法治讲座、心理健康教育讲座近4000场次，开展反欺凌专题学习会450余次、专题班会课10 000节次，广播宣传、滚动电子屏幕宣传共20万次，全市共100余万名师生参加活动。举办法制专题讲座1000多场次，开展禁毒宣传进校园系列教育活动80多场次，印发宣传资料8万份，开展预防青少年犯罪法律宣传、咨询服务8场次。

深化网络环境专项治理。加大网络环境治理力度，及时发现并清理网络低俗有害信息。严格落实教育部《关于加强中小学生手机管理工作的通知》要求，加强学生手机管理，禁止学生将个人手机带入课堂，不通过手机布置作业或要求学生利用手机完成作业。

全面开展"全民反诈"宣传教育活动，全面签订《防范电信网络诈骗责任书》。截至2021年12月，全市已有36万名师生、家长下载安装国家反诈中心App。开展"无诈学校"创建活动，全面落实宣传和防范任务，防止学校教职员工、学生参与电信网络诈骗犯罪活动。全力筑牢校园宣传阵地，开展形式多样的反诈宣传教育主题活动。

【教育公平】 2021年，汕头市继续推动落实县域内城乡义务教育一体化，针对教育城乡、区域、校际、群体差距，加大政策、资金、项目倾斜扶持力度，形成惠及全民的公平教育。随迁子女继续纳入免费义务教育公用经费补助范围，继续实施随迁子女在当地参加中考、高考等升学政策。义务教育全面实施免试就近入学，全市优质普通高中全面实施指标生50%到校。

【扶困助学】 汕头市在学前教育、义务教育、普通高中、中等职业学校等阶段全方位做好扶困助学工作。全市资助学前教育家庭经济困难儿童12 379人，发放资助金额1 237.9万元。2021年春季，全市资助义务教育阶段家庭经济困难寄宿生924人，非寄宿生21 482人；秋季资助义务教育阶段家庭经济困难寄宿生860人，非寄宿生25 135人，春秋两季全市拨付补助资金共803万元。2021年春季，全市资助普通高中家庭经济困难学生11 740人；秋季资助普通高中家庭经济困难学生7893人。2021年春季，享受普通高中免学杂费资助人数（原建档立卡等家庭经济困难学生）为2995人，秋季享受普通高中免学杂费资助人数为2115人。全市已安排拨付普通高中助学金、免学费补助资金共1 266.19万元。2021年春季，享受中等职业学校免学费人数为22 507人，秋季享受中等职业学校免学费人数为25 490人；春季享受助学金人数为2126人，秋季享受助学金人数为2129人，全市已安排拨付中职助学金、免学费补助资金共8 249.32万元。30名中职学生获得2021年中等职业学校国家奖学金，共发放奖学金18万元。

【招生考试】 2021年，汕头市招生办组织正式考试超过20场，全市统一组织高考模拟考试2场，全年合计考生数超过40万人次。

全市报名参加普通高考的考生人数为48 390人（含"3+证书"考生3443人，单考单招1759人），比2020年减少了957人，减幅为1.9%，全市设42个考点。在汕头市报考硕士研究生的考生人数为5159人，比2020年增加1681人，增幅为48.3%。全市报考成人高校的考生人数为9 780人（高中起点报考专科的考生人数为6197人，高中起点报考本科的考生人数为616人，专科起点报考本科的考生人数为2967人），比2020年增加1962人，增幅为25.1%。全市组织自学考试3次，报考18 326人次、42 253科次，考生数比2020年减少3 094人次，减幅为14.4%。全年办理毕业登记619人。全市参加高中阶段学校招生考试的考生人数为72 972人（其中进城务工人员随迁子女11 702人），比2020年增加3 577人，增幅为5.1%。全市共组织了3次普通高中学业水平考试（比2020年增加1场考试），考生人数为174 539人次，比2020年增加88 369人次，增幅为102.5%。全市参加初中生物、地理学科学业考试的考生人数为79 825人，比2020年增加2 088人，增幅为2.7%。

全市组织中等职业技术教育专业技能课程考试2次，考生人数为5 128人，比2020年增加2 117人次，增幅为70.3%。全市组织全国英语等级考试2次，考生人数为574人次，比2020年增加74人次，增幅为14.8%。全市组织全国计算机等级考试2次，考生人数为14 606人次，比2020年增加8 701人次，增幅达147%。全市组织全国中小学教师资格考试2次，考生人数为17 197人次，比2020年增加了3 759人次，增幅为28%。

【高考录取】 2021年，汕头市高考成绩喜人，特控线上线率为17.7%，本科上线率为54.4%，总上线率达99.5%，居粤东粤西粤北前列。全市有22人被清华大学（13人）、北京大学（9人）录取，858人被"985"高校录取，1669人被"211"高校录取。

【教师队伍建设】以师德师风建设为引领，建立健全教育、宣传、考核、监督、奖惩相结合的师德建设长效机制，持续开展"拒绝有偿补课"专题教育活动，开展师德专题教育、师德建设主题教育月活动、"四史"学习教育和师德警示教育。加大高层次人才招聘引进力度，共组织开展4场博（硕）士招聘活动，市直教育系统共引进博士研究生3名，硕士研究生206名。完成上一轮教师工作室期满考核工作，共评选出12个优秀教师工作室，并组建新一轮（2021—2023年）汕头市教师工作室60个。减轻教师负担，制定《汕头市中小学教师减负清单》，中小学校和教师的督查检查评比考核事项在原基础上减少55%。加大教师宣传表彰力度，2021年全市共有59名教师获得"南粤优秀教师"称号，3名教育工作者获得"南粤优秀教育工作者"称号，29名教师获得广东省"特级教师"称号。全市共表彰优秀教师60名，优秀教育工作者20名，优秀青年教师50名。

【教育信息化】大力推进教育信息化、教育资源数字化建设。优化完善汕头教育云平台，验收通过市教育局信息交换系统，初步建成市教师发展中心服务平台。推进"5G+智慧教育"应用试点项目申报工作。全面实施中小学教师信息技术能力提升工程2.0"整校推进"工作，4所学校获批省级试点校，25所学校入选市级试点校。探索"跨区域、跨学校、跨学段、跨学科"的共同体管理方式和发展机制，在总结实践经验基础上，形成典型案例，积极推广实践成果。"汕头市智创教育实践共同体"项目被作为优秀案例在省教育信息化教学应用创新实践共同体项目培训活动上交流分享。金平区劳动教育共同体被确定为中央电化教育馆"新时代学校美育劳动教育数字资源建设与应用众筹众创"共同体名单。全面推进广东省国家课程数字教材规模化应用全覆盖项目，制定并印发《2021年汕头市国家课程数字教材规模化应用全覆盖项目实施方案》。积极开展"基础教育精品课"遴选工作，全市推荐210个基础教育精品课参加省级评选，共获省级精品课112个，占全省精品课的7.3%，列全省第四名，其中41个作品获推教育部评审，获部级精品课4个。开展汕头市实验精品课遴选活动，推荐参加省级评选的实验精品课共57个，其中获省一等奖5个并推荐至教育部参加评选。组织2021年汕头市中学物理和小学科学实验教师（实验管理员）实验操作与创新技能竞赛活动，并择优推荐11名教师参加省的竞赛活动。举办2021年教师教育教学信息化交流活动和汕头市中小学实验教学说课活动，共获得省一等奖6名、二等奖15名、三等奖30名。培育学生信息素养，提高学生的劳动实践能力，开展汕头市中小学科技劳动教育实践活动，全市全学段131所学校参与，获得省一等奖16名、二等奖47名、三等奖30名。推进全市教育系统网络信息安全管理和中小学网络安全教育工作，完成市教育局信息系统网络安全等测评和全市网络资产清查，加强全市教育系统新媒（网站）运维管理，印发《2021年汕头市中小学校网络文明促进行动方案》。开展全市性实验室安全及危险化学品管理工作专项检查，印发《汕头市学校实验室危险化学品管理指引》。制订汕头市中小学教育技术装备管理规则汇编。

【教育教学】全面落实立德树人根本任务，加强课程思政建设。全年共开展课程思政市级示范课、研讨课共31场次，全面落实《习近平新时代中国特色社会主义思想学生读本》进课堂工作，开展全市中学生党史学习微视频比赛，共评出一等奖8项、二等奖13项、三等奖20项，推动党史学习教育进课堂、进头脑。2021年，全市共有6项课题被广东省教育厅确定为"广东省三科统编教材'铸魂工程'专项课题"。开展教师教学技能竞赛，提高教师教书育人水平。落实"双减"工作，将作业设计纳入教研体系，提高作业设计质量，开展基于国家义务教育质量监测结果应用的专题活动。凝心聚力，推动教师发展。举办汕头市中小学校青年教师教学技能比赛，81人获一等奖、155人获二等奖、160人获三等奖。参加第三届广东省中小学青年教师教学能力大赛，全市共获一等奖7人、二等奖11人、三等奖24人。扎实推进国家课程教材改革，教育质量不断提升。汕头市被广东省教育厅确定为"广东省普通高中新课程新教材实施省级示范区"，金山中学、汕头市第一中学被确定为"广东省普通高中新课程新教材实施省级示范校"。深化教研体系建设，学科教研水平提高。加强中小学校教研体系建设，下发《关于加强中小学教研组建设的通知》，全市教研组织进一步健全，学科教研成果丰硕。高中语文科、高中化学科、小学语文科、小学数学科、小学道德与法治科被广东省教育厅确定为首批"广东省基础教育学科教研基地"，汕头经济特区中心幼儿园幼教集团（联合龙湖区教师发展中心）、汕头市达濠民生学校（联合濠江区教师发展中心）被确定为"广东省基础教育校（园）本教研基地"，龙湖区教师发展中心、金平区教师发展中心被确定为"广东省基础教育县（市、区）教研基地"。2021年，全市荣获广东省基础教育教学成果奖一等奖1项、二等奖2项，全年开展课程建设、教学研讨、经验交流、送教下乡、成果评选市级系列教科研活动150余场。

【2021年院士科学家走进汕头校园讲科学主题教育活动】 为全面提升全市青少年科学素质与创新能力，2021年9月13日至9月21日，由汕头市教育局、汕头市科学技术局、汕头市公益基金会主办，汕头市教师发展中心承办，汕头市青少年科技创新促进会协办的"2021年院士科学家走进汕头校园讲科学主题教育活动"在全市近100所中小学校开展。此次活动邀请的11名科学家，包括了中国科学院老科学家科普演讲团团长、中国科学院地质与地球物理研究所研究员白武明，中国科学院老科学家科普演讲团副团长、中国科学院力学研究所研究员陈光南，中国科学院老科学家科普演讲团副团长、中国航天报社原总编辑石磊，中国科学院老科学家科普演讲团副团长、中国科学院空天信息创新研究院研究员刘定生，中国科学院地质与地球物理研究所研究员徐文耀，中国科学院高级工程师陈贺能，中国地质大学（北京）教授、博士生导师方念乔，中国科学院动物研究所研究员许木启，中国科学院心理研究所研究员吴瑞华，北京自然博物馆研究员、博士李建军，北京西城青少年科技馆特级教师周又红。在为期一周的时间里，科学家们走进全市六区一县中小学校，做了100场精彩的科普主题报告。他们围绕不同的科学主题，联系生活生产实际，诠释科学奥秘，以幽默风趣的语言、严谨的科学态度、生动丰富的科学案例，呈现了一场场精彩的科普盛宴。现场气氛热烈，轻松活跃，师生深受教育和启发。

【学校德育】 2021年，汕头市教育局全面贯彻党的教育方针，落实立德树人根本任务，坚持以培育和践行社会主义核心价值观为主线，以文明校园创建为抓手，大力开展未成年人思想道德建设相关活动，扎实推进学校德育工作。

加强全市教育系统思想政治理论课建设。印发《关于做好市委、市人大、市政府、市政协领导和法检"两长"思想政治课授课及挂钩联系学校有关工作的通知》，深化实施中小学党组织书记、校长上第一堂思想政治课制度。市领导分别到大中小学讲思想政治课共9场次。

推进教育系统创建全国文明城市工作深入开展。1月5日，召开汕头市教育系统创建第七届全国文明城市动员大会，印发《2021年汕头市教育系统创建全国文明城市工作方案》，建立挂钩督查工作制度，抓早谋划文明城市和未成年人思想道德建设各项主题活动，按时进行网上资料申报、开展实地督查摸查等各项工作。

以文明校园创建工作为重要载体和有力抓手，全面推进全市未成年人思想道德建设。3月18日，召开2021年度未成年人思想道德建设暨全国文明校园创建工作推进会，印发《2021年汕头市文明校园创建工作方案》，进一步深入推进文明校园创建活动。联合市文明办推荐2021—2023年文明校园先进单位，确定广东汕头华侨中学等7所学校为全国文明校园先进学校，确定汕头市鮀滨职业技术学校等21所学校为全省文明校园先进学校。5月和11月，联合市文明办分两批次对全市各级各类学校文明校园创建工作进行考核评比。9月，联合开展2021年未成年人思想道德建设工作检查考评。

推进德育队伍建设工作。印发《汕头市2021年班主任工作活动方案》，加强班主任队伍专业化建设，组织开展2021年中小学、中职班主任专业能力比赛，选出优秀选手参加广东省第八届中小学班主任专业能力比赛，其中高中组选手获得二等奖，小学、初中组选手获得三等奖，汕头市教育局获优秀组织奖。表彰2021年汕头市德育先进工作者、优秀班主任、优秀思政课教师、优秀心理健康教育教师共160名。

积极推进中小学"三全育人"试点和劳动教育工作。打造全市中小学"三全育人"试点区，金平区入选广东省中小学"三全育人"体制机制建设实验区。汕头市第一中学、龙湖区金阳小学、金平区阳光学校、澄海前美小学、澄海东里第三中学5所学校被评为广东省中小学生劳动教育特色学校，汕头职业技术学院被评为广东省中小学劳动教育基地，汕头市澄海区被教育部认定为"全国中小学劳动教育实验区"。

开展各类主题教育活动。利用"我们的节日·清明节"，以网上祭英烈、瞻仰烈士英雄纪念碑、重温入团誓词等形式缅怀先烈，传承红色基因。开展"劳动美"社会实践活动，全市各级各类学校共开展活动2028场，举办劳动技能比赛466场，选树校级、班级"劳动小能手"典型3219个，引导学生形成良好的劳动习惯和劳动品质。

进一步规范中小学生研学实践教育工作。3月3日，召开汕头市中小学生研学实践教育基地（营地）工作会议。5月，汕头市文化广电旅游体育局

· 市域教育 ·

EDUCATION IN VARIOUS CITIES

举办为期一个月的"红色汕头研学之旅"活动，面向全市中小学校师生开展，全市2 000名师生分批次组成50个团参加。组织第二批汕头市中小学生研学实践教育基地（营地）申报评审工作，10月评选出14个第二批汕头市中小学生研学实践教育基地（营地）。

进一步加强中小学生法治教育工作。大力推进学校法治教育和依法治校工作，有效预防和减少青少年违法犯罪发生，推动青少年学生普法教育和依法治校工作深入开展。10月11日，市委教育工作领导小组召开会议，专题研究中小学生法治教育工作。10月19日，召开全市中小学生法治教育工作推进会议，部署全市中小学生法治教育工作。11月1日至12月5日，在全市各级各类学校开展2021年"汕头市中小学法治教育月"活动。

广泛开展中小学生禁毒宣传教育。2月28日、3月27日，组织全市中小学师生分别观看汕头市禁毒形象大使聘任仪式和汕头市禁毒师资培训活动，总观看人数近100万人次。6月25日，汕头市教育局与市司法局等部门联合开展2021年汕头市"法律进校园"云课堂活动之禁毒专题，邀请汕头职业技术学院教授刘庆在市实验学校录制云课堂。6月26日，组织全市中小学生同步在线观看汕头市"6·26"国际禁毒日青少年禁毒宣传活动，在线观看学生达68.14万人次。9月6日，组织全市中小学生同步在线观看2021年汕头市秋季开学禁毒、反诈第一课。落实在校学生秋季开学"五个一"专题教育活动，青少年毒品预防教育数字化平台的学校注册率、学生注册率、学生课时完成率达到100%，2021年全国禁毒知识竞赛学校参与率、学生参与率均达到100%。

【学校体育】广泛开展群众性青少年体育活动和竞赛，扎实做好广东省体育浸润工作。5月18—30日，举行2021年汕头市校园足球特色学校足球联赛，来自全市42支中小学校足球队参加总决赛。10月23日至11月3日，举行汕头市第六届"市长杯"青少年校园足球联赛，来自全市38支中小学校足球队参加总决赛。11月23日至12月7日，联合广州大学开展"广东省教育厅2021年度体育浸润行动计划"系列活动，全市7 000多名师生参加了活动。扎实推进"一校一品""一校多品"校园体育特色项目建设，龙湖区入选2021年全国青少年足球试点县区，13所中小学校被确定为全国青少年校园足球特色学校，8所幼儿园被确定为全国足球特色幼儿园，15所中小学校被确定为省级校园篮球推广学校，3所中小学校被确定为省级校园排球推广学校，1所中小学校被确定为省级校园游泳推广学校。

【学校卫生健康】加强卫生健康教育培训。2021年4月25—30日，汕头市教育局选派50多名卫生健康教育骨干教师到北京师范大学珠海校区参加为期一周的汕头市校园公共卫生管理专题研修班。11月30日，举办汕头市教育系统结核病防控工作培训班，全市共120多人次参加培训。推进儿童青少年近视眼防控工作，5月，全市被教育部确定为2020全国儿童青少年近视防控试验区。全力推进"双减"和"五项管理"，控制"视屏时间"，远离"电子保姆"，增加户外活动时间，全市监测学校学生近视率比2020年下降5个百分点。

【学校艺术教育】丰富艺术实践活动，开展"美育云端课堂"，开辟中小学音乐美术鉴赏、潮汕音乐鉴赏、合唱小讲堂等专栏网课。举办2021年汕头市中小学美术、音乐教师教学能力大赛及汕头市首届美育教师基本功比赛，全市约300名教师参加。开展以"阳光下成长"为主题的汕头市第七届中小学生展演活动，评选出艺术表演奖74个，艺术作品奖210个，近200名教师荣获优秀指导教师奖。参加广东省第七届中小学生艺术展演活动，全市共有142名个人或团队获得省级表彰。联合汕头大学开展高雅艺术进校园、美育浸润活动等。2021年，有5所学校被广东省教育厅评为中小学中华优秀传统文化传承学校，6所学校被广东省教育厅评为中小学艺术教育特色学校。

（撰稿　郭泽飚；审稿　王溅波）

佛山市教育

概　　况

2021年，佛山市全面贯彻党的教育方针，落实立德树人根本任务，深化教育领域综合改革，坚持教育公平国家基本教育政策，推动各级各类教育高质量发展，努力办好人民满意的教育。2021年底，全市共有各级各类学校1770所，其中幼儿园1058所，小学417所，初中162所，普通高中66所，中职学校（含省属中职和技工学校）41所，特殊教育学校7所，普通高校（含省属驻佛山高校校区、民办高校，下同）13所，成人高校6所。全市教职工和学生共182万人，其中教职工14万人，学生168万人。

各级各类教育

【基础教育】学前教育普惠优质发展。佛山市政府围绕学前教育公益普惠基本方向，坚决巩固"5080"攻坚行动成果，通过有序接收城镇小区配套幼儿园并办成公办幼儿园，积极推动国有资产集体资产举办民办幼儿园转制回收等方式，持续增加普惠性学前教育资源，共新增公办学位12 682个、普惠性民办学位18 152个，完成率分别达到195.65%、144.79%，居全省第一。以"名园办新园、名园带弱园"方式开展集团化办学，两个幼儿园教育集团入选省级优质教育集团培养对象。坚定学前教育内涵式发展方向，加强幼小衔接研究，提高科学保教水平。用好政策性财政资金杠杆，实施差别化的星级普惠性幼儿园生均拨款制度，市级财政设立幼儿园建设专项经费，增强财政投入的针对性，激励幼儿园提升办园质量。

义务教育优质均衡发展。贯彻义务教育阶段学校基础教育设施五年提升行动计划2年再延伸工作要求，年度动工或完工新改扩建义务教育阶段学校共40所，新增义务教育学位44 650个，超额完成年度任务目标4 705个。提高义务教育公办学校生均公用经费标准，从小学每生每年1 150元、初中每生每年1 950元提高到小学每生每年1 500元、初中每生每年2 300元。多措并举推进义务教育公民办结构调整，落实政府主体责任，通过新改扩建、民办转公办、政府购买学位等方式，确保完成义务教育公民办结构调整任务。公平有序规范推进义务教育阶段"公民同招"招生入学工作，严肃查处一批违规办学行为，切实规范招生工作秩序和维护教育公平。加快完善优质资源共建共享机制，组织全市29个教育集团参与市级优质教育集团遴选，覆盖全市166所中小学校和幼儿园，7个教育集团被评选为省级优质基础教育集团培育对象。切实保障特殊群体受教育权利，2021年秋季学期，全市义务教育学校在校生中，随迁子女占比为42.05%；进城务工人员随迁子女人数为32.4万人，入读公办学校（含政府购买民办学位）占比为92.84%，综合工作成效居全省前列。全市义务教育大班额实现"零增量"，控辍保学工作完成率达100%。2021年全市各级各类学校受资助学生达4.95万人次，补助资金达1.06亿元，资助工作绩效考评成绩全省排名第一。进一步健全残疾儿童入学安置机制，义务教育入学安置率保持100%。

普通高中优质特色多样化发展。全市普通高中第一轮分类创建顺利收官，通过开展中考招生制度改革、办学体制机制改革、搭建市区两级招才引智平台和载体、设置特聘教师和兼职教师、制定分类创建指标指引和创建办法等举措，统筹推进普通高中优质多样特色发展。全市普通高中特色项目错位发展体系、多元化人才培养机制不断完善，办学质量和育人水平不断提升，学校高端学科建设、拔尖创新人才培养能力和整体育人水平位居全省前列，基本形成普通高中优质多样特色发展新格局。2021年，全市高考成绩再上新台阶。

【职业与成人教育】推动职业教育扩容提质。

佛山市政府推动顺德职业技术学院建设中国特色高水平高职院校，支持佛山职业技术学院高质量特色化发展纳入市政府重点工作任务，推进高职院校高质量发展。出台《佛山市中等职业学校学位扩容指导意见》，增加中职学位供给。探索职业教育混合所有制改革，创新现代学徒制人才培养模式，完善职教人才培养质量评价机制，引导中职学校紧贴企业用人要求动态完善人才培养方案，提高人才培养质量。进一步规范企业兼职教师管理机制，提升企业兼职教师队伍教学综合能力。年内，三水区理工学校顺利承办全国职业院校技能大赛中职组电气安装与维修赛项。2021年，佛山市职业教育各类竞赛成绩喜人，中职学校分别获得全国和省中等职业学校技能大赛一等奖4项和73项，成绩居全省榜首。顺德职业技术学院学生梁荣浩（原郑敬诒职校毕业生）被中宣部、教育部表彰为2021年"最美大学生"。以"庆建党百年华诞 普终身学习新篇"为主题，开展了丰富多彩、富有特色的全民终身学习活动，免费向市民提供1229项学习资源，1人获评全国"百姓学习之星"，2个项目获评全国"终身学习品牌项目"。

【高等教育】高等教育重点项目建设扎实推进。佛山科学技术学院跻身软科世界大学学术排名1000强，入选广东省新一轮"冲补强"提升计划高水平大学建设计划（重点学科建设高校）。广州美术学院佛山校区第一期校园建设方案完成，稳步推进广东财经大学、南方医科大学、华南师范大学佛山校区建设，签署华南师范大学工学部协议。推进北京科技大学、北京外国语大学、东北大学3所部属高校佛山研究生院深化发展，在人才培养、科学研究、地方服务等方面成效显著。截至2021年12月，东北大学已获批国家重点研发计划（青年科学家）项目、粤佛联合基金项目、广东省自然科学基金面上项目等18项，合计金额900万元；与企业签订科研项目4项，合计金额483万元；布局先进陶瓷实验室、环境功能材料与应用实验室、医疗服务机器人实验室等研究平台。北京科技大学顺德研究生院累计获批科研项目经费超1.2亿元，与多家企业签订科研合同金额达1600万元，已建或在建实验室40余个。

教育成果与特色

【入选全国中小学劳动教育实验区】2021年，佛山市入选为首批全国中小学劳动教育实验区，佛山市《努力构建佛山市全面优质的中小学劳动教育体系》入选全国中小学劳动教育典型案例（省内唯一）。佛山市共有广东省中小学劳动教育特色学校5所、劳动教育基地5个、中小学研学实践教育基地5个、未成年人综合素质教育基地1个、中小学劳动教育特色学校30所，全市近1000项劳动教育成果获省级奖项。

【稳妥推进"双减"落地落实】全市教育系统加强组织领导和部门联动，推动"双减"工作取得阶段性成效。建立由21个成员单位组成的"双减"工作专门协调机制，明确部门职责分工，研究制定一系列校外培训机构管理的会议决策、专题研判、联合指导、报告通报、督查督办等制度。提高校内课后服务水平，全市义务教育学校校内课后托管工作实现"两个全覆盖"（即义务教育学校全覆盖、有需求的学生全覆盖）。加强作业和考试管理，提高学校作业设计和考试命题水平，减轻学生过重作业负担。明确关于实施教师"弹性工作制"、评优评先、引入外聘人员、出台教师参与校内课后服务合理取酬标准等保障措施，减轻教师工作负担。加强教研指导和教学视导，推动学校提高课堂教学质量，强化校内教育主阵地作用。按照先易后难、先学科后非学科、先义务教育阶段后其他教育阶段的思路，分步稳妥推进校外培训机构治理。印发《学科类校外培训机构非营利性登记工作的通知》和"营转非"工作方案，出台符合佛山实际的工作指引。印发校外培训机构专项治理行动方案，年度出动执法人员1776人次，检查机构1651家次。制定线下学科类校外培训机构基准收费标准为每生每学时30~55元，并规定上浮幅度不得超过基准收费标准的10%。全市710家学科类校外培训机构压减至56家，压减率为92.11%，56家机构全部转为非营利性机构，"营转非"比例和预收费资金纳入监管的机构比例均达到100%。

【从严从实抓好校园疫情防控】做好校园常态化疫情防控。全市范围内，严格校园出入管理，落实晨、午检和因病缺勤（课）追踪和登记报告制度，加强重点人员排查，春季和秋季开学前提前部署返校疫情防控。扎实开展爱国卫生运动，加强个人防护宣传教育，统筹推进常见急性传染病多病共防。扎实做好教育系统18岁以上、12～17岁和3～11岁人群疫苗接种工作。全年培训卫生专业人员260多人次，全面强化疫情防控专业力量。在放假和开学前后等重要时间节点，赴各区、各学校开展疫情防控督导检查，确保防控措施落地落实。抓好考务组织与疫情防控各项工作，加强联勤值守和应急处置，顺利完成"平安高考""平安中考"工作目标。

【持续完善"五育"并举全面育人体系】 深化德育体系建设。把社会主义核心价值观教育融入教育教学全过程，广泛开展"崇文佛山 书香岭南"全民阅读、寻找"最美南粤少年"、"明礼仪、守法规"等系列主题活动，精心组织纪念建党100周年系列活动、"百万师生同上一节思政课"活动，推进大中小幼德育一体化，健全全员全过程全方位育人的体制机制，形成学校、家庭、社会互相配合的德育体系，着力提升学生思想素质和道德品质。德育工作2项案例入选教育部《中小学德育工作指南》典型案例。推进体育、美育和劳动教育。确保学生每天锻炼一小时，增强学生体质。推进"一校一品"建设，打造学校体育特色品牌。探索"教体融合"路径，举办各类学生体育赛事，培养体育后备人才。推进近视防控工作，建立防控儿童青少年近视工作联防联控机制，开展宣传教育和学校采光照明"双随机"抽检，全市5所中小学校成为2021年度儿童青少年近视防控示范校。开展艺术教育特色学校、优秀传统文化艺术传承学校评选和粤剧进校园等活动，提高学生审美水平与人文素养，"一校一品""一校多品"创建率达95%以上。出台加强中小学劳动教育行动计划，将劳动教育融入学生日常学习和生活，多渠道建立和拓展劳动教育实践场所。全面加强中小学生心理健康教育服务体系"十个一"建设，落实心理健康教育三年行动计划，成立政府工作专班，加强学校心理健康教育力量建设，持续推进心理健康"1+8+10"活动和心理健康教育月活动，协同发力做好学生心理健康教育服务和心理危机识别干预工作，切实保障学生身心健康成长。加强心理健康教育专职教师队伍建设，中小学专职心理健康教育教师配置率全省领先。持续推进家校协同育人。建设规范化家长学校"领航工程"示范点，打造富有佛山特色的"空中家长学校"，构建家校全面合作、线上线下并重、高水平开展家庭教育指导工作的家长学校新模式，最大限度形成家校育人合力。利用《家庭教育促进法》实施契机，广泛开展宣传活动，倡导广大家长树立科学育儿观念、提高亲子陪伴质量。持续开展校园文明建设。加强教育引导，全面实施校园生活垃圾分类，开展塑料污染治理，推进"双碳"减排。

【加强思政课建设】 健全大中小幼一体化的思想政治工作体系，充分发挥思政课在立德树人中的关键课程作用。落实党政领导、学校党支部书记、校长上第一堂思政课制度，佛山市委、市政府主要领导带头讲思政课，教育引导学生立德成人、立志成才，争做担当民族复兴大任的时代新人。配齐建强思政课教师和专职辅导员，打造素质优良的思想政治工作队伍。推进党史学习教育进校园。发挥思政课主渠道的作用，将"讲党史"贯穿于学校思政课程，举办"党史学习教育进校园·佛山市百万师生同上一堂思政课"活动。结合理论学习中心组学习、第一议题、"三会一课"、主题党日、书记上党课等活动，开展党史学习教育。将党史嵌入校园文化，着力开展党史主题文化活动。推动党史汇入社会实践，利用红色文化资源开展实地研学，开展党史主题社会实践活动。

【深入实施"新强师工程"】 加强新时代师德师风建设。将2021年确定为"师德专题教育年"，引导广大教师提高政治站位、明确师德要求、遵守师德规范、严守师德底线，成效明显。佛山市机关幼儿园教师组获评"第20届全国青年文明号集体"，特殊教育教师陈燕梅荣获全国道德模范提名奖。深入推进基础教育人才引育及布局计划，不断壮大高层次人才规模。全市基础教育领域国家"万人计划"教学名师、省"特支计划"教学名师、省名师名校长、市基础教育杰出人才、领军人才、"三名人才"等高层次人才共达662人。全面提升教师专业发展水平。全市5区已建成教师发展中心并投入使用，佛山市教师发展中心建设项目抓紧推进。将教师培训经费列入财政预算予以保障，学校按照教师工资总额的2%安排教师培训经费，全市投入教师培训及"强师工程"资金1.79亿元。优化培养模式，建立国家、省、市、区、校五级梯式培训体系，推进研训一体、线上线下混合式研修。全市专任教师参加培训113万人次，人均培训12.52次。优化教师资源配置，深入开展教师和校长轮岗交流，重点引导名优校长和骨干教师向相对薄弱的地区和学校流动，超额完成省交流轮岗任务。完善教师绩效考核评价制度，注重能力素质和业绩贡献，突出考核教师师德表现、工作绩效和能力水平与岗位要求的匹配度。建立教师工资福利待遇与当地公务员福利待遇同步增长机制，基本实现教师工资收入待遇"两个不低于"。

【全力维护校园安全稳定】强化红线意识和底线思维，有效防范化解各类风险挑战，筑牢安全防线，全市教育系统安全形势总体平稳有序。深入开展校园安全工作大约谈。着眼于近年来发生典型校园安全问题、校园安全基础设施相对薄弱、安全管理不到位的学校，对各级各类学校进行全面大约谈，切实消除校园安全隐患，不断筑牢校园安全工作基础。加强与公安等部门协同联动，对校园视频监控设施、一键式报警装置进行全面升级联网，重点时段学校门口"见警察、见警车、见警灯"。严格加强校园刀具管制，严防师生携带刀具进入校园。以食品、消防、实验室、校车等安全工作为重点，狠抓日常安全管理。全面加强校园安全隐患大排查大整治，成立校园安全工作专班，制订专项行动方案。加强师生安全教育，围绕铁路安全、预防溺水、校车安全、电信诈骗、校园防暴恐、防性侵等内容，制作宣传片和视频，提升学校和社会关注学生安全的意识。开展禁毒名师培训，拍摄制作20余个禁毒课程参与全国禁毒课程竞赛，1名教师获评全国"禁毒明星教师"。深入开展防范中小学生欺凌专项治理行动。全面加强校园及周边治安综合治理。常态化开展校园扫黑除恶工作，重点排查"五类"重点人员。

【深入推进依法治教】高质量完成政府履职评价考核工作。组建工作专班，压实各区和各部门责任，积极发挥市政府教育督导委员会统筹协调作用，制定任务清单，层层落实问题整改，推进各项迎评工作，加强上下沟通，开展细致培训，准确把握要点，顺利完成履职评价任务。依法依规不断提升政务服务水平，全力打造"阳光政务"，2021年佛山市教育局获评行政服务最佳口碑单位，连续8年获此殊荣。推动教育行政审批制度改革。按照"法定职责必须为、法无授权不可为"的原则，推进简政放权、放管结合、优化服务，扎实完成全省政务服务事项实施清单梳理工作。扎实推进政务公开工作，严格按照例行发布、应急发布、政策解读、热点回应等机制，及时回应社会关切，平稳妥善处置舆情信息。全年受理信息公开申请10件，办结率达100%，主动公开政府信息671条，政务网站发布信息700余条，市内外传统主流媒体刊登教育相关报道超过500篇。"佛山教育"微信号共推送微信264期、编发文章957篇，总阅读量超1100万人次，粉丝超过130万，"佛山教育"微信公众号已成为市教育局对外发布信息的权威平台，受到市民的广泛关注。编制规范性文件4件，其中部门规范性文件4件。废止规范性文件1件。做好人大、政协建议（提案）办理工作，全年承办人大建议34件，政协提案53件，全部按时按质办理完毕。推进依法治校，建设现代学校制度，年内有50所依法治校达标校通过评估验收，全市中小学全面达到依法治校基本标准。

【深化教育科研和教学研究】推动特色精品教师专业发展机构建设与教研工作转型和管理机制创新，深化教师教育和教学科研融合发展，打造教研尖兵，促进学校内涵发展和教师专业发展。加强教研工作引领和服务。强化市、区、镇、校四级教研队伍建设，落实新课标要求，创新教育教学模式和方法，推动教研深度贯穿、融入教育教学全过程各环节，着力提高课堂教学质量。深入研究学生学习和成长规律，在提高学生综合素质上下功夫，突出全面育人，强化学科整体育人功能。充分发挥全市13个省级学科教研基地、81个基地校的示范引领作用，结合中小学青年教师教学能力大事，以点带面，促进教师提升教育教学和教研水平。促进校长和教师专业成长。推动全市校长队伍和名校长工作室建设。分层分类开展高水平特色化教育家型校（园）长、青年教师科研骨干、学前教育科研骨干和市、区两级教师发展中心研训人员的培训，学习借鉴先进教育理念，提升校长办学治校能力和教师科研水平。开展基础教育重大课题研究，39个科研项目获国家和省级课题立项，立项数居全省前列。

【推动信息技术与教育融合创新】推动教育信息化向智能化发展提升。制定《佛山感知教育2025行动计划》，充分发挥大数据、人工智能等技术优势，逐步建成"可诊断、可干预、可决策、可自愈"的智能化教育感知新生态系统。以信息技术应用项目为载体，开展跨学科融合创新课题研究，举办各类信息素养竞赛和活动，探索信息化课堂教学新模式，着力提升师生信息技术应用融合创新能力和水平。创新信息化教学成功经验与成果共享模式，稳步推进数字教材全覆盖。扎实推进政务电子化，建成全市教育资源公共服务平台，启动教育数据银行建设，完善教育地理信息系统。建立网络安全预警三级机制，不断完善网络安全服务体系，确保网络安全有序，营造健康文明的校园网络环境。

【教育装备赋能教育创新】深入推进创新创客教育，高质量完成教育创客导师、学校图书馆和实验教学创新人才培养项目，培养创新人才逾200人，探索"双减"背景下装备场馆综合育人案例超100份。佛山市在全省教育装备工作会议上做大会报告，获颁广东省自制教具大赛优秀组织奖。市学科实验创新展演、实验教学说课和精品课以及"书香校园"阅读教学案例综合成绩位居全省前列。开展初中理化生实验操作考试试行工作，推动"智慧＋实验操作考试"全面解决技术方案落地。

【推动高校科技成果转化落地】 针对高校科技成果与企业技术需求的对接难题，组建具备企业研发经验和高校科研经验的复合型技术经理人团队提供科技猎头服务，促成产学研合作31项，落地金额3 456.2万元。深入100余家佛山制造企业，帮助解决生产工艺、材料应用、"降本增效"等问题。培育高校团队创业孵化，引入高校技术培育产业发展增长点，共培育51家科技型企业，市场估值超10亿元。举办第五届广东高校科技成果转化对接大会和第四届广东高校科技成果转化路演大赛，有效提振高校成果产业化热情，激发佛山企业对产学研的合作需求，营造良好的高校科技创新氛围。

【加大教育对口帮扶与交流合作】 全面落实教育扶贫政策，统筹打好教师支教、职教协作、校地共建、招生支援、师资培训、校际结对等组合拳，完成省委、省政府下达的各项任务，被省委、省政府授予"全省脱贫攻坚先进单位"。采取"师带徒""校地共建""名师＋"等方式，推进佛山与蛟塘两地开展学校结对帮扶。深化佛山与黔东南州东西部协作。两市共53对结对帮扶学校开展结对交流。选派103名优秀校长和教师赴黔东南州支教。21对佛山"三名工程"工作室与黔东南"三名工程"工作室开展结对交流。两地教育局制定《2021年黔东南州脱贫家庭学生到佛山市中职学校就读工作实施方案》，开展中职学生联合培养试点，累计联合培养学生128人。扎实推进教育援疆援藏工作，构建起"1＋3＋5"援疆工作体系，各项工作成效显著。组织9所中小学与西藏墨脱县中小学结对，做到墨脱所有乡镇全覆盖。联合打造信息化教学教研平台，实现优质教育资源共建共享。佛山科学技术学院与墨脱县各乡镇结成"教育共同体"，派出了2批次共计10名优秀学生前往墨脱支教。

（撰稿　王蓉丹；审稿　林建娜）

韶关市教育

概　　况

2021年，韶关市教育系统始终坚持以习近平新时代中国特色社会主义思想为指导，深入学习贯彻习近平总书记视察广东重要讲话精神，认真落实省委、省政府"1+1+9"工作部署，落实立足"一核一带一区"新格局，以推动高质量发展为主题，以改革创新为根本动力，紧紧抓住建设粤港澳大湾区和深圳先行示范区重大机遇，加快构建高质量发展教育体系，全力推进教育各项工作顺利发展。

2021年，韶关市成功申报3所国家级、9所省级文明校园先进学校，确定15所学校为2021—2023年创建韶关市文明校园先进学校。全市有4所学校被评为广东省中小学劳动教育特色学校，5所学校被评为广东省优秀传承学校，3所学校被评为广东省艺术教育特色学校。韶关市评选推荐37名南粤优秀教师、3名南粤优秀教育工作者、20名第11批特级教师和80名优秀乡村教师、20名优秀乡村校长（含校级领导）。在2020年省政府对市县级人民政府履行教育职责评价中，韶关市在北部生态发展区中排名第一、全省排名第三，获得优秀等次。

（一）建立以立德树人为核心的校长抓大德育工作机制

推进落实学校德育工作校长负责制，完善德育工作体系，举办了2021年韶关市第一届教育系统"一把手"德育核心能力竞赛；推进中小学校"一校一案"落实《中小学德育工作指南》，提升中小学校德育工作系统化与规范化，开展了2021年韶关市中小学"一校一案"落实《中小学德育工作指南》典型案例评选活动，举办了2021年韶关市中小学班主任专业能力大赛。

（二）推行中小学校长职级制改革

韶关市教育局召开了全市中小学校长职级制改革试点总结会议，总结浈江区、乳源县试点经验，对全市推进中小学职级制改革工作进行动员。学习《广东省教育厅关于印发推进中小学校长职级制改革工作指引的通知》及有关文件，总结试点推进中小学校长职级制改革实施意见，下发了《关于进一步做好中小学校长职级制改革工作的通知》，部署全市推进校长职级制改革工作，并研究制定了《韶关市教育局关于推进中小学校长职级制改革工作指引》，指导各县（市、区）推进改革工作。

（三）深化紧密型集团化办学体制机制改革

全市10个县市区均已结合当地实际出台了集团化办学的工作方案，其中，南雄市组建了机关幼儿园学前教育集团、财贸幼儿园学前教育集团、实验幼儿园学前教育集团、珠玑幼儿园学前教育集团、乌迳幼儿园学前教育集团五大学前教育集团，开展紧密型集团化办学探索。各学前教育集团分别成立了理事会，并制定了相关章程和集团管理制度，集团化办学效益突显，受到社会好评；翁源县通过创新组织形式，合理调配教育资源，探索紧密型集团化办学体制机制改革，成立龙仙一小教育集团。集团由龙仙第一小学与龙仙镇中心小学本部组成。集团内人、财、物、事由龙仙第一小学统筹调配、统一管理，集团通过教育资源共享、学校文化共建、学校特色共融等一体化办学方式，促进区域义务教育均衡发展。

（四）优化中等职业学校布局结构

通过推进中职学校"扩容""提质""强服务"，推进全市中等职业学校布局结构优化，消除在校生不足1200人学校，推动13所中职学校错位发展，提升职业教育服务地方经济发展能力。全市职业教育规模逐年扩大，2021年秋季招生完成招生计划119%。由高职院校广东松山职业技术学院引导中职学校围绕韶关市产业结构和发展需求优化专业设置，推进中高职一体化、"高本衔接"人才培养，提升职业院校专业精准育人水平。对于急需招工用工企业，采取"一企一策"方式，推进校企合作。

（五）落实教师减负专项工作

结合韶关市实际突出整治重点，规划整治方向，细化整治分工，将减负工作落实到位。韶关市中小学校和教师的督查检查评比考核事项原有26项，现保留12项，合并14项，在原基础上减少53.8%；做到对各种"进校园"活动进行严格审核把关；统筹规范精简相关报表填写工作；严格限制和规范中小学教师的抽调借用，坚持定期清理、限期清退，做到严禁安排教师参加无关培训和会议。切实将减

（六）深化新时代教育督导体制机制改革

指导仁化县教育局组建第一批达标校工作专班，制定《仁化县创建全国义务教育优质均衡第一批达标校的实施方案》，安排教育局股室负责人和责任督学分成9个小组，压实责任，建立问题台账。市政府教育督导委员会聘任督学147名，市、县两级已全面实行责任督学挂牌督导，全面发挥督政、督学、监测功能。全市所有中小学校、幼儿园已全部实行挂牌督导公示，公开督导事项、挂牌督学的联系方式，接受社会监督。

（七）深化中考招生制度改革

2021年，韶关市已完成建设实验操作考场265个，开发实验操作考试配套的考务辅助系统1套和音乐、美术、信息技术考试系统1套，已实现初中学业水平考试全科开考。韶关市已初步形成初中学业水平考试成绩和综合素质评价相结合的高中阶段学校考试招生录取模式。

（八）完善教师培训制度

"百千计划"培养项目已按要求完成政府采购，共有3家培训机构中标；已完成中小学青年骨干教师培养对象遴选工作。"信息技术2.0提升工程"项目两个专题培训班已按要求完成政府采购；按时向省教育厅上报韶关市信息技术提升工程2.0实施情况和"三区"教师全员轮训情况。"三区"教师市级提升培训项目已按要求完成政府采购，共有6家培训机构中标，已遴选好学员；中职类教师全员培训承办机构招标流标，普通高中教师全员培训和骨干教师培训均已完成；争取到广东易方达基金帮扶资金约61万元，计划开展韶关市"三区"初中（语文、数学、英语）教研组长专题培训，已遴选好承办机构。

（九）完善普通高中教学质量评价改革

制定了《韶关市普通高中教学质量评价方案（试行）》，并依此开展2021年普通高中教学质量评价工作。印发了《韶关市普通高中教学工作高质量发展实施方案》。

各级各类教育

【基础教育】（一）学前教育

截至2021年12月底，韶关市有幼儿园607所，其中公办幼儿园（不含公办性质幼儿园）167所，普惠性民办幼儿园386所，公办幼儿园和普惠性民办幼儿园占比达91.1%；全市共有在园幼儿122 014人，其中公办幼儿园在园幼儿62 158人（含政府购买学位数），占全市在园幼儿总数的51%，普惠性幼儿园在园幼儿50 116人，公办幼儿园和普惠性民办幼儿园在园幼儿占比为92%。实现公办幼儿园在园幼儿占比50%、公办幼儿园和普惠性民办幼儿园在园幼儿占比80%的目标。学前教育毛入园率为102%。全市98.96%的乡镇建有规范化公办中心幼儿园；100%的常住人口规模4 000人以上的行政村独立举办规范化普惠性幼儿园。全市幼儿园专任教师人数达7 728人。

（二）义务教育

2021年，韶关市有小学215所（公办211所、民办4所），教学点340个（均为公办）；初中128所（公办122所、民办6所），其中初级中学79所，九年一贯制学校49所。小学专任教师15 188人（公办14 883人、民办305人），初中专任教师8 305人（公办7 566人、民办739人）。义务教育阶段学生381 936人，其中小学269 636人（公办264 195人、民办5 441人）、初中112 300人（公办100 501人、民办11 799人）；九年义务教育巩固率为99.73%，义务教育阶段适龄残疾儿童少年入学率为97.04%。

义务教育学位和招生。2021年，韶关市新增义务教育公办学位7 100个，其中小学5 400个、初中1 700个。韶州中学于9月开始正式招生，秋季招收8个班400人；广东北江中学、韶关市第一中学恢复初中办学第三年，其中广东北江中学招收七年级新生10个班500人、韶关市第一中学招收七年级新生8个班400人；市属3所民办初中学校和广东北江中学、韶关市第一中学、韶州中学同步采取电脑摇号方式招收七年级新生；韶关市田家炳中学继续采用学区对口金福园小学直升方式招生。

进城务工人员随迁子女义务教育。韶关市落实政策，做好进城务工人员子女平等接受义务教育工作。2021年秋季安排进城务工人员随迁子女47 767人就读，其中小学35 648人、初中12 119人。除2 825人（占全市义务教育阶段进城务工人员随迁子女总数的5.9%）自主选择民办学校就读外，其余的44 942人（占全市义务教育阶段异地务工人员随迁子女总数的94.1%）全部安排进入公办学校免费就读（其中小学安排学位34 790个、初中安排学位10 152个）。

（三）高中教育

2021年，韶关市有普通高中学校25所（含完全中学14所）（公办22所、民办3所）；普通高中学校专任教师4 277人，其中公办4 031人、民办246人；普通高中学校学生53 177人，其中公办49 790人、民办3 387人，高中阶段教育毛入学率为105.52%。

2021年，广东北江中学、韶关市第一中学、韶关市田家炳中学、韶关市第五中学、韶关市张九龄纪念中学继续开展自主招生（含体育艺术特长生）的探索实验。继续做好"指标到校"工作，全市省一级以上公办普通高中学校按省要求"安排不低于50%的公费招生名额，按初中学校在校生数和实施素质教育的情况，直接分配到区域内各初中（含民办）学校"。韶州中学、韶关市永翔实验中学开始招生，2021年秋季分别招收6个班共600人。是年，韶关市高考特控线（优先投档线、重点线）上线率为15.1%（含农村专项）；本科上线率为55.9%，创韶关市历史新高。

（四）特殊教育

2021年，韶关市有特殊教育学校10所，分别是韶关市特殊教育学校、乐昌市启智学校、南雄市特殊教育学校、仁化县启智学校、翁源县启智学校、乳源瑶族自治县特殊教育学校、曲江区启智学校、浈江区特殊教育学校、始兴县幸福学校、武江区特殊教育学校。特殊教育学校专任教师199人。义务教育阶段适龄残疾儿童少年在校生3 020人，其中，在特殊教育学校就读771人，随班就读1 516人，送教上门733人。义务教育阶段适龄残疾儿童少年入学率为97%。韶关市各县区均按要求建设随班就读资源教室共104间，配备兼职教师。

（五）民族教育

2021年，韶关市有少数民族普通中小学3所，少数民族学龄人口入学率达100%。继续实施少数民族考生中考加分政策（加10分）。

【职业技术教育】2021年，韶关市隶属教育部门管理的中等职业学校有14所（含韶关学院医学院中专部），其中公办10所、民办4所；专任教师1 683人，其中公办1 322人、民办361名；全日制在校生34 127人，其中公办10 764人，民办23 363人。全市中等职业学校布局结构优化，从2019年开始中职阶段教育规模逐年扩大。2021年广东省下达给韶关市的中职学校招生指标任务为1万名，全市中等职业学校实际招生11 948人。中职学校毕业生升读高职院校的比例为44%。

职业学校建设。2021年，韶关市争取中央、省专项资金2 183万元，用于学校升级改造，中等职业学校规模全部达到1 200人以上，校园面积达到4万平方米以上。翁源县中等职业技术学校于9月投入使用，仁化县中等职业学校实训楼、新丰县中等职业技术学校宿舍楼建成使用。北江中等职业学校第二校区于9月启用。韶关市中等职业技术学校和曲江职业技术学校获批"广东省高水平中职学校创建单位"，乐昌市中等职业技术学校和始兴县中等职业学校获批"广东省高水平中职学校培育单位"。是年，新丰县中等职业技术学校通过广东省重点中职学校验收。

专业和实训基地建设。截至2021年，韶关有国家中等职业教育改革发展示范校1所、国家级重点中等职业学校3所、省级重点中等职业学校5所，已建成省级实训中心5个，共开设50个专业，其中广东省中等职业教育"双精准"示范专业9个。

校企合作产教融合。2021年，韶关市中等职业学校新增专业13个，调整专业7个，淘汰专业3个。韶关市校企一体化培养初具规模，采取"企业冠名""订单培养""引企入校""引校入企"等模式办班65个，新增校企合作企业53家（达到592家），其中在韶企业占75%。中职学校毕业生实习就业留韶率为57%，比2020年提高6.54个百分点。

社会培训。2021年，韶关市继续开展终身教育、社区教育、农村职业教育培训等活动，培训人员达5 000余人次。韶关市中等职业技术学校、曲江职业技术学校等11所学校在韶关市人力资源和社会保障局备案成为职业技能等级认定机构，可为在校学生开展对应工种的职业技能等级认定。

【高等教育】截至2021年秋季，韶关市有普通高等教育学校2所，在校生44 818人，专业教师2 983人。

教育成果与特色

【教师队伍建设】2021年，韶关市共有教职工47 819人，其中专任教师37 611人。专任教师中，有正高级30人、副高级4 138人、中级17 270人、助理级5 676人、员级1 373人、未定职级9 124人；博士研究生5人、硕士研究生773人、本科25 490人、专科9 957人、高中阶段1 352人、高中阶段以下34人。

中小学教职工编制管理创新。2021年，韶关市教育局对全市中小学学校数、教学点数、学生数和教师数进行调研摸底，按照师生比、班师比对教师编制进行测算，制发并印发《关于进一步挖潜创新加强中小学教职工管理的实施意见》。通过建立市域动态调整机制、加大改革挖潜力度、保障教职工编制需求，全市盘活事业编制1 000多名，统筹中小学教职工编制975名。

中小学教师减负。2021年，韶关市印发《关于减轻中小学教师负担进一步营造教育教学良好环境的工作方案》，推进减轻中小学教师负担专项工作。

中小学校长职级制和"县管校聘"管理改革。2021年，韶关市总结浈江区、乳源瑶族自治县校长职级制改革试点经验，印发《关于进一步做好中小学校长职级制改革工作的通知》和《韶关市教育局关于推进中小学校长职级制改革工作指引》，进一步推进全市校长职级制改革工作。年内，进一步完善"县管校聘"相关配套制度，做好教师考核、续聘等工作。

中等职业学校教师职称制度改革。2021年，韶关市印发《韶关市深化中等职业学校教师职称制度改革工作方案》，完成全市中等职业学校教师职称制度改革人员过渡登记工作和中等职业学校教师岗位设置工作。

教职员补充。2021年，韶关市招聘教师1 036人。其中，农村教师410人；高中教师70人、初中教师176人、小学教师500人、幼儿园教师220人、特殊学校教师9人、中职教师60人、开放大学教师1人；研究生学历64人、本科学历827人、大专学历145人。

教师专业成长新模式打造。2021年，韶关市启动中小学"百千计划"青年骨干教师培养项目，在中小学11个基础学科（小学语文、数学、英语；初中语文、数学、英语；高中语文、数学、英语、物理、历史），每学科培养50人，共培养550名青年骨干教师。打造"三区"高素质专业化教师队伍，开展"三区"教师市级提升培训项目，采取"分学科，骨干+全员"的培训方式，举办37个班次，培训2 125人。继续落实韶关市中小学教师、校长培训计划，共培训全市初中、小学、幼儿园（含特殊教育学校）教师9 750名，高中教师2 070名，中职教师562名。

【教育督导】政府履行教育职责评价位列前茅。2021年，韶关市做好广东省对市县级政府履行教育职责评价工作，通过培训会、协调会、自评会，按照规定的时间节点，在市县级政府履行教育职责评价操作系统上完成自评说明、自评打分及佐证材料提交，完成对县级的初审和市级自评等工作，协助做好省第三方满意度测评。根据《广东省人民政府教育督导室关于认真整改2020年市县政府履行教育职责存在问题的通知》（粤府教督函〔2021〕21号）中公布的评价结果，韶关市成绩为90.72分，在北部生态发展区排名第一、全省排名第三，获得优秀等次；韶关市8个县（市、区）政府在北部生态发展区37个县（市、区）排名中均进入前15名，其中，南雄市第4名（获优秀等次）、仁化县第6名（获优秀等次）、曲江区第7名。

义务教育质量监测。2021年，韶关市通过培训会、市级督查、省级视导、国家视导等方式，完成2021年国家义务教育质量监测工作。根据《广东省教育厅关于公布2021年国家义务教育质量监测实施优秀组织单位名单的通知》，武江区教育局、曲江区教育局、乐昌市教育局、仁化县教育局、始兴县教育局、翁源县教育局、乳源瑶族自治县教育局7个单位被省教育厅评为2021年"县级优秀组织单位"。

督导体制机制改革。根据国家和省关于深化新时代教育督导体制机制改革的精神，以及《中共韶关市委 韶关市人民政府关于印发韶关市2021年全面深化改革实施方案的通知》（韶发〔2021〕2号）等要求，2021年6月25日，中共韶关市委办公室、韶关市人民政府办公室印发《关于深化新时代教育督导体制机制改革的若干措施》（韶办字〔2021〕29号）。进一步扩大专职督学的覆盖面，全市各县

（市、区）均陆续设置专职督学，至2021年底全市有专职督学83人。

【教育科研】 2021年，韶关市获得省级立项课题37个，其中广东省2021年度中小学教师教育科研能力提升计划项目22个、广东省中小学三科统编教材"铸魂工程"专项课题14个、广东省基础教育集团化办学研究专项课题1个；市级课题立项562项，其中韶关市中小学教育科研课题493个、韶关市中小学信息技术2.0专项课题19个、韶关市"十四五"规划"双减"工作专项课题50个。课题管理启用韶关市教师发展中心服务平台教科研管理系统。

省级教研基地建设成效显著。2021年，韶关市成功申报省级基础教育教研基地10个，在全省地级市数量排名第一，并获得省级学科教研基地建设经费每年200万元（3年共600万元）。

【教育信息化】 2021年，韶关市继续加大中小学校教育装备与信息化投入，做好各种信息化系统的安全管理和指导工作。全年全市投入超过1.5亿元，新增计算机室67间、电脑3 078台、多媒体设备1 339套、其他功能室194间、图书42万多册。

中小学教师信息技术能力提升工程2.0全面推进。2021年，韶关市有教师33 925人参加信息技术能力提升工程2.0。其中，参加网上研修28 813人，参训率为84.93%，完成28 560人，完成率为99.12%；参加校本研修28 408人，参训率为83.74%。全面推进国家课程数字教材规模化应用全覆盖，全市教师使用率为80.91%，师生下载数字教材777 245册。全面推进线上教研，为线上教学常态化打基础。韶关市教育科学研究院2021年开展线上教研直播活动174次，参与教师（专家）45 724人，平台上回看录像的教师2 545 647人。

【校园安全】 2021年，韶关市继续强化校园安全工作。成立由韶关市教育局局长任组长的校园安全工作领导小组，建立工委领导和局领导定点挂钩联系制度，实行"一岗双责""党政同责"，每位班子成员定点挂钩联系2个县（市、区）教育局和1~2所市直学校。建立"21530"安全教育制度（"2"是每天两个时段，即上午、下午；"1"是最后一节课下课前一分钟进行安全提醒；"5"是每个星期五；"30"是指星期五下午放学前，或节假日放假前一天下午放学前进行30分钟的安全教育）。推进"平安校园"创建、系统防范化解道路交通安全风险、校园安全百日攻坚行动、消防安全宣传"进学校"等各类安全生产专项整治工作。全年组织人员8 500多人次，对全市583所中小学幼儿园进行多轮安全隐患排查。

【教育服务】 开展送教下乡活动。2021年，韶关市学前教育和中小学教研员共开展送教下乡活动58科次，受益师生20 029人次。

"双减"工作稳步推进。2021年，韶关市成立"双减"工作领导小组和专职专班，聚焦"校外严格监管"和"校内减负体制"，推进校外培训机构整治工作，对义务教育阶段学校建立作业校内公示制度，全市义务教育阶段学校100%建立作业公示制度、全市应开展义务教育阶段学校校内课后服务全覆盖。11月2日，韶关市教育局印发《韶关市教育局关于加强义务教育阶段学校作业管理的实施意见》，规范全市义务教育阶段学校教师作业管理与设计。以科研专项课题引领，提升作业设计的科学性，10月底下发《关于申报韶关市教育科学"十四五"规划2021年度"双减"专项课题的通知》，批准新立项50项。强化示范引领作用，10月下发《关于征集和评选全市义务教育学校落实"双减"优秀作业设计和总结的通知》，收到各县（市、区）和市直学校的"双减"经验总结近20份，优秀作业案例200多件。韶关市教育局出台《韶关市义务教育阶段学校教学工作高质量发展实施方案（2021—2025）》《"双减"背景下韶关市义务教育阶段学校提高课堂教学质量的指导意见》《关于印发韶关市普通高中学校提高课堂教学质量指导意见的通知》等文件，加强基础教育课堂管理。

教育装备基础设施建设完善。2021年，韶关市教育局督促、指导做好实验室等功能场室的建设、管理、使用工作，开展学校图书适宜性评价自查工作，上半年到翁源县、新丰县、浈江区、武江区和部分市直学校进行抽查。指导学校根据教学需要补充更新教学设备，完成初中理化生实验操作考试的仪器配备和实验室改造工作。

【考试招生】 2021年，韶关市组织实施8大类22场考试，考生人数32万多人次。全市普通高考考生23 131人，其中普通类考生18 222人、"3+证书"高职类考生3 673人、单招类考生1 236人；全市普通高中学业水平合格性考试有43 024人次报考。2021年春季高考录取7 560人；夏季高考录取13 702人，其中本科录取8 581人、专科录取5 121人。全市成人高考考生11 055人，其中报考专科升本科4 830人、高中起点本科84人、高中起点专科6 141人。参加中考考生人数35 852人；参加初中学业水平地理和生物学科考试人数36 408人；参加物理、化学、生物学实验操作考试人数72 260人次；参加初中学业水平音乐、美术、信息技术科目考试人数35 677人。参加广东省中等职业技术教育专业技能课程考试人数10 149人。参加全市自学考试13 600人次、报考33 148科次。上半年毕业考生314人，其中本科258人、专科56人；下半年毕业考生252人，其中本科187人、专科65人。全市19 911名考生报考全国中小学教师资格考试；4 729名考生报考2022年硕士研究生入学考试。组织14 370名考生参加全国计算机等级考试。

【德育工作】校长抓大德育工作机制建立。2021年，韶关市教育局通过观念引领、实践推动、制度约束，进一步完善德育工作体系。3月，出台《韶关市深入推进中小学以立德树人为核心的校长抓大德育工作机制实施方案》，在全市中小学校推进落实学校德育工作校长负责制，将中小学以立德树人为核心的校长抓大德育工作列入教育综合督导的重要内容及责任区督学的工作范畴；制定《2021年韶关市第一届教育系统"一把手"德育核心能力竞赛方案》，重点考核局长（校长）工作应知应会的德育政策、法规和行为规范；4月，印发《关于做好全市中小学校德育工作"一校一案"落实〈中小学德育工作指南〉的通知》，组织开展全市中小学"一校一案"德育工作实施方案典型案例评选、全市中小学优秀班主任评选、全市中小学班主任专业能力大赛、全市中小学德育论文评选活动等，其中典型案例评选活动评选出韶关市特殊教育学校《创新德育思路 共策残儿发展》等65个典型案例（一等奖案例30项、二等奖案例35项）。

身边先进典型选树。2021年，韶关市开展"新时代好少年"评选表彰宣传活动。浈江区和平路小学诸葛芷烨和乳源瑶族自治县东坪镇新村小学盘文慧获得2021年度广东"新时代好少年"称号。3月表彰2020年下半年韶关市"新时代好少年"10人，6月评选2021年上半年"韶关市新时代好少年"20人，9月开展表彰宣讲活动。评选表彰一批2020—2021年度韶关市中学"三好学生""优秀学生干部"，开展第六届"最美南粤少年"评选活动，评出市级"最美韶关少年"60人。

【体育工作】2021年，韶关市举办第十二届中小学生运动会暨第二十六届中小学生"英东杯"体育竞赛。赛事包括田径、游泳、篮球、排球、足球、乒乓球、武术、跳绳、健美操啦啦操9个项目，是历届韶关市中小学生运动会举办项目最多的运动会。其中，田径项目男子4×100米接力、女子4×400米接力、男子4×400米接力3个项目打破韶关市中学生运动会纪录。

省级体育竞赛成绩优异。在2021年第十四届全国学生运动会中，广东北江中学陈祺伟获得中学男子组4×100米接力铜牌，以10.92秒的成绩获得中学男子组100米第八名。在2021年广东省中学生武术套路锦标赛中，仁化中学武术队以团体总分210分、6金2银4铜的成绩获得高中组团体总分第二名；仁化县第一中学武术队取得7银2铜，高中组获得团体总分第三名，初中组获得团体总分二等奖；韶关市风烈中学武术队获得初中组团体总分第三名、初中组一等奖。在2021年广东省中学生田径锦标赛中，广东北江中学代表队获甲组团体总分第十名，1人次获国家一级运动员资格、7人次获国家二级运动员资格；陈祺伟以10秒52获得100米比赛第一名（一级运动员）；陈祺伟、吴以杰、梁升平、曾洋以42秒21获得4×100米接力第一名。在2021年广东省中小学生健美操锦标赛（总决赛）中，南雄中学健美操队获得中学甲组团体总分一等奖、中学甲组有氧舞蹈第一名、中学甲组健美操规定动作一级套路第二名、中学甲组竞技健美操混合双人操第五名、中学乙组竞技健美操男单第六名、中学甲组竞技健美操男单第七名；韶关市第十五中学代表队获得初中组有氧踏板第三名、有氧舞蹈第五名。在2021年广东省小学生篮球锦标赛中，武江区金福园小学代表队获得一等奖。韶关市参加2021年广东省中小学生春季定向锦标赛，取得初中组团体总分第五名，获团体总分一等奖。

体育中考暨国标测试。2021年，韶关市初中毕业升学体育考试全部项目均采用智能化电子设备进行考试，整个体育中考工作实现无安全事故、无工作差错、无违纪行为、无举报投诉目标。完成2021年韶关市中小学学生体质健康抽测工作，优良率为50.7%，合格率为97.8%，优良率超过广东省优良率45%的达标要求。

运动会筹备工作。韶关市成立了广东省第十三届中学生运动会韶关市筹备工作委员会，制订了韶关市筹备2022年广东省第十三届中学生运动会总体工作方案，启动了会徽、会歌、吉祥物征集活动，完成了各项目竞赛规程初稿，抽调了第一批工作人员到韶关市教育局集中办公，参与各项筹备工作。

【美育工作】2021年，韶关市开展创意绘画、竖笛等集体艺术进校园活动，参与人数近12万多人次；组织全市艺术教师参加全国中小学舞蹈教师培优计划2021年培训；组织全市中小学美育教师参加广东省首届教师音乐舞蹈基本功比赛、广东省首届教师美术书法基本功比赛；组织全市美育教师参加广东省教育厅举办的全省首届美育教师教学基本功比赛；组织韶关市书法家进校园活动，举办"非遗进校园""戏曲进校园"活动。

【劳动教育】2021年，韶关市中小学做好劳动教育课程化、日常化、实践化、家庭化工作，将综合实践活动课程通用技术课程作为实施劳动教育的重要渠道，学校劳动教育课每周不少于1课时。全市全学段劳动专题教育的课程符合设置要求，开课率达100%。韶关市第一中学、南雄市等建立"校园农场"实践育人基地。

【学生资助】2021年，韶关市继续落实各学段学生资助资金发放，资助工作实现"三个全覆盖"（即学前教育、义务教育、高中阶段教育、本专科教育和研究生教育所有学段全覆盖，公办民办学校全覆盖，家庭经济困难学生全覆盖）。春季学期，全市中小学幼儿园家庭经济困难学生116 059人次得到资助，资助金额1.3亿元；秋季学期，全市中小学幼儿园家庭经济困难学生106 539人次得到资助，资助金额9 582.7万元。全年全市为5 589名韶关户籍大学生办理大学生生源地信用助学贷款，通过国家开发银行发放助学贷款5 136.6万元。

（撰稿　邓之祺；审稿　黄　伟　沈雄鹰）

河源市教育

概况

2021年，河源市共有各级各类学校1785所。其中，普通高校2所（广东技术师范大学河源校区、河源职业技术学院），中职（含技工，下同）学校15所，特殊教育学校7所，基础教育（高中、初中、小学）学校1188所，幼儿园573所。其中，民办中职学校2所，民办基础教育学校28所（小学3所、九年一贯制学校15所、十二年一贯制学校4所、完全中学4所、高级中学2所）。

河源市有在校生699694人。其中，普通高校在校生20508人，中职学校在校生31163人（含技工学校在校生9988人），特殊学校在校生1017人（不含随班就读和送教上门学生），基础教育（高中、初中、小学）在校生528191人，在园幼儿118815人。此外，民办中职在校生3189人，占全市中职学校在校生数的8.58%；民办基础教育（高中、初中、小学）在校生48708人，占全市中小学校在校生总数的9.17%。

河源市有幼儿园573所，其中公办幼儿园223所，民办幼儿园350所（包括普惠性民办幼儿园275所）。全市在园幼儿118815人，其中公办园在园幼儿61378人（包括购买学位9450人、小学附设幼儿班幼儿4262人），公办园在园幼儿占比51.66%；民办园在园幼儿58161人（包括民办普惠性幼儿园44377人）；普惠性幼儿园（即公办幼儿园和普惠性民办幼儿园）在园幼儿105755人，占比89.01%。

河源市共有在岗教职工57113人。其中，普通高校教职工646人，中职学校教职工2044人，特殊学校教职工338人，基础教育教职工（含公办临聘和民办）40792人（中学教职工22730人，其中初中专任教师11405人、高中专任教师5522人；小学教职工18062人，其中专任教师17117人），幼儿园教职工13293人，其中专任教师和保育员共10109人。

各级各类教育

【基础教育】（一）学前教育

2021年，河源市深入巩固提升学前教育"5080"攻坚成果。印发了《河源市教育局关于落实2021年省民生实事任务巩固学前教育"5080"攻坚成果的通知》，通过新建、改扩建幼儿园，增加学位供给，全面完成市十件民生实事。全市共完成新建、改扩建公办幼儿园18所，新增公办学位4535个。新增普惠性民办幼儿园19所，新增普惠性民办幼儿园学位6602个。

（二）义务教育

河源市不断加大义务教育学校新建扩建力度，增加学位供给。2021年，全市共新增公办学位12780个。其中，新建公办中小学4所，新增学位8160个；改扩建公办中小学5所，新增学位4620个。持续做好2021年农村义务教育寄宿制学校建设，完成改扩建学校11所，全市新增寄宿制学位2362个。不断推进中小学集团化办学，先后组建了河源市第三小学教育集团、河源市田家炳教育集团，充分发挥优质教育资源的辐射带动作用。加快推进改薄提升（含寄宿制）项目建设进度，投入各级改薄资金27438.66万元（其中，中央资金7373.29万元，省级资金19897.37万元），总资金支出率为93.81%。

（三）普通高中教育

河源市大力实施阳光招生工程，严格遵守招生工作纪律，加强招生宣传，做到招生计划公开、招生指标公开、录取分数线公开，确保招生过程阳光、透明。2021年秋季，河源市普通高中一年级招生人数为25474人，超额完成了省教育厅下达的招生任务。继续推动普通高中学生综合素质评价工作，实施综合素质评价录入信息管理平台工作。2021年，河源市高考清北线上线6人，特殊线上线1960人，本科线以上10 246人，高出全省平均本科率2%。

（四）民办教育

严格执行关于进一步规范民办义务教育发展的指导意见，全市未审批筹设任何民办义务教育学校。印发了《河源市规范民办学校发展实施方案》，做好全市民办义务教育学校办学条件和办学规模的核查工作，努力完成目标。对全市民办义务教育学校校名进行规范管理，并已全面完成清理工作。

【职业教育与终身教育】（一）职业教育

2021年，河源市委、市政府高度重视职业教育发展，大力开展在中职学校设立高职专业学院试点、中高职贯通三二分段培养改革试点工作。河源理工学校、河源市职业技术学校入选广东省高水平中职学校建设单位名单。支持惠州卫生职业技术学院对接广东食品药品职业学院，河源理工学校、惠州市职业技术学校对接河源职业技术学院，设立高职专业学院试点。组织开展以"技能：让生活更美好"为主题的职业教育活动周系列宣传展示活动，全市约有2.5万名师生参加。惠州卫生职业技术学院、河源理工学校、惠州市职业技术学校3所学校的5个专业已入选第一、二批中等职业教育"双精准"示范专业建设名单。选送了一批优秀学生参加广东省教育厅2020—2021年度全省职业院校学生专业技能大赛及第七届中国国际"互联网+"大学生创新创业大赛广东省分赛，获得较好成绩。全市2021年秋季下达各校招生指标共14 500人，相比2020年招生指标增加3 200人，完成招生数11 141人，完成比例达76.8%。

（二）终身教育

河源努力构建全民终身教育体系。连续7年组织市县同步开展全民终身学习活动周，2021年组织开展以"庆建党百年华诞 谱终身学习新篇"为主题的全民终身学习活动周活动，组织从业人员、社区居民、老年人群参加全民终身学习。推荐龙川县创建社区教育创新区、河源开放大学社区教育基地等4个项目申报2021年广东省继续教育质量提升工程项目。

【高等教育】（一）广东技术师范大学河源校区

广东技术师范大学河源校区（以下简称河源校区）是广东技术师范大学与河源市人民政府合作共建的省属公办本科院校，于2020年建成投入使用，总占地面积约72.07万平方米，其中一期占地约33万平方米，建筑面积约22万平方米，总投资约24亿元。2021年，河源校区共有在读学生7 988人，教职工454人，其中副高职称以上124人、博士172

·市域教育·
EDUCATION IN VARIOUS CITIES

人、硕士154人。河源校区按照"以广师大所能，服务河源市所需"的发展理念，致力于成为服务区域经济社会发展的示范校区、职业教育人才"中高本硕"贯通培养的引领校区，为河源市"融湾""融深"高质量发展提供人才、技术和智力支撑。

河源校区下设电子与信息学院、机电学院、计算机科学学院、汽车与交通工程学院、自动化学院、光电工程学院、网络空间安全学院、数学与系统科学学院、教育科学与技术学院、财经学院、法学与知识产权学院、管理学院、外国语学院、文学与传媒学院、音乐学院、美术学院16个学院，共开设43个专业。其中，通信工程、机械设计制造及其自动化、汉语言文学、会计学为国家级一流本科专业建设点；学前教育、机械电子工程、车辆工程、电气工程及其自动化、软件工程、环境设计、自动化、计算机科学与技术、工艺美术为省级一流本科专业建设点。

河源校区采取"1+3"人才培养模式，即学生一年级在河源校区，二至四年级在广州校区。河源校区共有4门国家级精品课程，分别为张辉老师的"班主任与德育教育"、杨舰老师的"电子学科教学法"、白崇老师的"魏晋风度"、黄明睿老师的"创业之路——带你玩转商业模式"。

河源校区与河源市政府、河源市教育局在人才交流、师资队伍培养、校地共建、校企合作等方面开展合作。在高层次人才方面，探索实现共同引进高层次人才，联合打造博士及高层次人才群体服务河源经济和社会建设平台，实现各类人才的共享共用。在技术研发创新上，依托广东技术师范大学河源研究院，围绕产业行业关键核心技术需求，共建校企联合研发平台和技术创新联盟，推动实施"百名博士河源行动计划"，引导人才创新要素向相关产业集聚，提升产业技术创新能力。在结对帮扶工作上，深入贯彻落实《广东省推动基础教育高质量发展行动方案》，与河源市实施美育浸润行动计划结对活动，组织美育浸润行动计划团队，面向685名中小学生开展美育浸润工作，围绕美育课程建设、美育实践活动、美育校园文化建设及美育师资队伍建设等方面进行精准帮扶。

（二）河源职业技术学院

2021年，河源职业技术学院有全日制大专在校生16 526人（含高职扩招生3 890人），教职工670人，其中专任教师468人。学校下设机电工程学院、电子与信息工程学院、工商管理学院、老隆师范学院、人文艺术学院、继续教育学院、思想政治理论教学部7个教学院部；设有应用电子技术、模具设计与制造、旅游管理、服装设计、文秘、学前教育等48个专业；建有电子信息工程技术、旅游管理、学前教育3个省级专业群；建有校内实习基地40个，校外实习基地581个。教学仪器设备总值2.33亿元，图书馆纸质藏书111.75万册。

学校以"坚持立足河源、面向广东、融入湾区，以现代制造业和现代服务业类专业为主，工、管、师范类专业协调发展"为专业定位，依托省高水平专业群建设项目，主动服务产业转型升级需求，精准对接河源千亿级电子信息产业集群、百亿级食品饮料及水产业集群、百亿级先进材料产业集群布局，优先发展电子信息工程技术、模具设计与制造、嵌入式技术应用、旅游管理、工商企业管理等区域产业急需专业，加快建设学前教育、食品检验、环境保护等重大民生相关专业，建设6个省级高水平专业群，实现以专业群建设为龙头、带动学校所有专业发展，提升整体办学水平。截至2021年年底，学校拥有中央财政支持实训基地2个，省级实训基地（公共实训中心）10个，省级大学生校外实践教学基地15个；拥有国家骨干专业3个，中央财政支持"高等职业院校提升专业服务产业发展能力项目"专业2个，省级高水平专业群6个，省级示范性专业2个，省级重点专业5个，省级品牌专业3个，国家级现代学徒制试点3个、省级现代学徒制试点9个，高职本科协同育人试点专业5个，1+X证书制度试点专业25个。拥有1门国家级精品课程，20门省级精品课程，1门省级优质课程，5门教育部职业院校教学指导委员会精品课程，6个国家专业教学资源库子项目，5部国家规划教材。2021年学生参加全国各类技能竞赛获奖150项，其中，省级一等奖23项、二等奖54项、三等奖68项。

2021年，学校各级各类纵向科研项目获立项128项，其中省级以上科研项目39项，"漳溪畲族乡柑橘标准化种植与品牌营销技术服务""农村电商人才的培育与农产品营销技术服务"等获广东省科技厅立项，"基于人工智能技术的房价批量评估模型及其应用平台研究""新一代信息技术下淋巴水肿康复医疗智能服装的应用研究"等获广东省教育厅立项；横向技术服务到账金额为285万元。学校获专利授权45项，其中发明专利3项；发表论文245篇，出版著作、教材17部；获河源市自然科学、哲学社会科学优秀成果奖18项。

截至2021年，学校有各类成人学历教育在校生17 348人，社会培训累计超过4.8万余人次。学校高度重视品牌建设，打造村干部大专班等特色品牌项目，构建专本科函授、远程教育、非全日制研究生、自考沟通班、专升本辅导班、社会培训等多位一体的终身教育体系。学校落实乡村人才振兴工作。2021年，村干部素质提升项目开设函授专科班、函授本科班，共录取719人；圆梦计划项目录取257人。村干部素质提升项目因业绩突出，2021年4月再次被《中国教育报》专题报道，9月被广东省教育厅认定为"终身教育品牌项目"并向教育部推荐，11月被认定为"全国终身学习品牌项目"。学校推进学历教育与社会培训并举并重，2021年首次承办省培、国培项目，首次开展幼儿园园长培训。

教育成果与特色

【疫情防控工作】2021年，河源市深入贯彻落实上级关于疫情防控决策部署，科学精准、从严从紧、扎实有效落实常态化疫情防控各项措施。全市细致筹划，全力做好2021年春、秋季学期师生开学返校工作，通过完善各类工作方案及应急预案、开展应急演练、强化业务培训、落实24小时值班值守等方式，全面升级校园疫情防控工作效能。统筹组织、广泛宣传，大力推进疫苗接种，加固校园防疫安全屏障。高度重视学生心理健康，对重点学生按"一人一案"做好心理疏导，全力防范极端心理危机事件发生。

【"双减"工作】2021年，河源市积极推进"双减"工作，大力推进校外培训机构专项治理，开展13次执法检查，共停办194所、取缔141所不符合办学条件的校外培训机构。全市压减了184所学科类培训机构，压减率为96.34%。严格落实作业管理和考试管理，义务教育阶段学校作业管理办法和建立作业公示制度达标率为100%，作业时间总量控制达标率为100%；应开展课后服务学校138所，100%开展课后服务和实行"半月报"制度。全力推进原学科类校外培训机构预收费资金监管工作，全市140家培训机构全部实行预收费监管，资金监管率达100%。

【教育队伍水平提升】 2021年，河源市选派182名中职学校校长、骨干教师参加中等职业学校教师素质提高培训，选派768名校长、骨干教师参加"新强师工程"省级培训项目。遴选推荐了新一轮（2021—2023）中小学"三名"工作室主持人，新增省"三名"工作室主持人11名，选派204名校长、骨干教师为2021—2023年省级"三名"工作室入室学员。教师赵莉入选省中小学名教师工作室顾问。组织开展南粤优秀教师（优秀教育工作者）评选工作，共35人获评"南粤优秀教师"，3人获评"南粤优秀教育工作者"。河源市教育局印发了《2021年河源市教育系统师德建设主题教育活动方案》，不断深化师德师风建设，全市共评选表彰了100名市优秀教师、60名市优秀班主任、20名市优秀校长、20名市先进教育工作者及10名"最美教师"。

【教育信息化水平提升】 2021年，河源市不断推动信息技术与教育教学融合创新，全市已完成"河教云"建设，为全市中小学师生建立"网络学习空间"，大力开展跨区域网络协作教研，信息技术与教学实践充分融合。大力建设互联网环境下基础教育改革试验区，研究确定江东新区为试验区。全市更加注重教育功能场室建设，不断添置和完善各级各类学校功能场室。

【中小学美育质量全面提升】 2021年，广东技术师范大学和广东外语外贸大学对口帮扶农村学校开展了美育教育，其中连平县4所、龙川县4所、紫金县2所。全市依托高校优质教育资源支持中小学美育协同发展，通过名师工作室、名师工作坊、培训进修、师徒结对、集体教研等多种形式支持对口县（区）开展教师队伍建设专项帮扶，提高区域内中小学校美育教师专业水平和教育教学能力。

【教育精准扶贫】 2020—2021学年度春季学期，河源市原建档立卡（不含技工类）等家庭经济困难学生超过2万人，共发放资助补助资金约3500万元，发放率达100%。根据《广东省教育厅 广东省财政厅 广东省乡村振兴局关于做好脱贫家庭学生资助政策衔接的通知》（粤教助函〔2021〕5号），从2021年秋季学期起，原建档立卡脱贫家庭学生统一纳入国家学生资助政策体系，不再实施广东省户籍原建档立卡学生免学费和生活费补助政策。2021年，全市落实各级各类学生资助补助资金达1.3亿元（除建档立卡生活费补助资金外）。

【重点项目建设】 2021年，河源市青少年宫和教师发展中心已完成主体封顶，河源市中小学科普教育馆、市博爱学校扩建职业高中部均已完成主体封顶，深河中学三期宿舍楼及饭堂等项目动工建设，河源中学新校区、河源市田家炳实验中学的迁建工作有序推动。

【全力推动解决"上学难"】 河源市坚定践行以人民为中心的发展思想，通过市委书记主持召开"面对面"解决群众"上学难"座谈会，收集、梳理群众反映"上学难"存在问题，进一步细化工作任务、明确工作责任、确定工作目标，形成了"面对面"解决群众"上学难"的长效机制，全力解决好群众身边的操心事、烦心事、揪心事。2021年，认领公开征集群众"上学难"代表性问题303宗，其中，已解决74宗，逐步推进解决229宗。

（撰稿 罗婷婷；审稿 黄志鹏）

梅州市教育

概 况

2021年，梅州市教育局坚持以习近平新时代中国特色社会主义思想为指导，深入学习贯彻党的十九届六中全会和习近平总书记关于教育工作的系列重要论述精神，认真落实全国、全省教育大会工作任务，紧紧围绕市委、市政府中心工作，以推进教育现代化为目标，加快推动教育改革发展，全市教育事业发展工作取得良好成效，进一步夯实了梅州教育高质量发展基础，为助推梅州苏区振兴发展增添了新动能、新活力。

2021年，梅州市有各级各类学校1 647所，在校生826 410人。其中小学452所，在校生373 597人，学龄儿童入学率为100%，小学毛入学率为103.77%，小学升学率为100%；初级中学179所，在校生174 483人，适龄儿童少年入学率为100%，初中毛入学率为114.07%，初中升学率为99.63%；普通高中（含完全中学）60所，在校生87 545人，普通高中升学率为99.05%；中职学校13所，在校生24 832人，高中阶段毛入学率为95.4%；幼儿园934所，在园（班）幼儿164 728人；特殊教育学校9所，在校生1 225人。全市有国家级示范性普通高中10所，国家级重点中职学校5所。全市有中小学教职工66 274人，专任教师55 267人。

各级各类教育

【基础教育】（一）学前教育

2021年，梅州市切实加强公办幼儿园规划建设，加大学前教育财政投入，加快发展公办幼儿园。通过新建、改扩建公办幼儿园，加强公办幼儿园建设，扩大普惠性学前教育资源供给；多措并举，采取扩班增容、公办中心幼儿园开设分园、新建和改（扩）建公办园等多种途径，增加公办幼儿园数量。2021年秋季，梅县区第二实验幼儿园、大埔县城东实验学校幼儿园、高陂镇第二幼儿园；五华县澄湖幼儿园、兴宁市兴南幼儿园、兴宁市田家炳幼儿园等公办幼儿园落成启用，新增公办幼儿园学位3 000个。截至2021年底，全市有学前教育在园幼儿164 728人，普惠性幼儿园在园幼儿占比91.05%，公办幼儿园在园幼儿占比51.33%。顺利完成2021年"学前教育扩学位、提质量"的民生实事任务。

（二）中小学教育

2021年，出台《梅州市人民政府办公室关于印发梅州市推进义务教育优质均衡发展工作方案的通知》（梅市府办〔2021〕27号），在巩固义务教育发展基本均衡的基础上，将义务教育的工作重心从基本均衡发展转移到优质均衡发展上来，补齐教育发展的短板，缩小教育差距。出台《梅州市人民政府办公室关于印发梅州市区消除义务教育学校大班额工作方案（2020—2025年）的通知》（梅市府办函〔2021〕50号），加快推进消除大班额工作，56人以上义务教育大班额控制在1%以内。进一步增加学位供给，梅江区元城小学、华南师范大学附属广梅园小学、平远县城南小学、大埔县高陂实验学校、梅县区华业外国语学校、广东外语外贸大学附设梅州实验学校等建成并招生。落实免试就近入学要求，印发《关于进一步规范全市中小学招生工作的紧急通知》（梅市教基〔2021〕31号）、《2021年梅州市民办学校义务教育阶段招生入学工作实施方案》等系列文件，进一步细化义务教育学校招生工作要求，确保招生工作规范有序。落实国家"两为主、两纳入"要求，保障进城务工人员随迁子女平等接受教育的权利，2021年秋季全市在公办学校就读的义务教育阶段进城务工人员随迁子女占比达92.84%。

推动中小学幼儿园集团化办学，落实《梅州市推进中小学幼儿园集团化办学工作实施意见》，指导、督促各县（市、区）探索多种形式的集团化办学模式，全市已成立17个教育集团，覆盖城乡63所学校，充分发挥现有优质品牌学校的示范带动作用，增加优质教育资源总量。

全面落实"双减"和"五项管理"。印发《梅州市教育局关于做好义务教育校内课后服务工作的实施意见》（梅市教〔2021〕55号）和《关于印发〈梅州市落实"五项管理"工作实施方案〉的通知》（梅市教〔2021〕71号），督促各县（市、区）、各义务教育学校落实"一县一策""一校一案"，保障"双减""五项管理"工作落实到位。开展全市"双减"工作专项督查行动，确保"双减"工作取得实效。通过发布《致全市学生家长的一封信》等方式，主动做好政策解读和宣传引导。广泛收集"双减"工作典型案例，推出"双减怎么减，梅州有办法"系列报道，大力宣传推广，供各地各学校学习借鉴，进一步推动"双减"落地生效。2021年秋季，梅州市已实现课后服务两个"全覆盖"，即义务教育学校全覆盖、有需求的学生全覆盖，并全面推行"5+2"模式。

（三）普通高中教育

2021年，梅州市高考本科上线率为44.36%，特控上线率为9.26%，分别比2020年增加8.05%和0.32%，2人考上北京大学。广东梅县东山中学等10所示范性普通高中的示范带动作用进一步彰显。坚持实施"一校一特色"，积极推进普通高中优质特色多样化发展，支持一批百年名校内涵式发展。批复设立五华县中英文高级中学（民办）。鼓励其他高中结合本校实际形成体育、科技、文艺等办学特色。

（四）特殊教育

2021年，梅州市做好残疾儿童少年义务教育招生入学工作。落实《中华人民共和国教育法》《中华人民共和国残疾人保障法》和《残疾人教育条例》等法律法规规定，做好残疾儿童少年义务教育招生入学工作，按照"全覆盖、零拒绝"的要求，根据适龄残疾儿童少年的实际制订教育安置方案，逐一做好适龄残疾儿童少年的入学安置工作，全市残疾儿童少年义务教育安置率达100%。

【中等职业教育】2021年，梅州市贯彻落实《广东省职业教育"扩容、提质、强服务"三年行动计划（2019—2021年）》，推动职业教育发展上新水平。不断完善职业教育结构，推进广东梅州职业技术学院和嘉应学院紫琳学院的建设，填补职业高等教育的空白，广东梅州职业技术学院已于2021年正式招生。不断扩大中职招生规模，推进中职学校特色发展，梅州市职业技术学校和大埔县田家炳高级职业学校获批广东省高水平中职学校建设单位，提升职业教育服务经济社会发展能力。2021年，梅州市有中等职业学校13所，在校学生24 832人，教职工1 323人，专任教师1 007人。

2021年，梅州市职业学校参加广东省职业院校学生专业技能大赛获得11个奖项，共29人获奖，其中二等奖1项、4人获奖，三等奖10项、25人获奖。参加梅州市职业学校技能大赛，获奖学生298人，其中一等奖57人、二等奖67人、三等奖102人、优秀奖72人；获奖指导老师173人，其中一等奖49人、二等奖49人、三等奖54人、优秀奖21人。

教育成果与特色

【夯实校园疫情防控堡垒】2021年，严格按照梅州市新冠疫情指挥部工作部署，统筹做好全市教育系统春、秋季学期疫情防控工作。细化各项疫情防控措施，完善应急处置流程，开展多场景应急处置演练，发挥卫生健康副校长作用，加强督导检查等工作。按照"应接尽接"的原则，强力推进3岁以上学生（幼儿）疫苗接种及教职工加强针接种工作，在校生接种人数77.8万人，接种率达97.6%，位居全省前列，夯实校园免疫屏障。全市教育系统中考、高考工作均实现零失误。

【党建引领开展党史学习教育】梅州市教育局深入学习贯彻习近平总书记关于加强党的政治建设的重要论述以及重要指示批示精神，在市委、市政府和市直机关工委的正确领导下，结合教育系统实际，开展党史学习教育，组织局机关党员干部自学130人次，党组和理论中心组开展专题学习6次，全市教育系统党员干部参学人数累计达20 509人次。大力推进党史学习教育进校园，深挖本地红色资源，通过组织"童心向党"教育实践活动，参观"红色基地"、祭奠革命先烈、开展红色文化宣讲等，引导学生传承红色基因，激发爱党爱国热情。坚持把党史学习教育融入"我为群众办实事"实践活动和深入整治教育领域腐败和作风问题的全过程，不断推进学习教育走深走实。

【普及校园足球助力足球特区创建】 深入推进体教融合，落实优秀运动员升学衔接等五项任务，推动校园足球普及推广和"精英培养"两翼齐飞，构建"特色学校（幼儿园）+试点县（市、区）+满天星训练营+改革实验区"的校园足球普及推广新局面。梅州市有全国校园足球试点县（区）1个、省级试点县（市、区）3个；市级以上足球特色（示范）学校占全市中小学总数的48.5%，参与校园足球活动的学生人数达25万人，参与率为42%。2021年入选广东省青少年校园足球夏令营最佳阵容人数居全省第一。

【素质教育建设有新成果】 2021年，继续实施"一校一品"工程，大力开展客家山歌、广东汉剧、客家童谣等"文化进校园"活动，引导各校坚持走内涵特色发展之路。全市基本形成"红色思政+客家+N"研学实践教育课程模式，初步打造了10条研学实践经典线路，包括"追寻客家遗迹""紧随叶帅脚步""弘扬球王精神足球之旅""探究数学奥秘之旅""探索丹霞风貌之旅""花灯非遗之旅""南药康养之旅""温泉音响之旅""青花非遗之旅""三河坝（青溪交通线）红色之旅"；推动"中小学生劳动教育实践基地"和"梅州市中小学生示范性综合实践基地"创建，拥有1家省级和15家市级中小学生劳动教育实践基地，1家市级中小学生示范性综合实践基地（兴宁市伟泓中小学生综合实践教育基地）。

【教师队伍建设有新进展】 2021年，梅州市教育系统通过公开招聘、校园招聘、急需紧缺人才引进等方式，引进博士研究生3名、硕士研究生57名、本科毕业生792名到梅州任教。大力实施本土人才培养战略，采取实施学科领军人才培养、中小学校（园）长教育发展能力提升、中小学骨干教师示范培训、新任教师入职培训、中学教师职务培训、教育管理干部教育治理能力提升培训等7大类28项培训，共计49 563人次参加培训。加大评选表彰力度，评选出382名市级优秀教师。组织56人参加广东省第三届青年教师教学能力大赛，获一等奖2项，二等奖10项，三等奖46项。开展梅州市"聚焦课堂教学变革"课堂教学评比展示活动，全市5 942名青年教师参加，随机抽选了72名教师参加市级评比展示活动。

（撰稿 张凤辉；审稿 罗俊琴）

·市域教育·
EDUCATION IN VARIOUS CITIES

惠州市教育

概　　况

2021年，惠州市教育系统始终坚持以习近平新时代中国特色社会主义思想为指导，深入学习贯彻党的十九大和十九届历次全会精神，贯彻落实省委省政府、市委市政府和省委教育工委、省教育厅工作部署，以党史学习教育为动力，突出做好"三保三强"（保方向、保安全、保供给、强师资、强质量、强服务）等工作，高质量完成年度重点工作任务，教育惠民成效显著提升，教育"十四五"起步平稳、开局顺利，为惠州建设更加幸福国内一流城市做出了积极贡献。

截至2021年12月底，惠州市有各级各类学校（含中小学、幼儿园、特殊学校、中职技工、普通高校）1771所，比2020年增加65所。在校生总数1402600人，比2020年增加60568人。全市教职工总数106829人，其中专任教师81000人。全市初中毛入学率为103.29%，九年义务教育完成率为99.52%，高中阶段教育毛入学率为98.17%。

各级各类教育

【基础教育】（一）学前教育

2021年，惠州市有幼儿园850所，比2020年增加46所。在园幼儿242747人，比2020年增加16473人。幼儿园专任教师15311人，比2020年增加760人。幼儿入园率为98.45%。

2021年，惠州市持续巩固提升学前教育"5080"攻坚成果，新建（改扩建）公办幼儿园26所，新增公办学前教育学位8580个。全市公办幼儿园在园幼儿占比50.5%，公办幼儿园和普惠性民办幼儿园在园幼儿占比92%。理顺市直3所公办幼儿园管理体制，开办市机关幼儿园江北分园。建立龙头园带动协同发展园共同成长的集团化办园模式，全市共有幼教集团13个。幼儿园生均公用经费补贴由每生400元提高至500元。

（二）义务教育

2021年，惠州市有小学576所，比2020年增加5所（小学教学点256个，比2020年减少19个）；初级中学93所，比2020年增加5所；九年一贯制学校161所，比2020年增加10所；完全中学17所，比2020年减少5所。小学在校生633683人，比2020年增加11892人；初中在校生25570人，比2020年增加12485人。小学专任教师33864人；初中专任教师17485人。小学毛入学率为100.75%，初中毛入学率为103.29%，九年义务教育完成率为99.52%，初中三年巩固率为99.53%。

2021，惠州市新建（改扩建）中小学校23所，新增公办义务教育学位2.95万个，大班额比例由2017年底的14.76%降至0.55%。高质量完成惠州市第一中学南湖校区拆建。出台《惠州市住宅项目配套教育设施建设管理办法（试行）》，住宅小区与配套学校同步设计、同步施工、同步建成并交付使用，全年应完成的39宗配套教育设施全部完工，争取动工的36宗项目全部动工。用好市直优质资源的引领辐射作用，促进均衡发展，惠州一中托管惠州九中办成惠州市第一中学下埔校区全面落地。加强乡村小规模学校和乡镇寄宿制学校标准化建设，建设校舍7.8万平方米，新增寄宿制床位1.67万个，225个乡村教学点100%达标，寄宿制学位达标建设完成率为100%。

（三）普通高中教育

2021年，惠州市有高级中学15所，比2020年增加2所；完全中学17所，比2020年减少5所；十二年一贯制学校14所，比2020年增加2所。高中在校生112554人，比2020年增加9667人。高中专任教师7726人，比2020年增加408人。高中阶段教育毛入学率为98.17%。

2021年，全市统筹完成惠州市惠阳叶挺中学、惠阳崇雅实验学校古岭校区、华中师范大学附属惠州实验学校建设，并于2021年秋季投入使用招录高一新生。全年新增普通高中学位近5000个，普通高中录取率超过60%。大力推进普通高中招生改革，公办、民办普通高中实行"同步填报志愿、同步划线录取、同步公布录取分数线"。

（四）特殊教育

2021年，惠州市有特殊教育学校7所。特殊教育学校在校生1130人。特殊教育专任教师249人。印发《关于加强残疾儿童少年义务教育阶段随班就读工作的实施细则（试行）》，采取普通学校就读、特殊教育学校就读、儿童福利机构（含未成年人救助保护机构）特教班就读、送教上门等多种方式，落实"一人一案"，确保适龄残疾儿童少年义务教育安置率达100%，超过省定92%的标准。成立惠州市专门教育指导委员会，推进专门教育。

【职业与成人教育】（一）职业教育

2021年，惠州市有中职学校23所（含2个高职院中职部），其中市直属学校13所、县（区）属学校10所；公办学校9所、民办学校14所。拥有国家重点中职学校3所，省重点中职学校3所。全市有技工学校9所。中职在校生53142人，比2020年增加4081人；技工学校在校生33868人，比2020年增加1059人。中职专任教师2472人，比2020年增加420人；技工学校专任教师1171人，比2020年增加51人。

2021年，完成职业教育"扩容、提质、强服务"（2019—2021年）计划收官工作，参与广东省高水平中职学校建设，惠州市以"良好"的成绩通过全省创建职业教育综合改革示范市验收。向省推荐36个中职教育教学质量和教学改革工程项目。在全省职业院校学生专业技能大赛中，有2个项目共2人获一等奖，4个项目共9人获二等奖，16个项目共41人获三等奖。在第七届中国国际"互联网+"大学生创新创业大赛广东省分赛中，获银奖1项。

（二）成人教育

2021年，惠州市有开放大学5所。全市开放大学系统（含县、区开放大学）招生11562人，招生人数排在全省地市级开放大学系统前列。其中，惠州开放大学开放教育招生8197人，有业余（开放教育）本、专科学生11562人。全市开放大学系统教职工241人，外聘兼职教师9人，聘有副高级职称以上教师35人。全市有39493人报名参加成人高等学校招生全国统一考试，录取33636人。

【高等教育】2021年，惠州市有普通高校5所，分别是惠州学院、惠州卫生职业技术学院、惠州城市职业学院、惠州工程职业学院、惠州经济职业技术学院（民办）。普通高校在校生69906人，其中本科在校生19973人、专科在校生49933人；普通高校专任教师2722人。

2021年，完成4所高职院校"双精准"示范专业建设中期评估，支持惠州学院完成办学管理体制调整，惠州城市职业学院大学科技园被广东省科学技术厅、广东省教育厅认定为广东省公办高职院校中第一家也是唯一获批为省级大学科技园的学校。克服新冠肺炎疫情影响，举办两期"惠州西湖科学讲坛"，分别邀请中国工程院院士孙玉、王复明主讲。在广东省职业院校学生专业技能大赛（高职组）中，有11个项目共29名学生获一等奖，36个项目共92名学生获二等奖，43个项目共103名学生获三等奖。

教育成果与特色

【教育党建】坚决落实"第一议题"制度，强化党对教育工作的全面领导。创新推动惠州市教育局机关和各级各类学校建立"双周学习日"制度。印发《加强教育系统党建三年行动计划的具体举措》，推动"党的建设"写入学校章程，中小学校党组织覆盖率、归口管理率均达到100%。大力实施党员"双培养"工程，全市教育系统共发展党员1546名，较2020年增长52%；市属及驻惠公办院校教师党员占比超过60%。

【校园疫情防控】毫不松懈抓实抓细常态化疫情防控，创新制定《校园测温异常六步处置流程》《校园疫情防控工作要点（十条）》，坚持每天排查师生健康状况，全市教职工、在校生全程接种新冠疫苗率达到99.5%以上，对600多所学校、31.7万名师生进行核酸抽检，平安顺利完成高考、中考等14类教育考试，服务考生近百万名。

【校园安全】大力推进校园安全专项整顿，制定《加强学校安全工作任务清单》《校园安全专项整顿重点任务清单》，排查整改安全隐患2391个，清退有前科教职员工172名，学校配备专职保安员、实施封闭式管理、设立公安机关"护学岗"、安装一键报警装置和视频监控。全面推行"警家校"护安护畅，排查整治校园周边堵点310处，完善校园周边交通标识设施347处。落实每周两次防溺水警示教育，联动属地政府和有关部门巡查全市1493处溺水安全隐患点和41处溺水高危水域。制定印发《惠州市学校实验室危险化学品规范化管理指南（试行）》，完成76所中学实验室的涉危险废物处置。全面推行师生"六同"（同材、同品、同价格、同时、同台、同交流）就餐制，1092家学校食堂完成"互联网+明厨亮灶"智慧食堂建设，普及"直饮水+烧开"，校内商店全面下架"四高"（高盐、高糖、高脂、高添加剂）食品。惠州市教育局在全省教育系统综治考核中获得满分，惠州市平安校园建设连续七年在省考核中排名第一（含并列）。

【落实"双减"政策】惠州市教育局在落实中央、省"规定动作"的基础上，制定实施《惠州市教育系统落实"双减"政策20条（试行）》，做实"自选动作"，力保减负不降质。全市838所义务教育学校作业公示制度、作业时长达标实现两个100%；418所学校校内课后服务实现"两个全覆盖"，242所学校开展校内午餐午休服务，惠及45万多名学生；规范校外培训机构管理，压减义务教育学科类校外培训机构403家，压减率达100%。

【基础教育全过程质量评价体系】制定实施《惠州市小学办学质量综合评价办法》《惠州市初中学生学习素质起点评价办法》，修订《惠州市初中学校办学质量综合评价办法》《惠州市普通高中学校培养能力综合评价》，"县（区）长重视起来、教育局长着急起来、校长教师动起来"抓质量的氛围越来越浓，全市超过60%的中考考生入读普通高中，超过60%的高考考生入围本科院校。惠州市教育局被教育部评为2021年国家义务教育质量监测实施优秀组织单位。

【素质教育】推动习近平新时代中国特色社会主义思想进校园、进课堂、进头脑。抓实"四史"教育，培养学生知党爱党情怀。深化"三全育人"创建，100%中小学校全部建成"三全育人"达标校，新增3所国家文明校园。强化"惠家教"家校共育平台建设，成立市、县（区）"惠家教"服务中心，面向30多万名家长开展专题培训。落实教师全员家访制度，全市4.2万名教师深入48万多户学生家庭家访。落实《国家学生体质健康标准》，全市学生体质健康抽测优良率为58.5%，比省定标准高出13.5个百分点。举办惠州市第七届中小学生艺术展演，创造条件新开设戏曲、管乐、陶艺、剪纸等艺术课程，新增24所"广东省艺术特色学校"。

【教师队伍建设】全面启动基础教育"头阵计划"，组建180个"1+N"团队，选拔1080名领头人、培养对象，举办"头阵计划"启动仪式暨"头阵大讲堂"培训会，全市1200余名校长、教师全程参加研修培训；创新"线上+线下"相结合的方式，组织全市2.7万多名中小学（幼儿园）班主任开展心理健康全员培训；举办第三期教育系统中青年干部研修班；6所教师发展中心全部建成并投入使用。持续加强师德师风建设，继续实施教师落实立德树人根本任务承诺宣誓制度，推进与北京师范大学共建师德涵养（惠州）实验区，打造10所文化涵养师德特色实验学校；编印《惠州教育系统违反师德师风典型案例汇编》，各级各类学校实现师德师风监察组全覆盖，"正向引导+文化涵养+制度约束"的师德师风建设体系基本成型；惠州市的做法在全省师德师风建设会议上交流。开展教师教育教学能力考查，制定实施《惠州市中小学教师教育教学能力考查实施办法（试行）》，市、县（区）分级组织专任教师开展教育教学能力考查，有力促进教师提升职业素养和专业能力。保障教师待遇地位，全市中小学教师平均工资收入水平全部达到"两个不低于或高于"要求，继续保障落实山区和农村边远地区学校教师生活补助；大力表彰571名市级优秀教师和优秀教育工作者；制定印发《惠州市中小学教师减负清单》，激发教师从教乐教善教新活力。

【教育帮扶协作】惠州市教育局党组成员分别联系不同县（区）的义务教育质量挂牌督导学校开展驻校调研，督促学校改进办学方式方法，提升育人质量。与贵州省黔西南州缔结125对协作学校，派出80名教师赴黔支教，举办各类培训71场次，培训教师1.3万多人，280名黔西南州学生到惠州市职业院校进行培养。派出14批次共51名校长、教师，以支教送培的方式援藏援疆。

（撰稿 郭金萍；审稿 肖树军）

汕尾市教育

概　　况

2021年，在汕尾市委、市政府的正确领导下，汕尾市教育系统以习近平新时代中国特色社会主义思想为指导，贯彻落实习近平总书记重要讲话、重要指示批示精神，落实立德树人根本任务，深化教育改革攻坚，提升教育教学质量，全力弥补教育短板，加快教育现代化建设，全市教育各项工作取得长足进步。

（一）纵深推进党史学习教育，党对教育工作的领导得到全面加强

2021年，汕尾市教育系统按照市委党史学习教育"1+10+N"要求，开展党史学习教育活动超1万场次，受到中央新闻报道1次、学习强国平台报道5次，受省、市表彰50多人次。设立了市、县两级教育工委，完成教育系统748个基层党组织、11000多名党员转隶工作，创建两批100所市级基础教育党建工作示范校，其中4所被评为省级党建工作示范校。全市新增党支部126个，吸收预备党员360名。积极推进"党建+"，举办全市中小学"聚焦质量、赛龙夺锦"工作交流、公开亮承诺等活动，切实以党建引领教育各项工作开展。

（二）全面补短板强弱项，各类教育协调发展得到新突破

2021年，汕尾市巩固和提升普惠性学前教育资源，推进64所公办园新改扩建项目，增加298所普惠性民办幼儿园，增加公办及普惠性民办幼儿学位18112个，公办园在园幼儿占比达到51.39%，普惠性幼儿园覆盖率达到83.86%。实施义务教育学校新改扩建工程，新改扩建13所义务教育学校，新增义务教育学位9300个。优化学校布局调整，在原有12所中职学校的基础上，优化整合为10所中职学校。积极推行校企合作、产教融合办学模式，努力提升中职办学实效。其中2所中职学校创建为广东省重点中职学校，并立项高水平中职学校创建单位，进入为期4年的建设周期。汕尾市首所本科院校华南师范大学汕尾校区于9月1日举行启动区开园仪式，第一届共622名新生于9月12日开学报到，实现本科院校零的突破。

（三）深化教育改革创新，推动汕尾教育实现新跨越

2021年，汕尾市认真贯彻落实《深化新时代教育评价改革总体方案》，制定了工作任务清单。推进集团化办学，全市计划创建24个教育集团。制定汕尾市《关于深化新时代教育督导体制机制改革的实施意见（代拟稿）》，明确汕尾市深化新时代教育督导体制机制改革的目标和任务。狠抓政府履行教育职责评价考核工作，汕尾市政府履行教育评价考核排名有所提升。抓好"双减"政策落地落实，加强学校作业管理，积极推动校内课后服务在义务教育阶段学校、有需求的学生中全覆盖。2021年秋季，全市应开展课后服务的义务教育学校覆盖率达到100%；参与学生95673人，参与教师10494人。开展校外培训执法检查行动42次，累计出动执法人员788人次，检查整顿校外培训机构366家（次），责令整改的机构数达79所，责令暂停营业的机构数有113所（含无证），关停取缔了39所安全隐患大、不符合申办条件的校外培训机构。

（四）落实立德树人根本任务，全面推进素质教育得到新进展

2021年，汕尾市纵深推进党史进校园，把党史深度融入思政课、嵌入"第二课堂"等，掀起各学校党组织书记和专职教师宣讲思政课的热潮。联合市总工会举办全市中小学思政课一体化教学技能大赛。5月份以来，开展"学百年党史、做时代新人"主题教育系列活动，共征集各类优秀作品800份，并举办颁奖典礼，全程向社会直播，得到社会各界一致好评。扎实开展文明校园创建，遴选5所中小学校参加国家级文明校园评选，15所中小学校参加省级文明校园评选。深入推进家校共育，创建5所重点试点校，邀请全国教育局长研究联盟开展了6场专题讲座，提升家庭教育水平。抓好体育、美育、劳育等工作，在2021年广东省中小学生体质健康抽测工作中，学生的测试成绩较往年有大幅度提升。

（五）筑牢校园安全防线，教育治理体系和治理能力现代化水平再上新台阶

2021年，汕尾市推进平安校园建设，健全联防

联控机制，部署"五统一"工作，各项数据均比2020年大幅提升。开展道路交通安全、防溺水、防校园欺凌等专项治理以及学校周边环境整治工作，确保校园安全。尤其为解决偏远学生上下学交通难的问题，各地秋季学期共新增53部校车、41条公交路线、29辆定制公交。加强学生法制、治安、消防、饮食卫生等宣传教育，提高学生安全意识和自我保护能力。完善国家教育考试考点建设，实现人脸识别、作弊防控、空调安装等七个百分之百全覆盖；一年来，国家教育和省级各项考试，平稳顺利，考纪考风良好。加强全市教育系统网络安全保障，开展全市中小学校实验室危险化学药品检查，确保网络安全和实验室危险化学药品安全万无一失。坚决贯彻落实市委、市政府疫情防控部署要求，主动做好疫苗接种和全员核酸检测工作，织密织牢疫情防控网，疫情发生以来全市60万师生零感染。

各级各类教育

【基础教育】2021年，汕尾市有幼儿园535所，其中公办85所，民办450所；在园幼儿103 559人，专任教师6938人。小学566所，其中公办516所，民办50所；在校生289 694人，适龄儿童入学率为100%，专任教师16 917人。初中130所，在校生124 427人，专任教师9077人。普通高（完）中34所，其中公办27所，民办7所；在校生57 508人，专任教师4196人。特殊教育学校5所，在校生716人，专任教师167人。

【中等职业教育】2021年，汕尾市有中等职业学校10所，在校生17 558人，专任教师855人；技工学校2所，在校生5516人，专任教师345人。

【高等教育】2021年，汕尾市有普通高校2所。其中，汕尾市职业技术学院在校生9834人，专任教师451人；华南师范大学汕尾校区在校生620人，专任教师93人。

【民办教育】2021年，汕尾市有民办学校537所，其中幼儿园450所，小学50所，初中29所，普通高中7所，中职学校1所。民办学校在校生199 064人，其中学前教育在校生85 993人，小学在校生71 499人，初中在校生27 033人，普通高中在校生13 591人，中职学校在校生948人。

教育成果与特色

【师资队伍素质得到新提升】2021年，汕尾市加大人才引进力度，全市共开展18场人才招聘会，引进博士研究生10人、硕士研究生112人、大学生369人。教师节表彰鼓励134名优秀校长和教师，开展师德师风及违规补课专项整治行动，委托第三方对师德师风进行暗访曝光，制作并组织观看《雪域高原铸师魂》教育片。依托"北师大助力汕尾教育质量提升项目"开展九大学科培训，培训骨干教师1000多名。加强校长队伍建设，委托华南师范大学培养200名校长后备人才。组织教师参加培训，其中参加国培、省培990人次，参加市级培训10 204人次，参加县级培训6488人次。1000多名中小学教师参加本科学历提升学习，有效提升了教师学历层次。创建省级名师工作室12个、市级名师工作室40个，组织开展工作室传、帮、带工作，发挥名师辐射带动作用。

【教育教学质量得到新进步】2021年，汕尾市多举措着力提升教育教学质量。一是深入推进"决胜课堂"行动、"北师大助力汕尾基础教育质量提升项目"和"高中教育资源应用和质量提升项目"。借助北京师范大学专家团队力量开展说课、磨课、示范课、中考备考、专家报告等100多场次，实地入校指导活动105场次，线上指导60多场次，提高教师教育教学能力。聘请北京市第四中学名师到校指导，开展了30多场次名师、专家指导和同课异构等教学教研活动，进一步改进教学方式。二是创新性地提出区域联动教研活动。将全市划分为4个教研区域，开展形式多样的区域专题教研活动36场次，深受教师好评，取得良好教研效果。三是加强课题研究。2021年省、市级课题立项分别达25项、150项，市级课题中期验收94项，省、市级课题结题分别达18项、68项。其中，有1项科研成果参加广东省教育教学成果奖评选获得二等奖。四是发挥教研支撑作用。配齐配强市、县教研机构各学段各学科教研人员，邀请省内外专家举办高考、中考备考研讨会或教研活动7场次，充分发挥6个省级教研基地项目的辐射带动作用，带动全市教学教研工作整体进步。2021年，汕尾市高考成绩取得较大突破，物理类考生有1人考取685分，排名全省第127位；全市本科上线人数6430人，上线率达36%，比2019年增加334人，上线率提高了2.7个百分点。

【群众对教育满意度不断提升】2021年，汕尾市切实做好助教助学工作，不断提高群众获得感、满意度。一是构建覆盖各类教育的助学体系。全市共资助学生69715人，其中学前教育资助6699人，义务教育学生生活费补助34613人，中职、高中国家助学金资助10692人，中职、高中免学费补助17711人。建档立卡资助学生31448人，资助金额约5247.3325万元。生源地信用助学贷款申请学生人数为14563人，贷款金额高达13069.78万元。二是规范办学行为。全面落实"免试就近入学"政策，实施民办初中小升初电脑摇号随机录取，加大中职招生宣传力度，推进高中阶段"普职比"大体相当。做好控辍保学工作，实现疑似辍学学生"清零"目标。加大力度解决随迁子女接受义务教育问题，达到了省提出的"义务教育阶段随迁子女入读公办学校占比达到85%"的目标。三是推进依法治教、依法治校。实现市级依法治校达标校全覆盖，有17所学校获评省级依法治校达标校。市、县公检法司等部门班子成员兼任高中阶段学校法治副校长，助力依法治校创建。四是改善办学条件。推进汕尾市第二、第三实验学校建设，增加公办优质学位。实施市直学校扩容提质工程，提高市直学校示范引领作用。

（撰稿　陈　枢；审稿　林汉旋）

东莞市教育

概　　况

2021年，东莞市有各级各类学校1879所，在校生约184万人。其中，幼儿园1244所，在园幼儿38.8万人；小学337所（不含九年及十二年一贯制学校），在校生84.9万人；初中205所（不含完全中学及十二年一贯制学校），在校生27.6万人；普通高中学校53所（含完全中学和十二年一贯制学校），在校生10.7万人；中职学校28所（含技工学校7所），全日制在校生8.44万人；高校10所，其中普通高等院校9所（含普通本科院校5所、高职院校4所），开放大学1所，全日制在校生13.9万人；特殊教育学校2所，在校生926人（含中职）。

各级各类教育

【基础教育】（一）学前教育

2021年，东莞市有幼儿园1244所，其中公办、集体办幼儿园222所，民办幼儿园1022所。全市有广东省规范化幼儿园1218所，省、市一级优质幼儿园669所，其中省一级幼儿园21所，市一级幼儿园648所。全市共有普惠性幼儿园908所，其中普惠性民办园685所，公办园和普惠性民办园可提供普惠性学位约32.4万个。公办园（含创新方式扩充的公办学位）在园幼儿占比达56.65%，同比增加4.16%，公办园（含创新方式扩充的公办学位）和普惠性民办园在园幼儿占比达84.25%，同比增加2.03%，全市各园区、镇街均实现了"5080"目标任务。全年新建、改扩建公办园26所，新增公办园学位7050个，超额完成建设计划。

（二）义务教育

2021年，东莞市有小学337所，在校生84.9万人，比2020年增加0.63万人，户籍学龄儿童小学入学率为100%，小学毕业生升学率为100%。全市有初中205所，在校生27.6万人，比2020年增加约1万人，户籍适龄少年初中入学率为100%，初中毕业生升学率为98.72%。全市义务教育学校有非东莞户籍学生73.16万人，比2020年减少2.86万人。非东莞户籍小学生57.36万人，比2020年减少2.63万人，其中在公办小学就读的有9.21万人；非东莞户籍初中生15.8万人，比2020年减少0.24万人，其中在公办初中就读的有2.69万人。

（三）普通高中教育

2021年，东莞市有普通高中（含完全中学和多层次学校高中部）53所，在校生10.7万人，比2020年增加约1.6万人。东莞高级中学内地新疆班招收新生160人，内地新疆高中班在校生672人。

（四）特殊教育

2021年，东莞市有特殊教育学校在校生926人（含中职），户籍"三残"（智残、体残、肢残）儿童入学率为100%。完善残疾学生入学机制，加强随班就读和送教上门管理及指导；开展巡回指导工作，45人次参加；开展特殊教育师资培训，700余人次参加。

【职业与成人教育】2021年，东莞市有独立设置的中职学校28所（含技工院校7所），特殊学校附设中职班2个，高职院校附设中职部2个，在校生8.44万人，招生约3万人，毕业生升学就业率达98.59%。全市共有省级以上重点中职学校18所，其中国家级重点中职学校10所，国家示范性中职学校2所；拥有省"双精准"建设专业23个。

2021年，东莞市共有广东省社区教育实验区26个，乡镇成人文化技术学校29所、民办教育培训机构1780所，年培训量达69万多人次，各类成人高等学历教育规模达2.27万人（不含在莞高校成人学历在校生8.39万人）。依托"莞易学"平台向广大市民提供免费学习内容。截至2021年底，"莞易学"平台共有51.7万人注册，其中非全日制中职学历教育报名人数约36万人。

【高等教育】2021年，东莞市有高校10所，分别为东莞理工学院、广东医科大学（东莞校区）、东莞城市学院、广东科技学院、广州新华学院（东莞校区）、东莞职业技术学院、广东创新科技职业学院、广东亚视演艺职业学院、广东酒店管理职业技术学院、东莞开放大学。按类别分，有普通本科院校5所、高职院校4所、成人高校1所。全市高校在校生人数22.32万人，其中全日制在校生13.87万人，毕业生3.32万人，毕业生就业率为96.38%，留莞就业率为36.94%。9所普通高校的学科专业设置涵盖了除军事学、哲学和历史学以外的10个学科门类，共有博士专业点1个、硕士专业点21个、本科专业点211个、专科专业点179个；有省级重点学科18个、省级特色示范专业52个、校级特色示范专业65个。拥有各类实验室和实训中心1200个，国家级重点实验室1个，省级重点实验室6个，各类实习基地2432个；与21个国家和地区的50所高等教育机构开展教育合作与交流。全市高校设立研发机构175个，开展科研项目1559项，投入研发活动经费5.07亿元。

【民办教育】2021年，东莞市经批准开办的民办幼儿园1022所；民办普通中小学300所，其中小学116所、初中（含九年一贯制学校）157所、高中（含完全中学、十二年一贯制学校、国际学校、台商子弟学校）27所。民办中小学（幼儿园）在校生1 024 373人，其中幼儿园311 171人、小学515 517人、初中152 833人、普通高中44 852人。

推进民办教育规范提质。制定实施《东莞市推进民办学校规范提质行动计划（2021—2025年）》，研究制订东莞市规范民办义务教育发展实施方案。全面加强民办幼儿园、义务教育学校、普通高中审批管理，开展2020年度民办学校（幼儿园）年检，年检合格率达97.9%。制定出台规范性文件《关于加强民办学校招生宣传和广告管理的通知》，明确民办学校宣传广告负面清单13条，加强民办学校招生宣传和广告管理。开展民办学校章程修订工作，制定民办学校章程模板，明确要求将党建有关内容写入学校章程。

推进公民办教育均衡发展。向约2.1万名教师发放从教津贴约9300万元，向约6000名原民办代课教师发放生活困难补助约3000万元。深入推进64对公民办学校结对帮扶，针对民办学校开展教研活动413次，教学课例展示758节，听课、评课1154节。

教育成果与特色

【"五育"并举全面落实】大力推进党史进校园，高标准制定党史进校园工作方案，明确37项具体活动和10个重点项目，高质量开展中小学校际党史知识竞赛、主题演讲比赛、红色剧目展演、一起学东莞党史微视频、红色歌曲校园拉歌接力5项重点活动，推动各直属党组织开展活动近600场次，参与师生超过50万人次。配齐配强思政课教师，全市小初高、高职和本科院校共有5个思政课课例获全省大中小学思政课一体化教学展示一等奖。推动劳动教育落地落实，印发《东莞市推进中小学劳动教育行动计划（2021—2025）》，成立全省首个中小学劳动教育研究团体"东莞市中小学劳动教育研究会"，承办全省首场中小学劳动教育现场观摩会，开展首届东莞市中小学劳动教育指导师研训活动，5所学校入选省级中小学劳动教育特色校，《多元主体协同推进区域中小学劳动教育实施路径》在第六届中国教育创新成果公益博览会上展示。扎实提升德育工作水平，开展广东省中小学"三全育人"体制机制建设实验区创建工作，石碣镇、长安镇被认定为广东省首批中小学"三全育人"体制机制建设实验区；成立市学校德育研究会初中德育干部专业指导委员会，举办市初中学校"一校一案"德育工作展示活动，东莞中学松山湖学校和寮步镇中心小学2所学校入选教育部基础教育司第二批"一校一案"落实《中小学德育工作指南》典型案例。丰富文体艺术活动，深化体育教育改革，东莞市学校体育评价改革被列为省第一批教育评价改革典型案例；开展中小学生体质健康测试评估，在省抽查中，东莞市学生体质健康优良率为61%；组织参加各级各项学生体育竞赛，东莞市粤华学校黄文娟代表中国参加东京残奥会荣获乒乓球女子TT6-8级团体赛金牌、个人单打WS8级银牌；获得第十四届全国学生运动会游泳中学组团体和个人项目的金牌5枚、银牌3枚、铜牌4枚；评审出市普通高中学校高水平运动队建设学校25所、高水平运动队45个，15名队员入选2021年全国青少年校园足球夏令营，21

·市域教育·

EDUCATION IN VARIOUS CITIES

个单位被认定为全国青少年校园足球特色学校，20个单位被认定为全国足球特色幼儿园；以"让歌声伴我快乐成长"为主题在中小学校创新开展"每周一歌"活动，4所学校被教育部办公厅评为第三批全国中小学中华优秀传统文化传承学校，8所学校被评为第三批广东省中小学中华优秀传统文化传承学校，8所学校被评为第五批广东省中小学艺术教育特色学校。推进科技教育，举办2021年院士专家湾区校园行——"我心向党 科学报国"院士面对面活动；开展科创教育十项品牌活动，参与学校达3000所次，学生近2万人次；东莞市在第36届广东省青少年科技创新大赛中荣获48个奖项。

【"双减"工作扎实推进】把"双减"作为一号工程，成立"双减"工作领导小组和工作专班，建立专门协调机制，组织召开"双减"工作重要会议22次，推动出台《东莞市义务教育阶段学生课后服务工作指引》《东莞市校外培训机构专项整治行动方案》《东莞市校外培训机构预收费管理办法（试行）》等文件22份。着力减轻学生作业负担，建立市镇校三级长效管理机制，全市义务教育阶段学校实现100%作业时间控制达标，100%不给家长布置作业或要求家长批改作业。大力推进基础教育国家级优质教学成果推广应用示范区建设，举办东莞市义务教育"品质课堂"作业优化设计专题研训活动，全市14000多名教师线上线下收看。全面提升校内课后服务质效，推行校内课后服务"5+2"模式，实现课后服务义务教育学校全覆盖、有需求的学生全覆盖，接受课后服务的中小学在校生人数超过44万人，学校教师参与课后服务人数占比58%。试点开展暑假托管服务，选取松山湖等10个园区、镇街作为试点镇街为近3000名学生提供安全、优质的暑假托管服务。大力压减校外培训机构规模，出台学科类培训机构政府指导价，督促指导学科类校外培训机构统一登记为非营利性机构，推动建立资金监管平台，拟按"一课一销"资金监管方式，对所有培训机构施行资金监管，保障预收费资金安全。高强度开展联合执法检查行动，在校外培训机构集中治理行动基础上，结合校外培训机构治理阶段性特征，定期组织开展违规校外培训行为摸排查处行动、联合督导检查执法行动、预收费资金监管排查行动等。截至2021年12月31日，全市校外培训机构压减率达97.23%；正在营业的36家学科类培训机构全部转为非营利性机构，资金监管率达100%。建立日报制度（2021年8月18日）以来，全市各镇街（园区）开展校外培训执法检查行动（检查学科类与非学科类）累计出动执法人员9168人次，检查校外培训机构13250家次，整顿违规办学机构203家。

【教育综合改革加快步伐】高位谋划东莞教育改革发展，东莞市委、市政府先后高规格召开全市推进品质教育建设大会和全市教育大会，提出"十四五"时期深入实施"九大任务"，着力提升"九大品质"，重点推进"1+12"行动计划，努力实现"六个新"和"五个翻一番"的目标。出台多份重磅改革文件，聚焦教育改革发展工作重点和瓶颈问题，出台教育事业"十四五"发展规划、打造品质教育"1+12"行动计划、《东莞市深化基础教育领域综合改革推动教育高质量发展的实施意见》等系列文件，明确教育改革发展实施路径。实施新时代教育评价改革，成功申报广东省深化新时代教育评价改革试点市，麻涌镇获省试点镇，东莞中学、松山湖北区学校、茶山镇中心小学获省试点校，32个项目获省单项试点项目，东莞市义务教育质量综合评价项目、学校体育评价改革项目被评为广东省教育厅第一批教育评价改革典型案例。深入推进集团化办学改革，全市累计组建40个教育集团，园区、镇街覆盖率达85%，9个教育集团入选省优质基础教育集团培育对象。推进职业教育产教融合改革，打造8个特色专业群，2所中职学校被教育部认定为现代学徒制第三批试点单位，7个专业入选全省中等职业教育"双精准"示范专业立项建设名单，东莞理工学校成为全省首家与华为公司开展深层次合作的中职学校。深化"莞式慕课"改革，《"莞式慕课"改革推进教育均衡发展》被评为"粤治－治理现代化"2020—2021年广东优秀案例。深化招生入学制度改革，创新建设"东莞招考通"平台，优化招生报名流程和民办学校电脑派位录取方式，招生入学期间群众投诉及咨询量同比下降74%，义务教育统一招生平台被评为全市"数字政府"改革建设优秀案例。深入推进"市管校聘、镇管校聘"管理改革，全面铺开中小学校长职级评定工作，完善竞聘上岗机制，推动建立"岗位能上能下、待遇能升能降"的专业技术岗位聘用激励机制。

【基础教育结构品质显著优化】落实义务教育结构调整，完成压缩总量占比32%的年度目标，2021年义务教育公办学校在校学生（含购买学位和学位补贴）占比达73.57%，同比2020年提高11.36%。深入推进随迁子女积分制入学和民办学位补贴政策，大幅增加民办学位补贴，进一步扩大进城务工人员随迁子女入读民办学校学位补贴规模，2021年秋季补贴学位数量达35.5万个，进城务工人员随迁子女入读公办学校（含购买学位和补贴学位）占比达73.45%，同比提高19.43%。深入实施教育扩容提质千日攻坚行动，全年完成52所公办中小学新改扩建项目，新增学位约5.38万个，超额完成年度目标任务；设立10亿元公办学校建设补助专项资金，引导各镇街加快公办学校建设，发放补助资金约2.11亿元，补助学校建设项目11个；强化用地保障，全市预留配备约73.33万平方米用地规模，累计解决30个急需动工学校项目用地规模需求；完善义务教育公办学位供给与商住用地出让联动机制、高中教育用地保障机制，11个镇街（园区）承诺向市政府共提供约85.27万平方米高中教育用地。全面推动教育品质提升，召开全市品质课堂建设推进会、全市"双特色"普通高中建设推进会，遴选8所"双特色"普通高中，累计认定品牌学校120所，高考成绩实现高位提升，东莞市入选为普通高中新课程新教材实施省级示范区、广东省"三个课堂"实验区，"莞式慕课"项目作为教学成果优秀案例在全省推广。成立市特殊教育指导中心，组建市残疾人教育专家委员会，启动首批普通学校开设特教班试点。

【教师队伍建设全面加强】坚持把师德师风建设摆在首位，开展全员师德培训、"我为什么当老师"大讨论、师德专题教育全员培训等活动，为一批光荣从教40年（女35年）教师颁发纪念牌，推选10名第三届东莞市"最美教师"，认定320名东莞市优秀教师、30名东莞市优秀教育工作者，新增72名南粤优秀教师、3名南粤优秀教育工作者和25名特级教师；出台《东莞市中小学幼儿园教师违反职业道德行为负面清单》等文件，开展全市中小学有偿补课和教师违规收受礼品礼金专项整治工作，坚决查处师德失范行为。启动"莞邑良师"行动计划，制定《东莞市打造"莞邑良师"行动计划（2021—2025年）》，印发东莞市基础教育教师队伍建设改革系列文件，完善教师校长专业发展培养体系，启动遴选第一批基础教育领军人才10名，教育家型校长和教师50名，市级名师、名班主任和名校（园）长工作室主持人250名，未来校长60名。积极招引优秀教育人才，健全高层次人才引育体系，建立编制周转池，集中公开引进公办中小学高层次人才和短缺专业人才77人，公开招聘优秀毕业生639人（含博士7人）。加强临聘教师管理，印发《关于加强公办中小学校临聘教师规范管理的通知》，对统一用人标准、规范招聘流程、严格合同管理，提高临聘教师工资福利待遇等做出了明确规定。全面铺开中小学校长职级评定工作，对259名公民办校长后备干部队伍进行遴选、培训和考核，选派校长后备干部到民办中小学担任第一书记。

【职教高教高水平发展】深化职业教育产教融合，制定《东莞市推进职业教育产教融合行动计划（2021—2025年）》《东莞市高水平校企合作基地认定管理办法》，举办2021年广东省暨东莞市职业教育活动周启动仪式和2021年东莞市职业教育活动周，支持东莞理工学校与华为公司签订校企合作协议，该校成为全省首家与华为公司多维度、深层次合作的中职学校。推进高水平中职学校和特色专业群建设，确定立项建设电子技术应用、汽车运用与维修等8个专业群为东莞市特色专业群。搭建人才成长立交桥，指导中职学校做好组织学生参加高考的相关工作，全市共有9877名中职学生被高校录取；扩大"三二分段"中高职贯通培养规模，全市20所中职学校的62个专业与省内的36所高职院校实施"三二分段"中高职贯通培养，共招生6970人，增幅达30.6%。加强职业教育对外合作交流，全市共有9所中职学校与职教先进的国家和地区开展教育合作和交流，相关在校生共1431人；与东莞台商育苗教育基金会签订引进国际认证体系合作协议补充协议书，指导中职学校做好组织台湾课程班学生考证的相关工作，共有545人报名参加考证，其中483人通过，通过率达88.62%。

大湾区大学和香港城市大学（东莞）筹设工作加快推进。成立大湾区大学（筹）独立实体机构，松山湖校区已取得用地预审与选址意见，滨海湾校区已完成校园规划及一期设计招标任务书编制，推进一期用地土地整备；举行香港城市大学（东莞）奠基仪式，依托香港城市大学东莞研究院成立4个研究中心，制定《香港城市大学（东莞）启动资金使用管理办法》并通过市政府常务会议审定，完成一期校园林地、城规、土规及生态线调整。东莞理工学院入选广东省高水平大学建设计划（重点学科建设高校）行列，材料学科进入ESI全球前1%，新增土木工程、材料与化工等8个硕士学位授权点，正式获批"博士学位授予立项建设单位"。

【教育领域总体安全稳定】东莞市委、市政府高规格召开全市防范化解教育领域风险暨招生考试安全工作会议和全市学校安全工作会议，市委教育工作领导小组办公室印发《东莞市校园安全专项整顿工作方案》，市教育局印发《东莞市2021年学校安全工作要点》，全面加强校园安全工作统筹。从严从紧抓好校园疫情防控工作，完成师生新冠疫苗接种超400万剂次、排名全省前列，春季、秋季学期学生安全有序返校；快速妥善应对"6·18""12·13"突发疫情，暖心做好15.4万名中考考生、2.8万名高考考生和1.1万名研究生考试考生的考试保障，完成平安高考、中考和研究生考试工作，校园疫情处置做法被省教育厅推广。加强心理健康教育，印发《构建"家校社"协同育人机制 全面加强中小学生心理健康工作的意见》，开启防范学生心理危机的现代社会治理模式；组建610支学校学生心理防护团队，建成"市、镇、校"三级学生心理防护团队和学生心理健康管理平台，建立学生心理健康电子档案，完成小学四年级以上的学生心理健康普查；开通市中小学生健康成长心理热线，实现全市1200人以上小学和1000人以上中学配备专职心理教师。开展校园安全监管检查（巡查）工作，强化防溺水、校园安保和校车管理等督导检查，完成7个轮次924所中小学幼儿园的督查工作，发现并督促整改隐患10575处。深入推进防范化解教育领域道路交通安全风险，全面启用校车安全管理平台加强校车运行监管，100%处置平台监控发现的违规问题和违规行为；持续开展"黑校车"专项治理行动，配合打击查处22辆"黑校车"。联合公安交警、交通运输部门开展校车路查路检执法行动91次，组织家长21385人次参与"东莞义警"，进行"一盔一带"劝导。做好学生防溺水工作，扩大规模并完成70场防溺水体验式宣教活动，开展防溺水安全教育慕课评选、防溺水创意微视频评选和防溺水宣传口号评选等系列活动，共收到400余份参选作品，营造浓厚的宣传氛围。全面加强校园及校园周边安全管理，全市中小学幼儿园专职保安配备率达到100%、全市中小学幼儿园封闭化管理达到100%、一键式紧急报警达标率为100%、视频监控达标率为100%。强化校园周边环境整治，开展管制刀具排查整治行动，检查指导学校1932所，排查校园周边200米范围内各类涉刀具商家3928个，发现并现场整改隐患141个，收缴刀具等危险品304件；创建533个校园应急避险和安全防范疏散演练达标单位。全市致学生死亡安全事故数同比下降26.5%。

【**教育治理能力日益增强**】深化教育督导体制机制改革，召开市人民政府教育督导委员会扩大会议；健全督学责任区制度，修订《东莞市督学责任区制度实施方案》，选聘新一届市督学417名并遴选20名特聘督学；配合做好省政府对市政府2020年履行教育职责评价工作，开展对镇街园区政府2020年履行教育职责评价。提升依法治执教水平，举办党章党规党纪教育培训班，开展招生入学问题专项监督执纪，排查整改隐患6类92项；举办依法治教专题培训班，全市教育系统共计超5000人参加培训；探索建立现代学校治理体系，持续开展依法治校创建活动，全市324所中小学校获得依法治校示范校称号，应评尽评比例达100%，实现"一校一章程""一校一法律顾问""法治副校长"全覆盖。推进"数字政府"智慧教育项目建设，重点打造"一中心两平台"；推进信息技术与教育教学融合创新发展，获评中央电化教育馆"新时代学校美育劳动教育数字资源建设与应用众筹众创"共同体，获评教育部"利用学籍信息开展基础教育教学大数据专项研究"共同研究单位，东莞案例《东莞慕课赋能催生未来变革》入选《2021年中国智慧教育区域发展研究报告》。压实"两个只增不减"财政投入责任，制定新一轮公办中小学生均公用经费标准。

【**教育科研成果丰硕**】组织开展东莞市2021年度规划课题申报评审，申报项目2472项，批准立项1000项。开展东莞市2021年度专项课题申报评审，共收到有效申报项目291项，评出立项课题200项。组织申报2021年度省"强师工程"项目，42个项目被批准立项，为历年最多。22项课题被批准立为省三科"铸魂育人"专项研究课题，10项课题被省教育研究院批准为集团化办学专项研究课题，1项课题被省教育厅批准立为党史教育专项课题。组织开展市第十六届教育教学成果申报，共收到申报项目406项，经组织评审，评出获奖项目260项（其中一等奖46项、二等奖104项、三等奖110项）。组织做好2021年广东省教育教学成果奖申报，获省教育教学成果奖基础教育类一等奖1项、二等奖8项，中等职业教育类特等奖1项、一等奖2项、二等奖3项。组织做好2021年广东省中小学教育创新成果奖的申报工作，111项成果获广东省中小学教育创新成果奖，获奖数量占全省46%，位列全省第一，其中特等奖1项、一等奖2项、二等奖18项、三等奖90项。在2021年度学术讨论会及第十七届广东省中小学校（园）长论坛论文征集评选中，东莞市教育学会获评"优秀组织单位"，东莞市茶山镇中心小学获评"优秀组织学校"，有954篇论文获奖，获奖总数占全省16.3%，名列前茅。组织开展东莞市基础教育国家级优秀教学成果推广应用基地遴选，认定东莞市茶山中学等88个单位为东莞市基础教育国家级优秀教学成果推广应用基地。

（撰稿　宇北方；审稿　江　城）

中山市教育

概　　况

2021年是中国共产党成立一百周年，也是实施"十四五"规划、开启全面建设社会主义现代化国家新征程的第一年。中山市教育和体育局（以下简称中山市教体局）坚持以习近平新时代中国特色社会主义思想为指导，全面贯彻党的教育方针，落实立德树人和体育惠民根本任务，坚守初心固本夯基，坚持创新突破难点，坚定信心勇于探索，进一步推动了教育和体育事业高质量发展。

（一）聚焦主线固根基，党建工作得到再强化

坚持党对教育事业的全面领导。印发《关于加强全市学校党建工作的实施意见》，推动镇街100%成立教育线党委。制定《中山市教育工委加强党的基层组织建设三年行动计划实施方案（2021—2023年）》，全市中小学校100%建立党组织，274所幼儿园单独或联合建立党组织，覆盖率达49.64%。推动学校党组织和行政领导班子成员双向进入、交叉任职，269所学校实现党组织书记、校长"一肩挑"。

加强党对民办中小学的领导。全市74所民办学校、346所民办幼儿园和817所民办教育培训机构把加强党的领导和党的建设有关内容写入学校或机构章程。将党建工作列入《中山市加快民办中小学优质发展三年行动计划》和《中山市民办中小学规范达标和品牌提升评估办法》。

推动全面从严治党向全面从严治教延伸。聚焦"两个维护"强化政治监督，严明政治纪律政治规矩。严格执行履行全面从严治党主体责任清单，压实压紧责任链条。编制《中山市中小学（幼儿园）教师师德报告表》，贯穿打通党员干部、教职工八小时内外涉及师德师风方面的监管。

全力推进党史学习教育扎实开展。组织开展"七个一百"系列主题活动。围绕"青春致敬百年风华 强国有我请党放心"主题举办师生主题征文、红色经典美术作品展览、校园创意作品大赛等九大活动。累计组织开展专题学习6504场次、专题培训2678场次、革命传统现场教育4309场次、专题学习研究1826场次。党史进校园总宣讲10561场次，听讲280多万人次。开展党史主题社会实践活动5850场次、参与47万多人次。遴选出100名优秀校长、德育干部、思政课教师和班主任教师组建了市教体系统教师宣讲团（"百人宣讲团"），分层分类推进十九届六中全会精神进校园。开展"转作风、再出发、开新局"大调研大讨论和"我为教育（体育）发展献一策"活动。

（二）坚定信心解难题，重点领域取得新突破

全力推动"双减"工作落实落细。建立健全"双减"协调工作机制，全市所有义务教育学校制定了作业管理细则，建立了作业校内公示制度；实现了校内课后服务"全覆盖"；全市义务教育阶段学科类培训机构大幅压减，从业人员减少至约4000人，学员数由约10万人减少至不足3万人。

义务教育学校建立作业公示制度占比、作业时间控制达标占比、不给家长布置作业或要求家长批改作业占比、课后服务时间达标学校数占比均达100%，学生满意度为96.66%，家长满意度为96.74%。中山市以体育、艺术"双增"促"双减"落地落实的创新做法，得到省委教育工作领导小组肯定。

全力保障民生实事办实办好。完成新建和改扩建幼儿园12所，累计新增幼儿园规范化学位4865个；竣工验收公办中小学校14所，增加公办学位1.5万个，超额完成民生实事既定目标。备受关注的永安中学、烟洲中学两所新建高中已完成70%的工程量，已注册法人开展学校办学所需的设备采购、师资引进等工作。

（三）满怀信心迎挑战，教育民生取得新作为

学前教育改革成效明显。推动破解体制机制障碍，激发办园活力，学前教育优秀人才培养成果显现。获评广东省名园长工作室1个、广东省名教师工作室2个，2个项目被评为广东省学前教育"新课程"科学保教示范项目，3个项目被评为广东省学前教育高质量发展实验区项目，1个课题成功立项为全市首个教育部重点课题。

义务教育发展更贴民心。完善电脑派位方式和系统，实行公、民办学校同步同系统招生，义务教育阶段新生报名106120人，积分入学核定入围

17752人。积极做好高新技术企业、龙头骨干企业、总部人才子女和紧缺适用人才子女入学服务。落实特殊教育提升计划，视力、听力、智力三类残疾儿童少年入学率达95%以上。

民办教育管理不断规范。出台《中山市加快民办中小学优质发展三年行动计划（2021—2023年）》，明确民办教育发展方向。修订民办中小学规范达标和品牌提升评估办法，对全市72所民办中小学开展专项评估，促进民办学校创优提质。下达民办教育专项资金890万元用于补助民办普通高中招收中山市户籍公费生成本、扶持26所民办小学314个班级开展教育信息化项目。制订民办义务教育学位压减工作方案，坚决推动民办义务教育学位压减工作。

集团化办学稳步推进。联合中山市财政局、中山市人力资源和社会保障局印发《中山市推进中小学校集团化办学实施方案》，理顺集团化办学体制。成立中山纪念中学、中山市第一中学、华侨中学、中山市实验中学、龙山中学5个教育集团，优质教育资源溢出效应得到进一步凸显。

高中教育改革走向深入。进一步深化高中阶段学校考试招生改革，初步形成基于初中学业水平考试成绩、结合初中学生综合素质评价的高中阶段学校考试招生录取模式。

职业教育提质扩容更上层楼。5所中职学校被确定为高水平中职学校建设（培育）单位。6所中职学校共申报1+X证书试点52个。中职学生在广东省职业院校学生专业技能大赛上获省级奖项156个，其中一等奖41个；在全市第一届职业技能大赛上夺得学生职业技能竞赛一等奖40项。中职教师在全省职业院校技能大赛教学能力比赛上获得一等奖13个、二等奖12个、三等奖21个，获奖数量居全省前列；中山市中等专业学校和中山市现代职业技术学校的2个教师团队进入全国决赛。

高水平大学和平台建设有序推进。中山科技大学用地完成土规调整，举行了校长遴选委员会第一次会议，推荐了创校校长后备人选。《广东省教育发展"十四五"规划》明确支持加快筹设中山科技大学。积极推进电子科技大学中山学院转设工作。与香港大学共建的中山市生物医药创新平台建设方面，一期工程全部完成，并完成工程验收。

扶困助学和对口帮扶硕果累累。扶困助学资助学生6万多人次，资助金额超过2700万元；为540多人次提供生源地贷款500多万元。选派援藏援疆、对口帮扶支教教师36人次，援藏教师马国庆获得广东省"最美教师"称号、刘俊杰获得"广东省岗位学雷锋标兵"称号，援疆教师徐艳波获得"伽师县优秀援疆教师"称号。对口帮扶贵州省六盘水市，完成7个市工作要点项目、8个局协作协议项目和4个个性化需求项目，与25所学校一对一结对帮扶，互访151批次共1756人次，人员互派364人次，扎实开展各类活动达240多场，参与活动涉及人员达1.8万人次，逐渐形成"融入式""精准化""沉浸型"组团帮扶模式，打造"中山号""航母式"教育帮扶体系，助推六盘水教育协调、协同、高质量发展。

（四）仰望星空绘蓝图，教育质量有了新提升

立德树人根本任务得到全面落实。夯实德育工作常规。印发《中山市推进中小学实施〈中小学德育工作指南〉工作方案（试行）》，开展镇街自评互评。东凤镇、阜沙镇被评为全省"三全育人"试验区。中山市第一中学的《循三立一正 建和雅校园》成功入选教育部第二批"一校一案"落实《中小学德育工作指南》典型案例。深入推进劳动教育。按照国家课程计划开设劳动教育课，充分利用辖区和校内资源自建或共建劳动教育基地，中山纪念中学、古镇海洲初级中学等通过自建或共建方式建立了劳动教育基地。大涌镇旗北小学等32所学校创建为中山市中小学劳动教育特色学校，中山市中等专业学校等6所职业院校创建为中山市中小学劳动教育基地。积极推动心理健康教育。推动实施《广东省中小学心理健康教育行动计划》《中山市儿童青少年心理健康三年行动计划》。完成学生心理健康状况摸排，落实一级一类学生跟踪管理。开展第四届心理健康教育活动月，进行合格心理辅导室建设专项督导，3100多人参加初级心理能力培训，420人参加叙事疗法初级培训，落实心理健康教育能力提升工作任务。优化创新预防教育。以《未成年人保护法》为基点，结合"6·26"等重要时间节点开展禁毒主题教育活动。以线上线下相结合的方式研发毒品预防课程，利用H5和VR技术让全市中小学生可以在校直接全景参观禁毒教育基地内容。开展防性侵教育，举办"童心同行 护苗成长"儿童权益保护项目进校园主题培训。依托全市中小学扫黄打非宣传站点，大力推动"护苗绿书签"主题教育活动，学校清查违规书籍覆盖率达100%。推动多彩普法教育。以"宪法小卫士"工作为关键点，全面推进全市中小学生"学宪法、讲宪法"系列活动，"宪法小卫士"学习参与率达94%以上。共有53万名中小学生参加第四届"醉龙杯"法制书法大赛、

第十二届法律知识竞赛等形式多样的普法宣传活动。"守护花开"普法进校园送课活动面向全市中小学生录制菜单课程累计20余节，线下面授课程开设10余场。全市中小学聘请法治副校长341人。建成濠头中学、石岐中学等10个标准化"模拟法庭"教学点和西区初级中学等30个毒品预防教育基地、148所毒品预防教育示范学校、324个校园扫黄打非工作站。

教学改革成效显著。深化教学改革，高质量提升教师教学力与学生学习力。在广东省中小学教育创新成果奖评比中，中山市获二等奖9项、三等奖35项，名列前茅。在第三届广东省中小学青年教师教学能力大赛中，普通教育组获一等奖18人、二等奖16人、三等奖8人，一等奖获奖数位列全省第三。

管理改革落地见效。联合开展全市教育乱收费专项整治、中小学校校内课后托管服务工作，排查整改无证办学机构及校园安全隐患，落实"双减"工作，为"健康高考""平安高考""公平高考""诚信高考""暖心高考"保驾护航。多部门联动治理、联合督导等工作机制不断健全。依法治教水平不断提升，印发《中山市教体系统"法治建设年"工作要点》、普法依法治理重点任务和责任清单，均已按计划完成。2021年，中山市教体系统实现年度学法考法100%参与、100%优秀。全年"双随机抽查"共抽查17所幼儿园、4所民办中小学、12所校外培训机构、10个高危险性体育项目经营场所，并将结果公示。教育督导作用更加凸显。发出镇街履职评价总报告1份、意见函24份、督办函3份、提醒函2份、通报7份。经中山市政府同意，《关于对镇（街）人民政府2020年度履行教育职责评价总报告》评价结果作为对镇街领导实绩考核的重要参考依据。服务功能进一步强化。举办第八届汉字听写暨成语诗词比拼大会、第十三届大中小学规范汉字书写大赛、诵读中国经典诵读大赛以及中山市语言文字示范校暨创新成果展示现场会等一系列活动，线上线下参与人数超80万人次，完成普通话水平测试7937人次。全年接访3000余宗，配合完成重复信访治理和积案化解年度工作计划，及时回应群众关切和社会关注。

项目建设进展顺利。直属高中已立项新改扩建项目有序推进，完成投资约4.3亿元。其中永安中学和烟洲中学两所新建高中，中山市华侨中学高中部扩建二期工程、中山市第二中学扩改建工程、中山市第一中学南校区二期扩建工程等项目顺利推进。11所市直属学校高考考点保供电升级改造项目全面完成，桂山中学扩建和改造项目、小榄中学扩改建项目等按程序稳步进行。

（六）变中求新抓落实，教育治理开创新局面

覆盖盲点，切实保障校园安全。做好常规管理。每季度至少组织一次安全工作视频调度会，分析研判校园安全形势。印制并免费派发《中山市学校安全管理实用手册》。组织校园消防线上培训，参加人员达1300多人。中小学校聘请337名消防专职人员为"消防副校长"。推动学校后勤管理规范化，解决食品安全和质量问题。对学校校长、副校长、饭堂和食品安全管理人员开展全员培训，举办食堂、配餐公司从业人员食品安全知识培训，参训300多人。出台《中小学实验室危险化学品安全管理工作指引》，进一步推进中小学实验室危险化学品废弃物回收处理工作。对160所中小学（幼儿园）的953辆次校车开展地毯式检查。依托安全教育平台组织开展"防溺水、防暴避险、电梯安全、防诈骗、安全生产月安全教育、消防安全"等近10个专题的安全教育活动，覆盖学生600多万人次。部署校园安全综合治理工作并出台《关于加强校园及周边安全整治工作方案》，明确各部门、镇街和学校（幼儿园）的职责。推动开展校园安全自查、镇街核查、市飞行检查。

科学谋划，做好顶层设计和示范引领。着眼长远做好先导。推动出台《中山市教育事业"十四五"规划》《中山市教育设施专项规划（2020—2035）》，制定《中山市深化新时代教育评价改革工作任务清单》《中山市深化新时代教育评价改革负面清单》，家校社联动破除"五唯"，合力营造良好教育生态。中山市教育和体育局、南头镇成功入选广东省深化新时代教育评价改革试点市和试点镇，杨仙逸小学体育路学校入选试点学校，7个项目入选省级试点项目。《中山市基于大数据的中小学生艺术素质测评指标体系》被列入第一批典型案例。扎实推进思政课改革。启动"百名书记开讲思政第一课"活动，以"礼赞百年党史 思政筑梦新篇"为主题，市委书记带头为高校师生讲思政课，各镇街党政主要负责人到中小学校讲思政课，实现中小学党史学习"思政第一课"全覆盖。举办"寻找我身边的思政好教师"活动，遴选"百个优秀思政课课例"，举办中山市"同上一堂党史课"大中小学思政课一体化教学展示活动，统筹推进大中小学思政课一体化建设。全国首创开展"中国精神"系列主题班会示范课展示，34节主题班会示范课网络学习

·市域教育·
EDUCATION IN VARIOUS CITIES

点击量超15 000千次。

统筹协调，做好疫情防控。坚决把疫情防控作为当前首要政治任务和头等大事，坚决克服麻痹思想和松劲心态，切实落实"四方责任"和"四早"要求，强化部署调度、监测预警和督导检查，有力保障师生生命安全和身体健康。各类监测数据达1500万条。幼儿园3～6岁幼儿累计第一针剂接种率为72.62%，第二针剂接种率为35.11%；小学阶段学生累计第一针剂接种率为93.14%，第二针剂接种率为65.08%；初中阶段学生疫苗全程接种率为96.07%，高中阶段学生疫苗全程接种率为98.9%。

夯实支点，强化队伍建设。选人用人机制不断优化。增补了5名直属幼儿园副园长，选配2名两所新建普通高中法人。完成直属学校20名新提任直属学校校（园）级领导试用期满考核，完成118名直属学校校（园）级领导学年考核。人才培养培训质效双升。"百千万人才培养工程"、"3680"种苗工程、青年教师领军人才培养对象培训、"三名"工程培养培训、信息技术应用能力提升2.0工程等系列培训项目成效显著，反响热烈。6名教师获广东省班主任大赛一等奖，2名教师获得全国大赛一等奖。认定400多名优秀德育干部（班主任）。17人通过省特级教师评选，31人获评南粤优秀教师，3人获评南粤优秀教育工作者。认定中山市师德工作先进集体10个、中山市师德标兵50名、中山市优秀教师（优秀教育体育工作者）1761名。师德师风建设扎实有效。以《中山市师德师风建设三年行动计划（2021—2023年）》为抓手，持续推动对中小学有偿补课和教师违规收受礼品礼金专项整治工作，依法依规查实处理一批违规案例。开展"寻找身边的思政好老师""好老师'微'故事""今夜，为您亮灯"等"寻找身边的好老师"系列活动，在线参与量达80多万人次。

各级各类教育

【基础教育】（一）学前教育

2021年，中山市有幼儿园558所，在园幼儿16.1万人，学前三年入园率为99%，残疾儿童学前教育毛入园率为85%。其中，省规范化幼儿园529所，占幼儿园总数的94.8%。幼儿园专任教师1.1万人，其中大专及以上学历的教师比例为94.5%，74.6%的专任教师取得幼儿园教师资格。

全年新增规范化幼儿园学位4865个，市民生实事"增加4000个幼儿园学位"任务的完成率达121.6%。全年完成新建和改扩建幼儿园12所，其中8所公办幼儿园投入使用；推动20所民办幼儿园转型为公办幼儿园，增加公办幼儿园学位资源5680个，新增普惠性民办幼儿园5所，全市公办幼儿园和普惠性民办幼儿园共462所，占全市幼儿园总数的82.8%；公办幼儿园和普惠性民办幼儿园在园幼儿占比81.31%。严格执行新增小区配套幼儿园全部办成公办幼儿园，在民办小区配套幼儿园租赁期满后逐步收回办成公办园，全年新开办小区配套公办幼儿园6所，到期收回4所民办小区配套幼儿园开办为公办园，进一步巩固了小区配套园专项治理工作的成效。2021年，全市新增了1个广东省名园长工作室和2个广东省名教师工作室，遴选1名广东省中小学新一轮"百千万人才培养工程"名园长重点培养对象。3个广东省学前教育高质量发展实验区项目被批准立项，分别是2个幼小衔接实验区项目和1个岭南自主游戏实验区项目。中山市小榄镇（明德）中心幼儿园园长伍春虹申报的课题"以劳动教育为载体的幼儿园德育生活化实践研究"成功立项为教育部重点课题，该课题成为2021年度广东省基础教育唯一成功立项的课题。中山市机关第一幼儿园园长李文华申报的"幼儿园一日生活中的STEM教育活动实践研究"被中国教育科学研究院批准为中国STEM教育2029创新行动计划立项课题。推动"基于中山本土文化的幼儿园课程开发与实践"和"课程游戏化背景下幼儿园主题式区域活动研究"两个广东省学前教育"新课程"科学保教示范项目搭建"2+15+N"的引领与共研模式，组成了2个领衔园为首，15所幼儿园共同参与的"新课程"教研联盟。印发《促进我市民转公幼儿园保教质量提升行动计划》《中山市教育和体育局关于大力推进幼儿园与小学科学衔接的行动计划》等文件，大力推进中山市幼儿园保教质量提升工程。印发《中山市教育和体育局关于进一步规范幼儿园名称管理等问题的通知》《中山市教育和体育局关于开展2021学年中山市幼儿园年检工作的通知》《中山市教育和体育局关于组织全市幼儿园2021年秋季开学疫情防控及校园安全大检查的通知》《中山市教育和体育局关于开展2021年度学前教育补助资金检查的通知》《健全无证幼儿园监管和整治长效机制专项行动工作方案》等文件，结合"双随机"抽检和资金、防疫等专项检查，全面建立监管体系，提高幼儿园监管水平。

（二）义务教育

2021年，中山市有全日制普通小学209所，普通初中92所（含九年一贯制学校45所）。小学在校生35.01万人，小学学龄儿童入学率和升学率均为100%；初中在校生13.04万人，初中毕业率为100%，初中升学率为98.77%。全市有义务教育阶段学校专任教师2.71万人，其中本科学历2.19万人、研究生学历1933人、专科学历3285人、高中学历26人；具有助理级及以下职称1.5万人、中级职称1.06万人、副高级及以上职称1418人。全市义务教育阶段100%的公办学校和97.3%的民办学校达到广东省标准化学校标准。

（三）普通高中教育

2021年，中山市有全日制普通高中20所（含完全中学4所、十二年一贯制学校7所），在校学生5.45万人。全市普通高中专任教师4029人，其中大专学历7人、本科学历2575人、研究生学历1447人；具有助理级及以下职称1027人、中级职称1819人、副高级及以上职称1183人。全市有广东省国家级示范性普通高中10所。推进普通高中学校建设，完成中山市第一中学南校区扩建工程（第二期），中山市华侨中学高中部二期扩建工程、新建南区高中、新建西区高中、中山市第二中学扩建改建项目4个项目均已开工。

（四）特殊教育

2021年，中山市残疾儿童少年在校生数为1649人（含送教上门265人、随班就读464人），其中在特殊教育学校就读的有1076人（含接受送教服务156人，学前段104人、高中段125人）。全市有特殊教育学校教职人员253人。年内，中山市组织开展特殊教育师资培训，评估入学转学学生163人，协调属地镇街安置随班就读残疾学生，为重度残疾学生提供送教上门服务等工作。广东省特殊教育内涵建设示范项目申报中，中山市有9个项目获得立项，位居全省前列，中山市获得"随班就读示范区"项目立项。《中山市融合教育"SAMPLE"实践模式的构建与实施》获中山市第十二届教育科研成果奖基础教育类特等奖，获2021年广东省中小学教育创新成果奖三等奖。

【职业与成人教育】（一）职业教育

2021年，中山市有市属高等职业技术学院2所，全日制在校生约2万人；独立设置中等职业学校11所（含体育运动学校和技工学校），其中国家级中职学校4所（含国家级示范学校3所、国家级重点学校1所）、省级重点中职学校5所。全市教体系统中职学校全日制在校生2.63万人，招生1.02万人，毕业生7661人，双证率达97.55%；进入高等院校深造5266人，占68.73%；就业率（含升学）达99.8%。年内，组织职业院校师生参加全国、广东省职业院校技能大赛以及广东省职业院校学生专业技能大赛，共获奖项368个，其中国家级一等奖3个、二等奖1个、三等奖4个，省级一等奖90个、二等奖135个、三等奖135个。

2021年，推动职业教育"扩容、提质、强服务"更上层楼，中山市沙溪理工学校等5所中职学校被确定为广东省首批高水平中职学校建设（培育）单位，占全市中职学校数的71%；联合中山市人力资源和社会保障局印发《关于进一步明确中职学校和技工院校职业技能培训鉴定收入分配有关问题的通知》（中人社发〔2021〕77号），不断增强中职学校社会服务能力；实施1+X证书制度，6所中职学校共申报1+X证书试点52个；按照《职业教育专业目录（2021年）》进行招生，做好新旧专业衔接；推动南粤家政专业建设，中山市中等专业学校新设现代家政服务与管理专业，中山市现代职业技术学校新增婴幼儿托育专业并招生。推动政府专项债申报，中山市中等专业学校三期工程等6个项目申报的2022年政府专项债合计11.5亿元通过国家发改委审核。

（二）成人教育

2021年，中山市有省骨干成人文化技术学校8所、市级示范镇区成人文化技术学校16所、市级示范村（社区）成人文化技术学校109所。年内，以中山开放大学为主导，开展"腾讯课堂"线上线下讲座，完成中山市职工修身学堂讲座210场，近2.4万余人次参加学习。社区教育活动重点落实中山市有关文化科技卫生"三下乡"通知精神，开展"享文化知识，享温暖快乐！——2021年中山开放大学社区教育课程班教学"，使用"中山i学习"、"钉钉课堂"线上学习与线下面授结合，完成18个公益课程班教学活动，2068人报名参加学习。为更好地推动乡村文化振兴，创新实施文化惠民工程，广泛开展群众性文化活动，中山开放大学组织推送"中山红色印迹"微视频进基层单位，助党史学习教育

·市域教育·

EDUCATION IN VARIOUS CITIES

开展；免费送书近3000册下乡，促便民阅读；组织长者合唱团开展文艺培训，送演出下基层，参加"唱支山歌给党听"第八届中山合唱节群众歌咏比赛；组织100名社会人员开展"庆祝建党100周年，感受乡村振兴"党史学习教育活动，该活动获学习强国、《中山日报》、中山电视台等主流媒体进行多次转载和报道；建立"长者智能生活学习"和"长者心理疏导"两个互助小组，开展24场次服务超300人，与长者携手慢慢走出生活中的"心理围城"和"数字围城"，为群众办实事，更好地服务基层群众。面向机关事业单位干部教育培训服务，利用线下面授结合市内红色教育基地现场实践教学，完成2个培训项目共439人次的培训学习；开展2个项目的社会考试，共服务2990人次。中山开放大学获评"2021年广东开放大学体系社区教育、老年教育工作先进单位"；长者合唱团参加"唱支山歌给党听"第八届中山合唱节群众歌咏比赛获三等奖；《标准引领下的"四化"社区教育课程体系建设模式的实践与研究》项目获广东开放大学教学成果奖（终身教育）一等奖；《服务全民终身学习的"互联网+教育"平台探索与实践》项目获中山市第十二届教育科研成果职业教育类一等奖；选送教学成果文艺节目参加国家开放大学首届全国老年教育教学成果展，1项获三等奖、14项获优秀奖，并获得集体优秀组织奖。

【高等教育】2021年，中山市有电子科技大学中山学院、广东药科大学中山校区、中山职业技术学院、中山火炬职业技术学院、广东理工职业学院中山校区5所普通高校和中山开放大学1所成人高等教育学校。继续开展省市共建研究生联合培养基地，完成招生77人；6月，广东省研究生联合培养基地（中山）57名硕士研究生毕业，成为联合培养基地的第四批毕业生。联合培养基地的研究生工作站总数达46家。秋季学期基地进驻二年级硕士研究生64人，其中广东省内高校招生的硕士研究生34人、电子科技大学本部硕士研究生30人。推进高水平大学建设。5月，中山科技大学校长遴选委员会举行第一次会议，确定了校长后备人选8名。9月，由中山市与长春理工大学合作建设的长春理工大学中山研究院正式挂牌成立，该院位于火炬开发区，是一个集产教学研协同育人于一体的独立法人机构，兼具科技研发及研究生教育功能，以"政府+高校+企业"模式运作。推进高水平大学建设。11月，广东省人民政府颁布《广东省教育发展"十四五"规划》，规划中明确将"支持中山科技大学建设和鼓励澳门科技大学在大湾区内地办学"列为重点任务。澳门科技大学联合暨南大学向广东省教育厅提交了将澳门科技大学（广东）（暂定名）纳入《广东省高等学校设置"十四五"规划》的申请。

【民办教育】2021年，中山市有民办中小学校76所（包括特殊教育学校1所），在校学生约18.6万人。民办中小学教职工有1.4万人，其中专任教师约1万人。印发了《中山市加快民办中小学优质发展三年行动计划（2021—2023年）》，出台《中山市民办中小学规范达标和品牌提升评估办法》《中山市民办中小学规范达标和品牌提升评估指标体系（2021年）》，55所民办学校被中山市教育和体育局评为星级学校，推动民办学校树立品牌意识、补齐办学短板。继续开展互联网环境下基础教育教学改革试验校工作，为参与课堂教学改革"爱种子"项目的民办学校补贴专项资金331万元，为民办学校教育信息化建设提供经费保障。

教育成果与特色

【教育督导】2021年，出台《中山市人民政府办公室关于印发〈中山市深化新时代教育督导体制机制改革实施方案〉的通知》（中府办函〔2021〕193号），全面推进中山市教育督导综合改革。完善对镇街履行教育职责评价工作，对全市23个镇街进行2021年履职评价，21个镇街评价等级为优秀，2个镇街评价等级为良好。开展2021年镇街推进素质教育目标管理评估，优化镇街教育管理机制，提升基层教育管理水平。完成第一轮542所幼儿园办园行为督导评估，对第一轮督评不合格的幼儿园开展专项整改回头看，撰写《中山市幼儿园办园行为督导评估报告（2018—2021年）》，发挥以评促建、以评促改的作用。在全市范围内开展义务教育学校"双减"和"五项管理"专项督导，检查覆盖23个镇街，发出整改通知书10份，对存在问题的学校进行"回头看"。中山市教育督导室印发《关于开展"双减"和"五项管理"专项督导情况的通报》，约谈了督导检查中发现问题且整改不力的学校校长和挂牌督学，全面落实"双减"政策。深化教育督导问责机制，加大督导结果运用工作力度。全年，市教育督导室发出市级政府履职评价报告2份，对镇街履行教育职责评价意见函24份，质量监测报告2份。督导督办函9份，提醒函2份，通报7份，约谈了2个镇街教育部门，督查督办内容涉及校园疫情防控、"双减"和五项管理、规范办学（办园）行为、学生体质健康、校园安全综合治理、落实教师工资待遇等，通过开展教育问责，全力推进教育攻坚任务，努力提升教育现代化发展水平。

【德育工作】2021年，中山市落实立德树人的根本任务，印发《中山市推进中小学实施〈中小学德育工作指南〉工作方案（试行）》《中山市中小学庆祝建党100周年七个一百系列主题教育活动方案》《进一步加强中小学研学实践管理工作的通知》。3月，开展庆祝建党100周年七个一百系列主题教育活动，以"奋斗百年路 启航新征程"为主题，其中中山市"党旗飘飘"主题班会课共收到参赛作品350节，评出一等奖100节，并选出34个代表作品在"中山教育信息港"展播，点击量高达11 502次。6月，开展市级劳动教育特色学校和劳动教育基地建设，出版并发行了6个年级12册市级劳动教育教材，评选了32所市级中小学劳动教育特色学校，4所学校被评为广东省劳动教育特色学校，3个基地被评为省中小学劳动教育基地。8月，推动区域"三全育人"体制机制建设，东凤镇、阜沙镇被评为全省"三全育人"试验区。中山市心理健康工作成效突出，完成了政协重点提案《关于强化对青少年心理健康教育服务和遏制抑郁症低龄化问题的建议》的办理工作，被广东省教育厅评为"广东省基础教育学科教研基地（心理健康教育）"，在广东省中小学心理健康教育成果评选中获得一等奖15项、二等奖17项、三等奖14项，在广东省中小学校园心理剧评选中获特等奖1项、一等奖3项、三等奖1项。多元开展预防普法教育，截至2021年12月，全市有511 014名中小学生在全国青少年普法平台上参加"宪法小卫士"学习，参与率达94%以上（全省第一）。在广东省第六届全国学生"学宪法 讲宪法"活动中，中山纪念中学欧阳宇婷获得高中组一等奖；在广东省法治文化节暨普法小使者决赛中，中山市实验中学姚凝昕获得二等奖。加强德育干部队伍建设，优化家庭教育人才队伍。11月，在广东省班主任大赛中，6人获一等奖，3人获二等奖；12月，在全国中等职业学校班主任能力比赛中，2人获一等奖。推进"文明校园"创建工作，确定了中山市第一中学等3所学校为全国文明校园先进学校创建单位，中山市桂山中学等9所学校为广东省文明校园先进学校创建单位。

【学校安全工作】2021年，中山市教育和体育局加强"人防、物防、技防"建设，开展校园安全综合治理和校园安全专项整顿。组织了2021年校园防震（防火）应急演练观摩活动，联合公安机关开展校园最小应急单元演练，联合市消防救援支队为全市中小学校聘请消防专职人员为"消防副校长"。联合市市场监管局对学校校长、副校长、饭堂和食品安全管理人员开展五级全员培训。全市中小学食堂食品安全量化等级全部达到B级以上，A级单位有141家，A级率为71%。中小学"互联网+明厨亮灶"阳光食品App平台覆盖率达100%。全市学校饭堂建成快检室（点）287个。暑假期间，在中山广播电视台滚动开展预防学生溺水宣传教育。组织法治教育和预防犯罪教育，依托"中山市学校安全教育平台"，开展国家安全、防溺水、防暴反恐、消防、交通安全等安全教育专题10余次。

【学校体育工作】贯彻"学会、勤练、常赛"要求，全年举办27项市级年度中小学生体育竞赛，开展新周期市级体育传统特色项目学校（第二批）创建，48个项目学校被评为中山市体育传统特色项目学校。出台《中山市高中阶段学校高水平运动队管理办法》，明确建队学校在学生运动员选拔、训练和教练员管理等方面的职责。开展市级抽测，强化学生体质，2021年全市学生体质抽测优良率达56.8%以上。学校体育竞赛取得优异成绩，在全国第十四届学生运动会上，中山纪念中学贾杰烽同学获得田径男子五项全能冠军，中山市实验中学获得中学组健美操比赛第三名。在广东省中学生排球锦标赛中，中山市第一中等职业技术学校获得高职组女子冠军，中山纪念中学、中山市第一中学分别获得高中男子组、女子组第三名；在广东省中学生（高、职中）篮球锦标赛中，火炬科学技术学校获得中职组女子亚军，中山市华侨中学获得高中组女子第三名。2021年4月23日，中山市《深化体教融合，不断开创学校体育工作新局面》被作为典型经验在全省青少年体育工作会议上交流。

【学校艺术工作】2021年，中山市全面实施中小学生艺术素质测评工作，覆盖全市324所中小学校，参与学生481 790人，教师3 185人。举办中山市第五届中小学生艺术展演活动，全市共有280所中小学、12 000多名师生参与舞蹈、戏剧、管弦乐、民乐、合唱、朗诵、绘画、书法8个专场的展示，共有艺术表演类参赛作品448件,艺术作品类参赛作品704件,中小学美育改革创新优秀案例165件。现场观摩和通过网络直播观看的观众达30万余人次。参加广东省第七届中小学生艺术展演,获一等奖26项、二等奖32项、三等奖20项,并获得优秀组织奖。组建涵盖音乐、舞蹈、美术、书法等学科共48人的中山市首批学校美育专家库,教育评价改革案例《中山市基于大数据的中小学生艺术素质测评指标体系》入选广东省教育评价改革典型案例。成功创建了中山市西区广丰小学、中山市南区竹秀园中心小学、中山市实验中学、中山市石岐中心小学、中山市五桂山桂南学校、中山市三乡镇平岚小学6所学校为广东省艺术教育特色学校,中山市大信学校、中山火炬高技术产业开发区第五小学、中山市三乡东华学校、中山市古镇镇古二小学、中山市小榄镇竹源小学、中山市沙溪镇云汉小学、中山市古镇镇海洲第二小学7所学校为广东省中华优秀传统文化传承学校。

【学校卫生保健】2021年,中山市教育和体育局大力开展中小学生健康服务项目,持续提升儿童青少年体质——为28所试点学校1.2万余名学生提供"视光学检查+建档+矫正意见"的视力健康管理精准服务,实现试点学校学生近视防控早筛查早预警早介入;为95所初中学校11万余名学生提供"免费筛查+拍片确诊+远程专家会诊"的脊柱健康管理精准服务,实现全市初中段学生脊柱健康问题早发现早诊断早干预;为10所学校1.2万名学生提供口腔健康服务项目,使学生掌握了必要的口腔保健技能;开展食育教育试点项目和寄宿制学校营养与体重管理试点项目,为推广试点经验和创新营养健康教育模式奠定良好基础。印发《中山市中小学健康教育与服务计划(2021—2025年)》并成立中山市中小学校健康教育百师团,开创由国家级专家领头、名校长名师讲健康教育、优秀科普专家指导、教卫合作推进学生健康促进工作的新模式。举办网络健康知识竞赛、线上线下健康讲座、专题培训、现场活动等多样形式的健康教育活动,覆盖视力保护、传染病预防、营养与健康等多个主题,全年累计参加人数达80余万人,形成教育部门、学校、家庭和社会齐参与的良好局面,进一步提高了中小学健康教育的广度和深度。截至2021年底,全市有205所中小学配备专职校医,占全市中小学总数的62.12%,较2020年提升5.6%,全市校医参加了岗位履职能力、卫生应急能力等方面的培训,校医队伍及中小学卫生(保健)室建设与管理水平持续提升。全市有11所中小学通过健康促进学校评审验收,全市健康促进学校数达165所,提前一年实现《中山市建设健康城市三年行动计划(2020—2022年)》提出的"到2022年底,建设健康学校(健康促进学校)覆盖率达到50%"的工作目标。中山市华侨中学被认定为国家级学校急救教育试点,中山市石岐中心小学等6所学校被认定为广东省学校近视防控试点学校,中山市中小学卫生保健所被广东省教育厅聘任为首届中小学健康教育指导委员会副主任委员单位。

【数字化教育工程】2021年5月,全省教育装备现场会在中山召开,广东省教育厅副厅长李璧亮、省教育装备中心主任林锡江,省教育装备中心班子成员以及各地级市以上教育局分管领导、教育装备部门主要负责人共60人参加会议。会议代表参观了中山市第一中学、三乡镇新圩小学和中山市教育技术中心,省教育厅领导对中山的教育装备与实验教学工作给予了肯定。大力推进中山市智慧教育专项资金相关项目建设,实施"爱种子"示范校(实验班)建设、"多技术融合"智慧教育示范项目、优质教育资源建设中心校示范项目,项目总投入857万元,共指导44所学校完善智慧教育基础环境建设,为教师开展课堂教学改革探索提供必要条件。在"粤盾-2021"网络安全攻防演练的6天奋战中,中山市教体局成为全市唯一不失分情况下取得加分的靶标单位,为中山市获得"最佳防守单位"做出了贡献。中山教体政务网获评为2020年度市级优秀政府网站,中山市教体局微信公众号荣获"2020年度中山十大影响力政务微信"称号。在2021年广东省中小学科技劳动教育实践活动中,中山市共有109个作品获奖。在广东省教育厅组织的2021年网络学习空间遴选活动中,中山市教体局获评省级优秀区域,东区水云轩小学、黄圃镇中学获评省级优秀学校。

【实验教学竞赛】2021年,中山市教体局组织开展了中小学优秀理科实验论文评选、中小学实验教学说课活动、中小学实验教学精品课遴选、小学科学和中学物理实验操作与创新技能竞赛等活动,参与教师达580人次。教师参加广东省中小学实验教学说课活动,8人获一等奖,3人获二等奖。在中小学实验教学精品课遴选活动中,中山市有26节课例获评省级精品课,11节课例获推荐教育部参评;在全国中小学优秀自制教具展评活动中,中山市4项参评作品全部获奖,其中一等奖2项、二等奖2项,三乡镇新圩小学练海燕老师获评"全国自制教具能手"；在广东省中学物理和小学科学教师实验操作与创新技能竞赛中，中山市有10名教师参赛，8人获一等奖和创新奖，2人获二等奖，中山获一等奖和创新奖的人数均名列全省第一。中山市教育和体育局获2021年广东省中小学实验教学系列活动优秀组织奖。

【教育科研】2021年，中山市获广东省教育科学规划课题立项18项，其中重点项目4项，一般项目14项。中山市第十二届教育科研成果奖评出基础教育类获奖成果105项，其中特等奖15项、一等奖30项、二等奖60项；职业教育类获奖成果35项，其中特等奖5项、一等奖10项、二等奖20项。中山市获2021年广东省中小学教育创新成果奖74项，其中一等奖2项、二等奖13项、三等奖49项，名列全省第二。

【未来课堂建设】为全面落实立德树人教育根本任务，全面深化教育体育领域综合改革，2021年中山市教育教学研究室启动了"未来课堂"建设项目，举办了中山市中小学"未来课堂"项目启动仪式。出台了《中山市"未来课堂"建设规划与行动方案（2022—2025）》，开通了"中山教研未来课堂"微信公众号。设立了中山市"未来课堂"首批实验学校共计18所，其中小学10所、初中4所、高中4所；公办学校16所，民办学校2所。邀请广东省教育研究院领导专家、华南师范大学教授面向实验学校教师开展了2期项目培训，组织实验学校骨干教师赴东莞交流学习。进行了部分学科"未来课堂"教学模式和教研活动交流。小学数学学科进行了"未来课堂"数学教学模式建构研讨，小学英语学科开展了"未来课堂"主教材与绘本融合模式研讨，高中英语开展了"未来课堂"读后续写专题研讨活动。开展"未来课堂"优秀课例评选，共收到作品493部，其中小学组240部、初中组154部、高中组99部；评选出小学组一等奖24部、二等奖48部、三等奖72部，初中组一等奖15部、二等奖31部、三等奖46部，高中组一等奖10部、二等奖20部、三等奖30部。

2021年，中山市组织推荐111节市级基础教育精品课参加省级和国家级基础教育精品课评审，其中61节课获评省级基础教育精品课，11节获评国家级基础教育精品课。

【教育考试】2021年初中学业水平考试于6月26—28日进行。全市共设24个考区、38个考点、1281个考场，共有37696名初中毕业生报名参加初中毕业生升学考试。

2021年高中阶段学校招生情况：普通高中计划数19085个，录取考生18867人，计划完成率达98.86%；中职学校计划数11492个，录取考生10219人，计划完成率达88.92%；技工学校计划数8908个，录取考生3853人，计划完成率达43.25%。

2021年普通高考于6月7—9日进行。全市共设10个考点、569个考场，共有15178名考生参加考试。高考录取实现高位再涨，在全省名列前茅，各项指标再创新高。高考（含春季高考）总录取人数20184人，其中本科录取11966人，专科录取8218人。中山市普通高考本科录取率达79.65%，比2020年提高了8个百分点，其中普通类（物理）录取6578人、普通类（历史）录取3885人、艺体类等录取1442人。

2022年硕士研究生招生考试（初试）于2021年12月25—26日进行。全市共设中山纪念中学、中山市第一中学、中山市实验中学3个考点共190个考场，共有5642名考生参加考试。

【教师队伍建设】2021年，中山市教育和体育局加强全市教师队伍建设，继续推进与华南师范大学联合创建国家教师教育创新实验区项目，印发《中山市中小学教师发展示范学校管理办法》，遴选18所中小学（含幼儿园和中职学校）为中山市教师发展学校。落实全市教师继续教育，公办在编教师完成继续教育学时覆盖率近100%，在全员培训中创新推行"随选随学"机制，全年共开设上线网络课程293门，实现选课206332人次；落实"青苗工程"，持续开展新教师入职三年规范化培训，全年共完成中小学新教师共2952人的培训（开设课程587个，其中面授课程447个）。

健全分层分类递进式中小学校教师发展体系，加快青年领军人才培养，发布《中山市青年教师领军人才培养对象三年培训行动计划》；统筹做好省"百千万人才培养工程"项目培训，评选出28名学员参加项目培训；举办中山市第八期初中校长任职资格培训班、第十八期小学校长任职资格培训班及第十二期幼儿园园长任职资格培训班，共培训初中、小学校长73人，幼儿园园长50人；举行第二届中小学校长高峰论坛，聚焦"双减"政策，全市中小学校长600多人与会。

印发《中山市师德师风建设三年行动计划（2021—2023年）》《关于进一步加强师德考核工作的通知》，完善师德定期考核评价机制，构建师德师风建设长效机制；组建师德宣讲队伍，成立了141人的市镇两级师德师风宣讲团；统筹开展市级师德师风专项活动（培训）3场次，出席人数达1000人以上。

2021年，中山市有1个教师家庭入选全国100个教育世家，17人获评省特级教师，基础教育系统有31人获评南粤优秀教师，3人获评南粤优秀教育工作者。推荐认定市师德工作先进集体10个、市师德标兵50名、市优秀教师（优秀教育体育工作者）1761名。

【名校长、名教师、名班主任工程】2021年，中山市有省、市两级"三名"工作室共43个，其中省级"三名"工作室18个、市级"三名"工作室25个，工作室成员近600人，2021年度全部通过考核。与南方都市报合作推出"我身边的名师"系列报道，扩大"三名"主持人的影响力。举办中山市"三名"工作室主持人研究力提升（深圳）高级研修班，省、市级"三名"工作室主持人及学员36人参加。

【校长职级制评定】2021年，中山市按照校长职级制改革办法，完成新一轮校长职级评审工作。评审出高级一等校长3名、高级二等校长8名、高级三等校长4名、中级一等校长30名、中级二等校长18名、初级校长22名，共85名校长通过评审和认定。

【教师资格认定及注册】稳步开展教师资格笔试、面试、认定和定期注册工作。2021年，全市申请中小学教师资格认定人数达3412人，认定通过人数3031人；继续开展中小学教师资格定期注册工作，全市3056人的教师资格定期注册合格。

【公开招聘教职员】2021年，中山市教育系统人才交流中心指导市教体系统20个镇区、24所市直属学校（含局属事业单位）开展公开招聘。通过普通公开招聘（定点高校公开招聘3场、市内统一公开招聘1场）和高层次人才公开招聘方式，引进公办学校在编教师共363名，其中博士研究生1人、硕士研究生145人，研究生占总招聘人数的40.2%。

【流动人口积分入学】2021年，中山市积分入学指标为1.78万个，积分入围公示人数为1.77万人。全市在公办义务教育学校就读的进城务工人员子女学生5.91万人。继续实施购买义务教育阶段民办学校学位补充公办学位工作，购买指标7.4万个。

【对口支援帮扶工作】2021年，为贯彻落实中央决策部署及粤黔两省工作安排，广东省中山市与贵州省六盘水开展东西部协作，对口帮扶六枝特区、盘州市和水城区3个区（市）。2021年8月，中山市教体局与六盘水市教育局签订《广东省中山市贵州省六盘水市对口帮扶教育协作协议》，按照五年对口帮扶协作计划，开展人才队伍交流对口帮扶教育协作。印发《关于成立对口支援帮扶工作领导小组的通知》（中教体办〔2021〕25号），制定并印发《关于加强东西部教育协作工作的实施方案》（中教体通〔2021〕247号）开展教育协作，完成7个市工作要点项目（牵手工程、示范共建、支教帮扶、跟岗学习、联合办学、消费协作、劳务协作）、8个局协作协议项目（名师指导、校园足球、跟岗培训、教学研修、结对帮扶、牵手工程、领衔帮扶、联合办学）、4个六盘水市来函需求项目（高考教研、中职教研、命题研修、安全管理）。双方人员互访156批次1779人次，人员互派370人次，开展活动305场，涉及人员1.8万人次，发布新闻报道170多篇。

开展全口径全方位融入式对口帮扶惠州、潮州基础教育高质量发展工作，对口帮扶惠州50所学校、潮州70所学校，实施9大工程25个项目，签订市镇校三级协议。选派中山纪念中学、中山市东升镇高级中学2名教师在西藏林芝一中开展为期3年的长期支教帮扶，中山实验中学、中山市石岐中心小学分别与工布江达县中学、县小学2所学校开展三年期的对口支援。对口潮州市12个重点帮扶镇的驻镇帮镇扶村工作，有20所学校结对，派出7名教师开展为期1年的支教工作。对口帮扶云南昭通，848名（含技师学院60名）云南昭通中职学生入学就读、537名在中山企业实习。25所世行贷款学校对口帮扶韶关市翁源县3所学校和汕头市潮阳区22所学校。10所广东省校本研修示范校对口帮扶惠州、潮州10所学校。

【扶困助学】2021年，中山市资助家庭经济困难幼儿214人，资助金额46万余元，资助外省户籍建档立卡家庭经济困难幼儿337人，资助金额16.85万元；资助家庭经济困难义务教育学生生活费补助对象5856人次，补助金额189.33万元；资助普通高中学生1356人次，资助金额164.38万元；资助中职学生52305人次，下拨资金2312.28万元。中山市扶困助学专项资金从2004年实施以来，累计筹集9176万元。地方专项资金通过"上学易"资助家庭经济困难中小学生542人次共48万元；通过"大学通"资助家庭经济困难大学生276人共107万元。帮助家庭经济困难大学生540人申请广东省生源地信用助学贷款，贷款金额531.58万元。

【校外教育培训机构管理】2021年7月19日，中共中央办公厅、国务院办公厅印发了《关于进一步减轻义务教育阶段学生作业负担和校外培训负担的意见》，就切实提升学校育人水平，持续规范校外培训（包括线上培训和线下培训），有效减轻义务教育阶段学生过重作业负担和校外培训负担提出工作意见。中山市高度重视"双减"工作，成立"双减"工作专门协调机制深入推进各项工作。中山市教育和体育局牵头组建由9个职能部门共同参与的专项治理工作协调小组，多次召开全市校外培训机构治理工作会议，从加强柔性引导、强化刚性监管、防范风险隐患等方面，稳步推进校外培训机构治理工作，全市线下义务教育阶段学科类培训机构压减率达93%，并以机构开立风险保证金专用账户的方式，全面实施预收费监管。

2021年9月至12月，市镇两级教育部门联合相关职能部门，利用休息日、节假日开展校外培训机构检查2400多户/次，重点检查校外培训机构是否占用休息日、节假日开展义务教育阶段学科培训，是否存在学科类培训转入"地下"，换个"马甲"逃避监管等隐形变异问题，避免"双减"政策落空及隐形变异给疫情防控带来的风险，督促机构规范办学。

（撰稿　中山市教育和体育局各有关科室；整理　陈　靖；审稿　各分管领导）

江门市教育

概况

2021年是中国共产党成立100周年,是"十四五"的开局之年。江门市教育局坚持以习近平新时代中国特色社会主义思想为指导,全面贯彻党的十九大和十九届二中、三中、四中、五中全会精神,紧紧围绕市委、市政府和省教育厅中心工作,扎实推进党史学习教育和教育改革发展工作,统筹教育高质量发展,提升教育发展整体水平,顺利完成了年度教育工作目标任务。

(一)强化党建引领,深化党史学习教育,加强党对教育工作的全面领导

扎实推进党史学习教育。党史学习教育开展以来,教育系统把开展党史学习教育作为重大政治任务,坚持学党史与悟思想融会贯通、办实事与开新局同向发力,努力把学习教育成果转化为增强党性、改进作风、提高能力、推动工作的实际成效,增强"四个意识",坚定"四个自信",做到"两个维护",扎实推进党史学习教育往深里走、往心里走、往实里走。认真组织党史学习教育,深刻领会总书记"七一"重要讲话精神;开展庆"七一"系列活动,共贺建党百年华诞;深入开展党史进校园活动,全市各中小学党组织书记、校长充分利用国旗下讲话、思想政治课、大课间、电视直播等形式,以"讲党史""庆党百年华诞"等党史学习教育为主题,带头为同学们上第一堂思想政治理论课,全市540所中小学校组织落实,参与学生70万多人,参与率达100%;落实"我为群众办实事"活动,解决群众烦心事,12项民生实事中的一中、培英高级中学基础教育学校工程均已封顶;增加学前教育优质学位的培英实验幼儿园西江园正式揭牌开园;学生体质健康测试、组织平安高考中考、开发普通话考试在线收费系统等顺利完成。

加强党对学校思想政治教育工作的全面领导。坚持以上率下,以学促教,推进党史进校园,推动学习教育走深走实。市委书记、市长、分管教育副市长王长青等领导深入到五邑大学、江门职业技术学院、江门市第一职业技术学校等大中院校带头上思政课。加强对思政课程的设计与研究,把党史融入教育教学,提升思政教师的业务水平和教学效果;丰富校园文化,通过讲红色故事、诵读党史经典、演绎革命剧目以及开展合唱、书法、征文等比赛活动,用鲜活的形式对青少年学生进行党史教育,传承红色基因,赓续红色血脉。发挥"思政联盟"作用,在全市大中小学开展"学党史,讲党史"思政课程展评活动,参加全省"同上一堂党史课"教学展示交流活动获得2个一等奖(全省15个),不断提升教师业务能力和理论水平,增强培根铸魂实效。

加强意识形态阵地建设,确保校园政治安全稳定。提高政治站位,筑牢意识形态防线。加强大中小学校意识形态阵地建设,成立大中小学思政联盟;签订安全工作目标管理责任书;建立了《江门市教育局党组落实意识形态工作责任制度》;实行"双审批"制度,加强教育教学科研活动管理,严格校园报告会、研讨会、论坛讲座、学生社团活动等管理和审批;开展意识形态宣讲活动,组建了一支由高级教师、党务骨干组成的意识形态工作宣讲团,对教育系统开展意识形态宣讲。

(二)着力攻坚,提升人民群众教育满意度

全力营造安全稳定的教育环境。做好新冠肺炎疫情防控工作,严格执行省、市疫情防控指挥部要求,加强学校疫情防控;压实四方责任,确保防控宣传、措施、监督三到位。做好健康监测和行程报备,加强应急演练,建立校园疫情防控宿舍"楼长制",成立学生宿舍管理组,构建"一主责五层级"管理体系;加快学生接种疫苗,全市12~17岁学生疫苗接种率超98%,排在全省前列。开展消防安全、交通安全、食品安全、网络安全、防溺水等专项检查,强化学校及周边治安综合治理,加强学校师生心理辅导,强化风险防控,筑牢校园安全防线。

进一步巩固和提升学前教育"5080"攻坚成果。编制年度普惠性幼儿园学位建设计划,通过新建、改扩建公办幼儿园,接收住宅小区配套幼儿园,幼儿园转制等,截至2021年10月,全市新增7370个公办幼儿园学位、新增普惠性民办幼儿园学位2566个;全市公办幼儿园在园幼儿占比为53.53%,公办和普惠性民办幼儿园在园幼儿占比为84.96%,巩固了"5080"目标任务。

加强基础教育资源供给。着力改善学校办学条件，加快教育基础设施建设，新启用紫茶小学群福校区、里仁小学、江门外国语学校、江门一中附小、景贤初中等一批新（改、扩）建学校，新增优质学位1.5万个，有效满足了群众对优质学位的需求。认真落实"双减"政策，对开展校内课后服务的小学进行财政补助，东部三区一市按每生每年200元，西部台山、开平、恩平按每生每年100元进行补助。从严落实经费保障。按照小学每生每年1150元，初中每生每年1950元的标准，公办普通高中每生每年1000元的标准将生均经费拨款列入财政年度预算，学校依法依规使用生均公用经费补助资金。精准扶困助学，2021年春季学期，全市各学段贫困学生享受国家政策资助人数约6.33万人，资助金总额约1.0029亿元，没有一个学生因贫失学和因学致贫。

全力推进大湾区职教高地建设。大力实施广东省高水平中职学校建设计划，4所中职学校被省教育厅拟定为广东省高水平中职学校建设单位，1所中职学校被拟定为高水平中职学校培养单位，9所中职学校19个专业开展广东省"双精准"示范专业建设，组织参加省职业院校教师素质提高计划。广州华立学院江门校区首期建成招生，广州华商职业学院江门校区正在筹建中，广东南方职业学院睦洲校区、广东江门幼儿师范高等专科学校（二期）、广东华立学院江门校区（二期）等正在建设中。

各类教育平稳健康发展。严格依法依规办学，提升民办学校办学质量。加强对基本办学条件不达标、超规模招生民办学校的整改督查；开展2020年度民办学校年检工作。清理规范学校名称，规范公有主体参与办学。对不符合命名规范、涉及"公参民"情况的民办学校，依照有关规定要求学校限期整改。加强日常监管，结合年检工作全面规范民办学校发展。贯彻落实"双减"政策，不再审批新的面向义务教育阶段学生的学科类校外培训机构，大力压减义务教育阶段学科类校外培训机构，2021年底前基本完成面向义务教育阶段学生的学科类校外培训机构统一登记为非营利性机构的行政审批及法人登记工作；强化常态运营监管，全面规范培训机构培训服务行为。严控学科类培训机构开班时间，禁止培训机构占用国家法定节假日、休息日及寒暑假期组织学科类培训。

加强教师队伍建设。强师工程成效显著，2021年全市新增基础教育正高级教师8名、省特级教师18名、省"百千万人才培养工程"培养对象25名、省级名教师（名校长、名班主任）15名、南粤优秀教师35名、南粤优秀教育工作者3名。实施教师素养提升工程，搭建高层次人才培养平台，大力开展名师后备人才培养，加大骨干教师培养力度，全力打造12所省级校本研修培训示范校。全面落实结对帮扶工作机制，与珠海市、有关高等学校建立帮扶工作联络和会商机制，市内"全口径""全方位""融入式"结对帮扶机制，切实提升校长管理水平、骨干教师教学创新能力、教师队伍教育教学能力素质、教研员教研指导能力。

创新抓改革，促进新高考出成效。实施以义务教育优质均衡公平、高中教育强基培优为主要内容的基础教育高质量工程，大力推进课改，积极探索高效课堂。江门市2021年夏季普通高考高分人数和高优人数均有较大幅度增长，普通高考本科入围率提高到63.7%，特优层考生比率提高到15%，高考各科平均分、优分率、本科率等多项指标可进入全省前6名，江门市高中教育强基培优工程取得了明显效果，有3名考生被清华大学和北京大学录取，有2名考生分别获得书法类和音乐类全省第一，1名考生获得体育类全省第三，有2名考生被录取为空军飞行员。

信息技术与创客教育纵深推进。全面推进中小学教师信息技术应用能力提升工程2.0相关培训工作，促进信息技术与课堂教学的深度融合。积极开展国家课程数字教材应用全覆盖项目，8所学校被评为"广东省信息化中心学校建设成效优秀学校"，学生创客作品获第22届全国信息素养提升实践活动"创新之星"奖项。

织牢疫情常态化下的健康考试防护网。2021年各类考试是在疫情防控常态化下进行的，全年完成了27场次的考试工作任务，疫情防控零事故、考试安全零差错，实现了疫情防控下"健康考试""平安考试""公平考试""诚信考试""暖心考试"五大考试目标。

扎实开展教育督导。完成迎接2021年省对江门市县级两级政府履行教育职责评价工作。开展校外培训机构专项治理工作，落实"双减"工作要求，全市共157间学科类培训机构，已经压减学科类培训机构共40间，压减率为25.45%。对"双减"工作开展督导问效，各市（区）教育局、中小学校每半个月要向督导室报告"双减"落实情况并在教育局官网公示。全力推进创建全国义务教育优质均衡县（市、区）工作。开展学生心理健康教育专项督导工作。

·市域教育·
EDUCATION IN VARIOUS CITIES

各级各类教育

【基础教育】（一）学前教育

2021年，江门市有幼儿园642所，在园幼儿15.82万人，适龄幼儿学前三年毛入园率为108.84%。大力推进学前教育普惠优质发展，截至2021年底，全市公办幼儿园在园人数占比53.72%，公办和普惠性民办幼儿园在园人数占比85.79%。

（二）义务教育

2021年，江门市有义务教育阶段学校507所，其中小学326所、九年一贯制学校53所、初中94所、完全中学31所、十二年一贯制学校3所、民办学校40所。全市义务教育阶段学校普通在校学生51.2万人，其中小学36.01万人、初中15.19万人。民办学校在校生为6.84万人。小学学龄儿童入学率为100%，小学五年巩固率为99.03%；小学毕业生升学率为100%。初中阶段教育入学率为100%，初中毕业生升学率为99.22%，九年义务教育巩固率为99.47%。小学辍学率为0，初中辍学率为0。

（三）普通高中教育

2021年，江门市有普通高中学校50所，其中完全中学31所、高级中学16所、十二年一贯制学校3所，在校学生8.49万人。全市高中阶段教育毛入学率为98.99%。

（四）特殊教育

2021年，江门市有特殊教育学校7所，义务教育阶段适龄残疾儿童少年在校学生2228人。保障适龄残疾儿童少年受教育权利，切实做好未入学残疾儿童少年核查和安置工作，"三残"儿童入学率为114.7%。

【中等职业教育】2021年，江门市有中职学校（不含技工，以下相同）17所，其中民办中职学校1所、体育运动学校2所，在校生3.25万人。全市拥有国家级重点中职学校9所、国家中职教育改革发展示范学校3所、省级示范性中职学校4所、省级重点中职学校2所；承担全国制造业和服务业技能型紧缺人才培养培训工程任务的学校2所；全国重点建设专业1个，全国数控技术职业教育实训基地1个；省级以上重点建设专业（点）22个，9所中职学校19个专业开展广东省"双精准"示范专业建设。学生基本技能和专业水平持续提高，毕业生就业率达96.39%；举办年度江门市中等职业学校学生专业技能大赛，江门地区11所中职学校超过600人次完成了48个项目的比赛，形成"以赛促学、以赛促教、以赛促改"的产教融合新格局。

【西藏幼师班】自2010年开办内地西藏中职班以来，江门幼儿师范学校始终全面贯彻党和国家的教育方针和民族政策，全面实施素质教育，努力为西藏培养了一批又一批爱党爱国、立志献身社会主义现代化建设事业的合格学前教育专业人才。截至2021年7月，江门幼儿师范学校已经为西藏培养幼师毕业生509人，现有在校生126人。2021年，江门幼儿师范学校西藏班37人返藏参加高职高考（4人在广东参加高职高考被江门幼儿师范高等专科学校录取），32人上线，上线率为86%，其中400分以上3人，300分以上13人。江门幼儿师范学校西藏部严格按照学校对内地西藏中职班的管理要求，坚持"严、爱、细"的原则，加强领导、完善制度，创新方法，西藏班各项工作取得了较好的成效。

【高等教育】（一）五邑大学

五邑大学是由广东省人民政府于1985年设立的以工科为主的多科性大学，是广东省较早获得硕士、学士学位授予权的地方高校，具有接收港澳台侨学生、国际学生资格和推荐优秀应届本科毕业生免试攻读研究生资格，现为广东省高水平理工科大学建设高校、博士学位授予立项建设单位。2021年，学校跻身自然指数全球年轻大学150强（排名第79位），国际专利申请进入全球教育机构50强（排名第26位）。学校面向全国24个省区市及港澳台地区招收本科学生，面向国内外招收硕士研究生。学校设有19个教学机构，88个本科专业（方向），涉及工学、理学、经济学、管理学、文学、法学、艺术学7个学科门类，理工类专业（方向）占比67%。现有各类在籍学生近2.4万人，其中全日制本科生近2万人，硕士研究生1000余人。现有专任教师近1200人，专任教师高级职称占比达44%，博士学位占比达53%；拥有国家级高层次人才31人（其中包括院士5人、长江学者5人、国家"杰青"4人、海外"杰青"1人、国家"优青"1人、国家"万人计划"入选者1人等），省级高层次人才23人，海外各类优秀人才70人。

（二）江门职业技术学院

江门职业技术学院是一所全日制公办普通高等职业院校，现为广东省示范性高等职业院校、全国职业院校"魅力校园"、广东省"一带一路"职业教育联盟副理事长单位、广东省学前教育教师发展联盟副理事长单位、江门市职业教育联合会牵头单位。学校被列入广东省"创新强校工程"A类考核，跻身中国高职高专排行榜150强。全校现有教职工700多人，全日制在校生15 000余人，拥有9个二级院系，设有涵盖理学、工学、文学、管理学、艺术学等在内的42个招生专业。2021届毕业生初次就业率达99.3%，专业对口率为82.77%。报到率、就业率、创业率等指标位居全省高职院校前列。

（三）广东南方职业学院

广东南方职业学院是经广东省人民政府批准、教育部备案的全日制普通高等职业院校，原名"广东江门艺华旅游职业学院"，2012年更名为"广东南方职业学院"。学校现有教职员工766人，专任教师636人，在校全日制学生11 186人，全日制毕业生就业率连续多年保持在98%以上。学校设有智能制造学院、人工智能学院、建设工程学院、信息学院、管理学院、财经学院、医药学院、交通学院、马克思主义学院、继续教育学院、创新创业学院、华为云学院、国际教育学院13个二级学院，开设了49个招生专业，组建了工业机器人应用技术等6个专业群，会计、软件技术专业入选广东省二类品牌专业，工业机器人应用技术专业群、大数据专业群立项广东省高水平专业群，形成了工学、经济学、管理学、文学、医学等全面发展的学科布局。

（四）广东江门中医药职业学院

广东江门中医药职业学院是经广东省人民政府批准、教育部核准、江门市人民政府举办的全日制普通高等职业技术学校。现有教职工714人，专任教师648人，具有硕士及以上学位教师192人，具有副高级及以上职称教师171人，"双师型"教师326名。学院设有9个二级学院，包括基础医学院、护理学院、临床医学院、中医学院、南药学院、医学技术学院、食品学院、马克思主义学院、继续教育学院；开设31个专业，包括中医学（国控专业）、针灸推拿（国控专业）、中药学、药学、护理、中医康复技术、康复治疗技术、医学美容技术、中医养生保健、药品质量与安全、药品经营与管理、中药制药、中药材生产与加工、食品质量与安全、助产、健康管理、医学影像技术、医学检验技术、老年保健与管理、现代家政服务与管理、临床医学（国控专业）、预防医学（国控专业）、口腔医学技术、生殖健康服务与管理、呼吸治疗技术、智慧健康养老服务与管理、婴幼儿托育服务与管理、眼视光技术、智能医疗装备技术、食品智能加工技术、食品检验检测技术，其中中药学被认定为省级二类品牌专业。学院正在大力推行中药学、中医康复技术、现代家政服务与管理、药学、医学影像技术5个具有鲜明中医药特色的专业群，为国家、省、粤港澳大湾区以及行业产业培养合格的建设者和接班人。

【民办教育】2021年，江门市有各级各类民办学校363所。其中，大专院校1所，中等职业学校1所，普通高中2所，完全中学5所，十二年一贯制学校2所，九年一贯制学校20所，初中1所，小学5所，幼儿园326所。民办中职学校在校学生2 884人，民办普通高中在校生7 139人，民办初中在校生2.24万人，民办小学在校生3.47万人，民办幼儿园在园幼儿7.4万人。全市民办教育已覆盖学前教育、义务教育、高中阶段教育及高等教育等各个阶段，有效增加了教育服务供给。稳妥推进规范民办义务教育发展和"双减"工作，按照"一县一策""一校一案"的原则，推动全市义务教育阶段学校课后服务全覆盖、有需要的学生全覆盖；狠抓校外培训机构整治，开展多轮减轻校外培训负担专项执法检查行动，实现对全市所有校外培训机构监管全覆盖。

教育成果与特色

【教学教研】大力推进课改，积极探索高效课堂。落实《江门市深化中小学课堂教学改革行动计划》，开展"深度学习"研究，探索建构"深度学习·思维课堂"基本范式和评价标准，提升课堂教学改革的专业品质。搭建"名师大讲堂"交流平台，深入开展"深度学习·思维课堂"的理论研究和实践探索,形成有学科特色的指导意见和实践成果。大力倡导集体备课,继续组织集体备课优秀成果征集评选活动,共收到参评成果486项,比2020年增加75项。开展优质课展评,及时总结课改成效,提高教师的课堂教学水平。关注高考动向,提高备考质量,成立江门市2021届11个学科110名成员的高三中心备课组,加强备考研究。组织高考学术研究活动,指导全市高三教师深入学习研究"中国高考评价体系",提升教师的备考水平。聘请专家开展培训,努力提高备考的实效性。周密组织高三各阶段调研测试,开展新高考等级赋分与原始分关系的研究与指导,科学分析,精准备考。加强基于真实情境的学科命题研究与教师命题能力培养,组织2021年高考模拟试题命题评选,参评作品达272份。完善学科竞赛举措,优化学科竞赛机制。完善高中学科竞赛机制,选拔更多优秀选手参加省级、国家级学科竞赛。加大竞赛教师培训力度,定期组织竞赛辅导教师进行专项培训,努力建设一支高素质的竞赛指导队伍。

【教师继续教育】2021年,江门市推进实施"新强师工程",建立完善学校、县(市、区)、地市三级责任联动的培养机制,构建横向覆盖全员教师、纵向贯通教师队伍的梯次培养体系,大力打造教育领军队伍。一是建强用好省市两级共37个"三名"工作室,发挥示范引领作用,2021年入室培养骨干教师、校(园)长423人,为建设高层次教育人才奠定坚实基础。二是继续实施第五批名教师名校(园)长培养项目,重点培养30名教学具有独特风格的名教师、30名具有卓越领导力的名校长。三是完成江门领雁教师培养项目,在江门培养一批教育领军人物,项目开展期间学员研修成果丰硕,50名学员中被评为正高级教师的有8人、特级教师4人、省级名教师(名校长)工作室主持人4人;获得广东省教学成果一等奖1项,江门市教学成果一等奖3项,出版个人专著6部,发表论文82篇,主持或参与各级各项课题33项。四是启动中小学名班主任培养项目,培养名班主任30人。五是举办"五邑名师大讲堂"系列展示活动,充分发挥名师的示范引领作用,以解决"双减"背景下学校教育教学中遇到的问题为突破口,提升广大教师课堂教学、作业设计、班级管理、学校管理等方面的能力。

分类分层组织继续教育培训项目,提升教师队伍专业化水平。一是实施校长领导力提升工程,提高学校管理水平。组织开展初中校长任职资格培训,对127名新任或拟任校长展开为期两年的培训。先后举办了高中阶段学校校长领导能力提升培训,推进"深化新时代教育评价改革总体方案"落地培训班、校本研修示范项目典型经验交流会以及小学校长专题培训班,共有587名中小学校长参加了专题培训。开展基础教育系统"青蓝工程"培训,系统培养学校教育后备管理干部60人。二是实施骨干教师培养工程,推动教育教学改革。实施学科组长教研能力整体提升培训项目,2021年培训语文、数学、英语三类学科组长共500人。实施乡村骨干教师支持计划,2021年培训语文、数学、英语教师150人。开展思政课骨干教师培训,指导思政教师深入理解《习近平新时代中国特色社会主义思想学生读本》(以下简称《读本》)编写意图和价值导向,准确把握《读本》内容体系和教学重点,落实好用习近平新时代中国特色社会主义思想铸魂育人的要求,共有2 700名思政课骨干教师参加了培训。举办信息技术应用能力提升工程培训,组织试点学校管理团队、研训团队及专家成员共602人参训,为深入推进提升工程2.0打下扎实基础。举办新媒体新技术教育教学应用系列培训,共有200多人参加了线下培训,19 437人参加线上培训。另外,通过信息技术能力提升工程、专业课远程培训以及校本研修三大项目实现全市4.7万名教师培训全覆盖。

【名师工程】全市有基础教育各级各类专任教师47 685名,其中在编教师32 271名。享受国务院特殊津贴名师2名,教育部领航名师1名,省级名师53名,省特级教师76名,市级名师201名,江门市教育专家29名,正高级教师34名,高级教师6 297名,中级教师20 013名。全市教师队伍呈现以全体教师为"塔基",以骨干教师和后备人才为"塔腰",以省、市级名师工作室主持人和教育专家为"塔尖"的金字塔式结构,构筑教育人才梯次成长的通道,为江门市教育事业高质量发展提供人才支持和智力支撑。

【德育工作】加强党对思政教育工作的全面领导,统筹协调市领导干部上思政课。全市549所中小学校组织落实校长书记"思政第一课",参与学生70万多人,参与率达100%。组织发动全市中小学开展"从小学党史 永远跟党走"主题系列教育活动,大力推动习近平新时代中国特色社会主义思想进校园、进课堂、进学生头脑,厚植红色基因。以活动为载体,推进党史教育进校园。举办全市思政教师和班主任"学党史 讲党史"思政课展评活动,培养和选树了一批市级思政名师。参加省"同上一堂党史课"教学展示交流活动,获得省一等奖2个。

全市共有5个课例入选省思政课优质建设课程。

【体卫艺教育】开足开齐体育与健康课，保证中小学生每天1小时校园体育锻炼，确保每天30分钟大课间活动，培养学生掌握1～2项体育运动技能。大力推进校园足球和游泳等项目普及，开展传统、优势、民族、特色运动项目。进一步加强学生体质健康水平测试和监管，确保学生体质健康优良率达45%以上。结合学校体育高质量发展要求，举办好校园足球、排球、篮球等9项中小学生比赛。33所学校和幼儿园被评为全国青少年校园足球特色学校（幼儿园）。台山沙滩排球代表队参加全国学生运动会荣获中学男子组第二名。加强近视防控工作，举办2021年江门市儿童青少年近视防控骨干培训班，创建3所省级近视防控示范校，组织开展春季学期近视防控宣传教育月活动。构筑免疫屏障，组织师生接种新冠疫苗。面向全市中小学生先后举办了"翰墨飘香谱华章"江门市中小学师生优秀书法作品展，"共筑中国梦，永远跟党走"管乐比赛、合唱比赛、民乐比赛和江门市第七届中小学生艺术展演活动等20多项艺术教育活动，全市共有11 486名学生和1 500多名教师参与。开展国防教育，大力保障全市高中军训工作的正常开展。

【安全教育】2021年是中国共产党成立100周年，是"十四五"规划的开局之年。江门市教育局坚持以习近平新时代中国特色社会主义思想为指导，全面贯彻党的十九大和党的十九届二中、三中、四中、五中、六中全会精神，扎实推进学校安全管理工作。以创建"平安校园"为抓手，密切与多部门合作，扎实推进中小学幼儿园安全防范建设三年行动计划达标建设，确保教育系统安全稳定，取得了显著成绩。一是全面贯彻落实国家及省、市关于疫情防控、学校安全和教育工作的各项会议精神和工作要求，严格落实和指导各级教育部门和学校各项工作开展和完成情况，切实做好做细各项工作。二是创建2021年度广东省防震减灾科普示范学校总数排名全省第四位，受到广东省地震局、广东省教育厅通报表扬。三是在全省开展的《广东省学校安全条例》知识竞赛中获"杰出贡献奖"，全省总评分排名第三。四是全面落实及指导全市各级教育部门和学校、学生参与国家禁毒办、教育部组织开展的2021年全国青少年禁毒知识竞赛，学校参与率、学生参与率均达100%。五是学校食品安全工作扎实推进，江门市教育局在江门市食品安全工作评议考核中获得A等级。六是江门市教育局安全保卫科被中共江门市直属机关工作委员会评为模范机关创建先进单位。

（撰稿　李月清；审稿　林思远）

阳江市教育

概 况

2021年，阳江市教育系统坚持以习近平新时代中国特色社会主义思想为指导，深入贯彻落实党的十九大及十九届二中、三中、四中、五中、六中全会精神和全国、全省、全市教育大会精神，加强党对教育工作的全面领导，落实立德树人根本任务，深化教育领域综合改革，加快推进教育现代化，统筹抓好疫情防控和教育改革发展，全力确保校园安全稳定，教育公平日益彰显，教育质量不断提升，教育工作取得新成效，实现了"十四五"良好开局。

一是党的领导不断加强。全市中小学校党组织关系隶属教育主管部门占比100%，党组织覆盖率为100%，基层党组织达标率为100%，4所学校被评为第一批省级党建工作示范校，18所学校被评为第一批市级党建工作示范校。二是学位建设取得新突破。重点推进改扩建中小学校5所、公办幼儿园2所，新增中小学学位3030个、学前教育学位1080个。三是教育教学质量取得新提升。以教育教学质量监测结果为方向，加强教研指导、教师调配，促进学科建设，基础教育教学质量逐年提升，2021年普通高考成绩上线率、"双一流"大学录取人数均比2020年有较大增加。全市高考工作实现了"健康高考""平安高考""暖心高考"的目标，确保了高考改革平稳落地，得到社会各界的好评，阳江市委、市政府受到了省教育厅的表扬。四是教师队伍建设取得新进展。县管校聘和交流轮岗全面推进，教师招聘和调配力度进一步加大，教师培养培训渠道更加丰富，教师队伍整体素质进一步提高。五是高等教育发展取得新突破。阳江本科院校广东海洋大学（阳江校区）首届新生于2021年9月15日顺利入学，在校生中有本科生691人、硕士研究生16人、博士研究生4人。六是教育惠民政策取得新成绩。全力落实学生资助政策，全年共资助学生79624人次，教育公平得到有力维护。阳江市教育局荣获"广东省脱贫攻坚突出贡献先进集体"荣誉称号。

七是平安校园建设进一步加强。统筹抓好校园安全和疫情防控工作，保证了全市教育系统安全稳定。八是教育改革创新取得新成效。义务教育学校作业管理、课后服务实现全覆盖，全市共压减学科类校外培训机构118家，压减比例为97.52%，全市校外培训机构"营改非"、"备改审"、资金监管比例全部达到100%，"双减"工作成效凸显。

2021年，阳江市有各级各类学校（幼儿园）999所，在校生571157人。其中普通高校2所，在校生13600人；开放大学2所，在校生6273人；中等职业技术学校6所，在校生16840人；普通高中20所，在校生51161人；义务教育学校265所（小学165所、初中100所），在校生373330人（小学260989人、初中112341人）；幼儿园699所（公办310所、民办389所），在园幼儿109221人；特殊教育学校5所，在校生732人。学前教育毛入园率为99.25%，适龄残疾儿童少年义务教育入学率为99.19%，九年义务教育巩固率为97.33%，初中毕业生升学率为98.16%，高中阶段教育毛入学率为98.6%，普职比为56∶44。公办义务教育标准化学校覆盖率为100%，民办义务教育标准化学校覆盖率为82.05%。

阳江市有各级各类学校（幼儿园）专任教师35784人。其中普通高校553人（广东海洋大学阳江校区75人），开放大学80人，中等职业学校707人，普通高中3497人，初中7748人，小学15219人，幼儿园7785人，特殊教育学校195人。幼儿园、小学专任教师专科以上学历占比分别为84.2%、99.96%。初中、普通高中、中等职业学校专任教师本科以上学历占比分别为90.8%、100%、99.2%。普通高中、中等职业学校专任教师高一层次学历（研究生毕业）占比分别为5.3%、4.5%。特殊教育学校专任教师专科以上学历占比100%，中等职业学校"双师型"教师占专业课教师的比例为64.8%。

各级各类教育

【基础教育】基础教育迈向优质均衡。学前教育普惠健康发展，巩固学前教育"5080"攻坚成果，持续扩大普惠性学前教育资源，新增公办学前教育学位3 050个，普惠性民办幼儿园学位4 170个，公办幼儿园在园幼儿占比56.19%，公办园和普惠性民办园在园幼儿数占比86.51%，全市学前教育毛入园率达到99.25%。大力推进规范化幼儿园建设，规范化幼儿园覆盖率达78.82%。

义务教育均衡发展，全面完成寄宿制学校建设和"改薄提升"项目（2019—2020年），项目完成率和资金支出率达100%，启动实施新一轮"改薄提升"项目（2021—2025年），五年规划投入6.66亿元，持续改善义务教育学校办学条件，不断缩小城乡间、校际的差距。持续做好控辍保学工作，保障适龄儿童接受义务教育权利，全市九年义务教育巩固率达97.33%。将在阳江市就读的随迁子女纳入财政保障范围，同等享受免费义务教育，全市异地务工人员随迁子女入读公办学校占比85.48%。扎实开展中小学校结对帮扶工作，加大优质教育资源的辐射力度。落实"双减"工作，加强培训机构管理，全面提高校内课后服务水平，全市义务教育各级各类学校实现课后服务两个"全覆盖"。加强民办学校管理，全面完成不符合命名规范民办学校名字变更工作，完成名字变更学校共7所。不再审批新设立的民办义务教育学校，大力推进义务教育在校生规模结构优化工作。

普通高中特色发展，加快普通高中学位建设，复办漠南中学高中部，新增普通高中学位900个，优质普通高中发展取得新突破，阳江市第一中学、阳春市第一中学跻身全省50强高中。

特殊教育融合发展，进一步完善特殊教育保障机制，建立市级特殊教育联席会议制度和特殊教育专家委员会，成立了阳江市特殊资源中心、阳春市特殊教育资源中心和阳西县特殊教育资源中心，建有特殊教育资源教室的中小学校增加至45所，残疾儿童少年教育普及水平不断提高，残疾儿童少年义务教育入学率达99.19%。

【职业教育与终身教育】职业教育彰显融合优势。推进落实《职业教育提质培优行动计划（2020—2023年）》，在2020年的基础上继续调高普职比例，2021年中职招生数为6 829人，比2020年5 947人多招882人，职业教育持续向好发展。推进中职学校增量扩容，改善中职学校办学条件，迁建阳西县中等职业技术学校，扩建阳春中等职业技术学校，新建产教融合实训中心1个，可提供实训工位300个，恢复阳春市普利时职业技术学校（民办）招生办学，该校首批301名秋季新生已顺利入学。推进产教融合发展。开展1+X证书制度试点和推广应用，多措并举大力推进"粤菜师傅""广东技工""南粤家政"三项工程。开展全市中职学生专业技能竞赛，全市共设4个赛区，来自7所中等职业学校（含市技师学院）的936名学生参加了10大项目64个专业的竞赛，有168人获得一等奖，提高中职学校人才培养质量。

终身教育体系日趋完善。指导推动阳江开放大学继续以"形成全民学习、终身学习的学习型社会，促进人的全面发展"为宗旨，开展内容丰富、形式多样的终身教育活动，取得了明显成效。2021年主要是抓"社区教育、老年教育公益课堂"品牌项目，在我市社区教育示范点广泛开展以"老年智能手机使用"和"老年养身"为主题的公益课堂，参加人数约13万人次。组织举办全民终身学习活动周，围绕"庆建党百年华诞 谱终身学习新篇"活动主题，开展全民终身学习活动，评选表彰"终身学习品牌"项目5个（阳江开放大学"社区教育、老年教育公益课堂"项目、阳江市科技馆"流动科技馆三进"项目、阳江市礼仪协会"礼仪进社区"项目、阳江市阳东区第一职业技术学校"职教助力乡村振兴"项目、阳江高新区平冈镇文化活动中心"艺术公益课堂"项目）和"百姓学习之星"6人，进一步推动学习型社会建设上新台阶。

· 市域教育 ·
EDUCATION IN VARIOUS CITIES

教育成果与特色

【加强党的建设】一是强化政治引领。抓实"第一议题"学习制度，确保学深悟透习近平新时代中国特色社会主义思想。深入学习贯彻总书记"七一"重要讲话精神、党的十九届六中全会精神，推动基层党组织学习教育全覆盖。二是抓实党史学习教育。推动党史学习教育与思政课程建设深度融合，推出线上精品微党课。推动党史汇入社会实践，整合全市19个红色教育基地和革命遗址，发布《阳江市红色研学地图》，累计开展了170多场红色实践教育活动，参与人数超16万人次。引导广大青少年学生传承红色基因、争做时代新人。三是"我为群众办实事"实践走深走实。围绕《阳江市教育局2021年重点项目任务清单》中的49个重点项目，从思政课建设、校园安全、平安高（中）考、维护教育公平、预防青少年近视、解决群众读书难问题六大方面民生热点难点问题，抓好谋划推进。"我为群众办实事"民生项目完成率高达100%，并抓好"小切口"问题检视整改。

【推进中小学德育工作】以打造阳江市未成年人思想道德建设工作品牌——"阳光行动"为主线，加强学校思想政治理论课建设，强化心理健康教育、劳动教育，推进学校"三全育人"体制机制建设，持续强化家校社协同育人，形成阳江市特色德育工作模式。一是抓好学生思想道德教育实践活动，打造"阳光行动"德育工作品牌，在全市教育系统开展"童心向党四个好"主题教育实践活动。开展"诵读中国"专项比赛，评出38个市级获奖作品。江城图书馆和江城第十三小学联合举办"2021年粤港澳'共读半小时'暨红色经典阅读进校园"阅读活动被阳江广播电台报道；整合阳江本土红色旅游资源发布《阳江市红色研学地图》，200多所学校组织师生前往阳江红色革命遗址开展研学活动。邀请各级党委书记、学校党组书记为学生上党史学习教育思政课超过300节，培育社会主义核心价值观。开展有声有色的校园文化活动，培养学生勇敢、智慧、顽强、阳光的红色基因，延续红色血脉。二是开展"关爱心灵，阳光成长"心理健康教育月活动，全市253所中小学校共40多万名学生参与该主题系列活动，通过心理讲座、观看电影、拓展活动、表演心理剧、"说说心里话"、"画出心能量"等活动提高教师心理教育能力，全面促进养成学生阳光心理，保障广大未成年人身心健康。三是开展文明校园创建活动。全市中小学校的文明校园创建率达100%，拥有全国文明校园1所，全国文明校园先进学校10所，省文明校园3所，市文明校园98所，市文明先进学校114所，市文明示范校园10所。全市开展"文明班级""文明宿舍""文明之星"等评选活动1 386次，以点带面推动文明校园创建活动。通过先进典型的示范带动作用，推动全市中小学校提高创建成效，提升人民对教育的满意度。

【全面推进素质教育发展】一是发展学校艺术教育特色，打造艺术教育品牌。全市各中小学积极为学生创造良好的校园文化艺术环境，配合路标、宣传栏、文化长廊、校园广播等，营造健康、和谐的学校文化艺术氛围。推进"一校一品"或"一校多品"，力争班班有特色、生生有特长。如阳春市第一中学富有特色的"千人书画剪纸比赛""省非遗进校园活动——阳春根雕书法展览""华南抗日烽火连环画展""漠阳八子书法精品展""阳春一中百年校庆书画作品展"，江城区岗列中心小学开展的"乡村学校少年宫""农村小学纸版画"。另外，建设名师特色教学工作室，如阳江市第一职业技术学校梁永顺的漆画教学与创作工作室、阳东区第二中学的书法教学工作室；创建美术教学与创作基地，如阳东一问学校陶艺教学与创建基地、市政府机关幼儿园幼儿美术教学与创作基地、渔港东平美术创作基地、闸坡写生基地、高新区农村美术教学实验基地等。市政府还将与广州美术学院、广州大学在关山月故居共建"阳江市关山月文化教育实践基地"。全市共有30所学校被评为省级中心小学艺术教育特色学校。二是开展丰富多彩的艺术进校园活动。2021年10月至12月，全市共举行13场戏曲进校园演出活动，由广东粤剧院、阳春市粤剧团分别表演了经典的《李逵探母》以及折子戏，让学生深入了解作为世界非遗、广东代表性戏曲之一的粤剧，直观感受传统文化的魅力，深受学生喜爱。结合阳江市漆艺艺术特色，于2020年10月至2021年12月先后开展了阳江漆艺专题讲座、阳江漆艺展览、阳江漆艺学习、阳江市中小学师生漆艺作品制作比赛等活动。三是加强学校艺术社团建设。坚持课内与课外、普及与提高相结合，把学校艺术社团建设纳入美育常规工作来抓，并安排了美育专项经费，不断加强社团建设，开展了声乐、舞蹈、绘画、手工、书法、面塑、陶艺、鉴赏等社团。每年至少举办一次综合性的全市校园艺术节活动，定期举办单项活动。如阳江市第一中学每年举办科技文化艺术节，开展合唱比赛、书画比赛，邀请知名校友回校举行各种艺术讲座等，每年还举办艺术展演周活动，通过走访校友、拍摄主题MTV、举办校友书画作品展览、在网络平台和晚会现场拍卖校友书画作品等活动，营造校园艺术氛围。

【深化教师队伍建设】一是加强师德师风建设。坚持把师德建设放在队伍建设首位，举办2021年阳江市中小学骨干教师师德教育培训班，强化教师"四史"学习教育，集中开展师德警示教育，开展2021年师德建设主题教育月活动，引导广大教师涵养高尚师德。同时，开展中小学有偿补课和教师违规收受礼品礼金问题专项整治，努力建设一支政治素质过硬、业务能力精湛、育人水平高超的高素质教师队伍，营造风清气正的育人环境。二是加大教师表彰力度。开展推荐认定2021年阳江市教育系统优秀教师、优秀班主任和优秀教育工作者工作，以及2021年阳江市教书育人先进集体和先进个人评选表彰工作。10个集体被授予"阳江市教书育人先进集体"称号，50人被授予"阳江市教书育人先进个人"称号；241人被授予"阳江市教育系统优秀教师"称号，80人被授予"阳江市教育系统优秀班主任"称号，33人被授予"阳江市教育系统优秀教育工作者"称号。三是加强教师培养培训力度。开展全市中小学教师全员培训，组织中小学校长、骨干教师到珠海市跟岗培训，参加智能化领航校（园）长培训班等，建成名师工作室39个，充分发挥名师示范引领和辐射带动作用。实施"县管校聘"和"交流轮岗"，推动县域内教师资源均衡配置，缩短城乡学校办学差距。四是深入实施"强师工程"。联合市财政局印发了《关于做好"强师工程"（2021—2025年）培养培训经费报销工作的通知》，鼓励中小学教师提高学历层次，开展2020年"强师工程"培养培训经费报销工作，共1665人符合报销条件，报销培养培训经费约538.7万元，教师学历提升培养培训取得较好的成效。深入推进"县管校聘"管理改革，常态推进教师校长交流轮岗。全市共交流校长79人，交流教师1120人，通过教师优化招聘方式补充幼儿园教师29人、义务教育阶段教师428人、高中阶段教师100人，加强补充招聘体育、美术、音乐、信息技术、思政等学科教师，高级岗位设置比例进一步提高，具有高级职称教师的义务教育学校占比达到72%。做好新一轮（2021—2023年）中小学名教师、名校（园）长、名班主任工作室主持人遴选工作。全市共评定7个省级工作室，其中5人被评定为中小学名教师工作室主持人，1人被评定为中小学名校长工作室主持人，1人被评定为中小学名班主任工作室主持人。做好阳江市遴选中小学"百千万人才培养工程"省级培养学员工作，2021年全市有9人被评定为省级培养学员。26人被评为"南粤优秀教师"，3人被评为"南粤优秀教育工作者"，11人被评为"广东省特级教师"。

【完善教育督导体制】落实国家和省关于深化新时代教育督导体制机制改革要求，一是印发《中共阳江市委办公室 阳江市人民政府办公室关于深化新时代教育督导体制机制改革的通知》（阳办通〔2021〕238号），出台了《阳江市教育督导管理规定（试行）》，深入推进教育督导体制改革，坚持问题导向、强化责任追究等，力推教育督导"长牙齿"。二是市政府教育督导委员会成员由原来的9个增至20个，形成强大合力，强化督政、督学职能，更好地发挥教育督导的监督保障作用。加强义务教育质量监测结果应用，推动教育教学质量不断提升。

【全力保障校园安全稳定】一是加强校园安全隐患排查和整改。学校"三防"（人防、物防、技防）建设实现4个100%，即中小学幼儿园专职保安配备率达到100%，中小学幼儿园封闭化管理达到100%，中小学幼儿园一键式紧急报警、视频监控联网达标率达到100%，中小学幼儿园"护学岗"设置达标率达到100%。二是防范化解道路交通安全风险。强化重点时段校园周边"高峰勤务"机制，持续推进"警家校"护安护畅模式。2021年，全市师生交通事故死亡人数比2020年下降50%。三是加强安全宣传教育。定期邀请法治副校长到学校开展专题讲座，开展"安全宣传漠阳行"等实践活动，加强应急疏散演练。组织全市教育系统干部参加2021年《广东省学校安全条例》知识竞赛，获得省优秀组织奖。四是开展校园安全专项治理。在全市教育系统开展政治安全、预防学生溺水、校车及交通安全、消防安全、食品安全、预防校园欺凌、全民反诈、校园安全防范及校园周边环境综合治理九大专项治理行动，深入开展"七一"安保维稳和"扫黑除恶"工作，专项治理成效明显。2021年，

·市域教育·

EDUCATION IN VARIOUS CITIES

阳江市教育局获得"阳江市扫黑除恶专项斗争先进集体"称号。五是开展减轻义务教育阶段学生校外培训负担专项督查和多部门联合专项执法整治等活动。严格校外培训机构审批,不再审批新的面向义务教育阶段学生的学科类校外培训机构,向社会公开举报电话,建立培训机构"黑名单"。

【推进法治建设】健全完善教育系统法治建设工作机制,进一步提升依法行政能力和水平。加强行政执法规范化建设,严格执行行政执法公示、执法全过程记录、重大执法决定法制审核"三项制度",大力推进"双随机一公开"监管。大力推进依法行政、依法治教和依法治校工作,不断提升教育系统法治工作水平,为教育事业全面协调可持续发展营造良好的法治环境。坚持依法决策,严格落实《阳江市行政机关规范性文件管理办法》,制定出台《关于进一步做好进城务工人员随迁子女参加我市初中学业水平考试有关工作的通知》等规范性文件。持之以恒加强学校法治教育,建立学校法律顾问制度,重点加强宪法和民法典普法工作,组织开展知识竞赛、演讲比赛、民法典"模拟法庭"活动等多形式的法治教育活动,提升师生自觉学法、用法、守法意识。全市共认定285所中小学校为广东省依法治校达标学校。其中,28所学校被评为广东省依法治校示范学校,144所学校被评为阳江市依法治校示范学校。

【全面提升惠民服务水平】一是全力推进"双减"。全面提高校内课后服务水平,2021年秋季起全市义务教育各级各类学校实现课后服务两个"全覆盖"。二是强抓校园疫情防控。全市教育系统认真贯彻落实中央、省、市对新冠肺炎疫情防控工作的各项部署,坚持底线思维,以最严的态度、最细的措施、最实的作风,坚决打好校园疫情防控攻坚战。进入疫情防控常态化后,全市教育系统抓紧抓实抓细抓好各级学校(幼儿园)疫情防控各项工作。截至2021年底,全市教职员工完成二针次疫苗接种率达100%。12～17岁学生疫苗接种率达100%,稳居全省进度前列。3～11岁学生目标接种人数353 832人,第一针接种人数352 719人,接种率达99.68%;第二针接种人数342 495人,接种率达97.1%。三是提升学校后勤管理水平。全市27所申报"森林示范校园"的学校已全部通过验收并完成挂牌。做好学校食堂食品安全管理工作,实现"互联网+明厨亮灶"监控监管平台全覆盖,严格落实学校食品安全校长(园长)负责制、校领导陪餐制度。全市现有学校、幼儿园食堂共846所,量化等级为A级的学校(幼儿园)共有245所,B级的共有601所,无C级单位。

(撰稿　陈爱珍;审稿　李欢颂)

湛江市教育

概　　况

2021年，湛江市共有各级各类学校3347所，在校生约176.25万人，教职工约13.15万人。其中：幼儿园2073所，在园（班）幼儿35.43万人，教职工3.68万人；小学918所、在校生77.08万人，初中245所、在校生30.45万人，普通高中57所、在校生12.74万人，中小学教职工7.82万人；特殊教育学校9所，在校生5457人（含送教上门和随班就读），教职工396人；中等职业学校38所（含省属中职学校2所、技工学校6所），在校生7.3万人，教职工4115人；高校7所，在校生12.7万人（含研究生3997人），教职工1.2万人。

各级各类教育

【基础教育】（一）学前教育

2021年，湛江市学前三年入园率为98.26%，幼儿园在园幼儿35.43万人，其中公办园在园幼儿18.28万人，公办园和普惠性民办园在园幼儿31.43万人，省规范化幼儿园占比77.32%。

巩固提升学前教育"5080"攻坚成果。全市新增公办幼儿园学位12678个、公办园和普惠性民办园学位29096个，其中通过新建、改扩建及小区配建新增公办园学位7090个，超额完成省民生实事和市重点督办事项任务；全市公办幼儿园在园幼儿占比51.59%，公办园和普惠性民办园在园幼儿占比88.71%，学前教育"5080"攻坚成果进一步巩固提升。

着力推动幼儿园科学保教质量提升。推动并支持已立项培育的3个省级学前教育"新课程"科学保教示范项目和1个高质量发展实验区项目，湛江市第一幼儿园《基于健康幼儿园理念的幼儿心理健康教育课程建构与实践》、湛江市委机关幼儿园《雷州文化与幼儿园课程整合研究》、岭南师范学院幼儿园《立足红土文化建构实施幼儿园STEAM教育》项目按计划顺利推进；廉江市开展高质量发展实验区项目培训、游戏区规划和专家入园诊断等前期工作，加快推进岭南幼儿园自主游戏实验区建设。持续实施《湛江市农村学前教育指导示范工作方案》，20所优质乡镇中心幼儿园作为农村学前教育示范园，较好地发挥了指导、辐射、引领当地幼儿园科学保教育的作用。制订并实施幼小科学衔接方案，幼小衔接工作成效明显。

加强对无证幼儿园的监管和整治。建立健全无证幼儿园监管和整治长效机制，巩固清理整治无证幼儿园工作成果。针对47所民办幼儿园（机构）未取得办学许可证、52个社会机构虽取得市场监管部门发放的营业执照但超出经营范围按幼儿园模式运营的问题，督促指导相关县（市、区）尽快组织开展联合执法、分类整治，尤其是杜绝规避办园许可、将社会机构办成幼儿园的现象，有效防止无证幼儿园反弹。

（二）义务教育

2021年，湛江市义务教育九年巩固率为98.01%，进城务工人员随迁子女入读公办学校比例达88.96%，公办义务教育标准化学校覆盖率达100%、民办义务教育标准化学校覆盖率为82.76%。

推进义务教育"双减"工作。深入学习贯彻习近平总书记关于"双减"工作重要指示精神和中央决策部署，成立市长任组长的市级"双减"工作领导小组，分管教育工作副市长兼任领导小组办公室主任，统筹推进全市"双减"工作；成立市教育局"双减"工作专班，统筹协调全市"双减"工作，构建统筹协同工作格局。制定实施《湛江市进一步减轻义务教育阶段学生作业负担实施方案》，加强作业管理，有效减轻学生过重的作业负担。印发《湛江市教育局关于全面落实义务教育校内课后服务工作的通知》，将校内课后服务作为"我为群众办实事"实践活动的重要内容，全面实施课后托管服务，基本实现课后服务两个"全覆盖",推行课后服务"5+2"模式;充分发挥学校主渠道作用,实行课后服务平台白名单管理制度,拓展第三方课后服务渠道,努力满足学生个性化需求。突出学校主阵地作用,在教育教学提质增效上下功夫,努力让学生在校内学足学好。全市已建立作业公示制度学校1 185所、作业时间控制达标学校1 185所、已开展课后服务学校363所、课后服务时间达标学校363所,占比均达100%。

加强农村义务教育寄宿制学校建设。按照国家、省关于全面加强乡村小规模学校和乡镇寄宿制学校建设的要求,持续开展两类学校基本办学条件达标建设,较好地完成了2021年市政府民生实事工程"每个乡镇建成1所以上寄宿制小学或九年一贯彻制学校"。全市585所乡村小规模学校和263所乡镇寄宿制学校已全部达到省定标准;已完成改扩建乡镇寄宿制小学或九年一贯制学校53所,85个乡镇共建成寄宿制小学或九年一贯制学校130所。

全力化解义务教育大班额问题。湛江市教育局印发《关于巩固提升化解大班额成果的通知》,严格按照国家、省、市消除大班额专项规划的目标和标准,以乡镇(街道)为单位细化消除大班额计划,多措并举,综合施策,大班额情况大幅缓解。

进一步规范义务教育招生入学工作。严格执行《湛江市教育局关于进一步规范义务教育招生入学工作的指导意见》,完善义务教育招生入学服务平台,通过招生平台统筹全市小学和初中招生入学工作,实行民办义务教育学校网上统一报名和电脑随机摇号录取,实现民办学校与公办学校同步招生;民办义务教育学校招生从报名、审核到电脑摇号、现场公布录取结果,全程在网上办理,无须学生家长现场提交纸质材料,实现"让信息多跑路、群众少跑腿"。

做好义务教育控辍保学工作。建立健全"县—镇(街道)—村(居委会)"和"教育部门—学校—教师"防辍工作机制,强化政府行为,加强组织领导,落实工作责任。依托学籍系统建立控辍保学动态监测机制,及时、全面、准确掌握各地各校辍学或疑似辍学学生的情况,落实辍学学生登记、劝返和书面报告制度。强化教育、公安、民政、村委会、学校等部门和单位的联动,扎实做好疑似辍学学生情况摸排及劝返复学工作。坚持"两为主、两纳入"原则,完善以居住证为主要依据的随迁子女义务教育入学政策,加强对留守儿童、残疾学生、学困生等特殊群体的关爱帮扶,确保不让一个学生掉队。

启动世行贷款学校对口帮扶项目。根据省教育厅《世行贷款学校对口帮扶项目实施方案》,4个项目县(遂溪、廉江、雷州、吴川)共安排了114所义务教育学校接受帮扶,其中广州市安排46所学校作为支援学校,跨市帮扶项目县的46所义务教育薄弱学校;市直属学校和5个市辖区共安排26所学校作为支援学校,跨县(市、区)帮扶项目县的26所义务教育薄弱学校;4个项目县共安排42所城区学校,"一对一"帮扶本县(市)义务教育薄弱学校。各支援学校分别与省教育厅和受援学校签订《世行贷款学校对口帮扶项目委托实施协议》《世行贷款学校对口帮扶项目协议书》,湛江经济技术开发区第四中学与廉江市雅塘镇大人岭小学率先开展实质性对口帮扶活动。

(三)普通高中教育

加强普通高中招生管理。2021年,湛江市高中阶段教育毛入学率为99.76%。加大普通高中自主招生力度,取消指标生录取"限制性"分数线,实行指标生单独划线录取;继续实施市区普通高中"大学区"招生政策,盘活市区优质高中学位资源,解决各区生源不平衡问题。严格落实各项招生工作禁令,强力整治违规跨区域招生行为,无违规跨区域招生现象。

巩固提升高中阶段教育普及水平。继续实施"高中阶段教育普及攻坚"工程,湛江第一中学新校区建设按计划开工,湛江市第二十一中学新校区投入使用,广东实验中学湛江学校筹建加快推进,普通高中优质教育资源不断增加。

推动普通高中特色发展。引导普通高中立足自身资源优势,明确特色办学方向,凝练学校特色,从分层发展向分类发展转变。培育创建省级特色普通高中,支持举办有特色、有影响的本地特色学校,推动全市普通高中形成特色鲜明、错位发展的新生态。

推进普通高中育人方式改革。指导普通高中学校因地制宜开展选课走班教学,探索建立行政班和教学班并存等多种教学组织形式,提高管理水平,提升办学质量。构建学生综合素质评价体系,关注学生学习过程,促进学生全面而有个性发展。

(四)特殊教育

加快推进特殊教育体系建设。投入250万元支持2所特殊教育学校及10所普通学校资源教室建设,对招收5人以上残疾学生的普通学校逐一建立资源教室和配备专职资源教师。初步构建从学前教育、义务教育到高中职业教育各学段衔接的特殊教育体系。

做好适龄残疾儿童少年教育安置工作。开展适龄残疾儿童少年入学安置情况摸查，对全国适龄残疾儿童少年义务教育入学监测系统中的767名残疾儿童少年进行评估认定，按照"全覆盖、零拒绝"和"一人一案、分类安置"的原则，通过特殊学校就读、普通学校随班就读和送教上门等方式妥善做好安置工作，安置率达99.81%。

健全特殊教育保障机制。建立湛江市特殊教育联席会议制度和残疾人教育专家委员会，建立市、县特殊教育资源中心。申报省特殊教育精品课程建设项目2个，其中湛江市特殊教育学校申报项目入选2021年省内涵建设项目，湛江市第十七小学列入2022年省随班就读示范学校建设项目。

【职业与成人教育】（一）职业教育

2021年，湛江市有高等职业教育院校2所，即市属湛江幼儿师范专科学校、省管广东文理职业学院。独立设置的中等职业教育学校38所，其中，中等职业学校32所（含省属中职学校2所），技工学校6所。全市有国家示范学校3所（湛江市技师学院、湛江财贸中等专业学校、湛江机电学校），国家重点学校10所，省重点学校5所。全市有中等职业学校在校生7.5万人（技工学校在校生1.4万人），职业教育规模位于全省前列。中等职业学校教职工3 302人（不含技工学校），其中专任教师2 719人，生师比为24∶1；专任教师中有专业课、实习指导课教师1 570人。中等职业教育专业设置85个，其中省重点专业22个，市重点专业39个。继续开展高职专业学院试点工作，联合高职院校招收中职应届、往届毕业生1 788人。继续扩大中高职贯通培养三二分段试点工作，12所中职学校联合13所高职院校开展涉及26个专业的三二分段试点招生工作，招生人数达5 490人。

超额完成中职招生任务。湛江市按照国家、省的招生工作要求，准确下达了全市2021年秋季学期中职招生计划，明确各级教育行政部门招生责任，将各县（市、区）初中毕业生输送情况纳入年底绩效考核，对全市各县（市、区）、各中职学校招生工作进度进行每周通报。湛江市教育局印发《湛江市2021年中职学校招生宣传工作方案》，在全市范围内组织开展中等职业学校招生宣传活动，鼓励学校到中考体育考试考场、乡镇中学进行宣传。通过《湛江日报》教育专栏、微信公众号、湛江云媒、网站、校园宣传周等多种形式开展招生宣传。2021年省下达湛江市中等职业教育招生任务数4.27万人，其中本地中职（含技工）任务数2.93万人，外送生源任务数1.34万人。2021年秋季，全市中职学校完成总招生4.8万人，超额完成全年中职招生任务。

职业教育交流合作。全市职业学校主动作为，做好对口支援工作。湛江机电学校与柳州市鹿寨职教中心开展结对帮扶工作。湛江市教育局和湛江机电学校多次奔赴柳州，明确职业教育帮扶目标、任务和要求。一是召开"湛江－柳州职业教育协作座谈会"，充实两地职业教育协作内容，学习、借鉴柳州市职业教育集团化办学经验与做法。二是召开"湛江机电学校－鹿寨职业教育中心帮扶工作对接会"，对接规划结对帮扶工作，建立教师互访机制、跟岗学习机制、骨干教师轮换支教机制等，初步制订对接帮扶工作方案。三是开展支教和培训活动。湛江机电学校先后三次分别派出电气专业部负责人兼机电专业带头人、电气专业部骨干教师、制冷专业和机电专业负责人等到柳州市城市职业学院鹿寨分院支教。柳州市鹿寨职业教育中心的师生们到湛江机电学校参加教学管理培训、专业技能培训、竞赛技能培训等活动。

与绥化市开展卫生类职业教育帮扶工作。根据《湛江市教育局与绥化市教育局职业教育合作框架协议》关于两地职业教育合作事项工作部署，本着优势互补、合作共赢原则，湛江卫生学校、湛江中医学校与黑龙江省绥化市职业技术教育中心结对开展卫生类人才培养的合作共建工作，探索、创新、设计卫生职业教育合作项目，促进两校协同发展。

湛江理工职业学校招收对口支援的广西融水苗族自治县44名贫困学生，承担所有费用，并为学生购买了学习及生活用品。疫情期间，学校积极协调解决好这部分学生线上教育设备、流量问题，保障线上教育顺利进行；安排老师跟踪学生情况，做好防护指导和心理疏导；安排大巴车到广西融水接学生返校，并为学生准备好抗疫物资、学习及生活用品等。

（二）成人教育

2020年，湛江市121个乡镇（街道）有108个乡镇（街道）设立乡镇（街道）成人文化技术学校，建立乡镇成人文化技术学校的乡镇（街道）占全市乡镇（街道）数的89.2%。其中，20所乡镇成人文化技术学校被评为湛江市级示范性乡镇成人文化技术学校。根据上级的文件要求，因为疫情防控需要，全市全年没有开展线下培训工作。全市现有开放大学6所，开展社区教育县（市、区）有霞山区、赤坎区、坡头区、麻章区、经济技术开发区、徐闻县、遂溪县、雷州市、廉江市、吴川市10个。

【高等教育】2021年，湛江市有高等学校7所，其中，省属公办普通高等本科学校3所，即广东海洋大学、广东医科大学、岭南师范学院；省管民办普通本科高校1所，即湛江科技学院；省管民办高职院校1所，即广东文理职业学院；市管普通专科学校1所，即湛江幼儿师范专科学校；市属成人高等学校1所，即湛江开放大学。全市高校共开设专业281个，涵盖理学、工学、农学、文学、法学、经济学、管理学、教育学、医学等学科。拥有博士学位授予权学校2所，硕士学位授予权学校2所。全市有高校教职工1.2万人，专任教师6259人。全市普通高等学校在校生12.7万人，其中，研究生3997人，参加各类成人教育在校学生近3.1万人。全市普通高校毕业生总数为3.28万人，毕业生就业率为95%。

【民办教育】2021年，湛江市共有民办幼儿园1325所，在园幼儿17.15万人，分别占全市幼儿园总数、在园幼儿数的63.92%、48.41%。民办中小学68所，在校生15.71万人，分别占全市中小学校总数、在校生总数的5.57%、12.97%。民办中等职业学校（不含技工学校）12所，在校生1.95万人，分别占全市中等职业学校总数、在校生总数的37.5%、33.62%。省管民办高职专科院校1所，即广东文理职业学院，在校生11.7万人；省管民办本科院校1所，即湛江科技学院，在校生1.98万人。民办学校涵盖从学前教育到高等教育各个学段，构成比较完善的办学体系。

规范民办中职学校发展。一是严格办学许可，落实审批监管职责。二是加强信息公开，通过政府门户网站和教育局网站公告民办中职学校招生名单并接受社会监督。三是开展民办中等职业学校年检。通过听取汇报、查看资料、实地考察、专家论证、情况反馈等方式，对全市16所民办中职学校开展年检工作，其中评出合格等次学校7所、基本合格学校2所、不合格学校6所。四是规范民办学校招生工作，要求所有民办中等职业学校落实招生备案制度，规范民办中等职业学校招生行为，落实招生监管等要求，确保民办中等职业学校招生工作规范、有序。五是支持民办中职学校参加省重点中职学校评选，湛江理工学校获评省重点中职学校，改写了湛江市民办中职学校无省重点中职学校的历史。六是加大招生引资力度，支持社会资金举办高质量中职教育。引入社会资金，盘活原春晖学校资源，筹设博纳中等职业学校。推动美好家园集团在遂溪筹设广东省湛江市华邦中等职业技术学校工作。七是推动整合全市小、散、弱民办学校，集中湛江市工商职业技术学校等5所民办学校力量筹划建设1所新的中职学校。八是为4所优质民办中职学校安排民办教育专项资金共90万元，鼓励民办中职学校规范办学。

促进民办义务教育健康发展。贯彻《关于促进我市民办教育平等规范特色发展的实施意见》，加大民办教育投入，落实民办与公办学校教师同等待遇、学生同等享受国家资助政策，落实非营利性民办义务教育学校政策，促进民办教育平等、规范、特色发展。规范民办义务教育发展。按照"控制增量、消化存量、提高质量"的总目标，启动规范民办义务教育发展专项工作。11所不符合命名规范的民办学校已更名、1所正在办理中；已确定公办民办义务教育结构调整目标，截至2022年底民办义务教育在校生规模占比全市控制在5%以内，其中赤坎区、霞山区控制在10%以内，麻章区、经开区控制在7%以内，廉江市保持在4.51%，雷州市保持在4.25%，坡头区和遂溪县保持为0。严格办学许可，依法进行年检，加强信息公开，通过政府门户网站公告民办学校基本信息及年检情况，接受社会监督，全市7所民办普通高中年检均达到合格条件。依法支持社会力量举办民办教育。设立市级民办教育发展专项资金300万元，严格按程序审批徐闻县梅溪实验学校增加普通高中办学层次，依法依规审批社会力量筹设艺术高中有限公司。

教育成果与特色

【**教育资助**】2021年,湛江市按标准落实中等职业学校免学费补助,实现家庭经济困难学生资助全覆盖。全市教育部门给5.1万名学生发放2021年春季学期建档立卡贫困学生生活费补助,发放总金额约8867万元,生活费补助落实率达100%。

【**学生素质教育**】2021年,湛江市教育局以创建全国文明城市为抓手,以培育践行社会主义核心价值观为重点,开展了"扣好人生第一粒扣子"、社会主义核心价值观、中华优秀传统文化、心理健康、劳动教育、禁毒教育、生态文明等系列主题教育活动,取得显著成效。全市教育系统广泛开展党史进校园系列活动和庆祝中国共产党建党100周年红色主题教育,累计8000多场次,师生参与240多万人次。市委书记、市长分别到广东医科大学、岭南师范学院讲思政课,全市各学校党组织书记、校长带头上好思政第一课,春、秋季学期共上课4285节,听课人数超过200万人次。全年创建湛江市文明校园41所,完成75所市级文明校园复核工作,累计创建全国文明校园2所、省级文明校园4所、市级文明校园762所。举办第八届湛江市中小学班主任专业能力大赛,59人参加市级决赛,1人获得省综合一等奖,2人获得省综合二等奖,2人获得省三等奖。全市1541所学校、60万名学生在全国青少年毒品预防教育数字化平台注册学习,学校、学生注册率、课时完成率均达100%,麻章区成功摘除"毒品重点整治"的帽子。开展全市中小学生体质健康测试,推进儿童青少年近视防控工作,试点湛江市中小学生推广普及游泳技能培训。新增全国青少年校园足球"满天星"训练营1个(吴川市教育局)、全国青少年校园足球试点县1个(遂溪县)、全国青少年校园足球特色学校15所、全国足球特色幼儿园13所,新增广东省篮球推广学校12所、广东省排球推广学校3所、广东省游泳推广学校2所。举办面向全市中小学生的"戏曲进校园活动"近50场、"高雅文化进校园"活动3场。组织参加广东省第七届中小学生艺术展演活动,共获一等奖13个、二等奖19个、三等奖22个;组织参加广东省首届美育教师教学基本功比赛,共获个人单项奖1人、一等奖5人、二等奖10人、三等奖13人。全年新增广东省中华优秀传统文化学校2所,广东省艺术教育特色学校7所。

【**师资队伍建设**】2021年,湛江市继续推进中小学教师"县管校聘"管理改革,全市5个县(市、区)(麻章区、吴川市、经开区、遂溪县、徐闻县)完成改革任务;3个县(市、区)(霞山区、赤坎区、雷州市)完成县域内中小学教职员编制总额和专业技术岗位总量的核定,2个县(市、区)(坡头区、廉江市)完成县域内中小学教职员编制总额核定。全市共有7个县(市、区)开展了竞聘上岗,27245名教师参加竞聘上岗,占公办教师总数的40.3%,24423名教师获聘任,5311名教师跨校交流轮岗。强化教师培养培训,开展乡村义务教育教师专项培训、紧缺学科教师培训、骨干校长教师培训等全员系列培训共计54379人次;建立省市新一轮"三名"工作室205个,入室学员有1600多名;遴选1552名优秀校长、教师参加国培和省培;全市2983名教师参加学历提升,发放学历提升奖补资金554.9万元;推动省市教学名师、名工作室面向县(市、区)各类学校开展送培送课下乡活动。招聘中小学教师1984名,补充农村学校紧缺学科教师256名,临聘教师868名。实施银龄讲学计划,雷州、吴川、遂溪三地共招募90名银龄教师到农村中小学校讲学任教。深入推进教师职称制度改革,引导教师专业化发展。落实教师平均工资收入水平"两个不低于或高于"政策,落实农村教师生活补助,落实4.3万名原民办代课教师生活困难补助政策。实施高层次人才子女教育服务工作联席会议制度,解决高层次人才子女优待入学99人,重点项目技能人才子女入学69人。湛江市教育局领导班子结对服务高层次教育人才165名。

【**教育信息化建设**】2021年,湛江市不断完善教育信息化基础设施。一是坚持深化信息技术与教育教学的融合应用,开展湛江市中小学"互联网环境下城乡一体化"课堂,在全市选取86个学校作为实验学校,开展"三个课堂"试验活动,开设了小学英语、道德与法治、科学、音乐、美术等7个学科,共计约18万名师生在"一体化课堂"上学习。二是推进粤教翔云数字教材应用常态化。全市教师应用人数59261人,学生注册人数876043人,教材下载次数187826次,居于广东省应用排名前三。三

·市域教育·
EDUCATION IN VARIOUS CITIES

是完成湛江市教育专网建设部署，全市10个县（市、区）约2 000多所中小学已经全部用上教育专网，网络带宽明显提高，除个别农村教学点外，基本实现了城镇学校带宽大于等于500 M，农村学校带宽大于等于100 M，达到了校园网络带宽标准。四是全面推进高中阶段学业质量监测覆盖。全市共有58所高中，已经覆盖25所，覆盖率达43%。五是组建湛江市创新实践共同体，覆盖全市全区88所学校，"以点带面、以面带片"的信息化辐射形势基本形成。六是试点建设智慧校园和智慧教室，推动云计算和大数据等信息技术在日常教育教学中的综合应用，努力推进教育数据的全面汇聚和共享，为广大师生、各级各类学校和社会公众提供开放便捷的教育信息服务。

【依法治教】2021年，湛江市全面推进法治教育，通过组织开展形式多样的法治教育，培养良好的道德品质和行为习惯，增强学生的是非观念、法治观念、纪律意识，从源头上预防学生欺凌和暴力行为的发生。全面落实《青少年法治教育大纲》，推进全市小学、初中全面使用《道德与法治》教材，全市共有法治课教师2 700名。湛江市检察院联合市教育局建成湛江市青少年法治教育基地，是全省面积最大、功能最全的法治教育基地之一。成功创建省级青少年法治教育实践基地3个，市级基地5个，县级基地10个。组织学生参加全国学生"学宪法讲宪法"在线学习活动，全市参与宪法学考人数达81万多人次，位居全省前列。组织教师参加教育部"中小学法治教育名师培育工程"，培养法治"种子"教师。市教育、公安、司法、法院、妇联等部门加强联合，在各地中小学校广泛开展"民法典故事会"、"宪法卫士"法治讲座、模拟法庭、"送法四进"、"法制课程"进校园、"同心护女"关爱女童心理剧等活动，有效提高师生法治意识和法治素养。全市教育系统举行"宪法晨读"活动，各中小学校组织学生同步观看教育部直播。深入开展防治校园欺凌等法律知识普及活动，推动师生群体深入关注、积极预防和自觉反对校园欺凌，形成预防校园欺凌、守护学生健康成长的良好氛围。开展送法进校园公益普法活动，倡导社会力量购买法治宣教类科普图书，全市共认购普法书籍约7.5万册，全部免费赠送给学生学习使用。分期分批安排中小学校师生参观湛江市青少年法治教育基地，并通过网络直播组织全市学生观看。湛江市教育局印发《关于派设法治副校长实施办法（试行）的通知》，进一步完善中小学法治副校长工作机制，明确法治副校长设置及职责要求。全市派设法治副校长1 259名，实现"一校一法治副校长"的目标，通过邀请公检法司等部门干部为学校派驻法治副校长、定期举办讲座、为师生上法治课等形式，协助学校开展法治教育活动，在预防未成年人违法犯罪、防范校园欺凌教育等方面发挥了积极作用。

【平安校园】2021年，湛江市坚持把校园安全摆在突出位置，主动协调公安、应急、住建、地震等部门，多次对校园安全、安防建设、预防溺水、校车安全、防震减灾等重点问题进行研判和部署，扎实推进各项工作。发挥校园安全协调机制优势，着力构建校园安全共建共治共享的工作格局。湛江市教育局印发《湛江市预防学生溺水综合治理28条措施（试行）》，调整湛江市校车安全管理联席会议成员单位和组成人员，进一步明确有关部门预防溺水、校车安全工作责任。联合公安交警等部门开展校车专项督查，建立健全中小学幼儿园护学岗长效机制，全力推动中小学幼儿园安全防范建设三年行动计划收官工作，全市中小学、幼儿园视频监控和一键报警联网率均实现100%。切实履行教育主职，立足课堂和师生，用多种形式推动安全意识入心入脑。落实预防学生溺水"十二项必须"和提出四项制度措施，全面成立市、县、校三级防治学生欺凌治理工作机构，组织宣贯《广东省学校安全条例》、"安全教育日"、开学安全第一课、防震减灾等专题活动，通过湛江日报、湛江电视台等主流媒体营造"校园安全、人人参与"的良好氛围。

【招生考试】2021年，湛江市共组织实施普通高考、中考、教师资格考试、自学考试等25次考试，招生考试工作任务顺利完成，实现了"健康考试""平安考试""暖心考试"的目标。

稳妥推进中考和普通高中学考改革。一是推进中考改革，从2021年8月中旬开始，着手《关于进一步推进高中阶段学校考试招生制度改革的实施意见》的报批工作。二是推进普通高中学考改革，根据《广东省普通高中学业水平考试实施办法》（粤教考〔2019〕18号）文件精神，考虑到考试经费不足及相关科任师资欠缺等问题，湛江市新学考将由考生采用手机独立完成，考试不限时间、不限地点、不限次数。三是完善配套设施，完成湛江市新中考理化生实验操作、音乐、美术、信息技术云考试系统项目以及湛江市新学考体育与健康、音乐、美术、信息技术、通用技术云考试系统项目的采购和部署。

统筹做好考试组织和疫情防控工作。2021年高考前夕，吴川市出现1名新冠肺炎病例后，立即向省教育厅及省教育考试院报告，同时启动应急预案，及时排查密切接触者和次密切接触者，共排查出考生中有1名次密接触者和30名疫情防控重点人群。按照《广东省2021年普通高考防疫工作指引》严格挑选隔离考点，规范设置隔离考场，并为该31名考生设定固定路线，由家长或学习安排专人接送，在考点和家庭之间"两点一线"来回。高考后，针对不同区域、不同人群、不同情况，有针对性地制定高中学业水平考试和初中升学考试疫情防控工作方案，实现了全市考生"应考尽考、能考尽考、愿考尽考"。

严谨细致抓考务安全。一是强化试题试卷安全保密。按照省、市保密工作要求，所有已启用保密室在中考前已安装符合GB 17565标准的甲级防盗安全门（含内室门），窗也加装金属防盗栏并采取遮挡措施。二是加强考点建设。严格按照省考务文件要求，加强标准化考点建设和管理，完成相关设施设备的安装调试工作，全部高考考场均实现"七个百分百"要求（即考场空调全覆盖、百分百正常运转；考场高清视频监控百分百全覆盖；考场人脸识别身份验证百分百全覆盖；考点、考场手机等通信设备检测及屏蔽百分百全覆盖；考场网络信息点百分百实现互联互通；极端天气应急预案百分百覆盖各考点各考场；各地试卷保密室试卷"分科入柜"存放百分百全覆盖）。三是加强教育培训。建立考区考点考务档案袋评价机制，为每一个县区招办、考点和生源学校建立一一对应的考务档案。四是严肃考风考纪。采取人防和技防并举、严防和严打并重等综合措施。加强网上巡查力度，安排专人通过网络进行网上巡视工作。

（撰稿 迟 铭；审稿 张雪峰）

· 市域教育 ·

EDUCATION IN VARIOUS CITIES

茂名市教育

概 况

2021年，在茂名市委、市政府的坚强领导和广东省教育厅的正确指导下，全市教育系统认真贯彻落实党的十九大精神和十九届历次全会精神，以习近平新时代中国特色社会主义思想为指导，深化教育领域综合改革，深入推进各级各类教育健康协调发展，取得显著成效，在教育人才建设、学生资助、招生考试、发展职业教育、教育综合改革、食品安全、绿色学校建设、体育工作、教育宣传九大方面受到省教育厅的表扬，并在省有关会议上做经验介绍。2021年，全省全民终身学习活动周启动仪式在茂名市举行，并推广茂名市经验。全国第七次人口普查统计数据显示，茂名市近十年来人口受教育程度增幅度居粤东粤西粤北第一。2021年1月24日，在广东省十三届人大四次会议茂名代表团分组审议现场，省教育厅厅长景李虎高度评价了茂名教育工作："在建设教育强市、建设教育现代化先进市两项重点工作中，茂名走在了粤东粤西粤北地区各市的前列"。

2021年，茂名市各级各类教育高质量发展。义务教育均衡优质发展，控辍保学台账已全部清零。成立教育集团7个，学区化办学13个，结对帮扶学校77对共154所学校。部署推进创建"广东省义务教育优质均衡发展县（市、区）"工作。茂名市被确定为普通高中新课程新教材实施省级示范区（为全省五个地市之一），建成"特色学校示范校"10所、"特色学科基地"3个。2021年高考，在考生比2020年减少12 265人的情况下，上专科以上人数及上本科线人数分别继续保持在全省第一位和全省第二位。加强校企合作和产教融合，进一步推进职业教育"四位一体"育人模式，组织编写的职业教育"四位一体"育人模式丛书已出版发行。茂名市教育局在第二届广东省中职青年教师教学能力大赛总结暨第三届大赛启动会上做经验介绍。适龄残疾学生入学安置率达99.83%。茂名市教育局维护妇女儿童权益工作获全国表彰。

与此同时，茂名市还大力推进学生德智体美劳全面发展。培育和践行社会主义核心价值观，深入开展"红色主题阅读、传承红色基因"教育活动，打造茂名思政教育品牌。组织举办心理专题讲座5 570节次，开展学生心理辅导58万多人次。开展疫情防控下的法制教育、毒品预防教育等。教育教学卓有成效，在广东省第三届青年教师教学能力大赛中，9人获一等奖，13人获二等奖，33人获三等奖。配合广东省教育研究院组织全学段23个学科教研员会同受邀专家等60人到茂名市开展教研帮扶活动。创建全国青少年校园足球特色学校85所、广东省校园足球推广学校157所，广东省校园足球试点县区2个。组织开展全市美育教师教学基本功比赛，36名选手进入全省现场决赛。创建省级艺术教育特色学校29所、省级中小学优秀文化传承学校11所，5所进入中华优秀传统文化传承学校复评。开展美育浸润计划活动47次。劳动教育全面排开，做家务、打扫卫生成为学生的必修课，劳动教育综合育人功能得到充分发挥。

各级各类教育

【基础教育】（一）学前教育

截至2021年底，茂名市有独立建制幼儿园1 628所，其中，公办幼儿园675所，民办幼儿园953所（普惠性民办幼儿园756所）。全市86个功能镇均建成乡镇中心幼儿园1所以上，有公办规范化乡镇中心幼儿园104所。全市附设幼儿班1 280所。街道27个，建成街道中心幼儿园19所。常住人口4 000人以上的行政村1 464个，均建有幼儿园或小学附设幼儿班。全市有在园幼儿33.94万人。其中，公办幼儿园在园幼儿18.23万人，民办幼儿园在园幼儿15.71万人（普惠性民办幼儿园在园幼儿12.76万人）。公办幼儿园在园幼儿占比53.7%，普惠性幼儿园（含公办幼儿园和普惠性民办幼儿园）在园幼儿占比91.3%，学前教育"5080"攻坚工程两个指标得到有效的巩固和提升。学前教育三年毛入园率为99%，"入园难"问题得到进一步解决。

公办幼儿园建设。2021年，茂名市各地教育部门申报地方政府债券，实施学前教育全覆盖项目建设，改善公办幼儿园办学条件，完善公办幼儿园设施设备配置，扩充公办学前教育资源。高州市学前教育全覆盖项目总投资1.9994亿元，拟新建、改扩建公办幼儿园、小学附设幼儿班139所，可提供公办幼儿园学位1.95万个，完成前期投入资金5000万元；化州市学前教育全覆盖项目总投资约5亿元，建设26所村级幼儿园，首期建设6所村级幼儿园，完成前期投入资金3000万元。是年，茂名市新增公办幼儿园8所，改扩建公办幼儿园66所，新增普惠性民办幼儿园66所。全市新增公办幼儿园学位1.82万个，新增普惠性幼儿园（含公办幼儿园和普惠性民办幼儿园）学位2.83万个，新增公办幼儿园在园幼儿1.71万名。

住宅小区配套幼儿园建设。全市有41个小区规划配套建设幼儿园，建成后可提供公办幼儿园学位1.5万个，其中加快建设的配套幼儿园18所。2所配套幼儿园开园招生，其中公园壹号配套幼儿园提供公办幼儿园学位180个，电白区碧桂园城市花园幼儿园提供公办幼儿园学位540个。建成配套幼儿园6所，其中移交投入使用的配套幼儿园4所。

（二）义务教育

2021年，茂名市有义务教育阶段学校1598所，在校学生101.75万人。其中，小学1398所，在校学生71.23万人；初中200所，在校学生30.52万人。持续推进义务教育优质均衡发展，推进农村义务教育寄宿制学校建设，推进集团化办学。做好校内课后服务工作，出台《茂名市教育局关于做好中小学生校内课后服务工作的指导意见》，规范各地各学校从"办人民满意的教育"出发，根据学生身心发展特点和家长需求，提供公益普惠、丰富多样、安全有序的校内课后服务。做好义务教育控辍保学工作，抓好疑似失学儿童核查劝返复学工作，采取有效措施，确保学生按时返校就学。截至2021年11月，茂名市的国家和省控辍保学台账全部清零。

农村义务教育寄宿制学校建设。2021年，茂名市加快推进农村义务教育寄宿制学校建设。2019年和2020年广东省下达茂名市的农村义务教育寄宿制学校建设省补助资金为64393万元，用于243个项目的建设。通过实行月报和通报制度、开展有针对性的约谈、现场督查、提请市政府常务会审议、召开现场会等一系列措施，茂名市省级农村义务教育寄宿制学校建设资金的支出率从2020年12月底的64.5%提升到2021年11月底的98.3%，提高了34个百分点。建设项目、新建和改造学位、支出资金等指标居全省前列。将规划建设101所示范性农村义务教育寄宿制学校列为民生实事，茂名市教育局印发《关于落实100所示范性义务教育寄宿制学校建设任务的通知》，部署建设计划和任务，加快推进项目建设。截至2021年11月底，101所学校全部完成12项台账事项的建设，完成率达100%，基本实现每个乡镇都有1所示范性农村义务教育寄宿制学校。

"双减"改革。2021年，茂名市按照中央的决策部署做好"双减"（减轻义务教育阶段学生过重作业负担和校外培训负担）改革工作，出台《茂名市教育局关于规范义务教育学校作业管理的实施意见》等一系列"减负"文件，从国家课程标准执行、作息时间安排、睡眠时间、作业量布置、考试次数等方面进行严格科学的规范与要求，推进"双减"改革工作，茂名市义务教育学生课业负担过重的问题得到有效改善。截至2021年11月底，填报"双减"与"五项管理"（手机管理、睡眠管理、读物管理、作业管理、体质管理）自查表的学校1619所，填报率达100%；建立作业公示制度率为100%，作业时间达标率为100%；应开展课后服务学校145所，100%填报课后服务自查表和开展课后服务工作；建立课后服务经费保障的县（区）6个（高新区没有应开展课后服务的学校），经费保障率为100%。

集团化办学。2021年，茂名市以"开放共享，抱团发展，优势互补，互动共进"为主题，以提升教学质量为主线，以教育集团或办学联盟为方式，通过理念、资源、方法、成果的共享，全面推进集团或联盟学校教育优质特色多样化发展。截至2021年底，全市成立教育集团7个，学区化办学13个，结对帮扶学校77对共154所，教学联盟1个，参加学校200多所，参与互动师生10万人。

（三）普通高中教育

2021年，茂名市有普通高中学校69所，在校生16.15万人，专任教师1.34万人。茂名市被确定为普通高中新课程新教材实施省级示范区（茂名市为全省5个地级市之一），茂名市第一中学和电白区第一中学被确定为普通高中新课程新教材实施省级示范校。

高中招生制度改革。2021年，茂名市推进招生制度改革，逐步建立以市为主统筹普通高中招生改革，要求各地各学校严格执行招生最高控制数，不得随意调增招生数额。按照"一生一籍，人籍一致"的原则招生，不得招收借读生。优质普通高中学校要安排不低于50%的招生名额，主要按初中学校在校生数，直接分配到区域内各初中学校（含民办），并适当向薄弱初中、农村初中及老区初中倾斜。公办普通高中学校自主招生比例控制在学校年度招生计划的10%以内，体育、艺术、科技等特长特色类型招生均纳入自主招生范围。招生学校须根据招生方案、学生学业水平考试成绩、学生综合素质评价情况等开展自主招生。

普通高中特色化发展。2021年，茂名市以办学形成多样化、特色化发展为目标，形成"一校一特色"格局，以课程建设为载体，创新人才培养模式，提升教育的选择性和个性化，满足区域内不同特长学生的入学需求。各普通高中立足自身资源优势，明确高中在科技、人文、传媒、艺术、体育等领域的定位，强化特色，办出亮点。发挥5所重点高中领航作用，建成10所有较大影响力的"特色学校示范校"以及30个以创新实验室和学科教室为载体的高中"特色学科基地"。

（四）特殊教育

2021年，茂名市有特殊教育学校8所，其中公办学校7所，民办学校1所。推进融合教育，健全特殊教育专业支撑体系，成立茂名市特殊教育资源中心和茂名市特殊教育教育专家指导委员会。持续优化特殊教育学校办学条件，茂名市特殊教育学校中等职业和学前教育改造工程完成，信宜市特殊教育学校新校区投入使用。累计建设特殊教育资源教室145间。聚焦内涵发展，抓好特殊教育教学教研工作。组织全市特殊教育青年教师技能大赛，开展教师培训和教学教研活动。成功申报特殊教育精品课程以及省级特殊教育示范项目6个。全面落实《茂名市开展适龄重度残疾儿童送教上门服务的实施方案》，抓好残疾学生入学安置工作。截至2021年底，全市有适龄残疾学生7031人。其中，义务教育阶段残疾学生6319人（在特殊教育学校就读1778人，普校随班就读2944人，送教上门1597人）；学前教育阶段残疾学生336人；高中、中职残疾学生376人。适龄残疾学生入学安置率达99.8%。

·市域教育·
EDUCATION IN VARIOUS CITIES

【职业与成人教育】（一）中等职业教育

2021年，茂名市有中等职业技术学校12所，在校学生6.55万人，专任教师3313人。在2021年广东省职业院校学生专业技能大赛中职组比赛中，茂名市中职技术学校获得一等奖6个、二等奖25个、三等奖89个，获奖学生243人。茂名市第二职业技术学校组队参加化工生产技术项目、广东省高州农业学校组队参加蔬菜嫁接项目，并代表广东省参加全国职业院校技能大赛，分别获得国赛二等奖、三等奖。茂名市获广东省中等职业技术学校技能大赛"优秀组织奖"。是年，茂名市中等职业技术学校学生升学6065人，升学率居全省前列。全市中等职业技术学校、技工学校完成招生36153人，完成招生任务的99.8%。其中，茂名市中等职业技术学校完成招生26152人，完成招生任务的111.2%。

（二）成人教育

2021年，茂名市有开放大学5所，社区学院2所，分别设在化州开放大学、高州开放大学挂牌。全市有老年大学7所，分别是茂名老年大学、油城老年大学、高州市老年大学、化州市老年大学、信宜市老年大学、茂南区老年大学、电白区老年大学。茂名市有112个乡镇（街道），101个镇（街道）成立了老年学校，其中，茂南区有老年学校10所、电白区有老年学校21所、高州市有老年学校28所、化州市有老年学校23所、信宜市有老年学校19所。

【高等教育】2021年，茂名市有普通高校6所，在校生8.8万人，专任教师3400人。茂名市加快广东茂名农林科技职业学院、幼儿师范专科学校、健康职业学院二期建设，支持茂名职业技术学院、广州科技职业技术大学提质建设。其中广州科技职业技术大学滨海校区获批4.87公顷水田指标，水东湾新城管委会国土局加快推进报批手续；广东茂名幼儿师范专科学校二期项目学生宿舍二三区建设完成，启动综合教学楼、图书馆建设，启动学生宿舍四五六区建设；广东茂名健康职业学院二期学生公寓项目投入使用；广东茂名农林科技职业学院二期建设完成并投入使用。

【民办教育】2021年，茂名市有民办学校56所，其中小学15所，九年一贯制学校18所，初级中学3所，完全中学6所，高级中学2所，十二年一贯制学校7所，中职学校3所，特殊教育学校1所，专门学校1所。民办学校在校生10.99万人，其中小学在校生3.1万人、初中在校生3.28万人、高中在校生2.09万人、中职学校在校生2.5万人、特殊学校在校生254人。民办学校教职工8 556人，其中专任教师6 722人。

教育成果与特色

【省市民生实事顺利完成】2021年，茂名市第二幼儿园综合楼竣工并交付使用，碧桂园公园壹号配套幼儿园正式开学，茂名市第三幼儿园动工建设，茂名市东湾幼儿园扩建4个班已交付使用。新增公办幼儿园8所，改扩建公办、普惠性民办幼儿园132所，新增公办、普惠性幼儿园学位28 322个。全市有在园幼儿334 728人，公办幼儿园在园幼儿占比52.83%，普惠性幼儿园在园幼儿占比90.62%，超过"5080"攻坚工程要求。茂南第一实验学校、茂名市福地小学已动工建设，101所示范性义务教育寄宿制学校12项台账建设事项完成率达100%。华南师范大学附属滨海中学已招生开学。

【县级教师发展中心建设】2021年，茂名市5个县级教师发展中心建设完成并通过验收，走在全省前列。茂名市教师发展中心是全省首批通过评估认定的两个（东莞市、茂名市）市级发展中心之一，居粤东粤西粤北第一。

【校园足球发展】2021年，茂名市大力推进校园足球发展。全市有全国青少年校园足球特色学校85所、广东省校园足球推广学校157所、广东省校园足球试点县区2个。其中，新增申报全国青少年校园足球特色学校18所。举办2021年茂名市青少年校园足球夏令营活动，选出2021年茂名市青少年校园足球夏令营最佳阵容，参加2021年广东省青少年校园足球夏令营活动，其中茂名市东湾学校、华南师范大学附属电白学校的3名运动员入选2021年广东省青少年校园足球夏令营最佳阵容。举办2021年茂名市直属学校校园足球联赛暨茂名市"市长杯"足球赛直属学校预赛。组织参加广东省"省长杯"青少年校园足球联赛（高中组、中职组）。

【学校"厕所革命"】2021年，茂名市教育局坚持统筹推进、统一标准、建管并重的原则推进"厕所革命"工作，将各地和市直学校推进"厕所革命"工作情况纳入专项督导及日常督导范围，实施项目季度报告等制度，逐步建立完善中小学卫生厕所建管合一的长效工作机制。全市投入5 908.3万元改造提升学校厕所，增加卫生厕所面积1.47万平方米，增加坑位3 744个，配齐配足卫生设施设备，改善厕所环境。全市63所学校完成"厕所革命"改造提升任务，市区学校基本达到"四净三无两通一明"（地面净、墙壁净、厕位净、周边净，无溢流、无蝇虫、无臭味，水通、电通，灯明）要求，农村学校消除旱厕。

【教师队伍建设】2021年，茂名市全面开展教师人才招聘工作，全市教育系统招聘新教师1 004人，面向全国选聘骨干教师30人。建成5个县级教师发展中心，组织开展了115个培训项目，参训教师达到145 980人次。评选推荐广东省中小学新一轮"百千万人才培养工程"培养对象29人，省特级教师35人，南粤优秀教师77人，南粤优秀教育工作者3人，乡村优秀青年教师国家培养对象2人，市基础教育系统"三名人才"（名校长、名教师、名班主任）63人。新增中小学名教师、名校（园）长工作室80个。推动落实教师平均工资收入"两个不低于或高于"政策。落实4.9万名农村教师生活补助，发放42 552名民办教师生活困难补助，落实858名高校毕业生到农村学校从教上岗退费。

【教师职称职级改革】2021年，茂名市进一步深化职称职级评聘制度改革，进一步提高农村中小学教师高级职称的比例，进一步优化城乡教师职称结构。通过评聘结合，及时兑现教师工资待遇。新增一级职称教师1 425人，高级职称教师2 597人，正高级职称教师11人。制定印发《茂名市公办中小学（幼儿园）专业技术岗位分等级聘用实施细则》，各区、县级市组织开展教师分等级聘用工作。截至2021年底，市直、高州完成岗位分等级聘用工作并兑现工资待遇，其他区、县级市加快推进落实。

【融入式结对帮扶】2021年，茂名市根据《广东省全口径全方位融入式帮扶粤东粤西粤北地区基础教育高质量发展实施办法》《广东省教育厅关于做好全口径全方位融入式帮扶粤东粤西粤北地区基础教育高质量发展工作的通知》精神，率先指导各区、县级市教育局主动与支援地教育局和支援高校对接，开展融入式结对帮扶。茂名市教育局与岭南师范学院进行结对帮扶座谈，双方就结对帮扶事宜达成初步共识；与佛山市教育局、广东工业大学就结对帮扶事宜进行对接，进一步明确各自职责；与广东石油化工学院进行结对帮扶座谈，探讨结对帮扶工作的开展；与广东茂名幼儿师范专科学校进行结对帮扶座谈，共同梳理和协调结对帮扶事宜。茂名市教育局和各区、县级市教育局分别与支援地教育局及支援高校商定协议，并由市教育局收集及初步审核全市教育系统商定的协议并报送省教育厅审核。

【教育信息化建设】2021年，茂名市继续推进教育信息化2.0行动，推进"三个课堂"常态化应用。

教育信息化2.0行动。全市总投入资金1.8亿元，升级配置教学多媒体平台、电脑室，新建一批智慧教室、创客体验室、AI机器人开发室、数字图书馆。教育资源公共服务平台和教育管理公共服务平台完成功能扩容提质，完成市级"人人通"平台资源与省"粤教翔云"数字教材平台的对接工作，实现省、市优质资源的共建共享。推进智慧教育，推进教育信息化2.0中心示范学校建设与应用，打造新示范学校11所，着力打造教育大数据生态圈。

"三个课堂"常态化应用。与相关部门协调配合，统筹规划，推进"专递课堂""名师课堂""名校网络课堂"常态化应用，特别是在乡村中小学校（教学点）的广泛应用，发挥名师、名校的示范、辐射、指导作用，促进教育优质均衡发展。其中，直播小学科学、音乐、书法、美术"专递课堂"和小学语文、英语、初中语文等学科"名师课堂"101节，参与学习的师生达450多万人次。茂名市推进"三个课堂"常态化工作走在全省前列，在广东省教育厅"三个课堂"推动教育优质均衡发展项目培训会议上，茂名市的经验得到广东省教育厅的充分肯定，并在全省推广应用。

【贫困学生资助】2021年，广东省教育厅委托第三方对全省2020年度学生资助工作进行绩效考评，茂名市在全省21个地级市中排第6名。茂名市生源地信用助学贷款人数和金额逐年增长，成为第一个率先在全省开展下乡到镇流动办理生源地信用助学贷款的地级市。2021年，全市办理助学贷款的学生3.1万人，贷款金额2.85亿元，位列全省第一。在巩固脱贫攻坚基础上，推进乡村教育振兴，结合重点地区和贫困学生家庭的特点，关注易返贫家庭学生，做好困难学生的资助工作。配合做好社会和学校等方面的资助工作，在第十三届广东省宋庆龄奖学金的评审中，茂名市教育局获得优秀组织奖（全省仅3个）。

【基础工程建设】2021年，茂名市加快推进重点基础工程建设项目、"二本四专"高校建设，落实直属学校迁建、扩建及维修等工程建设。

重点基础工程建设。2021年，茂名市新建学校项目3个（茂名市第三幼儿园、茂名市福地小学、茂名市茂南第一实验学校）。其中，茂名市茂南第一实验学校动工建设，建筑总面积3.99万平方米，办学规模拟设置72个教学班，每班50人，在校学生3600人；茂名市福地小学完成前期工作，加快推进施工；茂名市第三幼儿园经市人民政府同意立项，完成用地规划条件、项目建议书审批，设计方案获批复，施工、监理单位完成招标，施工单位进场平整场地。

直属学校迁建、扩建及维修。茂名市第一职业技术学校第七栋学生宿舍楼、茂名市第二职业技术学校学生宿舍楼、博雅中学南校区综合楼、桥南小学教学楼、方兴小学综合楼、桥北小学教学综合楼、为民路小学教学综合楼等的续建、维修工程全部完成，并交付使用。加快筹建6个新扩建项目，其中福华小学综合楼动工建设，新世纪学校艺术楼、官山学校综合楼、茂名市光华小学综合楼、愉园中学教学综合楼、田家炳中学综合楼等建设项目完成用地规划许可，提请市政府研究批准建设。

（撰稿　罗　婷；审稿　张镇彪）

肇庆市教育

概况

2021年,肇庆市投入教育经费133.01亿元,比2020年增长16.96%;教育固定资产投入26.21亿元,比2020年增长44.73%。

全市434所中小学校已全部成立党支部,599所幼儿园成立党支部或联合党支部,77所民办中小学、幼儿园、培训机构党组织已经全部归口教育工委管理,实现学校党组织和党的工作全覆盖。统筹兼顾疫情防控和教育工作,强化校园常态化疫情防控措施,同时严格落实师生疫苗接种工作,在全市师生员工严防死守的共同努力下,全市校园内未出现新冠肺炎病例以及疫情暴发事件。

制定印发《2021年肇庆市未成年人思想道德建设工作实施方案》,组织开展社会主义核心价值观宣传教育和"扣好人生第一粒扣子"等主题教育实践活动,围绕庆祝建党100周年,组织开展"童心向党"教育实践活动,促进全市未成年人健康成长,全面提升未成年人思想道德建设工作水平。梁家语、邓雅心、陈思瑜3名同学被评为2021年广东"新时代好少年";怀集县第一中学《打造励志教育品牌 实现学校高质量发展》德育案例入选教育部第二批"一校一案"典型案例;肇庆市地质中学等9所学校创建广东省文明校园先进学校,肇庆市第一中学等3所学校被省文明办推荐为全国文明校园候选学校;广宁县入选全省首批中小学"三全育人"体制机制建设实验区名单;端州区和鼎湖区成功申报为"全国规范化家长学校实践活动实验区"。

全市创建全国青少年校园足球特色学校9所、幼儿园5所,广东省校园篮球推广学校7所,广东省校园排球推广学校2所,广东省校园游泳推广学校3所。创建第五批广东省中小学艺术教育特色学校7所、广东省中华优秀文化传承学校2所。

肇庆学院成功入选新增硕士学位授予单位名单,4所高校(广州华商学院四会校区、广州应用科技学院、广东肇庆航空职业学院、肇庆医学高等专科学校新校区)建成投入使用。肇庆学院从省市共建高校正式调整为省属高校,肇庆学院正式成为省政府主办、省教育厅主管的高校,对于学校理顺机构编制、稳定财政保障,实现在更高平台上开展办学活动,更好地服务地方乃至全省的经济社会发展具有重要的意义。

扎实推进市域内义务教育教师"城乡联动、双向提升"改革,年内全市安排370名教师(端州30名、鼎湖30名、高要30名、四会30名、德庆50名、广宁50名、封开50名、怀集100名)开展结对交流,不断完善义务教育阶段教师跨县域交流机制。

各级各类教育

【基础教育】(一)学前教育

2021年,肇庆市有幼儿园698所,比2020年增加16所;在园幼儿16.39万人,比2020年增加5987人;学前教育教师(包括园长)1.15万人,比2020年增加883人,大专以上学历教师占85.9%。公办幼儿园和公办性质幼儿园225所,比2020年增加1所;民办幼儿园473所(其中普惠性民办幼儿园403所,比2020年增加18所);规范化幼儿园652所,占幼儿园总数的93.41%。继续推进实施学前教育"5080"攻坚工程,各县(市、区)通过新建、改扩建、回收等方式新增公办园15所,增加公办学位4531个;新增认定普惠性民办园23所,增加普惠性民办学位5448个。公办园在园幼儿8.34万人(含购买学位2.03万个),占比50.89%,普惠性民办园在园幼儿6.55万人,公办园和普惠性民办园在园幼儿数占比90.84%,顺利完成巩固、提升"5080"普惠目标的任务。

（二）义务教育

2021年，肇庆市有小学237所，比2020年增加1所；小学在校生40.89万人，比2020年增加1 397人。初级中学（含九年一贯制学校）162所，比2020年增加7所；初中在校生18.04万人，比2020年增加1.21万人。小学适龄儿童入学率达100%，辍学率为0；初中适龄人口入学率为100%，辍学率为0.01%，较2020年减少0.08个百分点；全市"普九"各项主要指标均达到或超过国家和省的有关要求。义务教育阶段全面落实"以流入地政府为主、以公办学校为主"政策，积极安排符合条件的随迁子女进入公办学校就读，切实保障符合条件的进城务工人员随迁子女平等接受义务教育，群众满意度得到了进一步提升。2021年秋季学期，全市义务教育阶段进城务工人员随迁子女68 125人，其中在义务教育公办学校就读的有60 367人，入读义务教育公办学校比例为88.61%，较2020学年度提高12.65个百分点。

2021年，肇庆市大力推进义务教育学位建设，继续把"增强城区义务教育学位供给能力"纳入市委、市政府对各县（市、区）党政领导班子工作综合考评的基础教育考评指标，加快城镇学校建设，有效缓解城镇学校学位紧缺问题，逐步消除大班额。全市新建扩建公办中小学校21所，新增公办学位2.1万个。推进农村义务教育寄宿制学校建设，完成寄宿制学位达标建设周期任务5.31万个，完成新增寄宿制学位建设周期任务1.55万个，新增寄宿制学位5160个。全面实施义务教育阶段学校消除大班额计划，解决义务教育阶段学校大班额问题。2021年，全市义务教育阶段学校有教学班14 686个，较2020年增加418个。全市义务教育学校56人以上大班额有127个，较2020年减少12个，占比下降至0.86%，下降了0.11个百分点，完成广东省教育厅下达的义务教育学校大班额控制在1%以内的约束性指标任务。全市起始年级56人以上大班额为0，实现了义务教育学校起始年级没有56人以上大班额的目标。

（三）普通高中教育

2021年，肇庆市有普通高中42所（公办29所、民办13所），其中东南板块有31所，山区板块有11所。按照普通高中招生入学成绩对学校进行分类指导、精准施策，13所公办A类学校优质强校，16所公办B类学校提质兴校，13所民办C类学校特色立校。肇庆市采取"优质学校+弱校"的方式，培育广东肇庆中学、千人学校教育联盟、肇庆市第一中学等教育集团，建成"名校+"联盟学校共同体，建立"学习、共享、融合、流动、借鉴、共赢"等协同机制，借鉴汲取优质学校的办学经验，快速提升学校的办学水平。全市高考本科率超过60%，升学率达90%以上，普通高中教育质量处于全省中上水平。

（四）特殊教育

2021年，肇庆市有各类特殊教育学校（幼儿园）9所，其中综合性特殊教育学校1所（同时招收听障和智障学生），启智学校7所，康复幼儿园1所；建有特殊教育资源教室147个，镇（乡）随班就读资源教室全覆盖。

肇庆市有独立设置的特殊教育幼儿园1所，为隶属市残联的肇庆市康复幼儿园，在园幼儿102人，教职员工65人。全市有义务教育阶段常住适龄残疾儿童少年3 619人，已入学3 551人，入学率为98.12%。特殊教育学校就读学生944人，教职员工316人。随班就读的残疾学生1 693人，通过送教上门入学的残疾学生914人。形成了以县（市、区）特殊教育学校为主体，县（市、区）残疾人康复中心和中小学学校"随班就读"以及"送教上门"为补充的特殊教育体系，保障特殊儿童少年享有平等教育的机会。是年，建立肇庆市特殊教育发展联席会议制度，成立肇庆市残疾人教育专家委员会，依托特殊教育学校成立了肇庆市特殊教育资源中心。

【职业与成人教育】（一）高等职业教育

2021年，肇庆市高等职业教育院校有广东工商职业技术大学、广东信息工程职业学院、广东肇庆航空职业学院。3所学校占地面积116.01万平方米，建筑面积53.42万平方米；藏书204.15万册；固定资产总值25.46亿元，其中教学仪器设备总值1.51亿元。全年招生1.63万人，在校生6.13万人，毕业生11 854人；专任教师1 138人，其中正高职称87人、高级职称246人。

（二）中等职业教育

2021年，肇庆市有中等职业教育学校15所（不含技工学校，下同），其中公办学校9所、民办学校6所；市属学校9所、县属学校6所。国家中等职业教育改革发展示范学校2所，省级示范学校2所；国家级重点学校4所，省重点学校11所，省高水平中职学校建设单位3所。15所学校占地面积153.74万平方米，建筑面积94.25万平方米；藏书176.28万册；固定资产总值20.26亿元，其中教学仪器设备总值4.61亿元。招生2.33万人，比2020年增长10%；在校生6.09万人，比2020年增长7.4%；毕业生1.61万人，比2020年减少0.2%。专任教师3392人，比2020年增加608人，其中正高职称10人、高级职称243人、中级职称1106人。

2021年，肇庆市有中等职业学校毕业生1.61万人，涉及加工制造、交通运输、信息技术等15个专业类别，基本覆盖装备制造、电子商务、汽车零部件、医药卫生、现代农业等主要产业领域。各职业学校开展订单式、现代学徒制试点，校企共建校内外实习实训基地，建立与经济社会紧密联系、灵活的办学体制，中职学校毕业生就业率保持在98%以上。实施校企合作办学，合作企业达268家。拓展集团化办学机制，支持示范性中职学校牵头联合市县域中职学校及行业企业组建两个城乡职教集团（其中，市工业贸易学校牵头组建肇庆市第一城乡职业教育集团，市农业学校牵头组建肇庆市第二城乡职业教育集团），促进市域中职教育城乡一体化发展。遴选市工业贸易学校的"中餐烹饪与营养膳食"专业、市农业学校的"果蔬花卉生产技术"专业两个"学徒制"市级试点项目开展试点，推行订单式培养人才，为企业培养精准技能人才。实施中高职贯通培养试点，支持市工贸学校、市农业学校对接省属高职院校联合开展高职专业学院试点，推动中高职专业技能人才贯通培养。

举办2021年肇庆市中职学校学生专业技能竞赛，全市中职学校的462名学生参加了20个赛项的竞赛。举办2021年肇庆市中职教师教学能力竞赛，共有131个团队（每队3人）参加了10个赛项的竞赛。同步选拔优秀选手参加全省中职学校学生专业技能大赛和教师教学能力大赛，共有52名学生、5名教师获省赛奖励。全市中职学校已形成"校校有竞赛、年年有竞赛"的良好教学氛围，以赛促发展、促提升。

（三）成人教育

2021年，肇庆市开展全民终身学习活动周，活动内容有读书比赛、疫情防控科普知识宣传、安全知识讲座、全民健身活动、文娱活动等，共23.3万人次参加。肇庆开放大学作为服务全民终身学习的新型高等学校，开展"终身教育"读书活动。

全市104个乡镇（街道）全部设立了成人文化技术学校，拥有省级示范性学校8所、市级示范村（社区）成人文化技术学校85所。2021年，全市参加各类技能培训44.3万人次，农民实用技术培训率达53.9%，比2020年增加5个百分点。各县（区、市）积极开展省级农村职业教育和成人教育示范县（区、市）创建活动，将创建工作纳入全市现代职业教育综合改革试点。

【高等教育】（一）概况

2021年，肇庆市实施创新驱动发展"1133"工程，打造粤港澳大湾区应用型高等教育技能人才培育基地。截至2021年底，全市有10所高等教育院校，其中公办高校4所，分别是肇庆学院、广东金融学院肇庆校区、肇庆医学高等专科学校、肇庆开放大学；民办的有6所，分别是广东理工学院、广东工商职业技术大学、广东信息工程职业学院、广东肇庆航空职业学院、广州华商学院、广州应用科技学院。继续推进肇庆医学院（筹）、华南农业大学珠江学院等高校建（筹）设。是年，肇庆学院成功申硕。

（二）肇庆学院

肇庆学院是由广东省人民政府主办、省教育厅主管的公办全日制本科院校。2021年，学校占地面积85.29万平方米，建筑面积54.1万平方米；学校图书馆藏书180.99万册，电子图书108.2万种；固定资产总值15.27亿元，其中教学和科研仪器设备价值3.41亿元。招收本科生11 211人；全日制本、专科在校生25 919人，全日制本、专科毕业生5 412人；成人教育类学生5 107人，成人教育类毕业生1 399人。学校面向广东、湖南、湖北、甘肃、安徽、山东、山西、广西、贵州、河南、河北、浙江、四川、重庆、云南、福建、江西、宁夏、青海、海南、内蒙古、新疆和西藏23个省区招收学生。学校有教职工1 732人，教授等正高职称人员134人，副高职称人员439人。其中，专任教师1 214人，兼任教师334人，专任教师中具有博士学位人员434人，具有博士学位人员占专任教师的比例为35.75%。学校拥有经济学、法学、教育学、文学、历史学、理学、工学、农学、管理学、艺术学十大学科门类。2021年11月，学校正式获批为硕士学位授予单位，同时获批教育、电子信息、艺术三个硕士专业学位授权点。

（二）广东金融学院肇庆校区

广东金融学院肇庆校区位于肇庆市星湖石牌（七星岩风景名胜区北门左侧），是省属公办普通本科院校广东金融学院的校区。2021年，校区占地面积6.67万平方米，建筑面积4.9万平方米。固定资产总值0.58亿元，其中教学仪器设备价值400多万元。图书分馆纸质藏书29.05万册，与学院本部共享中文数字资源库36个、外文数据库18个。设有保险学院、财经与新媒体学院、工商管理学院、信

· 市域教育 ·
EDUCATION IN VARIOUS CITIES

用管理学院、公共管理学院、金融与投资学院、经济贸易学院、法学院、会计学院9个二级学院。开设保险学、汉语言文学、国际经济与贸易、工商管理、信用管理、行政管理、财政学、国际经济与贸易、经济学、经济与金融、国际商务、金融科技、知识产权、电子商务及法律、法学、审计学、财务管理、会计学18个本科专业。1802名2021级大学一年级的新生及893名2021年专升本学生在校区就读。校区教职工159人，专任教师19人，其中正高职称2人、副高职称9人。

（三）肇庆医学高等专科学校

2021年，肇庆医学高等专科学校共有3个校区，现有占地面积约90.04万平方米，校舍建筑总面积38.49万平方米，有2所直属附属医院，教学医院（实习）180余所；教学科研仪器设备总值20851.35万元，图书馆藏书105万册。招生10088人，其中大专生5721人，中专生2244人、成人专科学生2123人；在校学生15605人，其中大专生7846人、中专生3308人，成人在校生3665人，与广东医科大学联合培养插本学生140人，与南方医科大学、广州医科大学、广东医科大学、广东药科大学联合培养成人本科学生646人；毕业生6117人，其中大专毕业生3580人、中专毕业生1386人、成人专科毕业生1151人。设临床医学、口腔医学、中医学等专科专业20个，其中临床医学专业为国家级骨干专业，护理专业为全国养老服务示范性专业；临床专业群（临床医学、口腔医学、药学、预防医学）、护理专业群（护理、康复治疗技术、中医康复技术）、中医专业群（中医学、针灸推拿、中医骨伤、中药学）、检验专业群（医学检验技术、医学影像技术、健康管理）四个专业群为"省级高水平专业群"。学校共有教职工895人，其中专任教师736人。专任教师中具有副高以上专业技术职务的397人（其中教授26人），占专任教师总数的53.94%；具有研究生学历的教师287人（其中博士36人），占专任教师总数的38.99%；专任教师中的"双师型"教师440人，占比59.78%；聘用行业、企业的兼职教师184人，占比25%。拥有国家级中医学专业教师教学创新团队，国务院政府特殊津贴专家2人、广东省教学名师3人、广东省南粤优秀教师4人。

（四）肇庆开放大学

肇庆开放大学是肇庆市政府直属、集中专教育和现代远程开放本科及专科教育于一体的成人高等教育院校，负责高要、四会、广宁、怀集、封开、德庆6所分校业务指导。2021年，肇庆开放大学有在校生27592人；在编在职教职工46人，其中副高职称6人、中级职称21人、硕士学位12人，中级以上职称的教师占全校教师人数的58.7%。学校占地面积10000平方米（含校本部和肇庆高新区教学点），校园建筑面积18000多平方米，学校固定资产总值2772万元，其中教学、科研仪器设备资产值879万元，信息化设备资产值487万元。全市开放大学馆藏图书数量32.45万册，其中校本部藏书4.9万册。学校开设了广东开放大学专科会计、市场营销、电子商务、文秘、公共事务管理等13门专业；广东开放大学本科标准化工程、法学、电子商务、经济与金融等12门专业；国家开放大学专科法律事务、小学教育、学前教育、汉语言文学等20门专业；国家开放大学本科学前教育、小学教育、汉语言文学（师范方向）等13门专业。

教育成果与特色

【教育资源共享】2021年，借助国家中小学网络云平台、粤教翔云国家课程数字教材平台和"双师课堂"，打造网络学习空间，在总结德庆、怀集、鼎湖示范工作的基础上，以信息化中心学校为"种子学校"，建立"1+N"联盟学校学习共同体，带动270所学校开展教学实验，探索符合当地教学实际的"名师录像+实时互动"混合双师课堂教学模式。3月，在德庆县举行肇庆市双师课堂应用展示课，并在《西江日报》推广报道。德庆县教育局等4个单位被评为省级网络学习空间应用优秀案例，并推荐参加全国评审。与香港岭南大学合作，通过"大学生在线支教计划"，为封开、广宁县项目学校提供"双师课堂"设备支持，定期开展师生教学教研交流，进行专业的课堂教学测评，促进内地与香港师生的交流融合。5月召开两地前期工作会议，6月正式签订合作协议，8月在线上举行启动及捐赠仪式，8月至12月开展线上教师研讨会10场、线上课堂60多节。推进教师信息技术应用能力提升工程

2.0，加快网络研修与校本研修进度，3所省级示范学校被评为良好，53个精品课获评省级精品课，8个课例入选推荐部级精品课。组织中小学劳动教育暨学生信息素养提升实践活动，丰富中小学课后活动，培养学生创新精神和实践能力，95个作品获省级奖项，其中一等奖12个、二等奖42个。

【教育督导】进一步强化教育督导职能，对肇庆市人民政府教育督导委员会成员单位进行了补充，由原来的10个成员单位增加到21个成员单位，充实了教育督导委员会的督办力量。做好广东省政府对肇庆市政府履行教育职责考评工作，制订实施方案，对照考评指标进行任务分工，落实部门责任。指导德庆县顺利完成2021年广东省普通高中教育质量试点监测测试工作，得到教育部基础教育质量监测中心专家的充分肯定。2021年，对四会市黄田镇等13个镇（街道）进行了省教育强镇（街道）复评督导检查，对高要区白土镇等21个镇（街道）进行了省教育强镇（街道）复评督导验收；对高要区、广宁县、德庆县、封开县、怀集县等5个县（区）共214所幼儿园（含小学教学点附设幼儿班）开展办园行为督导评估，如期完成全市100%县（市、区）第一周期幼儿园办园行为督导评估工作目标；组织专家对端州区名门幼儿园等13所幼儿园申报市一级幼儿园进行督导评估，幼儿园办园条件和管理水平得到进一步提升。

【免费义务教育】2021年，肇庆市享受免费义务教育人数为58.93万人，其中小学40.89万人，初中18.04万人。各级财政补助免费义务教育公用经费8.28亿元，其中省级以上财政负担6.35亿元，市级财政负担0.38亿元，县级财政负担1.55亿元。

【课程改革】面临新时代教育改革与发展，特别是"双减"政策背景下教育观、课程观、教学观和评价观的变化，肇庆市开展了新课程、新教材、新课堂和新评价的学习研究活动，在学前教育、义务教育、高中教育、职业教育、特殊教育以及课后活动课程建设等方面，构建学生发展支持体系。高中教研员以学生发展为本，深入研究分析、正确把握新课程新高考的变与不变，开展了3轮视导、3轮模考、3轮分析、3轮培训、9场高效课堂竞赛的教、评、研、训、赛"五位一体"教研活动，指导教师学懂学透《普通高中课程方案》《课程标准》《中国高考评价体系》，以学科核心素养为教学目标，采用大单元教学、主题探究学习、研究性学习、项目式学习等深度学习的模式，提升学生解决基础性、综合性、应用性、创新性等问题的能力。加强学校教育教学管理的个性化视导，在师资力量调配、优质教育资源供给、尖子生培养、考试心理辅导、学生学习与生活管理等方面给予精准指导。规范视导工作事前、事中、事后的流程，做到视导工作科学化、规范化和标准化。

【扶困助学】2021学年，肇庆市共对建档立卡学生18 968人发放生活补助6 425.71万元。其中义务教育阶段学生13 356人，发放补助3 999.15万元；普通高中学生1 471人，发放补助439.95万元；中职学生2 230人，发放补助661.8万元；省内外专科以上学生1 911人，发放补助1 324.81万元。全市共对建档立卡学生2 807人发放免学费资助741.441 5万元。其中：普通高中学生1 980人，发放资助476.016 5万元；中职学生388人，发放资助134.925万元；省内外本专科学生429人，发放资助121.7万元；省内外研究生10人，发放资助8.8万元。全市100%落实贫困学生资助，做到"不重不漏，应助尽助"。

【学校疫情防控】2021年，肇庆市教育系统深入学习贯彻习近平总书记关于疫情防控工作的重要讲话和重要指示精神，严格落实国家和省、市的决策部署，统筹兼顾疫情防控和教育工作，强化校园常态化疫情防控措施，积极开展疫情防控风险点排查化解，结合重要时间节点，引导师生做好戴口罩、勤洗手、不聚集等个人防护措施。督促校园落实环境清洁、通风消毒以及校门口管控等措施，严格落实师生疫苗接种工作，制订各类工作方案、预案、指引、制度等230多份，撰写校园疫情防控工作简报、暗访通报等430多份，录播疫情防控短视频30多个，发表推文100多篇，在全市师生员工严防死守的共同努力下，全市校园内未出现新冠肺炎病例以及疫情暴发事件。

【基础教育扩容提质】2021年，全市各地深入贯彻落实市委、市政府决策部署，全面实施基础教育扩容提质"两个工程"三年（2020—2022年）攻坚行动，取得了显著成效。新建扩建义务教育公办学校21所，新增义务教育公办学位2.1万个；通过集团化办学打造优质学校，采取"名校+新校"方式，推动市十五小学桥北校区、市十六小学星湖校区、市十六小学蓝田校区等新建学校成为优质学校，实现"新建一所成名一所"的目标；广东肇庆中学、肇庆市第十六小学、肇庆市奥威斯实验小学、肇庆市第一中学4个教育集团入选全省首批优质基础教育集团培育对象名单；遴选广东肇庆中学、肇庆市奥威斯实验小学、鼎湖第一实验学校、高要区第一中学等21所学校成为肇庆市第一批市优质特色发展示范校；采取"找名校、结对子"方式，组织本地学校与深圳市福田区、坪山区等省内教育先进地区优质学校开展结对活动，全市30多所学校与当地优质学校结对。肇庆市基础教育优质学位供给能力全面增强，优质学位资源覆盖面不断扩大，区域教育优质、均衡、特色发展迈上新的台阶。

【职工教育】2021年，组织企业职工线上教育培训。肇庆市企业职工参加学历教育5512人；参加岗位培训2.77万人次，比2020年增加0.54万人次；参加资格培训9210人次，比2020年增加90多人次；其他培训2.5万人次，比2020年增加0.2万人次。职工教育总经费实际支出占职工工资总额的1.73%，与2020年基本持平。

【成人高考】2021年，肇庆市有22 867人报考成人高考，比2020年增加3294人，其中专科起点升本科7849人，比2020年增加1849人；高中起点升本科810人，比2020年减少9人；高中起点升专科14 208人，比2020年增加1454人。全市9个县（市、区）均设考点，共15个考点。全市有19 253人被成人高等学校录取，比2020年增加2700人，其中专科起点升本科6765人，比2020年增加1611人；高中起点升本科418人，比2020年增加116人；高中起点升专科12 070人，比2020年增加973人。

【自学考试】2021年，肇庆市分别在1月、4月、10月组织自学考试，有13 898人报考自学考试，比2020年增加2147人；报考32 173科次，比2020年增加5920科次。考点设置在市城区。全年有524人自学考试毕业，比2020年增加216人，其中自学本科毕业412人，比2020年增加187人；自学专科毕业112人，比2020年增加29人。

【"双减"工作落地见效】2021年，肇庆市采取措施进一步落实"双减"政策，全面推进校内课后服务，减轻义务教育阶段学生作业负担和校外培训负担，取得初步成效。9月份，肇庆市教育局建立"双减"工作专门协调机制，成立市"双减"工作领导小组和工作专班，专门负责"双减"工作管理和集中组织开展专项治理行动。出台《肇庆市落实中小学生减负措施工作方案》，印发《关于进一步加强义务教育学校作业管理的通知》《作业设计指引》。全市义务教育阶段中小学校均已建立作业管理和作业公示制度，全市应开展课后服务学校数284所，应开展学校数达100%；参加课后服务学生数245 160人，学生参加率达59.29%；参与课后服务教师人数18 128人，教师参与率达82.37%；家长满意度占比96.02%。实现义务教育学校课后服务两个"全覆盖"（义务教育学校全覆盖、有需求的学生全覆盖）

【优质特色学校创建】2021年，肇庆市教育局印发《肇庆市中小学校优质特色发展三年行动计划》《肇庆市中小学校优质特色发展评价实施方案》《肇庆市普通高中教育质量综合评价方案》等文件，在办学方向、课程教学、学校管理、教师发展、学生发展、学校发展6个方面开展教育增值评价改革，构建学校发展支持评价体系，引导学校培育特色项目，形成学校特色，打造特色学校。共组织开展学校优质特色发展大比拼活动3场，参加学校17所，组织专题培训、专家视导、下乡调研25场次，推动形成优质学校特色强校、薄弱学校特色兴校、新建学校特色立校的学校发展态势。全市培育学校特色项目100多个，形成学校特色30个，21所学校被评为市级学校优质特色发展示范校。培育6个教育集团，广东肇庆中学教育集团、肇庆市第十六小学教育集团、肇庆奥威斯实验小学教育集团、肇庆市第一中学教育集团4个肇庆教育集团被评为省级优质特色教育集团培育对象。

【教育交流合作】肇庆市以东西部协作为契机，加强与外地教育交流协作，着眼共同服务和融入新发展格局，积极探索教育深化区域合作的新领域新路径。根据省教育厅《广东省全口径全方位融入式帮扶粤东粤西粤北地区基础教育高质量发展实施办法》，深圳市与肇庆市结对，深圳市福田区与肇庆市广宁县、德庆县、封开县、怀集县结对，建立全口径、全方位、融入式结对帮扶机制，携手共进，促进教育高质量发展。肇庆市全面贯彻落实与贺州市人民政府关于东西部扶贫协作的工作部署，进一步推进教育扶贫协作，开展市内相关学校与贺州结对帮扶学校开展线上线下教科研交流活动，以及两地教研员交流协作活动。

基础教育学段的各类学校克服新冠疫情影响，通过线上线下相结合的方式传播中华文化，交流教学理念，携手推进教育现代化发展。1月30日，端州区组织234名小学生参加第十五届"沪粤琼港"作文小能手比赛。因疫情防控需要，原来的集中现场比赛改为以学生居家写作网上评审的方式进行，肇庆市的学生通过线上与香港、上海、海南、广东其他地区的学生同台竞技，取得了不错的成绩。6月18日，地质中学与香港南屯官立中学通过互联网的方式举办缔结姊妹学校签约仪式，以促进学校的长远发展，推动教育教学改革，全面提高教学质量。7月6日，端城小学与香港长洲国民学校姊妹学校间再次利用远程视频技术进一步深入推进姊妹学校间的交流合作，加强两地两校学与教的学习、借鉴，促进学生和教师专业发展。同年4月，肇庆市直属机关第二幼儿园宋小群工作室应澳门浸信中学的邀请，赴澳门浸信中学（幼稚部）进行奥尔夫音乐教学课程的送培送教活动。

2021年，肇庆学院持续深化校地合作，企业数据库建设取得重大进展，申请产学研合作平台发明专利获得受理；与高要区签订战略合作协议；派出80名农村科技特派员、4名企业科技特派员在华南技术转移网上完成对接，获得合同金额51万元；完成对肇庆市19个镇的科技特派员驻镇帮镇扶村组团结对帮扶对接工作；肇庆学院乡村振兴研究院与肇庆市乡村振兴学院继续合署办公，完成2021年鼎湖区镇（街）村（社区）两委干部抓党建促乡村振兴专题培训、怀集农业技术人员培训，大力推进乡村振兴战略实施落地；与国资委谋划成立肇庆市国企改革发展研究中心。牵头成立肇庆市科技企业孵化器协会，并承办第四十三期广东省创业孵化从业人员培训班，培训孵化器从业人员60余名。建立肇庆创业导师库，新入库创业导师30余名。2021年新增国家高新技术企业9家、科技型中小企业入库11家，带动就业700余人，累计孵化培育国家高新技术企业17家、科技型中小企业34家。

不断加强国际交流合作与港澳台工作。扎实推进香港都会大学（肇庆）申报筹设工作，加强与肇庆市政府、香港都会大学的沟通联系，完成《香港公开大学（肇庆）筹设申报整改材料》《香港都会大学（肇庆）筹设复评整改材料》报教育部，完成《香港都会大学（肇庆）申请纳入广东省高等学校设置"十四五"规划材料》报省教育厅。强化对台湾教师的服务管理工作，完成《肇庆学院2021年关于台湾教师使用和管理的情况报告》，呈报省教育厅和省人民政府台湾事务办公室。在巩固与密兹凯维奇大学、博尔顿大学、马切拉塔大学、澳门科技大学等原有校际合作基础上，积极拓展合作交流项目，与澳门大学、台湾高雄师范大学、菲律宾圣保罗大学、菲律宾女子大学、波中教育基金会、国家教育行政学院、广东教育国际交流协会多元合作取得实质性进展。2021年聘用外籍教师18人、香港教师1人，台湾教师93人；45名教师攻读国（境）外博士学位、1名教师攻读国外硕士学位、2名教师赴国外访学、1名教师赴香港访学；1名学生在日本交流学习、8名学生赴澳门交流学习。

【强师工程】2021年，肇庆市教育局印发《肇庆市教研工作和教师发展三年行动计划（2021—2023年）》，为教师发展中心的发展定目标、绘蓝图、打基础、搭框架。全市各县（市、区）教师发展中心完成了基本的场室建设工作，顺利通过了专家组的验收和市级认定工作。围绕"在教学中研究、在研究中学习、在学习中实践、在实践中反思、在反思中成长、在成长中成名"的教师发展路径，探索TRTC教、研、训、赛"四位一体"的教师学习新模式。全年组织开展了一系列约300场教育、教学、研究、培训、竞赛等活动，线上线下约8万人次参加活动，其中教学能手培育项目、"三名"（名教师、名校长、名班主任）工作室主持人培养项目、学校优质特色发展大比拼、星湖教育论坛等活动以内容丰富、形式多样、参与面广、影响力大深受教师和家长欢迎。年内，肇庆市成功创建省"三名"工作室17个（名园长工作室1个、名校长工作室4个，幼儿园名师工作室2个、中小学名师工作室9个、名班主任工作室1个），培养入室学员226名；入选省中小学"百千万人才培养工程"培养对象17人；10人被评为肇庆市第二批"西江人才计划"名师、名校长。评选223名市级名教师工作室主持人、24名市级名校（园）长工作室主持人。全市56人参加广东省第三届中小学青年教师教学能力大赛，获一等奖2人，其中1人获第一名、二等奖19人、三等奖35人。

【师德建设】2021年，肇庆市面向广大教师组织开展师德专题教育，深入学习习近平总书记关于师德师风的重要论述，强化以党史学习教育为重点的"四史"学习教育，协调阅江大桥、星湖国际广场等城市标志建筑物参与"我为教师亮灯"活动，运用橱窗、电视、广播、报刊、网络、微信等媒体，宣传先进人物、典型事迹和师德师风建设成果，开展师德优秀典型先进事迹宣传学习360多场次，引导教师践行新时代师德规范。开展中小学有偿补课和教师违规收受礼品礼金问题专项整治工作，集中开展师德警示教育671场次，引导广大教师坚定理想信念、厚植爱国情怀、涵养高尚师德，以为党育人、为国育才优异成绩庆祝中国共产党百年华诞。

肇庆市教育局、市人社局联合表扬了赵清凤等30名师德标兵、吴邦荣等100名优秀教师、傅翠嫦等49名优秀乡村教师、叶晓东等50名优秀班主任、何杰才等29名优秀教育工作者，弘扬师德师风正能量。全市共38人获评"南粤优秀教师"、3人获评

"南粤优秀教育工作者"、22人获评"广东省特级教师"。

【校外培训机构治理】印发《肇庆市校外培训机构专项治理行动方案》,稳妥有序规范培训行为。肇庆市共有366所学科类校外培训机构,截至2021年12月31日,尚有正在营业的学科类校外培训机构5所,压减361所,压减率为98.63%。全市学科类培训机构全部完成了"营改非"工作,100%的机构预收费纳入资金监管。

(撰稿 罗俊能 何倩 周志媚;审稿 刘其全 李吉涛)

清远市教育

概　　况

2021年，清远市教育局在广东省教育厅和市委、市政府的正确领导和大力支持下，紧紧围绕全面从严治党、高质量发展和安全稳定三大主题，全面贯彻党的教育方针，稳步提升教育质量，各项工作有进展、有亮点、有突破。

（一）抓好党建工作，坚持正确的办学方向

一是深入学习宣传贯彻习近平新时代中国特色社会主义思想。健全完善党委理论学习中心组学习制度和党组会"第一议题"制度，扎实开展党史学习教育。组织党员干部教师学习习近平总书记在党史学习动员大会和"七一"庆祝大会上的重要讲话精神以及党的十九届六中全会精神。市直教育系统各级党组织开展党史专题学习培训累计875次。二是坚决守好意识形态安全"南大门"。印发工作方案、专项行动方案和工作指引，明确每月工作要点和敏感节点，落实分析研判制度，与宣传、网信、公安、国安等部门，定期会商、信息共享，共同维护教育系统的安全稳定。

（二）加强顶层设计，引领教育高质量发展

认真谋划和编制教育发展"十四五"规划，制定《清远市教育质量提升十大行动计划（2021—2025年）》，已报市政府审批印发。印发并实施《清远市中小学劳动教育特色学校创建标准》《清远市关于推进中小学研学旅行的意见》《清远市普通高中优质特色发展实施方案》，制定市级卓越高中、特色高中评价标准和遴选办法等文件，夯实教育高质量发展基础。

（三）聚焦群众关切，破解教育高质量发展难题

一是加大学位供给。清远市委将"加大学前教育及中小学优质学位供给，全市不少于10 000个"列入市委"十大行动方案"强力推进。2021年完成中小学改扩建工程13所，新增公办中小学学位12 950个，完成新、改扩建幼儿园28所，新增学位5 540个。二是落实"双减"政策。成立由市委副书记、市长任组长的"双减"工作领导小组，统筹推进全市"双减"工作。全市校内课后服务实现两个"全覆盖"；校外培训机构专项治理全力推进，压减学科类教育培训机构132个，全市学科类培训机构100%完成"营转非"和资金监管任务。三是全面促进学生身心健康。推进落实作业、睡眠、手机、课外读物、体质健康"五项管理"；开足上齐体育课，落实"阳光体育锻炼一小时"，学生体质健康监测优良率达60%，比2020年有大幅提升；全面加强儿童青少年近视防控工作，完成清远市第一中学等10所市直学校教室灯光改造，积极开展近视防控宣传教育月活动。1个区和8所学校分别被评为2021年广东省儿童青少年近视防控试点区和示范校。四是实现平安考试。全年共组织10类13项22场考试，考生达27万人次。五是做好学生资助工作。全年资助总金额达3.5亿元，资助学生18.8万人次。清远市教育局获得"广东省脱贫攻坚先进集体"和"广东省脱贫攻坚突出贡献集体"荣誉称号。

（四）坚持立德树人，促进学生全面健康发展

一是文明校园创建有新成效。各地各校深入开展"新时代好少年"学习宣传、中华优秀传统文化传承等"扣好人生第一粒扣子"主题教育活动和"童心向党"系列教育实践活动，学生文明素养和思想道德素质大幅提升。15所学校被确定为广东省文明校园先进学校，5所学校被推荐参评创建全国文明校园先进学校。二是家校共育有新突破，清远市是非珠三角地区首个全面铺开全国规范化家长学校实践活动实验区工作的地级市，组建成立30个积极教育工作室，组织369名积极教育讲师到800多个社区（村、居）开展1 500场家庭教育讲座，促进家校共育，提高家庭教育水平。三是研学实践教育工作有新进展，组织学生开展"传统美德教育"研学实践活动和"学百年党史，做时代新人"红色研学活动，开展清远市中小学生研学旅行实践教育基地（营地）遴选，研学实践教育呈常态化发展。四是美育工作有新提升。在全市遴选8个实验镇20所基地学校开展全科美育教育教学实验工作，全科美育初见成效。顺利举办2021年清远市第七届中小学生艺术展演活动暨第三届中小学生美育节活动，承办广东省第七届中小学生艺术展演活动，全省21

个兄弟地市、省属学校近4000名师生展出9场精彩表演和34个学生艺术实践工作坊项目，网上观展人数达230余万人。

（五）深化改革创新，激发教育高质量发展活力

一是教研教改扎实有效。2项科研成果获广东省基础教育教学成果一等奖，1项成果获得二等奖，是粤东粤西粤北地区唯一获得一等奖的地级市。获准建设9个广东省基础教育教研基地、10所省级校本研修示范学校、8个省级工作室、2个学前教育高质量发展省级试验区和2所普通高中新课程新教材实施省级示范学校。二是集团化办学初具规模。制定实施《清远市级教育集团组建工作方案》，全市已经组建75个教育集团，有效推进县域内优质教育资源向薄弱地域辐射延伸。三是民办教育管理不断加强。制定《清远市关于扶持民办中小学校幼儿园发展的若干措施》《清远市规范民办义务教育发展工作方案》等，组建服务于市直民办学校年检、筹设、设立评审验收等工作的专家队伍，加强民办教育管理。四是现代学徒制试点工作经验全国分享。清远市顺利通过教育部现代学徒制第三批试点验收，市教育局局长张玉兰在全国深化产教融合推动现代职业教育高质量发展研讨会上做了题为《中国特色学徒制的区域政策与实践探索》的专题报告，分享推进现代学徒制试点工作的经验做法。

（六）筑牢校园安全防线，确保教育系统安全稳定

一是"四严措施"常态化抓好疫情防控。严密精准掌握假期学校师生去向，严格落实返校"四个一"管理要求，严控聚集活动，严密做好疫苗接种工作。全市教职工、12～17岁学生接种率为100%，3～11岁学生接种率达92%以上，筑牢校园防疫屏障。二是"四个加强"筑牢校园安全防线。加强安防建设，全市中小学校、幼儿园实现校园专职保安员配备率、校园封闭化管理率、一键报警和视频监控系统建成并与公安联网率、"护学岗"设置率达到四个100%；全市校车100%办理校车许可，均按规定张贴"一车一码"。加强安全教育，推进防溺水、交通安全、学生心理健康教育及防范电信网络诈骗宣传教育四项"十个一"系列工程；加强督导检查，联合公安等部门开展校园安防专项督导检查18次；以问题为导向，加强整改，2021年全市中小学生非正常死亡人数同比2020年下降35.7%，防溺水工作得到省教育厅的肯定并在全省疫情专班上交流推介。

（七）加强队伍建设，筑牢教育高质量发展根基

一是实施"强师工程"，提升队伍专业能力。2021年清远市实施"强师工程"项目21个，培训44 800人次。组织教师参加广东省第三届青年教师教学能力大赛，3人获一等奖，24人获二等奖，28人获三等奖。参加广东省第八届中小学班主任专业能力大赛，2人获一等奖，1人获二等奖，5人获三等奖，2个名班主任工作室建设获二等奖，1人被评为"广东省最美中职班主任"。二是实施"三区"教师全员轮训计划，提升队伍整体水平。制订清远市"三区"教师全员轮训工作计划，对阳山、连山、连南、连州4县（市）12 165名专任教师，开展为期三年（每人线下12天、线上60学时）的全员轮训。三是实施信息技术应用能力提升工程，提升队伍信息技术应用能力。有4所学校、2个县（市、区）被确定为省级数字化校园试点校、试点县。

（八）强化发展保障，优化教育高质量发展环境

一是加大教育投入保障。全市学前教育生均拨款最低标准从2021年起由每生每年400元提高至500元；设立民办教育专项资金23万元，资助奖励民办学校发展。二是广清教育帮扶逐步深化。持续推进"校镇结对"帮扶工作，全市85个乡镇全部与广州学校结成帮扶对子，97所乡镇（街道）学校与广州78所学校签订帮扶协议，专项帮扶资金达291万元，选派105名教师赴广州对口帮扶区学校跟岗学习。三是加强教育督导。扎实开展政府履行教育职责评价工作，加强常规督导、专项督导、随机督导，2021年共督导117所学校，随堂听课260节，召开反馈会77场，发出督导整改通知书17份，有效地规范了学校办学行为。四是推进依法行政。制定完善《清远市教育局行政执法公示制度》等文件，进一步规范行政执法工作；依法有效化解社会矛盾纠纷，受理市政府12345、群众来信来访共70余件（宗）。深入推进各级依法治校创建活动，完成全市519所省级依法治校达标校创建，创建率为100%，落实全市中小学法律顾问和法治副校长100%聘任。

各级各类教育

【基础教育】（一）学前教育

2021年，清远市有幼儿园834所，比2020年增加16所，其中公办幼儿园219所、民办幼儿园615所。规范化幼儿园715所，覆盖率为85.73%。全市在园（班）幼儿173553人，学前教育毛入园率为101.3%。公办（含公办性质）及普惠性民办幼儿园占比85.77%；学前教育专任教师达10962人。

（二）义务教育

2021年，清远市有公办义务教育学校478所，民办义务教育学校26所。义务教育在校学生587617人（小学在校生421202人，初中在校生166415人），义务教育专任教师32211人。小学入学率为100%，辍学率为0；初中入学率为100%，辍学率为0.12%。九年义务教育巩固率为99.04%。

（三）普通高中教育

2021年，清远市有普通高中学校32所（含民办6所），在校生数72035人；普通高中专任教师7482人。其中完全中学11所，独立高中14所，十二年一贯制学校7所。高中阶段教育毛入学率为100.06%。

（四）特殊教育

2021年，清远市有特殊教育学校9所，共有义务教育阶段残疾学生3611人，比2020年增加234人。其中在特殊教育学校就读813人，随班就读1734人，送教上门1064人。全市适龄残疾儿童入学率为99.15%。特殊教育学校专任教师263人。

【职业与成人教育】（一）职业教育

清远市有中等职业学校13所（含民办中职学校4所），其中2所国家中等职业教育改革与发展示范性学校，7所省级重点以上中等职业学校，3所广东省高水平中职学校建设单位，1所广东省高水平中职学校培育单位。另有1所特殊教育学校附设中职班。相比2020年，中职学校数量没有变化，但有1所民办中职学校因办学条件不达标，于2019年开始停止招生。2021年，清远市超额完成中职学校招生任务，完成率达126.59%，招生数量较2020年增加2194人，增幅18.75%。全日制中职学校在校生30150人；专任教师1649人，专业教师1049人，"双师型"教师880人，"双师型"教师占比为83.89%，聘请兼职教师122人，生师比为18.28∶1。专任教师中，硕士学历55人，占专任教师的3.34%；本科学历1542人，占专任教师的93.51%；高级教师201人，占专任教师的12.19%。全市高中阶段普职比为58.52∶41.48。

清远市继续优化中职学校布局，初步建立以省职教城为"中心区域"，示范带动"中东部"和"三连一阳"地区特色发展的工作格局。积极推进30个省级教育教学改革项目、36个省级质量工程项目；积极开展11个省级"双精准"示范专业指导与督导工作；优化专业布局，全市共有11所中职学校申报评审备案26个新专业，包括休闲体育服务与管理、智慧健康养老服务、城市轨道交通、现代家政服务等。全市中职学校共开设59个专业，涵盖13个专业大类，专业布点数142个，专业设置基本能满足当地企业对技能人才的需求，专业设置与清远经济的吻合度为93.5%，区域经济社会发展人才需求满意度为97.1%，较2020年有所提升。在2020年度中等职业教育年度质量报告合规性检查中，清远市被评为A等级。

清远市中等职业教育紧密结合地方经济、产业、行业的发展，深化产教融合，实施"双精准"专业建设，推进校企对接，努力实现"精准对接、精准育人"，为全市经济发展提供更多高素质技能型人才。各中等职业学校积极推进"3+证书"高考、三二分段中高职贯通培养、现代学徒制培养等，实现中职毕业生就业升学多种选择。全市11所中职学校26个专业对接16所高职院校33个专业，提供"三二分段"优质学位2725个。2021年，升入高一级学校的人数为2561人，较2020年增加977人，占就业比例的31.43%，较2020年增加13.19个百分点，增幅为61.68%。

2021年，全市中等职业学校毕业生8317人，就业人数为8147人，就业率为97.96%，就业率受疫情影响有所降低，比2020年（99.01%）下降1.05个百分点，但就业质量仍然保持良好；对口就业率为87.63%，比2020年（89.79%）下降2.16个百分点，毕业生初次就业月收入2714元，比2020年（2276元）增加438元，增幅为19.24%。

（二）成人教育

全市社区教育成果丰硕，老年教育蓬勃发展，

·市域教育·
EDUCATION IN VARIOUS CITIES

终身教育多点开花。全市各中职学校积极发挥职业教育服务地方经济社会发展的功能，充分利用各类资源开展全民培训。2021年，全市共6所中职学校设有职业技能鉴定所，面向社会人员和企业在职人员开展电工、焊工等特殊工种岗位技术操作培训、就业技能培训、安全生产知识培训、职业证书培训、技术咨询等多层次服务，共开展培训项目35个，开展职业技能鉴定15417人次，社会培训10174人次，专业技能课程考试1788人次。英德市职业技术学校"粤菜师傅"人才培养被评为广东省继续教育质量提升工程的终身教育品牌项目。

【高等教育】2021年，清远市有10所高等院校（校区），包括1所本科院校（广东金融学院清远校区）和9所高职院校，在校生约10.5万人。广东金融学院清远校区建设工程按时按质建成，并如期顺利开学，结束了清远没有本科院校的历史，为省委、省政府实现加快补齐广东高等教育发展短板、优化高等教育布局、推动区域教育协调发展的目标贡献了"清远力量"。

广东金融学院清远校区建设。广东金融学院清远校区是广东省委、省政府"十三五"规划、广东省教育厅重点建设内容之一，是推动全省地级市本科院校全覆盖、补齐区域高等教育短板的重要举措，也是清远市委、市政府高度重视的建设项目之一。广东金融学院清远校区位于清城区东城街道，占地面积约92.33万平方米，总建筑面积45万平方米。广东金融学院清远校区是清远第一所本科高校，其定位为国内同类院校前列的全国第一所国家一流的金融大学，设金融与科技学院、艺术与设计学院、资产（或财富）管理学院、国际金融学院等4个学院，规划在校生规模15000人，以本科生为主，发展研究生教育，开展国际教育和高端金融人才培训。项目全面建成后，将带动清远省职教城内职业院校的集约化发展，同时为清远市构建现代职业教育体系、服务产业转型发展、乡村振兴发展、粤港澳大湾区发展提供重要的智力支撑。2021年9月，广东金融学院迎来首批近5800名本科新生，标志着广东金融学院"一校三区"格局正式形成。

【民办教育】2021年，清远市有民办学校（含幼儿园）647所（不含教育培训机构），其中民办幼儿园610所，民办小学10所，初级中学2所，九年一贯制学校14所，十二年一贯制学校7所，中职学校4所。民办幼儿园在读幼儿125524人，约占全市在园幼儿人数的73.34%。民办中小学在校生49953人，约占全市中小学在校生总数的7.89%。

清远市教育局与斯坦福启天研究院、光正教育集团、广州软件学院等优质民办学校进行密切对接，做好民办学校选址、用地统筹协调、高中办学筹设指引等工作。分别批准清远光正高级中学有限公司、清远光正职业学校有限公司、清远市启黄中学有限公司的筹设申请，对接斯坦福启天清远外国语学校（暂定名）与高新区管委会签订办学框架协议，全力支持广州软件学院到清远选址办学，并将主校区迁建至清远。清远市教育局继续加强民办教育监督管理，规范民办学校办学行为，开展"公参民"专项治理，规范民办学校名称，印发《清远市民办学校年度检查实施办法》，开展民办学校年度检查，组建民办学校年检、筹设、设立评审验收等工作的专家库。

教育成果与特色

【教育督导】2021年，清远市人民政府教育督导室组织对疫情防控工作、中小学教师工资待遇落实情况、"五项管理"工作开展专项督导检查，并对义务教育学校、普通高中学校、特殊学校及市直幼儿园开展常规督导检查。督导117所学校，随堂听课260节，召开反馈会77场，查阅资料4591盒，撰写综合督导通报3份，发出督导整改通知书17份，有效地规范了学校办学行为，促进了学校常规工作落实，提高了学校教育教学质量，提升了学校的办学品位。组织对24个复评的广东省教育强镇开展督导验收，27所幼儿园通过广东省规范化幼儿园认定。

【质量监测】2021年9月，清远市8个县（市、区）作为样本县全部参加2021年国家义务教育数学、体育和心理健康状况科目质量监测，参加监测的义务教育阶段学校161所，学生4830人，校长、教师1500多人。教育部国家视导组实地视导清城区、清新区、英德市、佛冈县、阳山县的质量监测工作情况，对清远市的组织工作给予高度评价；佛冈县教育局被教育部基础教育质量监测中心评为

2021年义务教育质量监测实施"优秀组织单位"。

【教育投入】 2021年，清远市教育经费总投入1 290 487万元，比2020年增长7.93%；国家财政性教育经费拨款1 057 292万元，比2020年增长5.46%；一般公共预算安排的教育经费1 012 324万元，比2020年增长4.95%。

【广清教育对口帮扶】 2021年，清远市、县两级教育部门积极贯彻落实《广清教育对口帮扶"一校扶一镇"工作方案》。按照"清远急需、广州所能"的工作方针，引进广州优质教育资源，通过双向交流的方式，提高清远市农村学校教师教育教学能力和学校管理水平。全市85个乡镇全部与广州学校结成帮扶对子，共计97所乡镇（街道）学校与广州78所学校签订了帮扶协议。

【教育科研】 2021年，清远市成功申报立项广东省教育厅中小学教师教育科研能力提升计划（强师工程）项目31项，其中重点项目6项、一般项目25项。申报立项市级课题120项，其中重点课题10项、一般课题110项。清远市政府继续对市级课题研究予以经费支持，重点课题10 000元/项、一般课题7 000元/项。全年市级课题申请成果鉴定123项，通过123项；第六届清远市教育教学科研成果奖申报126项，获奖52项，选送20项参加广东省2021年教育教学成果奖评审，2项获一等奖，1项获二等奖。

【课程改革】 2021年，清远市以教研基地、示范校建设和教学比赛为抓手，推动全市中小学课程改革。获准建设9个省级基础教育教研基地、10所省级校本研修示范学校、8个省级工作室、2个学前教育高质量发展省级试验区、2所普通高中新课程新教材实施省级示范学校。在广东省第三届青年教师教学能力大赛中，清远市共获得一等奖3人、二等奖24人、三等奖28人，高中综合实践选手获得全省总分第一名，获奖人数及层次均位列粤东粤西粤北首位。2021年5月、6月，分别在英德市、清城区举办清远市第29届中小学青年教师教学基本功比赛。邀请了来自广州、深圳、珠海等12个地市的75名专家及名师担任评委，共展示优质课207节，近3万多人观看直播，达到了以赛促教、以赛促训的目的。

【校长聘任制】 全面推行中小学校领导班子和领导人员任期目标责任制。印发《关于建立清远市直学校后备校长人才库的通知》，建立市直学校后备校长人才库。实施三年一周期的青年校长后备干部培养项目，选定50名"80后"中小学青年校长后备人才为培养对象，采用集中研修、跟岗研修、入校（区）指导、常态化线上顾问等方式进行培养，以青年校长后备人才打造为支点，辐射周边学校。

【教师培训】 2021年，组织42 976名教师参加各级各类培训，其中，8名教师（教研员）参加"国培计划"，882名教师参加广东省专项培训，1 959名中小学教师参加市级培训，40 127名中小学（幼儿园）学科教师参加全员培训。完成22名援疆教师期满返清安排工作，赴林芝市慰问援藏教师并开展教育交流活动。切实落实"三区"人才教师支教专项计划，妥善接收佛山市70名教师到清远市北部四县市支教，同步安排70名教师到佛山市跟岗。

【教师职称评定】 制定并印发《清远市深化中等职业学校教师职称制度改革工作方案》，完成中等职业学校教师职称制度改革人员过渡登记工作，组建中等职业学校系列中高级评审委员专家库；补充更新中小学（幼儿园）系列高级评审委员专家库。

【师德师风建设】 2021年9月起，开展全市教育系统师德建设主题教育月"十个一"活动（即安排一系列专题学习、签订一份庄严承诺、聘用一批师德师风社会监督员、进行一次满意度测评、开展一次师德主题征文及微视频征集活动、开展一次教师节表扬活动、举行一次师德宣讲活动、开展一次警示教育活动、开展一次专项整治活动、撰写一份活动心得），不断丰富师德师风建设内容，切实加大师德师风建设力度，持续整治师德师风突出问题，确保师德建设主题教育月活动有序开展，确保"把师德师风作为评价教师队伍素质第一标准"的要求落细落实。

【普通高考】 2021年，清远市普通高考报名人数达26 807人，比2020年增加486人，增幅为1.85%。户籍从外省迁广东省的应届高中毕业生808人，随迁子女976人。全市设清远市第一中学等15个考点，全部为国家教育统一考试标准化考点。

【招生考试改革】 2021年，发布《清远市初中学业水平考试音乐、美术、信息技术学科考试实施（试行）方案》，有力推动中考改革方案的落地实施。确定清远市普通高中体育、信息技术、通用技术、音乐、美术5科学业水平考试模式，其中信息技术、通用技术已完成试点考试；音乐、美术科目学业水平合格性考试于7月7日顺利开考；体育与健康科目合格性考试于10月完成考试。首次设立硕士研究生考试考点，并于12月在清远市第三中学和清远市华侨中学顺利开考,参加考试人数为3 050人。

【普及高中教育】 2021年,省下达清远市普通高中指导性招生任务数24 300人。全市普通高中招生25 248人,完成招生任务的103.9%。其中,招收广东省随迁子女1 013人,外省随迁子女1 375人,清远户籍的外市考生1 951人。9月,清远市教育局印发《清远市普通高中优质多样特色发展实施方案》,拟定《清远市特色高中学校评估指标及评分细则(试行)》,有序推进普通高中优质多样特色发展创建工作。

【集团化办学】 2021年,全市共组建教育发展共同体75个,其中学前教育集团18个,中小学教育集团57个(含市级教育集团6个),基本形成了跨区域、跨学段横向连通、纵向衔接的发展模式,推进资源共享、交流合作、优势互补、共同发展,有效推进县域内优质教育资源向薄弱地域辐射延伸。

【省职教城概况】 建设广东省职教城是广东省委、省政府贯彻落实习近平总书记广东重要讲话精神、推进广清一体化建设的重要举措,是破解城乡二元结构的积极探索。同时也是贯彻落实省委"1+1+9"工作部署,实施广东省职业教育"扩容、提质、强服务"三年行动计划(2019—2021)的重大平台。省职教城概念规划以"岭南学苑,山水匠城"为愿景,规划面积约50平方公里,到2025年,预计进驻省职教城的院校有24所,进驻学生规模达到25万~26万人,规划常住总人口达到55万~60万人,推动"教育建城,产业兴城",构建教科产城一体化融合发展的总体格局,形成国际化、生态型、花园式的现代职教城。

省职教城的建设目标是打造"中国职业教育高地",成为全国现代职业技术教育改革创新的示范,培养更多服务粤港澳大湾区和深圳先行示范区的高水平专业技能人才,为广东高质量发展提供高技能人才支撑。同时,省职教城的建设将有力推动清远中心城区扩容提质,助力清远加快"入珠融湾",为破解城乡"二元结构"做出清远贡献。

省职教城共分为三期建设,首期为规划建设省职教城前清远市自主建设和引入的4所高职院校,分别为清远职业技术学院、广东南华工商职业学院、广东岭南职业技术学院和广东碧桂园职业学院。二期为2016年4月后省政府安排进驻的5所省属高职院校(广东交通职业技术学院、广东建设职业技术学院、广东科贸职业学院、广东工程职业技术学院和广东财贸职业学院)以及清远市自主引进的第一所本科院校(广东金融学院)。随着广东建设职业技术学院等5所省属高职院校清远校区二期工程陆续交付,广东省职教城二期工程正式宣告完成,如期实现省委、省政府制定的2021年底实现二期工程全面交付目标。至此,位于清远市清城区东城片区的省职教城"新城"面貌初现,现已拥有10所高校约11万名师生。

广东金融学院清远校区分两期建设,首期工程于2019年6月动工,清远市财政投资约21亿元,由市代建局代建。"交钥匙工程"于2021年9月交付校方使用,首批进驻约5 800名本科生。至此,省职教城形成以本科院校引领、高职院校为主体的现代职业教育格局。

【广州软件学院清远选址办学】 2021年,清远市教育局与广州软件学院进行密切对接,做好该校选址、用地统筹协调、办学筹设指引等工作。广州软件学院到清远办学,将加快促进清远数字经济发展,实现资源管理、数据存储、并行计算、数据挖掘分析、系统软件、信息安全等核心技术,为深度推进5G与VR、区块链、工业互联网、车联网、智慧城市、智慧农业和智慧医疗等融合应用提供强有力的前沿技术支持和高素质技术技能型人才支撑。

【职业技能竞赛】 2021年,举办清远市中等职业学校学生第十五届技能大赛暨2021—2022年度广东省技能大赛选拔赛,设10个大类47个项目(省赛项目29个,市赛项目18个)。赛项由8所学校承办,共有558支队伍、892名选手参加比赛,创历年参赛人数新高,选拔出93支优秀队伍参加2022年广东省职业院校技能大赛。在2021年广东省中等职业学校技能竞赛中,清远市有57个赛项126人获奖,其中,获得一等奖1项、二等奖10项、三等奖46项,获奖项目比2020年增加了13项,清远市职业技术学校的零部件测绘与CAD成图技术获得省级一等奖。

2021年,清远市第三届教师教学能力比赛改革创新,比赛分甲级(参加过省赛)和乙级(未参加过省赛)两大组,共有107个作品参赛,经过初选评审和现场决赛,甲级组共评选出一等奖1个、二等奖2个、三等奖3个;乙级组3个项目组共评选出一等奖6个、二等奖11个、三等奖14个;甲乙两组共选出36个作品参加2021年广东省职业院校教学能力大赛,共有21支队伍获奖,其中二等奖6个、三等奖15个,获奖率与2020年持平。4个作品入围国赛遴选,比2020年(2个)略有上升。

【1+X证书制度试点】 2021年,清远市积极探

索1+X证书制度，开展试点。共有1+X证书试点考核站点15个，试点项目覆盖7所学校，比2020年增加了老年照护职业技能、母婴护理职业技能等级证书。参加考证691人，494人通过，通过率为71.5%。清远工贸职业技术学校联合多校教师共同编写1+X证书教材《呼叫中心客户服务与管理（基础知识）》《呼叫中心客户服务与管理（初级技能）》，入选国家职业教育"十三五"规划教材。

【"粤菜师傅""广东技工""南粤家政"三项工程】2021年，清远市中等职业学校继续推进"粤菜师傅""广东技工""南粤家政"三项工程。清新职业技术学校承办首届"南粤家政"妇婴护理技能大赛，共417人参赛；开展广式点心、妇婴护理等专项能力考试68场，共2087人次参加。连州市职业技术学校、连山职业技术学校建设省级粤菜师傅基地及大师工作室，年培训量达1000人以上。英德市职业技术学校与其他职业培训学校合作，开展三项工程等专项培训工作，培训人数9678人。

【扶困助学】2021年，清远市落实省、市、县各类政策，发放各类资助资金36836.9万元，资助各类学生（不含免费义务教育政策部分）192513人。其中：发放学前教育阶段资助金1806.8万元，受助学生18068人；发放农村义务教育阶段家庭经济困难学生资助金2795.4万元，受助学生39300人；发放少数民族地区义务教育阶段寄宿制民族班生活费补助金569.2万元，受助学生6149人；发放农村义务教育阶段营养改善计划（住宿生伙食补助）资助金4638万元，受助学生46380人；发放普通高中助学金2020.6万元，受助学生10103人；发放普通高中学生免学费补助金484.6万元，受助学生2140人；发放中等职业学校国家助学金618.8万元，受助学生3094人；发放中等职业学校免学费资助金10475.3万元，受助学生29930人；发放清远市助学扶志款44万元，受助学生319人；发放扶助贫困省外大学新生助学金31.3万元，受助学生59人；东莞银行教育基金资助贫困大学新生17人，投入资金8.5万元。全年，全市义务教育阶段学生、高中阶段学生和外省就读学生共20440人享受建档立卡学生生活费补助，补助资金3566.9万元；全市生源地信用助学贷款共有7104名大学生贷款，贷款金额6558.3万元。从2021年春季学期起，清远市农村义务教育阶段住宿生伙食补助标准提升至每生每学年1000元。2021年9月，在广东省教育厅2020年度学生资助工作绩效考评中，清远市得分93.7分，在全省排第七名，获得优秀等级。

【教育公平】2021年，就读清远市义务教育阶段学校的进城务工人员随迁子女有78076人，占义务教育阶段总在校生数的13.28%。其中，在公办学校就读65657人，占84.09%；在民办学校就读12419人，占15.91%。全市随迁子女适龄儿童义务教育阶段入学率为100%。

【学位供给】2021年，持续推动《清远市教育设施规划建设管理规定》（清远市人民政府令第1号）落地见效，全市县城和中心区域全部动工建设的41所新建、改扩建学校（幼儿园），实际已投入使用学校（幼儿园）41所，新增学位18490个，其中幼儿园5540所，中小学12950所。

【体育艺术工作】2021年，清远市教育局承办广东省中学生篮球锦标赛（初中组），全省共39所学校、51支队伍、近900名运动员参加比赛。清远市教育局被广东省教育厅、广东省体育局评为优秀组织单位。10月1—7日，顺利举办清远市"市长杯"足球联赛（高中、中职组）暨初中小学足球联赛总决赛，选拔清远市华侨中学、英德市第一中学、清远工贸职业技术学校参加12月举办的广东省"省长杯"高中（中职组）足球联赛总决赛，创造了清远历届团体最好成绩。其中，英德市第一中学女子队获得了高中女子组第二名，英德市第一中学男子队获高中男子组第四名；清远工贸职业技术学校获中职组一等奖（第七名），学校连续三年进入全省中职组八强；清远市华侨中学进入十六强。举办2021年清远市第七届中小学生艺术展演活动暨第三届中小学生美育节活动，承办广东省第七届中小学生艺术展演活动，获得广东省教育厅颁发的优秀组织奖。2021年度全市学生体质健康水平抽测成绩大幅提升：含高中优良率为61.25%，全省排名第六；不含高中优良率为68.15%，全省排名第五，成绩较2020年大幅提升。

【全市安全工作会议】2021年3月5日，全市中小学安全工作视频会议在清远市教育局召开。市教育局领导班子成员和各科室负责人，市直各学校（幼儿园）校（园）长，市委政法委、市公安局、团市委等14个部门领导参加会议，会议总结了2020年全市中小学安全管理工作情况，部署了2021年工作。视频会议覆盖全市各县（市、区）、各镇的所有学校、教学点、幼儿园。

【研学实践教育】2021年，清远市教育局联合市发改、公安、财政等10个部门印发《关于推进中小学生研学旅行的实施意见》，同年印发实施《清远市教育局关于开展2021年清远市中小学生研学实践教育基（营）地遴选工作的通知》，遴选出清远市第一批中小学生研学实践教育基（营）地，其中基地30个、营地4个。积极推动清远市中小学生研学实践教育活动深入开展，引导中小学生了解国情、热爱祖国、开阔眼界、增长知识，着力提高中小学生的社会责任感、创新精神和实践能力，进一步落实立德树人的根本任务。

【家校共育】 2021年10月20日，清远市文明办、市教育局、市关工委、团市委、市妇联等部门在清远市博爱学校联合主办2021年清远市构建家庭学校社会协同育人体系教育系列活动启动仪式暨研讨会。此次活动积极研讨和探索学校教育、家庭教育和社会教育有机结合的途径和方法，构筑新型的"家校社"协同育人模式，全面提升清远市家庭、学校、政府、社会教育的一体化水平，共同助力未成年人健康成长。

【现代学徒制试点】 在市政府统筹谋划下，探索地方实施现代学徒制的支持政策和保障措施，出台《清远市现代学徒制教学管理实施意见》《清远市现代学徒制学生（学徒）管理指导意见》等系列制度文件10个，指导试点单位规范人才培养过程。5所试点中职学校和企业开展现代学徒制，构建校企协同双主体育人的长效机制。各试点学校根据不同行业、企业需求和人才培养要求，积极探索服务地方、职业特色鲜明的现代学徒制实现形式，取得一批具有区域特色、成效显著的现代学徒制试点成果。2021年9月30日，清远市人民政府顺利通过教育部第三批现代学徒制试点验收。

（撰稿　刘灿辉；审稿　邹　胜）

潮州市教育

概　　况

2021年，潮州市委、市政府坚持教育优先发展战略，强化党对教育工作的全面领导，突出抓好教育规划建设、体系建设、教学提升、综合改革，着力推动教育高质量发展。

（一）突出政治建设，全面提升教育系统党建水平

完善贯彻落实习近平总书记重要指示批示精神工作台账，开展贯彻党的教育方针情况自查专项行动；深化思政活动型课程教学改革，推进课程思政、社会实践、网络思政"三课堂"建设，工作经验获省教育厅在全省活动上推荐。抓党史学习教育，开展党史进校园"十百千万"工作，开展庆祝建党100周年9个主题系列活动，落实"我为群众办实事"9大类14项任务。已组建民办学校党组织36个（含5个联合党支部），选派党建指导员223名，实现民办学校党的工作和党的组织全覆盖；新建成城市基层党建示范点6个、省基础教育党建示范校2所，入选城市基层党建十佳创新案例1个。举办书记研修班、主题书记论坛、网络培训示范班等，共培训500多人；新发展党员1 038名，开展"党建+党员模范班主任""党建+党员示范课"活动。

（二）突出教育规划建设，全力提升教育体系发展水平

强化教育整体规划建设，推进总投资超56.8亿元的26个学校重点项目建设，15个项目竣工投用，广东潮州卫生健康职业学院正式办学。落实"双减"政策，实现中小学"基本+素质"托管的课后服务全覆盖；专项监管治理校外培训机构，100%完成压减任务；建设增加农村义务教育寄宿制学校学位210个；建立市特殊教育发展联席会议制度、市特殊教育资源中心；全面实施初中学生综合素质评价。强化学前教育普惠提质发展，提高学前教育生均拨款标准为每生每年500元，新建、改扩建12所公办园，新增公办和普惠性民办学前学位6 925个，推进潮安、湘桥2个省学前教育高质量发展实验区建设，培育省学前教育"新课程"科学保教示范项目2个。新建成省中职"双精准"示范专业1个，向省申报7个中职教育教学质量与教学改革工程项目，推进饶平县申报省产教融合型县级试点城市。与华南师范大学合作创办华南师范大学附属潮州学校；新建潮州市高级实验学校办学集团，已共建8个教育集团。

（三）突出内涵发展，全力提升学生全面培养水平

新建成国家文化、艺术、劳动特色学校5所，省级特色学校48所，新农村少儿舞蹈教室7个；参加广东省各类美育比赛获奖项105项；心理健康教育成果获省级荣誉19项。广东省教育研究院、华南师范大学在潮州市设立教研基地5个、师生实习实践基地6个；推动教育结对帮扶工作，与中山市、韩山师范学院、广东食品药品职业学院、广州软件学院等对接签订结对帮扶协议；2021年全市高考高分特控线、本科线上线率再获提高。建设推广8所省信息化中心学校、4个融合创新示范项目、"同步课堂"项目等，3所学校获评广东省信息化中心学校建设成效优秀学校，50节课获评省级基础教育精品课，师生参加科技创新竞赛等获省级奖励83项，推进湘桥、枫溪创建省互联网环境下基础教育教学改革试验区。

（四）突出师德师风建设，全面提升教师队伍能力素质水平

开展师德师风整治系列工作，与华南师范大学、韩山师范学院等合作举办校长班、骨干教师班、思政素养班、信息技术应用能力提升2.0项目培训等，超4 000名教师参加。实施新一轮教师学历提升（最多每人补助4.8万元）五年方案，推动493名教师参与学历提升。新招研究生学历教师105名，新培养省名教师7名、省名教师（校长）工作室主持人共8名，41名教师获省特级教师、南粤优秀教师等省级称号。新招聘教师约1 100名，推进市、县区教师发展中心建设，持续保障教师待遇"两个不低于或高于"，开展"尊师重教"活动，表彰教师220名。

（五）突出教育综合治理，全力提升教育治理能力水平

实现全市学校挂牌督导全覆盖；推进学前教育

·市域教育·
EDUCATION IN VARIOUS CITIES

办学行为督导评估、"五项管理"专项督导、依法治教等5个专项治理。持续保障校园疫情防控安全，全力落实师生接种新冠疫苗工作；推进学校安全整治集中攻坚，开展10个以上涉校安全专项整治，按标准足额配备学校保安2679人，年龄均在60岁以下，实现全市校园监控视频、设立护学岗全覆盖，完成一键报警系统换代升级；顺利实现平安中高考。实现财政教育投入"两个只增不减"目标；推进学生资助工作规范化建设，为2085名大学生办理助学贷款1849万元；提前完成中小学"厕所革命"任务，实现学校无害化厕所全覆盖；推进学校配备AED自动除颤仪，已有61所学校配备共73台，市直学校100%配备。

各级各类教育

【基础教育】（一）学前教育

落实各级政府发展学前教育责任，贯彻落实《潮州市促进学前教育普惠健康发展行动方案》，加快发展公办幼儿园，积极扶持普惠性民办幼儿园。2021年，全市新建改扩建公办幼儿园12所，新增公办和普惠性民办学前学位6925个，全市公办幼儿园在园幼儿占比达55.15%，公办幼儿园和普惠性民办幼儿园在园幼儿占比达88.83%，学前教育"5080"攻坚成效得到巩固和提升，学前教育取得了阶段性成效。全市公办幼儿园年生均公用经费拨款标准提高到500元。推进潮安、湘桥2个省学前教育高质量发展实验区建设，培育省学前教育"新课程"科学保教示范项目2个。2021年，全市有各级各类幼儿园702所，在园幼儿104007人，学前三年毛入园率达111.87%。

（二）义务教育

全面贯彻党的教育方针，坚持育人为本、立德树人，深化高中阶段学校考试招生制度改革，充分发挥考试招生制度的正确导向作用，积极推动素质教育，促进学生全面健康而有个性发展。落实"双减"政策，实现中小学"基本+素质"托管的课后服务全覆盖，并开展暑期托管服务试点（1个）；专项监管治理校外培训机构（学科类共100家），已转型、注销95家，压减率为95%；建设增加农村义务教育寄宿制学校学位210个；印发实施《潮州市高中阶段学校考试招生制度改革实施办法》（潮教规〔2021〕1号），建立健全初中学业水平考试制度和初中学生综合素质评价制度；各县区制定义务教育薄弱环节改善与能力提升项目五年规划；建立市特殊教育发展联席会议制度、市特殊教育资源中心。2021年，全市义务教育阶段学校691所（其中初中112所，小学579所）。全市初中、小学在校学生分别为92630人、213900人。全市有特殊教育学校4所，学生322人。

（三）普通高中教育

全面落实立德树人根本任务，推进普通高中教育课程改革和高考综合改革，推动普通高中育人方式改革，提升高中阶段办学水平和育人质量。实施《潮州市推进普通高中全面提升行动计划》。规范普通高中学生建立学籍、转学、毕业验核工作。统筹加强高中新课程、新教材、新高考的培训。开展"蹲点式"教研，指导学校和教师加强校本教研，改进教育教学工作，逐步形成在课程目标引领下的备、教、学、评一体化的教学格局。潮安区庵埠中学更名为华南师范大学附属潮州学校。潮州市金山中学、华南师范大学附属潮州学校入选广东省普通高中新课程新教材实施示范校。2021年，全市有全日制普通高中33所，在校生51371人，高中阶段教育毛入学率达到95.71%。

【职业教育】（一）中等职业教育

实施《潮州市职业教育提升发展三年行动计划（2019—2021年）》《潮州市关于优化中等职业学校布局结构的工作实施方案》等，进一步优化中等职业学校布局结构，以调整促优化，整合办学资源，推进全市职业教育扩容、提质、强服务。推进潮州市职业技术学校建设省高水平中职院校，新建成省中职"双精准"示范专业1个，向省申报7个中职教育教学质量与教学改革工程项目，推进饶平县申报省产教融合型县级试点城市。潮安区完成了对潮安区职业技术学校与颜锡祺中学的资源整合工作，并更名为潮安区颜锡祺职业技术学校。2021年，全市有全日制中等职业技术学校7所，在校生9835人（不含技工）。

（二）高等职业教育

潮州市第一所市属公办全日制普通高等职业学校"广东潮州卫生健康职业学院"于2021年10月

9日正式开学，开设6个专业，在校学生647人。广东潮州卫生健康职业学院项目总用地面积约31.54万平方米，总建筑面积15.24万平方米，规划在校师生规模5000人。学院的建成，是潮州市高等教育突破发展的里程碑，填补了粤东地区卫生健康类高职院校的空白。

教育成果与特色

【德育工作】 以习近平新时代中国特色社会主义思想为指导，全面贯彻党的十九届历次全会精神，落实立德树人根本任务。将革命传统教育融入社会主义核心价值观教育，以庆祝建党100周年为背景，深入开展理想信念教育；以"扣好人生第一粒扣子""童心向党""学党史强信念 跟党走"等主题开展爱国主义教育，强化学生理想信念。建立"大思政"工作格局，加强思政教师队伍建设，加快思想课改革，推进"思政课程"和"课程思政"双驱动前进，邀请市委书记为全市学生同上一堂思政课，切实强化学生思想道德教育。大力开展法制教育，建立健全法治副校长聘任管理机制，组织开展"学宪法 讲宪法"全民禁毒宣传月等活动，将法制、禁毒、反诈教育与日常教育活动相结合，组织学生参观市禁毒教育基地；组织全市中学学生收看禁毒团课第一课；组织全市学生参加全国青少年禁毒知识竞赛。全市726所学校完成文明校园创建活动，学习宣传覆盖率达100%。继续推进学校共青团少先队改革，加强全市团组织、少工委规范化建设。发挥市中小学生心理健康教育中心组、市中小学心理健康教育名师工作室作用，组建市心理援助服务团队，为全市师生、家长提供心理支持和援助服务。举办班主任能力大赛，组织开展各类德育骨干队伍培训活动，邀请专家教授为市中小学心理专兼职教师进行心理培训。推进绿色环保、劳动教育，深入推进"垃圾分类进校园"，加大劳动教育力度，倡导文明健康绿色环保生活方式，教育引导学生养成文明、绿色的生活习惯。发挥关工委的助推器作用，推进湘桥区、枫溪区"全国规范化家长学校实践活动实验区"创建工作。

【教研工作】 潮州市教师发展中心小学语文、初中地理学科教研基地和湘桥区教师发展中心校本教研基地同时获得省级立项，2021年教研基地项目共开展教研活动50多场，开展教研指导50多次。组织全市各学科教研员和各学科中心组成员下校调研、送教下乡、教研帮扶1000多人次，直接面对面帮扶超过4000多名教师。联合韩山师范学院广东省中小学教师发展中心成立"粤东基础教育学科群"。打造市级学科中心组，以中心组为引领开展基于教学实践的研究。2021年全市高考优先投档率、本科率较2020年均有提高。

【体育工作】 贯彻《潮州市学生体质健康水平提升行动工作方案》，抓好学生体质健康水平提升工作。10月，枫溪区代表潮州市接受省教育厅国家学生体质健康标准抽检，实现了优良率、合格率双达标。顺利完成全市中考体育考试工作。组织开展2021年中考体育考试，其中耐力跑和立定跳远必考项目全市平均分（百分制）分别为78分和78.59分，较上一年度均有提升。组织举办2021年潮州市学生武术比赛，联合市文化广电旅游体育局组织全市学生围棋、象棋和国际象棋等项目竞赛活动，组队参加2021年广东省青少年校园足球夏令营活动和省教育厅主办的"省长杯"青少年足球联赛（高中中职组）全省总决赛。饶平县凤洲中学等4所学校被教育部评定为"全国青少年校园足球特色学校"，潮州市湘桥区南春中学等11所学校被省教育厅评定为"广东省校园篮球推广学校"，潮州市湘桥区磷溪镇仙河华侨学校被省教育厅评定为"广东省校园游泳推广学校"。

【美育工作】 持续加快学校美育改革发展，开齐开足美育课程，提高学生审美与人文素养，促进学生全面发展，构建艺术课堂、艺术活动、艺术文化"三位一体"的育人机制。组织开展市首届新编潮州歌谣创作比赛；组织参加省教育厅庆祝中国共产党建党100周年暨"岭南墨韵"中小学师生中国画作品征集比赛，共有31名师生获奖；组织开展全市教育系统"奋斗百年路，起航新征程"文艺创作大赛；组织参加省中小学广东地方音乐交流展示活动，共有13个节目获奖；组织参加广东省第七届中小学生艺术展演，共有68项获奖，其中5个项目获得一等奖，21个项目获得二等奖，潮州市教育局获优秀组织奖；组织参加"百年华诞翰墨薪传"第二届广东省教师书法作品展，共有19名教师获奖。举办市第三届校园潮州大锣鼓比赛；组织参加广东省首届美育教师教学基本功比赛，共有59名教师获奖。

【教师队伍建设】 优化教师队伍管理，推进中小学教师资格考试、5年一周期定期注册制度建设，同时推动市、县级教师发展中心建设。提升教师队伍素质，完成"强师培训三年行动计划"，重点开展第二批"十百千人才培养工程"名教师培养、饶平"三区"教师轮训、中小学教师信息技术应用能力提升2.0等项目；2021年全市组织各级各类教师培训76场，参加教师28 987人次；实施学历提升工程，落实补助政策；积极引进高层次人才，组织学校赴省内外知名高校招聘硕士研究生，开展多场招聘活动，全市共新招聘教师约650人，其中研究生学历约80人。保障教师收入待遇，继续实行山区和农村边远地区学校教师生活补助政策和上岗退费政策，补助金额达到人均1 000元/月，潮州市已于2019年实现义务教育教师平均工资收入水平"两个不低于或高于"，并持续贯彻落实。加强师德师风建设，提高教师职业道德素养，对师德失范行为"零容忍"，办好人民满意的教育。

【信息化建设】 全市中小学校宽带网络"校校通"达到100%，城镇中小学接入带宽不低于500 M、其他学校不低于100 M。全市中小学现有计算机106 728台、多媒体教学设备9 794套，98%以上普通教室装配有多媒体教学平台，较好地满足了全市中小学校开展信息化教学的需要。潮州市实验学校等3所学校被评为广东省信息化中心学校建设成效优秀项目学校。建成智慧校园8所，智慧教室32个。组织开展2021年全市中学物理和小学科学实验教师（实验管理员）实验操作与创新技能竞赛活动、中小学实验教学说课比赛、中小学实验精品课遴选等实验教学竞赛活动，成功承办首届广东省中小学实验教学优秀成果展示交流活动（潮州），培养教师实验教学能力。教师参加2021年省中小学实验教学说课比赛，荣获省一等奖3名、二等奖3名、三等奖3名；4节实验精品课获评省级精品课，1节实验精品课获评部级精品课。

【安全工作】 2021年，全市教育系统深入贯彻落实习近平总书记安全生产重要指示批示精神，始终坚持"安全第一"的原则，做到守土有责、守土担责、守土尽责，牢牢守住"生命至上"的底线，狠抓校园各项安保工作的落实，全市教育系统安全无责任事故。做好工作部署，印发年度工作要点；抓好制度建设，强化日常管理；抓教育宣传，提高师生安全意识；认真做好校园及周边环境综合整治和单位内部安保工作；完善"三防"建设，不断提高学校安全防范能力；抓好隐患排查整治；做好教育系统"扫黑除恶"工作的落实；深入推进"平安校园"创建工作，全市公办中小学100%达到省、市平安办提出的工作目标，共建成省、市、县（区）级安全文明校园611所，1 438所中小学幼儿园全部配备专兼职保安人员，校园安全监控系统覆盖率达100%，全市中小学幼儿园完成一键报警系统升级、校门视频监控与公安和教育部门联网。

【后勤工作】 切实做好新冠肺炎疫情常态化防控期间校园食堂卫生防疫工作，全年未发生一起校园食品安全事件。强化校园食品安全的常态化监管，重点落实春秋季开学、中高考等重点时段的专项检查。实施《潮州市校园食品安全守护行动实施方案（2020—2022年）》，严防严管严控校园食品安全风险。全市748所学校（园）食堂安装了"互联网+明厨亮灶"系统，实现100%全覆盖。完成中小学"厕所革命"年度提升改造任务；完成"广东省绿色学校"创建年度任务。组织广大师生参与"第八届'粤食粤安全'食品安全网上知识竞赛"和收看"食品安全知识网上大讲堂"，培养学生健康观念和健康生活方式；利用全国粮食安全宣传周等主题宣传活动的机会，广泛开展师生的营养健康和食品安全科普知识宣传，倡导健康饮食理念。

（撰稿　施骏烁；审稿　蔡少玲）

揭阳市教育

概　　况

2021年,揭阳市教育局在揭阳市委、市政府的正确领导和广东省教育厅的支持指导下,认真贯彻落实习近平总书记关于教育工作的重要论述、重要指示批示精神和在庆祝中国共产党成立100周年大会上的重要讲话精神,全面落实立德树人根本任务,深化教育综合改革,努力办好人民满意的教育。广东省委教育工委、省教育厅、省教育考试院先后三次发出感谢信,对揭阳市教育系统疫情防控、平安高考、重点工作任务完成情况给予肯定。

2021年,揭阳市有各级各类学校2847所,在校生126.5万人。其中,幼儿园1315所,在园幼儿27.9万人;小学1212所,在校生56.7万人;初中234所,在校生24.9万人;普通高中65所,在校生14.2万人;特殊教育学校6所,在校生629人;中职学校15所,在校生2.7万人。另有高职院校2所,在校生1.19万人。

2021年,揭阳市中小学校(含幼儿园、中职)共有教职工9.74万人,其中专任教师7.93万人(幼儿园1.82万人,小学3.02万人,初中1.95万人,普通高中0.98万人,特殊教育164人,中职1461人)。全市有中小学正高级教师(正教授级)6人,中小学高级教师(副教授级)5395人,中小学特级教师70人;省级名校长1人、名教师4人、名班主任13人;省级名校(园)长工作室3个、名教师工作室7个、名班主任工作室1个。

各级各类教育

【基础教育】巩固提升学前教育"5080"攻坚工程,2021年揭阳市累计增加公办和普惠性民办幼儿园学位2.23万个,全市公办幼儿园在园幼儿占比达51.78%,公办园和普惠性民办幼儿园在园幼儿占比87.68%,总体实现学前教育"5080"目标。全市新(改、扩)建公办幼儿园18所,打造市级示范性幼儿园12所。

大力实施中小学优质学位建设工程,累计投入资金约8300万元,新建揭阳市第二实验小学,新增优质学位1350个;累计投入资金17805万元,新(改、扩)建义务教育学校22所,新增学位5525个。出台《关于全面加强特色学校建设的指导意见》,全面推进揭阳中小学特色学校创建,在全市初步形成特色发展态势。

【中职教育】高位统筹部署全市中职学校布局结构调整、专业优化设置,中职招生任务和中职毕业生就业率超过广东省平均水平,2021年,揭阳市中职学校招生完成率达到132%,列全省第一。大力实施"粤菜师傅""南粤家政"工程,推动打造3个省级"粤菜师傅"培训基地和1个省级"粤菜师傅"名师工作室。

【高等教育】高等教育获得新突破。广东工业大学揭阳校区如期招生办学,实现揭阳本科教育零的突破,并创造性地构建了"1211"新建高校筹建运营孵化新机制,得到省领导的充分肯定:广东工业大学揭阳校区建设,在全省新建高校、校区中,推进最顺利、成效最显著、模式最典型。

【民办教育】民办教育逐步规范健康发展。坚持全市统一管理、整体部署、以县为主的管理体制,落实各县(市、区)规范民办义务教育发展工作的主体责任,强化工作推进机制和督导问责机制。停设民办义务教育学校,有效规范民办学校名称和招生行为,落实民办学校年检制度。2021年,揭阳市有民办基础教育学校930所,在校生33.08万人,教职工3.12万人,其中专任教师2.01万人。

教育成果与特色

【党建工作】揭阳市切实加强党对教育工作的全面领导，完善教育系统党建管理机制，正式设立揭阳市委教育工委。坚持落实"第一议题"制度，全面学习贯彻习近平新时代中国特色社会主义思想，扎实推进"不忘初心、牢记使命"主题教育和党史学习教育。2021年，揭阳教育系统各级党组织累计开展理论学习12 000多场次，参与党员干部约18万人次。坚持"应建尽建"原则，有序推进中小学校党的组织覆盖。揭阳市中小学校（不含幼儿园）党的工作覆盖率和党的组织覆盖率均达到100%。扎实开展廉政文化进校园、进课堂活动，在全系统营造了风清气正的良好氛围。建立师德违规行为通报制度，加强和改进师德师风建设。

【"双减"工作】坚持校外治理、校内保障、疏堵结合、标本兼治，推动"双减"工作走深走实。揭阳市100%的学校建立了校内作业公示制度，校内课后服务基本达到两个"全覆盖"；全市义务教育阶段校外培训机构压减率达100%，义务教育阶段学生校外培训负担有效减轻。

【"五育"并举】全面构建中小学（幼儿园）一体化德育体系，全力推进德育"六大体系"建设，努力构建"全景式立体"德育工作格局。加强学校体育工作，落实"保证学生每天1小时校园体育活动"精神，加快推进学校体育特色建设，创建申报全国校园足球特色学校8所、足球特色幼儿园2所。加强艺术教育，举办揭阳市首届美育教师教学基本功比赛、第七届中小学生艺术展演活动。加强国防教育，揭阳市参加国防教育人数达82万人，顺利完成国防教育年度任务。

【教育改革】以推进素质教育、提高教育教学质量为核心，创新教学思维和教学模式；以高效的课堂教学促进学生高效学习；以研促教，提升教师科研能力，实现教学质量有效提高。2021年，揭阳市立项省级教育科研课题39项，其中重点课题5项。组织指导全市教师参加全省各学科各项教学教研竞赛、评优活动，荣获省特等奖4人、一等奖28人、二等奖109人、三等奖125人；组织指导学生参加省级学科竞赛获省一等奖13人、二等奖29人、三等奖55人。

【教师队伍建设】深入推进中小学教师"县管校聘"管理改革，加强教师培训支持体系建设，健全以市、县教师发展中心为主体的教师发展支持体系，加大名校长、名教师、名班主任队伍建设，认定揭阳市首批名校长17名，首批名教师47名，首批名班主任46名。加大教师评优支持力度，2021年，揭阳市有20名教师被评为广东省特级教师，61名教师被评为南粤优秀教师（优秀教育工作者），42名教师荣获"潮汕星河辉勇师表奖"。创新教师公开招聘方式，全市公开招聘教师757名，其中全日制研究生36名，本科生410名，大专生311名。

【教育保障】揭阳市教育局落实教育财政"两个只增不减"要求，完善各级各类学校生均经费基本标准和生均财政拨款基本标准，加强经费使用绩效评估，推进教育优质均衡发展。全面落实贫困学生资助育人政策，助学扶贫工作荣获揭阳市"脱贫攻坚先进集体"荣誉称号。

【教育信息化】揭阳市教育信息化基础应用环境不断优化完善，"智慧校园"建设成效突出，全市12所学校成为广东省信息化中心校，4所学校承担省教育信息化"深度融合"任务，揭阳市榕城区、揭东区成为广东省互联网环境下基础教育教学改革试验区。

【教育督导】健全揭阳市政府教育督导委员会，进一步明确工作规程和成员职责。印发《关于加强责任督学挂牌督导工作实施方案（试行）》，不断加强责任督学挂牌督导工作。2021年组织责任督学8 704人次，督导学校1 565所，覆盖率达100%。

【学校安全管理】揭阳市教育系统全面抓实落细疫情常态化防控举措，加强宣传引导，高效有序推进疫苗接种。筑牢校园安全防护战线，聚焦突出风险隐患，联合揭阳市公安局等部门开展5轮校园安全大排查大整治专项行动，全面落实中小学幼儿园安全防范建设三年行动计划。深化文明校园建设，遴选24所学校为2021—2023年广东省文明校园创建单位，8所学校为全国文明校园创建单位。

（撰稿　林建英；审稿　周武城）

云浮市教育

概 况

2021年，云浮市有幼儿园479所，在园（班）幼儿114 801人，学前教育毛入园（班）率为98.1%。义务教育学校256所，在校生377 176人，小学适龄儿童入学率为100%，初中适龄儿童入学率为100%。普通高中23所，在校生47 777人，高中阶段教育毛入学率为95.98%。中等职业学校6所，在校生18 368人。普通高校4所，在校生24 326人。成人高等学校4所，成人本专科在校生11 813人。

（一）坚持加强党对教育工作的全面领导，夯实基层学校党组织战斗堡垒作用

坚持把党的政治建设摆在首位，推动县（市、区）全部成立了教育工委（党工委）和全市中小学校党组织全部归口管理，实现教育系统党的工作和党组织两个"100%全覆盖"。制定了《云浮市教育系统落实〈广东省加强党的基层组织建设三年行动计划（2021—2023年）〉工作方案》并抓好落实。召开了2021年全市教育系统党组织书记抓基层党建工作述职评议会，进一步压实党组织书记第一责任人责任。对全市300名党组织书记和1 000多名基层学校党务工作者进行了培训。创建了28个党建示范点、5个全省基础教育党建工作示范校；在全市教育系统选树表彰80名优秀共产党员、40名优秀党务工作者、30个先进基层党组织，以先进典型引领广大党员干部践行初心使命。理直气壮办好学校思政课，全面落实学校党组织书记、校长上第一堂思政课制度，对全市中小学思政课教师进行了全员培训，举行了云浮市思政课青年教师教学能力大赛和6期"思政教师乡村行"活动，推进新兴县"课程思政"试点县建设并取得较好成效。坚守学校意识形态主阵地，每月定期召开意识形态分析研判会，切实筑牢意识形态工作"护城河""防火墙"。

（二）深入开展党史学习教育，从百年党史中汲取奋进力量

坚持把党史学习教育作为重大政治任务抓好落实，开展了"同上一堂党史课、听一场红色讲座、开展一批红色经典诵读活动、开展一系列实地研学活动、形成一个党史故事汇、举办一系列红色演出""六个一"党史进校园学习活动。推动并完成了教育系统八大"我为群众办实事"项目建设，建立了"每月一课""党课开讲啦"等学习机制，引导党员干部在党史学习中明理增信崇德，进一步增强党性观念。党史学习教育期间，全市有7 021名党员教师、8 242名任课教师被编入党史宣讲队伍；以班会课、团队活动课等形式为学生开展了3万余次党史教育思政课；共组织开展经典诵读活动2 200余次、实地研学700余次、红色演出900余场；共设计征集了优质课例262个、微课142个、学生讲党史公开课788个。

（三）全力做好疫情防控和校园安全工作，确保广大师生身体健康和生命安全

始终把疫情防控和校园安全工作作为学校工作的重中之重，以最大的决心、最实的举措、最严的要求做好安全防范工作。按照"四精准""六分""一独立""三全""五管"的要求，周密部署，分年级、分班级、分批、分期有序错峰组织全市54万多名师生春秋两季安全返校。全市3～11岁计划接种疫苗学生（幼儿）336 406人，12～17岁计划接种疫苗学生192 093人，已100%完成全程接种。自2021年秋季学期以来每天编发《云浮市校园疫情防控工作专班简报》，已有140多期。深入推进平安校园建设，会同相关部门在全市开展的校园安全大排查，共出动执法人员3 991人次，检查学校食堂663家次，学校周边食品经营单位1 387家，整治校园周边环境隐患278个。全市县级"平安学校"覆盖率达100%，已消灭"五无"现象；实现了中小学幼儿园专职保安员配备率、"护学岗"配备率、完全封闭管理率、一键报警装置和视频监控系统达标率"四个100%"，为广大师生营造安全稳定的育人环境。

（四）精心组织协同高效，全力以赴实现了"平安高考"

2021年广东省首次实施"3+1+2"新高考，云浮市教育局积极协调卫健、保密、公安、电信等部门，印发一系列的通知、预案、工作指引等，部署考务工作、疫情防控工作以及试卷安全保密工作

等。全局科室负责同志全部下沉一线，开展督促指导，全面完成"七个百分百"标准化考点建设，全面完成了疫情防控"五个百分百"任务，仅用1天时间就为4466名走读学生和社会考生的家属完成了核酸检测工作，确保了高考平安顺利开展。

（五）坚持以人民为中心，用心用情用力解决群众关切的热点问题

一是聚焦办学条件改善，推进优质学位建设。新建了6所公办中小学、2所公办幼儿园、改扩建30所公办中小学（幼儿园），全市新增公办中小学（幼儿园）学位27 373个。2021年，公办幼儿园在园幼儿占比50.71%，公办幼儿园和普惠性民办幼儿园在园幼儿占比87.31%，超额完成省市要求民生实事任务。二是聚焦教育公平，推进教育均衡发展。在全市全面推行积分制入学政策，进一步规范义务教育学校招生行为，促进教育公平。三是聚焦教育减负，推进"双减"政策落实。出台了关于"五项管理"、校内课后服务、校外培训机构治理等一系列文件，组建了"双减"工作专门协调机制，有序推进"双减"工作。四是规范民办义务教育发展，营造良好教育生态。制定了《云浮市关于规范民办义务教育发展的实施方案》，因地制宜明确各县（市、区）控制民办义务教育学校及在校生比例。开展民办义务教育学校名称专项核查工作，依法规范了民办学校名称。全面实施"公民同招"政策，坚决遏制民办学校违规招生入学、违规办理学籍等问题。落实好年度检查制度。

（六）推进职业教育"扩容、提质、强服务"，提升职业教育服务经济社会发展的能力

一是推进中职学校强发展。全力推进云浮市中等专业学校和新兴中药学校创建广东省高水平中职学校，2021年共投入高水平中职学校建设专项资金共1657万元，进一步改善学校办学条件。积极推进"双精准"专业建设，结合云浮市七大产业集群，大力打造中药、药剂、畜牧兽医、中餐烹饪与营养膳食、汽车运用与维修、电子商务六个"双精准"专业，同时打造一批护理、会计、数控技术应用、机电技术应用专业等市重点建设专业。进一步深化产教融合，6所中职学校与50多家企业开展校企合作，合作的形式有实践教学、共建实习实训基地、现代学徒制、来料加工、技术研发、提供跟岗实习岗位等。二是推进高等学校扩容提质。广东云浮中医药职业学院项目一期已于2021年秋季竣工并顺利招生开学。一期规划用地约26.33万平方米，总建筑面积约13万平方米，总投资9.1亿元，规划在校生4500人，2021年秋季首次招生398人。广东云浮中医药职业学院建成后，初步构建了中专—大专—本科一体化的中医药人才培养体系。此外，罗定职业技术学院西校区首期也已于2021年秋季投入使用。

（七）坚持抓好素质教育，培养德智体美劳全面发展的社会主义建设者和接班人

校园体育事业稳步发展，全市31 129名初中毕业生在疫情防控常态化下顺利完成了体育中考。举办2021年青少年校园足球夏令营、云浮市2021年校园足球联赛（高中组）总决赛。创建了11所全国青少年校园足球特色学校，2所全国足球特色幼儿园。举办了2期校园足球教师专题培训班、2期学校卫生管理骨干培训班，组织全市中小学校足球教师和卫生管理干部进行轮训。联合市有关部门举办了3期健康教育知识线上讲座，丰富青少年学生健康知识。深入开展爱国卫生运动，顺利完成中小学"厕所革命"。

（八）加强和改进学校德育工作，培育和践行社会主义核心价值观

一是加强示范学校和校外德育基地建设工作。全市创建国家级文明校园1所，省级文明校园4所、省级文明校园先进学校9所，市级文明校园7所、市级文明校园先进学校290所，创建市级"三全育人示范校"10所。建设乡村学校少年宫共44所，遴选广东省中小学研学实践基地2个、云浮市中小学研学实践基地10个。二是加强中小学劳动教育。制定《云浮市全面加强新时代中小学劳动教育的实施方案》，开足开齐综合实践活动课程，全市中小学利用闲置土地、花圃、绿化带及宿舍等开辟校内劳动实践基地109个，组织学生参加研学实践教育活动6.8万人次。三是加强青少年法治教育。创建广东省依法治校示范校22所，市级依法治校示范学校、达标学校290所，覆盖率达100%。全部中小学校100%配备兼职法治副校长。四是加强中小学心理健康教育。成立心理健康防护工作专班，制定《云浮市中小学生心理危机预防、预警和干预工作方案》。

（九）加快推进"互联网＋教育"，全面提升教育信息化发展水平

一是大力推进"精品数字课程"资源建设。通过"一师一优课、一课一名师"等活动，征集和评选出一大批优质精品数字课程资源。二是大力推动青少年科技创新教育。与市科技局、市科协等单位合作，举办了云浮市创客种子教师培训班、STEM

教育培训班等一系列的培训，大力培养青少年科技创新教育骨干教师。

（十）切实加强教研工作，促进教育教学质量全面提升

深入推进落实《云浮市教研员联系学校制度》，推进教研下基层，教研员挂点定期下乡进学校听课、评课，召开了全市非毕业班教学质量分析会，举办了全市新高考背景下的教育教学管理培训班、新教材培训班、数字教材培训班，切实提高中小学教师教学能力。分批分学段举办了全市54个学科的教学技能大赛。全市有320名教师获得市级中小学青年教师教学能力大赛决赛奖励。强化"走出去、请进来"，多次和佛山市举办名师课堂、同课异构、高考备考研讨等教研活动。通过线上线下融合的方式进行了新教材培训工作，参训教师达1500多人。

（十一）多措并举加强教师队伍建设，切实提高教师队伍素质

一是落实教师全员培训计划。督促指导各县（市、区）落实教师全员培训工作，并组织教师参加国家级培训11人次，省级培训554人次；组织800多名骨干教师、450多名学校党务工作者参加市级培训。二是加强师德师风建设。深入开展"师德师风建设年"活动，组织师德师风学习、师德培训、师德考核及评选表彰等工作。三是落实教师工资福利待遇。贯彻落实中小学教师工资收入水平"两个不低于或高于"要求，全市各县（市、区）都出台义务教育教师工资待遇保障长效联动机制文件并报省教育厅备案，全市各县（市、区）全部做到县域义务教育教师平均工资收入水平不低于当地公务员。

（十二）提升教育督导效能，确保党的教育方针政策和市委、市政府的工作部署落地落实

顺利完成2021年省对市县级政府履行教育职责评价及实地核查工作，制订了相关工作方案，积极与省教育厅沟通，做好2021年评价要点的查漏补缺工作。深化中小学幼儿园责任督学挂牌督导工作，组织312名责任督学挂牌全市35个责任区、1359所中小学幼儿园，实现全覆盖，开展经常性督导。全面完成全市595所幼儿园（班）第一周期幼儿园办园行为督导评估工作。围绕省市教育重点工作、生均公用经费拨款、"五项管理"、"双减"等热点问题常态化开展专项督导，实行定期通报、限期整改、细化督办，确保中央和省市部署要求落地落实。顺利完成了100多所中小学、3000多名师生参与四年级数学、体育、心理健康三门学科的2021年义务教育质量监测，并及时完成2019年全市义务教育质量监测结果解读。

各级各类教育

【基础教育】（一）学前教育

2021年，云浮市有幼儿园479所，其中公办幼儿园139所（含集体办园），民办幼儿园340所，在园（班）幼儿11.48万人。幼儿园教职工12753人，其中专任教师7023人。加大普惠性幼儿园建设力度，全市普惠性幼儿园共413所（含公办和普惠性民办幼儿园），占幼儿园数的86.22%，云浮市实验幼儿园、第二幼儿园顺利开园。举办第三届云浮市幼儿园青年教师教学能力大赛。以"我（们）与学前教育改革这十年"为主题，开展2021年全国学前教育宣传月活动。统筹推进幼儿园和小学科学有效衔接，出台攻坚行动方案。巩固学前教育"5080"攻坚行动成果，落实2021年省新增学前教育公办学位民生实事任务。新兴县教育局、罗定市连州镇中心小学、罗平镇中心小学成功申报广东省学前教育高质量发展实验区项目。开展无证幼儿园清查整治工作，印发无证幼儿园监管和整治长效机制专项行动工作方案。

（二）义务教育

全面落实中小学校建设规划，抓好学位建设工程。2021年，全市增加学位23215个，云安区鲲鹏小学，罗定市第二小学、罗定市第三小学、罗定市第四小学，新兴县北英实验学校（民办），云浮市佛云学校（初中）等6所中小学建成投入使用。抓好三类省重点项目建设工作。推进义务教育优质均衡发展工程。加快推进农村义务教育寄宿制学校建设和"改薄提升"学校建设。推进义务教育集团化办学探索。2021年，云浮市向省推荐了罗城中心小学教育集团和罗定培英教育集团作为省优质教育集团化办学的案例。

进一步规范义务教育学校招生行为，在各县（市、区）中心城区义务教育学校推行积分制入学

政策，促进教育公平，维护社会稳定。8月底前，各县（市、区）完成了中心城区义务教育积分入学政策的实施。全市随迁子女报名10 537人，录取10 498人，录取率达99.63%，全部入读公办学校，群众满意度较高，进一步促进了教育公平。

全力推进校内课后服务。在坚持"公益普惠、自愿选择、公开服务、安全第一"四个基本原则的基础上，通过购买服务、引进第三方等方式，积极稳妥推进中小学校内课后服务试点工作，解决下午4点半学生放学后接送难、看管难问题。公开征集、遴选了3家云浮市中小学生校内课后服务提供商，9月起各地学校校内课后结合实际全面正式开展。截至2021年12月底，全市已有10.3万名学生参与课后服务，顺利完成"两个百分百"（即必须开展课后服务义务教育学校百分百开展，有需求参加课后服务的学生百分百参加）。

推动"双减"政策落实到基层，落实到学校，落实到师生，让人民群众不断增强教育的获得感、满意度，建立了由教育部门牵头，宣传、发改、公安、民政、市场监管等16个部门组成的云浮市"双减"工作专门协调机制，实行半月通报制度。在校内，全市所有义务教育阶段学校已全部建立作业校内公示制度，并实现了作业时间控制达标；进一步提升学校办学水平和课堂教学质量，将作业、睡眠、手机、读物、体质、考试管理落到实处。在校外，从严治理校外培训机构，不再审批新的面向义务教育阶段学生和普通高中学生的学科类校外培训机构及学龄前儿童的校外培训机构；现有义务教育阶段学科类培训机构统一登记为非营利性机构，不得上市融资；严格控制学科类培训时间，对线上学科类培训机构从备案制改为审批制，确保校内校外双减负。

（三）普通高中教育

2021年，云浮市有普通高中22所，其中省一级及以上学校12所（含国家级示范性普通高中6所）、市一级学校8所，未评级2所；在校生共45 651人。一是推进普通高中优质特色发展。强化内涵建设，提高办学质量。积极推进高中课程改革，更新办学理念，规范学校管理，加强队伍建设，促进内涵发展和特色建设。二是稳妥推进高中阶段教育招生制度改革，保障教育公平，促进教育协调发展，全市公办国家级示范性普通高中和省一级普通高中学校均安排不低于50%的招生名额实行"指标到校"招生，进一步加大普通高中招生统筹管理工作，推进普通高中优质特色发展工程。全面实施普通高中"阳光招生"工程，制订并实施化解普通高中大班额（56人以上）计划，强化校园文化建设，打造办学特色，深化普通高中新课程改革及综合素质评价改革，切实提升普通高中教育质量管理，全面提高普通高中综合实力。2021年云浮市普通高中招生任务16 800人，实际完成招生16 552人。2021年普通高中新增加罗定市培献中学。

（四）特殊教育

2021年，云浮市有特殊教育学校5所，分别是云浮市特殊教育学校、云安区博华特殊教育学校（民办）、罗定市特殊教育学校、新兴县特殊教育学校和郁南县特殊教育学校，在校生940人。加强对特殊教育工作的统筹指导和科学管理，成立云浮市残疾人教育专家委员会。举办第三届云浮市特殊教育青年教师教学能力大赛。做好2021年未入学残疾儿童少年核实和安置工作，做好适龄残疾儿童少年入学情况监测系统应用和管理工作，加强入学安置工作跟踪管理。落实义务教育阶段残疾学生生均公用经费标准，按每年不低于6 000元的标准拨付经费。实施高中阶段残疾学生免学杂费、课本费政策。改善特殊教育学校办学条件，加强各级特殊教育资源中心建设，增加功能场所设施设备。组织各县（市、区）参加全省特殊教育干部培训班。推进融合教育，提高普通学校随班就读质量。

【职业与成人教育】（一）中等职业教育

2021年，云浮市有中等职业学校6所（公办中职学校5所、民办中职学校1所），其中，省示范性中等职业学校1所（广东省新兴中药学校），国家重点中等职业学校1所（新兴理工学校），省重点中等职业学校3所（云浮市中等专业学校、罗定市中等职业技术学校和郁南县职业技术学校），民办中职学校1所（罗定市培英中等职业学校）。

全市6所中职学校占地面积共109.64万平方米，生均占地面积63.75平方米；校舍建筑面积共37.78万平方米，生均校舍建筑面积为21.97平方米。全市高中阶段在校生共64 975人，其中，普通高中47 777人，中职17 198人（不含技工及输送珠三角学生）。普通高中招生16 555人，毕业生14 900人；中职招生7 072人（不含技工学校招生1 702人及输送市外6 400人），毕业生4 562人。2020—2021年，全市普通高中与中等职业教育招生比例为52.18∶47.82。

（二）成人教育

云浮市成人教育工作主要由云浮开放大学、罗定开放大学、新兴开放大学及郁南开放大学4所开

放大学承担。2021年,全市成人本专科招生6 265人,比2020年增长82.4%;在校生11 813人,比2020年增长91.4%;毕业生1 866人,比2020年增长8.9%。

【高等教育】2021年,云浮市有全日制普通高校4所,其中,本科院校1所(广东药科大学云浮校区),高职院校3所(罗定职业技术学院、广东云浮中医药职业学院及广州华立科技职业学院云浮校区),普通高等教育全日制在校生24 326人,各类各层次成人学历高等教育在校学员11 813人。

教育成果与特色

【基础教育学校管理】坚持加强党对教育工作的全面领导,夯实基层学校党组织战斗堡垒作用。坚持高位统筹。云浮市委、市政府高度重视教育工作,主要领导多次召开专题会议研究教育工作,有关领导深入每个县(市、区)专题调研教育工作,强调要坚定不移走科教兴市的高质量发展路子,要求云浮市教育3年上台阶、5年跨越发展。强化政治引领。实现教育系统党的工作和党组织两个"100%全覆盖"。压实党建责任。制定市教育系统新一轮基层党建三年行动计划,每年开展学校党组织书记党务工作者全员培训。夯实基层党建。2020年创建了28个市级学校党建示范点,2021年继续创建20个。办好学校思政课。全面落实学校党组织书记、校长上第一堂思政课制度,举办了6期"思政教师乡村行"活动,推进新兴县"课程思政"试点县建设并取得较好成效。

全力做好疫情防控和校园安全工作,确保广大师生身体健康和生命安全。毫不松懈抓好疫情防控工作。慎终如始抓好常态化疫情防控各项举措,如期推进师生疫苗接种工作。在云浮"0131"输入性疫情中,全市教育系统经受住了考验,坚决防止了疫情向校园蔓延。深入推进平安校园建设,实现了全市中小学幼儿园专职保安员配备率、学校"护学岗"配备率、学校封闭化管理率、一键报警装置和视频监控系统达标率四个100%。全力以赴实现了"平安考试",统筹做好疫情防控和高考、自学考试、研究生考试等各项考试工作。坚守学校意识形态主阵地,坚持每月至少召开1次意识形态分析研判会,管好校园主阵地,加强隐患排查处置。

坚持以人民为中心,用心用情用力解决群众关切的热点问题。切实加强顶层设计。为贯彻落实《广东省推动基础教育高质量发展行动方案》(粤府〔2021〕55号)精神,云浮市围绕补短板、强弱项目标,聚焦镇域中小学校布局调整、公办优质学位供给、教师队伍建设以及教育教学质量提升四大核心任务,草拟了《云浮市推动基础教育高质量发展的实施方案》及5个配套实施办法。一是优化义务教育学校布局。利用三年时间,整合一批"小、散、弱"学校。二是增加公办优质学位供给。推动新建扩建一批公办中小学校(幼儿园),到2025年,全市新增中小学(幼儿园)公办学位84 843个。三是培养高素质教师队伍。深入实施"新强师工程"和教育英才计划,加强校长、教师、教研人员"三支队伍"建设。四是全力打造品牌高中。着力打造2~3所在全省具有一定影响力的品牌高中,引领全市基础教育高质量发展。五是建立市对县级政府推进基础教育高质量发展考核体系。进一步压实县级政府基础教育办学主体责任。通过大力推进"1+5"政策措施,努力实现3年上台阶,5年跨越发展,提高人民群众对教育的满意度和幸福感。

推进优质学位建设。2021年,全市新建6所公办中小学、2所公办幼儿园,改扩建30所公办中小学(幼儿园),新增公办中小学(幼儿园)学位27 373个。2022年全市学位建设任务项目41个(其中新建项目15个,改扩建项目26个),计划新增学位2.79万个。截至2021年5月底,已开工建设25个,完成投资23 343万元。

积极落实"双减"政策。出台关于"五项管理"、校内课后服务、校外培训机构治理等一系列文件,组建"双减"工作专门协调机制,有序推进"双减"工作。全面推进义务教育学校校内课后服务工作,实现了应开展学校开展率和有需求学生参与率两个100%,并已立项制定云浮市义务教育校内课后服务管理规范,进一步规范校内课后服务管理。实现教育部校外培训机构监管与服务平台上机构资质合规率、资金监管率两个100%。加强对非学科类校外培训机构的指导和督促,于5月23日前完成了所有非学科类培训机构的合规性审批,合规性审批率达到100%。

大力推进小学运动场标准化建设。全面摸查义务教育运动场地薄弱学校，拟订了三年完善建设规划，并组织召开推进会，明确责任分工。

【招生考试管理】2021年，云浮市考试招生工作平稳顺利，考试招生改革发展规范有序。

实现了2021年"平安考试"工作目标。全市共组织了17项教育考试，高考共有考生19106人，比2020年增加696人；中考共有考生64776人，比2020年增加4108人；成人高考共有考生6456人，比2020年增加了15.4%；教师资格考试（笔试）考生从3000多人增加至6000多人；研究生考试共有考生1595人。

确保新高考改革落地落实。一是完成了考点和保密室升级改造工作。全市保密室均按省有关规定完成升级改造，筑牢考试安全保密防线。二是疫情防控取得良好成效。全市紧绷疫情防控这根弦，疫苗接种有序落实，物资供应全面充足，联防联控和群防群控落实到位。三是有条不紊完成考务实施。各地各考点切实解决了高考改革背景下试卷保管、考场编排、考务组织、考生管理等方面面临的新问题，开展了细致明确的考务和防疫培训，深入开展突发事件应急演练，严格做好考点考场布置，顺利组织考试。

平稳完成2021年高中阶段学校招生工作。2021年，云浮市教育局先后出台了云浮市2021年高中阶段学校招生录取工作实施办法、志愿填报、招生录取工作日程安排等通知文件，进一步规范招生行为。一是协调联动开展高中招生录取工作；二是统一平台开展招录工作；三是科学划出全市普通高中批次最低录取控制分数线；四是严肃工作纪律，加强内外监督。

印发高中阶段学校考试招生制度改革实施方案。在充分调研和广泛征求意见的基础上，云浮市教育局正式印发了《云浮市高中阶段学校考试招生制度改革实施方案》。新中考方案从2020级初中一年级新生（即2023年起）开始执行。通过改革，全市进一步落实立德树人根本任务，引导学生注重全面发展，加大动手实践能力培养力度，引导学校、学生和家长正确认识义务教育各学科的学习，注重基本素质的培养，扎实打好基础，推动义务教育优质均衡发展和高中阶段教育高水平高质量普及。

【教师队伍建设】加大高层次人才引进力度，充实教师队伍。2021年，全市教师招聘和人才引育工作成效明显。一是全市通过公开招聘新增专任教师529人。二是通过公开招聘和直接到高校招聘的方式引进了36名研究生。三是实施公费定向培养粤东粤西粤北地区中小学教师计划，为乡村学校及教学点培养"一专多能"教师，重点补充紧缺学科教师，着力解决云浮市农村学校结构性缺编问题。

加强教师培训，重点打造"三名工程"。深入开展"强师工程"，做好2021年云浮市教师继续教育工作。一是根据省教育厅通知要求做好国培、省培项目。选派1名校长参加2021年校长国培示范性项目卓越校长领航工程研修学习；选派1名校长参加"校长国培计划"——2021年培训者高级研修班；选派757人参加2021年"新强师工程"中小学幼儿园（含特殊教育）骨干教师、校（园）长省级培训。二是督促各县（市、区）落实教师全员培训工作。三是切实开展市级各类教师培训项目。

深入推进实施"县管校聘"改革，均衡教育资源。深入推进实施"县管校聘"，均衡教育资源，使中小学公办教师交流轮岗变得更加机动灵活。2020—2021学年，全市合计交流教师2017人，占全市教师总数的7.5%，其中校长交流轮岗101人。通过实施"县管校聘"，将优秀校长、教师调配到薄弱学校进行教育教学活动，充分发挥"传帮带"的作用，收到良好效果。

（资料整理　张文开；审稿　林文裕）

教育统计

EDUCATIONAL STATISTICS

· 教育统计 ·
EDUCATIONAL STATISTICS

广东省学校数

(单位：所)

	2010年	2015年	2020年	2021年	2021年比2020年		2021年比2010年	
					增加数	增加率（%）	增加数	年均增加率（%）
各级各类教育合计	33 336	31 849	36 986	37 467	481	1.3	4 131	1.1
一、培养研究生单位	31	28	30	32	2	6.7	1	0.3
其中：普通高校	23	25	27	29	2	7.4	6	2.1
二、高等教育	146	158	168	174	6	3.6	28	1.6
（一）普通高等学校	131	143	154	160	6	3.9	29	1.8
其中：普通本科院校	55	62	65	65	0	0.0	10	1.5
本科层次职业学校	—	—	2	2	0	—	—	—
高职（专科）院校	76	81	87	93	6	6.9	17	1.9
（二）成人高等学校	15	15	14	14	0	0.0	-1	-0.6
三、高中阶段教育	1 838	1 663	1 577	1 606	29	1.8	-232	-1.2
（一）中等职业教育	566	481	396	382	-14	-3.5	-184	-3.5
（二）技工学校	246	163	146	148	2	1.4	-98	-4.5
（三）普通高中	1 026	1 019	1 035	1 076	41	4.0	50	0.4
其中：完全中学	697	573	538	544	6	1.1	-153	-2.2
十二年一贯制学校	—	106	178	204	26	14.6	—	—
高级中学	329	340	319	328	9	2.8	-1	0.0
四、初中	3 308	3 415	3 748	3 832	84	2.2	524	1.3
其中：九年一贯制学校	—	1 358	1 725	1 855	130	7.5	—	—
五、小学	16 806	10 126	10 600	10 599	-1	0.0	-6 207	-4.1
另有：教学点（不计校数）	—	6 285	5 701	5 533	-168	-2.9	—	—
六、幼儿园	11 161	16 368	20 747	21 101	354	1.7	9 940	6.0
七、特殊教育学校	75	116	143	150	7	4.9	75	6.5
八、专门学校	2	3	3	5	2	66.7	3	8.7

注：1. 各级各类教育合计数含高等教育、高中阶段教育、普通初中、小学、幼儿教育、特殊教育学校、专门学校数据。
　　2. 2014年起中国科学院大学所辖的广州化学研究所、南海海洋研究所、华南植物研究所、广州能源研究所和广州地球化学研究所的教育事业统一归口中国科学院大学管理，从2013年起研究生数据均不含以上培养研究生单位数据。
　　3. 研究生培养单位含2021年新增但未招生的肇庆学院、广东石油化工学院。
　　4. 技工学校有关数据由广东省人力资源和社会保障厅提供。

广东省毕业生数

(单位：人)

类别	2010年	2015年	2020年	2021年	2021年比2020年		2021年比2010年	
					增加数	增加率（%）	增加数	年均增加率（%）
各级各类教育合计	5 856 267	5 812 343	6 400 975	6 698 451	297 476	4.6	842 184	1.2
一、高等教育	514 911	720 468	891 490	1 032 938	141 448	15.9	518 027	6.5
（一）研究生	17 862	26 174	36 011	38 911	2 900	8.1	21 049	7.3
1. 博士	2 436	2 947	3 393	3 735	342	10.1	1 299	4.0
2. 硕士	15 426	23 227	32 618	35 176	2 558	7.8	19 750	7.8
（二）普通本专科	152 893	224 145	274 415	282 227	7 812	2.8	129 334	5.7
（三）职业本科	—	—	0	0	0	—	—	—
（四）高职（专科）	181 294	252 756	275 675	292 180	16 505	6.0	110 886	4.4
（五）成人本专科	144 427	183 503	265 912	299 581	33 669	12.7	155 154	6.9
1. 本科	46 973	55 713	75 790	98 587	22 797	30.1	51 614	7.0
2. 专科	97 454	127 790	190 122	200 994	10 872	5.7	103 540	6.8
（六）网络本专科	18 435	33 890	39 477	120 039	80 562	204.1	101 604	18.6
1. 本科	10 545	14 102	14 278	24 268	9 990	70.0	13 723	7.9
2. 专科	7 890	19 788	25 199	95 771	70 572	280.1	87 881	25.5
二、高中阶段教育	1 027 389	1 288 599	1 018 347	1 007 078	-11 269	-1.1	-20 311	-0.2
（一）中等职业教育小计	459 741	561 909	419 985	414 972	-5 013	-1.2	-44 769	-0.9
1. 中等职业教育	331 741	417 278	266 124	260 465	-5 659	-2.1	-71 276	-2.2
2. 技工学校	128 000	144 631	153 861	154 507	646	0.4	26 507	1.7
（二）普通高中	567 648	726 690	598 362	592 106	-6 256	-1.0	24 458	0.4
三、初中	1 534 663	1 292 909	1 204 191	1 263 627	59 436	4.9	-271 036	-1.8
四、小学	1 741 881	1 214 916	1 469 516	1 590 812	121 296	8.3	-151 069	-0.8
五、幼儿园	1 036 468	1 293 693	1 814 323	1 800 294	-14 029	-0.8	763 826	5.1
六、特殊教育	4 165	3 053	6 084	9 289	3 205	52.7	5 124	7.6
特殊学校和附设特教班学生数	801	1 626	2 843	3 558	715	25.1	2 757	14.5
在普通中小学随班就读及送教上门学生数	3 364	1 427	3 241	5 731	2 490	76.8	2 367	5.0
七、专门学校	154	132	265	144	-121	-46	-10	-1

注：1. 特殊教育中的"在普通中小学随班就读及送教上门学生数"在各普通中小学学生数中已统计。

2. 2019年，教育部对"离园"指标统计口径进行了重新界定。2018年及以前，"离园"含完成学前教育离开本园和从本园转出到其他幼儿园的幼儿人数；2019年起，仅指完成学前教育离开本园的幼儿人数。由于统计口径的统计范围有所减少，因此学前教育毕业生数比往年有较大变化。

广东省招生数

（单位：人）

类别	2010年	2015年	2020年	2021年	2021年比2020年		2021年比2010年	
					增加数	增加率（%）	增加数	年均增加率（%）
各级各类教育合计	6 883 172	6 821 761	7 696 995	7 721 165	24 170	0.3	837 993	1.0
一、高等教育	659 262	868 086	1 473 352	1 398 363	-74 989	-5.1	739 101	7.1
（一）研究生	30 700	35 893	59 918	64 501	4 583	7.6	33 801	7.0
1. 博士	3 307	3 540	6 394	7 023	629	9.8	3 716	7.1
2. 硕士	22 491	27 110	53 524	57 478	3 954	7.4	34 987	8.9
3. 在职人员攻读硕士学位	4 902	5 243	0	0	0	—	-4 902	-100.0
（二）普通本科	217 048	275 399	335 912	348 195	12 283	3.7	131 147	4.4
（三）职业本科	—	—	9 279	6 388	-2 891	-31.2	—	—
（四）高职（专科）	223 119	286 057	572 005	397 303	-174 702	-30.5	174 184	5.4
（五）成人本专科	161 757	241 193	453 516	431 525	-21 991	-4.8	269 768	9.3
1. 本科	57 130	60 360	145 135	163 481	18 346	12.6	106 351	10.0
2. 专科	104 627	180 833	308 381	268 044	-40 337	-13.1	163 417	8.9
（四）网络本专科	26 638	29 544	42 722	150 451	107 729	252.2	123 813	17.0
1. 本科	11 830	12 806	22 007	28 580	6 573	29.9	16 750	8.3
2. 专科	14 808	16 738	20 715	121 871	101 156	488.3	107 063	21.1
二、高中阶段教育	1 779 201	1 259 159	1 202 362	1 260 625	58 263	4.8	-518 576	-3.1
（一）中等职业教育小计	1 023 320	594 783	530 557	555 389	24 832	4.7	-467 931	-5.4
1. 中等职业教育	741 320	395 377	313 885	335 993	22 108	7.0	-405 327	-6.9
2. 技工学校	282 000	199 406	216 672	219 396	2 724	1.3	-62 604	-2.3
（二）普通高中	755 881	664 376	671 805	705 236	33 431	5.0	-50 645	-0.6
三、初中	1 663 662	1 164 480	1 419 625	1 546 199	126 574	8.9	-117 463	-0.7
四、小学	1 359 159	1 658 031	1 770 662	1 838 010	67 348	3.8	478 851	2.8
五、幼儿园	1 420 443	1 868 715	1 825 885	1 672 236	-153 649	-8.4	251 793	1.5
六、特殊教育	3 666	7 303	12 550	13 198	648	5.2	9 532	12.4
特殊学校和附设特教班学生数	1 330	3 185	4 951	5 371	420	8.5	4 041	13.5
在普通中小学随班就读及送教上门学生数	2 336	4 118	7 599	7 827	228	3.0	5 491	11.6
七、专门学校	115	105	158	361	203	128.5	246	11.0

注：1. 从2017年起，在职人员攻读硕士专业学位招生纳入国家硕士生招生统筹管理，教育部按全日制和非全日制下达全国研究生招生计划。

2. 2019年，教育部对"入园"指标统计口径进行了重新界定。2018年及以前，"入园"含首次进入学前教育和从其他幼儿园转入到本园的幼儿人数；2019年起，仅指首次进入学前教育的幼儿人数。由于统计口径的统计范围有所减少，因此学前教育招生数比往年有较大变化。

3. 高职招生数为统计报表招生报到数，含高职扩招学生。

4. 2020年高职（专科）招生数含2019年高职扩招秋季录取、2020年春季入学的学生数。

5. 特殊教育中的"在普通中小学随班就读及送教上门学生数"在各普通中小学学生数中已统计。

广东省在校学生数

(单位：人)

类别	2010年	2015年	2020年	2021年	2021年比2020年		2021年比2010年	
					增加数	增加率（%）	增加数	年均增加率（%）
各级各类教育合计	22 707 645	22 819 662	26 615 245	27 741 264	1 126 019	4.2	5 033 619	1.8
一、高等教育	2 048 028	2 725 085	3 783 888	4 088 174	304 286	8.0	2 040 146	6.5
（一）研究生	90 542	110 378	154 748	174 309	19 561	12.6	83 767	6.1
1. 博士	12 341	14 474	22 127	25 020	2 893	13.1	12 679	6.6
2. 硕士	60 114	74 930	129 220	149 289	20 069	15.5	89 175	8.6
3. 在职人员攻读硕士学位	18 087	20 974	3 401	0	−3 401	−100.0	−18 087	−100.0
（二）普通本科	778 595	1 040 784	1 209 688	1 266 623	56 935	4.7	488 028	4.5
（三）职业本科	—	—	12 845	19 104	6 259	48.7	—	—
（四）高职（专科）	648 029	815 571	1 177 694	1 254 052	76 358	6.5	606 023	6.2
（五）成人本专科	463 987	664 495	1 103 093	975 147	−127 946	−11.6	511 160	7.0
1. 本科	161 569	172 624	341 069	380 130	39 061	11.5	218 561	8.1
2. 专科	302 418	491 871	762 024	595 017	−167 007	−21.9	292 599	6.3
（六）网络本专科	66 875	93 857	125 820	398 939	273 119	217.1	332 064	17.6
1. 本科	34 263	42 732	61 575	87 502	25 927	42.1	53 239	8.9
2. 专科	32 612	51 125	64 245	311 437	247 192	384.8	278 825	22.8
二、高中阶段教育	4 391 247	3 814 722	3 379 304	3 539 569	160 265	4.7	−851 678	−1.9
（一）中等职业教育小计	2 301 785	1 760 689	1 475 787	1 531 843	56 056	3.8	−769 942	−3.6
1. 中等职业教育	1 547 785	1 172 119	866 831	903 049	36 218	4.2	−644 736	−4.8
2. 技工学校	754 000	588 570	608 956	628 794	19 838	3.3	−125 206	−1.6
（二）普通高中	2 089 462	2 054 033	1 903 517	2 007 726	104 209	5.5	−81 736	−0.4
三、初中	5 001 040	3 553 170	4 054 670	4 292 084	237 414	5.9	−708 956	−1.4
四、小学	8 485 498	8 688 785	10 571 118	10 790 100	218 982	2.1	2 304 602	2.2
五、幼儿园	2 772 293	4 022 844	4 801 766	5 003 933	202 167	4.2	2 231 640	5.5
六、特殊教育	26 064	36 048	63 802	71 170	7 368	11.5	45 106	9.6
特殊学校和附设特教班学生数	9 331	14 677	24 173	26 761	2 588	10.7	17 430	10.1
在普通中小学随班就读及送教上门学生数	16 733	21 371	39 629	44 409	4 780	12.1	27 676	9.3
七、专门学校	208	379	326	643	317	97.2	435	10.8

注：1. 从2021年起，广东开放大学学生统计从成人教育学生调整为网络教育学生。
2. 特殊教育中的"在普通中小学随班就读及送教上门学生数"在各普通中小学学生数中已统计。

广东省教职工数

(单位：人)

类别	2010年	2015年	2020年	2021年	2021年比2020年		2021年比2010年	
					增加数	增加率（%）	增加数	年均增加率（%）
各级各类教育合计	1 383 057	1 661 786	2 040 062	2 164 712	124 650	6.1	781 655	4.2
一、高等教育	123 849	144 174	181 090	193 522	12 432	6.9	69 673	4.1
（一）普通高等学校	114 018	139 888	177 919	190 310	12 391	7.0	76 292	4.8
（二）成人高等学校	9 831	4 286	3 171	3 212	41	1.3	-6 619	-9.7
二、中等职业教育小计	86 554	87 199	87 643	89 891	2 248	2.6	3 337	0.3
（一）中等职业教育	58 754	57 760	55 946	57 214	1 268	2.3	-1 540	-0.2
（二）技工学校	27 800	29 439	31 697	32 677	980	3.1	4 877	1.5
三、普通中学（含普通初高中）	445 335	475 396	514 736	543 201	28 465	5.5	97 866	1.8
其中：九年一贯制学校	—	133 681	207 955	235 044	27 089	13.0	—	—
十二年一贯制学校	—	30 475	67 588	80 921	13 333	19.7	—	—
四、小学	487 773	514 405	637 589	676 565	38 976	6.1	188 792	3.0
五、幼儿园	236 760	436 203	611 347	652 841	41 494	6.8	416 081	9.7
六、特殊教育学校	2 719	4 271	7 461	8 407	946	12.7	5 688	10.8
七、专门学校	67	138	196	285	89	45.4	218	14.1

注：1. 2010年及以前广播电视大学含分校教职工数，2011年起不含。
2. 因一贯制学校的存在，小学教职工数和普通中学教职工数按照专任教师比例进行折算。
3. 表中的九年一贯制学校、十二年一贯制学校数据是实际统计数据，并未进行折算。
4. 2019年及以前高等教育的教职工取校本部数，2020年起，教职工取全口径数。

广东省专任教师数

(单位：人)

类别	2010年	2015年	2020年	2021年	2021年比2020年		2021年比2010年	
					增加数	增加率（%）	增加数	年均增加率（%）
各级各类教育合计	1 108 664	1 307 083	1 545 861	1 617 176	71 315	4.6	508 512	3.5
一、高等教育	84 684	101 449	124 396	130 890	6 494	5.2	46 206	4.0
（一）普通高等学校	78 569	98 897	122 350	128 811	6 461	5.3	50 242	4.6
其中：正高级职称	8 787	12 267	16 773	17 363	590	3.5	8 576	6.4
副高级职称	20 585	25 824	33 075	34 613	1 538	4.7	14 028	4.8
（二）成人高等学校	6 115	2 552	2 046	2 079	33	1.6	-4 036	-9.3
其中：正高级职称	64	52	28	28	0	0.0	-36	-7.2
副高级职称	1 034	510	414	419	5	1.2	-615	-7.9
二、高中阶段教育	188 402	216 844	219 659	227 193	7 534	3.4	38 791	1.7
（一）中等职业教育	43 533	44 972	43 848	44 944	1 096	2.5	1 411	0.3
（二）技工学校	19 800	21 011	24 009	24 866	857	3.6	5 066	2.1
（三）普通高中	125 069	150 861	151 802	157 383	5 581	3.7	32 314	2.1
三、初中	266 445	275 787	300 929	315 086	14 157	4.7	48 641	1.5
四、小学	430 735	468 608	573 428	592 196	18 768	3.3	161 461	2.9
五、幼儿园	136 321	240 749	321 477	345 057	23 580	7.3	208 736	8.8
六、特殊教育学校	2 026	3 550	5 841	6 589	748	12.8	4 563	11.3
七、专门学校	51	96	131	165	34	26.0	114	11.3

·教育统计·
EDUCATIONAL STATISTICS

广东省各级各类教育基本情况（一）

类别	2010 年	2015 年	2020 年	2021 年	2021 年比 2020 年增加数	2021 年比 2010 年增加数
一、教育普及情况						
（一）学前教育						
学前教育毛入园率（%）	82.57	100.97	107.04	104.14	-2.9	21.6
（二）小学						
1. 净入学率（%）	99.95	99.98	100.00	100.00	0.0	0.0
2. 五年巩固率（%）	98.24	98.37	99.76	99.52	-0.2	1.3
3. 小学毕业生升学率（%）	95.51	95.85	96.60	97.20	0.6	1.7
（三）初中						
1. 毛入学率（%）	109.61	114.62	109.75	109.52	-0.2	-0.1
2. 三年巩固率（%）	90.41	94.84	97.53	98.09	0.6	7.7
3. 义务教育九年巩固率（%）		93.74	96.11	96.22	0.1	96.2
4. 初中毕业生升学率（%）	94.30	93.49	98.76	97.64	-1.1	3.3
（四）高中阶段						
高中阶段教育毛入学率（%）	86.20	95.66	97.29	97.71	0.4	11.5
（五）高等教育						
高等教育毛入学率（%）	28.00	33.02	53.41	57.65	4.2	29.7
二、生均校舍面积（平方米/人）						
（一）小学	6.92	7.62	7.13	7.17	0.0	0.3
（二）普通中学	10.71	17.46	20.59	21.02	0.4	10.3
（三）中等职业教育	10.14	14.15	19.17	18.52	-0.6	8.4
（四）普通高等学校	30.23	26.74	25.56	27.19	1.6	-3.0
三、生均教学仪器设备值（元/生）						
（一）中等职业教育	2 910.15	5 535.30	10 415.26	9 983.93	-431.3	7 073.8
（二）普通高等学校	9 748.64	10 848.58	16 553.53	18 184.34	1 630.8	8 435.7
四、生均图书（册/生）						
（一）小学	19.11	21.62	21.58	21.93	0.3	2.8
（二）普通初中	17.56	35.11	38.77	39.89	1.1	22.3
（三）普通高中	34.50	55.15	60.31	58.46	-1.8	24.0
（四）中等职业教育	16.24	24.84	28.87	25.88	-3.0	9.6
（五）普通高等学校	67.68	69.37	68.17	67.98	-0.2	0.3

注：1. 2011 年起，初中毕业生升学率（%）计算公式为新学年高中阶段一年级招生数（普通高中招生数+中职招应届初中毕业生数+技工学校招生数）/初中毕业生总数（普通初中毕业生数+职业初中毕业生数）×100%（不考虑跨省升学学生）。

2. 小学升学率（%）=初中招生数/小学毕业生数（不考虑跨省升学学生）。

3. 小学生均校舍建筑面积（图书）=小学校舍建筑总面积（图书资源总量）/小学在校生数总数。

4. 初中生均校舍建筑面积（图书）=（初级中学+九年一贯制学校）校舍建筑总面积（图书资源总量）/初中在校生数总数。

5. 高中生均校舍建筑面积（图书）=（高级中学+十二年一贯制学校+完全中学）校舍建筑总面积（图书资源总量）/高中在校生数总数。

6. 普通中学生均校舍建筑面积（图书）=（初中+高中）校舍建筑总面积/（初中+高中）在校生总数。

7. 中等职业教育生均校舍建筑面积（教学与实习仪器设备值、图书）=（学校产权+学校非产权独立使用）校舍建筑总面积（教学与实习仪器设备总资产值、图书）/中等职业学校在校生总数。

8. 初中毛入学率（%）=初中在校生总数/12～14 岁年龄组人口数×100%。

9. 小学净入学率=小学在校学龄人口数/小学校内外学龄组人口数×100%（分地区测算时，分母采用常住人口数据）。

广东省各级各类教育基本情况（二）

类别	2010 年	2015 年	2020 年	2021 年	2021 年比 2020 年增加数	2021 年比 2010 年增加数
五、生师比						
（一）幼儿园	20.34	16.71	14.94	14.50	-0.4	-5.8
（二）小学	19.70	18.54	18.43	18.22	-0.2	-1.5
（三）普通初中	18.77	12.88	13.47	13.62	0.1	-5.1
（四）普通高中	16.71	13.62	12.54	12.76	0.2	-3.9
（五）中等职业教育	35.55	26.06	19.77	20.09	0.3	-15.5
（六）普通高等学校	18.80	18.69	19.74	19.14	-0.6	0.3
六、专任教师学历、职称比重（%）						
（一）幼儿园						
1. 高中毕业及以上	95.42	98.11	99.03	99.41	0.4	4.0
2. 大专毕业及以上	46.57	64.23	84.30	87.19	2.9	40.6
（二）小学						
1. 大专毕业及以上	83.51	95.25	98.90	99.19	0.3	15.7
2. 本科毕业及以上	23.47	44.51	73.20	78.10	4.9	54.6
3. 中级职称及以上	60.03	60.56	52.89	51.23	-1.7	-8.8
（三）普通初中						
1. 大专毕业及以上	98.70	99.96	99.98	99.98	0.0	1.3
2. 本科毕业及以上	60.87	79.66	91.89	93.74	1.9	32.9
3. 中级职称及以上	54.00	60.96	59.17	57.65	-1.5	3.7
（四）普通高中						
1. 本科毕业及以上	94.38	98.76	99.26	99.48	0.2	5.1
2. 研究生毕业及以上	5.14	8.41	14.66	16.33	1.7	11.2
3. 中级职称及以上	58.78	62.85	66.67	65.60	-1.1	6.8
（五）中等职业教育						
1. 本科毕业及以上	85.82	91.69	94.34	94.89	0.5	9.1
2. 研究生毕业以上	5.77	9.07	12.09	10.48	-1.6	4.7
3. 中级职称及以上	58.45	61.64	61.47	58.45	-3.0	0.0
（六）普通高等学校						
1. 研究生毕业以上	61.75	69.52	77.36	78.39	1.0	16.6
2. 博士毕业以上	17.48	22.60	29.87	30.21	0.3	12.7
3. 副高职称及以上	37.38	38.52	40.74	40.35	-0.4	3.0
（七）成人高校						
1. 研究生毕业以上	18.66	32.13	28.35	29.10	0.8	10.4
2. 副高职称及以上	17.96	22.02	21.60	21.50	-0.1	3.5

注：普通高等学校生师比不含临床教师。

广东省各级各类教育基本情况（三）

类别	2010 年	2015 年	2020 年	2021 年	2021 年比 2020 年增加数	2021 年比 2010 年增加数
七、生均一般公共预算教育事业费支出（元）						
（一）小学	3 487.0	8 758.0	13 464.8	13 424.2	-40.6	9 937.2
（二）普通初中	3 921.0	11 456.7	19 851.2	19 546.7	-304.5	15 625.8
（三）普通高中	5 312.9	10 863.2	21 185.9	21 027.5	-158.4	15 714.6
（四）中等职业学校	4 815.3	9 977.9	18 908.3	19 757.7	849.4	14 942.4
（五）普通高等学校	11 200.2	17 823.4	29 113.1	28 340.9	-772.2	17 140.7
八、生均一般公共预算公用经费支出（元）						
（一）小学	735.9	2 251.1	3 047.2	3 101.4	54.2	2 365.5
（二）普通初中	974.2	2 947.4	4 282.7	4 538.9	256.2	3 564.7
（三）普通高中	1 509.0	2 601.1	3 898.1	4 148.5	250.4	2 639.6
（四）中等职业学校	1 975.1	4 099.0	5 783.0	6 650.6	867.6	4 675.5
（五）普通高等学校	5 864.8	7 694.9	10 740.7	11 279.3	538.6	5 414.6
九、普通高等学校各学科学生数比重（%）						
（一）哲学	0.0	0.1	0.1	0.1	0.0	0.0
（二）经济学	7.3	8.8	7.7	7.3	-0.4	0.0
（三）法学	3.5	4.1	3.7	3.8	0.1	0.2
（四）教育学	5.3	2.6	2.8	3.0	0.3	-2.3
（五）文学	15.7	11.4	12.2	12.4	0.2	-3.2
（六）历史学	0.3	0.4	0.4	0.5	0.0	0.2
（七）理学	5.3	7.0	7.0	7.0	0.0	1.7
（八）工学	29.8	26.9	30.0	30.5	0.5	0.7
（九）农学	1.0	1.4	1.3	1.3	0.0	0.3
（十）医学	6.3	6.4	6.6	6.8	0.2	0.6
（十一）管理学	25.4	23.8	19.6	19.4	-0.2	-6.0
（十二）艺术学	—	7.0	7.5	7.8	0.3	—
十、每万人口在校学生数（人）						
（一）小学	837.64	756.27	846.43	854.73	8.3	17.1
（二）普通初中	493.68	309.27	324.66	339.99	15.3	-153.7
（三）普通高中	206.26	178.78	152.42	159.04	6.6	-47.2
（四）中等职业教育	152.79	102.02	69.41	71.53	2.1	-81.3
（五）普通高等教育	140.83	161.58	192.19	201.19	9.0	60.36
（六）成人高等教育	45.80	57.84	88.33	77.25	-11.1	31.4

注：1. 由于2011年采用了新的高职高专教育指导性专业目录，各学科分类全面调整，专科学科分类无法与往年对照，从2011年起，各学科学生比重只能统计本科学生（不含专科学生）。

2. 由于教育部2013年调整学科设置，新增"艺术学"学科分类，因此，"艺术学"与2012年前数据对比情况为空。

3. 此表中的中等职业教育不含技工学校数据。

4. 每万人口在校生数＝今年度在校生数/上一年度的常住人口数（常住人口取《中国统计年鉴》表2-6）。

5. 由于《2021年广东统计年鉴》根据普查人口数据，调整了历年人口数，因此同步调整历年每万人口在校学生数。

6. 2021年生均一般公共预算教育事业费支出、生均一般公共预算公用经费支出为上报数。

广东省各级各类民办教育基本情况（一）

(单位：人)

类别	2010年		2015年		2020年		2021年		2021年比2020年		2021年比2010年	
	计	占全省比例（%）	计	占全省比例（%）	计	占全省比例（%）	计	占全省比例（%）	增加数	增长率（%）	增加数	年均增长率（%）
一、高等教育												
（一）普通本专科												
学校数（所）	47	35.9	52	36.4	50	32.5	51	31.9	1	2.0	4	0.7
毕业生数	94411	28.3	147235	30.9	184338	33.5	193108	33.6	8770	4.8	98697	6.7
招生数	132047	30.0	193501	34.5	289263	31.5	204092	27.1	-85171	-29.4	72045	4.0
在校生数	404632	28.4	618020	33.3	780398	32.5	780479	30.7	81	0.0	375847	6.2
教职工数	27951	24.5	37257	26.6	42819	24.1	44318	23.3	1499	3.5	16367	4.3
专任教师数	19875	25.3	28053	28.4	34161	27.9	34390	26.7	229	0.7	14515	5.1
（二）成人本专科												
学校数（所）	1	6.7	1	6.7	1	7.1	1	7.1	0	0.0	0	0.0
二、高中阶段教育												
（一）高中阶段教育小计												
学校数（所）	282	17.7	285	19.0	328	22.9	363	24.9	35	10.7	81	2.3
毕业生数	82138	9.1	99113	8.7	118461	13.7	118702	13.9	241	0.2	36564	3.4
招生数	169263	9.5	125935	11.9	175981	17.9	205889	19.8	29908	17.0	36626	1.8
在校生数	380868	10.5	335056	9.2	446944	16.1	520495	17.9	73551	16.5	139627	2.9
教职工数	10507	—	23456	10.3	36587	16.0	45051	18.9	8464	23.1	34544	14.1

续上表

类别	2010年 计	2010年 占全省比例(%)	2015年 计	2015年 占全省比例(%)	2020年 计	2020年 占全省比例(%)	2021年 计	2021年 占全省比例(%)	2021年比2020年 增加数	2021年比2020年 增长率(%)	2021年比2010年 增加数	2021年比2010年 年均增长率(%)
专任教师数	6809	—	16995	8.7	26895	13.7	33602	16.6	6707	24.9	26793	15.6
(二) 中等职业教育												
学校数(所)	156	27.6	123	25.6	100	25.3	98	25.7	−2	−2.0	−58	−4.1
毕业生数	55514	16.7	50771	12.2	47161	17.7	44550	17.1	−2611	−5.5	−10964	−2.0
招生数	132092	17.8	56291	14.2	67689	21.6	81435	24.2	13746	20.3	−50657	−4.3
在校生数	279753	18.1	155759	13.3	169878	19.6	197770	21.9	27892	15.4	−81983	−3.1
教职工数	10507	17.9	7219	12.5	9222	16.5	11383	19.9	2161	23.4	876	0.7
专任教师数	6809	15.6	4925	11.0	7031	16.0	9223	20.5	2192	31.2	2414	2.8
(三) 普通高中教育												
学校数(所)	126	12.3	162	15.9	228	22.0	265	24.6	37	16.2	139	7.0
毕业生数	26624	4.7	48342	6.7	71300	11.9	74152	12.5	2852	4.0	47528	9.8
招生数	37171	4.9	69644	10.5	108292	16.1	124454	17.6	16162	14.9	87283	11.6
在校生数	101115	4.8	179297	8.7	277066	14.6	322725	16.1	45659	16.5	221610	11.1
专任教师数	6773	5.4	12070	8.0	19864	13.1	24379	15.5	4515	22.7	17606	12.3

注：1. 此表中的中等职业教育不含技工学校数据。
2. 从2018年起，教育部对中外（含内地与港澳台）合作院校划分为单独类型（合作院校数与普通校本部教职工数，不计人民办教育。
3. 2019年及以前，高等教育教职工数取校本部教职工；2020年起，高等教育教职工数取全口径。
4. 因一贯制学校的存在，小学教职工数和普通中学教职工数按照专任教师比例进行折算。

广东省各级各类民办教育基本情况（二）

（单位：人）

类别	2010年 计	2010年 占全省比例（%）	2015年 计	2015年 占全省比例（%）	2020年 计	2020年 占全省比例（%）	2021年 计	2021年 占全省比例（%）	2021年比2020年 增加数	2021年比2020年 增长率（%）	2021年比2010年 增加数	2021年比2010年 年均增长率（%）
三、义务教育												
（一）义务教育小计												
学校数（所）	1539	7.7	1615	11.9	1733	12.1	1743	12.1	10	0.6	204	1.1
毕业生数	355462	10.8	447295	17.8	570792	21.3	614749	21.5	43957	7.7	259287	5.1
招生数	509621	16.9	660773	23.4	705604	22.1	751138	22.2	45534	6.5	241517	3.6
在校生数	2047492	15.2	2675509	21.9	3208292	21.9	3274570	21.7	66278	2.1	1227078	4.4
其中：政府购买学位	—	—	142397	1.2	754839	5.2	1359093	9.0	604254	80.1	—	—
（二）普通初中												
学校数（所）	712	21.5	912	26.7	1063	28.4	1101	28.7	38	3.6	389	4.0
毕业生数	145095	9.5	202471	15.7	258338	21.5	274141	21.7	15803	6.1	129046	6.0
招生数	220355	13.2	260001	22.3	335456	23.6	367681	23.8	32225	9.6	147326	4.8
在校生数	586002	11.7	714511	20.1	934178	23.0	980956	22.9	46778	5.0	394954	4.8
专任教师数	29939	16.2	42917	15.6	62714	20.8	67585	21.4	4871	7.8	37646	7.7
（三）小学												
学校数（所）	827	4.9	703	6.9	670	6.3	642	6.1	−28	−4.2	−185	−2.3
毕业生数	210367	12.1	244824	20.2	312454	21.3	340608	21.4	28154	9.0	130241	4.5
招生数	289266	21.3	400772	24.2	370148	20.9	383457	20.9	13309	3.6	94191	2.6
在校生数	1461490	17.2	1960998	22.6	2274114	21.5	2293614	21.3	19500	0.9	832124	4.2
教职工数	81159	16.6	110063	21.4	153885	24.1	164783	24.4	10898	7.1	83624	6.7
专任教师数	60116	14.0	86805	18.5	115696	20.2	120806	20.4	5110	4.4	60690	6.6
四、学前教育												
学校数（所）	8648	77.5	11585	75.1	13624	65.7	13175	62.4	−449	−3.3	4527	3.9
毕业生数	506491	48.9	755361	58.4	1069158	58.9	960192	53.3	−108966	−10.2	453701	6.0

续上表

类别	2010年		2015年		2020年		2021年		2021年比2020年		2021年比2010年		年均增长率（%）
	计	占全省比例（%）	计	占全省比例（%）	计	占全省比例（%）	计	占全省比例（%）	增加数	增长率（%）	增加数		
招生数	713434	50.2	1110175	59.4	1001288	54.8	892360	53.4	-108928	-10.9	178926		2.1
在校生数	1687083	60.9	2610690	64.9	2829374	58.9	2802758	56.0	-26616	-0.9	1115675		4.7
教职工数	178077	75.2	315511	72.3	389841	63.8	391918	60.0	2077	0.5	213841		7.4
专任教师数	102228	75.0	170889	71.0	201286	62.6	197208	57.2	-4078	-2.0	94980		5.6
其中：普惠性民办幼儿园													
学校数（所）	—	—	—	—	10217	49.2	9963	47.2	-254	-2.5	—		—
毕业生数	—	—	—	—	830866	45.8	743381	41.3	-87485	-10.5	—		—
招生数	—	—	—	—	730049	40.0	658436	39.4	-71613	-9.8	—		—
在校生数	—	—	—	—	2089211	43.5	2085967	41.7	-3244	-0.2	—		—
教职工数	—	—	—	—	275371	45.0	278347	42.6	2976	1.1	—		—
专任教师数	—	—	—	—	143923	44.8	141440	41.0	-2483	-1.7	—		—
五、特殊教育													
学校数（所）	5	6.7	7	6.0	4	2.8	5	3.3	1	25.0	0		0.0
毕业生数	—	—	48	3.0	84	3.0	103	2.9	19	22.6	—		—
招生数	—	—	141	4.4	158	3.2	159	3.0	1	0.6	—		—
在校生数	—	—	650	4.4	687	2.8	788	2.9	101	14.7	—		—
教职工数	—	—	242	5.7	191	2.6	232	2.8	41	21.5	—		—
专任教师数	—	—	174	4.9	136	2.3	157	2.4	21	15.4	—		—
六、专门学校													
学校数（所）	—	—	1	33.3	1	33.3	3	60.0	2	200.0	—		—
毕业生数	—	—	0	0.0	170	64.2	38	26.4	-132	-77.6	—		—
招生数	—	—	0	0.0	70	44.3	265	73.4	195	278.6	—		—
在校生数	—	—	156	41.2	145	44.5	422	65.6	277	191.0	—		—
教职工数	—	—	46	33.3	48	24.5	124	43.5	76	153.3	—		—
专任教师数	—	—	39	40.6	80	61.1	59	35.8	-21	-26.3	—		—

注：1. 2015年起，义务教育增加"政府购买学位"指标；2016年起，学前教育增加"普惠性民办幼儿园"数据。
2. 政府购买学位仅有义务教育总数，无分初中、小学数据。
3. 此表中特殊教育仅统计民办特殊教育学校和附设班情况，不含民办小学随班就读及送教上门学生。

广东省主要教育综合指标在全国排位情况（一）

类别		2020年			2021年			2021年排位在广东前的省（自治区、直辖市）
		全国水平	广东	排位	全国水平	广东	排位	
按常住人口计算	每万人口普通本专科在校生（人）	234.66	208.33	25	247.99	201.55	28	—
	每万人口成人本专科在校生（人）	55.52	95.75	1	59.06	77.38	5	吉林、湖南、山东、山西
	每万人口高中阶段教育在校生（人）	268.73	240.46	21	277.83	230.99	25	—
	其中：每万人口中等职业教育学校在校生（人）	90.56	75.24	21	93.05	71.66	25	—
	每万人口普通高中在校生（人）	178.17	165.22	21	184.78	159.33	25	—
	每万人口普通初中在校生（人）	350.99	351.94	16	355.97	340.61	18	—
	每万人口小学在校生（人）	766.07	917.55	6	764.65	856.27	10	—
	每万人口幼儿园在园儿童（人）	344.15	416.78	8	340.85	397.10	7	广西、新疆、贵州、西藏、福建、河南
按户籍人口计算	每万人口普通本专科在校生（人）	232.94	248.38	10	247.39	258.93	12	—
	每万人口成人本专科在校生（人）	55.11	114.15	1	58.92	99.42	1	—
	每万人口高中阶段教育在校生（人）	266.76	286.68	12	277.16	296.76	11	—
	其中：每万人口中等职业教育学校在校生（人）	89.89	89.70	16	92.83	92.07	17	—
	每万人口普通高中在校生（人）	176.86	196.98	9	184.33	204.69	11	—
	每万人口普通初中在校生（人）	348.42	419.59	5	355.11	437.58	2	新疆
	每万人口小学在校生（人）	760.46	1 093.93	2	762.80	1 100.06	2	新疆
	每万人口幼儿园在园儿童（人）	341.63	496.90	2	340.02	510.15	1	—

广东省主要教育综合指标在全国排位情况（二）

类别		2020 年			2021 年			2021 年排位在广东前的省（自治区、直辖市）
		全国水平	广东	排位	全国水平	广东	排位	
小学学历合格专任教师比例（%）		99.98	99.99	14	99.98	100.00	5	北京、上海、浙江、江苏
小学教师专科以上学历比重（%）		97.88	98.90	9	98.43	99.19	8	北京、江苏、上海、浙江、内蒙古、陕西、天津
普通初中学历合格专任教师比例（%）		99.89	99.98	8	99.91	99.98	9	上海、北京、浙江、江苏、安徽、四川、内蒙古、新疆
普通高中学历合格专任教师比例（%）		98.79	99.26	8	98.82	99.48	7	上海、北京、江苏、浙江、天津、吉林
普通高校教师高职称比（%）		43.30	40.74	21	42.88	40.35	21	—
普通高校数（所）		2 738	154	2	2 756	160	2	江苏
成人高校数（所）		265	14	5	256	14	4	北京、辽宁、黑龙江、吉林、湖北、陕西
普通本专科招生数（人）		9 674 518	866 140	1	10 013 151	694 317	3	河南、山东
成人本专科招生数（人）		3 637 630	453 516	1	3 785 288	431 525	2	山东
普通本专科在校生数（人）		32 852 948	2 400 227	2	34 961 307	2 539 779	2	河南
成人本专科在校生数（人）		7 772 942	1 103 093	1	8 326 521	975 147	1	—
研究生在校生数（人）		3 139 598	154 748	6	3 332 373	174 309	6	北京、江苏、上海、湖北、陕西
中等职业学校招生数（人）		4 846 056	313 885	5	4 889 890	335 993	4	河南、河北、四川
中等职业学校在校生数（人）		12 678 379	866 831	2	13 118 146	903 049	3	河南、河北
普通高中在校生数（人）		24 944 529	1 903 517	2	26 050 291	2 007 726	2	河南
高等学校两院院士数（人事关系在学校）（人）		1 289	62	4	1 271	74	4	北京、上海、江苏
"双一流"建设高校及建设学科数	建设高校（所）	137	5	8	147	8	4	北京、江苏、上海
	建设学科数（个）	465	18	6	433	21	6	北京、上海、江苏、湖北、浙江

注：1. 本专科招生数不含专升本和五年一贯制转入学生数。
2. 普通高校学校数包含独立学院数。
3. 学历合格专任教师比例＝学历合格的专任教师数/专任教师总数×100%。
4. 小学教师合格学历取高中阶段学历以上，初中教师合格学历取专科学历以上，高中教师合格学历取本科学历以上。

广东省主要教育综合指标在全国排位情况（三）

类别	2020 年			2021 年			2021 年排位在广东前的省（自治区、直辖市）
	全国水平	广东	排位	全国水平	广东	排位	
国家重点实验室（个）	505	12	9	499	12	8	北京、陕西、江苏、上海、湖北、浙江、四川
国家工程研究中心（个）	284	12	8	280	12	7	北京、陕西、江苏、辽宁、福建、上海
国家工程技术研究中心（个）	273	8	11	237	8	8	北京、湖北、江苏、上海、山东、陕西、江西
博士学位授权一级学科点（个）	3 598	189	5	3 677	192	5	北京、江苏、上海、湖北
博士学位授权二级学科点（不含一级学科覆盖点）（个）	624	16	11	813	8	16	北京、上海、甘肃、河北、陕西、河南、宁夏、江苏、湖南、安徽、四川、重庆、山东、海南、西藏、辽宁
硕士学位授权一级学科点（个）	9 716	434	8	9 883	440	8	北京、江苏、湖北、山东、陕西、辽宁、上海
硕士学位授权二级学科点（不含一级学科覆盖点）（个）	2 488	66	12	2 814	41	23	北京、上海、宁夏、河南、江西、湖南、甘肃、陕西、青海、西藏、安徽、江苏、河北、辽宁、海南、四川、重庆、广西、山东、新疆、内蒙古、湖北
博士后科研流动站（个）	3 209	169	5	3 161	168	5	北京、江苏、上海、湖北
公共财政教育支出占公共财政一般预算支出比例（%）	—	20.3	—	—	20.79	—	—

注：1. 国家财政性教育经费占 GDP 的比例，教育部没有公布省、直辖市、自治区的数据。
2. 2014 年起，预算内教育经费占财政支出比例（%）改为公共财政教育支出占公共财政一般预算支出比例（%）。
3. 重点实验室、研究中心、博士后科研流动站和学科的数据源于 2021 年教育事业统计报表。

广东省各地级以上市学校数

（单位：人）

省市	学前教育 2020年	学前教育 2021年	增减	小学 2020年	小学 2021年	增减	普通初中 2020年	普通初中 2021年	增减	普通高中 2020年	普通高中 2021年	增减	中等职业教育（不含技工学校）2020年	中等职业教育（不含技工学校）2021年	增减	特殊教育 2020年	特殊教育 2021年	增减
广东省	20747	21101	354	10600	10599	-1	3748	3832	84	1035	1076	41	396	382	-14	143	150	7
广州市	2068	2155	87	992	986	-6	419	427	8	120	124	4	77	78	1	20	19	-1
深圳市	1881	1896	15	347	343	-4	347	370	23	88	105	17	15	15	0	8	10	2
珠海市	360	403	43	134	144	10	60	68	8	20	19	-1	8	8	0	2	2	0
汕头市	1151	1209	58	737	733	-4	211	214	3	96	98	2	16	15	-1	8	8	0
佛山市	1039	1058	19	419	417	-2	154	162	8	62	66	4	28	27	-1	7	7	0
韶关市	599	612	13	209	215	6	126	128	2	25	25	0	14	14	0	9	11	2
河源市	573	575	2	368	363	-5	163	165	2	34	35	1	13	13	0	7	7	0
梅州市	910	934	24	452	452	0	177	179	2	59	60	1	19	16	-3	9	9	0
惠州市	804	850	46	571	577	6	239	254	15	47	46	-1	25	24	-1	7	7	0
汕尾市	525	535	10	451	451	0	128	130	2	36	34	-2	12	10	-2	5	5	0
东莞市	1206	1244	38	335	337	2	206	205	-1	48	53	5	21	21	0	8	2	0
中山市	554	560	6	212	211	-1	85	92	7	20	20	0	7	7	0	2	2	0
江门市	635	642	7	325	326	1	149	147	-2	48	50	2	17	17	0	7	7	0
阳江市	677	699	22	164	165	1	98	100	2	18	20	2	5	6	1	5	5	0
湛江市	2222	2073	-149	911	918	7	253	245	-8	58	57	-1	39	38	-1	9	9	0
茂名市	1565	1628	63	1380	1398	18	200	200	0	67	69	2	15	12	-3	8	8	0
肇庆市	682	698	16	236	237	1	155	162	7	37	42	5	17	16	-1	8	8	0
清远市	818	834	16	341	353	12	153	155	2	33	32	-1	14	14	0	7	9	2
潮州市	706	702	-4	593	579	-14	108	112	4	33	33	0	9	8	-1	4	4	0
揭阳市	1298	1315	17	1243	1212	-31	233	234	1	65	65	0	16	15	-1	5	6	1
云浮市	474	479	5	180	182	2	84	83	-1	21	23	2	9	8	-1	4	5	1

广东省各地级以上市招生数

(单位：人)

	学前教育			小学			普通初中			普通高中			中等职业教育（不含技工学校）			特殊教育		
	2020年	2021年	增减	2020年	2021年	增减	2020年	2021年	增减	2020年	2021年	增减	2020年	2021年	增减	2020年	2021年	增减
广东省	1825885	1672236	-153649	1770662	1838010	67348	1419625	1546199	126574	671805	705236	33431	313885	335993	22108	12550	13198	648
广州市	221927	206847	-15080	198393	211956	13563	138917	145159	6242	54360	54844	484	60259	57152	-3107	1160	1750	590
深圳市	187135	192791	5656	190742	204514	13772	137214	143846	6632	56027	64932	8905	12504	14144	1640	637	1006	369
珠海市	31691	32647	956	31949	34833	2884	26646	27470	824	11913	12552	639	6680	7142	462	123	194	71
汕头市	89216	67312	-21904	98398	99581	1183	81877	87366	5489	46934	47929	995	10334	11784	1450	707	623	-84
佛山市	125672	118050	-7622	108646	115707	7061	86358	92769	6411	44173	46756	2583	21858	22915	1057	450	451	1
韶关市	44214	37453	-6761	43074	41433	-1641	34973	40350	5377	17716	18384	668	12442	11940	-502	615	533	-82
河源市	50029	43569	-6460	47013	46345	-668	51402	55944	4542	24470	26468	1998	9709	11129	1420	641	714	73
梅州市	61004	56287	-4717	57639	59914	2275	57839	61253	3414	29364	29566	202	9345	8704	-641	679	644	-35
惠州市	92786	89292	-3494	102331	105655	3324	82967	93084	10117	37701	40458	2757	18715	21370	2655	450	492	42
汕尾市	38510	32385	-6125	46046	48705	2659	38864	44674	5810	18774	20620	1846	6185	7397	1212	362	269	-93
东莞市	125992	120139	-5853	140231	143850	3619	92418	104844	12426	33822	41943	8121	19077	22252	3175	240	296	56
中山市	55994	51353	-4641	57575	61507	3932	43898	47242	3344	18739	18878	139	8843	10218	1375	272	337	65
江门市	54992	54501	-491	57646	60154	2508	50618	54042	3424	29331	29427	96	10941	11983	1042	400	399	-1
阳江市	40144	34520	-5624	40547	40826	279	36284	41561	5277	16952	17936	984	5947	6799	852	413	477	64
湛江市	132624	119197	-13427	128870	134215	5345	98532	111706	13174	43087	45267	2180	25082	25475	393	1240	1000	-240
茂名市	151884	124831	-27053	115425	118693	3268	97836	109918	12082	53822	54484	662	23427	26948	3521	1236	1240	4
肇庆市	69302	66544	-2758	64619	64182	-437	58377	65295	6918	27688	25997	-1691	20605	22892	2287	697	667	-30
清远市	66642	63231	-3411	68642	68962	320	55089	60657	5568	23912	25223	1311	11731	13894	2163	709	640	-69
潮州市	42271	31526	-10745	39151	35310	-3841	30970	32423	1453	17538	17622	84	3394	3906	512	213	280	67
揭阳市	91811	84902	-6909	91536	99139	7603	81094	86589	5495	49780	49395	-385	9568	10813	1245	824	788	-36
云浮市	52045	44859	-7186	42189	42529	340	37452	40007	2555	15702	16555	853	7239	7136	-103	482	398	-84

广东省各地级以上市在校学生数

(单位：人)

	学前教育			小学			普通初中			普通高中			中等职业教育（不含技工学校）			特殊教育		
	2020年	2021年	增减	2020年	2021年	增减	2020年	2021年	增减	2020年	2021年	增减	2020年	2021年	增减	2020年	2021年	增减
广东省	4 801 766	5 003 933	202 167	10 571 118	10 790 100	218 982	4 054 670	4 292 084	237 414	1 903 517	2 007 726	104 209	866 831	903 049	36 218	63 802	71 170	7 368
广州市	574 541	633 203	58 662	1 125 103	1 164 403	39 300	383 753	407 956	24 203	159 450	161 633	2 183	179 515	171 402	-8 113	5 757	7 571	1 814
深圳市	559 674	597 569	37 895	1 091 179	1 133 041	41 862	367 341	393 641	26 300	150 289	169 533	19 244	39 134	40 186	1 052	3 495	4 979	1 484
珠海市	87 959	100 457	12 498	185 969	194 961	8 992	73 341	78 311	4 970	33 350	35 443	2 093	19 320	20 634	1 314	1 014	1 220	206
汕头市	212 323	216 751	4 428	576 215	584 147	7 932	236 498	245 991	9 493	137 178	140 739	3 561	28 350	30 214	1 854	4 073	4 174	101
佛山市	338 060	358 462	20 402	638 742	664 264	25 522	245 373	260 195	14 822	127 543	133 772	6 229	62 648	66 284	3 636	2 262	2 456	194
韶关市	119 464	122 028	2 564	268 462	269 636	1 174	108 082	112 300	4 218	51 505	53 177	1 672	32 498	34 127	1 629	2 775	2 895	120
河源市	118 103	118 396	293	311 036	303 570	-7 466	148 131	157 861	9 730	69 024	74 669	5 645	23 508	27 200	3 692	3 788	3 736	-52
梅州市	164 282	164 728	446	373 666	373 597	-69	164 181	174 483	10 302	84 441	87 545	3 104	25 153	24 832	-321	3 932	4 016	84
惠州市	226 274	242 747	16 473	621 791	633 683	11 892	243 085	255 570	12 485	102 887	112 554	9 667	49 061	53 142	4 081	2 462	2 850	388
汕尾市	99 290	103 559	4 269	285 556	289 694	4 138	120 458	124 427	3 969	54 481	57 508	3 027	15 226	17 558	2 332	1 636	1 732	96
东莞市	370 798	388 436	17 638	842 240	848 515	6 275	265 727	276 080	10 353	91 548	107 201	15 653	55 677	57 362	1 685	1 388	1 787	399
中山市	154 899	161 069	6 170	335 628	350 094	14 466	122 552	130 424	7 872	51 077	54 507	3 430	24 604	26 333	1 729	1 434	1 649	215
江门市	149 419	158 150	8 731	354 628	360 059	5 431	145 913	151 976	6 063	82 032	84 916	2 884	31 736	32 533	797	2 128	2 228	100
阳江市	104 626	109 221	4 595	261 279	260 989	-290	104 032	112 341	8 309	47 949	51 161	3 212	14 509	16 840	2 331	1 996	2 140	144
湛江市	348 825	354 285	5 460	748 066	770 820	22 754	282 606	304 459	21 853	127 441	130 341	2 900	61 043	65 865	4 822	5 160	5 539	379
茂名市	348 161	339 475	-8 686	701 483	712 258	10 775	288 074	305 187	17 113	158 290	161 504	3 214	64 184	67 182	2 998	5 707	6 319	612
肇庆市	157 948	163 935	5 987	407 485	408 882	1 397	168 263	180 434	12 171	75 319	78 014	2 695	56 781	61 176	4 395	3 414	3 504	90
清远市	171 158	173 553	2 395	410 969	421 202	10 233	154 046	166 415	12 369	68 266	72 035	3 769	30 150	34 293	4 143	3 512	3 756	244
潮州市	105 263	104 002	-1 261	213 159	213 900	741	87 610	92 630	5 020	49 907	51 371	1 464	8 907	9 835	928	1 393	1 483	90
揭阳市	275 989	279 106	3 117	554 855	567 135	12 280	241 424	249 477	8 053	135 192	142 326	7 134	26 594	26 927	333	4 265	4 566	301
云浮市	114 710	114 801	91	263 607	265 250	1 643	104 180	111 926	7 746	46 348	47 777	1 429	18 233	19 124	891	2 211	2 570	359

2021年广东省各普通高校研究生、普通本专科招生数和在校生数

(单位：人)

名称	招生数				在校生数			
	合计	研究生	本科	专科	合计	研究生	本科	专科
全省合计	816 241	64 355	354 583	397 303	2 713 663	173 884	1 285 727	1 254 052
本科院校合计	429 753	64 355	354 583	10 815	1 533 135	173 884	1 285 727	73 524
公办本科院校	289 080	64 355	220 231	4 494	1 001 438	173 884	804 608	22 946
中山大学	18 802	10 877	7 925	0	64 540	31 721	32 819	0
华南理工大学	14 232	7 401	6 831	0	48 702	22 243	26 459	0
暨南大学	13 051	6 114	6 937	0	43 743	16 163	27 580	0
华南农业大学	13 006	3 778	9 228	0	48 440	10 099	38 341	0
南方医科大学	6 166	2 947	3 048	171	22 225	7 692	14 100	433
广州中医药大学	5 085	2 148	2 937	0	18 550	5 855	12 664	31
华南师范大学	12 856	5 454	7 402	0	42 741	14 449	28 292	0
广东工业大学	13 982	4 066	9 916	0	48 668	10 873	37 795	0
广东外语外贸大学	7 075	1 963	5 112	0	24 890	4 757	20 133	0
汕头大学	5 247	1 746	3 501	0	17 729	5 075	12 163	491
广东财经大学	9 294	1 293	8 001	0	31 059	2 981	28 078	0
广东医科大学	6 616	973	5 643	0	25 722	2 372	23 350	0
广东海洋大学	10 436	726	9 710	0	37 660	1 858	35 802	0
仲恺农业工程学院	9 432	672	8 760	0	27 951	1 783	26 168	0
广东药科大学	7 521	847	6 674	0	23 760	2 055	21 705	0
星海音乐学院	1 432	155	1 277	0	5 527	428	5 099	0
广州美术学院	1 974	418	1 556	0	7 270	1 123	6 147	0
广州体育学院	2 174	417	1 757	0	7 923	1 208	6 715	0
广东技术师范大学	10 069	557	9 512	0	36 215	1 427	34 788	0
岭南师范学院	9 806	0	8 770	1 036	30 272	0	27 231	3 041
韩山师范学院	6 522	0	5 810	712	22 373	0	20 255	2 118
广东石油化工学院	6 230	0	6 230	0	29 424	0	26 023	3 401
广东金融学院	9 026	165	8 861	0	24 812	293	24 519	0
广东警官学院	1 967	0	1 967	0	7 050	0	7 050	0
广东第二师范学院	5 141	0	5 141	0	15 952	0	15 952	0
广州大学	11 220	2 728	7 406	1 086	42 753	6 837	30 003	5 913
广州医科大学	3 592	1 461	2 131	0	13 237	3 708	9 527	2
广州航海学院	4 345	0	4 345	0	13 163	0	13 163	0
深圳大学	11 565	4 632	6 933	0	40 727	12 154	28 573	0

续上表

名称	招生数				在校生数			
	合计	研究生	本科	专科	合计	研究生	本科	专科
南方科技大学	2 691	1 537	1 154	0	7 908	3 457	4 451	0
深圳技术大学	2 971	0	2 971	0	5 330	0	5 330	0
佛山科学技术学院	4 393	633	3 760	0	20 630	1 736	18 894	0
韶关学院	8 301	0	7 719	582	30 152	0	26 654	3 498
嘉应学院	6 539	0	5 632	907	28 441	0	24 425	4 016
惠州学院	4 785	0	4 785	0	19 973	0	19 973	0
东莞理工学院	5 138	224	4 914	0	19 508	484	19 024	0
五邑大学	5 476	423	5 053	0	20 470	1 053	19 417	0
肇庆学院	10 922	0	10 922	0	25 948	0	25 946	2
中外（含内地与港澳台）合作院校	3 823	0	3 823	0	14 058	0	14 058	0
北京师范大学-香港浸会大学联合国际学院	1 859	0	1 859	0	6 927	0	6 927	0
香港中文大学（深圳）	1 295	0	1 295	0	5 097	0	5 097	0
深圳北理莫斯科大学	422	0	422	0	1 037	0	1 037	0
广东以色列理工学院	247	0	247	0	997	0	997	0
民办本科院校	126 340	0	120 019	6 321	450 057	0	399 479	50 578
广东培正学院	4 247	0	4 247	0	16 893	0	16 893	0
广东白云学院	8 705	0	8 705	0	27 512	0	27 512	0
广东科技学院	9 004	0	8 420	584	33 700	0	27 809	5 891
广州商学院	7 162	0	6 947	215	19 571	0	19 008	563
广东东软学院	4 204	0	4 070	134	13 083	0	11 434	1 649
广州工商学院	8 541	0	8 374	167	27 641	0	26 864	777
广东理工学院	10 031	0	9 168	863	41 933	0	32 812	9 121
广州理工学院	6 752	0	6 752	0	15 401	0	15 401	0
广州软件学院	3 236	0	3 236	0	14 208	0	14 208	0
广州应用科技学院	5 878	0	5 878	0	14 099	0	14 099	0
广州华商学院	8 490	0	8 490	0	26 872	0	26 872	0
广州南方学院	5 170	0	5 170	0	19 890	0	19 890	0
广州新华学院	5 563	0	5 563	0	21 322	0	21 322	0
湛江科技学院	6 663	0	6 663	0	18 890	0	18 890	0
广州城市理工学院	6 805	0	6 805	0	23 225	0	23 225	0
珠海科技学院	8 500	0	8 500	0	31 105	0	31 105	0
广州华立学院	4 131	0	4 131	0	17 679	0	17 679	0
东莞城市学院	2 512	0	2 512	0	15 352	0	15 352	0
广州科技职业技术大学	4 821	0	2 844	1 977	24 223	0	9 274	14 949
广东工商职业技术大学	5 925	0	3 544	2 381	27 458	0	9 830	17 628

续上表

名称	招生数				在校生数			
	合计	研究生	本科	专科	合计	研究生	本科	专科
独立学院	10 510	0	10 510	0	67 582	0	67 582	0
北京师范大学珠海分校	0	0	0	0	10 298	0	10 298	0
电子科技大学中山学院	3 498	0	3 498	0	17 593	0	17 593	0
北京理工大学珠海学院	3 344	0	3 344	0	19 735	0	19 735	0
华南农业大学珠江学院	2 039	0	2 039	0	11 471	0	11 471	0
广东外语外贸大学南国商学院	1 629	0	1 629	0	8 485	0	8 485	0
高职（专科）院校合计	386 488	0	0	386 488	1 180 528	0	0	1 180 528
公办专科院校	319 246	0	0	319 246	917 688	0	0	917 688
广州民航职业技术学院	4 395	0	0	4 395	12 990	0	0	12 990
广东轻工职业技术学院	10 309	0	0	10 309	29 619	0	0	29 619
广东省外语艺术职业学院	5 306	0	0	5 306	15 067	0	0	15 067
广东机电职业技术学院	9 548	0	0	9 548	25 795	0	0	25 795
广东工贸职业技术学院	8 294	0	0	8 294	24 840	0	0	24 840
广东职业技术学院	8 361	0	0	8 361	23 367	0	0	23 367
广东建设职业技术学院	8 457	0	0	8 457	22 171	0	0	22 171
广东理工职业学院	5 284	0	0	5 284	13 378	0	0	13 378
广东科学技术职业学院	10 055	0	0	10 055	31 012	0	0	31 012
广东交通职业技术学院	10 353	0	0	10 353	27 881	0	0	27 881
广东松山职业技术学院	8 367	0	0	8 367	19 443	0	0	19 443
广东工程职业技术学院	8 700	0	0	8 700	25 616	0	0	25 616
广东科贸职业学院	11 214	0	0	11 214	30 005	0	0	30 005
广东食品药品职业学院	7 884	0	0	7 884	20 034	0	0	20 034
广东水利电力职业技术学院	6 678	0	0	6 678	20 099	0	0	20 099
广东女子职业技术学院	3 057	0	0	3 057	9 322	0	0	9 322
广东环境保护工程职业学院	4 253	0	0	4 253	12 423	0	0	12 423
广东生态工程职业学院	3 539	0	0	3 539	12 904	0	0	12 904
广东文艺职业学院	1 802	0	0	1 802	4 519	0	0	4 519
广东舞蹈戏剧职业学院	1 765	0	0	1 765	4 258	0	0	4 258
广东财贸职业学院	4 723	0	0	4 723	9 200	0	0	9 200
广东体育职业技术学院	1 815	0	0	1 815	4 562	0	0	4 562
广东行政职业学院	1 134	0	0	1 134	4 020	0	0	4 020
广东青年职业学院	2 971	0	0	2 971	6 630	0	0	6 630
广东司法警官职业学院	1 836	0	0	1 836	5 205	0	0	5 205
广东农工商职业技术学院	6 991	0	0	6 991	23 784	0	0	23 784
广东邮电职业技术学院	3 729	0	0	3 729	8 349	0	0	8 349

续上表

名称	招生数				在校生数			
	合计	研究生	本科	专科	合计	研究生	本科	专科
广东南华工商职业学院	5 673	0	0	5 673	15 738	0	0	15 738
广州番禺职业技术学院	4 738	0	0	4 738	14 070	0	0	14 070
广州体育职业技术学院	1 521	0	0	1 521	3 452	0	0	3 452
广州工程技术职业学院	3 800	0	0	3 800	12 589	0	0	12 589
广州铁路职业技术学院	3 530	0	0	3 530	9 510	0	0	9 510
广州城市职业学院	5 289	0	0	5 289	14 030	0	0	14 030
广州科技贸易职业学院	3 411	0	0	3 411	8 795	0	0	8 795
广州卫生职业技术学院	3 325	0	0	3 325	7 272	0	0	7 272
广州幼儿师范高等专科学校	836	0	0	836	836	0	0	836
深圳职业技术学院	8 863	0	0	8 863	33 702	0	0	33 702
深圳信息职业技术学院	4 564	0	0	4 564	19 532	0	0	19 532
珠海城市职业技术学院	2 800	0	0	2 800	8 354	0	0	8 354
汕头职业技术学院	5 647	0	0	5 647	16 018	0	0	16 018
广东汕头幼儿师范高等专科学校	759	0	0	759	759	0	0	759
佛山职业技术学院	3 404	0	0	3 404	10 486	0	0	10 486
河源职业技术学院	5 086	0	0	5 086	16 482	0	0	16 482
广东梅州职业技术学院	451	0	0	451	451	0	0	451
惠州卫生职业技术学院	3 963	0	0	3 963	11 788	0	0	11 788
惠州城市职业学院	6 545	0	0	6 545	18 255	0	0	18 255
惠州工程职业学院	3 982	0	0	3 982	13 029	0	0	13 029
汕尾职业技术学院	2 908	0	0	2 908	9 834	0	0	9 834
东莞职业技术学院	6 025	0	0	6 025	16 655	0	0	16 655
中山火炬职业技术学院	2 416	0	0	2 416	8 392	0	0	8 392
中山职业技术学院	3 686	0	0	3 686	11 646	0	0	11 646
江门职业技术学院	5 696	0	0	5 696	15 953	0	0	15 953
广东江门中医药职业学院	3 995	0	0	3 995	11 329	0	0	11 329
广东江门幼儿师范高等专科学校	2 106	0	0	2 106	6 110	0	0	6 110
阳江职业技术学院	3 825	0	0	3 825	12 909	0	0	12 909
湛江幼儿师范专科学校	5 775	0	0	5 775	15 334	0	0	15 334
茂名职业技术学院	6 033	0	0	6 033	17 564	0	0	17 564
广东茂名健康职业学院	4 243	0	0	4 243	10 538	0	0	10 538
广东茂名幼儿师范专科学校	5 188	0	0	5 188	15 278	0	0	15 278
广东茂名农林科技职业学院	3 568	0	0	3 568	13 471	0	0	13 471
肇庆医学高等专科学校	4 957	0	0	4 957	11 758	0	0	11 758
清远职业技术学院	4 743	0	0	4 743	16 897	0	0	16 897

续上表

名称	招生数				在校生数			
	合计	研究生	本科	专科	合计	研究生	本科	专科
广东潮州卫生健康职业学院	650	0	0	650	650	0	0	650
揭阳职业技术学院	2 918	0	0	2 918	8 376	0	0	8 376
罗定职业技术学院	5 636	0	0	5 636	13 696	0	0	13 696
广东云浮中医药职业学院	388	0	0	388	388	0	0	388
顺德职业技术学院	5 483	0	0	5 483	19 269	0	0	19 269
民办专科院校	67 242	0	0	67 242	262 840	0	0	262 840
私立华联学院	2 000	0	0	2 000	8 505	0	0	8 505
潮汕职业技术学院	1 458	0	0	1 458	4 312	0	0	4 312
广东新安职业技术学院	2 352	0	0	2 352	6 621	0	0	6 621
广东岭南职业技术学院	4 693	0	0	4 693	23 505	0	0	23 505
广东亚视演艺职业学院	1 119	0	0	1 119	3 280	0	0	3 280
广州康大职业技术学院	585	0	0	585	2 602	0	0	2 602
珠海艺术职业学院	1 493	0	0	1 493	4 101	0	0	4 101
广州涉外经济职业技术学院	2 208	0	0	2 208	12 519	0	0	12 519
广州南洋理工职业学院	3 330	0	0	3 330	12 294	0	0	12 294
惠州经济职业技术学院	1 639	0	0	1 639	7 071	0	0	7 071
广州华南商贸职业学院	1 718	0	0	1 718	7 185	0	0	7 185
广州华立科技职业学院	4 700	0	0	4 700	17 819	0	0	17 819
广州现代信息工程职业技术学院	1 389	0	0	1 389	9 063	0	0	9 063
广州珠江职业技术学院	1 991	0	0	1 991	5 714	0	0	5 714
广州松田职业学院	3 633	0	0	3 633	10 837	0	0	10 837
广东文理职业学院	1 357	0	0	1 357	10 004	0	0	10 004
广州城建职业学院	5 991	0	0	5 991	22 327	0	0	22 327
广东南方职业学院	5 273	0	0	5 273	24 075	0	0	24 075
广州华商职业学院	7 594	0	0	7 594	22 550	0	0	22 550
广州华夏职业学院	4 049	0	0	4 049	20 138	0	0	20 138
广东创新科技职业学院	4 547	0	0	4 547	10 841	0	0	10 841
广州东华职业学院	1 772	0	0	1 772	7 191	0	0	7 191
广东信息工程职业学院	315	0	0	315	2 507	0	0	2 507
广东碧桂园职业学院	790	0	0	790	2 128	0	0	2 128
广东酒店管理职业技术学院	1 131	0	0	1 131	5 536	0	0	5 536
广东肇庆航空职业学院	115	0	0	115	115	0	0	115

注：研究生招生数、在校生数不含科研机构数据。